Heinrich Preschers

Schulthess' europäischer Geschichtskalender

18. Jahrgang 1902 (Der ganzen Reihe XLIII. Band)

Heinrich Preschers

Schulthess' europäischer Geschichtskalender
18. Jahrgang 1902 (Der ganzen Reihe XLIII. Band)

ISBN/EAN: 9783744690300

Hergestellt in Europa, USA, Kanada, Australien, Japan

Cover: Foto ©ninafisch / pixelio.de

Weitere Bücher finden Sie auf **www.hansebooks.com**

Schulthess'
Europäischer Geschichtskalender.

Neue Folge.

Achtzehnter Jahrgang 1902.

(Der ganzen Reihe XLIII. Band.)

Herausgegeben

von

Gustav Roloff.

München 1903.
C. H. Beck'sche Verlagsbuchhandlung
Oskar Beck.

Inhalts-Verzeichnis.

	Seite
Chronik der wichtigsten Ereignisse des Jahres 1902	V
Kalendarium	1
I. Das Deutsche Reich und seine einzelnen Glieder	1
II. Die österreichisch-ungarische Monarchie	185
III. Portugal	210
IV. Spanien	211
V. Großbritannien	214
VI. Frankreich	236
VII. Italien	250
VIII. Die Römische Kurie	263
IX. Schweiz	268
X. Belgien	271
XI. Niederlande	275
XII. Dänemark	277
XIII. Schweden und Norwegen	278
XIV. Rußland	282
XV. Die Türkei und ihre Vasallenstaaten	296
1. Die Türkei	296
2. Bulgarien	300
3. Egypten	302
XVI. Rumänien	303
XVII. Serbien	304
XVIII. Griechenland	305
XIX. Nord-Amerika	306
XX. Mittel- und Süd-Amerika	318
XXI. Australien und Südsee	321
XXII. Afrika	323
XXIII. Asien	329
Übersicht der politischen Entwickelung des Jahres 1902	332
Alphabetisches Register	363

Chronik
der wichtigsten Ereignisse des Jahres 1902.

Januar.

1. **Oesterreich-Ungarn.** Erklärung Szells über die Regelung der auswärtigen Handelsbeziehungen.
8. **Deutsches Reich.** Reichstagsdebatte über Chamberlains Kritik der deutschen Armee. Erklärung Bülows.
11. **Großbritannien.** Antwort Chamberlains auf die deutsche Reichstagsdebatte vom 8.
13. **Preußen.** Programmrede Bülows in der Polenpolitik.
16. **Türkei.** Erteilung der Konzession für die Bagdadbahn.
20. **Frankreich.** Kammerdebatte über das Verhältnis zu England und Rußland.
20. **Mittelamerika.** Zusammenkunft der Präsidenten.
21. **Großbritannien.** Unterhausdebatte über die Vorgeschichte des spanisch-amerikanischen Krieges.
25. **Niederlande.** Versuch einer Vermittlung im südafrikanischen Kriege.
30. **Großbritannien und Japan.** Vertrag über die ostasiatische Politik.

Februar.

1. **Vereinigte Staaten.** Note über die Mandschureifrage.
5. **Oesterreich-Ungarn.** Reise des Thronfolgers nach Rußland.
7. **Deutsches Reich.** Reichstagsdebatte über den Ausbau der Marine.
13. **Großbritannien.** Unterhausdebatte über das Bündnis mit Japan.
13. **Schweiz.** Vorlegung des neuen Zolltarifs.
Mitte. **Deutsches Reich.** Diskussion über die Vorgeschichte des spanisch-amerikanischen Krieges 1898.
Mitte. **Spanien.** Kriegszustand in Barcelona.
20. **Römische Kurie.** Papst Leo tritt in das 25. Jahr seines Pontifikats.
23. **Vereinigte Staaten.** Ankunft des Prinzen Heinrich von Preußen.
Ende. **Italien.** Streik der Eisenbahner in Oberitalien.

März.

3. **Deutsches Reich.** Reichstagsdebatte über die chinesische Politik und die Reise Prinz Heinrichs.
5. **Belgien.** Unterzeichnung der Zuckerkonvention.
11. **Deutsches Reich.** Staatssekretär v. Richthofen über die Verhandlungen mit England wegen der Burenhilfe.

11. Vereinigte Staaten. Abreise des Prinzen Heinrich von Preußen.
14./15. Italien. Kammerdebatte über die allgemeine Politik.
18. Deutsches Reich. Rückkehr des Prinzen Heinrich.
18. Oesterreich-Ungarn. Antihabsburgische hohenzollernsche Demonstration im Reichsrate.
20. Rußland und Frankreich. Identische Note über das englisch-japanische Bündnis.
22. Deutsches Reich und Niederlande. Telegraphenkonvention.
25. Frankreich. Kammerdebatte über Ostasien.
31. Italien und Schweiz. Diplomatischer Zwischenfall.

April.

8. Großbritannien. Lord Kimberley †.
8. Rußland und China. Vertrag über die Räumung der Mandschurei.
9./21. Belgien. Ausstände und Unruhen zur Erzwingung des allgemeinen Stimmrechts.
10. Schweiz. Mitteilung über den Konflikt mit Italien.
14. Großbritannien. Vorlegung des Budgets.
16. Bulgarien. Kundgebung zur makedonischen Frage.
23. Vereinigte Staaten und Kolumbien. Vertrag über den Panamakanal.
24. Deutsches Reich. 50jähriges Regierungsjubiläum des Großherzogs von Baden.
26. Italien. Kammerdebatte über den Schweizer Konflikt.
27. Frankreich. Kammerwahlen.

Mai.

5. Deutsches Reich. Reichstagsdebatte über die Zuckerfrage.
7. Oesterreich-Ungarn. Delegationsdebatte über die allgemeine auswärtige Politik.
8. Niederlande. Kammerbericht über die Kabelkonvention mit Deutschland.
8. Mittelamerika. Vulkanische Ausbrüche auf Martinique.
10. Schweden. Reichstagsdebatte über die Neutralisierung Skandinaviens.
14./15. Deutsches Reich und Vereinigte Staaten. Depeschenwechsel zwischen dem Kaiser und Roosevelt über das Geschenk eines Friedrichs-Denkmals.
17. Spanien. König Alfons übernimmt die Regierung.
20./23. Rußland. Besuch des Präsidenten Loubet.
20. Mittelamerika. Präsident Palma übernimmt die Regierung Kubas.
22./23. Italien. Kammerdebatte über die auswärtige Politik.
28. Deutsches Reich. Vertrag der Hamburger Paketfahrt mit amerikanischen Schiffahrtsgesellschaften.
28. Großbritannien. Unterhausdebatte über den Ausbau der Flotte.
31. Südafrika. Friedensschluß zwischen England und den Buren.

Juni.

2. Großbritannien. Unterhausdebatte über den Frieden mit den Buren.
5. Deutsches Reich. Rede des Kaisers über Polen und Deutsche.
7. Deutsches Reich. Der Reichstag genehmigt die Aufhebung des Diktaturparagraphen für Elsaß-Lothringen.

7. **Frankreich.** Bildung eines neuen Ministeriums.
10. **Oesterreich-Ungarn.** Reichsratsdebatte über die preußische Polenpolitik.
13. **Rußland.** Sprachenverordnungen für Finnland.
14. **China.** Die Großmächte einigen sich über die Verteilung der Kriegsentschädigung.
19. **Deutsches Reich.** König Albert von Sachsen †.
23. **Deutsches Reich.** Vertrag des Norddeutschen Lloyd mit amerikanischen Schiffahrtsgesellschaften.
24. **Großbritannien.** Erkrankung des Königs.
28. **Deutsches Reich, Oesterreich-Ungarn, Italien.** Erneuerung des Dreibundes.

Juli.

1. **Deutsches Reich.** Zusammenkunft des Kaisers mit dem russischen Thronfolger.
3. **Frankreich.** Kammerdebatte über die Erneuerung des Dreibundes.
Anfang. **Südafrika.** Differenzen zwischen Engländern und Holländern in der Kapkolonie.
12. **Großbritannien.** Umbildung des Ministeriums.
13. **Oesterreich-Ungarn.** Tannenbergfeier in Galizien.
13./17. **Rußland.** Besuch des Königs von Italien.
29. **Großbritannien.** Unterhausdebatte über die Zukunft Südafrikas.

August.

6./8. **Rußland.** Besuch des Deutschen Kaisers in Reval.
9. **Großbritannien.** Krönung des Königs.
10./11. **Deutsches Reich.** Depeschenwechsel des Kaisers mit Prinzregent Luitpold über die Abstriche am bayerischen Kultusetat.
17. **Großbritannien.** Der König empfängt die Burengenerale.
20./25. **Belgien.** Niederdeutsche Kongresse.
26. **Schweiz.** Besuch des Königs von Italien.
27./31. **Deutsches Reich.** Besuch des Königs von Italien.

September.

2./4. **Deutsches Reich.** Aufenthalt des Kaisers in Posen.
5. **Großbritannien und China.** Abschluß eines Handelsvertrages.
14. **Großbritannien.** Massendemonstration in Irland.
Mitte. **Türkei.** Verhandlungen über die Passage russischer Torpedoboote durch die Dardanellen.
19. **Schweden.** Reichstagswahlen.
20. **Frankreich.** Programmrede des Ministerpräsidenten.
22. **Mittelamerika.** Landung amerikanischer Truppen in Panama.
23. **Römische Kurie.** Enzyklika über die christliche Demokratie.
25. **Italien.** Zyklon in Catania.

Oktober.

2. **Rußland.** Verfügungen über Finnland.
6. **Afrika.** Kämpfe im Somalilande.
8. **Frankreich und Siam.** Grenzvertrag.
14. **Oesterreich-Ungarn.** Vorschlag Körbers zur böhmischen Sprachenfrage.

14. Samoa. Schiedspruch des Königs von Schweden.
16. Deutsches Reich. Beginn der zweiten Beratung des Zolltarifs.
16. Vereinigte Staaten. Ende eines großen Kohlenstreiks.
26. Schweiz. Wahlen zum Nationalrat.
Oktober. Türkei. Kämpfe in Makedonien.

November.

4. Vereinigte Staaten. Wahlen zum Repräsentantenhause.
6. Großbritannien. Bewilligung von Krediten für Südafrika.
8./20. Großbritannien. Besuch des Deutschen Kaisers.
10. Italien und Pforte. Abkommen über Bestrafung von Seeräubern im Roten Meere.
Mitte. Afrika. Aufstand in Marokko.
23. Südamerika. Ultimatum Deutschlands und Englands an Venezuela.
24. Großbritannien. Unterhausdebatte über die Zuckerkonvention.
25. Südamerika. Schiedspruch zwischen Chile und Argentinien.
27. Deutsches Reich. Verständigung über den Zolltarif.
28. Deutsches Reich. Rede des Kaisers über Religion und freie Forschung.
30. Rußland. Arbeiterversammlung in Petersburg.

Dezember.

2. Vereinigte Staaten. Botschaft Roosevelts an den Kongreß über die allgemeine Politik.
5. Deutsches Reich. Rede des Kaisers an die Arbeiter.
5. Deutsches Reich und Kurie. Vertrag über die Errichtung einer katholischen Fakultät in Straßburg.
6. Spanien. Rücktritt Sagastas.
13./14. Deutsches Reich. Annahme des Zolltarifs in dritter Lesung.
13. Rußland. Kundgebung über Makedonien.
16. Großbritannien. Unterhausdebatte über die Venezuelafrage.
16. Italien. Abbruch der diplomatischen Beziehungen zu Venezuela.
20. Südamerika. Verhängung der Blockade über Venezuela.
26. Vereinigte Staaten. Präsident Roosevelt lehnt das Schiedsgericht in der Venezuelafrage ab.
29. Oesterreich-Ungarn. Kündigung des Handelsvertrags mit Italien.
31. Oesterreich-Ungarn. Unterzeichnung des Ausgleichs.
Ende. China. Beginn der Räumung Schanghais.

I.
Das Deutsche Reich und seine einzelnen Glieder.

8. Januar. (Berlin.) Der Kaiser richtet an den Berliner Magistrat folgenden Erlaß über die Neujahrsgratulation und den Abschluß der Siegesallee:

Dem Magistrat danke Ich vielmals für die freundlichen Glückwünsche, welche Mir derselbe zum neuen Jahre ausgesprochen hat. Gern habe Ich zugleich den Ausdruck des Dankes entgegengenommen, welchen der Magistrat Mir namens der Reichshauptstadt anläßlich der Vollendung der Denkmalsgruppen in der Siegesallee in der Glückwunschadresse dargebracht hat. Ich freue Mich, daß das von Mir unternommene Werk durch die hervorragende Arbeit Berliner Künstler in einer so würdigen Weise durchgeführt und Meine Absicht, Meiner Haupt- und Residenzstadt einen allseitig bewunderten Ehrenschmuck zu stiften, voll erreicht ist. Der Anblick der Meisterwerke wird, wie Ich hoffe, der Berliner Bürgerschaft für alle Zeiten ins Herz und Gedächtnis einprägen, was Berlin und das gesamte Vaterland der weisen Fürsorge einer solchen Reihe von Fürsten verschiedener Häuser zu danken hat.

Neues Palais, den 8. Januar 1902.

(gez.) Wilhelm R.

8. Januar. (Reichstag.) Etat. Ungünstige wirtschaftliche Lage. Bülow über Chamberlain und die Armee (1901 S. 222), den Dreibund, die internationale Lage.

Staatssekretär Frhr. v. Thielmann weist darauf hin, daß seine trüben Erwartungen über den Niedergang der Reichsfinanzen infolge der wirtschaftlichen Depression noch übertroffen seien. Auch in den Einzelstaaten sei die Lage ungünstig. Bei weiterem Rückgange der Einnahmen müsse man an neue Einnahmequellen denken, und da ständen an erster Stelle Bier und Tabak.

Abg. Graf Stolberg (kons.): Die wirtschaftliche Krisis sei eine Folge der industriellen Ueberproduktion. Die auswärtige Lage sei befriedigend; der Zug nach China sei die erste große Probe, die die moderne deutsche Armee bestanden habe. Mit Recht habe die deutsche Nation die Beleidigung der Armee durch einen fremden Minister zurückgewiesen.

Reichskanzler Graf Bülow: Der Herr Vorredner hat in seinen Ausführungen eine Aeußerung berührt, welche vor einiger Zeit ein englischer Minister über das Verhalten unseres Heeres im deutsch-französischen Kriege gemacht. Ich glaube, wir werden alle darüber einig sein — und ich meine, es werden auch alle verständigen Leute in England mit uns darüber einig sein, daß, wenn ein Minister sich gezwungen sieht, sich zu rechtfertigen — das kann ja vorkommen (Heiterkeit), ein Minister sieht sich in der Notwendigkeit, seine Politik zu rechtfertigen, daß er dann wohl daran tut, das Ausland aus dem Spiel zu lassen. (Sehr richtig!) Will er aber doch fremde Länder als Beispiel heranziehen, so empfiehlt es sich, das mit großer Vorsicht zu tun, sonst läuft man Gefahr, nicht nur mißverstanden zu werden, sondern auch, ohne es zu wollen, wie ich annehmen will, und annehmen muß nach dem, was mir von anderer Seite versichert wird, fremde Gefühle zu verletzen. Das ist aber um so bedauerlicher, wenn es einem Minister passiert gegenüber einem Lande, das mit dem seinigen, wie der Herr Graf von Stolberg-Wernigerode mit Recht hervorgehoben hat, stets gute und freundschaftliche Beziehungen unterhalten hat, deren ungetrübte Fortdauer gleichmäßig dem Interesse beider Seiten entspricht. (Sehr wahr!) Es war durchaus begreiflich und es war vollkommen in der Ordnung, wenn in einem Volke, das mit seinem siegreichen Heere so innig verwachsen ist, wie das deutsche Volk — und auch dies hat mit großem Recht der Herr Vorredner betont — das allgemeine Gefühl sich auflehnt auch gegen den Versuch und selbst gegen den Schein, den heroischen Charakter und die sittlichen Grundlagen unserer nationalen Entscheidungskämpfe zu entstellen. Das deutsche Heer steht aber viel zu hoch und sein Waffenschild ist viel zu blank, als daß dieselben durch schiefe und ungerechte Urteile berührt werden könnten. (Beifall.) Von so was gilt, was Friedrich der Große einmal sagte, als man ihm von einem Manne sprach, der ihn und die preußische Armee angegriffen hatte: „Laßt den Mann gewähren", sagte der große König, „und regt euch nicht auf; er beißt auf Granit." (Beifall und Heiterkeit.) Meine Herren! Nun hat aber der Herr Vorredner auch vom Dreibund gesprochen. Er hat mit Recht hervorgehoben, daß es immer gewisse Leute gegeben hat, die erfüllt waren von dem Wunsche, den Dreibund zu begraben. Es hat immer Leute gegeben, die von Zeit zu Zeit sich gedrungen fühlten, den Dreibund tot zu sagen. Es erfreut sich aber der Dreibund noch immer des besten Wohlseins und ich denke und hoffe, es wird ihm so gehen, wie solchen Personen, die fälschlich totgesagt werden und nun erst recht lange leben. (Beifall.) Ueber die Natur, über die Art und das Wesen des Dreibundes bestehen ja vielfach nicht zutreffende Vorstellungen. Der Dreibund ist nicht eine Erwerbsgenossenschaft, sondern er ist eine Versicherungsgesellschaft. Er ist nicht offensiv, sondern er ist defensiv, er ist nicht aggressiv, sondern er ist im hohen Grade friedlich. Der Herr Graf Stolberg hat eben gesagt, der Dreibund beruht nicht auf einer künstlichen Kombination. Das ist vollkommen richtig. Historisch gesprochen, stellt der Dreibund die Versöhnung dar zwischen den nationalen Errungenschaften, die aus den Kämpfen der 60er und 70er Jahre hervorgegangen sind, und den Prinzipien der Stabilität, die nach Beendigung der Napoleonischen Kriegsstürme auf der Basis der Wiener Verträge Europa während eines halben Jahrhunderts den Frieden gesichert haben. Der Dreibund verbindet die Vergangenheit mit der Gegenwart und sichert die Zukunft. Der Dreibund schließt auch gute Beziehungen seiner Teilnehmer zu den anderen Mächten nicht aus. Ich halte es nicht für richtig, wenn in den letzten Tagen ein kleiner Teil, übrigens nur ein sehr kleiner Teil, der deutschen Presse anläßlich der französisch-italienischen Abmachungen eine gewisse Unruhe an den Tag gelegt hat. In einer glücklichen Ehe muß der Gatte auch nicht gleich einen roten Kopf kriegen, wenn seine Frau einmal mit einem andern eine unschuldige Extratour tanzt (Große Heiterkeit!), Hauptsache ist, daß sie ihm nicht durchgeht; sie wird ihm nicht durchgehen, wenn sie es bei ihm am besten hat. (Sehr richtig und Heiterkeit.) Der Dreibund legt seinen Teilnehmern keinerlei lästige Verpflichtungen auf; insbesondere wird durch den Dreibund in diesem Augenblicke, wie dies nach den mir vorliegenden Ausschnitten schon einmal in der „Norddeutschen Allgemeinen Zeitung" hervorgehoben wurde, keiner der Teilnehmer am Dreibund verpflichtet, seine Land- und Seekräfte auf einer bestimmten Höhe zu halten. Es steht jedem Teilnehmer im Dreibund ja frei, seine militärischen und maritimen Streitkräfte zu rebuzieren, wann er will, und wie er will. Ich möchte sogar annehmen, daß ohne den Dreibund dieser oder jener Teilnehmer vom Dreibund in seiner Isolierung zu stärkeren militärischen Anstrengungen und zu größeren militärischen Aufwendungen genötigt sein würde als jetzt (Zustimmung), wo er Mitglied einer starken Gruppe ist. (Sehr richtig!) Die französisch-italienischen Abmachungen über gewisse Mittelmeerfragen gehen auch nicht gegen den Dreibund. Sie liegen überhaupt nicht auf dem Dreibundsgebiete. Im übrigen können wir die weitere Entwicklung der Dinge mit um so größerer Ruhe betrachten, als die Lage heute doch eine wesentlich andere ist als 1879. Damals, wo Fürst Bismarck mit dem Grafen Andrassy in dem deutsch-österreichischen Vertrage die Grundlage des Dreibundsvertrages legte, damals trieben wir doch nur europäische Politik. Die Kombinationen gingen nicht über das Mittelmeerbecken hinaus. Heute umspannt die Politik aller großen Mächte den ganzen Erdteil. Ich glaube, daß es, seit es eine Geschichte gibt, wohl nie eine Zeit gegeben hat, wo gleichzeitig so viele mächtige Reiche existierten. Daraus entwickelte sich — wenn ich mich so ausdrücken darf — ein System der Gegengewichte, welches naturgemäß auch ohne besondere Verabredungen hinzielt auf die Erhaltung des Weltfriedens, denn es gibt keine Macht, die, wenn sie in Europa Krieg führen wollte, nach der einen Seite sich nicht sagen müßte: Was geschieht aber inzwischen hinter meinem Rücken? Denn die Augen kann man schließlich nicht überall haben. Im Jahre 1879 waren auch unser großer Staatsmann Fürst Bismarck und unser großer Feldherr Moltke darüber einig, daß Deutschland sich einrichten müsse auf die Gefahr, die damals vielleicht nahe Gefahr eines großen europäischen Krieges. Heute ist die Situation eine weniger gespannte. Das hat verschiedene Ursachen. Zunächst hat es entschieden beruhigend gewirkt, daß Deutschland seit 30 Jahren eine stetige Friedenspolitik getrieben hat. Vor 30 Jahren war noch die Ansicht ziemlich verbreitet, daß das Deutsche Reich, welches in großen Kriegen zusammengeschweißt war, eine kriegerische Politik treiben würde, ähnlich wie sie das Napoleonische Kaiserreich zweimal getrieben hat. In diesem Argwohn, in diesem Mißtrauen lag insofern eine gewisse Kriegsgefahr, als sich Unversöhnliche unter unseren Gegnern des Argumentes bedienen konnten und wohl auch ab und zu bedient haben, zu sagen: wenn wir nicht einen passenden Augenblick benutzen, um das Deutsche Reich anzugreifen, so setzen wir uns der Gefahr aus, daß das Deutsche Reich in einem ihm genehmen Moment über uns herfällt. Dieses Argument läßt sich heute nicht mehr anwenden. Denn an Gelegenheit, Kriege, mehr oder weniger nutzbringende Kriege, und noch dazu in guter Gesellschaft zu führen, hat es uns seit dreißig Jahren nicht gefehlt. Wenn heute irgend wer von angriffslustigen, von kriegslustigen Absichten des Deutschen Reiches oder des Deutschen Kaisers spräche, so würde eine solche Verleumdung platt zu Boden fallen. (Lebhafte Zustimmung.) Denn jeder, der sich mit Politik beschäftigt, weiß, daß wir absolut friedlich sind. Dann, meine Herren, erstrecken sich die

Ziele der Weltpolitik auf Gegenden und Objekte, die sehr weit entfernt von Deutschlands Grenzen liegen. Ich nenne in dieser Beziehung beispielsweise die Nordküste von Afrika, Persien und Ostasien. Wenn somit der Dreibund nicht mehr eine absolute Notwendigkeit ist, so bleibt er doch im höchsten Grade wertvoll als verstärkte Garantie für den Frieden und für den Status quo, auch abgesehen davon, daß er ein sehr nützliches Bindeglied ist zwischen Staaten, die durch ihre geographische Lage und ihre geschichtlichen Traditionen angewiesen sind, auf eine gute Nachbarschaft zu halten. Was uns angeht, damit will ich schließen, so müssen wir Deutschland auch weiter so stark erhalten, daß, wie jetzt, unsere Freundschaft für jeden wertvoll, unsere Feindschaft für niemanden gleichgültig ist. (Beifall.)

Am folgenden Tage polemisiert Abg. Bachem (Z.) gegen die Absicht der Regierung, eine Anleihe zur Deckung laufender Bedürfnisse vorzuschlagen, da die Verfassung Anleihen nur für außerordentliche Bedürfnisse kenne. Abg. Richter (fr. Vg.) kritisiert die Reichsfinanzverwaltung, die unter dem Mangel eines Reichsfinanzministers leide. In den Forderungen für die Kolonien und Marine müßten starke Abstriche gemacht werden. Eine drohende Bier- und Tabaksteuer würde die Brau- und Tabakindustrie in die tiefste Unruhe versetzen. Abg. v. Kardorff (RP.) bezweifelt die Möglichkeit, diese Steuern durchzusetzen.

Am 10. Januar bedauert Abg. Bassermann (nl.), daß das Reich ein lästiger Kostgänger der Einzelstaaten geworden sei. Neue indirekte Steuern, wie der Schatzsekretär wünsche, seien überflüssig; diskutabel seien Reichsvermögenssteuer und Reichserbschaftssteuer. Die Zerfahrenheit der inneren Lage infolge übertriebener Forderungen der Hochschutzzöllner und der Gegenpartei käme allein den Sozialdemokraten zu gute, denn ihnen ersetze der Zolltarif ihr altes zerrissenes Programm. Abg. Liebermann v. Sonnenberg (Antis.) bespricht den Burenkrieg und greift die englische Regierung scharf an, Chamberlain sei der verruchteste Bube auf Gottes Erdboden. Präsident Graf Ballestrem ruft den Redner zur Ordnung. Reichskanzler Graf Bülow: Nachdem der Herr Präsident die parlamentarische Zensur verhängt hat über eine Aeußerung des Herrn Vorredners, gehe ich auf die von dieser Rüge getroffene Bemerkung nicht weiter ein. Ich will nur sagen: ich glaube, ich befinde mich im Einklange mit der sehr großen Mehrheit dieses Hauses, wenn ich der Hoffnung Ausdruck gebe, daß sich nicht die Gewohnheit einbürgern möge, von der Tribüne des Deutschen Reichstages aus fremde Minister zu beschimpfen. (Lebhafte Zustimmung.) Es würde das weder den Gepflogenheiten des deutschen Volkes, das ein gesittetes Volk ist, entsprechen (Wiederholte Zustimmung), noch den Interessen unserer Politik. (Beifall.) Ich muß gleichfalls mein tiefes Bedauern aussprechen über die Art und Weise, wie sich der Herr Vorredner ausgesprochen hat über das Heer eines Volkes, mit dem wir in Frieden und Freundschaft leben. (Erneute Zustimmung.) Wenn wir empfindlich sind für jeden Angriff gegen die Ehre unseres eigenen Heeres, so dürfen wir auch nicht fremde Heere insultieren, in denen es auch Leute gibt, die zu sterben verstehen. (Beifall.) Nun hat der Abg. Bassermann seinem Befremden darüber Ausdruck gegeben, daß nicht irgend eine autoritative Stimme, etwa die „Norddeutsche Allgemeine Zeitung", früher das Wort ergriffen hätte, um gewissermaßen der öffentlichen Meinung und unserer Presse die Wege zu weisen. Unsere Presse und unsere öffentliche Meinung müßten auf einer niedrigen Stufe stehen, wenn sie in Fragen der nationalen Ehre des Leitmotivs, der Parole von oben bedürften. Der Wert einer großen Presse und einer nationalen öffentlichen Meinung besteht in der Freiheit ihrer Bewegung. Das Korrelat dieser Freiheit ist aber das Gefühl der Verantwortlichkeit, und das habe ich soeben bei dem Herrn Vorredner vermißt (Sehr gut.) Ich habe vor einigen Tagen keinen Zweifel darüber gelassen, daß es durchaus berechtigt war, wenn unsere öffentliche Meinung den Versuch und auch nur den Schein, als ob die Ehre unserer Armee irgendwie angetastet werden könnte, mit Entschiedenheit zurückgewiesen habe. Wenn aber diese Zurückweisung nur ein Vorwand sein sollte, um uns eine andere Haltung aufzunötigen gegenüber dem südafrikanischen Kriege, oder ein Prätext, um unfreundliche, feindliche Beziehungen herbeizuführen zwischen unserem Volke und einem Volke, dem wir nie feindlich gegenübergestanden haben und mit dem uns zahlreiche und schwerwiegende Interessen verbinden, so will ich nicht den mindesten Zweifel darüber lassen, daß ich so etwas nicht mitmache. (Bravo!) Durch Reden, Resolutionen und Volksversammlungen können wir uns die Richtung der auswärtigen Politik nicht vorschreiben lassen. (Sehr gut!) Die wird lediglich bestimmt durch das reale und dauernde Interesse des Bundes, und dies weist uns darauf hin, unter voller Aufrechterhaltung unserer Würde und Ehre mit England friedliche und freundliche Beziehungen zu pflegen. (Sehr richtig!) Dies und nichts anderes hat auch der kaiserliche Botschafter in London sagen wollen. Zwischen dem, was er gesagt hat, und dem, was ich neulich hier gesagt habe, besteht kein Gegensatz. Daß uns die Aufrechterhaltung freundlicher Beziehungen mit England nicht gerade erleichtert worden ist durch den Vorfall, der uns seit einigen Tagen beschäftigt, werden mit mir alle einsichtigen Kreise nicht nur in Deutschland, sondern auch in England bedauern. Ich kann nur die Hoffnung aussprechen, daß uns durch allseitige Besonnenheit in der Zukunft solche Zwischenfälle erspart werden mögen, die uns eine Haltung erschweren, die ebenso sehr dem englischen und dem deutschen Interesse entspricht, wie demjenigen der Aufrechterhaltung und Sicherstellung des Weltfriedens Ich kann aber nicht schließen, ohne auch noch meinem Bedauern Ausdruck zu geben über die Art und Weise, wie der Herr Vorredner sich über innerösterreichische Verhältnisse ausgesprochen hat. Wenn wir es nicht gern haben, wenn wir unter Umständen es uns sehr ernstlich verbitten, daß man sich in unsere inneren Angelegenheiten einmischt, dann müssen wir auch die inneren Angelegenheiten anderer Länder mit demjenigen Takt behandeln, der nach wie vor die beste Grundlage für korrekte internationale Beziehungen ist. (Lebhafter Beifall auf allen Seiten des Hauses.)

8. Januar. Der Preußische Landtag wird vom Ministerpräsidenten Graf Bülow mit folgender Thronrede eröffnet:

Erlauchte, edle und geehrte Herren von beiden Häusern des Landtages! Seine Majestät der Kaiser und König haben mich mit der Eröffnung des Landtages der Monarchie zu beauftragen geruht. Die Ungunst der allgemeinen wirtschaftlichen Verhältnisse hat auf die Gestaltung der Staatsfinanzen im laufenden Etatsjahre nicht ohne Einfluß bleiben können. Während die Rechnung für das Vorjahr 1900 noch mit einem beträchtlichen Mehrertrag abschloß, ist für das Etatsjahr 1901 nach den bisherigen Ergebnissen ein günstiger Abschluß nicht zu erwarten, indem namentlich die Einnahmen der Staatseisenbahnen wesentlich hinter dem Voranschlag zurückbleiben werden. Der Entwurf des Staatshaushaltsetats für 1902 wird Ihnen alsbald vorgelegt werden. In demselben haben die Einnahmen des Staates im Hinblick auf den Rückgang der Ueberschüsse der Staatsbetriebe besonders vorsichtig und deshalb niedriger als im laufenden Etatsjahre veranschlagt werden müssen. Auch fällt in das Gewicht, daß die Deckungsmittel für den eigenen Bedarf Preußens durch die ungünstige

Gestaltung des finanziellen Verhältnisses zum Reiche eine nicht unerhebliche Schmälerung erleiden. Wenn gleichwohl Einnahmen und Ausgaben ohne Rückgriff auf den Staatskredit das Gleichgewicht halten, so ist dies wesentlich dem Umstande zu verdanken, daß durch eine reichliche Bemessung des Extraordinariums in den letzten Jahren eine Reserve für minder günstige Zeiten gewonnen ist. Es ist daher möglich gewesen, nicht nur für die regelmäßig notwendigen Ausgabesteigerungen die erforderlichen Mittel verfügbar zu machen, sondern auch auf den verschiedensten Gebieten der Staatsverwaltung neuen Ausgaben gerecht zu werden. Zur Verbesserung der Wohnungsverhältnisse der in staatlichen Betrieben beschäftigten Arbeiter und der gering besoldeten Beamten sind zu wiederholtenmalen mit Ihrer Zustimmung staatliche Mittel bereitgestellt worden. Da ein Fortschreiten auf diesem Wege im Interesse der staatlichen Arbeiter und Beamten dringend erwünscht ist, wird Ihnen alsbald ein Gesetzentwurf vorgelegt werden, in dem höhere Mittel als bisher, zugleich unter Ausdehnung des Kreises der zu Berücksichtigenden von Ihnen erbeten werden. An der im Vorjahr angekündigten Absicht, die bisherige Dotation der Provinzialverbände durch Ueberweisung weiterer Staatsrenten zu erhöhen, hält die Staatsregierung ungeachtet der ungünstigeren Gestaltung der Finanzlage fest. Die erhebliche Steigerung der Armen- und Wegelasten läßt namentlich in den wirtschaftlich schwächeren Provinzen und den zugehörigen engeren Kommunalverbänden eine wirksame Erleichterung durch den Staat geboten erscheinen. Ein entsprechender Gesetzentwurf wird Ihnen unverzüglich zugehen. Infolge der allgemeinen wirtschaftlichen Lage sind die Betriebsleistungen und hiemit die Betriebseinnahmen der Staatseisenbahnen zurückgegangen. Wenn dementsprechend auch der Betriebsaufwand einzuschränken ist, so wird die Eisenbahnverwaltung dennoch durch Erhöhung der Bautätigkeit vermehrte Arbeitsgelegenheit geben und die Gewerbetätigkeit im Lande durch Zuweisung umfangreicher Aufträge nach Möglichkeit unterstützen. Die Staatsregierung hofft hiedurch zur Ueberwindung der gegenwärtigen wirtschaftlichen Schwierigkeiten beizutragen. Die Erweiterung des Staatseisenbahnnetzes und die Unterstützung des Baues von Kleinbahnen im Lande wird die Bewilligung erheblicher Mittel erfordern. Die Regierung Seiner Majestät des Königs erachtet die Ausgestaltung unserer wasserwirtschaftlichen Verhältnisse im Interesse der Landeskultur und des Verkehrs fortdauernd als ein dringendes Bedürfnis für alle Teile des Vaterlandes. Sie wird Ihnen seinerzeit eine neue Vorlage unterbreiten. Der Gesetzentwurf betreffend die Heranziehung gewerblicher Unternehmungen zu Vorausleistungen für den Wegebau konnte wegen des Schlusses des Landtages im vorigen Jahre nicht mehr vorgelegt werden. Er soll alsbald an Sie gelangen. Die Gesetzesvorlage betreffend die Umlegung von Grundstücken in Frankfurt a. M., welche die Linderung der Wohnungsnot durch Schaffung von Baugelände bezweckt, wird Ihrer Entschließung von neuem unterbreitet werden. Die durch die wiederholten Witterungsunbilden hervorgerufene schwierige Lage der Landwirtschaft in den östlichen Landesteilen, namentlich in den hart betroffenen Provinzen Posen und Westpreußen, haben das landesväterliche Herz Seiner Majestät des Königs mit Sorge und tiefer Teilnahme erfüllt. Die Staatsregierung hat die zur Erhaltung zahlreicher, insbesondere kleinerer Landwirte im Besitz- und Nahrungsstande notwendigen Maßregeln in Voraussetzung Ihrer Zustimmung ungesäumt zur Durchführung gebracht. Die neuere Entwicklung der Rechtswissenschaft hat namentlich seit dem Inkrafttreten des Bürgerlichen Gesetzbuches eine Erweiterung und Vertiefung des Rechtstudiums zur Folge gehabt, für welche der diesem bisher zugemessene dreijährige Zeitraum nicht mehr ausreicht. Eine Vorlage, welche dem Bedürfnisse nach einer Verlängerung der Studiendauer unter gleichzeitiger Abkürzung des juristischen Vorbereitungsdienstes Rechnung trägt, wird den Gegenstand Ihrer Beschlußfassung bilden. Hieran anschließend wird auch die Vorbereitung für den höheren Verwaltungsdienst eine andere Regelung erfahren. Die Verhältnisse in den doppelsprachigen Landesteilen des Ostens der Monarchie haben eine Gestalt angenommen, die die ernsteste Aufmerksamkeit der Regierung erheischt. Es ist eine Frage der Selbsterhaltung für den preußischen Staat, in seinen östlichen Provinzen dem Deutschtum die politische und wirtschaftliche Stellung zu erhalten, auf die es durch seine lange, unter der weisen Fürsorge der hohenzollernschen Fürsten geleistete Kulturarbeit gerechten Anspruch erworben hat. Die königliche Staatsregierung wird die Pflichten, die ihr die Pflege des Deutschtums im Osten und die Abwehr staatsfeindlicher Bestrebungen auferlegen, mit Festigkeit und Stetigkeit erfüllen. Sie zählt dabei auf die wirksame und furchtlose Mitarbeit der deutschen Bevölkerung in jenen Landesteilen und nicht minder auf die Unterstützung des gesamten Volkes, das ein Zurückdrängen deutscher Sprache und Sitte als einen Angriff auf die nationale Ehre und Würde empfindet. Meine Herren! Die Regierung Seiner Majestät des Königs rechnet auf Ihre verständnisvolle und patriotische Unterstützung bei Lösung dieser wichtigen Aufgaben. Möge die gemeinsame Arbeit in der bevorstehenden Tagung Ergebnisse zeitigen, die dem Vaterlande zu dauerndem Segen gereichen! Auf Befehl Seiner Majestät des Kaisers und Königs erkläre ich den Landtag der Monarchie für eröffnet.

9. Januar. (Preußisches Abgeordnetenhaus.) Finanzminister Frhr. v. Rheinbaben legt den Etat vor. Ehrung Miquels.

Nach dem Voranschlag balanciert der Etat in Einnahme und Ausgabe mit 2 614 167 144 Mark.

Finanzminister v. Rheinbaben betont die Notwendigkeit, in den Ausgaben sparsam zu sein. Bedenken Sie immer, daß wir den Kredit unseres Staates ungeschmälert erhalten müssen, um den Staat über die mageren Jahre sicher hinüber zu führen. Andererseits darf diese Rücksicht nicht dahin führen, daß wir notwendige und unabweisliche Ausgaben zurückstellen. Wir sind im Gegenteil dazu übergegangen, diejenigen Aufwendungen einzustellen, die notwendig sind, der Industrie über die gegenwärtige schwierige Lage hinwegzuhelfen und den Arbeitsmarkt zu erleichtern. Als erste Folge der ungünstigen wirtschaftlichen Lage ergibt sich eine Verminderung unserer Einnahmen um 35 Millionen; dagegen aber erhöht sich ein Teil unserer Ausgaben ebenfalls um 35 Millionen, so daß sich im Ordinarium ein Mehr von 70 Millionen gegen das Vorjahr ergibt. Wenn es möglich gewesen ist, diesen erheblichen Ausfall zu tragen, ohne den Staatskredit in Anspruch zu nehmen und ohne notwendige Ausgaben zu schmälern, so danken wir dies der Voraussicht und der Fürsorge des Mannes, der gerade heut vor einem Jahre Ihnen den letzten Staatshaushalt vorlegte, und der um die Sicherung der Staatsfinanzen sich unvergängliche Verdienste erworben hat: dem heimgegangenen Finanzminister von Miquel. (Lebhafter Beifall.)

11. Januar. (Berlin.) Das Reichsmilitärgericht beschließt in dem Prozesse wegen Ermordung eines preußischen Rittmeisters (Jahrg. 1901 S. 127) die Aufhebung des Urteils und Zurückweisung der Sache an die Berufungsinstanz.

11. Januar. (Berlin.) Depeschenwechsel zwischen dem Kaiser und dem Präsidenten Roosevelt. Taufe einer kaiserlichen Jacht; Reise des Prinzen Heinrich nach den Vereinigten Staaten.

Der Kaiser telegraphiert: Sehr dankbar für Ihre freundliche Zustimmung zur Vollziehung der Taufhandlung beim Stapellauf Meiner Jacht durch Miß Roosevelt, ist es Mir eine große Freude, Ihnen anzukündigen, daß Ich die Ueberfahrt Meiner Jacht „Hohenzollern" und ihre Anwesenheit bei der Feierlichkeit befohlen habe. Mein Bruder, Admiral Prinz Heinrich von Preußen, wird als Mein Vertreter erscheinen, sich dort mit der Jacht treffen und Gelegenheit haben, Ihnen nochmals Meine aufrichtigen Gefühle der Freundschaft für die Vereinigten Staaten und deren ausgezeichnetes Oberhaupt auszudrücken.

Der Präsident erwidert: Ew. Majestät Absicht, die Jacht „Hohenzollern" herüberzuschicken, um beim Taufen Ihrer neuen Jacht durch meine Tochter anwesend zu sein, ist mir sehr erfreulich und mich befriedigend und versichere ich Sie des herzlichsten Willkommens Ihres Bruders, Admiral Prinz Heinrich, dem ich dann das aufrichtige Gefühl meiner Hochachtung Ew. Majestät, sowie meine besten Wünsche für die Wohlfahrt des deutschen Volkes persönlich auszusprechen werde.

(gez.) Theodore Roosevelt.

11. Januar. (Reichstag.) Diskussion des Falles Spahn (1901 S. 145). Evangelische und Katholische an der Universität Straßburg. Historische Leistungen der Katholiken.

Abg. Sattler (nl.) bringt die Ernennung eines protestantischen und katholischen Professors in Straßburg zur Sprache; es sei das gefährlich, weil darin die Anschauung liege, daß es eine konfessionelle Geschichtswissenschaft gäbe. Wir sehen darin ein Zugeständnis an das Bestreben der Herren vom Zentrum, ihre Anhänger möglichst von den Anhängern des Protestantismus zu trennen und in gesonderten Organisationen zu vereinigen. Ein solches Auseinanderreißen des deutschen Volkes in getrennte Lager halten wir im höchsten Grade bedenklich. Denn einmal wird dadurch die Gefahr heraufbeschworen, daß die Kirchenverwaltungen zu der Meinung kommen, daß sie ein Beaufsichtigungsrecht über die Lehren der Professoren haben, und zweitens wird die Gefahr heraufbeschworen, daß auch die Herren, die unter der Bedingung der Konfession zum Lehren der Geschichte berufen worden sind, auch ihrerseits sich in den Irrtum einlullen, sie seien genötigt, nur das zu lehren, was die Kirche ihrerseits gut heißt, also nur eine kirchlich abgestempelte Geschichte vorzutragen.

Staatssekretär für Elsaß-Lothringen v. Köller: Der elsaß-lothringische Landesausschuß habe seit langer Zeit die Anstellung von katholischen Professoren gewünscht. Die Statistik der Konfessionen an der Universität Straßburg lasse diesen Wunsch berechtigt erscheinen. Ein Drittel der Studierenden sei katholisch, dagegen seien von den 72 Professoren nur vier katholisch. — Abg. Bachem (Z.): Abg. Sattler sagt, es gibt nur eine historische Wissenschaft. Gewiß, aber die Gesamtauffassung der Geschehnisse des allgemeinen Ganges der Weltgeschichte ist doch — das lehrt uns ein Blick auf die gesamte historische Literatur — eine ganz andere, je nach dem Standpunkte des Verfassers. Gibt es denn nur eine Auffassung der Geschichte? Sehen wir einmal die Reformationsgeschichte an: nehmen Sie die bedeutendsten Gelehrten je auf protestantischer und auf katholischer Seite und Sie werden finden, daß die Auffassung eine ganz verschiedene ist. Das kann auch gar nicht anders sein; denn je nach dem prinzipiellen religiösen, politischen oder nationalen Standpunkt, mit dem man an die Beurteilung der einzelnen geschichtlichen Tatsachen der Reformation herantritt, wird sich auch die Gesamtbeurteilung der ganzen Zeitperiode ändern, um die es sich hier handelt. Was von der Reformationsgeschichte gilt, gilt in genau demselben Maße vom Mittelalter, wo die katholische Kirche die gesamte gelehrte und gesamte kulturelle Bewegung ausschließlich beherrscht und getragen hat. Genau dasselbe gilt von dem christlichen Altertum. Ich will das nicht weiter ausführen. Jedenfalls ist mit dem Satze: „es gibt nur eine historische Wissenschaft", für unsere Frage absolut nichts bewiesen..... Was die Geschichtswissenschaft anlangt, so sind die katholischen Dozenten in ihrer Forschung genau so frei, als die protestantischen Dozenten. Es fällt der katholischen Kirche niemals ein und ist ihr niemals eingefallen, dem Forscher, sei er katholisch oder protestantisch, irgend welche Schranken in seiner historischen Forscherarbeit aufzuerlegen in bezug auf diejenigen Tatsachen, welche er für wahr oder für unwahr erkannt hat. Die katholische Kirche kann jede wirkliche Wahrheit ertragen, auch die Wahrheit in der Tatsache, und der Standpunkt des gegenwärtigen Papstes zu dieser Frage ist ja bekannt genug. — Das bisherige System in Straßburg sei der grundsätzliche Ausschluß aller Katholiken gewesen. Die Voraussetzungslosigkeit, die gegen die Neuerung anstürme, sei die völlige Einsichtslosigkeit. — Am 14. Januar wird die Debatte hierüber wieder aufgenommen. Abg. Sattler (nl.) betont, daß die katholischen Geschichtsforscher nur das vortragen dürfen, was den Lehren der katholischen Kirche entspricht. Wie schwer es aber den katholischen Gelehrten nur zu oft wird, die Ergebnisse ihrer wissenschaftlichen Forschungen mit den Lehren ihrer Kirche zu vereinigen, das zeigt am besten eine Bemerkung der „Kölnischen Volkszeitung", wenn sie in einem Aufsatz über den jüngst verstorbenen Professor Kraus wörtlich wie folgt äußert: „Es hat ihm mehr wie anderen Forschern Zeit und Kämpfe gekostet, seine wissenschaftliche Ueberzeugung mit dem als richtig erkannten Glauben in Einklang zu bringen." — Abg. Bachem (Z.) tadelt von neuem, daß in Straßburg 25 Jahre lang ganz unzweifelhaft nicht die wissenschaftliche Tüchtigkeit entscheidend war, sondern die konfessionelle Zugehörigkeit, und zwar nach der Seite hin, daß man nur Protestanten zugelassen hat..... Ist denn die katholische Wissenschaft in Deutschland wirklich so minderwertig und rückständig, daß wir alle nötig hätten, besonders auf unsere wissenschaftlichen Leistungen hinzuweisen? Der Abg. Sattler würde als früherer Historiker selbst am besten wissen, daß die historische Wissenschaft in Deutschland gerade auf katholischer Seite die hervorragendsten Leistungen aufzuweisen hat. Ebenso in Oesterreich, ebenso in Frankreich.

11. Januar. Die Bayerische Abgeordnetenkammer beauftragt die Geschäftsordnungskommission auf eine Vereinfachung der Geschäfte hinzuarbeiten, um die Sessionen abzukürzen.

13. Januar. (Preußisches Abgeordnetenhaus.) Polenfrage. Programmrede Bülows.

Die nationalliberale Partei bringt eine Interpellation ein über die in der Thronrede angekündigten Maßregeln zum Schutze des Deutschtums im Osten. Die Polen und das Zentrum bringen eine Interpellation ein über die Vorgänge in Wreschen (Jahrg. 1901 S. 169). Die Interpellationen werden verbunden. — Abg. Hobrecht (nl.): Das deutsche Element im Osten sei zurückgegangen. Trotz aller Rücksicht auf die Anhänglichkeit der Polen an ihre Muttersprache dürfe man den deutschen Religionsunterricht nicht aufgeben. — Abg. v. Jazdzewski (P.): Der Kampf gegen die Polen sei verfassungswidrig. Der Religionsunterricht werde im Widerspruch mit kirchlichen Grundsätzen erteilt und man bläut den Kindern diese abweichende Auffassung mit dem Prügelstock und der Polizeifaust ein.

Ministerpräsident Graf Bülow: Ich bin diesem hohen Hause dankbar, daß es die beiden Interpellationen zusammengelegt und mir dadurch die Möglichkeit geboten hat, mich über den Gegenstand, welcher den Interpellationen zu grunde liegt, im weiteren Rahmen auszusprechen. Ich darf es dem Kultusminister überlassen, Ihnen über die Vorgänge in Wreschen eingehende Aufklärung zu geben. Was ich meinerseits sofort feststellen möchte, ist, wie maßlos der Wreschener Vorfall nicht nur von der polnischen Presse, sondern zu meinem Bedauern auch von dem Abg. v. Jazdzewski übertrieben und aufgebauscht ist. (Hört, hört! bei den Nationalliberalen und rechts, Widerspruch bei den Polen.) Man hat diesen Vorfall nicht nur zum Gegenstand politischer Demonstrationen in der Presse und in Versammlungen gemacht, sondern man hat sogar versucht — glücklicherweise ohne Erfolg — diesen Vorfall auszunutzen, um uns internationale Schwierigkeiten zu bereiten. (Hört, hört!) Nun wird aber der Kultusminister nachweisen, daß das Vorgehen unserer Schulverwaltung in Wreschen in keiner Hinsicht etwas Neues war. In den Schulen der Stadt Wreschen sind nur diejenigen Bestimmungen über die Unterrichtssprache bei Erteilung des Religionsunterrichtes zur Anwendung gebracht worden, welche in den gemischtsprachigen Provinzen seit 30 Jahren bestehen, und von der ihnen gesetzlich zustehenden Befugnis haben die Regierungen in Posen und Bromberg einen sehr vorsichtigen und sehr allmählichen Gebrauch gemacht. Wenn insbesondere die Regierung in Posen Kinder der katholischen Stadtschule in Wreschen der Kenntnis der deutschen Sprache so weit fähig hielt, daß sie dem Unterricht folgen konnten, so bewegte sie sich bei Einführung der deutschen Unterrichtssprache in den Religionsunterricht durchaus im Rahmen der bestehenden Bestimmungen und hat ihre Zuständigkeit in keiner Weise überschritten. Wenn es trotzdem zu jenen bedauerlichen Vorgängen gekommen ist, die zu Landfriedensbruch und zu Bestrafungen einer Anzahl Leute geführt haben, so liegt die Schuld nicht an den Organen der Regierung, sondern an einer planmäßigen Agitation (Oho! bei den Polen), welche darauf abzielte, Kinder gegen Lehrer, die Eltern gegen die Obrigkeit aufzuhetzen. (Lärm bei den Polen, „Sehr richtig!" rechts und bei den Nationalliberalen). Die preußische Schulverwaltung ist von Grausamkeiten gerade so weit entfernt, wie die deutsche Rechtspflege, und wenn es, was ich tief bedauert habe, in Wreschen Opfer gegeben hat, so waren das Opfer der Agitation jener Leute, die sich nicht damit abfinden können, daß die ehemals polnischen Landesteile in Westpreußen und Posen unwiderruflich deutsche Lande geworden sind. (Beifall rechts und bei den Nationalliberalen.) Auch die Lehrer in Wreschen haben sich, wie die Gerichtsverhandlungen ergeben haben, im Rahmen des den Lehrern zustehenden Züchtigungsrechtes gehalten. Trotzdem will ich keinen Anstand nehmen, zu erklären, daß gerade im vorliegenden Falle, gerade im Religionsunterrichte, die Anwendung körperlicher Strafen, auch wenn sie, wie es tatsächlich der Fall war, in zulässigen und sehr unschuldigen Grenzen geblieben ist (Oho! bei den Polen), nicht wünschenswert erscheint. Es ist Vorsorge getroffen, daß körperliche Züchtigung als Disziplinarstrafmittel im Religionsunterrichte nicht mehr zur Anwendung gelangen soll. Die Schulverwaltung in Posen, die ich vollständig in Schutz nehmen muß gegen die Angriffe, die der Abg. v. Jazdzewski soeben gegen sie gerichtet hat, und deren Haltung höchste Anerkennung verdient, besitzt auch andere Mittel, um renitente Kinder zur Ordnung und zum Gehorsam anzuhalten. Nun hat der Abg. v. Jazdzewski behauptet, daß unsere Schulpolitik im Osten im Widerspruch zu der Verfassung stehe. In Wirklichkeit befinden wir uns durchaus auf verfassungsmäßigem Boden. Der Artikel 24 der preußischen Verfassungsurkunde stellt in seinem ersten Absatz den Leitsatz auf: „Bei der Errichtung der öffentlichen Volksschulen sind die konfessionellen Verhältnisse möglichst zu berücksichtigen," und er spricht im weiteren von der Leitung des religiösen Unterrichtes, den äußeren Angelegenheiten der Volksschule und von der Anstellung der Lehrer. Wenn unsere Schulpolitik also dahin geht, daß der Religionsunterricht, soweit es das Verständnis der Kinder polnischer Zunge gestattet, in deutscher Sprache erteilt wird, so liegt darin keine Verletzung der Verfassung, denn die Verfassung enthält kein Wort über die Sprache, in welcher der Unterricht erteilt werden soll, und Sie haben nicht das Recht, etwas in die Verfassung hineinzutragen und hineinzuinterpellieren, was nicht darin steht. (Sehr richtig!) Nun wird weiter von den Polen behauptet, daß die preußische Regierung sie der Muttersprache berauben wolle. Das ist eine völlig unbegründete Beschuldigung, welche ich mit der größten Entschiedenheit zurückweise. Die preußischen Staatsbürger polnischer Zunge bedienen sich ihrer Muttersprache in der Familie, bei geselligen Zusammenkünften, im Verkehr untereinander. (Lachen bei den Polen.) Kein Mensch hindert sie daran, zu reden, wie ihnen der Schnabel gewachsen ist. (Heiterkeit.) Aber die Polen sollen auch die deutsche Sprache kennen lernen (Zuruf des Abg. v. Jazdzewski: Das wollen wir ja selbst), weil sie im Verkehr mit den Behörden, beim Dienst im Heere, im geschäftlichen Leben der deutschen Sprache mächtig sein müssen. (Erneuter Zuruf des Abg. v. Jazdzewski.) Ich habe den Abg. v. Jazdzewski, während er sprach, nicht ein einzigesmal unterbrochen, und ich würde ihm sehr dankbar sein, wenn er jetzt auch mich ausreden ließe. (Beifall.) Ich sage, weil die Polen teilnehmen sollen an den deutschen Kultureinrichtungen, darum wird der Unterricht in der Volksschule in deutscher Sprache erteilt. Der Religionsunterricht soll nicht ein Mittel der Germanisierung sein, dazu ist er nach meiner Ansicht nicht bestimmt, dazu ist er nicht da, die Bedeutung der Erteilung des Religionsunterrichts in deutscher Sprache, wo sie angängig ist, liegt vielmehr darin, daß auf diese Weise der Schule der einheitliche deutsche Charakter gewahrt wird, daß wir so nicht genötigt sind, den gesamten Unterricht polnischen Lehrern anzuvertrauen, deren Zuverlässigkeit oft zu wünschen übrig läßt. (Sehr richtig!) Wir werden diese Grundsätze, die mit der Verfassung in Einklang stehen und sich in langer Praxis bewährt haben, auch fernerhin durchführen ohne Kleinlichkeit, ohne überflüssige Härte, aber auch ohne Zögern und Schwanken. (Beifall.) Insbesondere werden wir es nicht dulden, daß der Religionsunterricht gemißbraucht wird, um deutsch-katholische Kinder zu polonisieren. (Beifall.) Es ist unsere Pflicht, die deutschen katholischen Minoritäten gegen die Polonisierung zu schützen. (Sehr richtig!) Das ist ein Gebot der Gerechtigkeit und ein Gebot der Staatsraison, dem wir uns nicht entziehen werden. Man sucht auf polnischer Seite, die Begriffe polnisch mit katholisch und deutsch mit protestantisch zu identifizieren. Darin liegt eine Irreführung der öffentlichen Meinung (Sehr richtig!), und damit werden der Regierung Tendenzen imputiert, welche ihr in Wirklichkeit völlig fern liegen. Die Regierung verlangt und kann verlangen, und sie muß verlangen, daß sich die Geistlichkeit fern halte von der nationalpolnischen Agitation, da sie sich gegen den preußischen Staat und gegen das Deutsche Reich richtet, aber die Regierung denkt nicht daran, den Rechten der katholischen Kirche und den Empfindungen der katholischen Staatsbürger im Osten zu nahe zu treten; die Regierung wird diese Rechte und Empfindungen auf das gewissenhafteste respektieren. Nach einseitigen konfessionellen Gesichtspunkten werde ich die Politik des Landes niemals zurechtschneiden, ich werde ebensowenig eine protestantisch-konfessionelle und eine katholisch-konfessionelle Politik machen, wie ich eine liberale oder konservative Parteipolitik machen kann. Für mich als Ministerpräsidenten und Reichskanzler gibt es weder ein katholisches noch ein protestantisches, weder ein liberales noch ein konservatives Preußen oder Deutschland, sondern vor meinen Augen steht nur die einheitliche und unteilbare nationale Politik. Wenn es eine Lehre gibt, die für mich resultiert aus der deutschen Geschichte der letzten vier Jahrhunderte, so ist es die, daß jeder Versuch der einen Konfession, die andere — ich will nicht sagen zu vernichten, das ist unmöglich und ausgeschlossen — aber auch nur zu unterdrücken, nie zu einem praktischen und dauernden Resultat geführt, wohl aber jedesmal Schaden über das gemeinsame Vaterland gebracht hat. Nach allem Kampf und Streit kam es jedesmal doch darauf hinaus, daß alles ungefähr beim alten blieb und man sich ineinander fügen mußte. Mag sein, daß die Verschiedenheit der Konfessionen Deutschland in seinem inneren Leben nur zum Segen gereicht hat, aber, vom politischen Standpunkt betrachtet, ist die Verschiedenheit der Konfessionen für Deutschland eine Quelle großer Leiden gewesen, und wir müssen daher von jedem leitenden deutschen Staatsmanne verlangen, daß er in konfessionellen Dingen mit vorsichtiger und behutsamer Hand zu Werke geht. Sich über prinzipielle Fragen prinzipiell zu verständigen, ist überall schwierig, und das ist in Deutschland doppelt schwierig aus Gründen, die mit der Stärke und den Schwächen des deutschen Nationalcharakters zusammenhängen, ich bin aber überzeugt, daß es möglich ist, weil es möglich sein muß, bei voller Wahrung der verfassungsmäßigen Rechte des Staates doch ein friedliches Zusammenleben der Staatsbürger untereinander und im Verhältnis zum Staate zu erzielen, wenn nur allseitig festgehalten wird am Geiste der Mäßigkeit und Billigkeit. (Sehr richtig!) Deutschland kann nur eine Weltmacht werden, wenn wir keinen Riß aufkommen lassen in dem Gefüge unserer nationalen Geschlossenheit. (Beifall.) Ich versichere Sie als ehrlicher Mann, daß mir jeder Gedanke einer Zurückdrängung, einer Zurücksetzung, einer Kränkung der katholischen Kirche auch in den ehemals polnischen Landesteilen vollständig fern liegt. Ich stehe auf dem Boden der Gleichberechtigung der Konfessionen und wünsche, daß jedem die Religion erhalten bleibt, in der er sich glücklich fühlte, in nationalen Fragen aber verstehe ich keinen Spaß. Es handelt sich im Osten nicht um die Verteidigung der katholischen Kirche und des katholischen Glaubens, sondern darum, daß deutsches Nationalgefühl, deutsche Sprache und deutsche Sitten dort nicht zu Grunde gerichtet werden, also nicht um konfessionelle, sondern um nationale Fragen, und in solchen sollen die Vertreter aller Konfessionen übereinstimmen. (Sehr wahr.)

Wie liegen denn heute die Verhältnisse in unseren östlichen Provinzen? Früher kam in politischer Hinsicht dort fast nur der polnische Adel in Betracht, er nahm in der Bevölkerung die führende Stellung ein, er leitete die polnische Agitation, das Proletariat in Land und Stadt war ihm gehorsam und nahm keinen Anteil am politischen Leben und den kulturellen Errungenschaften. Diese Situation hat sich in den letzten Jahren vollkommen verändert, dank dem Schutze und dem befruchtenden Segen der deutschen Verwaltung. (Sehr richtig!) Dank ihr ist in den Städten des Ostens ein polnisches Bürgertum herangewachsen, das jetzt schon im Gegensatz zu dem Adel vordrängt, in einer ähnlichen Weise, wie ein Gegensatz zwischen Tschechen und Alttschechentum besteht, welches die Führung in national-polnischem Sinne übernommen hat. Polnische Aerzte, polnische Rechtsanwälte, polnische Bauunternehmer, Handwerker und Kaufleute wenden sich gegen die Bestrebungen des Ostmarkenvereins und haben sich unter rücksichtsloser Boykottierung deutscher Gewerbetreibender ihre Stellung geschaffen, durch Agitation, die sie in fanatischer, national-polnischer Weise betreiben. Sie erringen mit großer Zähigkeit sich eine feste gesellschaftliche und wirtschaftliche Stellung in ehemals polnischen Landesteilen und suchen jedes durch die Deutschen verlorene Terrain wiederzugewinnen. Wo im Osten nur Stellen für einen Rechtsanwalt oder Arzt frei werden, die von Deutschen besetzt gewesen sind, suchen sie sich festzusetzen. Wo ein städtisches oder ländliches Grundstück verkauft wird, stellt sich ein polnischer Käufer ein, Hand in Hand damit geht die Tätigkeit der polnischen Ansiedelungsbanken. Trotz der Tätigkeit der deutschen Ansiedelungskommission sind weit mehr Grundstücke aus deutschen Händen in die der Polen übergegangen, als aus polnischen in deutsche Hände. (Hört, hört!) Gegenüber dieser planmäßigen Agitation, der es nicht an den nötigen Mitteln fehlt und die die Wiederherstellung des national-polnischen Reiches wiederanstrebt, ist die deutsche Bevölkerung in den östlichen Provinzen in große Schwierigkeiten geraten, sich in ihrem Besitz zu erhalten. Die Urteile, die die Leiter unserer deutschen Verwaltungsbehörden darüber abgeben, bestätigen uns leider, daß der Deutsche vielfach in dem wirtschaftlichen und politischen Kampf nachgibt, das Feld räumt, um sich in einer rein deutschen Gegend eine neue Heimat zu suchen. Ich habe hier zwei Briefe liegen, von den Oberpräsidenten in Posen und Westpreußen, aus denen ich Ihnen mit Erlaubnis des Präsidenten einiges vorlesen möchte. Unter dem 4. Januar teilt der Oberpräsident von Posen u. a. folgendes mit: Die Gesamtbevölkerung hat sich von 1890 bis 1900 um zirka $7^{3}/_{4}$ Proz. vermehrt. Der Zuwachs der polnischen Bevölkerung betrug $10^{1}/_{2}$ Proz., während der der deutschen nur $3^{3}/_{4}$ Proz., und nach Abzug der durch die Ansiedelungskommission herangezogenen Bauern nur $1^{3}/_{4}$ Proz. war. Dabei hat die Gesamtbevölkerung des preußischen Staates in derselben Zeit um etwas mehr als 15 Proz. zugenommen. Hand in Hand mit diesem überwiegenden Zuwachs der Polen in den preußisch redenden Landesteilen auf Kosten der deutschen Bevölkerung geht auch die Vermehrung des polnischen Besitzes. Der Verlust der Deutschen an Grundbesitz betrug in derselben Zeit 1752 Grundstücke mit einem Flächeninhalt von 159097 Hektar, also ungefähr 5 Quadratmeilen. In der Stadt Posen ist während der letzten Jahre so viel mehr Grundbesitz von Deutschen auf Polen, als von Polen auf Deutsche übergegangen, daß sich ein Wertverlust von 116000 Mk. herausstellt. Den Rückgang des deutschen Gewerbes, insbesondere des Mittelstandes in den Städten, beleuchtet noch besonders der Wechsel der Apotheken. Damals waren 98 Apotheken in deutschen, 27 in polnischen Händen. Jetzt sind nur noch 85 deutsch und 45 polnisch. Aehnlich ungünstig liegen die Verhältnisse für die deutschen Handwerker. Früher überwogen sie mit Ausnahme vielleicht der Schuhmacher in den Städten durchaus. Jetzt mag der deutsche Handwerkerstand ziffernmäßig vielleicht dem polnischen noch die Wage halten, aber er hat keinen Nachwuchs mehr. Selbst in der Stadt Posen ist das Verhältnis deutscher Meister ungünstig. Die auf die Boykottierung der deutschen Geschäfte gerichteten Bestrebungen haben sich von Jahr zu Jahr verstärkt, und es ist kein Zweifel, daß die polnischen Führer es auf eine Bedrohung und völlige Zurückdrängung des deutschen Gewerbes daselbst abgetan haben. Der Natur der Sache nach lassen sich hiefür allerdings Zahlenbeweise schwer beibringen. In viel schlimmerer

Lage befinden sich noch die kleineren Geschäfte. Die polnischen werden nach dieser Richtung hin von ihren Landsleuten unterstützt. Am härtesten trifft der Boykott das Baugewerbe. Die deutschen Geschäftsleute werden polnischerseits streng überwacht. Der Oberpräsident von Westpreußen, Herr v. Goßler, ein überaus tüchtiger und kenntnisreicher Verwaltungsbeamter, berichtet unter dem 3. d. M. ganz ähnlich über die Ansammlung von deutschem Grundeigentum in polnischen Händen. Dort hat der Verlust der Deutschen 1154 Grundstücke und 14000 Hektar betragen. Zahlreiche polnische landwirtschaftliche Vereine und Korporationen für die landwirtschaftlichen Interessen verstärken die Macht des polnischen Elementes. In steigendem Maße wird das deutsche Volk zu gunsten der polnischen Nationalität verdrängt. Mehr und mehr schreitet die Polonisierung der Grenzdistrikte vor. Gegenüber dieser Gefahr darf die königliche Regierung die Hand nicht in den Schoß legen (Sehr richtig!), sondern es ist ihre Pflicht, diesem Ansturm der Polen gegen das Deutschtum entgegenzutreten und die deutschen Elemente zu sammeln, zu stärken und widerstandsfähiger zu machen. Man kann es beklagen, daß die östlichen Provinzen der Schauplatz nationaler Kämpfe sind. Nachdem aber diese Kämpfe von den Polen eröffnet und mit steigender Erbitterung (Lachen und Oho! bei den Polen) geführt worden sind, haben wir nur zwei Möglichkeiten, nämlich entweder uns ohne Kampf besiegen zu lassen oder uns energisch unsrer Haut zu wehren. (Beifall.) Wir leben nicht in einem Wolkenkukuksheim, wir leben auch nicht im Paradies, sondern wir leben auf dieser harten Erde, wo es heißt, Hammer oder Amboß sein. (Sehr richtig.) Wir können es nicht dulden, daß die Wurzeln unsrer deutschen Volkskraft verdorren, daß unser Weizen von dem Unkraut überwuchert, daß unser deutsches Volkstum von einem fremden Volke überflutet wird. (Beifall.) Ich halte es nicht nur für eine der wichtigsten Fragen der Politik, wie Herr Hobrecht, sondern für diejenige Frage, von deren Entwicklung die nächste Zukunft unsres Vaterlandes abhängt. (Lebhafte Zustimmung und Unruhe.) Die geschichtliche Entwicklung hat uns in den Besitz jener Landesteile gesetzt, da sind wir und da bleiben wir (Beifall), ob es anderen Leuten angenehm ist oder nicht. (Erneuter Beifall.) Und um dort bleiben zu können, müssen wir die Mittel, die wir besitzen, durchführen (Zurufe), ohne Oscillation, darin bin ich mit dem ersten Herrn Vorredner einverstanden, in ruhiger, stetiger, sicherer Weise, um den preußischen Staatsgedanken in jenen Landesteilen aufrecht zu erhalten, um den unlöslichen Zusammenhang jener in heißem Ringen erworbenen Landesteile mit dem preußischen Staat fest zu behaupten, um die östlichen Provinzen als integrierende Bestandteile unserer preußischen Monarchie für alle Zeiten sicher zu stellen, und in dem Kampfe, der von den Polen geführt wird, dafür zu sorgen, daß das deutsche Element gestärkt wird und nicht unterliegt. (Beifall.)

In erster Linie werden wir darauf bedacht sein, die bereits dort vorhandenen Deutschen möglichst festzuhalten, ihre wirtschaftliche Leistungsfähigkeit zu stärken, ihren Zuzug zu fördern, ihren Abzug nach Möglichkeit zu verringern. Das Mittel zu diesem Zweck wird die Fortsetzung einer zielbewußten Siedelungspolitik sein. Die Einsetzung deutscher Bauern in den Ostmarken soll die Grundlage dieser Siedelungspolitik sein, die Seßhaftmachung deutscher Landwirte soll verhindern, daß das Nationalitätenverhältnis sich noch mehr zu ungunsten des Deutschtums verschiebt; die Vermehrung einer planmäßigen Kolonisation soll dem Deutschtum weiteren Eingang verschaffen, an der planmäßigen Beförderung deutscher Ansiedelung in Westpreußen und Posen werden wir unentwegt festhalten, sie in beschleunigtem Tempo fortsetzen und, sobald unsere Fonds erschöpft sind, werden wir Ihre Genehmigung für eine Vorlage zur Bewilligung weiterer und noch reichlicherer Mittel erbitten. Wir werden neue Ansiedler schaffen und die bestehenden in ihrem Besitz- und Nahrungsspielraum stärken, wir werden jede Bestrebung zur Stärkung des deutschen Bauernstandes daselbst fördern, die Bildung von Genossenschaften, von Kreditvereinen, die Förderung der Landeskultur, die Hebung des Verkehrs und der Produktion. Von wesentlicher Bedeutung ist in denjenigen Provinzen naturgemäßerweise der Großgrundbesitz, die Hebung der Art der Selbstverwaltung. In der Provinz Posen ist etwas über die Hälfte der landwirtschaftlichen Fläche in den Händen des Großgrundbesitzes, in dieser Provinz aber ist der Einfluß des Großgrundbesitzes in wirtschaftlicher und kultureller Beziehung verhältnismäßig gering. Der Grund liegt darin, daß der größere Teil des Großgrundbesitzes in Händen von Leuten ist, die außerhalb Posens wohnen. Der Besitz hat seit dem vorigen Jahrhundert sehr stark gewechselt. Wir werden den Großgrundbesitz zu stärken suchen durch Vermehrung des staatlichen Domänenbesitzes und durch die Gründung von Fideikommissen und Majoraten (Hört, hört!) und dadurch, daß wir seine wirtschaftliche Leistungsfähigkeit stärken. (Erneuter Beifall.) Damit muß Hand in Hand die staatliche Fürsorge für die Städte des Ostens gehen, damit sie zu einem Mittelpunkt des deutschen Lebens und der Kultur ausgestaltet werden. Dann muß das deutsche Bürgertum gekräftigt und ein tüchtiger deutscher Mittelstand geschaffen werden, der der Polonisierung einen unübersteiglichen Damm entgegensetzt. (Lebhafter Beifall.) Es wird sich hier namentlich um die Hebung und Unterstützung der deutschen Handwerker und Kleingewerbetreibenden handeln, um die Förderung des Fortbildungsschulwesens, um die Schaffung deutscher Vereine als Sammelpunkt der deutschen Bewegung. Von großer Bedeutung wird auch die Belegung der Städte mit deutschen Garnisonen sein, und ich bin in der erfreulichen Lage, mitzuteilen, daß der Kaiser und König durch eine Kabinetsordre vom 2. Januar verfügt hat, daß Wreschen und Schrimm je ein Bataillon Infanterie als Garnison erhalten. Im großen und ganzen glaube ich, unsern deutschen Beamten im Osten das Zeugnis ausstellen zu können, daß sie sich durch Pflichttreue, Gewissenhaftigkeit und Hingabe an die anvertraute Stellung auszeichneten. Aber nach meiner Auffassung — ich nehme keinen Anstand, das hier auszusprechen und aus dieser Auffassung die Konsequenzen zu ziehen — nehmen unsre Beamten in den östlichen Provinzen eine besonders ehrenvolle, aber auch besonders verantwortliche Stellung ein, und wir dürfen dort nur solche Beamten dulden, die sich auch dieser Verantwortung immer bewußt sind. (Lebhafter Beifall.) Diese Beamten müssen sich nach meiner Auffassung dort im Osten nicht etwa bloß als Bureaukraten, als Mandarinen aufspielen, sondern sie sollen da als Menschen unter Menschen leben, sie sollen sich an der Gesellschaft beteiligen und mit den Menschen verkehren, ohne jeden Unterschied des Standes. Ich betrachte eine Anstellung in den östlichen Provinzen als ehrenvoll für jeden Beamten, als eine Auszeichnung, als eine Anwartschaft auf Beförderung. Wir werden aber nur solche Beamte wählen, die sich ihrer Verantwortung auch bewußt sind, die Erfahrung über Land und Leute gewinnen und dorthin sich auf längere Zeit begeben. (Beifall.) Gerade im Osten müssen wir die Beamten im Hinblick auf die Kontinuität der Verwaltung anstellen. Aber andrerseits müssen wir diese Beamten auch entsprechend stellen und sorgen, daß ihnen ihr schwieriger Dienst erleichtert wird, wir müssen für Dienstwohnung und Logis sorgen, da es im Osten vielfach gerade an geeigneten Wohngelegenheiten fehlt. Wir werden die Bestrebungen der Beamten unterstützen, im Wege der Genossenschaften sich Wohnungen zu ver-

schaffen, um das Heimatsgefühl, das Gefühl provinzieller Zugehörigkeit
zu stärken und sie an die Ostmark zu fesseln. Ich will gern die Hand
zur Erreichung dieser Ziele bieten. (Beifall.) Aber auch die kulturelle
Hebung unsrer östlichen Provinzen ist von allergrößter Bedeutung; sie ist
das beste Mittel, um die von uns beklagte Abwanderung aus dem Osten
zu verhindern und deutsche Elemente nach dem Osten zu ziehen. Ein
kleiner Anfang ist, wie Sie wissen, gemacht worden mit der Errichtung
des Museums und dem Bau der Kaiser Wilhelm-Bibliothek in Posen. Ich
weise ferner hin auf die Errichtung einer landwirtschaftlichen Anstalt
in Verbindung mit einer Bibliothek in Bromberg. Gerade Bromberg eignet
sich vermöge seiner geographischen Lage zwischen den beiden Provinzen
Posen und Westpreußen zur Aufnahme eines solchen Institutes. Auch ist
die Vermehrung der Realanstalten der Provinz Posen in Aussicht genommen. Ich weiß sehr wohl, daß von anderer Seite diese Bestrebungen
zur kulturellen Hebung des Deutschtums im Osten verspottet sind, ich halte
aber diese Ironie für durchaus ungerechtfertigt. Wohin kein geistiges
Leben führt, wo Kunst und Wissenschaft fehlen, da verkümmert der Teutsche.
Wo der Deutsche aufblühen soll, da muß er seine Ideale pflegen. Das
schließt nicht aus, daß daneben auch die realen und praktischen Seiten die
ernsteste Berücksichtigung finden werden. In einer solchen kulturellen und
wirtschaftlichen Hebung des Deutschtums auf allen Gebieten des Lebens,
in der Kräftigung des Deutschtums in den östlichen Provinzen, glaubt die
Regierung den Weg für eine gesunde Ostmarkenpolitik zu finden, und sie
wird dies Ziel unentwegt weiter verfolgen. Besonderer gesetzgeberischer
Maßnahmen bedarf es — und darin stimme ich mit dem Abg. Hobrecht
überein — zur Zeit nicht, womit ich mir jedoch in keiner Weise die Hände
für die Zukunft binden will. Wir hoffen, mit der zielbewußten Anwendung der bestehenden Gesetze und Verwaltungsvorschriften auskommen zu
können. Von großer Bedeutung ist es natürlich auch, daß uns reichliche
finanzielle Mittel zur Verfügung stehen, und wir hoffen, daß das Haus,
wenn wir im Staatsinteresse weitere Mittel fordern, seine Mitwirkung
nicht versagt. (Lebhafte Zustimmung rechts und bei den Nationalliberalen.)
Vorläufig ist die Erhöhung des Dispositionsfonds für die Oberpräsidenten
bis zu einem Gesamtbetrage von einer Million vorgesehen. Dieser Fonds
soll, wie Sie wissen, zur Kräftigung und Stärkung des Deutschtums dienen.
Die Oberpräsidenten sind in der Verfügung über diesen Fonds unbeschränkt,
sie werden auf Grund ihrer genauen Kenntnis der lokalen Verhältnisse am
besten entscheiden können, welcher Gebrauch mit diesen Fonds zu machen
ist. Sollten die Summen in der Folge als nicht ausreichend anerkannt
werden, so werden wir eine weitere Erhöhung des Dispositionsfonds im
nächstjährigen Etat beantragen. Schließlich bedarf nach meiner Meinung
auch die Frage einer sehr ernsten Erwägung, ob nicht den Beamten in
den gemischtsprachigen Gegenden eine Gehaltszulage zu gewähren ist. (Lebhafte Zustimmung rechts.) Ich möchte, daß wir dieser Frage recht bald
näher treten. Daß wir, wie der Vorredner meint, durch unsere Maßnahmen die Grundsätze der Menschlichkeit, der Gerechtigkeit und Billigkeit
verletzen, heißt doch die Tatsachen auf den Kopf stellen. Die nichtdeutschen
Nationalitäten erfreuen sich innerhalb der preußischen Monarchie aller verfassungsmäßigen Rechte, sie haben ihre Presse, ihr Parlament, ihre Vereine, und sie benutzen in vollstem Umfange diese Vehikel des modernen
Verkehrs. Aber es gibt eine Grenze, die gezogen wird durch das Interesse, diesen Provinzen den deutschen Charakter zu wahren. Solange das
von der anderen Seite nicht anerkannt wird, können auch wir nicht die
Waffen niederlegen, die uns das Gesetz verleiht. Es ist auch der Rechts-

titel an unseren östlichen Provinzen mit dem Schwerte erobert auf den Schlachtfeldern von Möckern, Dennewitz und Waterloo, wir haben sie in harter Arbeit kolonisiert und zu ihrer Einverleibung in das preußische Staatsgebiet die völkerrechtliche Sanktion erhalten. Unser Recht an diesen Provinzen ist ebenso geheiligt wie das anderer Völker an ihrem Besitzstande. Niemand denkt daran, anderen Staaten zuzumuten, frühere Eroberungen preiszugeben oder aufzugeben oder fremden Nationalitäten zuzumuten, daß sie etwas gestatten, was mit dem Interesse ihrer Staatseinheit im krassesten Widerspruch steht. Nur uns Deutschen werden manchmal solche Zumutungen gestellt; das ist eine gute, alte Gewohnheit anderer.

Sie werden unsere Konnivenz verstehen, wenn Sie an die Demonstrationen zurückdenken, die hier an der Universität Berlin, in der Hauptstadt des Landes von polnischen Studenten gegen einen deutschen Professor der Geschichte hervorgerufen worden, weil er die Geschichte der polnischen revolutionären Bewegung in einer den Herren nicht genehmen Weise vorgetragen hat. Ich möchte einmal wissen, was sich ereignet hätte, wenn diese Demonstrationen in Paris, Oxford, Pavia, oder sagen wir auch in Lemberg oder Krakau geschehen wären, wenn ein englischer, französischer, italienischer oder polnischer Professor die Geschichte seines Volkes von seinem Standpunkt vorgetragen hätte. Es sind sogar geschichtliche Tatsachen, auf die man sich hiebei berufen kann. Würden wir die politischen Forderungen hinsichtlich Posens und Westpreußens bewilligen, so würde man die Hände nach Schlesien und Ostpreußen ausstrecken. Ich entsinne mich eines kleinen persönlichen Erlebnisses, das mir ein Freund erzählte: er hatte in Zürich eine Unterredung zwischen dem deutschen Dichter Kinkel und dem polnischen Grafen Platen, der allerdings mehr Dichter als Politiker war. Kinkel machte in dieser Unterredung schließlich eine Konzession nach der anderen, bis er in den schmerzlichen Ruf ausbrach: Aber Königsberg am Pregel, das sollten Sie uns doch wenigstens lassen. (Große Heiterkeit.) Aber das ist lange her. Daß die polnischen Ansprüche seitdem noch gestiegen, kann ich beweisen. (Widerspruch und Sehr richtig!) Ich werde mir gestatten, einen Passus vorzulesen aus einem Lemberger Blatt. Der Abg. v. Jazdzewski möge mich nicht falsch verstehen, ich zweifle nicht an der Loyalität der polnischen Mitglieder dieses Hauses, aber ich möchte Sie dringend bitten, ebensowenig an der Illoyalität der großpolnischen Agitation zu zweifeln. In dem betreffenden Artikel heißt es: „Wir müssen nicht nur mit Preußen, sondern mit ganz Deutschland, nicht mit einzelnen Parteien, sondern mit der ganzen deutschen Gesellschaft einen Kampf auf Leben und Tod führen. Das Lebensinteresse beider Nationen kommt hier in Betracht, wir müssen uns im Rahmen der deutschen Verfassung, so lange es möglich ist, bewegen. Ohne Königsberg und Danzig könnte das künftige Polenreich nicht bestehen. Von einem Kompromiß in der Sache kann bei uns keine Rede sein. Wir müssen fest und stets daran glauben, daß Polen zur Wiedergewinnung der Provinzen Posen und Schlesien die nötigen Schritte tun muß." Diese Maßlosigkeit in der politischen Bewegung müssen wir mit unbeugsamer Energie bekämpfen, wir müssen alles tun, was geeignet ist, das Deutschtum im Osten zu stärken. (Beifall.) Ich will nicht schließen, ohne einen Appell zu richten an die deutsche Bevölkerung in den gemischtsprachigen Gegenden und sie aufzufordern zu Mut und Einigkeit. Als preußischer Ministerpräsident erkläre ich, daß unsere Ostmarken-Politik die nationalen Geleise nicht verlassen wird, die ihnen der größte deutsche Staatsmann, Fürst Bismarck, vorgezeichnet hat. (Lebhafter Beifall.) In Wankelmut und Nachgiebigkeit werden wir nicht verfallen. Wir werden aber die Gefahr im Osten nur dann abwehren können, wenn der Deutsche im Osten selbst mit Hand anlegt, wenn er nicht alles von der Regierung erwartet, sondern an das Wort denkt: Selbst ist der Mann. Als erster Diener der Krone mahne ich daher die Deutschen im Osten zur Einigkeit. Alle Momente, welche geeignet sind, diese zu zerstören, mag es sich um einseitig wirtschaftliche oder konfessionelle Bestrebungen handeln, sind vom Uebel. Es darf nur eine Parole sein, das ist die nationale. (Lebhafter Beifall.) Es gab eine Zeit, wo man von der Kriegssucht der Deutschen sprach. Wir denken nicht daran, diese Zeiten zurückzurufen, wir denken nicht daran, unsere Grenzen in irgend einer Weise vorschieben zu wollen. Es gibt kein friedliebenderes Volk als das deutsche, und keines, welches weniger auf Eroberungen ausgeht. Aber das Land, das uns die Vorsehung gewährt hat als Entschädigung für andere Verluste, das Land, dessen wirtschaftliche und kulturelle Ueberwachung, dessen Wiedergewinnung und Verschmelzung mit dem Deutschtum der schönste Ruhmestitel der preußischen Könige ist, diesen unseren Besitzstand werden wir festhalten und ausbauen mit allen Mitteln, eingedenk des Wortes: Was du ererbt von deinen Vätern hast, erwirb es, um es zu besitzen! (Stürmischer Beifall rechts und bei den Nationalliberalen.)

Abg. Fritzen (3.): Die Polen sollten sich als dauernde Untertanen des preußischen Staates fühlen und auf alle Pläne zur Wiederherstellung eines polnischen Reiches verzichten. Dagegen sei die Unterdrückung der polnischen Sprache zu verurteilen; die falsche Schulpolitik komme allein den Polen zu gute. Abg. v. Heydebrand (kons.) stimmt dem Grafen Bülow durchaus zu. Abg. Stychel (P.): Solange die Regierung dem Hakatistenverein nicht entgegentrete, werde sie nie Frieden bekommen. — Am folgenden Tage bezeichnet Abg. Kopsch (f. Vp.) die 1885 eingeleitete Polenpolitik als verfehlt. Der Ansiedlungsfond habe nur den Polen genützt. Die Beamten im Osten müßten der polnischen Sprache mächtig sein. Am 15. Januar polemisiert hiergegen Abg. Görbeler (fr.k.), die deutsche Sprache müsse allein maßgebend sein im öffentlichen Leben.

14. Januar. (Baden.) In der Zweiten Kammer erklärt Finanzminister Buchenberger über den Zolltarif:

So begreiflich der Wunsch ist, daß die ökonomische Lage der arbeitenden Klassen gebessert wird, so muß auf der anderen Seite zugegeben werden, daß ein Schutz für andere produktive Klassen nicht fehlen darf. Es handelt sich hier nicht um privatwirtschaftliche Interessen, sondern um eine nationalwirtschaftliche Frage. Es ist deshalb die Pflicht eines sozialen Staates, der Landwirtschaft die helfende Hand zu bieten, und diese Politik der Hilfe darf nicht unterbleiben, weil auch der Großgrundbesitz davon einen Vorteil hat. Für Uebertreibungen und Maßlosigkeiten ist die Regierung aber nicht zu haben, und ich mache kein Hehl daraus, daß von dem Bouquet von Forderungen des Bundes der Landwirte mir nicht eine einzige Forderung annehmbar erscheint.

14./15. Januar. (Bayerische Abgeordnetenkammer.) Einheitsmarke und Reservatrecht.

In der Beratung des Postetats fordern alle Redner unbedingte Wahrung des Reservatrechts, für eine Einheitsmarke sprechen sich nur wenige Stimmen aus. Ministerpräsident v. Crailsheim: Er lege der Sache keine nationale Bedeutung bei, er glaube, daß wir sehr gute Deutsche sein können, wenn wir unsere bayerische Marke behalten. Die Sache müsse von dem Standpunkte des Gefühls, nicht von dem nüchternen Standpunkte der Politik und der Jurisprudenz betrachtet werden. Die Nachteile der

Das Deutsche Reich und seine einzelnen Glieder. (Januar 16.)

Verschiedenheit der Marken sind geringfügig. Das Reservatrecht Bayerns steht in engem Zusammenhang mit der eigenen Postmarke. Aus den Bestimmungen des Versailler Vertrages und des Artikels 52 der Reichsverfassung ergibt sich klar, daß die Post für Bayern eine Verkehrsanstalt ist, deren selbständige Verwaltung nur beschränkt ist durch Aenderungen, die das Reich im Wege der Gesetzgebung über die durch Artikel 52 Absatz 2 der Reichsverfassung bezeichneten Gegenstände erläßt, sowie durch die dem Reiche zustehende Regelung des Verkehrs mit dem Auslande mit Ausnahme des eigenen unmittelbaren Verkehrs Bayerns mit seinen Nachbarstaaten.

16./20. Januar. (Reichstag.) Unterstützung von Veteranen.

Infolge einer Interpellation des Abg. Arendt (RP.) über die Unterstützung bedürftiger Feldzugsteilnehmer sprechen sich alle Redner für eine Erhöhung der Veteranenbeihilfen aus. (Vgl. Jahrg. 1901 S. 6, 89.) Schatzsekretär v. Thielmann verweist auf die ungünstige Finanzlage. — Am 20. Januar wird die Regierung einstimmig aufgefordert, durch einen Nachtragsetat zum Reichshaushaltsetat für das Rechnungsjahr 1901 die Auszahlung aller auf Grund des Gesetzes vom 22. Mai 1895 bewilligten Beihilfen an Kriegsteilnehmer vom 1. Januar 1902 ab herbeizuführen.

Mitte Januar. In der Zolltarifkommission des Reichstags beginnen die sozialdemokratischen Mitglieder Obstruktion durch die Einbringung zahlreicher Anträge.

16. Januar. Vertrag über die Main-Neckarbahn.

Es wird ein Vertrag zwischen Preußen, Hessen und Baden vom 14. Dezember 1901 veröffentlicht, der die Verwaltung der Main-Neckarbahn vereinfacht. Die Bahn wird vom 1. Oktober 1902 ab durch die preußische und hessische Eisenbahndirektion in Mainz unter Oberaufsicht der Zentralstelle der preußisch-hessischen Eisenbahngemeinschaft mitverwaltet. Bei der Eisenbahndirektion in Mainz wird eine Mitgliedsstelle von der badischen Regierung besetzt. Die bisher von der Main-Neckarbahn für Rechnung der preußisch-hessischen Eisenbahngemeinschaft verwalteten hessischen Nebenbahnen treten am 1. Oktober 1902 in die preußisch-hessische Betriebsgemeinschaft ein.

16. Januar. (Preußisches Abgeordnetenhaus.) Industrie, Landwirtschaft, Kanalfrage, Ministerernennung, Zölle.

Abg. v. Heydebrand (kons.) bespricht die Not der Landwirtschaft und fordert höhere Zölle, als sie der Zolltarif verspricht. Finanzminister Frhr. v. Rheinbaben: Ich warne davor, die verbündeten Regierungen noch weiterzudrängen, als sie selbst vorgeschlagen hatten. Sie alle wissen, wie außerordentlich schwierig das ganze Werk ist, wie es nur zu stande kommen kann, wenn man sich auf eine Mittellinie vereinigt. Diese Mittellinie haben die verbündeten Regierungen zu ziehen gesucht, und ich kann im allgemeinen Interesse und im speziellen Interesse der Landwirtschaft nur bitten, nicht über diese Linie hinauszugehen, sonst gefährdet man unter Umständen auch das, was die verbündeten Regierungen für die landwirtschaftliche Zollpolitik dringend wünschen. Abg. Fritzen (3.): Für die Industrie lägen die Verhältnisse noch ungünstiger als im Vorjahre; einen Teil der Schuld trage das Kohlensyndikat, das seine Preise hätte herabsetzen müssen. Abg. Nölle (nl.) verlangt baldige Wiedereinbringung der Kanalvorlage. Abg. Richter (fr. Vp.) tadelt die agrarische Politik der Regierung und den Absolutismus in den Ministerernennungen. Warum

Frhr. v. Hammerstein Minister geworden sei, wisse niemand. Der Ministerpräsident hätte mit dem Fall der Kanalvorlage den Abschied nehmen müssen. Ministerpräsident Graf Bülow: Nach Artikel 45 der Verfassung ernennt und entläßt der König die Minister. Dazu braucht er nicht die Erlaubnis des Parlaments und braucht auch nicht diesen oder jenen hervorragenden Parteipolitiker zuvor zu hören. — Ueber die Zollfrage sagt er: Ich habe keinen Zweifel darüber gelassen, wie gerne ich bereit bin, der Landwirtschaft hilfreiche Hand zu bieten, aber nur bis zu der Grenze, welche durch die allgemeine Wohlfahrt gezogen ist. Eine extrem agrarische Politik, das spreche ich offen aus, würde nach der Ansicht der Staatsregierung dem Wohlstande des Landes sowohl wie dem Staate ebenso schaden wie eine einseitige Handelspolitik, wie eine rein freihändlerische Politik. Eine solche einseitige Wirtschaftspolitik kann die Regierung nicht mitmachen, für diese kann nur das Gesamtinteresse des Landes maßgebend sein. Wir werden unter die von uns vorgeschlagenen Minimalzölle nicht heruntergehen! Aber auf übertriebene Forderungen können die verbündeten Regierungen nicht eingehen. Ein erhöhter, ein verstärkter Zollschutz für die Landwirtschaft ist nur soweit erreichbar, als er vereinbar ist mit den Lebensbedingungen der beiden anderen großen Zweige unseres wirtschaftlichen Erwerbslebens. — Wann die Kanalvorlage eingebracht werde, stehe im Belieben der Krone und sei noch ungewiß, aber sie werde kommen, wie die Flotte gekommen sei. Abg. v. Zeblitz (fr.k.) verlangt kluge Verkehrspolitik im Innern, Herabsetzung der Produktionskosten durch Herabsetzung der Frachtkosten. Dieses würde aber nur möglich sein durch eine wenigstens anfängliche Verminderung der Einnahmen. Diese Verminderung müsse durch Mehreinnahmen aus den Zöllen gedeckt werden. Darum zunächst Zolltarif, dann Kanalvorlage.

17./18. Januar. (Reichstag.) Interpellation über die Arbeitslosigkeit.

Abg. Zubeil (Soz.) befragt die Regierung, inwiefern sie der wirtschaftlichen Krisis, die sich in zahlreichen Arbeiterentlassungen äußere, entgegenwirken wolle. Eine halbe Million Arbeiter sei ohne Arbeit, und mit Einschluß ihrer Familien würden 2 Millionen von der Arbeitsnot betroffen. Er greift die Regierung scharf an, daß sie die Arbeitslosen vernachlässige; es müsse ein Arbeitsministerium geschaffen und eine genaue Statistik der Arbeitslosen eingerichtet werden. Staatssekretär Graf Posadowsky bezeichnet die Zahlen Zubeils als übertrieben. Die Regierung suche in ihren Bauten keine Unterbrechung eintreten zu lassen, aber die wichtigste Rolle in der Fürsorge für die Arbeitslosen falle den Einzelstaaten und Kommunen zu. Mit der Arbeitslosenversicherung, die häufig verlangt werde, seien bisher keine guten Erfahrungen gemacht worden. Abg. Hitze (Z.) betrachtet die Krisis weniger optimistisch als der Vorredner und hofft auf allmähliche Einführung der Versicherung gegen Arbeitslosigkeit.

Am folgenden Tage fordert Abg. Gamp (fr.k.) Beschränkung der Freizügigkeit, die Graf Posadowsky ablehnt.

18. Januar. (Baden.) Ministerpräsident v. Brauer legt das Programm der neuen Regierung dar (vergl. Jahrg. 1901 S. 116):

Mit dem Ministerwechsel sei eine Systemänderung in der Gesamtpolitik weder beabsichtigt noch eingetreten. Dies erhelle schon aus der

Art, in der das neue Ministerium aus dem alten hervorgegangen sei. Im Juli vorigen Jahres habe der hochverdiente Staatsmann, der sieben Jahre lang an der Spitze des Staatsministeriums gestanden und schon fast 20 Jahre vorher die Justiz- und Unterrichtsangelegenheiten mit größtem Erfolg geleitet habe, aus Gesundheitsrücksichten, und zwar lediglich aus solchen, um seine Zurruhesetzung gebeten. Als sein Nachfolger an der Spitze des Ministeriums wurde derjenige Minister berufen, der sozusagen nach seiner Stellung der nächste war, das älteste Mitglied des Staatsministeriums — und zum Nachfolger im Justiz- und Kultusdepartement ein langjähriger Amtsgehilfe des abgetretenen Ministers. Drei Vierteljahre vorher war der in seinem Berufe so vielgewandte und erfahrene Minister des Innern, im wesentlichen gleichfalls aus Gesundheitsrücksichten, von seinem Posten zurückgetreten, und es wurde auch hier ein Mann an seine Stelle berufen, der lange Jahre vorher schon als Ministerialdirektor sein treuer Amtsgenosse gewesen war. Hieraus erhelle schon, daß das neue Ministerium organisch aus dem alten hervorgegangen sei. Auch der Kurs bleibe der alte. Daran habe auch der Umstand nichts geändert, daß ein fünftes Mitglied ins Staatsministerium berufen wurde, bestimmt als Korreferent in wichtigen Gesetzgebungs- und Beschwerdeangelegenheiten zu fungieren, überhaupt um einen weiteren erfahrenen, von keinem Ressortegoismus beeinflußten Berater im Staatsministerium zu haben. Bei der Auswahl der Persönlichkeit dieses fünften Mitgliedes sei noch ein Umstand nicht ohne Bedeutung gewesen, der sonst keine Rolle spiele und spielen dürfe: weil zufällig alle vier Ressortchefs protestantisch seien, habe man es für angemessen und zweckmäßig gehalten, dieses fünfte Mitglied womöglich aus der anderen (katholischen) Konfession zu berufen. Das neue Ministerium wisse sich frei von jeder Parteischablone und werde bestrebt sein, sich außerhalb der Parteien zu halten (nicht „über", aber „außerhalb" der Parteien; denn über den Parteien stehe nur der Landesherr). Darin unterscheide es sich aber nicht vom früheren Ministerium, vielleicht habe es aber den Vorteil, daß man ihm diese Versicherung eher glaube, weil kein Mitglied des jetzigen Staatsministeriums eine besonders ausgeprägte politische oder gar parteipolitische Vergangenheit habe. Er habe überhaupt die ketzerische Ansicht, daß es für den Minister eines Bundesstaates heutzutage nicht sowohl darauf ankomme, große Politik zu machen, als für eine gute, gerechte und gesunde Verwaltung zu sorgen. Darin liege einer der Hauptvorzüge der Reichsgründung, daß nunmehr alle wichtigen Fragen der äußeren wie inneren Politik im Reichstage beraten werden und zur Entscheidung kommen, wodurch den Einzelstaaten mehr Zeit bleibe, sich den wirtschaftlichen und sozialen Aufgaben zuzuwenden. Im Juli vorigen Jahres habe er in einem liberalen Münchener Blatte gelesen, die badischen Minister hätten seit vielen Jahren zwar eine vortreffliche Verwaltung geführt, aber sonst doch nur sehr mittelmäßige Politik gemacht. Sollte ihm einmal, wenn er über kurz oder lang von seinem Posten zurücktrete, das Lob gespendet werden, er habe auf allen Gebieten des Staatslebens für eine gerechte und unparteiische, vom modernen Geist durchwehte und von falschem Bureaukratismus freie Verwaltung gesorgt, so würde es ihm ganz gleichgültig sein, wenn man nebenher von ihm sage, daß er „kein staatsmännischer Kopf" gewesen sei — wenn man nur die Verwaltung anerkennen müsse.

22. Januar. (Preußisches Abgeordnetenhaus.) Provinzialdotationsgesetz.

Hierdurch werden den Provinzen außer den schon überwiesenen 37 Millionen weitere 10 Millionen zugewiesen. — Der Vorlage stimmen grundsätzlich alle Parteien zu, ebenso der Erklärung des Finanzministers v. Rheinbaben, daß, wenn die fernere Gestaltung der Finanzlage es ermögliche, die in der Vorlage bewilligte Summe dauernd bereitgestellt werden solle, und daß ein Eingreifen in die Selbstverwaltung der einzelnen Provinzen und Gemeinden sorgfältig zu vermeiden sei. — Die Vorlage wird an eine Kommission verwiesen.

22. Januar. (Reichstag.) Etat des Reichstags. Verhältnis zwischen Bundesrat und Reichstag.

Abg. Barth (fr. Vg.) beschwert sich über die rücksichtslose Behandlung des Reichstags durch den Bundesrat bei Initiativanträgen; sehr häufig lasse sich die Regierung dabei gar nicht vertreten. Der Bundesrat lasse sich Zeit mit seiner Stellungnahme und teile bei Ablehnungen nichts über seine Gründe mit, z. B. in der Jesuiten- und Diätenfrage. Ferner müsse das Wahlgeheimnis besser geschützt werden. Reichskanzler Graf Bülow: Wir sind uns der durch die Verfassung auferlegten Pflichten, so auch insbesondere der Pflicht bewußt, dafür Sorge zu tragen, daß bei Wahlhandlungen die bestehenden Gesetze auf das genaueste beobachtet werden. Wenn in dem erwähnten Wahlvorgange die bestehenden Gesetze irgendwie verletzt worden sind, so wird selbstverständlich Remedur eintreten. Eine Aenderung des Wahlgesetzes bezüglich der Wahlvorschriften in der angeregten Weise in Aussicht zu stellen, bin ich allerdings nicht in der Lage. Was die Stellungnahme der verbündeten Regierungen gegenüber Initiativanträgen aus diesem hohen Hause und ihre Haltung dazu betrifft, so muß ich für die verbündeten Regierungen das Recht wahren, nach eigenem Ermessen zu entscheiden, ob und in welcher Weise sie sich vertreten lassen wollen bei der Beratung solcher Anträge in diesem Hause. Diesen Grundsatz hat, soweit ich weiß, schon Fürst Bismarck aufgestellt, der Schöpfer der Reichsverfassung, und es ist meine Pflicht, als Reichskanzler die Rechte der verbündeten Regierungen in dieser Beziehung nicht beschränken zu lassen. Ich bin gewiß durchdrungen von dem Grundsatz der aufrecht zu erhaltenden Parität zwischen dem Reichstag und den verbündeten Regierungen. Der Abgeordnete Dr. Barth wird aber selbst nicht bestreiten wollen, daß auch Vorlagen der verbündeten Regierungen von diesem Hause nicht angenommen worden sind, daß sie also auch unter Umständen einem Antrage des Hauses ihre Zustimmung nicht oder noch nicht erteilen können.

Die Redner des Zentrums und der Linken sind nicht befriedigt von dieser Erklärung und fordern namentlich nähere Mitteilung über die Gewährung von Diäten; Graf Bülow lehnt unter Zustimmung der Rechten diese Verfassungsänderung ab.

23. Januar. (Preußen.) Dem Landtage geht folgende Vorlage über die Vorbereitung zum Justizdienste zu:

§ 1. Die Dauer des Rechtsstudiums, welches der ersten juristischen Prüfung vorangehen muß (§ 2 des Gerichtsverfassungsgesetzes), beträgt sieben Halbjahre.

§ 2. Den Gegenstand der ersten juristischen Prüfung bilden die Disziplinen der Rechtsgeschichte, des Privatrechts, des öffentlichen Rechts und der Nationalökonomie.

§ 3. Die Dauer des zwischen der ersten und der zweiten Prüfung liegenden Vorbereitungsdienstes beträgt drei und einhalb Jahre.

§ 4. Dieses Gesetz tritt am 1. April 1902 in Kraft. Die Vorschriften der §§ 1 und 3 finden auf Kandidaten, welche das Rechtsstudium vor dem 1. Oktober 1901 begonnen haben, unter der Voraussetzung keine

Anwendung, daß sie spätestens bis zum 30. September 1904 ihre Zulassung zur ersten juristischen Prüfung nachsuchen. Der Justizminister ist ermächtigt, den Vorbereitungsdienst auch bei diesen Kandidaten auf drei und einhalb Jahre zu beschränken, wenn sie ein Rechtsstudium von sieben Halbjahren zurückgelegt haben.

23. Januar. (Reichstagswahl.) Im Wahlkreise Bückeburg erhält Graf Reventlow (Antis.) 3016, Demmig (fr. Vp.) 3054, Reichenbach 1634 Stimmen. In der Stichwahl am 31. Januar wird Demmig mit 4541 Stimmen gegen Reventlow (3446) gewählt.

23. Januar. (Berlin.) Auf 115 Millionen Reichsanleihe und 185 Millionen preußische Konsols werden je 7 Milliarden gezeichnet.

25. Januar. (Württemberg.) Die Kammer der Abgeordneten lehnt einen Antrag des Zentrums, das Postübereinkommen mit dem Reiche den Ständen zur Genehmigung vorzulegen, ab und genehmigt den Antrag der Finanzkommission, die durch den Markenvertrag veranlaßten Abweichungen vom Finanzetat nicht zu beanstanden, mit 64 gegen 17 Stimmen. (Vgl. 1901 S. 176.)

Januar. Durch die deutsche Presse gehen Gerüchte, daß die amerikanischen von Morgan geführten Trusts die Aktien der deutschen Schiffahrtsgesellschaften aufkaufen wollten.

25. Januar. (Berlin.) Rede des Kaisers über die Kunst. (Vergl. 1901 S. 172.)

Der Kaiser enthüllt im Kunstgewerbemusem ein Gemälde zum Andenken an die Hochzeit seiner Eltern (25. Januar 1858) und hält dabei folgende Rede nach einer Ansprache des Kultusministers:

Ich spreche Ew. Excellenz Meinen herzlichsten und tiefgefühltesten Dank für die erhebenden Worte aus, womit Sie soeben des Wirkens Meiner verewigten Eltern gedachten. Mit der Enthüllung des Gedenkfensters trugen die Anstalten, die Meinen Eltern ihre Existenz verdanken, einmal ihren Dank ab und schufen sich zum andern ein ewiges Vorbild. Unser aller Herzenswunsch hätte es gewiß entsprochen, wenn wir heute um die beiden Stifter und Förderer dieses Hauses versammelt gewesen wären, um ihnen diese Gabe als Gruß entgegenzutragen. Aus dem idealen, hohen und reinen Sinne Meiner Eltern entsprossen, muß die Anstalt auch in diesem Sinne geleitet werden. Was die schweren Prüfungsjahre, die im letzten Jahrhundert über unser Volk und Vaterland dahingestürmt sind, zerstört und unserem Volke genommen hatten, das sollte diese Anstalt wieder in das Volk hineintragen. Die künstlerischen Sammlungen, die hier aufgestellt sind, zeugen von der Liebe zur Kunst und von dem Verständnis für dieselbe bei unseren Vorvätern, und Ich meine, daß die Aufgabe dieser Anstalten nie besser im Sinne Meiner Eltern durchgeführt werden kann, als wenn dieses Gefühl für die Kunst im Volke wieder lebhaft angeregt wird, so zwar, daß kein Gegenstand in Gebrauch genommen wird, der sich nicht einer künstlerischen Form erfreut, und daß die künstlerische Form stets wieder sich anlehnt an das bewährte Schöne, das aus früheren Jahrhunderten überliefert worden ist. Denn das liegt in dem Gefühl und dem

Wesen eines jeden Menschen: Was der Mensch einmal schön geschaffen hat, das bleibt für alle Jahrtausende schön, und wir, die wir nachfolgen, haben nur das Schöne festzuhalten und unseren Lebensbedürfnissen anzupassen. Das mögen sich auch die Schüler dieser Anstalt stets wieder vor Augen halten. Von der idealen Figur, wie der Meines Vaters an der Seite Meiner seligen Mutter, seiner Gattin, getragen von der Liebe des Volkes, ist der Segen herabgeströmt; eine herrliche Gestalt, der der Staub der Straße nicht einmal an den Saum des Gewandes reichte. Und ebenso das herrliche verklärte Bild Meiner Mutter, diese sorgende Frau, deren jeder Gedanke die Kunst war, bei der alles, sei es noch so einfach, das für das Leben gestaltet werden sollte, von Schönheit durchweht war. Der Hauch der Poesie umgab sie. Ihrer beider Sohn steht vor Ihnen als ihr Erbe und Vollzieher. Und so, wie Ich es schon früher ausgesprochen habe, sehe Ich es auch als Meine Aufgabe an, im Sinne Meiner Eltern die Hand über Meinem deutschen Volke und seiner heranwachsenden Generation zu halten, das Schöne in ihm zu pflegen und die Kunst in ihm zu entwickeln, aber nur in den festen Bahnen und den festgezogenen Grenzen, die in dem Gefühle für die Schönheit und der Harmonie der Menschen liegen, und Ich spreche von ganzem Herzen den Wunsch für dieses hochragende Haus und für seine Anstalten aus, daß aus ihm Segen in Hülle und Fülle über unser Volk strömen möge und daß des Volkes Geschmack, sein Vergnügen und seine Freude an dem Schönen von hier aus gepflegt und angeregt werden, damit jetzt, wo wir wieder so weit gelangt sind, daß unser Volk mehr für die Kunst zu tun vermag, als es in früheren trüben Zeiten geschehen konnte, wir auch wieder auf die Stufe uns erheben, auf der unsere Väter vor Jahrhunderten standen. Das ist von Herzen Mein Wunsch!

26. Januar. (Berlin.) Der Kaiser ernennt den zur Geburtstagsfeier anwesenden Prinzen von Wales zum Chef des 8. Kürassierregiments und begrüßt ihn mit folgender Rede:

Euere Königliche Hoheit wollen Wir gestatten, daß ich Sie im Namen der hier versammelten Kameraden des Ersten Garde-Dragoner-Regiments Königin von Großbritannien und Irland, Kaiserin von Indien, herzlich willkommen heiße. Das Regiment ist stolz darauf für alle Zeiten, diesen hohen Namen der großen Königin zu tragen, der es in ihrer langen Regierung vergönnt war, ihr Reich zu Macht und Größe zu führen. Als die edle Frau die Augen schloß, hat das Regiment seinem erlauchten und ihm stets so gnädig gesinnten Chef durch eine Deputation seines Offizierkorps die letzten Ehren erweisen dürfen. Es hat nunmehr die Freude, Euerer königlichen Hoheit erlauchten Vater, des Königs Eduard VII. Majestät, seinen Chef zu nennen. Der von ihm so lange geführte Titel des Prinzen von Wales ist auf Euere Königliche Hoheit übergegangen und begrüßen Wir Höchstdieselben zum erstenmal als solchen in Unserer Mitte. Auf dem Turnierhelm, der das Wappen des Prinzen von Wales ziert, wehen von Alters her drei Federn und unter ihnen steht die Devise: „Ich dien'". Diese schwerwiegende Devise haben Euere Königliche Hoheit vom ersten Augenblick an in ihrer vollen Bedeutung kennen gelernt. Denn als wir in jenen dunklen Trauerstunden in Osbornes Schloß um die hohe Verblichene versammelt waren, fesselte unerwartet ein ernstes Leiden Sie an das Krankenlager. In den tiefen Schmerz, welcher Euerer königlichen Hoheit Herz durchzitterte, mischte sich der Wermutstropfen der Entsagung, welche der Verzicht erzeugen mußte, ihr mit uns anderen nicht das letzte Geleit geben zu können. Als Euere königliche Hoheit Sich kaum erholt hatten, sandte Sie Ihr königlicher Vater im Dienste Ihres Vaterlandes auf die große Weltreise zu den britischen Untertanen jenseits der Meere. Auf einer Strecke von über 40000 Meilen haben Euere königliche Hoheit nur britischen Boden betreten und durch Ihr gewinnendes Wesen die entfernteren Teile des britischen Reiches und ihre loyale Bevölkerung zusammenfassen und fügen helfen zu jenem Imperium Britannicum, von dem auch gesagt werden kann, daß in seinen Grenzen die Sonne nicht untergeht. Kaum heimgekehrt, sind Euere königliche Hoheit dem Rufe Ihres Vaters folgend hierher geeilt, um als gerngesehenes Familienmitglied Meinen Geburtstag im Kreise der Meinen zu begehen. Und hierbei hatten Sie Zeit gefunden, des Königs blaues Dragoner-Regiment aufzusuchen und mit Ihrer Gegenwart zu beglücken. Für diesen Beweis von Kameradschaft dankt das Regiment Euerer königlichen Hoheit, indem es mit Mir ruft: Es lebe Seine königliche Hoheit der Prinz von Wales, der Repräsentant der englischen Armee und des erlauchten Chefs dieses Regiments!

27. Januar. (Berlin.) Erlasse des Kaisers über Neubenennung von Truppenteilen.

An den Reichskanzler Graf Bülow ergeht folgender Erlaß:

Ich habe beschlossen, die Benennung der Truppenteile Meines Heeres in vaterländischem Sinne zu erweitern. Ich will dadurch den alten teueren Ueberlieferungen der unter Meinem Zepter vereinigten Lande und Stämme in der Armee eine dauernde Stätte und Ehrung bereiten und gleichzeitig ihnen den Beweis Meiner warmen und tiefen Anerkennung zu teil werden lassen, die Ich ihrer Tüchtigkeit und Hingebung an das gemeinsame Vaterland zolle. Diese alten deutschen Namen entrollen ein Bild des Werdens unseres Volkes. Ich will sie der Vergessenheit entreißen. In der Armee vereinigt, geben sie ein Abbild der deutschen Geschichte. Möge der Geist, der die Träger dieser Namen seit Jahrhunderten beseelt und zu Taten befähigt hat, die ihren Schlußstein in der Wiederaufrichtung des Reiches fanden, bis in die fernste Zukunft lebendig bleiben! Dann wird das Vertrauen, in welchem Ich ihnen an Meinem Geburtsfeste diese Auszeichnung zu teil werden lasse, reiche Frucht tragen und zu fortdauerndem Ansporne gereichen, mit Gut und Blut für die Größe und Macht des Vaterlandes einzustehen, und nicht zu weichen und zu wanken, mögen auch Stürme nach Gottes Ratschluß über uns hinwegbrausen. Ich ersuche Sie, diesen Erlaß zur öffentlichen Kenntnis zu bringen!

Das „Armeeverordnungsblatt" bringt folgenden Armeebefehl:

Ich habe Mein diesjähriges Geburtstagsfest gewählt, um in der Ausführung einer lange gehegten Absicht in der Benennung der Truppenteile Meines Heeres Aenderungen eintreten zu lassen. Eine größere Zahl derselben entbehrte bisher einer selbständigen Unterscheidung. Aber je größer eine Heeresorganisation sich gestaltet, um so notwendiger ist die individuelle Entwickelung der einzelnen Teile. Nur im Wetteifer derselben werden Eigenschaften und Kräfte lebendig, welche das ganze auf eine höhere Stufe der Leistung zu bringen geeignet sind. In Meiner Armee vereinigen sich die Traditionen vieler deutscher Stämme und Landesteile. Diese Ueberlieferungen zu pflegen ist Mein Streben, Meine Pflicht. Heer und Volk sind bei uns eins. Im Heere verkörpert sich die Geschichte Meines Landes. Mögen die neuen Namen, die Ich hiemit verleihe, das Bewußtsein lebendig erhalten, daß unser Deutsches Reich geschaffen ist durch die Tüchtigkeit der einzelnen Glieder seines Volkes, und daß es Pflicht jedes Angehörigen Meines Heeres ist, seinen Stamm und seine Heimat im Wetteifer mit den anderen zu Ehren zu bringen. Möge den Truppenteilen hieraus ein neuer Ansporn erwachsen zur Pflege des Geistes, der allein im Heere groß und siegreich macht.

Das „Armeeverordnungsblatt" veröffentlicht die einzelnen Neubenennungen.

27. Januar. (**Berlin.**) Der Kaiser schenkt der Stadt Rom eine Goethe-Statue. Depeschenwechsel.

Der Kaiser richtet folgende Depesche an den Bürgermeister von Rom: An Meinem Geburtstage gedenke Ich dankbar der gastlichen Aufnahme, die Ich so oft in Italien, insbesondere in Rom, gefunden habe. Als Ausdruck Meiner Empfindung wolle Ihre Munizipalität von Mir ein Denkmal des Deutschen entgegennehmen, der unser Volk immer auf Italien hingewiesen und damit dem deutschen Idealismus neue hohe Ziele gesteckt hat. Wie kein anderer fühlte Goethe den Zauber der herrlichen Stadt und wußte denselben in unvergänglichen Worten und Werken der Dichtkunst festzulegen. Möge der junge Goethe in dem ewigen Roma ebenso gastliche Aufnahme jetzt im Marmorbilde wie einst im Leben finden. Möge sein Standbild unter dem blauen Himmel des von ihm besungenen Landes, wo hoch der Lorbeer steht, ein dauerndes Wahrzeichen der aufrichtigen herzlichen Sympathien bilden, die Mich und Deutschland mit dem schönen Italien verbinden. — Der Bürgermeister dankt in einem Telegramm, worin es heißt: Im Einklang mit dem Gedanken Ew. Majestät wird das Bildnis Goethes in diesem unseren Rom, das er so besonders liebte, immerdar ein Unterpfand der beständigen, unverbrüchlichen Freundschaft sein, welche beide Völker verbindet.

27. Januar. Der „Reichs-Anzeiger" veröffentlicht eine Verordnung des Bundesrats über die Arbeitsdauer der Lehrlinge und Gehilfen in Gast- und Schankwirtschaften. Sie tritt am 1. April in Kraft.

28. Januar. (**Reichstagswahl.**) Im Wahlkreise Döbeln-Roßwein (Sachsen) wird Grünberg (Soz.) mit 11714 Stimmen gewählt gegen Vogel (nl.) mit 5924 und Sachße (konf.) mit 5213 Stimmen. — Der Wahlkreis war bisher nationalliberal vertreten.

28. Januar. (**Reichstag.**) Interpellation über das Jesuitengesetz. Erklärung.

Abg. Spahn (Z.) befragt die Regierung über ihre Stellung zu der vom Reichstage beantragten Aufhebung des Jesuitengesetzes. Die Jesuiten brächten fortwährend große Opfer für das Vaterland im Auslande, ohne sich durch den Undank, der ihnen zu teil werde, beirren zu lassen. Auch wissenschaftlich leisteten sie hervorragendes, es sei daher eine Ehren- und Dankespflicht, die Verbannung aufzuheben. Staatssekretär Graf Posadowsky verliest folgende Erklärung: Die Anträge, welche Gegenstand der vorliegenden Interpellation sind, unterliegen der eingehenden Prüfung der einzelstaatlichen Regierungen. Von katholischer Seite ist wiederholt darauf hingewiesen worden, daß die Tätigkeit der Predigerorden, insbesondere des Jesuitenordens, zur Ergänzung und Unterstützung der geordneten parochialen Seelsorge in gewissen Fällen und in gewissen Landesteilen nicht entbehrt werden könne, daß in der aushilfsweisen Tätigkeit jener Predigerorden vielmehr eine notwendige Forderung für die Befriedigung der konfessionellen Bedürfnisse der katholischen Kirche liege. Anderseits hegen weite Kreise der protestantischen Bevölkerung auf Grund geschichtlicher Erinnerungen gegen die Wiederzulassung des Jesuitenordens lebhafte Besorgnis. Wenngleich unter der modernen einzelstaatlichen Gesetzgebung über das Staatskirchenrecht die Stellung der einzelnen Konfessionen eine wesentlich andere geworden ist, so bleibt doch die Tatsache bestehen, daß jene Befürchtungen ziemlich tief im Volksgemüt wurzeln. Man wird diesen Widerstreit der Meinungen auch nicht beseitigen können durch den Hinweis darauf, daß in einem modernen Staate die verschiedensten ethischen Richtungen im geistigen Kampfe ihr Gegengewicht und ihren Ausgleich finden müssen, und daß ein solcher Kampf die natürliche Voraussetzung für die fortgesetzte Auffrischung des geistigen Lebens einer Nation sei. Unter solchen Verhältnissen ist es erklärlich, daß die einzelstaatlichen Regierungen auf dem streitigen Gebiete erst nach reiflicher und langer Erwägung Entschließungen fassen können gegenüber den Anträgen, welche eine Abänderung des gegenwärtig bestehenden gesetzlichen Zustandes anstreben. Es ist zu erwarten, daß sich die verbündeten Regierungen noch im Laufe der gegenwärtigen Session zu der schwebenden Frage schlüssig machen werden und wird der Beschluß der verbündeten Regierungen dem Reichstage demnächst in der bisher üblichen Form mitgeteilt werden.

Abg. Bachem (Z.) bezeichnet die Erklärung als nichtssagend.

29. Januar. (Reichstag.) Beratung des Toleranzantrags. (Vergl. 1900 S. 161, 1901 S. 94.) Regierungserklärungen.

Staatssekretär Graf Posadowsky erklärt über die in dem Kommissionsantrage geforderte Freiheit des Religionsbekenntnisses (1901 S. 94) und über die Kompetenz des Reiches in dieser Angelegenheit: Der Reichskanzler hat bereits in diesem hohen Hause hingewiesen, daß die Ausübung des jus circa sacra ein Sonderrecht der Einzelstaaten sei und hierdurch die Einwirkung der Reichsgesetzgebung zu gunsten der staatsrechtlichen Stellung der katholischen Kirche daselbst ausgeschlossen bleiben muß. Es ist indessen nicht zu bestreiten, daß in den Bundesstaaten, wo jedem Bundesangehörigen das gesetzliche Recht zusteht, in jedem Einzelstaate seinen gesetzlichen Wohnsitz zu nehmen, und wo ferner eine große Anzahl von Reichsbeamten den amtlichen Aufenthalt häufig zu wechseln haben, aus politischen und konfessionellen Gründen es in hohem Grade erwünscht ist, eine möglichste Uebereinstimmung des einzelstaatlichen Kirchenrechts herbeizuführen. Aus diesem Grunde hat der Reichskanzler zunächst sich an die mecklenburgisch-schwerinsche Regierung gewendet und ist von der letzteren ein sehr bereitwilliges Entgegenkommen gezeigt worden. Nach einer Mitteilung dieser Regierung ist dieselbe entschlossen, durch ein Gesetz — jedoch vorbehaltlich der näheren Formulierung — den Angehörigen der römisch-katholischen Kirche die öffentliche Religionsausübung zu gewähren und diese im wesentlichen in gleicher Weise rechtlich zu ordnen, wie dieses in Preußen und Bayern zur Zeit geschehen ist. Der Reichskanzler ist entschlossen, den begonnenen Versuch, die in Deutschland zu ungunsten der katholischen Reichsangehörigen auf dem Gebiete des Staatskirchenrechtes noch bestehenden Ungleichheiten zu beseitigen, im Wege bundesfreundlicher Verhandlungen fortzusetzen. Er bittet das hohe Haus, den Erfolg dieser Tätigkeit abzuwarten.

Mecklenburg-schwerinscher Bevollmächtigter Langfeld: In Mecklenburg stehe eine Verordnung bevor, wonach der katholischen Konfession die öffentliche Religionsausübung mit allen Vorrechten einer solchen zugestanden wird. Braunschweigischer Gesandter v. Cramm-Burgdorf weist auf den Gesetzentwurf über die Parität der evangelischen und katholischen Bevölkerung hin, der dem braunschweigischen Landtag vorliegt und von diesem sicherlich angenommen werde.

29. Januar. Erlaß des Staatssekretärs des Reichsmarineamts. Diskussion über Flottenfragen.

Der „Vorwärts" veröffentlicht folgenden vertraulichen Erlaß des Staatssekretärs v. Tirpitz vom 6. Januar:

Bei Aufstellung der Berechnungen zum jetzigen Flottengesetz diente als Grundlage für die Gesamtentwickelung der Marine lediglich der Gesichtspunkt, jährlich eine gleiche Anzahl von Schiffen in Bau zu geben, und zwar wurde das jährliche Bautempo auf 2 Linienschiffe, 1 großen Kreuzer, 3 kleine Kreuzer festgesetzt. Eine parallel laufende planmäßige Steigerung der Indiensthaltungen, im besonderen der möglichst beschleunigte organisatorische Aufbau der Schlachtflotte, mußte in den Berechnungen vorläufig außer Acht gelassen werden, da eine dem anwachsenden Schiffsbestande entsprechende Steigerung der Indiensthaltnngen für die Jahre 1905 bis 1910 so hohe Bedarfszahlen für die „Fortdauernden Ausgaben" ergeben hätte, daß die Flottenvorlage ohne neue Steuern nicht durchführbar gewesen und infolgedessen aufs äußerste gefährdet worden wäre. Nach den bisherigen Absichten soll dem Reichstage im Winter 1904/1905 eine Novelle zum Flottengesetze vorgelegt werden. Der Inhalt der Novelle selbst wird sich zwar nur auf die zahlenmäßige Vermehrung der Auslandsschiffe erstrecken, die beizufügende Begründung aber wird 1. den Schiffsbauplan für die nächsten 5 Jahre (1906--1910), 2. einen Ueberblick über die Entwickelung der Gesamtkosten der Marine innerhalb dieser Bauperiode (1906 bis 1910) geben müssen. Falls im Winter 1904/5 die finanziellen und innerpolitischen Verhältnisse des Reiches dies irgendwie gestatten, wird man den Versuch machen müssen, in der vorzulegenden Begründung zur Flottennovelle, die planmäßige Entwickelung der Indiensthaltungen in den Jahren 1906--1910 dem wachsenden Schiffsbestand und dem zu beschaffenden Berufspersonal anzupassen und zu diesem Zwecke eine ausreichende Steigerung der „Fortdauernden Ausgaben" in den Berechnungen vorzusehen. Eine wie hohe jährliche Steigerung der „Fortdauernden Ausgaben" seinerzeit in der Reichstagsvorlage in Aussicht genommen werden kann, ist eine etatspolitische Frage, deren Entscheidung vorbehalten bleiben muß. Von größter Wichtigkeit aber ist es, baldmöglichst klare Anschauungen darüber zu gewinnen, welche Steigerung der Indiensthaltungen nach Maßgabe des zu beschaffenden Berufspersonals bis zum Jahre 1910 einschließlich bei normaler Entwickelung möglich ist, und welche Geldmittel dazu erforderlich sind. Zu diesem Zwecke ersuche ich, im Einvernehmen mit den anderen beteiligten Gruppen des Hauses: 1. einen Indiensthaltungsplan nach Maßgabe des 1910 verfügbaren Schiffsbestandes und des bis 1910 bereit zu stellenden Berufspersonals (Kapitel 52), 2. den Gesamtbedarf an Militärpersonal (Kapitel 51) zur Durchführung dieses Indiensthaltungsplanes aufzustellen und mir vorzulegen. Als Muster für den Indiensthaltungsplan ist der alljährlich für den Etat aufgestellte Indiensthaltungsplan unter namentlicher Aufführung der einzelnen Schiffe bezw. Angabe des Schiffstypus zu benutzen, damit nach diesem Plan Kapitel 52 berechnet werden kann. Eine Schiffsliste der im Jahre 1910 dienstbereiten Schiffe liegt bei. Bei Aufstellung derselben ist angenommen, daß 1. das jetzige Bautempo von jährlich 2 Linienschiffen, 1 großen Kreuzer und 3 kleinen Kreuzern auch von 1906--1910 beibehalten wird, 2. Linienschiffe und große Kreuzer 5 Jahre, kleine Kreuzer 4 Jahre, Torpedoboot-divisionen 3 Jahre nach der Bewilligung ihre Probefahrten beendigt haben und dienstbereit sind. Bei Aufstellung des Indiensthaltungsplanes ersuche ich im besonderen folgendes zu erwägen: A. Auslandsschiffe. Wir werden bis zum Jahre 1910, also für acht Jahre, mit einer erheblichen Steigerung der Auslands-Indiensthaltungen rechnen müssen. (Folgt ein Tableau und unter B. ein Verzeichnis der heimischen Schlachtflotte.) Der Staatssekretär des Reichsmarineamts, gez. v. Tirpitz.

Die sozialdemokratischen Zeitungen und die agrarische „Deutsche Tageszeitung" behaupten auf Grund dieses Erlasses, daß der Reichstag im Jahre 1900 vom Staatssekretär getäuscht worden sei, weil nach dem Erlaß eine neue Marinevorlage früher als damals angenommen zu erwarten sei. Auch die „Kölnische Volkszeitung" spricht von „Hinterhaltigkeit, die stark nach absichtlicher Täuschung des Reichstags aussieht".

30. Januar. Das **Preußische Abgeordnetenhaus** verweist einen Antrag der Konservativen auf Umgestaltung der Generalkommissionen an eine Kommission. Landwirtschaftsminister v. Podbielski spricht sich entgegenkommend aus.

30. Januar. Der **Reichstag** verweist die Novelle zum Branntweinsteuergesetz an eine Kommission.

31. Januar. Der **Reichstag** genehmigt einen Antrag Pachnicke (fr. Vg.) auf Einsetzung einer Kommission zur Prüfung der Frage der Arbeitslosenversicherung.

1. Februar. Das **Preußische Abgeordnetenhaus** verweist den Gesetzentwurf gegen die Verunstaltung landschaftlich hervorragender Gegenden durch Reklame an eine Kommission.

1. Februar. (**Preußen.**) Die Minister der Justiz und des Unterrichts erlassen folgende Bestimmungen über die Zulassung zum juristischen Studium (vgl. S. 22):

1. Die geeignetste Anstalt zur Vorbildung für den juristischen Beruf ist das humanistische Gymnasium. 2. Zu dem Rechtsstudium werden außer den Studierenden, welche das Zeugnis der Reife von einem deutschen humanistischen Gymnasium besitzen, auch solche Studierende zugelassen, welche das Zeugnis der Reife von einem deutschen Realgymnasium oder von einer preußischen Ober-Realschule besitzen. 3. Den Studierenden der beiden letzteren Kategorien sowie denjenigen Gymnasialabiturienten, deren Reifezeugnis im Lateinischen nicht mindestens das Prädikat „genügend" aufweist, bleibt es bei eigener Verantwortung überlassen, sich die für ein gründliches Verständnis der Quellen des römischen Rechts erforderlichen sprachlichen und sachlichen Vorkenntnisse anderweit anzueignen. 4. Bei der Einrichtung des juristischen Studiums und der ersten juristischen Prüfung wird Vorkehrung getroffen werden, daß die zu 3 bezeichneten Studierenden sich über die dort gedachten Vorkenntnisse auszuweisen haben.

1. Februar. (**Preußisches Abgeordnetenhaus.**) Debatte über Viehseuchen. Einschleppung aus Österreich durch Bayern.

Abg. Ring (konj.): Der Berliner Viehhof werde mit Vieh aus Süddeutschland überflutet, das aus Oesterreich stamme und die deutsche Viehzucht durch Seuchen bedrohe. Landwirtschaftsminister v. Podbielski:

Die Grenzsperre habe 1901 gute Resultate ergeben. Es erfolgte im August ein vehementer Ausbruch der Maul- und Klauenseuche in Süddeutschland, speziell in Bayern. Während zu Anfang August dort neun Gemeinden und 49 Gehöfte von der Seuche ergriffen waren, stieg deren Zahl im Oktober auf 63 Gemeinden und 548 Gehöfte. Es muß anerkannt werden, daß seitens der bayerischen Regierung alle möglichen Anordnungen getroffen wurden, um ein weiteres Umsichgreifen der Seuche zu verhindern. Es ist jetzt auch ein besserer Rekord erzielt worden. Die Seuche griff aber auch nach Baden und Württemberg über und wütet noch schlimmstens in Elsaß-Lothringen. Von Preußen sei der Kreis Hanau und die Provinz Sachsen in Mitleidenschaft gezogen.

Januar. Februar. (Preußen.) Es wird die Frage in der Öffentlichkeit diskutiert, ob in Posen zur Förderung des Deutschtums eine Universität errichtet werden soll. Die polnische Presse befürwortet vielfach die Idee, die deutsche ist zum Teil dagegen, weil sie dem Polentum zu gute kommen werde. (Vgl. „Deutsche Monatsschrift" Bd. II, Heinrich Brunner.)

Januar. Februar. Diskussion über die Zollfrage.

In der Presse wird vielfach behauptet, daß die Regierungen über die Zollfrage nicht einig seien. Darüber schreibt die offiziöse „Nordd. Allg. Zeitung": Im Kampfe um den Zolltarif zeigt sich die auffällige Erscheinung, daß von den beiden entgegengesetzten Richtungen, der extrem-agrarischen und der freihändlerischen, mit der Unterstellung von Meinungsverschiedenheiten unter den zuständigen Stellen im Reiche und unter den Mitgliedern des preußischen Ministeriums zu operieren versucht wird. Einerseits insinuieren radikale Blätter, daß Graf Posadowsky den agrarischen Forderungen entschiedener entgegentrete als der Reichskanzler, andrerseits deutet die „Deutsche Tageszeitung" an, daß Minister v. Podbielski, obgleich amtlich zur Vertretung der Reichstagsvorlage verpflichtet, doch persönlich weiteren Erhöhungen und Bindungen der landwirtschaftlichen Schutzzölle zuneige. Diesen Behauptungen stellen wir die Tatsache entgegen, daß die große Mehrheit der Bundesregierungen, insbesondere alle größeren Bundesstaaten, wie sämtliche preußischen Minister, ohne jede Ausnahme, auf dem Boden der Bundesratsvorlage stehen, und daß daher ein Durchbrechen dieser gleichen Front durch Hervortreten oder Zurückbleiben einzelner Stellen ausgeschlossen erscheint. Die amtlichen Vertreter des Entwurfes sind durchaus einig, daß das ganze Werk durch Ueberschreiten der vorgeschlagenen Minimalsätze oder durch Vermehrung der Zollbindungen, sowie durch Uebertreibungen von der Art des vom Grafen Posadowsky in voller Uebereinstimmung mit dem Reichskanzler bekämpften Antrages wegen der Ursprungszeugnisse auf das ernstlichste gefährdet wird.

Die Blätter der Rechten und des Zentrums sehen in dieser Erklärung kein Ultimatum der Regierung und führen aus, daß ein Kompromiß der Mehrheitsparteien die Regierung zur Genehmigung höherer Zollsätze, als sie der Tarif vorschlägt, bewegen werde. Die konservative „Schlesische Zeitung" stellt antimonarchische Opposition in Aussicht, falls die Forderungen der Landwirtschaft abgelehnt würden.

Februar. (Sachsen.) Finanzkonflikt zwischen Regierung und Kammer. Ministerkrisis.

Die Finanzkommission der zweiten Kammer kritisiert scharf mehrere

Etatsüberschreitungen. Die für den Bau einer Bahn Chemnitz-Wechselburg bewilligten Summen sind im Nachtragsetat erheblich überschritten, so daß jetzt in der einen Position statt 700000 M. 1200000 M. gefordert werden, während bei zwei anderen Titeln die ursprünglich geforderten Summen von 5334000 M. um 2695000 M. bezw. von 3097000 M. um 2479000 M. überstellt worden sind. Die Kommission erklärt, daß solche außerordentliche Ueberschreitungen inkonstitutionell seien, da dadurch die Rechte der Stände bei Festsetzung des Etats in wesentlichen Stücken beeinträchtigt würden. Bei den Verhandlungen der Kommission mit den kgl. Regierungskommissären stellt sich außerdem heraus, daß die Regierung das Projekt nachträglich (nach der Bewilligung durch die Kammern) eigenmächtig geändert hat, daß Enteignungen des Areals vorgenommen wurden, ehe die Trace feststand, daß der neue Kostenanschlag von unteren Instanzen ohne Verständigung des Ministeriums aufgestellt und diesem erst vorgelegt worden ist, als die Bahn schon zum größten Teil fertig gebaut war. Das beweise die völlige Unhaltbarkeit des gegenwärtig bei Bahnbauten eingeschlagenen Verfahrens und die durchaus ungenügende Kontrolle desselben. Gleichwohl erklärt die Regierung, daß sie eine Verletzung der Verfassung nicht anerkennen könne und deshalb um Indemnität beim Landtag nachsuchen werde. Dies hat zur Folge, daß die Kommission sich weigert, dem Plenum die Bewilligung des Nachtragskredites zu empfehlen. Hierauf erklärt das Finanzministerium, daß die Ueberschreitungen „nicht ohne weiteres" eine Verfassungsverletzung involvieren, daß die Regierung aber doch im Hinblick auf die Höhe derselben ausdrücklich um Indemnität nachgesucht haben wolle. Jetzt erklärt die Kommission sich befriedigt und beantragt die Bewilligung der fraglichen Posten.

Am 7. Februar erklärt Ministerpräsident v. Metzsch in der Kammer: Das Finanzministerium erkenne nicht an, daß die Ueberschreitungen, wie behauptet, ein Eingriff in ständische Rechte seien. Das Gesamtministerium stehe auf dem Standpunkt, daß es in der bloßen, durch ein pflichtwidriges Verhalten der verantwortlichen Ratgeber veranlaßten Ueberschreitung für ein an sich bewilligtes Unternehmen eine Beeinträchtigung der Rechte der Landesvertretung überhaupt nicht zu erkennen vermöge. Diese Ansicht werde auch von den Autoritäten unter den Staatsrechtslehrern vertreten. Wolle man sich auf den Standpunkt der Kommission stellen, so würde das für die Regierung eine Situation schaffen, in die sie sich keinesfalls bringen lassen dürfe, wenn auch selbstverständlich sei, daß die Ueberschreitungen der nachträglichen Rechtfertigung durch die Regierung bedürften; die Ständekammer habe auch bisher nie Anstand genommen, unvermeidliche Ueberschreitungen in ansehnlicher Höhe nachträglich gut zu heißen. Wenn die Regierung die Erklärung in der Kommission abgegeben habe, sie erkenne eine inkonstitutionelle Handlungsweise nicht an, wolle aber bei der Höhe der Ueberschreitungen doch um Indemnität ausdrücklich nachgesucht haben, so habe sie eine bestehende Meinungsverschiedenheit über eine Frage des Etatsrechtes im Wege des Kompromisses beseitigen wollen. Mit dem Ausdrucke Indemnität habe keineswegs zugestanden werden sollen, daß eine Verfassungsverletzung vorliege.

Die Führer der konservativen und nationalliberalen Fraktion verfechten den Standpunkt der Kommission. Abg. Stöckl (konj.): Er bedaure, daß die Regierung durch die heutige Erklärung ihre früher in der Kommission gegebene wieder abschwäche. Sache der Regierung sei es, darauf zu achten, daß im Interesse eines gesunden Verfassungslebens das Recht der Stände gewahrt bleibe. Die Kammer sei mit den Leistungen des Finanzministeriums durchaus nicht einverstanden, wünsche vielmehr, daß ein anderer Kurs eingeschlagen werde. Wenn im gewöhnlichen Leben einem gesagt werde: „Du hast unser Vertrauen nicht mehr!" dann gebe man sich die Hand und sage „Lebewohl!" Er hoffe, daß er deutlich genug gewesen sei, um verstanden zu werden. (Großer Beifall.) Hierauf wird beschlossen, in Rücksicht darauf, daß durch die Regierungserklärung die Grundlage, auf welcher der Kommissionsantrag (die beanstandeten Ueberschreitungen in der Hauptsache zu genehmigen) gefaßt worden sei, verändert werde, den Bericht der Kommission dieser zur anderweitigen Berichterstattung zurückzugeben. — Infolgedessen reicht das ganze Ministerium seine Entlassung ein. Die Presse steht durchweg auf seiten der Kammer und tadelt die inkonstitutionelle Finanzpolitik.

Am 10. Februar genehmigt der König den Rücktritt des Finanzministers v. Watzdorf, lehnt aber die Demission der übrigen Minister ab. Finanzminister wird der bisherige Justizminister Dr. Rüger, dessen Nachfolger der Erste Staatsanwalt Dr. Otto wird.

6. Februar. Das **Preußische Abgeordnetenhaus** verweist den Gesetzentwurf über die Neuordnung des juristischen Studiums an eine Kommission.

7. Februar. (Reichstag.) Marineetat. Beratung des Geheimerlasses (S. 28).

Staatssekretär v. Tirpitz: Bei der Beratung des Flottengesetzes hielten die Regierungen es für notwendig, nach dem Bau des Linienschiffsgeschwaders an die Vermehrung der Auslandsschiffe heranzutreten. Demgemäß würde die erste Vermehrung 1906 zur Anmeldung gekommen und eine Novelle ein Jahr vorher vorgelegt worden sein. Mein Erlaß enthält nun die Anordnung, in eine Vorarbeit für diese Novelle einzutreten. Es ist gewissermaßen eine Studie. Ich habe ihn als geheim bezeichnet, weil er lediglich als eine interne Angelegenheit des Reichsmarineamts beurteilt werden sollte und ich mir auch selbst meine Beschlußfassung vorbehalten mußte. Er geht davon aus, daß wir in dem augenblicklich bestehenden Schiffsbautempo der drei großen und drei kleinen Schiffe nichts ändern wollen. In den einmaligen Ausgaben für Docks u. s. w. sind für jetzt 18 Millionen ausgesetzt. Anders verhält es sich bei den fortdauernden Ausgaben in Höhe von 6 Millionen, welche in Ansatz gebracht sind. Ich habe mich nun, wie ich an die Vorarbeiten dieser Novelle heranging, der Wahrscheinlichkeit nicht verschließen können, und zwar veranlaßt durch die Berichte unseres Geschwaderchefs draußen in Ostasien, daß wir die Vermehrung der Auslandsindiensthaltung bis 1911 nicht würden verschieben können. Ich mußte mit einer solchen Möglichkeit rechnen, mußte aber, um eine Unterlage für die Beratung zu gewinnen, ein fingiertes Tableau dieser Vermehrung aufstellen und darin wurde die Ausgabe auf 8 Millionen geschätzt, gegenüber den 6 augenblicklich vorgesehenen. Es handelt sich eben um eine Schätzung, da eine Berechnung fehlt. Diese Steigerung ist nun der einzige finanzielle Effekt, der aus meinem Erlaß hervorgeht Also ich wiederhole: eine Beschleunigung im Bautempo tritt nicht ein, auch nicht eine Vermehrung der Kosten bei den einmaligen Ausgaben, dagegen würde bei einer Steigerung der Auslandsindiensthaltung eine Vermehrung der fortdauernden Ausgaben eintreten. Die Beschlußfassung darüber muß ich mir vorbehalten. Ich habe den finanziellen Effekt genau fixieren wollen, um den maßlosen Uebertreibungen in bezug auf neue Flottenpläne hier entgegenzutreten. Inzwischen werden sich ja in der Presse die Ansichten mehrfach geklärt haben und in einer Reihe von Zeitungen beschränkt sich der Vorwurf darauf, ich hätte die Vermehrung der Auslandsschiffe beim Flottengesetz nicht für ausreichend bezeichnet. Darauf habe ich zu erwidern: Erstens haben die Regierungen schon 1900 eine Vermehrung der Auslandsindiensthaltung um acht große Schiffe für erforderlich gehalten, davon sind fünf damals gestrichen, drei bewilligt, nur drei große Schiffe für die effektive Vertretung Deutschlands auf der ganzen Erde! Zweitens: der Druck für die Vermehrung der Auslandsindiensthaltung ist stärker geworden. Den finanziellen Effekt der chinesischen Wirren habe ich nicht vorausgesehen und die ganze Entwicklung in Asien läßt den Druck viel stärker erscheinen. Wenn ich nun mit dieser Möglichkeit rechnete und mir darüber klar war: was würde der finanzielle Effekt einer solchen Vermehrung der Schiffe sein? Kann man da gegen einen Chef einen solchen Vorwurf konstruieren? Es war einfach seine Pflicht! (Sehr wahr! rechts.) Eine andere Verdächtigung knüpfte sich an folgenden Passus meines Erlasses: Eine parallel laufende planmäßige Steigerung der Indiensthaltung, insbesondere der beschleunigte organisatorische Ausbau der Schlachtflotte müßte in den Berechnungen vorläufig außer acht gelassen werden, da eine den anwachsenden Schiffsbeständen entsprechende Steigerung der Indiensthaltung für die Jahre 1905—1910 so hohe Bedürfniszahlen ergeben hätte, daß die Flottenvorlage ohne neue Steuern nicht durchführbar wäre (Hört! hört! links) und die Vorlage aufs äußerste gefährdet würde. (Hört! hört! links.) Diesen Passus zu verstehen, dazu gehört eine eingehende Kenntnis der Marineverhältnisse (Lachen links) und der Vorgänge. Der Erlaß war ja auch an die Experten des Reichsmarineamts adressiert. Ich verstehe, daß den draußenstehenden Laien, die sich mit diesen Dingen nicht beschäftigt haben, dieser Passus unverständlich war. (Heiterkeit links.) Ja, ich möchte zugeben, daß, wenn ein völliger Laie diesen Passus liest, er auf den Gedanken kommt, da steckt etwas dahinter, da ist etwas nicht richtig. (Sehr richtig links.) Das ist durchaus nicht der Fall. Auch den sachlichen Inhalt dieses Passus halte ich absolut aufrecht. Freilich hätte ich, wenn ich hätte ahnen können, daß dieser gestohlene Erlaß veröffentlicht werden würde, diesen Passus ausführlicher behandelt. Zunächst handelt er überhaupt gar nicht von Auslandsschiffen, sondern lediglich von dem organisatorischen Aufbau der Schlachtflotte. Nach dem Flottengesetz fielen in die erste Hälfte der Ausführungszeit die Neubauten, in die zweite die Ersatzbauten. Es eilte also der Zahl nach das Schiffsmaterial in der ersten Hälfte voraus und wird von dem Personalzuwachs erst in der zweiten eingeholt. Diese Eigentümlichkeit des Flottengesetzes würde zur Folge haben, daß wir in den Jahren 8, 9, 10 der Zahl nach bereits die ganze Schlachtflotte so ausbauen können, wie wir überhaupt die Zeit haben. Das würde nicht möglich gewesen sein, wenn wir es so gemacht hätten, und darauf bezog sich die zweite Hälfte dieses Passus. Von einer Täuschung kann man doch nur sprechen, wenn die Absicht vorgelegen hätte, die Schlachtflotte anders zu entwickeln, als es im Flottengesetz niedergelegt ist. Diese Absicht hat weder 1900 vorgelegen, noch jetzt, sondern wir beabsichtigen, das Flottengesetz so auszuführen, wie es gefaßt ist, eine solche Absicht wäre ja auch nicht durchführbar. Wenn wir jenen Weg beschritten hätten, dann hätten wir von vornherein das Personal an Offizieren und Schiffsjungen nach solchen Berechnungen in doppelter Anzahl einstellen müssen, um die Flotte bis 1910 vollständig zu formieren. Mit diesem Zuwachs hätten gleichzeitig die Schulschiffszahl verdoppelt und die Mannschaftsquote auf 4000 Mann vermehrt werden müssen. Das wäre eben nicht möglich gewesen; daß wir nicht so verfahren wollten, beweist der vorliegende und der vorjährige Etat. Einen zweiten Beweis, daß die Absicht nicht vorlag, das Flottengesetz in dieser Weise zu beschleunigen, würden die Herren in demjenigen Teil des Erlasses finden, der vom „Vorwärts" nicht veröffentlicht worden ist. Ich habe in diesem Teil die Berechnung gegeben für den Aufbau der Schlachtflotte für 1905—1910, so wie er berechnet werden sollte. Nun konnte man mir einwerfen: „Ja, warum hast du, Staatssekretär, wenn das nötig war, denn das gesagt?" Mir lag daran, diesen Grundsatz, ehe wir überhaupt an die erste Bearbeitung der Novelle herantraten, festzunageln, daß wir bei der Aufstellung des Flottengesetzes nicht daran gedacht haben, in beschleunigter Weise die Sache zu entwickeln. Ich habe die Verantwortung für die Ausführung des Flottengesetzes, und dieser Grundsatz sollte eine aktenmäßige Grundlage geben. Man wird es im allgemeinen einem Seeoffizier nicht verdenken können, daß er eine Beschleunigung des Aufbaues unserer Schlachtflotte wünscht. Namentlich Frontoffiziere glauben gern, daß der Staatssekretär es schneller machen könnte, wenn er nur wollte. Dem habe ich entgegentreten wollen. Wenn Sie nun auf Grund dieser Darlegungen den Passus noch einmal durchlesen wollen, so wird niemand mehr den Vorwurf der Täuschung gegen mich daraus konstruieren können. (Zustimmung rechts.) Alljährlich treten bei Aufstellung des Marine-Etats Anforderungen für sonstige einmalige Ausgaben an mich heran. Wenn nun diese Anforderungen sich auf 25 Millionen Mark belaufen, und ich reduziere sie auf 18 Millionen, indem ich sage: wir werden damit auskommen, und es kommt dann jemand und meint: du hast uns getäuscht, die militärischen Anforderungen sind ja viel größer, so ist das geradezu ein absurder Vorwurf. Wie kann man sagen, daß ich mit einem solchen Passus, den ich unterschrieben und mit dem ich eine aktenmäßige Grundlage gegeben habe, den Reichstag getäuscht habe. Wenn ein solches böses Gewissen vorhanden ist, so verfährt man doch gerade umgekehrt. Ich weise die gegen mich erhobenen Verdächtigungen der Presse hiemit mit aller Entrüstung zurück. (Beifall rechts.)

Abg. Bebel (Soz.) polemisiert scharf gegen den Staatssekretär, der dem Reichstage falsche Angaben gemacht habe. Abg. Müller-Fulda (Z.): Es sei unmöglich, auf Jahrzehnte hinaus sichere Zahlen über die Kosten anzugeben. Was ist denn eigentlich falsch an der ganzen Sache? Wir haben den Etat für 1901 und 1902. Gegenüber den Voranschlägen sind in beiden Jahren Minderaufwendungen von sieben Millionen eingetreten, weil die Voranschläge reichlich bemessen waren und größere Ersparnisse möglich wurden. Diese Ersparnisse geben uns allein schon einen Sicherheitsfaktor für etwaige Mehrkosten. Ebenso sind Ersparnisse beim Bau der Torpedoboote eingetreten. Wir sind nicht getäuscht worden und werden auch recht gut mit den Beträgen im Flottengesetz auskommen. Namens der Kommission weise ich den Vorwurf, wir hätten uns täuschen lassen, entschieden zurück. Abg. Richter (fr. Vg.): Der Erlaß ist das Eingeständnis eines Fehlers und eines Mangels der Offenheit, dem wir leider bei dem Staatssekretär nicht zum erstenmal begegnen und der uns dazu veranlassen muß, daß wir in Zukunft seinen Angaben nicht dieselbe Glaubwürdigkeit beimessen können wie den Angaben anderer Staatssekretäre. — Die Redner der Konservativen, Nationalliberalen und der freisinnigen Vereinigung stimmen dem Abg. Müller zu, daß keine Täuschung vorliege.

7. Februar. (Berlin.) Der Reichskanzler über die Zollfrage.

Bei dem Festmahl des Deutschen Landwirtschaftsrats betont Reichskanzler Graf Bülow seine Sorge für die Landwirtschaft und warnt vor übertriebenen Forderungen. „Durch nichts werden die berechtigten Be-

strebungen der Landwirtschaft mehr gefährdet und geschädigt als durch
Uebertreibungen und Einseitigkeiten. Die verbündeten Regierungen sind
darüber einig, daß die von ihnen vorgeschlagenen Getreidezölle die Grenze
bezeichnen, bis zu welcher jene Zölle erhöht werden können, ohne einerseits der ganzen übrigen Bevölkerung lästig zu fallen und ohne andererseits den Abschluß von Handelsverträgen in Frage zu stellen, wie sie die
Landwirtschaft, die Industrie und der Handel brauchen, die alle drei mit
festen Verhältnissen rechnen müssen und alle das Bedürfnis nach ruhigen,
gleichmäßigen Zuständen haben. Auch ist es sehr zweifelhaft, ob eine weitere
Erhöhung der Getreidezölle über die Sätze des Entwurfs hinaus für die
Landwirtschaft auf die Dauer von Vorteil sein würde, denn sie könnte eine
Reaktion hervorrufen, unter deren Einfluß auch der legitime Zollschutz der
Landwirtschaft fallen würde."

8./12. Februar. (Preußisches Abgeordnetenhaus.) Debatte über Unterstützung der Buren. Erklärung Richthofens.

Abg. Lüdhoff (fr.konf.) führt Klage, daß die englische Regierung
dem deutschen Burenhilfsbunde Schwierigkeiten in den Weg lege, das Elend
in den südafrikanischen Konzentrationslagern zu mildern. — Da kein Vertreter des Auswärtigen Amtes anwesend ist, wird die Regierung von
mehreren Seiten scharf angegriffen. — Am 12. Februar führt es Staatssekretär v. Richthofen auf ein Mißverständnis zurück, daß das Auswärtige
Amt nicht vertreten gewesen sei. Zur Sache erklärt er: Wie ich aus den
Reden der Herren entnommen, geht ihr Wunsch dahin, zu erreichen, daß
der Deutsche Burenhilfsbund durch die Vermittlung des Auswärtigen Amtes
Waren zollfrei und frachtfrei bis in die Konzentrationslager verbringen
kann. Ein Antrag in diesem Umfange liegt dem Auswärtigen Amte bisher nicht vor. Der Burenhilfsbund wandte sich an die Kaiserin mit der
Bitte, es zu ermöglichen, daß der Bund eine Hilfs- und Sanitäts-Expedition
zu den Konzentrationslagern führe. Der Bund machte gleichzeitig dem
Reichskanzler von der Absendung dieser Immediateingabe Mitteilung und
fügte die Bitte hinzu, die Gestattung der Entsendung des Zuges zu erwirken. Sobald von der Kaiserin die Eingabe an das Auswärtige Amt
gelangt war, wurde der Botschafter in London telegraphisch beauftragt,
die Bitte des Burenhilfsbundes befürwortend zur Kenntnis der britischen
Regierung zu bringen. (Bravo.) Der Botschafter wurde angewiesen, hiebei hervorzuheben, daß der Bund ausdrücklich erkläre, das geplante Unternehmen entbehre jeder politischen Bedeutung, es habe lediglich humanitäre
Absichten, und der Bund sei bereit, sich allen Bedingungen zu unterwerfen,
die von englischer Seite gestellt würden. Auch hatte der Botschafter auf
die Namen der hervorragenden Männer hinzuweisen, die aus allen Bevölkerungsschichten den Antrag unterzeichnet haben. Ich meinerseits nahm
Anlaß, die Sache mit dem hiesigen britischen Botschafter zu besprechen,
legte ihm die Erfüllung der Bitte ans Herz und machte besonders darauf
aufmerksam, daß die Erfüllung der Bitte nicht nur im Interesse der notleidenden Burenfamilien, sondern auch im Interesse der Verbesserung der
öffentlichen Stimmung in Deutschland gegenüber England liege. (Lebhafter Beifall.) Das britische Auswärtige Amt hat den Antrag an das
Kriegsamt weitergegeben. Es haben darauf mehrfach Besprechungen zwischen
dem deutschen Botschafter und dem britischen Staatssekretär des Aeußern
stattgefunden. Bis gestern war aber eine Rückäußerung des Kriegsamtes,
das sich vermutlich mit den Militärbehörden in Südafrika in Verbindung
gesetzt hat, an das britische Amt noch nicht ergangen. Ich bin daher noch
nicht in der Lage, Ihnen die endgültige Antwort der englischen Regierung

mitzuteilen; jedoch ist diese für die allernächste Zeit in Aussicht gestellt. Sie werden aus dieser Sachdarstellung entnehmen, daß auf das einzige Gesuch, das bisher vom deutschen Burenhilfsbund zu uns gelangte, unsererseits alles geschehen ist, was irgend möglich war, um das Gesuch zu erfüllen. (Bravo.) Ich gebe daher auch gern die Erklärung ab, daß wir auch den sonstigen humanitären Anträgen des Burenhilfsbundes unsere Unterstützung bereitwilligst leihen werden. (Lebhaftes Bravo.)

8. Februar. (Reichstag.) Beim Justizetat werden mehrere Beschwerden über den Strafvollzug, namentlich bei politischen und Preßvergehen vorgebracht. Es wird ein Reichsgesetz über Strafvollzug verlangt, dem aber nach dem Staatssekretär Nieberding große Schwierigkeiten im Wege stehen.

8. Februar. (Württemberg.) Die Erste Kammer des Landtags beschließt einstimmig, den Postmarkenvertrag nicht zu beanstanden (S. 23). — Die Zweite Kammer ersucht mit 66 gegen 9 Stimmen die Regierung, im Bundesrat für Reichstagsdiäten einzutreten. — Hierauf wird der Landtag vertagt.

Februar. (Preußen.) In Schlesien wird lebhaft für größere Berücksichtigung der Verkehrsbedürfnisse im Etat agitiert. Insbesondere wird eine bessere Verbindung mit Warschau verlangt. Die offiziöse „Berl. Korr." tritt den Bestrebungen entgegen.

8./9. Februar. Briefwechsel zwischen dem Kaiser und dem Prinzregenten Luitpold aus Anlaß des 25jährigen Militärjubiläums des Kaisers.

Der Prinzregent schickt folgendes Handschreiben:

Fünfundzwanzig Jahre sind verflossen seit dem Tage, an dem Eure Kaiserliche und Königliche Majestät, den bewährten Traditionen Ihres Hauses folgend, unter den Augen Hochdero unvergeßlichen Herrn Großvaters den Dienst im Heere angetreten haben. Ich und mit mir die bayerische Armee beglückwünschen Eure Kaiserliche und Königliche Majestät wärmstens zu dem hohen Ehrentage. Ist doch vor 25 Jahren der Grund gelegt worden zu dem nie rastenden Interesse, das Eure Kaiserliche und Königliche Majestät der Entwicklung des deutschen Heerwesens entgegenbringen und dem wir es verdanken, daß das deutsche Heer heute groß und Achtung gebietend dasteht, wie nie zuvor. Euere Kaiserliche und Königliche Majestät bitte Ich die Versicherung entgegenzunehmen, daß die bayerische Armee ihren Stolz darein setzen wird, im Frieden wie im Kriege sich als würdiges Glied dieses Heeres zu erweisen, und sich wert zu zeigen des Interesses, das Hochdieselben ihr in so hohem Maße entgegenbringen. Mit Vergnügen erneuere ich hierbei den Ausdruck vorzüglicher Hochachtung und Freundschaft, womit ich verbleibe Eurer Kaiserlichen und Königlichen Majestät freundwilliger Vetter und Bruder

gez. Luitpold.

Der Kaiser antwortet:

Durchlauchtigster Fürst, freundlich lieber Vetter und Bruder! Euere Königliche Hoheit haben Mich durch die überaus herzlichen Glückwünsche, welche Dieselben zugleich im Namen der königlich bayerischen

Armee aus Anlaß des Tages an Mich richteten, an dem Ich vor 25 Jahren zum Dienst in die Armee eintrat, von ganzem Herzen erfreut. Mein eifriges Streben, die Armee auf der Höhe ihrer Aufgabe zu erhalten, findet durch die Worte Euerer Königlichen Hoheit eine Mich wahrhaft beglückende Anerkennung. Ich bin Mir aber wohl bewußt, welche wirksame Unterstützung und Förderung Ich hierbei jederzeit durch die hingebende, verständnisinnige Mitarbeit der deutschen Fürsten gefunden habe. Es ist Mir daher ein aufrichtig empfundenes Bedürfnis, Euerer Königlichen Hoheit dies mit Meinem vom Herzen kommenden Dank für den neuen Beweis aufrichtiger Freundschaft und treuer Waffenbrüderschaft zum Ausdruck zu bringen. Das treue Zusammenstehen der deutschen Fürsten und das auf ruhmreichen Schlachtfeldern gemeinsam vergossene Blut hat unseres teueren Vaterlandes Einigkeit begründet, und hierin darf Ich auch in Zukunft die festeste Bürgschaft für seinen Glanz und seine Sicherheit erblicken. Ich verbleibe mit der Versicherung der vorzüglichen Hochachtung und freundschaftlichen Gesinnung Euerer Königlichen Hoheit freundwilliger Vetter und Bruder

Wilhelm I. R.

Potsdam, Stadtschloß, 9. Februar 1902.

10. Februar. (Berlin.) Generalversammlung des Bundes der Landwirte. Angriffe auf die Reichsregierung.

Etwa 8000 Personen nehmen daran teil. Abg. Rösicke polemisiert gegen den Grafen Bülow, dessen Herz man nach seiner Rede auf dem Landwirtschaftsrat erkannt habe. Bundesvorsitzender Frhr. v. Wangenheim: Man stellt uns heute hin als die extremen Agrarier, die keine Grenzen in ihren Forderungen kennen. Wir sind nicht extrem; wir verlangen nicht, wie uns jetzt nachgesagt wird, entweder alles oder gar nichts; wir verlangen nur die gerechte Berücksichtigung in der Gesetzgebung, welche es ermöglicht, daß die deutsche Landwirtschaft ebenso wieder prosperieren kann, wie andere Berufsstände. Wir haben die Versprechungen unserer verbündeten Regierungen so oft aus dem Munde vieler Minister gehört! Meine Herren, wer sind heute die verbündeten Regierungen? — sie präsentieren sich uns in der Regel bei mehr oder weniger festlichen Anlässen in der Person einzelner Minister. Dort pflegen sie zu reden und haben uns oft Reden gehalten, in denen sie alles anerkannt haben, was wir als notwendig erkannt haben. Aber, meine Herren, wenn die Herren Minister herdenweise auftreten, dann nennt man das Bundesrat. (Stürmischer Beifall und Bravo!) Da sieht die Sache ein ganz Teil anders aus, und da wird uns dann plötzlich trotz all der berühmten Versicherung der Freundschaft gesagt: Ja wohl, wir wollen alles für euch tun, aber verlangt nur nicht das, was ihr braucht. (Große Heiterkeit und Zustimmung.) Nun, meine Herren, Sie müßten nicht deutsche Bauern sein, wenn Sie mir jetzt nicht einwerfen würden: was willst du mit all den Instanzen, wir haben unsern Kaiser, und an den halten wir uns! Meine Herren, es wäre furchtbar, wenn jemals das Vertrauen in der deutschen Landwirtschaft aufhörte, daß unser Kaiser seine Bauern nicht hören würde! (Langanhaltendes stürmisches Bravo!) Aber, meine Herren, wir wollen nicht Eins vergessen: auch der höchstgestellte Mensch ist nur ein Mensch, und wir müssen uns keine Illusionen darüber machen, daß man eifrig am Werke ist, eine dunkle, undurchdringliche Wolke zwischen unseren Kaiser und seine treuesten Untertanen zu schieben! Meine Herren, es ist soweit gekommen, daß Sie oft heute das Urteil hören: Ihr Agrarier seid viel schlimmer als die Sozialdemokraten. (Pfui-Rufe.) Mit dem Bekenntnis unserer Treue wollen wir noch einmal die Bitte aussprechen, daß unser Kaiser unsere Stimme hören möge, und sich nicht beeinflussen lassen möge durch die Entstellungen und Verleumdungen unserer Gegner.

Ueber den Bestand des Bundes berichtet Direktor Dr. Hahn: Der Bund zählte am 1. Februar 1902 250000 Mitglieder, 18000 mehr als am selben Tage des Vorjahres. Von ihnen gehörten 217000 dem Kleingrundbesitz an, 31500 dem mittleren Besitz. Eingerechnet sind etwa 40000 Handwerker und andere Gewerbetreibende, die ihr Gewerbe zum großen Teil als Nebenberuf ausüben. Großgrundbesitzer sind 1500. Von den Mitgliedern wohnen 115000 östlich, 135000 westlich der Elbe. Der Schwerpunkt hat sich auch im vergangenen Jahre nach dem Westen verschoben.

Hierauf wird eine Resolution gegen den Zolltarifentwurf angenommen und erklärt, daß die Landwirtschaft kein Interesse an langfristigen Handelsverträgen habe, aber im Interesse der Industrie an ihrem Zustandekommen mitwirken wolle. Ferner wird eine Reform des Börsengesetzes verlangt.

Mitte Februar. Deutschland, England und die Vorgeschichte des spanisch-amerikanischen Krieges.

In der englischen Presse wird anläßlich der bevorstehenden Reise des Prinzen Heinrich das Verhältnis zwischen Deutschland und den Vereinigten Staaten lebhaft besprochen. So schreibt die „Birmingham Post", die als Chamberlains Organ gilt: „Amerika wird die kriechenden deutschen Freundschaftsversicherungen, die gemischt sind mit den Forderungen eines Tarifkrieges, richtig einzuschätzen verstehen." Ferner wird vielfach behauptet, daß Deutschland im Frühjahr 1898 versucht habe, eine europäische Intervention zu gunsten Spaniens herbeizuführen. Infolgedessen bringt der „Reichs-Anzeiger" folgende Veröffentlichung:

Die Frage, wie die einzelnen Mächte sich im Frühjahr 1898 zu dem Gedanken einer Einmischung in den spanisch-amerikanischen Konflikt gestellt haben, hat neuerdings nicht nur die Presse verschiedener Länder, sondern auch das englische Parlament wiederholt beschäftigt. Um diese Frage, soweit Deutschland davon berührt wird, endgültig aufzuklären, erfolgt die Veröffentlichung der nachstehenden zwei Schriftstücke:

Das erste, datiert Berlin, 15. April 1898, ist von v. Bülow, der damals Staatssekretär war, an den Kaiser gerichtet. v. Bülow übermittelt an den Kaiser nachstehendes Telegramm des Botschafters v. Holleben aus Washington:

Der englische Botschafter ergriff in sehr auffälliger Weise heute die Initiative zu einem neuen Kollektivschritt der hiesigen Vertreter der Großmächte. Wir vermuten, daß die Königin-Regentin in diesem Sinne bei der Königin von England vorstellig geworden ist. Die sechs Vertreter telegraphieren an ihre Regierungen auf Wunsch des englischen Botschafters in folgendem Sinne:

„Man kann angesichts der Haltung des Kongresses keine Hoffnung mehr auf Frieden hegen und die allgemeine Meinung geht dahin, daß auch die Mächte nichts gegen den Krieg einzuwenden hätten. Eine gute Basis für neue Verhandlungen schien die Note des spanischen Gesandten vom 10. April zu bieten. Wenn diese Ansicht von den Regierungen geteilt wird, so erscheint es angezeigt, hier den Irrtum zu zerstreuen, als finde die bewaffnete Intervention in Kuba die Unterstützung der zivilisierten Welt. (Der Präsident hatte in seiner Dezember-Botschaft gesagt, daß er nur in diesem Falle eine Intervention wolle.) Die hiesigen Vertreter glauben unter diesen Umständen, daß die Großmächte die Aufmerksamkeit der hiesigen

Regierung auf die spanische Note vom 10. April lenken und erklären könnten, daß eine bewaffnete Intervention ihnen nicht gerechtfertigt erscheine. Diese Erklärung könnte die Form einer von den Mächten an die Vertreter der Vereinigten Staaten von Amerika gerichteten Kollektivnote annehmen. Eine solche würde einen größeren Eindruck machen und die hiesigen Vertreter würden dann nicht dem Anschein ausgesetzt sein, als wollten sie lediglich ihren ersten Schritt wiederholen, den der Präsident in seiner neuesten Botschaft nicht einmal einer Erwähnung gewürdigt hat. Falls eine identische Note beschlossen werden sollte, würde es sich empfehlen, dieselbe sofort zu veröffentlichen, damit die zivilisierte Welt, deren Autorität man anruft, von dem Vorwurf entlastet werde, als billigte sie diesen Angriff."

v. Holleben bemerkt hiezu: „Ich persönlich stehe einer solchen Kundgebung ziemlich kühl gegenüber." — Der Kaiser machte zu diesem Schlußsatz des Botschafters folgende Randbemerkung:

„Ich ha te sie für gänzlich verfehlt, zwecklos und daher schädlich. Ich bin gegen diesen Schritt!"

Herr v. Holleben reichte nachträglich auch den Originaltext des von dem englischen Vertreter an die übrigen Vertreter vorgelegten Entwurfs der Kollektivnote ein, auf welchen in dem vorstehenden Telegramm Bezug genommen wird:

„Die Stellungnahme des Kongresses und die Entschließung des Repräsentantenhauses, die mit großer Mehrheit gestern angenommen worden ist, lassen nur geringe Hoffnung auf Frieden, und man glaubt allgemein, daß die kriegerischen Maßregln, die getroffen wurden, die Billigung der Großmächte haben. Die Note des spanischen Gesandten, die mir am Sonntag überbracht wurde, scheint mir und meinen Kollegen jeglichen legitimen Grund zum Krieg zu beseitigen. Wenn diese Ansicht von den Großmächten geteilt werden sollte, so ist die Zeit gekommen, den Irrtum zu zerstreuen, der jetzt vorherrscht, als ob die bewaffnete Intervention der Vereinigten Staaten in Kuba die Unterstützung und die Billigung der zivilisierten Welt fände. Die auswärtigen Vertreter bestreben sich, dies durch eine Kollektivnote, die von den Großmächten ausgeht, zum Ausdruck zu bringen, in der Hoffnung, daß die Regierung der Vereinigten Staaten ihre Aufmerksamkeit auf die Note des spanischen Ministers vom 10. Februar lenken werde, in der eine verständige Grundlage geboten wird zu einer freundschaftlichen Lösung unter Beiseiteschaffung aller Gründe zu einer feindlichen Intervention, die vorher bestanden haben können."

(Vgl. „Staats-Archiv" Bd. 66.)

13. Februar. (Preußen.) Dem Landtage geht eine Vorlage zu über den Bau einer Hauptbahn und von 18 Nebenbahnen und Kleinbahnen. Es werden 128 286 330 Mark dazu gefordert.

14. Februar. (Reichstag.) Der Vorsitzende der Zolltarifkommission, Abg. v. Kardorff (RP.), legt den Vorsitz nieder, weil die Mehrheit seine Geschäftsführung nicht billigt. Sein Nachfolger wird Abg. Rettich (konf.).

15. Februar. (Bremerhaven.) Prinz Heinrich reist an Bord des Lloyddampfers „Kronprinz Wilhelm" nach New-York.

15. Februar. (Preußen.) Dem Landtage geht eine Forderung von 58 Millionen Mark zu zur Erwerbung von Bergwerken.

Es sollen erworben werden: 1. 52 in den Kreisen Recklinghausen und Lüdinghausen belegene, von dem Erben Bohwinkel angebotene Steinkohlenfelder, 2. das Steinkohlenbergwerk Waltrop bei Waltrop, 3. sämtliche Kuxe der Gewerkschaft Vereinigte Gladbeck: Bergmannsglück, Gute Hoffnung und Berlin, 4. das der Gewerkschaft Deutscher Kaiser zu Hamborn gehörige Steinkohlenfeld Potsdam, sowie die Rechtsansprüche dieser Gewerkschaften auf zwei zwischen den Feldern Potsdam und Berlin belegenen Bohrlöchern bezw. auf hierauf angelegte Steinkohlenmutungen.

Mitte Februar. (Württemberg.) Eine Petition von etwa 90000 katholischen Familienvätern wünscht Beibehaltung der geistlichen Schulaufsicht.

17./21. Februar. (Reichstag.) In der Beratung des Militäretats wird von Rednern der Linken und des Zentrums eine schärfere Bestrafung des Duells verlangt; ferner werden viele Einzelheiten aus dem Prozeß Krosigk (S. 7) getadelt.

19./26. Februar. (Reichstag.) Versuch eines Kompromisses in der Zollfrage. Ablehnung durch die Regierung.

In der Zollkommission bringen die Abgeordneten Graf Schwerin (kons.), Herold (Zentr.) und v. Kardorff (Rp.) einen Kompromißantrag zu den Getreidezöllen ein, nach dem der Minimalzoll für Weizen und Spelz 6 Mark, für Roggen, Gerste und Haber 5½ Mark, der Maximalzoll für Weizen und Spelz 7½ Mark und für Roggen, Gerste und Haber 7 Mark betragen soll. Der Antrag ist unterzeichnet von 15 Mitgliedern, nämlich von Herold (Zentr.), Gröber (Zentr.), Klose (Zentr.), Pingen (Zentr.), Spahn (Zentr.), Speck (Zentr.), Trimborn (Zentr.), Graf Schwerin (kons.), Kardorff (Rp.), Gamp (Rp.), Graf Kanitz (kons.), Rettich (kons.), Sieg (nat.lib.), v. Komierowski (Pole) und Gäbel (Resp.). Die Blätter der Linken rechnen darauf, daß die Regierung den Vorschlag ablehnt, die Presse der Antragsteller fordert Annahme des Antrags ohne Rücksicht auf die Haltung der Regierung. Der Presse des Bundes der Landwirte sind die vorgeschlagenen Zollsätze noch nicht genügend.

In der Beratung des Kompromißantrags erklärt Staatssekretär Graf Posadowsky: Für die Regelung unserer Zollsätze können nur die Bruttokosten der Erzeugung diesseits und jenseits der Grenze maßgebend sein. Die Zollsätze des Entwurfs für Getreide stellen die äußerste Grenzlinie dar. Von einem Doppeltarif ist im Entwurf nicht die Rede. Die Festlegung von Minimalsätzen für 4 Getreidearten soll nur eine feierliche Erklärung der Absichten der Regierung sein. 4 Minimalzölle machen aber noch keinen Doppeltarif. Im Tarifentwurf sind die verschiedenen inländischen Interessen gegen einander abgewogen worden. Nachdem nun aber einmal diese Ausgleichung der Interessen im Tarifentwurf stattgefunden hat auf Grund aufrichtigsten Wohlwollens für die landwirtschaftlichen Interessen und nach reiflichster Prüfung aller in Frage kommenden Verhältnisse muß es als durchaus ausgeschlossen bezeichnet werden, daß die Minimalzölle dem Antrag Herold entsprechend erhöht würden. Wolle die Mehrheit des Reichstags um jeden Preis hohe Zölle aufrecht erhalten, dann muß sie das System der Minimalzölle ganz fallen lassen und alles dem Belieben der Regierung anheimstellen. Der Staatssekretär schließt: „Angesichts der früheren Erklärungen des Reichskanzlers wird es nicht überraschen, wenn ich jetzt erkläre, daß die Zustimmung der verbündeten

Regierungen für den Kompromißantrag in keinem Stadium der Beratungen zu haben sein wird."

Die Anhänger einer Zollerhöhung entnehmen aus dieser Erklärung, daß die Regierung mit der Verwerfung des Kompromißantrages nicht unbedingt jede Erhöhung der Getreidezölle ablehne. — Die Kommission genehmigt den Kompromißantrag mit 14 gegen 10 Stimmen (26. Februar). Abg. Graf Schwerin-Löwitz (kons.) erklärt dazu: Sollten die verbündeten Regierungen uns auf der Linie, welche der Kompromißantrag kennzeichnet, wirklich durchaus nicht entgegenkommen, so würden jedenfalls meine politischen Freunde, und, wie ich glaube sagen zu dürfen, auch die Mehrheit des Reichstages die in dem zweiten Absatz der Vorlage enthaltene moralische Verpflichtung zur Annahme von Handelsverträgen, welche bis auf die in diesem Absatz enthaltenen Minimalsätze heruntergehen sollten, nicht übernehmen, sondern wir würden in diesem Falle, so sehr wir dies auch bedauern würden, ein Scheitern der ganzen Vorlage doch noch als das geringere Uebel, gegenüber einer abermaligen langfristigen Bindung der Getreidezölle auf offenbar unzureichender Höhe vorziehen.

Die Presse der Linken erwartet einen Konflikt zwischen der Regierung und der Mehrheit des Reichstags und hofft, daß der ganze Zolltarif daran scheitern werde.

20. Februar. Die „Norddeutsche Allgemeine Zeitung" schreibt aus Anlaß des silbernen Papstjubiläums:

Mit dem 20. Februar tritt Seine Heiligkeit der Papst Leo XIII. unter den Segenswünschen der gesamten Christenheit römisch-katholischen Bekenntnisses in das fünfundzwanzigste Jahr seines Pontifikats. Wir verstehen die Gesinnungen der Verehrung, die unsere katholischen Mitbürger beim Anbruch dieses seltenen Jubeljahrs bewegen. In der langen Reihe der Päpste gibt es nur wenige Beispiele für eine zeitlich so ausgedehnte Verwaltung des obersten Hirtenamtes. Die Regierung Leos XIII. hat überdies auch nach ihrem Inhalt Anspruch auf einen glänzenden Platz in der Kirchengeschichte. Wie seit langem kein anderer seiner Vorgänger auf dem Stuhle Petri hat gerade das gegenwärtige Oberhaupt der katholischen Kirche die geschichtliche Idee des Papsttums verkörpert. Dieser Idee steht das neue Deutsche Reich, das nicht mehr im mittelalterlichen Sinne nach Weltherrschaft strebt, unbefangener gegenüber, als das vergangene Heilige römische Reich deutscher Nation. Kaiser und Papst haben seit Jahrzehnten ihr Interesse dabei gefunden, mit einander von Souverän zu Souverän in den Formen der völkerrechtlichen Kourtoisie zu verkehren, und der jetzige Träger der Tiara verdankt die nachhaltigsten Erfolge seines Pontifikats einer weisen Pflege der Beziehungen des päpstlichen Stuhls zu der deutschen Großmacht. Das Entgegenkommen, das er hierin bei den Kaisern aus dem Hause Hohenzollern gefunden hat, ist dem internationalen Ansehen des Papsttums förderlich gewesen. Seine Majestät der Kaiser und König hegt auch persönlich für den ehrwürdigen Kirchenfürsten eine aufrichtige Sympathie, die über das Maß der zwischen Souveränen herkömmlichen Höflichkeit hinausgeht. Unter den Abordnungen, welche zum Jubiläum Seiner Heiligkeit die Glückwünsche der einzelnen Mächte darbringen, wird eine Spezialmission des Deutschen Reichsoberhauptes nicht fehlen.

21./26. Februar. (Preußisches Abgeordnetenhaus.) Redner der Freisinnigen und Nationalliberalen greifen den Minister des Innern, v. Hammerstein, scharf an wegen Wahlbeeinflussungen durch Beamte und wegen ungleicher Handhabung des Versammlungsrechts.

21. Februar. Die offiziöse „Süddeutsche Reichskorrespondenz" schreibt über die Stellung des Bundestags zur Zollfrage:

Für nicht wenige der Regierungen bedeutet schon das Hinaufgehen bis zu diesen Sätzen (der Regierungsvorlage) und das Festhalten an ihrer Höhe einen Akt der Selbstverleugnung. Man ruft im Lager der Schutzzöllner nach Verständigung; aber glauben die einzelnen Gruppen dieses Lagers wirklich, daß eine sachgemäße, d. h. zur Bekämpfung der Obstruktion gegen das Tarifwerk hinreichende Verständigung auf einem anderen Wege zu erreichen ist, als auf der schmalen Linie, wo sich die verbündeten Regierungen nach Ausgleichung von Meinungsverschiedenheiten zusammengefunden haben, die an Erheblichkeit hinter den im Reichstage vorhandenen Gegensätzen nicht weit zurückbleiben? Die Einigung im Bundesrat war nur dadurch zu gewinnen, daß die darin vertretenen Staaten mit reichstreuem Sinn die großen nationalwirtschaftlichen Gesichtspunkte über jedes Sonderinteresse stellten. Damit ist den schutzzöllnerischen Mehrheitsparteien des Parlaments ein mahnendes Beispiel gegeben. Sie dürfen nur sachlichen Erwägungen Gehör schenken und sich nicht durch die von ihren demokratischen Widersachern verbreitete Parole irreführen lassen, sie hätten sich als Agrarier festgeredet, sie könnten nicht mehr zurück, namentlich nicht zurück zum Frieden mit den Regierungen. Es ist niemals zu spät, das Vernünftige zu tun. Es besteht noch immer die Möglichkeit, durch die Rechnung des Radikalismus einen dicken Strich zu machen und den Gegnern jeder Schutzzollpolitik, auch einer gemäßigten, die wohlverdiente Niederlage zu bereiten, deren Empfindlichkeit durch alles Preßgeschrei über den „agrarischen Rückzug" nicht abgeschwächt werden könnte. Freilich das einzige Mittel hiezu ist die vom Grafen Bülow geforderte Formierung einer geschlossenen Schlachtordnung auf dem Boden der Tarifvorlage. Bringen die Anhänger der Zollerhöhungen diese Phalanx nicht zusammen, so ist die große Arbeit für die zollpolitische Reform verloren, die im Vertrauen auf agrarische Hilfe unternommene agrarische Gestaltung des Entwurfes durch die Agrarier selbst ad absurdum geführt.

22. Februar. Der Reichstag fordert die Regierung in einer Resolution auf, die für die bedürftigen Kriegsteilnehmer bestimmte Summe von 6200000 Mark auf 7500000 Mark zu erhöhen.

28. Februar. (Reichstag.) In der Beratung des Reichseisenbahnetats verlangt Abg. Riff (fr. Vg.) Reform der Personentarife. Preußischer Minister der öffentlichen Arbeiten v. Thielen erklärt sich für Vereinfachung, aber gegen eine Herabsetzung der Tarife.

28. Februar. (Reichstag.) Die Budgetkommission lehnt eine Forderung von 1550000 Mark zur Weiterführung der Usambarabahn von Korogwe nach Mombo ab.

1. März. (Bayerische Abgeordnetenkammer.) Debatte über den Gerstenzoll und Zolltarif.

Abg. Heim (3.) wirft der bayerischen Regierung vor, daß sie durch ihre Stellungnahme gegen einen höheren Gerstenzoll die vitalsten Interessen der bayerischen Bauern geschädigt habe und erklärt im Namen seiner bayerischen Landtagsfraktion und im Namen der bayerischen Mitglieder des Zentrums des Reichstags, daß die Zolltarifvorlage in ihrer jetzigen Gestalt für sie unannehmbar sei. Wenn der Zolltarif falle, so trage daran die bayerische Regierung mit ihrer Ablehnung des höheren Gerstenzolles die Schuld. — Finanzminister Frhr. v. Riedel: die Regierung sei stets bestrebt gewesen, alles zu tun, was der Landwirtschaft nutzt, aber die Grenze dabei liege in der Rücksicht auf die Konsumenten, den Handel und die Industrie. Die verbündeten Regierungen seien bezüglich der Mindest- und Meistsätze für Gerste einig, gerade weil alle der Landwirtschaft helfen wollen. Der Minister verwahrt sich nachdrücklich gegen die Angriffe Heims und warnt davor, die Wirkung einer etwaigen Ablehnung des ganzen Zolltarifs zu unterschätzen. Dann hätte die Landwirtschaft gar nichts erreicht und werde nur selbst unter der Lähmung der Industrie mitleiden.

Anfang März. (Braunschweig.) Denkschrift der Regierung über die Regentschaft und das Erbrecht des Herzogs von Cumberland.

Von welfischen Kreisen war die Forderung erhoben worden, die braunschweigischen Landesgesetze in der Eingangsformel als vom Regenten „im Namen des Herzogs von Cumberland" erlassen zu bezeichnen. Die Regierung legt als Antwort darauf dem Landtag eine Denkschrift vor, in der sie ausführt, daß der Regent die Regierungsverwesung unbeschränkt mit allen daraus erwachsenden Rechten und Befugnissen bis zu dem Regierungsantritt des Thronfolgers führe und daß er die Regentschaft nicht im Namen einer bestimmten Person, sondern kraft eigenen Rechts im Namen dessen führe, den es angeht. Er sei nicht Souverän, sondern Regent, aber als Regent nicht von einer bestimmten Person abhängig. Seine auf gesetzlicher Basis im Recht begründete Stellung sei die Stellung des mit voller Machtvollkommenheit ausgestatteten Fiduciars in das Staatsrecht übersetzt und auf das fürstliche Amt übertragen. Der Herzog von Cumberland sei schon deshalb nicht als Landesherr anzusehen, weil er nicht Bundesfürst ist. Da die Regentschaft nicht im Namen des Herzogs von Cumberland geführt werde, so werde sie auch durch den Todesfall des Herzogs nicht berührt. Die Austragung der aus dem Jahre 1866 stammenden Differenz kann nur von den beteiligten Faktoren ausgehen. Ohne in dieselbe einzugreifen und unter strenger Wahrung der damit gezogenen Grenze ist es Aufgabe des Staates gegenüber den durch höhere Gegensätze bedingten Schwierigkeiten bei gleichzeitiger Berücksichtigung des Bundesverhältnisses den regelmäßigen Lauf der Regierung nach Möglichkeit zu sichern. Den Konflikt zu schärfen, widerspricht den Interessen des Landes. Daß seine nachteiligen Folgen vom Lande bisher glücklich fern gehalten sind, ist in erster Linie dem Regentschaftsgesetze und seiner verfassungsmäßigen Durchführung zu danken.

3. März. (Reichstag.) Etat des Auswärtigen Amts. Chinapolitik. Reise des Prinzen Heinrich. Südafrikanischer Krieg.

Abg. v. Hertling (Z.) wendet sich gegen die von mehreren Seiten ausgesprochene Befürchtung, daß die Zurücklassung deutscher Truppenteile in China zu neuen Verwicklungen Anlaß geben könne. Man dürfe sich der Aufgabe, die deutschen Interessen in entlegenen Weltteilen zu schützen, nicht entziehen. Das englisch-japanische Abkommen sei für Deutschland keineswegs schädlich. Abg. Richter (fr. Vp.) wünscht schleunige Zurückziehung der Besatzungsbrigade, um große Mehrkosten und neue weltpolitische Verwicklungen zu vermeiden. Die Kosten der chinesischen Unternehmung ständen in keinem Verhältnis zu ihrem Nutzen. Abg. Hasse (nl.): Die Besatzung dürfe nicht früher als die der anderen Mächte zurückgezogen werden.

Reichskanzler Graf Bülow: Durch das englisch-japanische Abkommen vom 30. Januar wird in der Haltung und Stellung der deutschen Politik nichts geändert. Weder in China noch in Korea verfolgen wir irgendwelche territoriale Zwecke. Wir haben in Ostasien lediglich das Interesse, daß unser Handel sich möglichst gesichert entwickelt, aber gar keines, uns in die Streitigkeiten und Kämpfe um die politische Herrschaft über das Gebiet nördlich und östlich des Golfes von Petschili hineinziehen zu lassen und uns in Widerspruch zu setzen mit unserer Chinapolitik, die ich für unser Verhalten in Ostasien wiederholt dargelegt habe. Unsere Interessen in Ostasien sind, abgesehen von dem Schutz der in China lebenden deutschen Missionäre, den wir nach wie vor als eine Ehrenpflicht betrachten, ausschließlich wirtschaftlicher Natur. Das englisch-japanische Abkommen hat sich nur die Erhaltung des status quo in Ostasien zur Aufgabe gestellt. Es schädigt somit die deutschen Interessen in Ostasien, wie Frhr. v. Hertling in einer so durchaus zutreffenden Art dargelegt hat, in keiner Weise und in keinem Punkte. Die in diesem Abkommen zu gunsten der Selbständigkeit und Integrität des chinesischen Reichs enthaltenen Festsetzungen berühren Deutschland nicht. Deshalb haben wir, als uns nach dem Abschluß des Abkommens Kenntnis von dem Inhalt desselben gegeben wurde, erwidert, daß durch dieses Abkommen das deutsch-englische Abkommen vom 16. Oktober 1900 nicht berührt, folglich auch die deutschen Interessen nicht tangiert würden. Die zwischen Deutschland und England am 16. Oktober 1900 abgeschlossene Uebereinkunft, welche dem deutschen Handel und der deutschen Schiffahrt Vorteile im Gebiete des Jangtsekiang-Stromes sicherte und für unsere wirtschaftliche Gleichberechtigung im Süden des Jangtsekiang und an den Küsten des chinesischen Reiches den Grundsatz der „offenen Thür" zur Geltung brachte, bleibt unverändert in Kraft. Ebenso sollen die seinerzeit zwischen dem Deutschen Reiche und den anderen Mächten ausgetauschten Erklärungen, durch welche das Prinzip der offenen Thür für China anerkannt wird, nach wie vor Geltung behalten. Bei diesem Anlaß möchte ich noch folgendes sagen: Englische Blätter haben sich aus Peking telegraphieren lassen — ich habe hier einen Zeitungsausschnitt vor mir liegen mit einem solchen Telegramm, das die „Times" brachten —, daß wir auf Kosten anderer Länder Monopol- und Ausschließungsrechte in Schantung erstrebten. Ich möchte keinen Augenblick vorübergehen lassen, ohne dieser Ente so rasch wie möglich den Hals umzudrehen. (Heiterkeit.) Deutschland verlangt auch in Schantung nur die offene Tür, d. h. die Freiheit der wirtschaftlichen Betätigung, welche wir auch anderen Ländern in Schantung und allen übrigen Teilen des chinesischen Reiches nicht bestreiten. Wenn wir uns in Schantung für die deutschen Unternehmer von der chinesischen Regierung einige konkrete Eisenbahn- und Bergwerkskonzessionen erworben haben, so ist das übrigens schon vor drei Jahren geschehen. Wir haben nur dasselbe getan, was auch andere Regierungen für ihre Staatsangehörigen in anderen Teilen des chinesischen Reichs getan haben. Von deutschen Ausschließungsrechten ist also in Schantung gar keine Rede. Wir wollen auch in China überhaupt gar keine Extrawurst, wir verlangen die gleichen Rationen, wie sie die anderen bekommen haben. Ich bin in der englischen Presse hier und da der Vermutung begegnet, daß Deutschland mitgewirkt hätte bei dem Unternehmen, welches zu dem Abschluß des Vertrages geführt hat. Von einer solchen deutschen Mitwirkung bei den englisch-japanischen Verhandlungen ist keine Rede. Richtig ist nur, daß sowohl die englische wie auch die japanische Regierung uns Kenntnis gegeben haben von dem Inhalt des Abkommens nach dem Abschluß des Abkommens. Das war ein Beweis des Vertrauens, welches die deutsche Chinapolitik dank ihrer durchaus friedlichen Ziele gefunden hat, und deshalb haben wir für diese Mitteilungen auf das höflichste gedankt. Ich konstatiere aber, daß wir von dem Inhalt des Abkommens vor seiner Unterzeichnung am 30. Januar keine Kenntnis gehabt haben. Mit anderen Worten: Wir haben die Geburtsanzeige des Abkommens erhalten, aber wir haben nicht mit der Vaterschaft zu tun. (Heiterkeit.) Das sage ich ohne jede Tendenz, sine ira et studio. Ich bin weit entfernt, die Bedeutung des englisch-japanischen Abkommens zu verkennen. Es ist das erstemal, daß ein hochbegabtes asiatisches Volk vollkommen gleichberechtigt in nahe Verbindung tritt mit einer europäischen Großmacht, und es tritt dabei zu Tage, daß unsere Zeit im Zeichen der Weltpolitik steht. Gewiß hat das scharfe Auge, das Seherauge des Fürsten Bismarck auch die Weltpolitik vorausgesehen. Er hat sie sogar eingeleitet und in dieser und in allen anderen Beziehungen stehen wir auf seinen Schultern, aber ich glaube, daß man die Kreise, welche die Weltpolitik diesseits und jenseits der Weltmeere gezogen hat, doch in den 80er oder 90er Jahren des vorigen Jahrhunderts kaum für möglich gehalten haben würde. Meine Auffassung der Weltpolitik hält ungefähr die Mitte zwischen der Defensive des Abg. Richter und der Offensive des Abg. Hasse. (Heiterkeit.) Wenn Sie darunter die Tendenz verstehen, daß wir überall unsere Finger hineinstecken sollen, so bin ich nicht nur kein Anhänger, sondern — dies habe ich tatsächlich bewiesen — der allerentschiedenste Gegner einer solchen Weltpolitik. Wenn wir aber, wie es der Frhr. v. Hertling ausgeführt hat, unter Weltpolitik zu verstehen haben, daß Deutschland durch die natürliche Entwicklung der Verhältnisse gezwungen ist, seine überseeischen Interessen zu schützen überall, wo deutscher Erwerbsfleiß und Handel sich betätigen, dann bin ich und dann sind die verbündeten Regierungen Anhänger solcher Weltpolitik. Und wir sind der Ansicht, daß wir Deutschlands Interessen in allen Weltteilen in vernünftigen und möglichen Grenzen schützen müssen. Nun ist die Frage aufgeworfen worden, ob und in welchem Tempo die Besatzungsbrigade in China vermindert werden könnte. Das hängt ab von der internationalen Verständigung zwischen den in China engagierten Großmächten; zwischen diesen wird verhandelt. Das hängt zusammen mit der Frage der Auflösung der Kommission. Ueber diese Auflösung schweben diplomatische Verhandlungen, welche ihrem Abschlusse entgegenzugehen scheinen. Was Deutschland angeht, so haben wir kein politisches Bedenken gegen die Auflösung der provisorischen Regierung. Deutschland hat nur das Interesse einer gesicherten Weiterführung der mit sichtlichem Erfolge in Angriff genommenen Regulierung des Peiho-Flusses. Der freie Wanderweg zwischen der Mündung des Peiho-Stroms und Tientsin liegt im Interesse unseres Handels, und deshalb haben wir uns bemüht, von der chinesischen Regierung Garantien für die Weiterführung der Peiho-Fluß-Regulierung zu bekommen. Im übrigen wird die Besatzungsbrigade in China auch nicht einen Tag länger gelassen, wie dies politisch geboten ist. Auch die verbündeten Regierungen sind von dem Wunsche erfüllt, die Finanzkraft des Reiches zu schonen. Wir haben genügend bewiesen, daß wir uns in China nicht weiter engagieren wollen, als dies mit den deutschen Interessen verträglich ist, aber wir bitten, uns auch die Mittel zu gewähren, um die von uns in China erworbene wirtschaftliche und politische Position auch weiter zu behaupten. Ich darf bei diesem Anlaß vielleicht daran erinnern, daß die verbündeten Regierungen gegenüber manchen Zweifeln und Bedenken auch den richtigen Augenblick gefunden haben, um unser Expeditionskorps in China zu reduzieren. Wenn wir der im vorigen Jahre in Deutschland grassierenden Chinamüdigkeit nachgegeben hätten, wenn wir unsere Truppen vorzeitig aus China zurückgezogen hätten, so würden wir vielleicht anderen eine nicht unerwünschte Möglichkeit geboten haben, sich dort auf unsere Kosten bequemer zu betten. Wir hätten durch einen solchen vorzeitigen und überstürzten Rückzug aus China denjenigen gewiß einen Gefallen erwiesen, die es überflüssig finden, daß Deutschland auch in überseeischen Fragen dort mitspricht. Vom Standpunkte deutscher Zukunftsinteressen aber wäre ein solcher voreiliger Rückzug ein grober Fehler gewesen. Nachdem unser Chinaprogramm in allen wesentlichen Punkten erfüllt ist, sind unsere Truppen, re bene gesta, optime gesta, mit unseren Schiffen wieder nach der Heimat zurückgekommen, und bis auf eine Brigade hat Herr Richter seine Legionen wieder. (Heiterkeit. Zurufe links: die Millionen!) Die Millionen werden auch noch kommen. Ich wiederhole aber, wir werden unsere Besatzungsbrigade in China auflösen und zurückziehen, sobald dies die politischen Verhältnisse gestatten. Heute läßt sich nicht gut übersehen, ob im kommenden Etatsjahre ein Teil der Besatzungsbrigade entbehrlich sein wird, oder ob durch eine budgetmäßige Verringerung unsere Position in China unerwünschterweise geschädigt wird. Ich möchte darauf aufmerksam machen, daß bei einem Vergleich der von uns und den anderen Mächten zurückgelassenen Besatzungen ja nicht vergessen werden darf, daß England einen in der Nähe gelegenen Stützpunkt in Indien und Hongkong, die Franzosen in Tongking, die Russen in den nördlichen Grenzprovinzen, die Japaner in ihrer Heimat haben, während wir ihn nicht haben. Wir müssen in China so stark sein, daß uns niemand an den Kragen kommt. Endlich ist gesprochen worden von der deutschen Besatzung in Schanghai. Wir haben nach Schanghai eine Garnison verlegt nach dem englischen Vorgange, um an dem wichtigsten chinesischen Handelsplatze die Bemühungen der anderen Mächte in Bezug auf Aufrechterhaltung der Ruhe und Ordnung zu unterstützen und den Interessen der fremden Handelsniederlassungen mit Hilfe des dortigen chinesischen Vizekönigs Rückhalt zu gewähren. Dieses unser Vorgehen hat keine feindliche Spitze gegen andere Mächte, und namentlich hat sich England mit unserem Vorgehen einverstanden erklärt. Die guten Wirkungen der fremden Besatzung in Schanghai für die Aufrechterhaltung der Ruhe und Ordnung am Yangtsekiang sind unverkennbar. Das hat der Abg. Frese in der Kommission besonders hervorgehoben. Es würde doch sehr gewagt sein, wenn wir durch ein voreiliges Zurückziehen diese guten Wirkungen aufs Spiel setzten. Es empfiehlt sich deshalb, unsere Garnison in Schanghai vorläufig zu lassen, damit der dortige Beruhigungszustand eine größere Festigkeit erlangt. Von derselben Erwägung werden offenbar auch andere Mächte geleitet. In Paranthese bemerkt, ist die Behauptung des Abg. Richter, man wäre ja schon aus China zurückgegangen, nicht ganz richtig; denn es stehen dort noch 1500 Japaner. Die anderen Mächte sind bis auf weiteres entschlossen, ihre Garnisonen in Schanghai zu lassen. Ich meine aber, daß das, was in der tatsächlichen Sicherung ihrer Handelsinteressen den anderen recht ist, auch uns in Ostasien und speziell in Schanghai billig ist. (Beifall rechts.)

Abg. Grabnauer (Soz.) kritisiert die Reise des Prinzen Heinrich, die trotz ihrer byzantinischen Verherrlichung die Beziehungen zu Nord-

Amerika nicht bessern werde, weil der Zolltarif ein gutes Verhältnis unmöglich mache. Ferner tadelt er die Nichteinmischung in die Greuel des südafrikanischen Krieges und die Wegführung der astronomischen Instrumente aus Peking, ein Denkmal der Schande. Man solle sie zurückgeben.

Reichskanzler Graf Bülow: Ich muß zunächst meinem Bedauern Ausdruck geben über die Art und Weise, wie sich der Vorredner geäußert hat über die Reise des Prinzen Heinrich nach Amerika und über den Empfang, den das amerikanische Volk ihm bereitet hat. Das war um so bedauerlicher im Hinblick auf die schöne Aufnahme, welche der deutsche Prinz bei dem amerikanischen Volke gefunden hat. (Sehr richtig.) Der Abg. Hasse hat vorhin in ganz zutreffender Weise hervorgehoben, daß die Reise des Prinzen Heinrich nach Amerika gar keinen bestimmten Zweck verfolge: der Zweck aber, den wir verfolgen, und den wir mit großem Ernste erstreben, ist die Aufrechterhaltung der traditionellen guten Beziehungen zwischen Deutschland und Amerika, wie sie bestehen seit den Tagen des großen Friedrich und des großen Washington. Die beiden Völker haben allen Grund, sich gegenseitig zu achten, sie haben gar keinen Anlaß, sich zu verunreinigen oder zu streiten; sie haben alles Interesse daran, auf der Grundlage voller Gegenseitigkeit in Frieden und Freundschaft zu leben (Zustimmung), auch in einer fernsten Zukunft sieht mein Auge keinen Punkt, wo die politischen Wege des deutschen und des amerikanischen Volkes sich zu durchkreuzen brauchen. (Erneute Zustimmung.) Das habe ich schon einmal von dieser Stelle aus vor drei Jahren geäußert und ich hatte den Eindruck, als ob die große Mehrheit des Hauses mit meinen Darlegungen einverstanden war, und ich bin überzeugt, daß ich nicht nur für das Inland, sondern auch für das Ausland mich in Uebereinstimmung mit der großen Mehrheit dieses Hauses befinde, wenn ich sage, daß das deutsche Volk mit voller Befriedigung die gastfreie und ritterliche Aufnahme verfolgt hat, die das amerikanische Volk dem Bruder des Deutschen Kaisers bereitet hat. (Beifall.) Nun hat der Abg. Grabnauer mit sehr großem Pathos die Angelegenheit der astronomischen Instrumente behandelt. Bei diesem Anlaß trat wieder zu Tage, daß Grabnauer und seine Freunde wirklich chinesischer sind als die Chinesen. (Heiterkeit.) Wenn die Chinesen so chauvinistisch wären wie Grabnauer, so würden wir den Frieden noch gar nicht haben. (Unterbrechung bei den Sozialdemokraten.) Ich bitte, mich nicht zu unterbrechen, ich habe auch bei Ihren Ausführungen weder gelacht, noch Sie unterbrochen, und ich würde sehr dankbar sein, wenn Sie mich ruhig anhörten. Die Frage der Zurücksendung der astronomischen Instrumente ist auch von uns erwogen worden, nachdem die Ankunft der Instrumente bekannt geworden war. Nach eingehender Erwägung haben wir aber von dieser Zurücksendung Abstand genommen. Wir haben es getan, erstlich, weil die chinesische Regierung ihrerseits auf den weiteren Besitz dieser Instrumente keinen Wert gelegt, vielmehr dieselben und von der ersten Erörterung der Frage an sogleich förmlich zur vollen Verfügung gestellt hat — volenti non fit injuria —; sodann würde die große Masse des chinesischen Volkes angenommen haben, die Zurücksendung geschehe auf Befehl der chinesischen Regierung, was natürlich unserer Stellung in Ostasien Abbruch getan haben würde. Wenn wir die Instrumente jetzt zurückschicken, so würde ja zweifellos bei ihrer richtigen Einsicht in die politischen Verhältnisse die Kaiserin-Mutter, die übrigens eine sehr intelligente Dame ist, sich verletzt fühlen, während die Masse des chinesischen Volkes darin eine furchtbare Niederlage unsererseits erblicken würde. Wenn diese Instrumente unter voller Zustimmung der chinesischen Regierung in unseren rechtmäßigen Besitz übergegangen sind, so fallen sie in die Kategorie derjenigen Geschenke, wie sie von Regierung zu Regierung seit langer Zeit in China üblich sind. Nun hat der Abg. Grabnauer weiter uns vorgeworfen unsere passive, unsere neutrale Haltung im südafrikanischen Kriege. Nun würde eine Einmischung in den südafrikanischen Krieg auf dreierlei Weise möglich sein: durch Anrufung des Haager Schiedsgerichts, durch Mediation und durch Intervention. Eine solche Anrufung des Haager Tribunals ist von seiten der Burendelegierten in allen Stadien bereits erfolgt. Diese hat aber, wie es bei dem Haager Vertragswerk — daran ist nichts zu ändern — nicht anders möglich war, keinen Erfolg gehabt. Was die Frage der Mediation angeht, so habe ich mich schon vor einem Jahre über die Voraussetzungen und die voraussichtlichen Folgen einer solchen Mediation ausgelassen. Eine Mediation würde heute ebensowenig Erfolg haben, wie vor einem Jahre. Ich kann in dieser Beziehung nur erinnern an die Antwort, welche die englische Regierung bei dem bekannten, aus den edelsten Motiven hervorgegangenen Antrag Hollands erwirkt hat. Eine Intervention würde aber voraussetzen die eventuelle Anwendung von Zwangsmaßnahmen; daß eine solche dem deutschen Interesse nicht entspricht, habe ich gleichfalls schon vor einem Jahre hier auseinandergesetzt, und das ist auch von den meisten Seiten anerkannt worden. Ich möchte noch darauf hinweisen, daß von keiner anderen Macht gegen den südafrikanischen Krieg oder gegen die Art und Weise der dortigen englischen Kriegsführung irgendwelcher Einspruch erhoben worden ist. Wir haben aber gar keine Veranlassung, in dieser Beziehung eine führende Rolle zu übernehmen. So etwas mag ja bei internationalen Aktionen persönlicher Eitelkeit schmeicheln, praktisch pflegt aber nichts dabei herauszukommen. Ich erinnere sie an die Geschichte des zweiten französischen Kaiserreichs, die manches lehrreiche und warnende Beispiel aufweist. Was der Abg. Grabnauer ausgeführt hat, war im Grunde eine Weltpolitik à outrance. Wenn wir überall unsere Finger hineinsteckten, so würden wir nicht bloß in Südafrika, sondern auch in Armenien und sogar auf den Philippinen und in Finnland intervenieren müssen. Es entspricht aber nicht dem Interessen des deutschen Volkes, den Hansdampf in allen Gassen zu spielen. Die große Mehrheit dieses hohen Hauses wird das nicht mitmachen wollen. Endlich hoffe ich auch auf die Zustimmung der Mehrheit dieses Hauses, wenn ich es ablehne, einzugehen auf die Provokation des Abg. Grabnauer, die sich bezog auf das, was ich neulich gesagt habe, über eine Rede des englischen Kolonialministers. Ich habe bewiesen, daß ich mich nicht scheute, dem Vorfall näher zu treten, der dieser Angelegenheit zu Grunde lag, nun in einen Wortstreit einzutreten über diesen Vorfall, halte ich nicht für nützlich, dem Staatsinteresse würde dadurch nicht gedient werden. Von dem, was ich damals gesagt habe, brauche ich nicht eine Silbe zurückzunehmen und dem aber auch nichts hinzuzufügen. (Beifall.)

3. März. (Preußisches Abgeordnetenhaus.) Annahme des Gesetzes über den Ankauf von Bergwerken (S. 39).

Abg. Imwalle (Z.): Die Vorlage bedeute nichts anderes als ein weiteres Hinabgleiten auf der schiefen Ebene zum sozialistischen Staat, und trotzdem sei von keiner Seite des Hauses und von keiner der großen Fraktionen mit Ernst oder prinzipiell dagegen Bedenken erhoben worden. Ferner sei bedenklich, daß hierdurch wieder eine große Zahl von Personen vom Staate abhängig würden, was besonders zu Wahlbeeinflussungen Anlaß geben könne. Handelsminister Möller: Das Bedenken des Vorredners, mit dem Ankauf neuen Bergwerkseigentums sei ein neuer Schritt getan zum sozialistischen Staat, ist nicht berechtigt. Wir beabsichtigen keineswegs, das ganze Bergwerkseigentum in Westfalen zu verstaatlichen; die Regierung muß es ablehnen, eine derartige verantwortliche Aufgabe zu übernehmen. Wenn wir in 13 Jahren unsere neuen Bergwerke in vollem Betrieb haben, sind wir in der Lage, 4 Millionen Tonnen jährlich zu produzieren. Die jetzige Förderung in Westfalen von 60 Millionen Tonnen wird bis dahin sicherlich auf 80 Millionen gestiegen sein, unsere Förderung wird also 5 Prozent der Gesamtförderung betragen. Also ist unser Anteil im Verhältnis nur ein ungemein kleiner und kann von einer Gefahr der Sozialisierung des Bergwerksbetriebes in Westfalen nicht gesprochen werden. Ferner versteht es sich ganz von selbst, daß weder ich noch einer meiner Nachfolger es dulden werden, daß in gesetzwidriger Weise amtliche Wahlbeeinflussung getrieben wird. — Die Vorlage wird unverändert angenommen.

4. März. (Reichstag.) Die Budgetkommission lehnt einen Antrag Gröber (Z.), den Postvertrag zwischen dem Reiche und Württemberg dem Reichstage zur verfassungsmäßigen Genehmigung vorzulegen, ab. (Vgl. S. 36.)

5. März. (Bayerische Abgeordnetenkammer.) Der Wahlausschuß fordert Vorlegung eines Wahlgesetzes, so daß auf je 38000 Seelen ein Abgeordneter kommt. Die Regierung verspricht für die nächste Session Vorlegung eines Wahlgesetzes.

5./21. März. (Preußisches Abgeordnetenhaus.) In der Beratung des Kultusetats werden zahlreiche Einzelheiten besprochen, u. a. paritätische und polnische Beschwerden, der Evangelische Bund, Lehrergehälter, Prüfungsordnungen, altkatholische Theologie, Errichtung einer Technischen Hochschule in Breslau.

6. März. Der Reichstag genehmigt die Forderung von 300 000 Mark für die Weiterführung des Telegraphen von Dar-es-Salaam nach Tabora gegen die Stimmen der Sozialdemokraten und freisinnigen Volkspartei.

7. März. (Sachsen.) Die Regierung lehnt in einer Denkschrift die wiederholt geforderte Warenhaussteuer ab, weil ihre Wirkung wirtschaftlich und sozialpolitisch zweifelhaft sei und weil nur wenige Gemeinden bisher von ihr Gebrauch gemacht hätten.

8. März. (Reichstagswahl.) Im 1. schleswig-holsteinschen Wahlkreise wird Redakteur Jessen (Däne) mit 10058 Stimmen gegen Pastor Jacobsen (nl.) mit 4589 Stimmen gewählt.

8. März. (Düsseldorf.) Unter Teilnahme mehrerer Minister findet die feierliche Grundlegung der Rheinwerftbauten statt.

9. März. (Rechtenfleth in Hannover.) Der Dichter Hermann Allmers, 80 Jahre alt, †.

10. März. Der Reichstag lehnt eine nationalliberale Re-

solution auf Errichtung von Handelskammern im Auslande ab. Staatssekretär Frhr. v. Richthofen spricht gegen den Antrag.

11. März. Depeschenwechsel zwischen dem Kaiser und dem Präsidenten Roosevelt.

Der Kaiser telegraphiert: Jetzt, da Mein Bruder die gastlichen Gestade Amerikas verlassen hat, empfinde Ich es als eine angenehme Pflicht, Ihnen auszusprechen, wie tief dankbar Ich und das ganze deutsche Volk sind für den Glanz der Gastfreundschaft und die Herzlichkeit der Aufnahme, welche dem Prinzen von allen Klassen des amerikanischen Volkes bereitet wurde. Meine ausgestreckte Hand wurde von Ihnen mit festem, männlichem und freundschaftlichem Griffe erfaßt. Möge der Himmel Unsere Beziehungen mit Frieden und Wohlwollen zwischen den zwei großen Nationen segnen. Meine besten Empfehlungen und Wünsche an Alice Roosevelt.

Der Präsident antwortet: Ihres Bruders Besuch in diesem Lande wirkte bedeutend darauf hin, die freundliche, wohlwollende Neigung darzutun, welche zwischen beiden Völkern existiert. Derselbe war in jeder Beziehung glückbringend, und ich hoffe, Sie erlauben mir, daß ich Ihnen gratuliere zu der ausgezeichneten Art und Weise, in der er sich verhielt. Er hat sich wahre herzliche Teilnahme und die Achtung aller, mit denen er in Verbindung kam, erworben. Wir bewillkommneten ihn seiner selbst halber. Hießen ihn auch noch herzlicher willkommen als Vertreter Ihrer selbst und des mächtigen deutschen Volkes. Ich danke Ihnen im Namen des amerikanischen Volkes für das, was Sie vollbracht. Ebenfalls danke ich Ihnen persönlich für die huldreiche Gestalt, in welcher Ihre Gunstbezeigung sich dartut.

11. März. Die „Norddeutsche Allgemeine Zeitung" schreibt über die Reise des Prinzen Heinrich:

Seine Königliche Hoheit Prinz Heinrich von Preußen verläßt heute den gastlichen Boden der Vereinigten Staaten von Amerika und tritt an Bord des Dampfers „Deutschland" die Heimreise an. Seine Fahrt nach New-York zur Teilnahme am Stapellauf S. M. Jacht „Meteor", sein Besuch in der Bundeshauptstadt Washington und an vielen anderen bedeutenden Stätten amerikanischer Geschichte und Kultur verfolgte — darüber ist man sich auf beiden Seiten ohne Belehrung von dritter Stelle einig — keinen bestimmten politischen Zweck. In der Bekräftigung überlieferter Freundschaftsgesinnung zwischen zwei großen, kraftvollen und hoffnungsreichen Nationen, der Erneuerung des alten Vertrauens, der Bezeugung des lebendigen Verständnisses, das die Eigenart der Amerikaner für tüchtige Kulturarbeit gerade in demjenigen Lande Europas findet, welches der großen Republik so viele wackere Bürger geschenkt hat, erkennen wir die Bedeutung der Mission des Prinzen Heinrich. Der glückliche Verlauf dieser Mission läßt das deutsche wie das amerikanische Volk mit reiner Befriedigung auf die nun der Geschichte angehörenden festlichen Tage zurückblicken. Für dieses Wirken im Dienst des Völkerfriedens danken wir Seiner Majestät dem Kaiser, der die Reise veranlaßt, wie Seiner Königlichen Hoheit dem Prinzen, der sie mit schönem Erfolg durchgeführt hat. Nicht minder danken wir dem Präsidenten, der Regierung und dem Volk der Vereinigten Staaten für die gastfreie, ritterliche und glänzende Aufnahme, welche sie dem Bruder des Deutschen Kaisers bereitet haben. Und neben den amtlichen Ehrungen, die dem Vertreter unseres Herrschers, unseres Landes und Volkes so reichlich zu teil geworden sind, gedenken wir voller Erkenntlichkeit auch der ungezählten Tausende amerikanischer Männer und Frauen, die den deutschen Prinzen überall freudig und aus ehrlichem Herzen willkommen geheißen haben. Gerade aus diesen ganz freiwilligen Freundschaftskundgebungen aller Schichten eines selbstbewußten Volkes schöpfen wir die Zuversicht, daß der gute Geist, der sich durch den Besuch unseres Hohenzollernprinzen im Lande George Washingtons hüben wie drüben betätigt hat, in den politisch durch nichts getrübten Beziehungen zwischen dem Deutschen Reich und den Vereinigten Staaten zum Nutzen beider Völker fortwirken wird.

11. März. (Preußisches Abgeordnetenhaus.) Etat des Ministeriums des Auswärtigen. Staatssekretär Frhr. v. Richthofen erklärt über die Verhandlungen mit England wegen der Burenhilfe (S. 35):

Die definitive Antwort der englischen Regierung auf unsere gemäß dem Antrage des Deutschen Burenhilfsbundes getanen Schritte ist nunmehr eingegangen. Sie lautet:

„Der Wunsch der deutschen Regierung, daß die vom Burenhilfskomitee zu verschiedenen Gegenstände in die Flüchtlingslager zollfrei und vom Ausschiffungshafen frachtfrei, sowie in Begleitung einer der englischen Botschaft in Berlin genehmen Person oder des deutschen Konsularbeamten in Südafrika zugelassen werden sollen, wurde von S. M. Regierung einer sorgfältigen Prüfung unterzogen. Der Versuch, außenstehende Personen an der Verteilung der Gaben teilnehmen zu lassen, wurde bereits früher gemacht. Bei seiner Ausführung stellte sich aber heraus, daß dies zu mancherlei Mißbrauch und Unzuträglichkeiten führe. Daher wurde zu diesem Zwecke in jedem Lager ein Lokalkomitee eingesetzt, das mit den jeweiligen Bedürfnissen der Flüchtlinge vertraut ist. In vorliegendem Falle ist S. M. Regierung beflissen, den Wünschen der deutschen Regierung, soweit es möglich ist, entgegenzukommen. Sie will es daher auf sich nehmen, daß alle Sendungen und Gegenstände zum Gebrauche der Burenflüchtlinge, die an den deutschen Generalkonsul gerichtet sind, nach dem Lager oder den Lagern, für die sie durch das Deutsche Burenhilfskomitee bestimmt sind, frei von Zoll und anderen Kosten, einschließlich der Frachtkosten geschickt und durch Lagerkomitees verteilt werden sollen. Jede Kiste würde mit der Bezeichnung ‚Concentration camp reliefs stores‘ (Konzentrationslager Unterstützungsvorräte) versehen sein, um die zollfreie Einfuhr zu sichern. Die Sendungen werden einer zollamtlichen Untersuchung zu unterziehen sein. Geistliche der holländischen reformierten Kirche werden als Sekretäre dieser Lagerkomitees wirken, und es werden Vorkehrungen getroffen werden, um in jedem Falle von dem Sekretär jenes Komitees, durch das die Sendung verteilt wird, eine Empfangsbescheinigung zu erhalten."

Lord Lansdowne fügte in einem Privatbrief an den deutschen Botschafter Grafen Metternich noch hinzu, er hoffe zuversichtlich, daß dies befriedigend gefunden werde. — Der Staatssekretär betont dann weiter, er glaube, daß die Wünsche des hohen Hauses somit erfüllt seien und daß dies mit Genugtuung begrüßt werden könne. (Lebhafter Beifall.) Die Wünsche des Burenhilfskomitees gehen ja weiter. Allein ich möchte hervorheben, daß wir allein in dieser ganzen Angelegenheit vorgegangen sind. Kein anderer Staat tat bisher derartige amtliche Schritte bei der englischen Regierung. Es wird nun bei dem Burenhilfskomitee liegen, seinerseits recht viel zu sammeln, damit recht viel in die Konzentrationslager gesandt

werden kann. Die Stellung, welche die auswärtige Vertretung des Deutschen
Reiches und des Königreichs Preußen hiebei übernahm, gibt mir vielleicht
das Recht zu Bemerkungen, die über den Rahmen des hohen Hauses und
des Reichstags hinausgehen und sich sowohl an Sie, wie auch an die Allgemeinheit wenden.

Die Opfer an Gut und Blut, die in England standhaft geleistet
wurden, der große Verlust an Menschenleben, der starke Abgang an aus-
gezeichnetem Offiziermaterial, die Höhe der erforderlichen Ausgaben, die
dadurch bedingte Anziehung der Steuerschraube, — wenn alles das erwogen wird, werden Sie zugeben, daß es menschlich und natürlich ist,
wenn sowohl bei einzelnen wie bei der Nation die Empfindlichkeit wächst.
Das harte Wort wird doppelt tief empfunden, freundlicher Zuspruch doppelt
freundlich aufgenommen. Wenn ich die Empfindungen unserer Nation
recht verstehe, geht unser Wunsch dahin, daß wir den Notleidenden in
Südafrika nach Möglichkeit helfen. Das ist nicht anders möglich, als mit
Zustimmung und Unterstützung von englischer Seite, ohne die wir überhaupt nicht an die Buren herankommen können. Um diese Unterstützung
und Hilfe uns zu sichern, ist es meines Erachtens geboten, die Empfindlichkeit der englischen Regierung und Nation nach Möglichkeit nicht heraus-
zufordern. Dazu bedarf es keiner Liebedienerei. Der deutschen Politik
liegt auch Liebedienerei gänzlich fern; unsere Politik treiben wir niemand,
als dem deutschen Volke zuliebe. (Bravo.) Ich glaube auch, daß man so
handeln kann, ohne unsere eigenen Ansichten über den Krieg selbst aufzugeben. (Bravo! Sehr richtig!) Aber nur wenn wir diese Empfindlichkeit berücksichtigen, werden wir weiter in Südafrika im Dienste der Menschlichkeit wirken können. Was sollen wir tun, um in dieser Beziehung vielleicht die Situation in England etwas zu ändern? In Frage kommt
zunächst wohl etwas gerechtere Kritik. Verteilen wir Licht und Schatten
etwas gerechter, als bisher geschehen ist. Nehmen wir nicht immer gleich
von vornherein an, daß alles, was von englischer Seite geschieht, zu Unrecht und schlecht geschieht. Ich darf wohl ein Beispiel citieren. Ich las
haarsträubende Beschreibungen über die Gefangenenlager. Vor einigen
Tagen nun war bei mir einer unserer Generale, der in der Lage ist, aus
eigener Erfahrung darüber zu berichten. Der sagte zu mir: Ich halte es
für meine Pflicht — und ermächtige Sie, von meinem Namen Gebrauch
zu machen —, zu erklären, daß ich die Gefangenenlager in Ceylon als
mustergültig vorfand. Es war General v. Trotha, der frühere Kommandeur
der Schutztruppe von Ostafrika, der auf der Rückkehr von China in Ceylon
Aufenthalt genommen hatte. Er fügte hinzu, die Küchen und die hygieni-
schen Einrichtungen im Lager seien geradezu erstklassig. Die ehemals
deutschen Offiziere, die sich dort befanden, brachten ihm als einzige Beschwerde vor, daß keine genügende Abwechslung in der Kost bestehe. Darauf
habe er erwidert: Ja, Kinder, wenn ihr erwartet, daß euch die Engländer
von Zeit zu Zeit Kaviar und Austern servieren, so ist das doch etwas viel
verlangt. Meines Erachtens würde es der Würde einer Nation keinen
Abbruch tun, wenn wir auch menschliche Sympathie bezeugten, wie z. B.
bei der gestern gemeldeten schweren Verwundung von Lord Methuen, eines
Mannes, der Jahre hindurch als Militärattaché hier in Berlin war, sich
der besonderen Wertschätzung der beiden ersten Kaiser erfreute, und in
weiten Kreisen der Hauptstadt ein freundliches Andenken hinterließ. —
Wie gesagt, ich glaube, daß es nur durch die Schonung der nationalen
Gefühle möglich ist, weiter auf dem Wege vorzuschreiten, den das Buren-
hilfskomitee andeutete, und den zu gehen, wir sehr gern bereit sind. (Bravo.)
Ich denke, daß wir in erster Linie jetzt dahin zu wirken suchen, daß es

schließlich doch gestattet wird, Ambulanzen nach Südafrika zu senden. Eines der Mitglieder des Hauses hat mir vor kurzem einen Burenarzt zugeführt, einen Oesterreicher, Dr. Albrecht, welcher eine bewegliche Schilderung von den dortigen Verhältnissen machte und anscheinend auch mit der englischen Behörde im besten Einvernehmen gelebt hat. Er führte uns gegenüber aus, wie notwendig es sei, den Buren Ambulanzen zuzuführen, nicht bloß im Interesse der verwundeten Buren, sondern auch nicht minder im Interesse der verwundeten Engländer. Er teilte uns mit, daß die Buren englische Ambulanzen nicht wohl zulassen können mit Rücksicht auf die Gefahr, daß die militärischen Maßnahmen dadurch den Engländern bekannt werden können, daß aber für fremde Ambulanzen der Weg offen würde zu den Buren, vorausgesetzt, daß sie von englischer Seite durchgelassen würden. Wir werden also in dieser Richtung das Möglichste tun, aber dazu ist es dringend notwendig, daß die Engländer doch schließlich die Ueberzeugung gewinnen, daß wir trotz allem und allem ihre Verwandten und beiderseits auf freundliche Beziehungen angewiesen sind. So kommen wir vielleicht noch weiter. Dann können wir vielleicht, ohne uns eine schroffe Ablehnung zuzuziehen, als Vettern diesseits des Kanals zu den Vettern jenseits des Kanals sprechen und unser Fürwort einlegen für die gemeinsamen Vettern in Südafrika. Wenn Sie dazu helfen, in Ihren Kreisen, in der Presse und in der Allgemeinheit des deutschen Volkes, dann leisten Sie, meiner Ansicht nach, den Buren selbst den größten Dienst. (Beifall.)

12. März. (Halberstadt.) Der Militärschriftsteller Fritz Hoenig, Herausgeber der „Deutschen Heereszeitung", †.

12./13. März. (Reichstag.) Konflikt zwischen Agrariern und der Regierung über Zölle auf Gemüse und Blumen.

Staatssekretär Frhr. v. Richthofen erklärt einen Zoll auf frisches Gemüse und Blumen für unannehmbar (12. März), trotzdem setzt die Kommission hohe Zollsätze fest. Staatssekretär v. Richthofen erklärt hiezu (13.): Die verbündeten Regierungen würden keinen Zweifel darüber lassen, daß sie nötigenfalls auch gegen die Beschlüsse der Kommission Handelsverträge abschließen und dabei für Gemüse und Blumen Zollfreiheit gewähren würden, ohne dafür Kompensationen zu verlangen. Im englischen und wohl auch in keinem anderen Parlament wäre es denkbar, daß so gewichtige Erklärungen, wie er sie am Mittwoch im Namen der verbündeten Regierungen abgegeben habe, in der Debatte kaum gestreift und bei der Abstimmung ohne Wirkung geblieben wären. Wenn die Leitung der auswärtigen Politik so gewichtige Erklärungen abgebe, wie dies durch seinen Mund geschehen sei, so habe doch der Reichstag allen Anlaß, anzunehmen, daß sie ihre guten Gründe dafür habe. Das Ausland werde leider aus den Beschlüssen zu der Annahme gelangen, daß die Mehrheit der Kommission Handelsverträge mit den durch dieselben betroffenen Staaten überhaupt nicht wolle. Ein solcher Eindruck müsse von Grund aus zerstört werden.

Abg. Frhr. v. Wangenheim (Bd. d. Ldw.): Die Kommission sei nicht der Ort, über diese Fragen endgültig zu entscheiden. Das sei Sache des Plenums. Die Regierung hätte sich deshalb ihre Erklärung für das Plenum ersparen sollen. So wie die Dinge jetzt liegen, hätte das Vorgehen des Frhrn. v. Richthofen nur dazu geführt, klarzustellen, daß zwischen der Majorität der Kommission und der Reichsregierung absolut gegensätzliche wirtschaftliche Anschauungen herrschen. Der Regierung scheine das Interesse der Italiener wichtiger zu sein als das der heimischen Produzenten, welches die Mehrheit der Kommission vertrete.

Die Regierung findet nur bei den Freisinnigen und Sozialdemokraten Unterstützung. Abg. Gamp (Rp.) fragt, ob der Staatssekretär seine persönliche Meinung oder die des Bundesrates vertrete. Staatssekretär v. Richthofen: Meine Erklärung habe ich im Namen der verbündeten Regierungen abgegeben. Nicht vertraulich ist die Erklärung, daß die Regierung behufs Abschlusses von Handelsverträgen Zollfreiheit für die betreffenden Positionen zu gewähren bereit ist. Die Regierung muß das Recht haben, ihre Stellung unzweideutig kundzugeben.

13. März. Der Reichstag genehmigt in dritter Lesung den Etat, der in Einnahme und Ausgabe balanciert mit 2 303 009 829 Mark. Davon entfallen 1 971 527 823 Mark auf die fortdauernden, 180 387 187 Mark auf einmalige Ausgaben des ordentlichen Etats, 151 094 819 Mark auf einmalige Ausgaben des außerordentlichen Etats.

13./20. März. (Badische Abgeordnetenkammer.) Beratung der Wahlrechtsfrage.

Auf eine Anfrage über die Reform des Landtagswahlrechts erwidert Minister des Innern Dr. Schenkel, die Regierung denke an die Einführung des direkten Wahlrechts ohne Kautelen, aber mit gewissen Beschränkungen. Aber man dürfe sich in dieser Frage nicht übereilen. Ueber die politische Wirksamkeit der Beamten sagt der Minister: Es steht den Beamten frei, ob sie mehr nach links oder nach rechts oder mehr in der Mitte bleiben wollen, wir üben darüber keine Aufsicht aus. Dagegen sind die Verwaltungsbeamten nicht gehindert, in die politische Bewegung einzugreifen und es kann der Regierung unter Umständen nur wünschenswert sein, wenn sie davon Gebrauch machen. Es kommt vor, daß die Regierung schwer angegriffen wird, falsche Tatsachen werden behauptet, die zur Folge haben, das Ansehen der Regierung herabzusetzen. Wenn in solchen Fällen ein Beamter eingreift und eine derartige falsche Beurteilung der Regierung widerlegt und ihr Ansehen schützt, so ist er des Dankes der Regierung sicher. Es scheint allmählich der Gedanke einzureißen, als ob die Regierung gar kein Interesse daran habe, wie eine Wahl ausgehe, als ob die Regierung wie ein zaghaftes Mädchen dastehe, während die Parteiriesen den Kampf ausfechten. Die Regierung ist aber nicht bloß Verwalterin, sie hat auch eine Politik, sie hat große politische Ziele, welche zu vertreten die Regierung sowohl im Reiche als auch im Innern Interesse hat. Es wird immer so sein, daß entweder diese oder jene Partei sich mehr in Uebereinstimmung befindet mit diesen Zielen der Regierung. Wenn der Beamte für die Förderung der Regierung eintritt, so ist er des Dankes der Regierung sicher, kommandieren werde ich ihn aber nicht dazu. — Abgeordneter Wacker (Z.) greift den Minister scharf an, weil die Erklärung nicht klar sei und die Beamten zur Wahlagitation einlade.

14. März. (Preußen.) Diskussion von Unterrichtsfragen.

Ministerialdirektor Dr. Kuegler im Kultusministerium wird zum Präsidenten des Oberverwaltungsgerichtshofes ernannt. Die liberale Presse bedauert sein Ausscheiden im Interesse der Volksschule (vgl. Jahrg. 1899 S. 43), die Presse des Zentrums bezeichnet ihn als Hauptvertreter des Kulturkampfgeistes. Nach der „Kölnischen Volkszeitung" hat Windthorst mit Mühe seine Ernennung zum Unterstaatssekretär durch den Kultusminister v. Goßler verhindert.

14. März. (Hessen.) Steuer- und Finanzfragen.
Die Zweite Kammer genehmigt nach vierwöchiger Beratung das Budget. Um einen Fehlbetrag zu decken, hatte die Regierung eine Erhöhung der Vermögenssteuer vorgeschlagen, das Zentrum beantragte Freilassung der Vermögen von 3000 bis 15 000 Mark, die Nationalliberalen und Antisemiten beantragten zugleich Erhöhung der Einkommensteuer. Die Regierung erklärt beide Erhöhungen zusammen für unannehmbar. Nach langer Debatte lehnt die Kammer die Erhöhung der Einkommensteuer mit 28 gegen 13, die Freilassung der Vermögen von 3000 bis 15 000 Mark von der Vermögenssteuer mit 21 gegen 20 Stimmen ab und genehmigt die Erhöhung der Vermögenssteuer von 55 auf 75 Pfennig für je 1000 Mark Vermögen.

Mitte März. (Berlin.) Enthüllung über die Motive des Fürsten Bismarck bei Einbringung der Getreidezollvorlage 1887. Veröffentlichung eines Briefes Bismarcks an den damaligen Landwirtschaftsminister.

Infolge eines Artikels in der „Kreuzzeitung" richtet der frühere Landwirtschaftsminister v. Lucius folgendes Schreiben an den Abg. Graf Mirbach (konf.): Berlin, 16. März 1902. Hochgeehrter Herr Graf! Ew. Hochgeboren sprechen in einem an die „Kreuzzeitung" gerichteten Schreiben die Ansicht aus, daß es sich bei Einbringung der Getreidezollvorlage im November 1887 nicht um einen Kampfzoll, sondern lediglich und in erster Linie um einen Schutzzoll gehandelt habe, und rufen mein Zeugnis an. Ich kann diese Auffassung von der Bedeutung der damaligen Vorlage der verbündeten Regierungen nur bestätigen. Der Einbringung der Vorlage waren im Preußischen Landtage wiederholte Verhandlungen vorausgegangen, welche die Notlage der Landwirtschaft konstatierten und eine Abhilfe nach Möglichkeit der Regierung zur Pflicht machten. Verhandlungen über den Abschluß von Handelsverträgen schwebten überhaupt damals nicht. Man beschränkte sich, um diesen rein schutzzöllnerischen Zweck zu erreichen, daher in der Vorlage auf Getreide und Oelfrüchte, ohne die Vieh- und Holzzölle zu berühren. In den Kommissionsverhandlungen wurden die Oelfrüchte gestrichen, und es blieb bei einer Erhöhung der Getreidezölle. Vorgeschlagen war eine Erhöhung der Roggen- und Weizenzölle auf 6 ℳ, Hafer 3 ℳ, Gerste 2,25 ℳ. Eine verschiedene Tarifierung von Roggen und Weizen galt damals als zolltechnisch nicht wohl ausführbar wegen der Schwierigkeit, die Mühlprodukte beider Getreidearten beim Export zu unterscheiden. Für Gerste hatte Bayern damals auf dem niedrigeren Satz von 2,25 ℳ bestanden, der sonst wohl mindestens dem Hafer gleichgestellt worden wäre. Schließlich wurde in den Plenarbeschlüssen des Reichstages der Zoll auf Roggen und Weizen auf 5 ℳ normiert, der Haferzoll auf 4 ℳ erhöht, Gerste blieb unverändert, der ursprünglichen Vorlage gemäß, auf 2,25 ℳ. Die erste Beratung fand am 1. Dezember 1877 statt, die dritte brachte am 17. Dezember die Sache zum definitiven Abschluß. Dieser schnelle und günstige Verlauf wurde dadurch erreicht, daß sich die verbündeten Regierungen wie der Reichstag auf das Wichtigste beschränkten und einigten. Insbesondere sahen die Parteien des Reichstages davon ab, die Vorlage zu belasten mit den damals noch kontroversen Fragen des Identitätsnachweises und der Goldwährung. Die Reduktion der Regierungsproposition der Zollsätze für Roggen und Weizen von 6 auf 5 ℳ setzte damals der Abg. Windthorst durch, obschon im Zentrum anscheinend eine Mehrheit für die höheren Sätze existierte. Am 13. Dezember 1887 stimmten für 6 ℳ

108, dagegen 238 Abgeordnete, für 5 ℳ. 226, dagegen 125 Abgeordnete. Das Zentrum stimmte in beiden Fällen geschlossen, soviel mir erinnerlich. Die Meinung, Fürst Bismarck habe bei jener Vorlage hauptsächlich Kampfzölle im Auge gehabt, gründet sich wohl auf ein an mich gerichtetes Schreiben desselben vom 4. Dezember 1887.

Dieses Schreiben des Fürsten Bismarck an den Landwirtschaftsminister lautet: Friedrichsruh, den 4. Dezember 1887. Euer Excellenz gefl. Schreiben vom 2. d. M. habe ich zu erhalten die Ehre gehabt und benutze diese Gelegenheit, um Ihnen meinen verbindlichsten Dank für die entschiedene und beredte Weise auszusprechen, mit welcher Sie die alleinige Vertretung der Getreidezollvorlage wahrgenommen haben. Ich teile Euer Excellenz Ansicht vollkommen, daß eine Verquickung der Fragen der Währung und des Identitätsnachweises mit der des Getreidezolls letzteren schädigen würde; hoffentlich wird es Euer Excellenz Bemühungen gelingen, die Kommissionsberatungen von dieser Vermischung frei zu halten. Meines Erachtens würde es nützlich sein, in der Kommission mehr darauf hinzuweisen, daß die Erhöhung der Getreidezölle uns die einzige Handhabe bietet, um dem russischen Prohibitionssystem wirksam entgegenzutreten. Wir können wegen Zollfragen keinen Krieg mit Rußland beginnen und die politischen Gegensätze ihretwegen nicht verschärfen, wohl aber können wir durch Erschwerung der russischen Einfuhr nach Deutschland Rußland nötigen, seinerseits auf unsere Interessen mehr Rücksicht zu nehmen. Dazu bieten die Getreidezölle die erste und wirksamste Handhabe.

Frhr. v. Lucius fügt hinzu: Dieses Schreiben beweist nur, daß Fürst Bismarck neben dem Schutze der heimischen Landwirtschaft zugleich auch die Bedeutung eines hohen autonomen Tarifes für etwaige Zollkonzessionen bei Handelsvertragsverhandlungen mit unseren östlichen Nachbarn im Auge hatte. Sicher verstärkte ein solcher die Position der Regierung für solche Eventualitäten, ebenso wie die finanziellen Erträge hoher Getreidezölle nicht gleichgültig für die Reichsfinanzen damals waren und noch sind. Wenn eine Nutzanwendung aus den damaligen Verhandlungen und Verhältnissen auf die jetzige Lage zu machen wäre, so bestände diese wohl darin, daß man sich bestrebe, eine möglichst schnelle und vollständige Einigung zwischen den verbündeten Regierungen und der schutzzöllnerischen Mehrheit des Reichstages herbeizuführen.

Mitte März. (Preußen.) Der Minister der öffentlichen Arbeiten tadelt in einem Erlaß an die Eisenbahndirektionen, daß sogenannten „Naturärzten" Diensträume für ihre Vorträge zur Verfügung gestellt worden seien.

18. März. (Cuxhaven.) Der Kaiser empfängt den aus Amerika zurückkehrenden Prinzen Heinrich.

18. März. (Reichstagswahl.) Bei der Ersatzwahl in Rastenburg-Gerdauen wird Gutsbesitzer Rautter (kons.) mit 9716 Stimmen gewählt. Gutsbesitzer Dultz (fr. Vp.) erhält 4773 und Gutsbesitzer Ebhardt (Soz.) 3206 Stimmen.

18. März. (Sachsen.) In der Zweiten Kammer kritisiert Finanzminister Dr. Rüger scharf die Einrichtungen der Finanzverwaltung, die es unmöglich mache, einen genauen Voranschlag aufzustellen.

19. März. Die „Norddeutsche Allgemeine Zeitung" schreibt über das Auftreten Schönerers im österreichischen Abgeordnetenhause vom 7. (s. Österreich):

Fürst Bismarck hat stets daran festgehalten, daß wir uns nicht in die inneren Angelegenheiten anderer Staaten mischen sollen und daß die Achtung der Dynastien einen wesentlichen Bestandteil einer internationalen Politik bildet. Dies gilt in besonderem Maße für das Verhältnis des Deutschen Reiches zu der verbündeten österreichisch-ungarischen Monarchie sowie in Bezug auf die beiden eng befreundeten Herrscherhäuser Hohenzollern und Habsburg und zwar heute ganz ebenso wie zur Zeit Kaiser Wilhelms des Großen und seines großen Kanzlers. Der Abg. Schönerer hat gegen diese bewährten Grundsätze mit dem Schlußsatz seiner Rede gröblich verstoßen und der Wirkung nach, was auch seine Absicht gewesen sein mag, nur seinen tschechischen Gegnern und anderen zersetzenden Elementen Vorschub geleistet.

20. März. (Preußisches Herrenhaus.) Der katholische Graf Wilhelm Hoensbroech verurteilt scharf die polnischen Bestrebungen und tadelt, daß viele katholische Geistliche dieses staatsgefährliche Treiben unterstützen.

20. März. (Reichstagswahl.) Bei der Ersatzwahl in Breslau wird Bernstein (Soz.) mit 14 692 Stimmen gewählt. Heilberg (fr. Vp.) erhält 6408, Bellerode (kons.kler.) 4426 Stimmen.

20. März. (Berlin.) Der Reichskanzler und die Frauenrechtsbewegung.

Graf Bülow empfängt eine Deputation des Vereins für Frauenstimmrecht, die ihm folgende Adresse überreicht:

„Die Versammelten bitten im Namen vieler deutscher Frauen um die Vorlage eines Reichsgesetzes, dahin lautend: „Die vereinsrechtlichen Beschränkungen der Frauen sind in allen deutschen Bundesstaaten aufgehoben." Sie bitten ferner um Aufhebung von Ziffer 6 des § 361 Reichsstrafgesetzbuches, dessen Wirkung ein unerträgliches Ausnahmegesetz für alle deutschen Frauen bedeutet. Sie bitten endlich, daß durch Reichsgesetz bestimmt werden möge, daß nach vollgültig abgelegter Maturitätsprüfung das weibliche Geschlecht das gleiche Anrecht auf Immatrikulation an Hochschulen habe wie das männliche, daß bei der in Aussicht gestellten Reform des Mädchenschulwesens in Preußen eine Anzahl sachverständiger Frauen zur Mitarbeit herangezogen werde, daß der privaten Initiative bei Reformversuchen für Mädchenschulen durch Konzessionsversagung seitens des Kultusministeriums nicht länger hindernd in den Weg getreten wird und daß die Errichtung obligatorischer Fortbildungsschulen für Mädchen eingeleitet werde."

Die citierte Ziffer 6 des § 361 des Reichsstrafgesetzbuches verhängt Haft über weibliche Personen, die der sittenpolizeilichen Aufsicht unterstellt sind und den bezüglichen Vorschriften zuwiderhandeln oder die sich der sittenpolizeilichen Aufsicht entziehen, trotzdem sie darunter gehören.

Der Reichskanzler erwidert: Ich danke Ihnen für Ihre freundlichen beredten Worte, ich danke Ihnen für Ihr Erscheinen und bitte Sie, davon überzeugt zu sein, daß ich mir der außerordentlichen Bedeutung und des Ernstes der Frauenfrage wohl bewußt bin. Was die angeregten Punkte betrifft, so werden Sie selbst wissen, daß ich, wo es sich um die Bestimmungen, die hinsichtlich des Versammlungsrechtes gelten, handelt, sowie auch um die betreffenden Paragraphen, welches so schmerzliche Erscheinungen zur Folge hat, nicht allmächtig bin, vielmehr ist dies alles gebunden an die Bestimmungen der gesetzgebenden Körperschaften. Was die Frage der Frauenbildung betrifft, so ist dieselbe in Verbindung mit den Grundlagen der Volkserziehung vom Kultusministerium in Erwägung gezogen. Es ist Ihnen bekannt, welche Stellung zu dieser Frage der Kultusminister einnimmt. Eine nachdrückliche Unterstützung der Mädchenschulen von seiten der Unterrichtsverwaltung wie von seiten der Stadtgemeinde ist in Aussicht genommen und durch neue Lehrpläne werden im Unterrichte verschiedene Verbesserungen angestrebt. Dagegen verhält sich die Unterrichtsverwaltung ablehnend hinsichtlich der Errichtung von besonderen Mädchengymnasien, sowie Aufnahme der Mädchen in die höheren Lehranstalten. Dagegen sind einzelne private 6jährige Gymnasialkurse versuchsweise genehmigt, und es sollen nach dieser Richtung weitere Erfahrungen gesammelt werden. Hinsichtlich des berührten Punktes der Zuziehung sachverständiger Frauen zur Beratung bin ich dafür, diese sehr wichtige Frage anzuregen und zu sehen, ob es möglich sein wird, daß Frauen zugezogen werden. Jedenfalls können Sie meines Interesses sicher sein. Ich werde, so weit es an mir ist, dasselbe beim Bundesrat und Reichstag zum Ausdruck bringen.

23. März. (Berlin.) Wirkl. Geh. Rat Herzog, früher Staatssekretär in Elsaß-Lothringen, †.

24. März. (Berlin.) Beratung über die Förderung des Baumwollbaus in den Kolonien.

Unter dem Vorsitze des Direktors Dr. Stuebel tritt eine Konferenz von Sachverständigen und Interessenten auf dem Gebiete des Anbaues und der Verwertung von Baumwolle zusammen. Es werden folgende Beschlüsse einstimmig angenommen: 1. Die Konferenz nimmt mit Interesse Kenntnis von dem Berichte über die befriedigenden Ergebnisse der Baumwollexpedition des kolonialwirtschaftlichen Komitees nach Togo und spricht dem Komitee ihren Dank aus; 2. unter der Voraussetzung, daß die erforderlichen Geldmittel von den Interessenten und dem Gouvernement zur Verfügung gestellt werden, soll unter der Leitung des kolonialwirtschaftlichen Komitees eine landwirtschaftliche Expertise nach den Vereinigten Staaten zum Studium des Baumwollbaues entsandt werden. Die dortigen Erfahrungen sollen verwertet werden durch Anlegung von Versuchsstationen behufs Einführung der Baumwollkultur als Eingeborenenkultur in Deutsch-Ostafrika.

März. (Hessen.) Verkehr des Großherzogs mit Sozialdemokraten (vgl. 1901 S. 55).

Durch die Presse gehen Nachrichten, daß der Großherzog von Hessen sozialdemokratische Abgeordnete auf einem parlamentarischen Abend ins Gespräch gezogen habe. Die „Hamburger Nachrichten" fordern deshalb ein Einschreiten des Bundesrats gegen den Großherzog von Hessen auf Grund der Reichsverfassung. Die Bundesfürsten schlössen einen ewigen Bund zum Schutze des Bundesgebietes und des innerhalb desselben gültigen Rechtes sowie zur Pflege der Wohlfahrt des deutschen Volkes, die Sozialdemokraten aber wollten das innerhalb des Bundesgebietes gültige Recht umstoßen. Das Deutsche Reich müsse der drohenden Versozialdemokratisierung eines Bundesstaates unter Patronage des eigenen Bundesfürsten vorbeugen.

25. März. (Berlin.) Es wird eine Verfügung über Änderung der Beamtenverhältnisse und Titelbezeichnungen bei der Post- und Telegraphenverwaltung veröffentlicht.

25. März. (Hessen.) In der Zweiten Kammer erklärt auf Anfrage des Abg. Grafen Oriola Staatsminister Rothe, daß die Regierung auf dem Boden der Zollvorlage stände und im Interesse der Handelsverträge eine Änderung des Tarifs für gefährlich halte.

Ende März. (Preußen.) In der Wreschener katholischen Schule werden vierzig Kinder, die im Religionsunterricht deutsche Antworten verweigert haben, nicht entlassen (vgl. 1901 S. 169) wegen ungenügender Leistungen in der Religion und wegen Mangels an Reife.

28. März. (Hannover.) Fürst Münster, der frühere Botschafter in Paris, 82 Jahre alt, †.

31. März. (Camberg bei Wiesbaden.) Reichs- und Landtagsabgeordneter Dr. Lieber, Führer des Zentrums, 63 Jahre alt, †.

März. April. Diskussion der Zollfrage.
Die agrarische Presse, vornehmlich die „Deutsche Tageszeitung" polemisiert scharf gegen jeden Versuch, mit der Regierung eine Verständigung herbeizuführen; die Zollfrage müsse Wahlparole werden. Die Zentrumspresse greift diese Agitation an und stellt die Möglichkeit einer Verständigung in Aussicht, wenn Diäten für den Reichstag bewilligt würden. Auch konservative Stimmen erklären sich für eine Einigung mit der Regierung. So sagt der Abg. Graf Limburg-Stirum in einer Rede vor einer agrarischen Versammlung: Die Verständigung kann und muß am letzten Ende auf dem Boden der Regierungsvorlage geschehen; wenn die Maximalsätze für Vieh und Fleisch so bleiben, wie sie in der Regierungsvorlage stehen, dann kann man die Mindestsätze für Getreide zur Not so bewilligen, wie die Regierung sie vorgeschlagen hat. Das Gesamtbild des Tarifwerkes ist es, worauf es ankommt, und dieses Gesamtbild ist ein erheblich besseres, als das des bisherigen Tarifs; im übrigen kommt es dann und hauptsächlich erst auf die Handelsverträge an. — Auch die „Schlesische Zeitung" polemisiert gegen die Forderungen der agrarischen Presse.

1. April. (Preußen.) Es wird eine neue Bestimmung über Kommissionsdiäten für Forstbeamte erlassen.

1. April. (Preußen.) Der Kultusminister erläßt folgende Verfügung über die Zulassung zum Rechtsstudium (vgl. S. 29):
1. Bei denjenigen Preußen, welche sich der Rechtswissenschaft an einer preußischen Universität widmen wollen, genügt als Nachweis der wissenschaftlichen Vorbildung für das akademische Studium außer dem Zeugnis der Reife eines deutschen humanistischen Gymnasiums auch das Reifezeugnis eines deutschen Realgymnasiums oder einer preußischen Oberrealschule. 2. Studierende, welche demgemäß auf Grund eines Zeugnisses

der Reife einer realistischen Lehranstalt aufgenommen werden, sind bei der Einschreibung in der juristischen Fakultät im Hinblick auf die Bestimmungen zu 3 und 4 der eingangs erwähnten Bekanntmachung ausdrücklich darauf hinzuweisen, a) daß es ihnen bei eigener Verantwortung überlassen bleibe, sich die für ein gründliches Verständnis der Quellen des römischen Rechts erforderlichen sprachlichen und sachlichen Vorkenntnisse anderweit anzueignen, b) daß in Aussicht genommen ist, bei der Einrichtung des juristischen Studiums Vorkehrungen zu treffen, wonach sie sich über die zu a gedachten Vorkenntnisse auszuweisen haben. 3. Die gleiche Eröffnung ist auch denjenigen Studierenden der Rechte zu machen, welche zwar das Zeugnis der Reife eines Gymnasiums besitzen, in demselben aber für das Lateinische nicht wenigstens das Prädikat „genügend" aufzuweisen haben. 4. Die vorstehenden Bestimmungen treten mit dem Beginne des nächsten Sommersemesters in Kraft.

Anfang April. Staatssekretär Graf Posadowsky konferiert mit den Ministern der größeren Einzelstaaten über die Zollfrage.

2. April. (Berlin.) Der niederländische Minister des Auswärtigen Kuyper hat eine Zusammenkunft mit dem Staatssekretär Frhrn. v. Richthofen.

3. April. (Reichstagswahl.) Bei der Ersatzwahl in Elbing-Marienburg wird v. Oldenburg (konf.) mit 9205 Stimmen gewählt. König (Soz.) erhält 4929, Zagermann (Z.) 2587, Kindler (fr. Vp.) 1251, Wagner (nl.) 415 Stimmen.

April. Angebliches Angebot eines Staatsamts an Lieber.

In der Zentrumspresse wird behauptet, dem Abg. Lieber sei nach der Annahme der ersten Marinevorlage (1898) vom Kaiser ein hohes Reichsamt oder ein Oberpräsidium angeboten worden, er habe aber abgelehnt. Die „Nordd. Allg. Ztg." dementiert diese Behauptung, die viel diskutiert wird. Später wird berichtet, Finanzminister v. Miquel habe Lieber vertraulich solche Eröffnungen gemacht.

März. April. (Preußen.) Gegen die Neuordnung der juristischen Vorbildung erheben sich viele Stimmen aus den Kreisen der Universitäten und Richter.

Anfang April. (Württemberg.) Dem Landtage geht ein Volksschulgesetzentwurf zu.

Der Entwurf sieht die Möglichkeit vor, daß die lokale Schulaufsicht nicht wie bisher ausschließlich von Geistlichen, sondern auch von Schulmännern ausgeübt werden kann, ferner soll die Oberaufsicht nicht mehr durch die Oberkirchenbehörden als solche ausgeübt werden. Für die evangelische Volksschule wird eine neue Behörde, der „Oberschulrat", gebildet; für die katholische Volksschule bleibt die Oberaufsichtsbehörde der katholische „Kirchenrat", er führt aber in seiner Tätigkeit der Volksschule gegenüber die Bezeichnung „katholischer Oberschulrat". Weitere Bestimmungen des Entwurfes sind, daß die sogenannten „Realien", nämlich: Geschichte, Erdkunde, Naturgeschichte, Naturlehre als obligate Unterrichtsgegenstände in das Gesetz aufgenommen werden, während sie bisher zwar an der Hand des Volksschul-Lesebuches tatsächlich gelehrt wurden, aber gesetzlich nicht vorgeschrieben waren. Ebenso wird das Zeichnen und Singen ins Gesetz aufgenommen und für die Knaben das Turnen, für die Mädchen der Handarbeitsunterricht; auch diese je obligatorisch, fakultativ das Turnen für die Mädchen, die Handarbeit für die Knaben. Endlich enthält der Entwurf neue Bestimmungen über die höchste zulässige Schülerzahl, die normal von 90 auf 70 heruntergesetzt wird („Allg. Ztg.").

April. In der Presse werden Bedenken gegen die Annahme der Rhodesschen Stiftung für deutsche Studierende geltend gemacht; sie sei nur dazu bestimmt, seinem Gedanken, die englische Rasse zur Weltherrschaft zu bringen, zu dienen.

7. April. (Sachsen.) Die Großindustriellen fordern die Regierung auf, ein sofortiges Verbot gegen die fortgesetzte zunehmende Masseneinwanderung tschechischer und polnischer Arbeiter nach Deutschland zu erlassen.

8. April. (Preußen.) Der Landwirtschaftsminister v. Podbielski berät mit Direktoren und Aufsichtsräten von Hypothekenbanken über die Reform des Hypothekenbankwesens.

8. April. (Bayern.) Die Regierung legt dem Landtag eine Denkschrift über die Errichtung einer technischen Hochschule in Nürnberg vor.

9. April. (Berlin.) Vertreter zahlreicher deutscher Kartelle und Syndikate beraten über die Vereinigung aller Kartelle zu einer wirtschaftlichen Vereinigung und beauftragen den Zentralverband der Industriellen mit der Einleitung solcher Verhandlungen.

9. April. (Bayerische Abgeordnetenkammer.) Debatte über die Pfälzer Eisenbahnen und die preußisch-hessische Eisenbahngemeinschaft.

In der Debatte wird die Besorgnis ausgesprochen, daß die Pfälzer Eisenbahnen unter der Konkurrenz der preußischen Bahnen leiden könnten. Ministerpräsident v. Crailsheim: Die Auffassung, daß die Pfälzer Bahnen von einem übermächtigen Gegner umgeben seien, kann ich nicht teilen. Die preußische Eisenbahnverwaltung hat sich vielmehr der bayerischen Staatsbahnverwaltung sowie der Verwaltung der Pfälzer Bahnen gegenüber stets nicht als Gegner, sondern als Freund bewiesen. Richtig ist, daß der Pfalz durch Konkurrenzmaßnahmen ein großer Teil des Verkehrs entzogen werden könnte. Es ist aber nie der Versuch dazu gemacht worden. Sodann erörtert der Minister die Bedingungen, unter welchen die Pfälzer Bahnen im Jahre 1905 vom Staate übernommen werden könnten, und fährt fort: Ich möchte aber von dieser Stelle aus erklären, daß an eine Angliederung der Pfälzer Bahnen an die preußisch-hessische Bahngemeinschaft oder an die Reichseisenbahnen in Elsaß-Lothringen nicht gedacht werden kann, und daß alle hierauf bezüglichen Bestrebungen völlig aussichtslos sind. Wir wollen bei dem Erwerb der Pfälzer Bahnen für den Staat kein Geschäft machen, sondern betrachten ihn nur als eine Maßnahme im wirtschaftlichen Interesse der Pfalz.

16. April. (**Preußisches Abgeordnetenhaus.**) Finanzetat. Debatte über die Seehandlung.

Abg. **Richter** (fr. Vp.) kritisiert die Geschäfte der Seehandlung. Der Staat habe, nachdem die Reichsbank als Zentralstelle für den Geldverkehr geschaffen sei, nachdem speziell für Preußen die Zentralgenossenschaftskasse ins Leben gerufen worden sei, einen genügenden Einfluß auf die Gestaltung des Geldmarktes, und man könne heute die Frage aufwerfen, ob die Seehandlung nicht nur nicht unentbehrlich, ob sie nicht vielmehr statt nützlich direkt schädlich sei. In der Beziehung müsse er (Redner) darauf aufmerksam machen, daß die Seehandlung verschiedentlich die Diskont- und Währungspolitik der Reichsbank zu durchkreuzen versucht habe. Wenn daher überhaupt etwas getan werden solle, so könne es sich nur in der Richtung bewegen, den Geschäftskreis der Seehandlung gesetzlich zu beschränken. Nachdem man den Geschäftskreis sowohl der Reichsbank wie auch der Zentralgenossenschaftskasse gesetzlich ganz genau begrenzt habe, liege keine Veranlassung vor, damit gerade bei der Seehandlung Halt zu machen. Ein Institut wie die Seehandlung passe überhaupt nicht mehr in die heutigen Verhältnisse hinein; sie sei geradezu eine Ironie auf das Geldbewilligungsrecht des Landtages und stehe in direktem Widerspruch mit der Verfassung. Finanzminister Frhr. v. **Rheinbaben**: Der Seehandlung ist es noch niemals eingefallen, irgend eine Operation vorzunehmen, die mit dem Mitbewilligungsrecht des Landtages irgendwie im Widerspruch stände. Ich bin im Gegensatz zu Hrn. Richter der Meinung, daß es dringend geboten ist, die Seehandlung nicht nur zu erhalten, sondern weiter auszugestalten im Interesse des Staates wie des großen Publikums. Zunächst im Interesse des Staates: Der Staat muß ein Bankinstitut zur Verfügung haben, das selbständig und mächtig genug ist, ein Wort an der Börse mitzusprechen. Heute weiß jeder, daß eine Sache, unter welche die Seehandlung ihren Namen setzt, absolut vertrauenswert ist. Das Kapital aber, das der Seehandlung zur Verfügung steht, genügt nicht, um ihren Einfluß auf dem Geldmarkte in der erwünschten Weise zur Geltung zu bringen, denn die Seehandlung ist mit ihren 34 Mill. Betriebsfonds heute kaum noch zu den mittleren Banken zu rechnen. Eine Verstärkung des materiellen Einflusses der Seehandlung ist aber auch notwendig im Interesse des Publikums. Gewiß wird die Seehandlung nicht im stande sein, Schwankungen, die mit dem wirtschaftlichen Aufschwung und Niedergang im Zusammenhang stehen, gänzlich zu verhindern; wohl aber wird sie im stande sein, einer willkürlichen und — ich möchte sagen — gewalttätigen Einwirkung auf den Stand der preußischen Papiere entgegenzutreten. Ich glaube, daß die Seehandlung notwendig ist im Interesse des Staates und des Publikums, das — Gottlob — noch immer den Kredit des preußischen Staates hochhält. — Mehrere Redner wünschen eine Erhöhung des Kapitals der Seehandlung und eine Reformierung des Instituts.

17. April. (**Bayerische Abgeordnetenkammer.**) Debatte über das Schulgesetz.

Das Haus nimmt mit 80 gegen 62 Stimmen einen Zentrumsantrag an, wonach die Gemeinden, und wenn diese nicht leistungsfähig sind, der Staat verpflichtet ist, den Religionsunterricht, auch wenn ihn Katecheten erteilen, unter allen Umständen zu honorieren, während die Kirche das Recht behält, sich zu dem Religionsunterricht in der Volksschule zu stellen, wie es ihr beliebt. Die Linke bezeichnet den Antrag als verfassungswidrig, Kultusminister v. **Landmann** erklärt ihn für unannehmbar.

19. April. (Preußen.) Der Humorist Wilhelm Busch feiert seinen 70. Geburtstag. Der Kaiser schickt ihm folgendes Telegramm:

Dem Dichter und Zeichner, dessen köstliche Schöpfungen voll echten Humors unvergänglich im deutschen Volk leben werden, spreche ich Meinen aufrichtigen Glückwunsch zum 70. Geburtstage aus. Möge demselben ein schöner Lebensabend beschieden sein. In Dankbarkeit für die vielen fröhlichen Stunden, welche Sie ihm bereiten,
    Wilhelm I. R.

19. April. (Greiz.) Heinrich XXII., Fürst von Reuß ä. L., 56 Jahre alt, †.

20. April. (Hannover.) Der Kaiser enthüllt ein Denkmal für den General v. Rosenberg und hält dabei folgende Rede:

Ich begrüße am heutigen Tage die gesamte Reiterei des deutschen Heeres! Fürwahr, über das Grab des Generals hinaus hat seine Persönlichkeit eine so gewaltige, magische Anziehungskraft bewiesen, daß sie aus allen Gauen des Deutschen Reiches und den Kontingenten Meiner Verbündeten die Reiter zusammengezogen hat, so daß unsere deutsche Reiterei heute zum erstenmal eine einzige große geschlossene Masse hat zeigen können. Wir wollen uns eine Lehre aus dem heutigen Tage nehmen. Wie der General nur seine Dienste und seine Pflicht kannte, so mögen Sie es auch tun. Das Höchste, was einem Offizier in seinem Dienste im Leben blühen kann, ist die eigene volle Befriedigung in der Ausfüllung seiner Stelle. Wir können — zurückblickend über das Leben des Generals v. Rosenberg — ein Gedenkwort schreiben, das für uns aber auch zu gleicher Zeit bis in alle Zukunft gelten soll: Ziel erkannt, die Kräfte gespannt! Das sei auch maßgebend für unsere Reiterei. So mögen wir auch aus dem heutigen einfachen Denkmal Sinnbild und Vorbild schöpfen. Aus märkischem Granit ein Block trägt die Züge des Generals, in Erz geprägt. So mögen auch Sie das Stück Granit unseres Heeres, das sich Reiterei nennt, hegen, pflegen und krystallisieren lassen, daß jeder, der darauf beißt, die Zähne verliert. In diesem Sinne erhebe Ich Mein Glas und trinke auf das Andenken des Generals, auf die deutsche Reiterei und den hervorragendsten Vertreter derselben, den General-Feldmarschall Grafen v. Waldersee! Hurra!

22. April. (Reichstag.) Gerichtsstand der Presse. — Schaumweinsteuer.

In der ersten Beratung des Gesetzentwurfs über den Gerichtsstand der Presse wird namentlich die Bestimmung, daß für die Privatklage gegen einen Redakteur neben dem Domizil der Zeitung noch als zweiter Gerichtsstand der Wohnort des Klägers gesetzlich festgelegt werden soll, scharf angegriffen.

In zweiter Lesung wird die Schaumweinsteuer angenommen. Hiernach werden besteuert „Schaumweine aus Traubenwein, aus Obstwein oder Beerenwein (Fruchtwein), sowie alle schaumweinähnlichen Getränke, sofern sie zum Verbrauch im Inlande bestimmt sind". Die Steuer beträgt für aus Fruchtwein hergestellte Schaumweine 10 Pfennig, für andere Schaumweine 5 Pfennig für jede Flasche. Die Entrichtung der Steuer hat durch den Hersteller des Schaumweins zu erfolgen mittels Anbringung eines Steuerzeichens an der Umschließung, bevor der fertige Schaumwein aus der Erzeugungsstätte entfernt oder innerhalb derselben getrunken wird.

22. April. Dem Reichstage wird ein Gesetzentwurf vorgelegt, wonach den Mitgliedern der Zolltarifkommission für die Teilnahme an den Sitzungen der Kommission, welche während der Unterbrechung der Plenarverhandlungen des Reichstags stattfanden, je 2400 Mark aus der Reichskasse gewährt werden sollen.

23. April. (Reichstag.) Erste Lesung des Gesetzentwurfs über Kinderarbeit in gewerblichen Betrieben.

Abg. Dr. Hitze (3.) begrüßt das Gesetz sympathisch, wünscht aber in einer Kommissionsberatung mehrfach Aenderungen vorzunehmen, so empfiehlt er die Ausdehnung der Gewerbeinspektion auf die Hausindustrie. Abg. Dr. Pachnicke (fr. Vg.): Die Kinderarbeit werde sich vermehren, wenn der Zolltarif mit seiner Verschlechterung der Lebenshaltung der arbeitenden Klassen Gesetz werde; die Vorlage müsse daher ein Gegengewicht schaffen. Die Begrenzung der Arbeitszeit sei auch im Interesse der Schule zu begrüßen. Abg. Frhr. v. Richthofen (kons.): Die Verhältnisse der Landwirtschaft dürften nicht mit denen der übrigen Gewerbe zusammen geregelt werden. Abg. Wurm (Soz.): Die Erwerbsarbeit der Kinder sei ein Erzeugnis der Hungerlöhne der Erwachsenen. Namentlich auf dem Lande würden die Kinder ausgebeutet und unwürdig behandelt. Auch ihre Verwendung in der Hausindustrie müsse nach Kräften beschränkt werden. Abg. Frhr. Heyl v. Herrnsheim (nl.): Die Vorlage werde segensreiche Wirkungen haben und die Ausbeutung der Kinder verhindern.

24. April. (Reichstagswahl.) Bei der Ersatzwahl im Wahlkreise Celle-Peine erhält Wehl (nl.) 7382, v. d. Decken (Welfe) 6080, Boediker (Bd. d. Ldw.) 4673, Thielhorn (Soz.) 5420 Stimmen. In der Stichwahl wird Wehl mit 11343 Stimmen gewählt; v. d. Decken erhält 10556 Stimmen.

24. April. (Baden.) Großherzog Friedrich feiert sein fünfzigjähriges Regierungsjubiläum. Er empfängt Glückwünsche und Besuche von zahlreichen Fürsten Deutschlands und des Auslandes sowie von vielen Korporationen, u. a. begrüßt ihn der Reichskanzler im Namen des Bundesrats. Am 26. April hält der Kaiser in Karlsruhe auf einem Festmahl folgende Rede in Erwiderung einer Ansprache des Großherzogs:

Eure königliche Hoheit haben die Gnade gehabt, hier am heutigen Festtage auch Meiner zu gedenken und mit tiefbewegtem Herzen ergreife Ich das Wort, um den Dank auszusprechen für diese außerordentlich freundlichen Worte, diese zu Herzen gehenden Worte, die Eure königliche Hoheit soeben gesprochen haben. Wie diese Halle und wie dieser Fleck, an dem auch Ich Mich entsinne, die erhabene, Ehrfurcht gebietende Gestalt Meines hochseligen Herrn Großvaters und neben ihm die Lichtgestalt Meines Vaters gesehen zu haben, so birgt das Karlsruher Schloß in allen seinen Teilen für Mich Erinnerungen von höchstem Herzenswert und es war natürlich, daß Ich den Wunsch hegte, bei diesem so seltenen und einzig schönen Feste, welches Gottes Huld und Gnade Euerer königlichen Hoheit mit Ihrem Hause beschert hat, auch Meinen bescheidenen Anteil nehmen zu können. Ein Vorbild selbstloser hingebender Pflichterfüllung in der Regierung, wie in militärischen Verhältnissen, ein treuer Waffengenosse und Förderer der Gedanken Meines hochseligen Großvaters, ein emsiger und eifriger Hüter der erworbenen Schätze und Güter unseres deutschen Volkes, in allen diesen Dingen ein Vorbild für unsere jüngere Generation, so stehen Euere königliche Hoheit vor den Augen der Generation, die Ich repräsentiere, die unter den Eindrücken des großen Jahres aufgewachsen ist. Es kann für Mich nur der höchste Ruhm sein und zugleich in Mir die höchste Dankbarkeit erwecken, wenn aus dem Munde des Vertreters der Generation Meines Herrn Großvaters, aus Euerer königlichen Hoheit Munde selbst das Wort ausgesprochen wird, daß Sie mit den Grundsätzen, nach denen Ich zu regieren versuche, einverstanden sind. Denn es geht daraus hervor, daß diese Grundsätze sich in Bahnen bewegen, die Mein unvergeßlicher Großvater uns vorgezeichnet hat. Wollte Gott, es hätte ihm gefallen, Meinen herrlichen Vater noch recht lange zu erhalten. Aber da es nun einmal anders gekommen ist, so bin Ich auch fest entschlossen, dem schweren Erbteil, das Mir zugefallen ist, mit Aufbietung aller Meiner Kräfte gerecht zu werden. Das geschieht besonders durch die Pflege der Armee. Ich hoffe, daß es Mir gelingen wird, durch sorgfältige Pflege sie in dem Zustand zu erhalten, wie sie Mein Herr Großvater Mir überließ, als ein Instrument in seiner Hand, den Frieden zu erhalten, im Kriege zu siegen, als eine unvergleichliche Schule für die Erziehung unseres Volkes. Ich kann Mir aber eine solche Arbeit nur lohnend und zu gleicher Zeit ersprießlich denken, wenn solche Vorbilder, wie Euere königliche Hoheit unter den deutschen Reichsfürsten sind, Mir zur Seite stehen. Denn es ist selbstverständlich, daß eine ältere Generation, wenn sie mit einem Male ihres würdigen Hauptes beraubt ist, es schwer finden muß einer jüngeren Hand zu folgen, denn die Ansichten wechseln, wie die Aufgaben der Zeit. Wenn daher aus so berufenem Munde und von solcher Seite Mir aufmunternde und lobende Worte ausgesprochen werden, so schöpfe Ich daraus den Mut zu weiterem Streben. Meine Worte sollen damit schließen, daß Ich nicht allein, sondern im Namen jedes Deutschen von ganzem Herzen Gottes Segen erflehe für Euere königliche Hoheit und Ihr Haus, auf daß Sie auch ferner Mir als Berater zur Seite stehen und als Vorbild Mir voranstehen. Unseren Gesinnungen geben wir Ausdruck, indem wir rufen: Seine königliche Hoheit der Großherzog von Baden hurra, hurra, hurra!

25. April. (Reichstagswahl.) Bei der Ersatzwahl in Saarbrücken wird Volt (nl.) mit 17957 Stimmen gewählt. Muth (Z.) erhält 14393, Spaniol (Soz.) 826 Stimmen.

April. (Preußen.) Die Polenfrage wird fortgesetzt diskutiert. Die „Gazeta Grudziązka" stellt folgende Forderungen der Polen zusammen:

1. Aufhebung der Regierungs-Patronate, die Beseitigung aller Beteiligung der Regierung bei der Wahl der Bischöfe und sonstigen kirchlichen Würdenträger und die Aufhebung aller Ausnahmegesetze und Verordnungen aus früheren Zeiten und aus der Zeit des Kulturkampfes, kraft deren die Regierung die ungeheuren Kirchen- und Klöstervermögen eingezogen, die Ordensbrüder vertrieben und den Geistlichen die Aufsicht über die Schulen genommen hat. Wir fordern also, daß die Regierung die Kirchenvermögen zurückgibt, welche sie an sich genommen, daß sie allen vertriebenen Ordensbrüdern die Rückkehr in unsere Gegenden gestattet und daß die Schulen

wieder unter die strenge Aufsicht der Geistlichen gestellt werden. 2. Wir verlangen, daß es uns freisteht, unter der preußischen Regierung Polen zu sein und unser Polentum und unsere polnische Literatur zu pflegen. Zu diesem Zweck fordern wir von der Regierung, daß unsere polnische Sprache auf allen Behörden, wie auch im ganzen bürgerlichen Leben zum mindesten gleichberechtigt wird. In den Volksschulen müssen unsere Kinder anfangs nur auf polnisch unterrichtet werden und nachher müssen sie so gut wie möglich in der deutschen Sprache ausgebildet werden. Auf allen Behörden muß der Pole die polnische Sprache gebrauchen dürfen, sei es schriftlich oder mündlich. In den polnischen Landesteilen müssen die Beamten geborene Polen sein, mindestens aber die polnische Sprache fließend beherrschen. Alle polnischen Landesteile, also Schlesien, Posen, Westpreußen, Masuren und Ermland müssen zu einem Ganzen unter der Verwaltung eines besonderen königlichen Statthalters mit einem besonderen Landtag vereinigt werden. Außerdem muß in Berlin ein besonderer Minister für polnische Angelegenheiten sein. Dieser Statthalter und dieser Minister müssen die polnische Sprache zum mindesten genau kennen. Natürlich müssen alle gegen die Polen erlassenen Ausnahmegesetze und Verordnungen aufgehoben und ein Gesetz erlassen werden, das den Beamten und Behörden bei strengen Strafen jegliche Bedrückung und Verfolgung der polnischen Nationalität verbietet.

25. April. Das **Preußische Abgeordnetenhaus** genehmigt in dritter Beratung den Etat, der balanciert mit **2 614 167 144 Mark.** Auf die fortdauernden Ausgaben entfallen **2 468 457 174** und auf die einmaligen außerordentlichen **145 709 970 Mark.**

26. April. Der **Reichstag** genehmigt in zweiter Lesung die **Seemannsordnung.** Sozialdemokratische Anträge auf Erweiterung des Koalitionsrechts der Seeleute werden abgelehnt.

28. April. (**Reichstag.**) Annahme der Diäten für die Zolltarifkommission.

Staatssekretär Graf Posadowsky begründet die Vorlage (S. 64) mit folgender Erklärung: Die Anregung zu dem Gesetzentwurf ist ebenso, wie die analogen Gesetze von 1874 und 1876 aus der Initiative des Reichstags hervorgingen, aus der Initiative der Kommission hervorgegangen, und die verbündeten Regierungen haben geglaubt, daß es richtig sei, dieser Anregung zu entsprechen. Es ist in der Oeffentlichkeit behauptet worden, daß in diesem Gesetzentwurf eine Verfassungsänderung liege, weil nach der Reichsverfassung Mitgliedern des deutschen Reichstages keine Entschädigung für ihre Tätigkeit geboten werden soll. Das ist in gewisser Einschränkung richtig, aber man darf auch nicht vergessen, daß es nur eine zeitweilige Veränderung der Verfassung ist (Lachen links), eine Ausnahmemaßregel, geboten durch die Verhältnisse und nicht das erstmalige Eintreten einer solchen Maßregel; denn im Reichstage sind schon mehrere Vorgänge dafür vorgekommen. Im Beginn meiner Ausführungen wies ich darauf hin, daß auch die Gesetze von 1874 und 1876 auf Anregung aus der Mitte des Hauses hervorgingen, und zwar auf Grund eines Antrages, den der verstorbene Abg. Dr. Lasker gestellt hat. Es ist vielleicht interessant, in unserer kurzlebigen Zeit das zu verlesen, was dieser politisch außerordentlich hochgeachtete Abgeordnete damals erklärte: Nach unbestrittener Auffassung aller müssen wir es für unzulässig halten nach den bestehenden Gesetzen und Verfassungsbestimmungen, daß ohne ein ausdrückliches Gesetz der Reichstag befugt ist, Geschäfte, die in einer Session begonnen werden, in der zweiten weiter zu führen. Auch während der Vertagung des Reichstages kann eine Kommission die Geschäfte nicht weiter führen, wenn nicht durch ein besonderes Gesetz die Ermächtigung dazu erteilt ist und zum Erlaß eines solchen Gesetzes sollten die verbündeten Regierungen die Initiative ergreifen, um die weiteren Beratungen möglich zu machen. Staatsrechtlich sind diese Ausführungen des verstorbenen Abg. Lasker darum wichtig, weil man es in der Oeffentlichkeit so darstellt, als wären die Ausnahmegesetze von 1874 und 1876 darum etwas anderes, als das Gesetz, das wir Ihnen auf Anregung der Kommission jetzt vorlegen; denn damals wäre durch den Schluß der Reichstagssession für die Kommission eine ganz eigenartige Organisation geschaffen gewesen, während der Reichstag diesmal voraussichtlich vertagt werden wird, so daß in der Pause die Kommission diesmal ruhig weiterarbeiten könnte. Aus den angeführten Worten Laskers aber ersehen Sie, daß dieser staatsrechtlich hervorragend bewanderte Mann sagte, daß eine Kommission auch während der Vertagung die Geschäfte des Reichstags nicht fördern kann. Man wird in der Tat zugeben müssen, daß für die Mitglieder der Kommission, die monatelang, während der Reichstag vertagt oder geschlossen ist, hier weiter arbeiten sollen, sachlich vollkommen unerheblich ist, ob der Reichstag nicht versammelt ist, weil er vertagt ist, oder weil er geschlossen ist. Das Entscheidende der Frage liegt auf einem ganz anderen Gebiete: neben seiner Tätigkeit als Mitglied des Reichstages seine eigenen Geschäfte zu führen, wodurch es finanziell möglich wird, so lange es notwendig ist, Aufenthalt in Berlin zu nehmen. Bisher ist das ja noch immer möglich gewesen, aber wenn Mitglieder des Hauses eine so ungewöhnlich lange Zeit hier in Berlin festgehalten werden, abgesehen von den Ferien, vom November vorigen bis in den Juli dieses Jahres, so muß man zugeben, das ist ein außerordentlicher Fall, der eine außergewöhnliche Beurteilung und außergewöhnliche Maßregeln nötig macht. Es mag in anderen Ländern möglich sein, daß man auch so lange Zeit die Parlamente oder ihre Mitglieder zusammenhalten kann, aber wie die Verhältnisse in Deutschland liegen, haben die meisten Parlamentarier neben der Parlamentstätigkeit noch ernste eigene bürgerliche Geschäfte, die ihre Anwesenheit erfordern, und wir sind in Deutschland auch nicht ein so reiches Land, um es von einem beträchtlichen Teil der Mitglieder des Hauses fordern zu können, daß sie eine so ausnahmsweise lange Zeit, und darum handelt es sich hier, dem Berliner Aufenthalt widmen. Die verbündeten Regierungen betrachten den vorliegenden Fall als unpräjudiziert für die Vorschriften der Reichsverfassung, sie betrachten ihn als einen Ausnahmefall wie den der Jahre 1874 und 1876. Sie sind auf Grund der von mir dargestellten Verhältnisse allerdings der Ansicht, daß hier die Dinge so liegen, daß man eine Ausnahme machen muß auf Grund der Billigkeit. Deshalb sind die verbündeten Regierungen dem Wunsche der Kommission nachgekommen. Ich habe auch gelesen, ja, man könnte wohl die Kommission zusammenhalten, aber wie die verbündeten Regierungen und deren Vertreter hier weiter arbeiten sollen, wäre unklar. In dieser Beziehung können Sie ganz ruhig sein: Für die Regierungen und ihre Vertreter gilt der kategorische Imperativ der Pflicht, und die werden wir erfüllen. (Beifall.)

Abg. Singer (Soz.): Nach der wiederholten Forderung allgemeiner Diäten sei diese Vorlage eine Beleidigung des Reichstags. Abg. v. Levetzow (konf.): Obwohl seine Partei gegen allgemeine Diäten sei, erkenne sie an, daß ein Ausnahmezustand vorliege und wolle für die Vorlage stimmen.

Abg. Bassermann (nl.): Die Vorlage habe keine prinzipielle Bedeutung und bedeute keinen Verzicht auf das Verlangen nach allgemeinen Diäten; sie solle nur die Arbeiten der Zollkommission erleichtern. Abg. Richter (fr. Vp.) greift die Vorlage scharf an, weil sie die Einführung allgemeiner Diäten erschwere. Abg. Frhr. v. Hertling (3.) ist für die Kommissions-Diäten, namentlich im Interesse der süddeutschen Mitglieder. — Die Vorlage wird der Budgetkommission überwiesen.

Ende April. Mit Bezug auf die Gerüchte über die Verhandlungen der großen deutschen Reedereien mit amerikanischen Trusts (vgl. S. 23) veröffentlichen die Hamburg-Amerika-Linie und der Norddeutsche Lloyd folgende Mitteilung:

Ueber den zwischen den beiden großen deutschen Schiffahrts-Gesellschaften und dem amerikanisch-englischen Syndikat abgeschlossenen Vertrag sind bereits einige, den Inhalt desselben in großen Zügen charakterisierende Mitteilungen in die Oeffentlichkeit gelangt. In Ergänzung dieser Angaben wird von den beiden deutschen Gesellschaften Wert darauf gelegt, nochmals betont zu sehen, daß sie es abgelehnt haben, dem amerikanisch-englischen Syndikat beizutreten, um in jeder Beziehung ihre Unabhängigkeit zu wahren. Um so weniger Bedenken konnten aber bestehen, mit dem Syndikat Vereinbarungen zu treffen, welche unter voller Aufrechterhaltung der Selbständigkeit der deutschen Linien eine Abgrenzung der beiderseitigen Interessensphären und den Ausschluß eines unter Umständen für beide Teile ruinösen Konkurrenzkampfes zum Gegenstande haben. Unter den hierauf bezüglichen Abmachungen geht die für die deutschen Interessen wichtigste dahin, daß die Syndikatslinien sich für die ganze auf 20 Jahre bemessene Dauer des Vertrages verpflichtet haben, ohne Einverständnis der deutschen Linien mit keinem ihrer Schiffe nach einem deutschen Hafen zu kommen, wogegen die deutschen Gesellschaften die Verpflichtung übernommen haben, ihren gegenwärtigen Verkehr von England nicht über ein bestimmtes Maß hinaus zu erweitern. Daneben sind noch eine Reihe von anderen Vereinbarungen getroffen worden, welche bestimmt sind, jeder Konkurrenz zwischen den beiden großen Gruppen, dem amerikanisch-englischen Syndikat und den deutschen Gesellschaften, von vornherein vorzubeugen. Um diesen Vereinbarungen die praktische Wirkung in ganz besonderem Maße zu sichern, sind Bestimmungen vorgesehen, durch welche jede der beiden Gruppen an den finanziellen Erfolgen der anderen Gruppe bis zu einem gewissen Grade interessiert wird, sodaß schon die Rücksicht auf das eigene Wohl es jeder Partei verbietet, mit der anderen in Wettbewerb zu treten, wobei jedoch der Erwerb von Aktien der deutschen Gesellschaften seitens des Syndikats und umgekehrt verboten ist. Im übrigen ist ein freundschaftliches Zusammenwirken beider Gruppen vereinbart, welches unter anderem in der gegenseitigen Unterstützung konkurrierenden dritten Parteien gegenüber sowie in gegenseitiger Aushilfe durch Vercharterung von Dampfern in Bedarfsfällen seinen Ausdruck finden wird. Zur Erledigung aller die gemeinsamen Interessen beider Gruppen berührenden Fragen, zu denen insbesondere auch die ökonomischere Ausnutzung des vorhandenen Schiffsmaterials zu rechnen ist, wird ein aus zwei Vertretern des amerikanisch-englischen Syndikats und zwei Vertretern der deutschen Gesellschaften bestehendes Komitee eingesetzt werden. Dem Charakter der ganzen Vereinbarung entsprechend wird dieses Komitee keine Exekutivgewalt haben, sondern die an dasselbe gelangenden Angelegenheiten im Wege freundschaftlicher Verständigung ordnen. Meinungsverschiedenheiten über die Auslegung des Vertrages sollen einem Schiedsgericht unterbreitet werden. Die Vertragsdauer ist, wie oben angegeben, auf 20 Jahre festgesetzt, jedoch unter Vorbehalt des gegenseitigen Rechtes, nach Ablauf von 10 Jahren eine Revision des Vertrages zu verlangen und von dem Vertrage zurückzutreten, falls diese Revision nicht zu stande kommt. Aus dem Gesagten geht hervor, daß es ein großer Irrtum sein würde, wollte man den Vertrag unter dem Gesichtspunkte betrachten, als hätten die deutschen Gesellschaften sich mit der Gründung des amerikanisch-englischen Schiffahrts-Syndikats einmal gegebenen, an sich unerwünschten Lage bestmöglich abgefunden, das ist aber keineswegs der Fall, die deutschen Gesellschaften erwarten im Gegenteil von der jetzt endlich vollzogenen, bisher niemals erreichbar gewesenen Einigung der großen amerikanischen und englischen Reedereien ein Aufblühen auch ihres eigenen Geschäfts. Weitere eingehendere Mitteilungen über den Vertrag dürften in den außerordentlichen Generalversammlungen erfolgen, welche die beiden Gesellschaften demnächst berufen werden.

29. April. Die Bayerische Abgeordnetenkammer genehmigt das Schulbedarfsgesetz nach mehrwöchiger, sehr lebhafter Beratung mit 81 gegen 70 Stimmen.

Der Gesetzentwurf war von den Liberalen scharf bekämpft worden, weil die größeren Städte im Genuß der staatlichen Zulagen ungünstiger gestellt werden sollen als solche unter 10000 Einwohnern, und weil die Gemeinden, wenn der vorgeschriebene Religionsunterricht durch die Seelsorgsgeistlichen unter Mitwirkung des Lehrpersonals nicht vollständig erteilt werden kann, zur Bezahlung der weiter erforderlichen Katecheten angehalten werden können. Bisher war die Pfarrgeistlichkeit zum unentgeltlichen Religionsunterricht verpflichtet. Gegen diese letzte Bestimmung erklärt sich auch die Regierung, die im übrigen wegen ihrer Uebereinstimmung mit der Mehrheit von den Liberalen scharf getadelt wird. Ferner wird die grundsätzliche Verpflichtung der Gemeinden aufgestellt, für konfessionelle Minderheiten Konfessionsschulen einzurichten, aber die Möglichkeit von Simultanschulen wird nicht ausgeschlossen. — Das Grundgehalt der Lehrer beträgt 1200, das der Lehrerinnen 1000 Mark. — Für das Gesetz stimmt das Zentrum, dagegen alle übrigen Parteien mit Ausnahme des Abg. Beck von der freien Vereinigung.

29. April. Das Preußische Abgeordnetenhaus genehmigt eine Abänderung der Landgemeindeordnung, wonach größeren Gemeinden die Anstellung von besoldeten Schöffen gestattet wird.

29. April. Der Reichstag genehmigt in dritter Beratung die Seemannsordnung gegen die Stimmen der Sozialdemokraten.

29./30. April. 1. Mai. (Düsseldorf.) 7. Hauptversammlung der freien kirchlich-sozialen Konferenz. Hauptreferate: Dr. Lepsius, Macht und Sittlichkeit im nationalen Leben; Professor v. Nathusius, Christliche Liebe und soziale Hilfe.

30. April. (Sachsen.) In der Zweiten Kammer erklärt Ministerpräsident v. Metzsch auf das Verlangen nach höheren agrarischen Zöllen, daß die Regierung an der Tarifvorlage festhalte

und nicht in den groben Fehler und die Gewissenlosigkeit verfallen werde, einen einzelnen Produktionszweig über die Maßen zu bevorzugen.

1. Mai. (**Düsseldorf.**) Eröffnung der rheinisch-westfälischen Gewerbeausstellung in Gegenwart des Kronprinzen und des Reichskanzlers.

1./5. Mai. (**Reichstag.**) Zweite Beratung des Toleranzantrages. (Vgl. 1901 S. 94.)

Zu § 1 des Kommissionsbeschlusses beantragt Abg. Dr. Hieber (nl.) folgenden Zusatz: Der Erlaß von Gesetzen zur Ausführung des vorstehenden Grundsatzes ist bis zum Erlaß eines Reichsgesetzes über Vereins- und Versammlungsrecht Sache der Einzelstaaten.

Abg. Sattler (nl.): Der Antrag wolle bestimmen, daß die Konsequenzen des im § 1 ausgesprochenen Grundsatzes auf dem Gebiete des Vereins- und Versammlungsrechtes besonders gesetzlich geregelt werden.

Abg. v. Stockmann (RP.) ist gegen den § 1, weil er einen Eingriff in die Landesgesetzgebungen bedeute. Die Toleranz stehe überdies in striktem Widerspruch zum Wesen der katholischen Kirche, wie aus Aeußerungen päpstlicher Bullen und katholischer Schriftsteller hervorgehe. Abg. Bachem (Z.): Der Vorredner verwechsle staatsbürgerliche und dogmatisch-religiöse Toleranz. Abg. Richter (fr. Vp.): Seine Partei sei für den § 1, der eine alte liberale Forderung verwirkliche. Der Antrag Hieber vernichte den Kern des § 1 und sei deshalb schädlich. Abg. Oertel (kons.): Die Konservativen würden in der Mehrzahl für § 1 stimmen. — Hierauf wird § 1 mit folgendem Zusatzantrag Gröber- (Z.) -Oertel angenommen: Unberührt bleiben die allgemeinen polizeilichen Vorschriften der Landesgesetze über das Vereins- und Versammlungswesen.

Am 3. Mai wird lebhaft über die religiöse Erziehung der Kinder (§ 2) debattiert. Ein Antrag Oertel (kons.) will in erster Linie die Vereinbarung der Eltern, in zweiter die landesrechtlichen Vorschriften für die religiöse Erziehung eines Kindes in einem bestimmten Bekenntnis maßgebend sein lassen. Abg. Schrader (fr. Vg.) beantragt, daß die Rechtseinheit zu wahren und die Vereinbarung der Eltern auszuschalten sei. Abg. Graf Bernstorff (RP.) wünscht für die religiöse Erziehung der Kinder aus gemischten Ehen ein besonderes Gesetz. — Die Anträge werden abgelehnt und die Kommissionsbeschlüsse angenommen. — Am 5. Mai wird der Rest der Kommissionsbeschlüsse angenommen.

1. Mai. (**Preußen.**) Eine königliche Kabinettsordre gestattet den Abiturienten der Oberrealschulen die Offizierslaufbahn.

1. Mai. (**Preußisches Abgeordnetenhaus.**) Debatte über die Bekämpfung der Trunksucht.

Abg. Graf Douglas (fr.konf.) stellt folgenden Antrag: Das Haus der Abgeordneten wolle beschließen, die königliche Staatsregierung aufzufordern, 1. nach dem Vorgange der Gesetzgebung der süddeutschen Bundesstaaten und in Verallgemeinerung bestehender Polizeiverordnungen den Entwurf eines Gesetzes zur Verhütung der schädlichen Folgen des Branntweingenusses vorzulegen, durch welches insbesondere Gast- und Schenkwirten, sowie Kleinhändlern untersagt wird, Branntwein zu verabreichen a) in anderem als reinem, von Fuselöl und sonstigen gesundheitsschädlichen Stoffen freiem Zustande, b) in den Morgenstunden im Sommerhalbjahr vor 7 Uhr morgens, im Winterhalbjahr vor 8 Uhr morgens — von Ausnahmefällen abgesehen —, c) an angetrunkene Personen, an Personen unter 16 Jahren und ferner an solche Personen, die von der Polizeibehörde als Trunkenbolde den Gast- und Schankwirten u. s. w. bezeichnet sind; 2. auf Grund erneuter Erhebungen durch geeignete Veröffentlichungen den weitesten Kreisen des Volkes zum Bewußtsein zu bringen, welche schädliche Wirkungen der übertriebene Alkoholgenuß auf die körperliche und geistige Gesundheit, die Nachkommenschaft, die Erwerbstätigkeit, das Anwachsen der Verbrecher hat; 3. Erhebungen über die für Trinker bestehenden Heilanstalten und sonstigen Einrichtungen anzustellen und die Unterbringung von Trinkern in geeignete Anstalten, sowie die Fürsorge für sie zu fördern, insbesondere auf Errichtung öffentlicher Anstalten zur Unterbringung der wegen Trunksucht Entmündigten Bedacht zu nehmen; 4. in Wartesälen, Wartezimmern der Behörden und sonstigen öffentlichen Räumen, in welchen das Publikum zu verweilen pflegt, bildliche Darstellungen und sonstige Belehrungen anzubringen, welche die schädlichen Folgen des übertriebenen Alkoholgenusses, insbesondere auf die Organe des menschlichen Körpers, veranschaulichen; 5. anzuordnen, daß die Jugend in der Schule, besonders im Wege des Anschauungsunterrichts, über die schädlichen Folgen des übertriebenen Alkoholgenusses aufgeklärt wird.

Der Antragsteller führt aus, daß die schädlichen Folgen des Alkoholgenusses offensichtlich seien; die Verbreitung der Schwindsucht sei darauf zurückzuführen; die Insassen der Irrenhäuser seien bis zu 30 Prozent Alkoholiker, 80 Prozent der Idioten seien Kinder von Säufern. Wie die Beispiele anderer Länder zeigten, sei der Kampf gegen die Trunksucht nicht aussichtslos. Falls durch unsere Bestrebungen der Absatz der Brennereien eine empfindliche Schädigung erleiden sollte, müssen wir darauf bedacht sein, andere Absatzgebiete zu erschließen und vor allen Dingen die Versuche auf gewerbliche Verwertung des Spiritus, wenn es sein muß, finanziell zu unterstützen. Ferner ist größere Strenge bei Erteilung von Konzessionen sehr notwendig. (Sehr richtig.) Weiterhin sollte auch die königliche Eisenbahnverwaltung anordnen, daß die Wirte in den Wartesälen frisches Trinkwasser immer vorrätig halten und am Mineralwasser nicht mehr Nutzen nehmen, als gewöhnlich vom Bier, denn es ist zur Besserung der Verhältnisse durchaus notwendig, Ersatz für die alkoholischen Getränke zu schaffen. Hier sollte man zunächst an das Trinkwasser denken, das heute kaum den Dienstboten noch dem Namen nach bekannt ist, während es früher, wie mir die älteren Herren Kollegen bestätigen werden, auch in den besseren Familien nach seinem hohen Wert geschätzt wurde. Auch die Einführung von Kaffeehallen sollte man nach Möglichkeit erleichtern. Als weiteres Mittel möchte ich vor allen Dingen noch nennen die tunlichste Veredelung der Lebensfreude, die Anlage von Erholungsplätzen und kleinen Gärten, sowie von Lesehallen und Wärmehallen, ferner die Förderung gymnastischer Uebungen, die Verteilung von Schriften, speziell des deutschen Vereins gegen den Mißbrauch geistiger Getränke. — Unterstaatssekretär v. Bischoffshausen: Die Regierung teile die Wünsche des Vorredners durchaus, aber um das Ziel zu erreichen, müsse man über den Antrag hinausgehen und reichsgesetzliche Vorschriften erlassen. — Nachdem sich Redner aller Parteien für die Tendenz des Antrags ausgesprochen haben, wird er einer Kommission überwiesen.

2. Mai. Das Preußische Abgeordnetenhaus genehmigt in dritter Beratung die Klein- und Nebenbahnvorlage.

2. Mai. (Berlin.) Prinz Georg von Preußen, 76 Jahre alt, †.

3. Mai. Der Reichstag genehmigt eine Vorlage über die Ausübung der Wehrpflicht in den afrikanischen Schutzgebieten.

Mai. (Bayern.) Konfessionelle Agitationen.

Die katholische Presse greift eine in München erscheinende Zeitschrift „Wartburg" scharf an, weil sie die Los-von-Rom-Agitation nach Bayern tragen wolle. Die protestantische Presse führt aus, daß die Zeitschrift zufällig in München verlegt werde und nicht speziell auf Bayern berechnet sei. Die „Münchener Neuesten Nachrichten" behaupten, katholische Agitatoren suchten durch geistliche und weltliche Mittel protestantische Gemeinden zu katholisieren.

Anfang Mai. (Hessen.) Wahlreformantrag.

Die Kommission der Zweiten Kammer beantragt nach der Regierungsvorlage die Vermehrung der städtischen Abgeordneten und der Vertretung der Städte Mainz, Darmstadt und Gießen durch ihre Oberbürgermeister in der Ersten Kammer sowie der Einführung des direkten Wahlrechtes. Abgelehnt wurde ein nationalliberaler Antrag auf Einführung der Wahlpflicht, ein Zentrums-Antrag auf Annahme des Proportional-Wahlsystems und ein sozialdemokratischer Antrag, wonach jeder 21jährige Reichsangehörige, der in Hessen ansässig ist, das aktive Wahlrecht haben soll. Nach der Vorlage ist das Wahlrecht geknüpft an ein Lebensalter von mindestens 25 Jahren, dreijährigen Aufenthalt in Hessen, hessische Staatsangehörigkeit seit mindestens drei Jahren und Zahlung einer direkten Staats- oder Gemeindesteuer seit Anfang des Jahres, in dem die Wahl erfolgt.

5. Mai. (Preußisches Abgeordnetenhaus.) Beratung über Betätigung der Frauen im öffentlichen Leben.

Eine Petition des Landesvereins preußischer Volksschullehrerinnen fordert Zulassung von Frauen zu politischen Versammlungen. Minister des Innern v. Hammerstein: Die Regierung erkenne den Frauen ohne weiteres das Recht zu, sich an sozialen Bestrebungen zu beteiligen, bestreite ihnen aber mit aller Entschiedenheit das Recht, sich auf politischem Gebiete zu betätigen. Die Teilnahme an politischen Versammlungen kann schon heute auf Grund des §8 des Vereinsgesetzes gestattet werden, welcher der Polizei das Recht zuerkennt, nicht aber die Pflicht auferlegt, die Entfernung anwesender Frauen aus politischen Versammlungen zu veranlassen. Der Minister habe daher angeordnet, daß überall dort, wo durch Anweisung abgesonderter Plätze und dergleichen Vorkehrungen gegen eine aktive Beteiligung der Frauen an den Verhandlungen getroffen werden, die Anwesenheit derselben in politischen Versammlungen geduldet werden kann. — Die Petition wird gegen die Stimmen der Nationalliberalen und der Linken durch Uebergang zur Tagesordnung erledigt.

5. Mai. (Preußisches Herrenhaus.) Fürst Radziwill protestiert im Namen der Polen gegen die Vorwürfe des Grafen Hoensbroech gegen die polnische Geistlichkeit (S. 57), die nur ihre Rechte verteidige; Graf Hoensbroech erwidert, die polnische Geistlichkeit mache die Religion der Politik dienstbar.

5. Mai. (Hamburg.) Konferenz der Zentralstelle für

Arbeiterwohlfahrtseinrichtungen. Die Verhandlungen betreffen Fürsorge für die schulentlassene männliche Jugend, Pflege bedürftiger Kranker und Wohnungsfragen.

5. Mai. (Reichstag.) Erste Beratung der Zuckerkonvention und der Novelle zum Zuckersteuergesetz. (Vergl. „Staats-Archiv" Bd. 66. S. Belgien.)

Durch die Vorlage werden der zweite und dritte Teil des Zuckersteuergesetzes vom 27. Mai 1896, welche die Bestimmungen über den Zuschlag zur Zuckersteuer und die Ausfuhrzuschüsse betreffen, aufgehoben. Artikel 2 setzt die Zuckersteuer, die bisher 20 ℳ für 100 Kilogramm Reingewicht beträgt, auf 16 ℳ für 100 Kilogramm Reingewicht fest. Artikel 3 bestimmt: Wird Zucker, der vor Inkrafttreten dieses Gesetzes in die Niederlage aufgenommen wurde, nach dem genannten Zeitpunkt in den freien Verkehr oder in die Zuckerfabrik überführt, so ist der darauf gewährte Ausfuhrzuschuß zurückzuzahlen. Nach Artikel 4 tritt dieses Gesetz gleichzeitig mit dem am 5. März 1902 in Brüssel zwischen dem Reiche und einer Anzahl anderer Staaten abgeschlossenen Vertrag über die Behandlung des Zuckers (1. September 1903) in Kraft.

Reichskanzler Graf Bülow: Die Regierung habe die Interessen der deutschen Zuckerproduzenten in der Konvention gewahrt und den oft geäußerten Wunsch auf Abschaffung der Prämie erfüllt. — Die Initiative zum Zusammentritt der Konferenzen in Brüssel zum Zweck gemeinschaftlicher Beratungen über die Abschaffung der Zuckerprämien ist nicht von uns ausgegangen. Jedenfalls aber haben wir nur im Sinne der vom Hause erteilten Direktive gehandelt, indem wir uns an jenen Konferenzen beteiligten und an der Lösung der uns durch die Resolution des Hauses gestellten Aufgabe nach besten Kräften mitgewirkt haben. Uns an diesen Brüsseler Konferenzen zu beteiligen, war umsomehr geboten, als sonst die Gefahr drohte, daß auch die an der Zuckereinfuhr nach England interessierten Länder: Frankreich, Belgien und Holland, sich auch ohne uns mit England über diese Frage verständigen und durch Separatabkommen günstigere Bedingungen für ihren Zucker erlangt hätten, während wir das Nachsehen gehabt haben würden. Nicht aus irgend welcher Nachgiebigkeit gegen das Ausland und insbesondere nicht gegen England, sondern aus reiflich erwogenen handelspolitischen Interessen und in voller Wahrung der Interessen der heimischen Zuckerindustrie haben wir so gehandelt, wie wir es getan haben. Es ist auch der Einwand erhoben worden, daß wir an der Erhaltung des englischen Zuckermarktes ein so großes Interesse gar nicht hätten, daß es uns selbst, wenn England uns seinen Markt nicht verschlösse, doch möglich sein würde, für unseren Zucker andere Absatzgebiete zu gewinnen. Demgegenüber muß ich bemerken, daß in der Zuckerkampagne 1901/1902 23 Mill. Doppelzentner Zucker produziert worden sind, von denen das Deutsche Reich nur etwa 7,5 Millionen Doppelzentner konsumiert hat, sodaß etwa 15—16 Millionen Doppelzentner ausgeführt werden mußten, von denen England 6 Millionen, also fast die Hälfte unserer bisherigen Zuckerproduktion aufnahm. Es würde doch eine sehr mißliche und zweifelhafte Sache sein, wenn wir angesichts so bedeutender Zuckermengen unsere bisherigen Absatzgebiete aufgeben und neue Märkte aufsuchen müßten, umsomehr, als noch bedeutende Weltvorräte hinzukommen, die sich auf etwa 18 bis 20 Millionen Doppelzentner belaufen. Ich scheue mich nicht, es auszusprechen, welchen Katastrophen unsere Zuckerindustrie entgegen gehen müßte, wenn wir des englischen Absatzgebietes verlustig gehen, ohne daß es gelingt, für unsere Ueberproduktion an Zucker andere Absatzmärkte zu gewinnen. Wir sind überzeugt, daß dieser Schritt von allen beteiligten Kreisen, namentlich von der Rübenzuckerindustrie, allmählich immer mehr anerkannt werden wird. Daß auch hier, wie bei jedem Uebergangsstadium, der Zuckerindustrie manche Nachteile erwachsen werden, bin ich weit entfernt, zu bestreiten. In dieser Voraussicht haben die Regierungen auf der Brüsseler Konferenz sich ernstlich bemüht, es durchzusetzen, daß die Zuckerkonvention erst am 1. September 1904 in Kraft trete, um der Zuckerindustrie durch eine längere Frist eine bessere Anpassung an die Konvention zu gewähren. Die bezüglichen Bestimmungen unserer Kommissäre sind an dem Widerstande der anderen Mächte gescheitert. (Der Reichskanzler verliest eine Erklärung der Vorsitzenden der Konferenz und einen Meinungsaustausch des englischen Vertreters mit seiner Regierung über den Termin des Inkrafttretens, woraus hervorgeht, daß die englische Regierung ihren Vertreter ausdrücklich ermächtigt hat, im äußersten Falle für 1903 zu stimmen.) Wir glaubten umsomehr auf diesen Vorschlag eingehen zu sollen, als unser Vorschlag, die Surtaxe zu erhöhen, von den anderen Mächten angenommen worden ist. Die Erhöhung wird genügen, um den fremden Zucker von uns fern zu halten. Die Herabsetzung der Verbrauchsabgabe nach dem vorgelegten Zuckersteuergesetz ist eine Maßnahme, welche sicherlich zur Hebung des inländischen Zuckerkonsums und damit zur Stärkung des inländischen Zuckermarktes beitragen wird. Die Brüsseler Konvention ist am 5. März unterzeichnet worden, und wir haben Ihnen diese Konvention so rasch als möglich vorgelegt. Wir wollen diese Konvention weder übers Knie brechen, noch durchpeitschen, wie in durchaus unbegründeter Weise uns imputiert worden ist. (Heiterkeit.) Aber vor einer Verschleppung dieser Vorlage werden wir warnen müssen. Eine solche Verschleppung kann auch von keiner Seite beabsichtigt sein (Große Heiterkeit links), denn sie würde niemand zugute kommen, wohl aber würde sie den Gedanken hervorrufen, daß wir uns scheuten, auf dem von uns betretenen Wege weiter zu gehen. Es würde dadurch eine Beunruhigung entstehen, die auf die ganze weitere Behandlung der Materie im Inlande und Auslande ungünstig einwirken und Mißtrauen gegen unsere Absichten hervorrufen würde. (Zustimmung links.) Die internationale Beseitigung der Zuckerprämien ist seit Jahren angestrebt worden. Das ist nun erreicht, wenn auch nicht vollständig, so doch im wesentlichen. Wenn auch Rußland, die Vereinigten Staaten und die englischen Kolonien der Brüsseler Konvention nicht beigetreten sind, so ist sie doch einerseits unterzeichnet worden von unseren Hauptkonkurrenten auf dem Weltmarkt und anderseits hat England hinsichtlich der Gleichstellung des Kolonialzuckers mit dem Zucker der Vertragsstaaten wichtige Zugeständnisse gemacht. Die verbündeten Regierungen haben geglaubt, die Verantwortung für ein Scheitern der Brüsseler Konferenzen nicht übernehmen zu können. Sie haben die nach langer mühevoller Arbeit in Brüssel vereinbarten Bedingungen angenommen in der Ueberzeugung, daß, nachdem dadurch der freie Wettbewerb des Zuckers auf dem Weltmarkt angebahnt worden ist, die deutsche Zuckerindustrie stark genug sein wird, um fortan auch ohne Prämien zu gedeihen. Die Verantwortung für das Zustandekommen der Brüsseler Konvention ruht nunmehr bei diesem Hause. Im Interesse der Gesundung und des Gedeihens unserer Zuckerindustrie bitte ich Sie, der Brüsseler Konvention und dem Zuckersteuergesetzentwurf Ihre Zustimmung zu erteilen. (Beifall links.)

In der folgenden Debatte stimmen die Redner der Linken im allgemeinen dem Reichskanzler zu und verlangen sofortige Erledigung ohne Kommissionsberatung, die der Rechten und des Zentrums verlangen Kommissionsberatung, um zu konstatieren, ob eine Schädigung der Rübenbauer vorliege oder nicht. — Am folgenden Tage wird die Vorlage gegen die Stimmen der Freisinnigen und Sozialdemokraten an eine Kommission verwiesen. (Vgl. Brukner, Jahrbücher für Nationalökonomie und Statistik 1902, Mai.)

7. Mai. (Preußisches Herrenhaus.) Kultusetat. Debatte über moderne Theologie, Christentum und freie Forschung.

Frhr. v. Durant: Durch die Lehren mancher Professoren der Theologie ist die Religion, die nach dem Ausspruche Kaiser Wilhelms dem Volke erhalten werden soll, aufs ernsteste bedroht. Wir stehen in Glaubenssachen vor einer Revolution von oben. Wie liegen denn die Verhältnisse gegenwärtig infolge des Verhaltens unserer sogenannten modernen Theologen? Ein unverdorbener, von gottesfürchtigen Eltern erzogener Mann kommt auf die Universität, um Theologie zu studieren; er hört die Vorlesungen eines modernen Theologen und anstatt im Glauben befestigt und gestärkt zu werden, werden allerhand Zweifel in ihm wachgerufen. Welchen Einfluß muß das später auf die Gemeinde ausüben? Der ungläubige Mensch vermag der Anfechtung nicht zu widerstehen; das Resultat davon sind die heute so zahlreich vorkommenden Selbstmorde. Sollten denn die theologischen Faktoren sich nicht Rechenschaft darüber ablegen, welches Unheil dadurch entsteht, welche Verantwortung sie damit übernehmen, wenn sie ihren Schülern den festen Boden unter den Füßen rauben? Ich weiß, es wird mir die Freiheit der wissenschaftlichen Forschung entgegengehalten. Ich bin weit davon entfernt, die freie wissenschaftliche Forschung im allgemeinen angreifen zu wollen, aber ich bin der Meinung, daß es auch in der wissenschaftlichen Forschung Unterschiede gibt. Bei allen anderen Wissenschaften handelt es sich um unaufgeklärte Fragen, aber die christliche Religion beruht auf der Offenbarung. Der unumschränkte Subjektivismus ist der Feind des christlichen Glaubens. Die Vertreter solcher Lehren, das müssen wir offen bekennen, gehören nicht mehr zum Christentum, deshalb gehören sie auch nicht mehr auf die Lehrstühle. Das Kennzeichen für uns Christen ist das Wort Luthers: „Das Wort sie sollen lassen stahn!" und hierin ist im wesentlichen der Glaube Luthers gekennzeichnet. Nichts aber ist schlimmer, als in die Hörsäle Hypothesen zu tragen, die unheilvoll wirken. Selbst diejenigen Kreise, die es noch immer als ihre Aufgabe ansehen, die vorurteilslose Forschung aufrecht zu erhalten, schweifen selber von dieser Theorie ab, wenn sie ihren Zwecken nicht entspricht. Zum Beweise führe ich nur an, was Professor Schwalbe in der Deutschen Medizinischen Gesellschaft gegen Professor Schweninger ausgeführt hat. Es heißt dort: „Das medizinische Glaubensbekenntnis schließt ihn aus den Kreisen der medizinischen Wissenschaft aus. Wir können es nicht länger verantworten, daß solche Lehren der akademischen Jugend eingeprägt werden. Die wissenschaftliche Ausbildung der Schüler wird durch sein Auftreten verwirrt werden." Wenn solche Anschauungen in medizinischen Kreisen gelten, wie viel mehr müssen sie für andere Fakultäten Platz greifen? Weit gefährlicher erscheint mir in dieser Beziehung der Einfluß der modernen Theologie. Die Staatsregierung muß mit dahin wirken, daß unsere jungen Studenten von diesen Gefahren befreit werden.

Minister Dr. Studt: Gegenüber den Ausführungen des Freiherrn v. Durant will ich vom Standpunkt der Unterrichtsverwaltung mich auf wenige allgemeine Bemerkungen beschränken. Wir halten an dem Grundsatze fest, daß den verschiedenen Richtungen in der Theologie Luft und Licht auf den Universitäten nicht verwehrt werden darf. (Lebhafter Beifall.) Das dient auch dem Wohle unserer evangelischen Kirche, die zweifellos stark genug ist, aus sich selbst alle Irrtümer zu überwinden. (Beifall.) Das ist auch der Standpunkt, den meine Vorgänger auf diesem wichtigen Gebiet vertreten haben. Es wird wohl dem Hause nicht unbekannt sein, daß ich aufs heftigste angegriffen bin wegen der Besetzung eines Lehrstuhles für alttestamentliche Theologie in Bonn, die gegen den Wunsch der Fakultät vollzogen wurde. Andererseits hat es wieder an Vorwürfen nicht gefehlt, daß ich den liberalen Richtungen zu weit entgegenginge. Ich möchte daraus den Schluß ziehen, daß ich den richtigen Weg gewählt habe. Ich bin der Ueberzeugung, daß bei dem Wettkampfe der Richtungen in der evangelischen Kirche sich von selbst die Spreu vom Weizen sondert. (Lebhafter Beifall.)

Präsident des evangelischen Oberkirchenrats D. Barkhausen: Ein wesentliches Korrektiv bei der Besetzung der theologischen Lehrstühle liegt darin, daß der Kirche selbst eine sehr weitgehende Mitwirkung bei der Anstellung der Professoren gegeben ist. Der obersten Kirchenbehörde steht es zu, ein Gutachten über die Anstellung der einzelnen Professoren abzugeben und ich kann konstatieren, daß seit den letzten 12 Jahren nicht in einem einzigen Fall eine Ernennung erfolgt wäre, welche gegen das Votum des Oberkirchenrats gewesen wäre. Durch das Entgegenkommen der Regierung ist es überhaupt dem Oberkirchenrat erst möglich geworden, sich über die Besetzung der Lehrstühle frei auszusprechen. Dadurch ist es gekommen, daß sich Angehörige beider theologischer Richtungen jetzt auf allen Universitäten befinden. Ich verkenne gewiß nicht die große Bedeutung der Anstellung der Professoren für die Kirche; ich will nicht, daß irgendwie exzeptionelle Elemente auf die Lehrstühle kommen, aber der Kampf, der gegenwärtig auf dem Gebiet der evangelischen Kirche entbrannt ist, der wird nicht durch die Anstellung des einen oder anderen Professors entschieden, sondern allein in der Wissenschaft und seitens der Kirche durch die Organe, die dazu berufen sind, das ist für die protestantische Kirche die Generalsynode. (Beifall.)

Professor Dr. Loening (Halle): Auf die theoretischen Erörterungen will ich nicht eingehen, sie gehören nicht in dieses Haus, ich muß aber gegen die schweren Vorwürfe, die hier gegen die Professoren erhoben sind, Verwahrung einlegen. Ich habe die größte Hochachtung vor jeder religiösen Ueberzeugung, aber ich verlange auch, daß man andere Ueberzeugungen achtet. Das ist hier leider nicht geschehen. Evangelische und katholische Kirche müssen in Deutschland friedlich zusammenleben. Die katholische Kirche hat eine Lehrautorität mit göttlicher Offenbarung ausgerüstet; eine solche Autorität kennt die evangelische Kirche nicht. Die freie Forschung aber ist das Recht, das wir uns allen erhalten müssen, mögen wir Theologen sein oder Laien. Ich stehe fest auf dem Boden der evangelischen Kirche, aber ich nehme für meine Kollegen, vor allem für die Professoren der theologischen Fakultät, das Recht der freien Forschung in Anspruch. Allerdings das Wort einer unbedingten Voraussetzungslosigkeit der Wissenschaft, das in den letzten Monaten so oft gebraucht ist, ist sehr vieldeutig, es ist vielfach nur eine Phrase. Ich erkenne durchaus an, daß es auch für die theologische Wissenschaft eine Schranke gibt, und daß derjenige, der nicht mehr auf dem Boden des Christentums steht, auch nicht Lehrer der Theologie bleiben kann; aber ich weiß auch, daß kein Lehrer irgend einer deutschen Universität es mit seinem Gewissen vereinigen könnte, in solchen Fällen sein Lehramt beizubehalten. Wollten wir die Wissenschaft der Theologie in enge Grenzen einschränken, so wäre das der Tod der evangelisch-theologischen Wissenschaft Deutschlands, die die erste Stelle einnimmt in der evangelisch-theologischen Wissenschaft der ganzen Welt. Die großen Namen, die seit dem 16. Jahrhundert in der deutsch-theologischen Wissenschaft geglänzt, haben sich Verdienste um die Kirche, um das deutsche Volk erworben, weil sie festhielten an dem Grundsatze der Freiheit der Forschung; daß ein Professor einer theologischen Fakultät dem Materialismus huldigt, ist nicht denkbar, ich kenne keinen, der nicht auf dem Boden des Christentums steht. Auch die Bekenntnisse sind nur Menschenwerk, auch sie stehen nicht über der heiligen Schrift, sie stehen nicht neben der heiligen Schrift, sie stehen unter der heiligen Schrift. Ihre Aufgabe kann die Wissenschaft nur erfüllen im Kampf, denn Kampf ist das Leben und nur durch den Kampf wird sie nach und nach der Wahrheit nahe kommen. Ich habe die Zuversicht, daß die preußische Regierung nicht vergessen wird, daß das preußische Königshaus der Hort der freien Forschung gewesen ist: ich erinnere nur an die schönen Worte des Kaisers bei dem 200 jährigen Jubiläum der Universität Halle, daß Halle die Universität sei, von der jederzeit die Fahne der freien Wissenschaft geflattert hat. Dies Königswort wird bestehen bleiben; es gilt nicht nur für die Universität Halle, sondern für alle theologischen Fakultäten Deutschlands. Vor einigen Tagen ist hier ein Ausschuß zusammengetreten, dem die verdientesten Männer der evangelischen Kirche angehören, ein Ausschuß, um Friedrich Schleiermacher ein Denkmal zu errichten. Ich bin überzeugt, daß der Name Schleiermacher stets ein Vorbild bleiben wird für alle Theologen Deutschlands, und daß die Richtung, die er der theologischen Forschung gegeben hat, immer festgehalten wird, daß kein Versuch gemacht wird, die Freiheit der Wissenschaft in der vorhin gekennzeichneten Grenze einzuschränken. (Beifall.)

Frhr. v. Durant: Ich will dem Vorredner nur erwidern, daß ich unter „Christentum" die Anerkennung der Göttlichkeit Jesu Christi verstehe. Wo aber ein Zweifel nach dieser Richtung hin existiert, ist für mich kein Christentum mehr.

General-Superintendent D. Dryander: Es würde einen sonderbaren Eindruck erwecken, wenn ich mich zu der prinzipiell wichtigen Frage, die der Herr Frhr. v. Durant aufgerollt hat, absolut stumm verhalten würde. Ich habe sowohl als Mitglied unserer evangelischen Landeskirche wie insbesondere als Generalsuperintendent des mir anvertrauten Bezirks alles Interesse daran, daß in der evangelischen Kirche lebendiger Glaube gepredigt wird. Ich habe darum auch ein lebhaftes Gefühl für die Sorgen und die Kümmernisse, aus welchen die Ausführungen des Frhrn. v. Durant geflossen sind, und ich kenne ebenso gut wie er selbst schmerzliche Fälle, in welchem Widerstreit der Meinungen einzelne Theologen Schiffbruch gelitten haben und nicht wieder zu der Ueberzeugung gelangt sind, welche man von ihnen als evangelischen Christen zu fordern berechtigt war. Aber diese ganze Frage ist von so ungeheurer Tragweite und mit so gewaltigen Schwierigkeiten verbunden, daß kein Gedanke daran ist, sie könne durch eine Debatte hier im Hause gelöst, ja auch nur in eine andere Weichenstellung gelenkt werden. Sie hängt überhaupt nicht von Verwaltungsmaßregeln ab. (Sehr richtig!) Keine Regierung der Welt kann mit einer Verwaltungsmaßregel diese Frage lösen. Die Reformation ist aus der Freiheit der Wissenschaft hervorgegangen, ohne sie würden wir die Reformation nicht gehabt haben. Das sollten wir als evangelische Christen nicht vergessen. Wir dürfen nicht vergessen, daß die freie Wissenschaft auch ein Erfordernis der Kirche und ihrer Existenz ist Wenn die Freiheit der Wissenschaft auf der anderen Seite Folgen zeitigt, denen gegenüber die evangelische Kirche gewisse Maßnahmen erwägt, so ist das nicht Sache dieses Hauses. Denn wenn ich auch alle Mitglieder dieses Hauses von Herzen gern für gute Christen halte, so glaube ich doch, daß sie nicht befugt sind, über diese Fragen zu urteilen. Das ist Sache des Oberkirchenrates. Aber ganz abgesehen davon, möchte ich doch sagen: es ist eine gewisse Krisis vorhanden, welche in der schmerzlich empfundenen Divergenz besteht zwischen augenblicklichen Strömungen der theologischen Wissenschaft und den praktischen Anforderungen der Gemeinden. Diese Divergenz wird auf beiden Seiten beklagt. Wir hoffen und glauben aber, daß die Krisis überwunden werden wird. Ich als Theologe bin nicht der Ueberzeugung, daß in unserem Lande und an unseren Universitäten durch die Bevorzugung einer einzelnen Richtung die evangelische Kirche in eine Bahn hineingedrängt ist, gegen die sie sich wehren muß. Ich bin vielmehr überzeugt, daß die Umsicht und Vorsicht der Regierung auf den verschiedensten Universitäten auch die verschiedensten Richtungen zum Ausdruck hat gelangen lassen, in der Zuversicht, daß diese Richtungen sich ausgleichen und schon von selbst zur Feststellung der Wahrheit kommen werden. Die Richtlinien, die der Minister bezeichnet hat, bewegen sich in dem Fahrwasser, wie wir als evangelische Christen es zu fordern die Pflicht haben. (Beifall.)

Mai. (Sachsen.) Eisenbahnen und Finanzlage. Angriffe auf Preußen.

Die Finanzkommission der Zweiten Kammer berichtet über die Lage der sächsischen Staatseisenbahnen. Hiernach ist die Verzinsung des Anlagekapitals der Bahnen, die 1896 noch 5.07 und 1898 noch 4.08 Prozent betrug, in den beiden letzten Jahren auf 3.7 Prozent gesunken und trägt gegenwärtig nur noch etwa 3⅓ Prozent. Die Eisenbahnschuld, die Ende 1898 sich auf 603.2 Millionen Mark belief, ist am Schlusse des Jahres 1900 auf 696.6 Millionen Mark, also innerhalb zweier Jahre um 93.4 Millionen Mark gestiegen. Nach dem für die Staatsschulden in der Periode 1902/1903 anzunehmenden durchschnittlichen Verzinsungssatz von 3.08 Prozent des Nominalwerts und dem Tilgungssatze von 1.07 Prozent sind auf die Finanzperiode 1902/1903 gemeinjährig für die Verzinsung 21.5 Millionen Mark und für die Tilgung 7.5 Millionen Mark, mithin zusammen 28.9 Millionen Mark, in Rechnung zu stellen. Da nun der etatisierte Ueberschuß für die Periode 1902/1903 für Kapitel 16 mit 31.8 Millionen Mark eingestellt ist, so ist die vorgenannte Summe für Verzinsung und Tilgung von zusammen 28.9 Millionen Mark hiervon in Abzug zu bringen, so daß sich demnach ein Reinüberschuß von gemeinjährig 2.9 Millionen Mark ergibt, während derselbe Voretat 10.4 Millionen Mark betrug. Der Minderbetrag für den jetzigen Etat ist also 7.5 Millionen Mark. Welchen großen Einfluß die finanziellen Ergebnisse der Staatseisenbahnen auf die allgemeine Staatswirtschaft und auf die Gestaltung des Gesamtetats ausüben, ergibt schon die Tatsache, daß im Jahre 1899 die Betriebsüberschüsse der Eisenbahnen allein ca. 36 Prozent der gesamten Staatsüberschüsse betragen haben. Während nun die Einnahmeüberschüsse aus den Staatsbahnen in den früheren Finanzperioden diejenigen der direkten Steuern stets überstiegen haben, ist in der Finanzperiode 1898/1899 das erste Mal das umgekehrte Verhältnis eingetreten. Im Jahre 1899 haben die Ueberschüsse aus den Staatsbahnen gegen das Jahr 1880 nur um 7 Millionen oder 26 Prozent, die Ueberschüsse aus den direkten Steuern dagegen um 16 Millionen oder rund 80 Prozent zugenommen. Sachsen steht mit 17 203 Mark persönliche Ausgaben auf 1 Kilometer Betriebslänge von allen Staatsbahnverwaltungen an erster Stelle, ebenso mit der Anzahl seiner Beamten, Diener und Arbeiter, die, auf 1 Kilometer Bahnlänge berechnet, 14.69 ausmachen. Der Bericht regt daher wohl auch an, die Generaldirektion auf-

zuheben, im Finanzministerium eine Eisenbahnabteilung einzurichten, und dieser die ebenfalls zu vermindernden Betriebsdirektionen zu unterstellen.
(„Allg. Ztg.")

Die Finanzkommission polemisiert scharf gegen die preußische Eisenbahnverwaltung und wirft ihr unlauteren Wettbewerb vor, weil diese den Güterverkehr auf Umwegen um Sachsen herumführe. Die Kommission beantragt: Die k. Staatsregierung zu ersuchen: a) im Sinne des Artikels 42 der Reichsverfassung mit allen Mitteln darauf hinzuwirken, daß das mit Benachteiligung der gesamten deutschen Volkswirtschaft verbundene Befahren von Umwegen im Eisenbahngüterverkehr, wie es jetzt aus Rücksichten des Wettbewerbes zwischen deutschen Eisenbahnverwaltungen stattfindet, abgestellt wird, und b) demzufolge die in dieser Richtung mit der k. preußischen Staatseisenbahnverwaltung eingeleiteten Verhandlungen mit aller Energie zu betreiben.

Die sächsische Presse stimmt den Vorwürfen gegen Preußen zu; Preußen wolle Sachsen mürbe machen, damit seine Verwaltung in der preußischen aufgehe. („Dresd. Nachr.") Finanzminister Dr. Rueger erklärt in der Zweiten Kammer (9. Mai), Sachsen lebe auf dem Gebiete der Eisenbahn mit allen Nachbarn in Frieden und Freundschaft und ein Eisenbahnkrieg mit Preußen bestehe nicht. Differenzen seien noch stets im Wege der Vereinbarung beglichen worden. Die Behauptung, Preußen treibe unlauteren Wettbewerb, trete dessen Loyalität in einer Weise entgegen, der er entschieden widersprechen müsse. Ein Wettbewerb zwischen der sächsischen und der preußischen Eisenbahnverwaltung finde nur innerhalb der zulässigen Grenzen statt. Wegen des Befahrens von Umwegen im Eisenbahngüterverkehr schweben Verhandlungen. Sachsen werde niemals seine Eisenbahnhoheit aufgeben.

Die halbamtliche „Leipziger Zeitung" lehnt jede Eisenbahngemeinschaft mit Preußen ab, weil diese für Sachsen mit seinen vielen Nebenbahnen, die aus der Gemeinschaft ausgeschlossen werden würden, schädlich sein müsse. Außerdem würde Sachsen nicht mehr Herr im eigenen Hause sein.

9. Mai. (**Elsaß-Lothringen.**) Aufhebung des Diktaturparagraphen.

Der Kaiser richtet folgenden Erlaß an den Statthalter:

Um den Bewohnern von Elaß-Lothringen einen besonderen Beweis Meines Wohlwollens zu geben, sowie im Vertrauen auf die reichstreue und loyale Gesinnung, welche sich je länger desto mehr in der Bevölkerung der Reichslande befestigt hat und die Mir bei Meinen wiederholten Besuchen dieser dem Vaterlande zurückgewonnenen Länder in unzweideutiger Weise entgegengetreten ist, will Ich Sie ermächtigen, wegen Aufhebung des § 10 des Gesetzes vom 30. Dezember 1871 betr. die Einrichtung und Verwaltung mit dem Reichskanzler in Verbindung zu treten, den Ich ermächtigen werde, einen entsprechenden Gesetzentwurf dem Bundesrate vorzulegen. Sie wollen diesen Meinen Erlaß zur öffentlichen Kenntnis bringen. Hohkönigsburg, 9. Mai 1902.

Wilhelm I. R.

10. Mai. (**Preußen.**) Dem Landtag geht eine Vorlage über die Ausbildung der höheren Verwaltungsbeamten zu. Hiernach sollen Justiz und Verwaltung dasselbe Studium bis zur ersten Prüfung und eine gemeinsame praktische Ausbildung beim Amtsgericht erhalten.

11. Mai. (Wiesbaden.) Der Kaiser richtet folgendes Telegramm an den Präsidenten der französischen Republik aus Anlaß der Katastrophe in Martinique:

Wiesbaden, 11. Mai. Vorm. 10 Uhr 36 Min.
Seiner Exzellenz dem Präsidenten der Republik, Paris.

Tief bewegt durch die Nachricht von der schrecklichen Katastrophe, welche St. Pierre betroffen und welche der Bevölkerung ihr Leben gekostet, welche ihrer Zahl nach fast die erreicht, die in Pompeji umkam, beeile ich Mich, Frankreich den Ausdruck Meiner aufrichtigen Teilnahme auszusprechen. Möge Gott der Allmächtige die Herzen derjenigen trösten, welche einen unersetzlichen Verlust beweinen. Mein Botschafter wird Euerer Exzellenz den Betrag von 10000 Mark von mir übergeben, um den Betroffenen zu helfen.

Wilhelm I. R.

Präsident Loubet antwortet darauf:

Paris, 11. Mai. Nachm. 3 Uhr 42 Min.
Seiner Majestät Kaiser Wilhelm, Wiesbaden.

Sehr gerührt von dem Beweise der Teilnahme, welche Euere Majestät die Güte hatten, mir anläßlich des schrecklichen Unglückes, das Frankreich betroffen hat, auszudrücken, bitte ich Sie, meinen lebhaften Dank, wie auch die Versicherung der Dankbarkeit der Opfer entgegenzunehmen, denen Sie zu helfen beabsichtigen.

Emile Loubet.

12. Mai. (Berlin.) Vertreter von 77 Städten fassen folgende Resolution zum Zolltarif:

Die heute in Berlin versammelten Mitglieder deutschstädtischer Gemeindebehörden sprechen sich unbeschadet ihrer grundsätzlichen Stellungnahme zu den Zollfragen gegen jede Erhöhung der Zölle auf unentbehrliche Lebensmittel aus und erwarten gleichzeitig, daß die gesetzgebenden Faktoren auf die Festsetzung und den Ausbau der bewährten Politik langfristiger Handelsverträge bedacht sein werden.

13. Mai. (Braunschweig.) Debatte über die Rechte des Herzogs von Cumberland.

Die welfischen „Vaterländischen Vereinigungen" fordern in einer Petition an den Landtag, daß in der Eingangsformel der Gesetze die Worte eingefügt würden: „Im Namen des Herzogs von Cumberland". Nachdem Staatsminister Dr. Otto gegen die Petition gesprochen hat, wird einstimmig beschlossen, sie nicht zu berücksichtigen und folgende Resolution anzunehmen: Die Landesversammlung beschließt, das Gesuch der welfischen Parteien unberücksichtigt zu lassen, und gibt dabei folgende Erklärung ab: 1. Wir stehen allezeit treu zu Kaiser und Reich. Es ist die Pflicht eines jeden Deutschen, an der Erhaltung und friedlichen Ausgestaltung des in schweren Kämpfen geeinten Deutschen Reiches mitzuarbeiten. Nur auf dem Wohl und Gedeihen des Reiches kann das Wohl des Einzelstaates als eines Gliedes des Ganzen sich gründen. 2. Mag nach staatsrechtlicher Auffassung und Auslegung des Regentschaftsgesetzes der Herzog von Cumberland, wie einige für recht halten, als Landesherr oder, wie andere annehmen, als erbberechtigter Thronfolger angesehen werden, immer bleibt die Tatsache der augenblicklichen Behinderung an der Regierung bestehen. 3. Die Behinderung zu beseitigen, haben wir keine Mittel, denn es sind hierbei nicht nur die aus dem braunschweigischen Staatsrecht abzuleitenden Gesichtspunkte zu berücksichtigen, sondern auch die von dem Bundesrat in dem Beschluß vom 2. Juli 1885 hervorgehobenen, auf dem allgemeinen politischen Gebiet liegenden Reichsinteressen maßgebend. Wir erachten allerdings die Klärung der staatsrechtlichen Verhältnisse im Interesse und zur Beruhigung der Bevölkerung für dringend wünschenswert in dem festen Vertrauen, daß die Rechte unseres engeren Vaterlandes, die hier neben dem Gesamtinteresse unseres gemeinsamen deutschen Vaterlandes in Frage kommen, von den zuständigen Stellen des Reiches gewahrt und gefördert werden. 4. Wir erachten es nicht für verträglich mit dem Wohl unseres engeren Vaterlandes, auch nicht mit der Pflicht der Dankbarkeit für die Opferwilligkeit unseres Regenten, daß, nachdem die Rechte des Herzogs von Cumberland wie auch seine derzeitige Behinderung an der Regierung anerkannt sind, immer von neuem die Frage nach der rechtlichen Bedeutung der Regentschaft ohne jeden dem Staatsinteresse zu entnehmenden Grund aufgerollt und damit Verwirrung und Uneinigkeit in die Reihen unserer Mitbürger getragen wird, während Eintracht uns so dringend nötig wäre.

14./15. Mai. (Wiesbaden.) Depeschenwechsel zwischen dem Kaiser und Präsident Roosevelt. Geschenk einer Statue Friedrichs des Großen.

Der Kaiser telegraphiert in englischer Sprache an den Präsidenten der Vereinigten Staaten (14. Mai):

Ich stehe noch unter dem tiefen Eindruck, welchen der glänzende und herzliche Empfang Meines Bruders, des Prinzen Heinrich, durch die Bürger der Vereinigten Staaten von Amerika auf Mich gemacht hat. In den Reden, mit denen er begrüßt wurde, ward wiederholt der Tatsache Erwähnung getan, daß Mein Ahne Friedrich der Große gegenüber der jungen amerikanischen Republik zur Zeit ihrer Entstehung immer eine freundliche Haltung bewahrt hat, indem er dadurch den Grundstein der guten Beziehungen legte, welche stets zwischen unseren beiden Ländern bestanden haben. Dem Mir von dem großen Könige gegebenen Beispiele will Ich folgen. Ich möchte die Erinnerung an den Besuch des Prinzen Heinrich wach erhalten durch eine Gabe an das amerikanische Volk, die Ich Sie bitte, in seinem Namen annehmen zu wollen. Ich beabsichtige, den Vereinigten Staaten eine Bronzestatue Friedrichs des Großen zum Geschenk zu machen, die in Washington auf einem Platze zu errichten wäre, den Sie freundlich auswählen wollen. Möge diese Gabe angesehen werden als dauerndes Zeichen der innigen Beziehungen, welche zwischen unseren beiden Nationen mit Erfolg gepflegt und entwickelt worden sind.

Wilhelm, Rex, Imperator.

Der Präsident antwortet (15. Mai):

Ich bin tief empfänglich für Ihr großartiges und freundschaftliches Angebot. Ich danke Ihnen herzlich dafür im Namen der Vereinigten Staaten und werde es sogleich dem Kongreß vorlegen. Gewiß wird es unserem Volke das größte Vergnügen bereiten, aus Ihren Händen eine Statue des berühmten Herrschers und Soldaten, eines der größten Männer aller Zeiten, Friedrich des Großen, zu erhalten. Eine besondere Angemessenheit liegt darin, daß seine Statue hier in der Stadt Washington, der Hauptstadt der Republik, auf deren Geburt er mit solch freundlichem Interesse geschaut hat, errichtet werden soll. Aus diesem erneuten Beweis Ihrer freundschaftlichen Gesinnung für unser Land danke ich Ihnen in dessen Namen. Die Gabe wird hier sicherlich angesehen werden als ein erneutes Zeichen der Freundschaft der beiden Nationen. Wir hoffen und glauben, daß diese Freundschaft in den kommenden Jahren noch stärker und fester werden wird. Es ist ein Zeichen für die Wohlfahrt des ganzen menschlichen Geschlechtes, daß am Anfang dieses Jahrhunderts das amerikanische und das deutsche Volk in einem Sinne herzlicher Freundschaft zusammenarbeiten.

Theodor Roosevelt."

15. Mai. (Bayerische Abgeordnetenkammer.) In einer Besprechung der Vorbildung der Juristen erklärt Kultusminister v. Landmann die Abiturienten der Realgymnasien für ungeeignet zum juristischen Studium. (Vgl. Preußen S. 59.)

16. Mai. Die Bayerische Abgeordnetenkammer genehmigt einstimmig die Grundzüge für die Aenderung des Wahlgesetzes.

Danach soll das bisherige indirekte durch das direkte Wahlrecht ersetzt und nur ganz ausnahmsweise zweimännige, sonst einmännige Wahlkreise gebildet werden. Die Seelenzahl der gesetzlich festzulegenden Wahlkreise soll nach der Volkszählung vom 1. Dezember 1900 berechnet, die permanenten Wählerlisten beseitigt und für das ganze Land einheitliche Wahlzettel vorgeschrieben werden. Das Alter für aktive und passive Wahlfähigkeit soll von 21 bezw. 30 Jahren auf 25 zusammengelegt, das Wahlrecht von der einjährigen Staatsangehörigkeit und der einjährigen statt der bisher halbjährigen Steuerzahlung sowie der Leistung des Verfassungseides abhängig gemacht werden. Die Seelenzahl auf einen Abgeordneten soll 38000 betragen, doch ist schon in den Anträgen des Ausschusses eine Spannung zwischen 32000 und 44000 vorgesehen, damit die ländlichen Wahlkreise gegenüber den städtischen nicht allzu kurz kommen. Dabei wird noch der Erwägung unterstellt, ob nicht die Seelenzahl des Militärs und der Nichtbayern bei Berechnung der Bevölkerungszahl in Abzug gebracht werden soll. ("Köln. Volksztg.")

17./19. Mai. (Essen.) Die Generalversammlung des deutschen Bergarbeiterverbandes faßt folgenden Beschluß über die Lage der Bergarbeiter:

Die Generalversammlung des Deutschen Bergarbeiterverbandes vernimmt mit Entrüstung, wie unwürdig noch immer die Arbeiter in den deutschen Bergrevieren behandelt werden. Sie protestieren entschieden gegen diese Brutalitäten, ebenso gegen die rigorosen Lohnabzüge und Bestrafungen. Die Delegierten sind der Ansicht, daß diese Aufreizungen der Belegschaften nur zu dem Zwecke geschehen, um die Arbeiterschaft in einen Streik zu treiben. Dagegen fordert die Generalversammlung alle Berufsgenossen auf, sich nicht zu einem Ausstande provozieren zu lassen, da derselbe augenblicklich nur den Unternehmern zum Nutzen gereichen würde. Ruhe ist gerade jetzt unsere beste Verteidigung, und Werbung für die Organisation erste Pflicht, damit, wenn die Zeit für uns günstiger ist und die Unternehmer den Frieden nicht wollen, wir den gerechten Kampf für unsere Rechte aufnehmen können. Die Generalversammlung erwartet von den Regierungen, daß sie den Uebelständen im Bergbaubetriebe in gründlicher Weise durch gesetzliches Eingreifen zu Gunsten der mißhandelten Arbeiter ein Ende macht.

Ferner wird verlangt: 1. Regelung des Knappschaftswesens durch

Reichsgesetz; darin muß die Berufsinvalidität aufrecht erhalten bleiben. 2. Einheitliche Beiträge und Renten; Wegfall der Klasseneinteilung bei der Pensionskasse; Beseitigung der unständigen Mitgliedschaft. 3. Erhöhung der Renten, damit sie den Bedürfnissen der Mitglieder und dem Zweck der Kassen entsprechen. 4. Beseitigung jeder Aufrechnung anderer Renten auf die Berginvalidenpension. 5. Festsetzung eines Dienstalters (in Jahren), nach dessen Ableistung die Berginvalidenpension unbedingt zu gewähren ist, ohne daß Bergfertigkeit nachzuweisen wäre. 6. Sicherung der erworbenen Mitgliederrechte im Falle freiwilliger oder unfreiwilliger Abkehr von einem Vereinswerk. Eventuell Rückzahlung der geleisteten Beiträge unter Abzug der entstandenen Verwaltungskosten.

20. Mai. (Berlin.) Delegiertentag des Verbandes katholischer Arbeitervereine Nord- und Ostdeutschlands.

Ein Antrag, der in der Presse namentlich durch den Frhrn. v. Savigny vertreten wird, verlangt die Einrichtung obligatorischer katholischer Gewerkschaften. Der Antrag, den die Zentrumspresse lebhaft getadelt hatte, wird abgelehnt und folgende Fassung angenommen: Der Delegiertentag wolle die nicht obligatorische Gliederung nach beruflichen Fachabteilungen innerhalb der einzelnen katholischen Arbeitervereine beschließen.

20. Mai. (Preußen.) Dem Landtage geht ein Gesetzentwurf über die Ausführung des Schlachtvieh-Fleischbeschaugesetzes zu.

Danach unterliegen Schweine und Wildschweine, deren Fleisch zum Genusse für Menschen verwendet werden soll, in allen Fällen der amtlichen Untersuchung auf Trichinen. Rohes oder zubereitetes Fleisch von Schweinen und Wildschweinen, das aus einem anderen deutschen Bundesstaat eingeführt wird, ist amtlich auf Trichinen zu untersuchen, sofern es zum Genusse für Menschen verwendet werden soll und nicht bereits einer amtlichen Trichinenschau unterlegen hat. Hiervon ausgenommen ist geschmolzenes Fett, Fleisch in luftdicht verschlossenen Büchsen oder ähnlichen Gefäßen, Würste und sonstige Gemenge aus zerkleinertem Fleische sowie zum Verbrauch auf der Reise mitgeführtes Fleisch. In den Gemeinden mit Schlachthauszwang unterliegen alle in ein öffentliches Schlachthaus gelangenden Schlachttiere vor und nach der Schlachtung einer amtlichen Untersuchung, auch insoweit nach dem Reichsgesetz und den Ausführungsbestimmungen des Bundesrates ein Untersuchungszwang nicht besteht.

20. Mai. (Chemnitz.) Die deutsche Lehrerversammlung faßt folgenden Beschluß über die gewerbliche Kinderarbeit:

Die deutsche Lehrerversammlung spricht der Reichsregierung für die Einbringung des Gesetzentwurfs betr. die Regelung der gewerblichen Kinderarbeit ihren Dank aus. Zwecks baldiger Regelung auch der landwirtschaftlichen Kinderarbeit wünscht die Versammlung eine amtliche Erhebung. Sie verwirft das Prinzip der Erwerbstätigkeit schulpflichtiger Kinder und fordert erneut 1. das Verbot jeder Erwerbstätigkeit schulpflichtiger Kinder vor vollendetem 12. Lebensjahre, 2. desgleichen das Verbot der Akkordarbeit, Sonntagsarbeit und Doppelbeschäftigung der Schulkinder vor Beginn des Unterrichts, 3. kurze Arbeitszeit auch für die Ferien, gänzliches Verbot für bestimmte Betriebe, staatliche Aufsicht, sowie baldige Ausdehnung der Bestimmungen für die Beschäftigung in der Landwirtschaft und in häuslichen Diensten. An der Ausführung des Gesetzes ist die Lehrerschaft durch Mitwirkung bei Ausstellung der Arbeitskarten und bei der Kontrolle zu beteiligen.

21. Mai. (**Preußen.**) Dem Landtage geht folgender Gesetzentwurf über die Stärkung des Deutschtums in Posen und Westpreußen zu:

Artikel 1: Das Gesetz betreffend die Förderung deutscher Ansiedelungen in den Provinzen Westpreußen und Posen vom 26. April 1886 in der Fassung des Gesetzes vom 20. April 1898 wird wie folgt abgeändert: Der in § 1 der Staatsregierung zur Verfügung gestellte Fonds von 200 Millionen wird auf 350 Millionen erhöht. Artikel 2 des § 1: Der Staatsregierung wird ein Fonds von 100 Millionen Mark zur Verfügung gestellt, um in den Provinzen Westpreußen und Posen Güter zur Verwendung als Domänen oder Grundstücke zu Forsten anzukaufen und die Kosten ihrer ersten Einrichtung zu bestreiten. § 2: Zur Bereitstellung der in § 1 genannten Summe sind Schuldverschreibungen auszugeben. Wann, durch welche Stelle, in welchen Beträgen, zu welchem Zinsfuß, zu welchen Bedingungen und zu welchen Kursen die Schuldverschreibungen verausgabt werden sollen, bestimmt der Finanzminister.

21./22. Mai. (**Dortmund.**) Tagung des evangelisch-sozialen Kongresses. Referate: Professor Harnack über die sittlich-soziale Bedeutung des heutigen Bildungsstrebens; Dr. Schubring, Kunst und Volk; Dr. Pohle, Ursachen und soziale Wirkungen der modernen Industrie- und Handelskrisen.

21. Mai. (**Elsaß-Lothringen.**) Der Kaiser empfängt in Kurzel den Vorstand des Landesausschusses, der für die Aufhebung des Diktaturparagraphen dankt. Der Kaiser erwidert:

Meine Herren! Ich heiße Sie mit Freuden bei Mir am heutigen Tage willkommen. Die Aufhebung des Diktaturparagraphen ist ein langjähriger Wunsch der Bevölkerung des Reichslandes gewesen. Ich fand denselben vor, als Ich den Thron bestieg. Daß Ich diesem Wunsch nicht sofort in den ersten Jahren Meiner Regierung stattgegeben habe, beruht auf zwei Gründen. Einmal mußte Ich erst die Liebe und Treue Meiner Untertanen gewinnen und das verständnisvolle Vertrauen Meiner Kollegen, der Bundesfürsten, Mir erwerben. Zum anderen begegnete Mir das Ausland bei Meinem Regierungsantritt mit tiefem, wenn auch unbegründetem Mißtrauen, da es voraussetzte, daß Ich nach dem Lorbeer kriegerischer Erfolge strebe. Demgegenüber war es Meine Aufgabe, das Ausland zu überzeugen, daß der neue Deutsche Kaiser und das Reich ihre Kraft der Erhaltung des Friedens zu widmen gewillt seien. Diese Aufgaben bedurften einer großen Spanne Zeit zu ihrer Verwirklichung. Das deutsche Volk weiß nun, welche Wege Ich zu seinem Heil zu wandeln entschlossen bin. Seine Fürsten stehen Mir treu zur Seite mit Rat und Tat. Das Ausland, weit davon entfernt, in uns eine Bedrohung des Friedens zu erblicken, ist gewohnt, mit uns als einem felsenfesten Hort des Friedens zu rechnen. Nachdem nunmehr das Reich im Innern befestigt und nach außen eine überall geachtete Stellung erlangt hat, erachte Ich im Anfang des zwanzigsten Jahrhunderts den Augenblick für gekommen, in welchem Ich der Bevölkerung des Reichslandes diesen Beweis Meines kaiserlichen Wohlwollens und Vertrauens zu geben im stande bin. Der Entschluß wird Mir um so leichter, als im Laufe Meiner Regierung die Beziehungen zwischen Elsaß-Lothringen und Mir sich immer intimer gestaltet und der

Empfang seitens der Bevölkerung immer wärmer geworden ist. Nehmen Sie, Meine Herren, nochmals Meinen innigsten Dank für die loyale Haltung des Reichslandes entgegen, auf die Ich unbedingt baue. Der Wunsch, mit dem Ihre Adresse schließt, wird, so hoffe Ich bestimmt, mit Gottes Hilfe für uns beide in Erfüllung gehen!

22. Mai. (Düsseldorf.) Der internationale Bergarbeiterkongreß fordert einstimmig die Verstaatlichung aller Bergwerke. Der internationale Generalstreik wird gegen die Belgier und Franzosen abgelehnt.

22. Mai. (Düsseldorf.) Delegiertentag der evangelischen Arbeitervereine Deutschlands. Es wird die Ausdehnung der Gewerbeinspektion auf die Hausindustrie und eine Arbeitslosenversicherung verlangt.

24. Mai. (Köln.) Erzbischof Simar †.

25. Mai. (Berlin.) Der Präsident des Oberverwaltungsgerichts Dr. Kügler †. (Vgl. S. 54.)

25. Mai. Dem Reichstage geht eine Vorlage über den Schutz nützlicher Vögel zu.

In Paris ist am 19. März eine Uebereinkunft geschlossen worden zum Schutze der für die Landwirtschaft nützlichen Vögel, an der das Deutsche Reich, Frankreich, Belgien, Luxemburg, Schweden, Oesterreich-Ungarn, die Schweiz, Liechtenstein, Spanien, Portugal, Monaco und Griechenland beteiligt sind. Italien ist nicht beteiligt. Das Abkommen ist durch die Bevollmächtigten der beteiligten Staaten am 19. März in Paris vollzogen worden. Auf der Liste Nr. 1 stehen als nützliche Vögel: Nachtraubvögel: Stein- und Zwergkäuze, Sperbereulen, Nachteulen oder Waldkäuze, die gewöhnliche Schleiereule, die kleine Ohreule. Kletterer: Spechte aller Arten, Klettervögel: die Blauracke, Bienenfresser; gewöhnliche Sperlingsvögel: der Wiedehopf; Baumläufer, Mauerläufer, Blauspechte; Mauersegler, Ziegenmelker, Nachtigallen, Blaukehlchen, Rotschwänze; Rotkehlchen, Schwätzer, Braunellen; Grasmücken aller Art, wie gewöhnliche Grasmücken, Zaungrasmücken, Gartenlaubvögel; Rohrsänger, Schilfsänger, Busch- und Rohrdrossel; Cisticolen; Goldhähnchen; Laubvögel: Goldhähnchen und Zaunkönige, Meisen aller Art, Fliegenfänger, Schwalben aller Arten, weiße und gelbe Bachstelzen, Pieper, Kreuzschnäbel, Goldammern und Gerlitze; Distelfinken und Zeisige; gewöhnliche Stare und Hirtenstare; Stelzenläufer: schwarze und weiße Störche. Die Liste Nr. 2 führt als schädliche Vögel auf: Tagraubvögel: Lämmergeier, Adler aller Arten, Seeadler aller Arten, Flußadler, Gabelweiher, Schwalbenweiher; alle Arten Falken: Geierfalken, Wanderfalken, Baumfalken, Lerchenfalken, alle Arten, mit Ausnahme der Rotfußfalken, Turmfalken und Rötelfalken; der Hühnerhabicht, Sperber, Weihen; Nachtvögel: der Uhu; gewöhnliche Sperlingsvögel: der Kolkrabe, die Elster, der Eichelhäher; Stelzenläufer: graue und Purpurreiher, Rohrdommeln und Nachtreiher; Schwimmvögel: Pelikane, Kormorane, Sägetaucher, Meertaucher.

26. Mai. (Baden.) Die Erste Kammer genehmigt gegen eine Stimme den Vertrag zwischen Baden, Preußen und Hessen über die Verwaltung der Main-Neckar-Bahn.

27. Mai. (**Baden.**) Der Rheinhafen in Karlsruhe wird unter Beteiligung des Großherzogs eingeweiht.

27. Mai. (**Bayern.**) Die Kammer der Reichsräte genehmigt das Schulbedarfgesetz mit einigen redaktionellen Abänderungen. — Prinz Ludwig spricht sich lebhaft für Konfessionsschulen aus. — Am 13. Juni stimmt die Abgeordnetenkammer den Änderungen zu mit 85 gegen 66 Stimmen. Die Liberalen sprechen dem Kultusminister ihr Mißtrauen aus.

27. Mai. (**Preußisches Abgeordnetenhaus.**) Erste Beratung der Polenvorlage. Begründung Bülows. Verweisung an eine Kommission.

Ministerpräsident Graf Bülow: Meine Herren! Ich habe die Ehre, diesem Hohen Hause den Entwurf eines Gesetzes zu überreichen wegen Abänderung der Gesetze vom 26. April 1886 und vom 20. April 1898 betreffend die Beförderung der deutschen Ansiedlung in den Provinzen Westpreußen und Posen. Hinsichtlich der Gründe, welche die kgl. Staatsregierung zu ihrem Vorgehen bestimmt haben, kann ich mich um so kürzer fassen, als vor nicht allzu langer Zeit in diesem Hohen Hause eine eingehende Debatte stattgefunden hat über die Politik der königlichen Staatsregierung in den gemischtsprachigen Provinzen und als ich mich bei diesem Anlaß über die Haltung der königlichen Staatsregierung in dieser Frage und über meine persönliche Stellungnahme zu dieser Frage eingehend und rückhaltlos ausgesprochen habe. Die Frage steht meines Erachtens im letzten Ende so: Haben wir das Recht, diejenigen gesetzlichen Maßnahmen zu treffen, welche im Interesse der Sicherheit und Integrität der Monarchie notwendig sind? Meines Erachtens haben wir dazu nicht nur das Recht, sondern auch die Pflicht (Sehr richtig!); es ist für uns ein Gebot der Sicherheit, durch eine Kombination von Maßnahmen Schutzwehren aufzuführen, damit an diesem Bollwerk die staatsfeindliche großpolnische Agitation, die staatsfeindlichen großpolnischen Zukunftsträume zerschellen. Unsere Aktion soll sich in dreifacher Richtung bewegen. Wir werden die verfassungsmäßigen Rechte unserer polnischen Mitbürger auch fernerhin gewissenhaft achten. (Unruhe bei den Polen.) Gewiß werden wir das tun! Ich bin kein Freund kleinlicher Polizeimaßregeln, ich halte nichts von einer Politik der Nadelstiche — aber alles, was abzielt auf eine Abänderung der bestehenden staatsrechtlichen Verhältnisse werden wir rücksichtslos unterdrücken (Lebhafter Beifall) und wir werden, wie ich das im Januar dargelegt habe, auf jedem uns zugänglichen Gebiet das Deutschtum in materieller wie kultureller Beziehung zu heben und zu fördern trachten. (Beifall.) Als wichtigstes Glied in der Kette dieser Maßnahmen zum Schutze des Deutschtums hat sich die innere Kolonisation bewährt. Sie hat sich bewährt in politischer Beziehung, indem durch die Heranziehung betriebsamer und fleißiger, mit den nötigen Geldmitteln ausgestatteter deutscher Landwirte aus allen Teilen des Reichs der deutschen landwirtschaftlichen Bevölkerung in jenen Gegenden ein neues wertvolles Element und eine kräftige Unterstützung in nationaler Hinsicht zur Abwehr deutschfeindlicher Bestrebungen zugeführt wird; sie hat sich aber auch bewährt in wirtschaftlicher Hinsicht, indem durch planmäßige Aufteilung und Besiedelung der vielfach verwahrlosten Güter, durch Meliorationen, durch Anlage von Drainagen und Ausbau des Wegenetzes, durch die Einführung rationeller Wirtschaftsmethoden für die neu gegründeten bäuerlichen Stellen und Zusammenschluß derselben zu leistungsfähigen Landgemeinden an Stelle des um seine Existenz ringenden und vom Untergang bedrohten Grundbesitzes der Hebung der Landeskultur im allgemeinen ein wesentlicher Dienst geleistet wird. Ich habe deshalb bereits im Januar die innere Kolonisation der Provinzen Posen und Westpreußen als das wichtigste Mittel zum Schutze des Deutschtums in den bedrohten Provinzen bezeichnet. Von den Wechseln, die ich damals als Mittel zum Schutze des Deutschtums in den gemischtsprachigen Provinzen auf die Zukunft gezogen habe, ist dies der erste, den ich durch diese Vorlage einlöse. Wie Sie, meine Herren, aus der Begründung der Vorlage ersehen haben, neigt sich der Ansiedlungsfonds, nachdem derselbe bereits einmal durch Gesetz vom 20. April 1898 verstärkt worden ist, allmählich seinem Ende zu. Wenn wir die Gesetzgebung fortsetzen wollen, die Fürst Bismarck im Jahre 1886 mit der Zustimmung dieses Hohen Hauses eingeschlagen hat, und wenn wir das in beschleunigtem Tempo tun wollen, was als Abwehr gegen das stetige Anwachsen des polnischen Großgrundbesitzes in den gemischtsprachigen Provinzen dringend geboten erscheint — und ich darf mich in dieser Beziehung auf die Stellen beziehen, welche ich im Januar aus den Berichten der beiden Herren Oberpräsidenten von Posen und Westpreußen verlesen habe —, so ist die alsbaldige Neuauffüllung des Fonds die unerläßliche Voraussetzung. Wir treten aber schon jetzt vor völliger Erschöpfung des Ansiedlungsfonds mit der Forderung an Sie heran, um möglichst bald das gesetzliche Fundament für die Fortsetzung der bisherigen Ansiedlungspolitik zu erhalten, und um für die mit der Ausführung dieser Ansiedlungspolitik betrauten Behörden und alle beteiligten Kreise volle Klarheit zu schaffen, damit sie wissen, woran sie sind, wie sie sich für die Zukunft einzurichten haben, und wir fordern von Ihnen einen höheren Betrag als den bisherigen, weil wir mit der Ansiedlung in rascherem Tempo, in größerer Ausdehnung und zum Teil in neuer Form durch die Vermehrung des staatlichen Domänenbesitzes fortfahren wollen. Eine solche Aufgabe wird voraussichtlich höhere Aufwendungen als bisher für das Jahr erheischen, und deshalb verlangen wir rechtzeitig von Ihnen die Bewilligung reichlicherer Geldmittel für diesen Zweck. Ich möchte aber noch für die hohe Forderung eines Kredits von einer Viertelmilliarde geltend machen. Bei der Begründung seiner Interpellation im vergangenen Januar äußerte der Abg. Hobrecht, der größte Schaden für unsere Ostmarkenpolitik entstände, wenn unsere Landsleute im Osten an der Festigkeit und Stetigkeit der königlichen Staatsregierung und ihres Vorgehens auf diesem Gebiet irre würden. Das war vollkommen richtig, das unterschreibe ich vollkommen. Dadurch, daß ich diesen hohen Kredit für die innere Kolonisation der Provinzen Posen und Westpreußen von Ihnen fordere, gerade dadurch, daß wir so beträchtliche Mittel mit Ihrer Zustimmung für die angegebenen Zwecke auf eine Reihe von Jahren festlegen, will ich öffentlich und vor dem ganzen Lande bekunden, daß wir diejenige Ostmarkenpolitik, die wir als richtig erkannt haben, und welche so wiederholt die Zustimmung dieses Hauses gefunden hat, ohne Zögern und ohne Schranken in ruhiger, fester und konsequenter Weise weiter verfolgen würden. (Bravo!) Was, meine Herren, den Inhalt der Vorlage angeht, so sollen nach Artikel 1 die dort verlangten 150 Millionen durch die Ansiedlungskommission in der bisherigen Weise weiter verbraucht werden. Die Ansiedlungskommission, meine Herren, mag hier und da Fehler begangen haben (Sehr wahr!); es mag einmal ein Gut zu teuer bezahlt oder ein anderes an unrichtiger Stelle gekauft worden sein; sie mag gelegentlich einen Gutsanlauf, der sich im politischen Interesse empfohlen hätte, aus irgendwelchen anderen Motiven abgelehnt haben, was ja an und für sich auch bedauerlich ist. Ich glaube aber, daß wir der Ansiedlungskommission im großen und ganzen doch das Zeugnis nicht versagen können, daß sie ihre Aufgabe richtig erfaßt und mit Eifer und Erfolg durchgeführt hat. Wenn Stimmen laut geworden sind, die das bestreiten, wenn insbesondere der Ansiedlungskommission vorgeworfen wird, daß sie mit den ihr bisher bewilligten 200 Millionen noch nicht mehr erreicht habe, so glaube ich, daß ihr damit unrecht geschieht. Die Tätigkeit der Ansiedlungskommission und unsere Ansiedlungspolitik ist auf Jahrzehnte berechnet und von der Ansiedlungskommission, die erst seit fünfzehn Jahren funktioniert, können doch nur solche Ergebnisse erwartet werden, die im Verhältnis stehen zu dem Zeitmaße ihrer Wirksamkeit. Die Ansiedlungskommission hat schon Erfreuliches geleistet. Nach der Ihnen vorliegenden Denkschrift über die Ausführung des Gesetzes vom 26. April 1886 hat die Ansiedlungskommission bis zum Schluß des Jahres 1901 165000 Hektar erworben, davon bereits 100000 Hektar vergeben und mit etwa 5000 deutschen Bauernfamilien besetzt; etwa 5000 deutsche Bauern, leistungsfähige, tatkräftige Bauern mit ihren angemessen und gut arrondierten und gut eingerichteten Bauernhöfen — das bedeutet immerhin einen nennenswerten Zuwachs für die deutsche landwirtschaftliche Bevölkerung in den Provinzen und dabei bezeichnet dieses Ergebnis doch nur den ersten Beginn unserer kulturellen Tätigkeit. Weitere 64000 Hektar sind bereits erworben und harren der Besiedelung, und die beträchtlichen Summen, die wir jetzt von Ihnen erbitten, geben um so bessere Hoffnung für die Zukunft, je praktischer die Ansiedlungskommission ihre Tätigkeit betreiben wird. Was ich dazu tun kann, damit die Ansiedlungskommission in dem Bewußtsein der ihr gestellten hohen Ziele ihre Aufgabe immer frischer anpackt, ohne bureaukratische Schwerfälligkeit, ohne bureaukratische Engherzigkeit, das wird geschehen. (Beifall.) Gegenwärtig ist die Bewegung in dem Grundbesitz in jenen gemischtsprachigen Gegenden eine lebhafte. Das geht schon daraus hervor, daß vom 1. Oktober vorigen Jahres bis zum 1. April dieses Jahres, also binnen 6 Monaten, der Ansiedlungskommission nicht weniger als 45000 Hektar angeboten worden sind. Wenn die Ansiedlungskommission auch selbstverständlich nicht alles kaufen kann, was ihr angeboten wird, so erscheint es doch empfehlenswert, daß sie diese Konjunktur benutze, um Güter, soweit sie sich für Besiedlungszwecke oder als Domänen eignen und nicht zu teuer sind, zu kaufen. Bei einem beschleunigten Tempo des Güterankaufs, das an und für sich nicht nur aus politischen, sondern auch aus wirtschaftlichen Gründen gegenwärtig empfehlenswert erscheint, ist es aber nicht möglich, daß die Parzellierung und die Besiedlung der Güter immer gleichen Schritt mit ihrem Ankaufe hält. Daß das nicht möglich ist, liegt in der Natur der Dinge. Es fehlt zunächst an den nötigen technischen Beamten, um gleichzeitig in einer größeren Anzahl von Gütern die nötigen Meliorationen, Drainagen u. s. w. vorzunehmen und die erforderlichen Gebäude zu errichten. Ferner nimmt die Regelung der öffentlich-rechtlichen Verhältnisse, der Kirchen-, Schul-, Gemeindeangelegenheiten in den neugegründeten Kolonien immerhin eine gewisse Zeit in Anspruch! Vor allem aber fehlt es an der erforderlichen Anzahl und dem nötigen Material geeigneter Ansiedler, die erst allmählich beschafft werden können. Diese Mißstände haben sich schon jetzt geltend gemacht, und es muß ihnen dadurch begegnet werden, daß, wenn in einem Jahre mehr Güter angekauft werden, als im nächsten Jahre besiedelt werden können, die sogenannte zwischenzeitliche Verwaltung durch staatliche Administration eintritt. Diese zwischenzeitliche Verwaltung, welche oft mehrere Jahre dauert, ist aber ziemlich kostspielig, da sie meist mehr kostet, als die Güter, welche größtenteils in verwahrlostem Zustande aufgekauft werden, bei der ungünstigen landwirtschaftlichen Konjunktur der letzten Jahre einbrachten. Deshalb empfiehlt es sich nach unserer Ansicht, solche Güter, deren Parzellierung nicht sofort vorgenommen werden kann, im ganzen zu verpachten und zwar für eine nicht allzu kurze Frist, damit die Pächter auch auf ihre Kosten kommen. Nach Ablauf der Pachtperiode sollen diese Güter in der bisherigen Weise parzelliert und mit deutschen Bauern besetzt werden. Auf diese Weise, meine Herren, hoffen wir die zwischenzeitliche Verwaltung wesentlich einzuschränken, wenn sie auch nicht ganz entbehrt werden kann, und hoffen wir, ich möchte sagen, den technischen Schwierigkeiten, die sich der Besiedlungstätigkeit der Ansiedlungskommission entgegenstellen, tunlichst zu begegnen. Ein Teil der Güter, welche sich weniger zur Parzellierung, als zur Bewirtschaftung im Großbetriebe eignen — und damit komme ich auf Artikel 2 der Vorlage —, soll überhaupt nicht aufgeteilt, sondern als Domänen und eventuell auch als Forstbesitz des Staates dauernd erhalten bleiben. Diese Maßnahme, welche die Herren Ressortminister im einzelnen näher begründen werden, empfiehlt sich meines Erachtens sowohl aus politischen, wie aus wirtschaftlichen Gründen. Ich habe schon im Januar hervorgehoben — ich habe damals die betreffenden Zahlen angeführt —, daß der deutsche Grundbesitz in Posen etwas mehr umfaßt, als die Hälfte des gesamten Großgrundbesitzes dieser Provinz. Dabei bildet der deutsche Großgrundbesitz in der Provinz Posen nicht ein zusammenhängendes Ganze, sondern ist vielfach eingesprengt in die polnischen Besitzungen, und er befindet sich zum erheblichen Teil in der Hand von Forensen. Diese Verhältnisse, welche in der Provinz Westpreußen, wenn auch nicht ganz so ungünstig, so doch ähnlich liegen, bedingen es, daß der deutsche Großgrundbesitz in den beiden Provinzen in wirtschaftlicher und kultureller, wie namentlich in politischer Hinsicht nicht diejenige Rolle spielt, nicht zu derjenigen Bedeutung kommt, die ihm meines Erachtens bei einer kräftigen und zielbewußten deutschen Ostmarkenpolitik zukommt, namentlich soweit es sich um die Erhaltung des preußischen und deutschen Geistes auf dem platten Lande handelt. Die Erhaltung eines Teils des deutschen Großgrundbesitzes liegt deshalb durchaus im staatlichen Interesse, und ebenso liegt es im staatlichen Interesse, daß dem nur allzu häufigen Besitzwechsel aus einer Hand in die andere, wie er gerade in den deutschen Ostprovinzen Westpreußen und Posen nur allzu häufig anzutreffen ist, entgegengetreten wird und wir in dieser Beziehung größere Stabilität schaffen. Ein sehr indiziertes und zweckdienliches Mittel ist die Vermehrung des staatlichen Domänenbesitzes. In den Domänenpächtern gewinnen wir ein in landwirtschaftlicher, wie kultureller Beziehung nützliches, in politischer Hinsicht zuverlässiges Element, wie wir es gerade in diesen Provinzen brauchen (Sehr richtig!), und es werden dadurch neue wertvolle soziale und wirtschaftliche Zentren für das Deutschtum geschaffen. Deshalb, meine Herren, glaube ich Ihnen die Annahme des Artikel 2 im deutschnationalen Interesse ganz besonders empfehlen zu sollen. (Sehr wahr!) Ein Widerspruch zwischen der Vermehrung des staatlichen Domänenbesitzes und zwischen unserer Aufteilungs-, Parzellierungs- und Ansiedlungspolitik besteht nicht — beide Aufgaben, beide Aktionen können sehr wohl parallel gehen: ein staatlicher Domänenbesitz mit deutschen Pächtern und zuverlässigen Arbeitern neben deutschen Bauerngütern. Diese beiden Aufgaben ergänzen einander; sie können parallel laufen; und ich möchte doch auch daran erinnern, daß wir mit diesem Vorschlag des Artikels 2 anknüpfen an einen Gedanken, den schon mein großer

Amtsvorgänger Fürst Bismarck gehabt hat. In der Ansprache, welche Fürst Bismarck im September 1894 an 2200 deutsche Männer richtete, die aus der Provinz Posen nach Varzin gekommen waren, um ihm ihre Huldigung darzubringen, betonte Fürst Bismarck ausdrücklich, es sei nicht sein Programm gewesen, daß bei der Ansiedlungskommission vorzugsweise Bedacht genommen werde auf die Neuansiedlung kleiner Leute deutscher Zunge, sondern die Hauptsache sei, daß der Großgrundbesitz vermehrt werde und der Staat auf die Pächter einen dauernden Einfluß erhalte. Ich weiß sehr wohl, daß, wenn der Pächter seine Pacht nicht zahlt und seinen Verpflichtungen nicht nachkommt, der Staat sehr schwierig einen Einfluß da haben kann. Ich zweifle aber nicht daran, daß zu den vorzüglichen Elementen, die wir bereits unter unseren Domänenpächtern besitzen, noch eine genügende Anzahl leistungsfähiger und tatkräftiger deutscher Landwirte treten wird, die nicht nur gern bereit sein werden, in den gemischtsprachigen Provinzen Pachtungen in der üblichen Weise zu übernehmen, sondern die sich auch bewußt sein werden, daß sie damit politische Pflichten übernehmen, Pflichten für die Erhaltung und Förderung des Deutschtums, die, wie sich Fürst Bismarck in jener Ansprache ausdrückte, fest und treu als Wacht an der Warthe und Weichsel stehen werden. Mit Entschiedenheit, meine Herren, aber muß ich bei diesem Anlaß Verwahrung einlegen gegen den in der Presse aufgetauchten Argwohn, als ob durch die in Artikel 2 dieses Gesetzentwurfs verlangten Mittel Millionen für irgendwelche andere als nationale Zwecke Verwendung finden könnten, als ob dieselben dazu dienen sollten, wie man sich hie und da ausgedrückt hat, verkrachte deutsche Existenzen wieder flott zu machen, indem der Staat ihre Güter zu hohen Preisen aufkauft. Davon ist keine Rede; ich werde selbstverständlich streng darüber wachen, daß die mit der Verwaltung des Fonds betrauten Beamten lediglich von sachlichen und lediglich von nationalen Gesichtspunkten sich leiten lassen. (Beifall.)

Meine Herren! Ich habe im Anfang meiner Ausführungen gesagt, daß diese Vorlage der erste Wechsel ist, den ich einlöse mit Bezug auf meine Vorschläge zur Erhaltung und Stärkung unseres bedrängten Volkstums in gemischtsprachigen Provinzen — es wird nicht der letzte Wechsel bleiben! (Bewegung.) Es liegt in der Natur der Verhältnisse, daß die Gedanken, die ich damals skizziert habe, noch nicht in genügend feste Formen haben gegossen werden können. Diese Dinge sind aber in Vorbereitung, und ich hoffe, daß ich im nächsten Winter in der Lage sein werde, Ihnen weitere Vorschläge zum Schutze und zur Förderung des Deutschtums, sei es im Etat, sei es in der Form besonderer Gesetzesvorlagen, zu unterbreiten. (Beifall.) Ich habe bereits im Januar gesagt, wie gern ich insbesondere dem Gedanken näher getreten wäre, den Beamten in gemischtsprachigen Provinzen besondere Zulagen zu gewähren. Es gereicht mir zur besonderen Befriedigung, sagen zu können, daß mein verehrter Freund und Kollege, der Finanzminister, mir die Zusicherung gegeben hat, daß er im nächsten Jahre im Etat die hierfür erforderlichen Mittel flüssig machen wird. (Beifall.)

Es unterliegt noch der Erwägung, welchen Kategorien von mittleren und Unterbeamten und Lehrern an öffentlichen Volksschulen, in welcher Form, in welcher Art, in welcher Höhe und unter welchen Bedingungen solche besonderen Zulagen zu gewähren seien. In dieser Beziehung rechne ich seinerzeit auf die Unterstützung dieses Hohen Hauses. Meine Herren, ich will die Debatte nicht aufhalten, ich komme zum Schluß. Das oberste Recht jedes Staates ist das Recht auf Erhaltung seiner Existenz, und die erste Pflicht jeder Regierung ist, die Existenz des eigenen Staates zu sichern.

An dieser Grundwahrheit werde ich mich nicht irre machen lassen. Wir wollen durch den vorliegenden Gesetzentwurf deutsche Sitte und Art in den gemischtsprachigen Provinzen pflanzen, schützen und hegen. Wir wollen auf diesem Wege mit Ernst und Nachdruck und Konsequenz weiter gehen, damit künftige Geschlechter im Osten der Monarchie dieselbe Sicherheit, dieselbe Rechtsordnung und dieselbe preußische und deutsche Gesinnung finden, wie in allen übrigen Provinzen unter dem Zepter der Hohenzollern. Dafür erbitte ich die Unterstützung dieses Hohen Hauses. (Lebhafter Beifall rechts und bei den Nationalliberalen.)

Abg. Fritzen (Z.): Das Zentrum verwerfe die Vorlage, weil sie eine Ungerechtigkeit gegen die Polen bedeute; auch konfessionelle Bedenken sprächen mit, denn der tatsächliche Erfolg dieses Fonds werde sein, den zum großen Teile katholischen Osten immer mehr zu protestantisieren Außerdem habe der Fonds noch gar keinen Erfolg gehabt, denn seit 1886 habe die deutsche Hand 31000 Hektar verloren. Die finanzielle Lage endlich rechtfertige die Aufwendungen nicht. Abg. Szumann (Pole) verliest folgende Erklärung: Der vorliegende Gesetzentwurf ist seinem ganzen Inhalt nach die Fortsetzung und bedeutende Erweiterung der Gesetze vom 26. April 1886 und 20. April 1898, denn auch der neu hinzugekommene Art. 2 des Gesetzentwurfs deckt sich vollständig mit der Tendenz des eigentlichen Ansiedelungsgesetzes, wenn auch in einer anderen, vielleicht noch gefährlicheren Form. Beide Artikel des Entwurfes bilden ein organisches Ganzes. Die polnische Fraktion hat stets den entschiedensten Widerspruch erhoben gegen diese Gesetze und dieselben aufs schärfste bekämpft. Diesen Widerspruch zu erneuern und zu verschärfen haben wir alle Veranlassung, nachdem die Staatsregierung durch den vorliegenden Gesetzentwurf gezeigt hat, daß sie, uneingedenk der einfachsten Pflichten preußischen Staatsbürgern gegenüber, auf der verhängnisvollen Bahn fortzuschreiten entschlossen ist. Nach unserer innersten, unerschütterlichen Ueberzeugung verstößt der Gesetzentwurf ebenso wie seine Vorläufer gegen die elementaren Grundsätze der Wahrheit und des Rechtes, gegen die klaren Bestimmungen der preußischen wie der deutschen Reichsverfassung. Nicht minder verletzt er die Bestimmungen, die in den §§ 55 und 60 des Ausführungsgesetzes zum Bürgerlichen Gesetzbuch enthalten sind. Er befindet sich im Widerspruch mit der Wahrheit, selbst in seiner Aufschrift, weil nicht das angegebene scheinbare Ziel, die Stärkung des Deutschtums, sondern vielmehr die Verdrängung und Vernichtung der uransässigen polnischen Bevölkerung in den bezeichneten Landesteilen sein wahrhafter Zweck ist. Seine Begründung entbehrt jeder tatsächlichen Unterlage, weil in den gegebenen Verhältnissen von einem agressiven oder provozierenden oder sogar staatsfeindlichen Bekämpfen oder Zurückdrängen des Deutschtums keine Rede sein kann, während im Gegenteil feststeht, daß seit Jahrzehnten systematisch und mit allen Machtmitteln des Staates ein unerbittlicher Kampf geführt wird gegen eine Bevölkerung, deren einzige Schuld darin besteht, daß sie polnisch ist und polnisch bleiben will. Der Gesetzentwurf verletzt die Staatsgrundrechte und das allgemeine Naturrecht, weil er gleichberechtigte Bürger des preußischen Staates je nach ihrer Sprache und Abstammung nach verschiedenem Maße behandelt, den einen materielle und rechtliche Vorteile gewährt, während gleichzeitig die anderen empfindlich geschädigt werden. Er verstößt gegen den Wortlaut und Sinn der Verfassung, welche allen Bürgern ohne Unterschied der Nationalität und Konfession gleiches Recht gewährleistet, auch in Bezug auf die Fähigkeit, Grundeigentum zu erwerben, indem er eine bestimmte Kategorie derselben, die Polen, von diesem Recht ausschließt. Er verletzt die Grundsätze der Moral, indem er dazu bestimmt ist, die wirtschaftliche

Notlage einzelner dazu zu benutzen, um daraus Vorteile einer bestimmten Klasse von Personen zu gewähren, indem er leidenschaftliche Betätigung nationaler Gegensätze zu zeitigen und zu fördern geeignet ist und indem er bei der polnischen Bevölkerung diejenige gerechte Erbitterung erzeugen muß, aus deren unvermeidlichen, wenn auch vereinzelten Symptomen unverantwortlicherweise Gründe hergeleitet werden, um neue Waffen gegen die Bedrängten zu schmieden. Somit ist der Gesetzentwurf die schroffste Verneinung alles dessen, was unter Kulturvölkern und in Kulturstaaten als Recht und Billigkeit gilt. Er soll eine Lage schaffen, die in jedem anderen Kulturstaate als ungeheuerlich gelten würde und die ohne Beispiel wäre, einen Zustand, daß man einen Teil der Steuerzahler zwingen will, zu ihrer eigenen materiellen und nationalen Vernichtung beizutragen. Er bricht Bahn der Losung „Gewalt geht vor Recht" im Kampf gegen die materielle und nationale Existenz einer nach Millionen zählenden friedlichen Bevölkerung, welcher ihre Jahrhunderte alte Kultur und ihr nationales Bewußtsein schon allein eine unantastbare Existenzberechtigung gewähren. Als Vertreter dieser Bevölkerung erheben wir gegen den vorgelegten Gesetzentwurf feierlichsten Protest und tun es um so nachdrücklicher, als wir zweifeln müssen, ob wir Bürger eines wirklichen Kulturstaates sind oder Opfer eines immer rücksichtsloseren Rassenkampfes werden sollen.

Abg. v. Tiedemann (frk.) für die Vorlage, die keine protestantische Tendenz trage. Daß die Zahl der katholischen Ansiedler gering sei, liege an der polnischen Geistlichkeit, die den Deutschen Schwierigkeiten mache. Die Ansiedlungskommission sei zwar gelegentlich zu büreaukratisch vorgegangen, sie habe aber aus den Fehlern gelernt. Abg. Ehlers (fr. Vg.) will die Vorlage in der Kommission prüfen, obwohl er mancherlei Bedenken habe. Abg. Wolf-Gorki (kons.): Die Vorlage genüge nicht zur Bekämpfung der Polen; man müsse auch für auskömmliche Preise der landwirtschaftlichen Produkte sorgen, damit die Ansiedler im Osten bestehen könnten. Abg. Richter (fr. Vp.): Das Gesetz sei als Ausnahmegesetz verfassungswidrig und werde nur die Ausdauer und Solidarität des Polentums stärken. Bei der schlechten Finanzlage sei die Vergrößerung des unrentabeln Domänenbesitzes doppelt fehlerhaft. Es sei ein Chauvinismus und Ueberdeutschtum, der aus der Vorlage spreche. Finanzminister Frhr. v. Rheinbaben: Wir litten nicht an Ueber-, sondern an Unterdeutschtum. Die Erfolge der Polenpolitik seien bei den Wahlen sehr erkennbar; ihre Früchte würden erst nach jahrzehntelanger Arbeit reifen. Abg. Sattler (nl.): Die Debatte beweise, daß die Gegner der Polenpolitik die Hoffnung aufgegeben hätten. In der Kommission müsse die künftige Tätigkeit der Ansiedlungspolitik näher betrachtet werden. — Die Vorlage wird hierauf einer Kommission überwiesen.

28. Mai. (Hamburg.) Die Generalversammlung der Hamburg-Amerikanischen Paketfahrtgesellschaft genehmigt ein Abkommen mit den amerikanischen Schiffahrtsgesellschaften. (Vgl. S. 68.)

In dem der Generalversammlung vorgelegten Bericht heißt es: In New-York sind vor etwa Jahresfrist unter Führung der Firma J. P. Morgan & Co. Interessenten zusammengetreten zum Zwecke der Verschmelzung großer an der nordatlantischen Fahrt beteiligter Dampfschiffs-Gesellschaften in einen Trust. Nachdem hervorragende englische und amerikanische Reedereien diesem Trust beizutreten sich bereit erklärt hatten, erwuchs uns die Aufgabe, zu diesem außerordentlichen Vorgange, der eine völlige Umwälzung der bestehenden Verhältnisse herbeizuführen geeignet war, Stellung zu nehmen.

Wir durften die Gefahr dieser Kombination ebensowenig verkennen, wie wir im Hinblick auf die besonders durch die Eifersucht der englischen Linien untereinander geschaffenen unbefriedigenden Verhältnisse, den großen Wert verkennen durften, den die Herbeiführung einer seit vielen Jahren vergeblich angestrebten umfassenden Betriebsvereinigung in sich schloß.

Darüber konnte kein Zweifel bestehen, daß wir Vorschlägen nicht näher treten konnten, welche geeignet waren, wenn auch nur indirekt, die Nationalität und die Selbständigkeit unserer Gesellschaft in irgend einer Form zu berühren. Es mußten also Mittel und Wege gefunden werden, diese unerläßlichen Voraussetzungen aufrecht zu erhalten und doch soweit Anschluß an das zu begründende Syndikat zu finden, daß ein freundschaftliches Zusammenwirken zwischen den Parteien gewährleistet war. Lange Verhandlungen führten zum Abschlusse eines Vertrages zwischen dem Syndikate einerseits und unserer Gesellschaft und dem Norddeutschen Lloyd andererseits, von welchem wir überzeugt sind, daß er diesen Zwecken völlig entspricht.

Die wesentlichen Bestimmungen dieses Vertrages sind die folgenden:

1. Das Syndikat verpflichtet sich, weder direkt noch indirekt, Aktien der deutschen Gesellschaften zu erwerben, ebenso übernehmen die deutschen Gesellschaften die Verpflichtung, sich des direkten oder indirekten Erwerbes von Aktien des Syndikats zu enthalten.

2. Um trotzdem den vertragschließenden Parteien ein direktes Interesse an den Ergebnissen ihrer Betriebe einzuräumen, haben sich die beiden deutschen Gesellschaften verpflichtet, dem Syndikate alljährlich denjenigen Anteil an ihrer Dividende auszuzahlen, welcher einem Besitze von mindestens 20 Millionen Mark in Aktien entsprechen würde. Diese Bestimmung ist zu einer Zeit vereinbart worden, als das Aktienkapital der beiden deutschen Gesellschaften je 80 Millionen Mark betrug. Für den, inzwischen bekanntlich eingetretenen Fall einer Kapitalserhöhung ist dem Syndikat das Recht vorbehalten, die Summe, von welcher die ihm zukommende Dividende zu berechnen ist, bis auf 25 v. H. des Aktienkapitals zu erhöhen. Die Gegenleistung des Syndikats besteht darin, daß es sich verpflichtet hat, den beiden deutschen Gesellschaften auf den gleichen Betrag, also auf mindestens 20 Millionen Mark, eine Verzinsung von 6 v. H. aus den Mitteln des Syndikats zu vergüten.

3. Um ein ersprießliches Zusammenwirken der beiden Parteien herbeizuführen, ist beschlossen worden, ein Komitee einzusetzen, welches die Aufgabe hat, über die getreuliche Ausführung des geschlossenen Vertrages zu wachen, die ständige Fühlung zwischen den deutschen Gesellschaften und dem Syndikat aufrecht zu erhalten, und über Angelegenheiten, welche die gemeinsamen Interessen berühren, eine Verständigung herbeizuführen. Dieses Komitee soll aus zwei Mitgliedern des Syndikats und zwei Vertretern der deutschen Gesellschaften bestehen.

4. Die Vereinigung soll ein Schutz- und Trutzbündnis darstellen, das Syndikat und die beiden deutschen Gesellschaften verpflichten sich daher auch einander beizustehen gegen Eingriffe fremder Konkurrenz.

5. Wenn eine der Parteien zeitweilig, um ihrem Verkehr zu genügen, mehr Schiffe braucht, als zu ihrer Verfügung stehen, so soll sie gehalten sein, ehe sie solche Schiffe von fremden Reedereien chartert, der anderen Partei das Vorrecht zu geben, solche Extradampfer ihr zu den im Vertrage näher festgelegten Bedingungen zu überlassen.

6. Das Syndikat verpflichtet sich, ohne die Zustimmung der beiden deutschen Gesellschaften keines seiner Schiffe nach einem deutschen Hafen zu senden. Dagegen verpflichten sich die deutschen Gesellschaften, zur Ein-

haltung gewisser Grenzen hinsichtlich ihres Verkehrs von den Häfen Großbritanniens. Diese Verpflichtungen verhindern jedoch nicht:

a) Die völlige Fortführung gegenwärtig schon bestehender Verbindungen.

b) Die zukünftige Einbeziehung britischer Häfen für irgend welche Verbindungen, wohin das Syndikat nicht selbst Linien von England aus unterhält.

c) Die zukünftige Aufnahme britischer Häfen für die Linien der deutschen Gesellschaften nach Südamerika, Mexiko oder Westindien, selbst wenn das Syndikat dorthin von England aus Linien unterhält.

7. Gegen die für seine sämtlichen zwischen Großbritannien und Nordamerika verkehrenden Linien übernommene Verpflichtung des Syndikats, mit nicht mehr als 2 Schiffen wöchentlich in jeder Richtung einen französischen Hafen anzulaufen, verpflichten die deutschen Linien sich, wie bisher so auch fernerhin, mit ihren in der Fahrt nach und von Nordamerika beschäftigten Schiffen belgische Häfen nicht zu berühren und versprechen, daß jede von ihnen nicht mehr als 75mal im Jahre ausgehend und ebenso oft einkommend (insgesamt also nicht mehr als 300mal) ihre an der Fahrt nach und von Nordamerika beschäftigten Schiffe englische Häfen anlaufen lassen wird. Vermehren die deutschen Linien ihre Abfahrten aus französischen Häfen, was ihnen jederzeit freisteht, so ist auch das Syndikat berechtigt, eine im Verhältnis gleiche Vermehrung vorzunehmen.

8. Die Errichtung neuer Dampfschiffslinien oder die Ausdehnung einer bestehenden Verbindung, wenn sie so umfangreich ist, daß sie eine Verdoppelung der Zahl der Expeditionen darstellt, soll, ehe sie durchgeführt wird, Gegenstand einer Beratung des unter Ziffer 3 erwähnten Komitees bilden. Das Komitee ist nicht berechtigt, die Errichtung solcher neuen Verbindungen oder die Durchführung solcher Betriebsausdehnungen zu verhindern. Dagegen ist aber vereinbart worden, daß, wenn das Syndikat eine solche Ausdehnung oder die Errichtung einer neuen Linie vornehmen will, es gehalten ist, den deutschen Gesellschaften eine Beteiligung von einem Drittel daran zur Verfügung zu stellen. Die gleiche Verpflichtung übernehmen auch die deutschen Gesellschaften gegenüber dem Syndikate. Diese Beteiligung soll in der Form durchgeführt werden, daß die Partei, welche dieselbe in Anspruch nimmt, den dritten Teil des für die Erweiterung erforderlichen Kapitals mit 5 v. H. der unternehmenden Partei verzinst und dafür an dem Gewinne oder Verlust der bezüglichen Erweiterung zu ⅓ beteiligt ist. Diese Bestimmungen beziehen sich jedoch nicht auf Küstenlinien und auf ähnliche kleinere Unternehmungen.

9. Das Nordatlantische Kajüts-Passage-Geschäft der beiden Parteien wird durch einen Sondervertrag, der die Herbeiführung eines Pools für diesen Geschäftszweig zum Gegenstande hat, geregelt. Für das Passage-Geschäft der 3. Klasse bleibt die Pool-Vereinigung bestehen, welche schon seit mehr als 10 Jahren zwischen den in Betracht kommenden Gesellschaften in Wirksamkeit ist.

10. Die Herbeiführung ähnlicher Vereinbarungen für das Frachtgeschäft ist über die schon bestehenden Verträge und über die in Absatz 4 vorgesehene gegenseitige Fürsorge hinaus vorläufig nicht in Aussicht genommen.

11. Im Falle von Differenzen, welche die Mitglieder des Komitees nicht unter sich zu schlichten vermögen, wird je nach der Natur des Streitpunktes entweder eine von den beiderseitigen Aufsichtsratskorporationen gewählte Kommission oder ein unparteiisches Schiedsgericht entscheiden.

12. Für die Dauer eines etwaigen Krieges zwischen Deutschland

und den Vereinigten Staaten, Deutschland und England oder England und den Vereinigten Staaten tritt der Vertrag außer Kraft.

13. Der Vertrag ist auf die Dauer von 20 Jahren geschlossen. Es soll aber jeder Partei freistehen, nach dem Verlaufe von 10 Jahren eine Revision dieses Vertrages zu beantragen und wenn diese in zufriedenstellender Weise nicht erzielt werden kann, nach Verlauf eines weiteren Jahres sich von dem Kontrakte zurückzuziehen.

14. Der Hamburg-Amerika-Linie gegenüber hat das Syndikat die Verpflichtung übernommen, derselben (unbeschadet der Bestimmungen in Absatz 8) den Verkehr zwischen New-York und Ostasien, sowie den Verkehr zwischen New-York und Westindien allein zu überlassen.

28. Mai. Das Preußische Abgeordnetenhaus verweist die Vorlage über die Neuregelung der Main-Neckar-Bahn an die Budgetkommission. Minister v. Thielen führt aus, die Vorlage erstrebe keine große politische Aktion, sondern nur eine einfache administrative Verbesserung.

29. Mai. (Potsdam.) Der Schah von Persien besucht den Kaiser.

29. Mai. (Sachsen.) Beschluß der Ersten Kammer über die Finanzreform.

Infolge der Differenzen der beiden Kammern über die Finanzreform war eine vereinigte Deputation beider Kammern ernannt worden. Sie macht folgenden Vorschlag, den die Erste Kammer einstimmig annimmt: Einkommensteuerskala in der Fassung der Zweiten Kammer (25proz. Erhöhung) mit Gültigkeitsbeschränkung auf 4 Jahre vom 1. Januar 1904 an; bezüglich der Vermögensteuer: Aufrechterhaltung der Grundsteuer und der Schuldotationen, sowie Annahme einer Ergänzungssteuer auf das von der Grundsteuer nicht betroffene Vermögen. Von der Ergänzungssteuer bleibt befreit das landwirtschaftliche Betriebskapital, ausschließlich des in landwirtschaftlichen Nebenbetrieben steckenden Kapitals, ferner bei allen anderen Transiten ein Kapital bis zu 10000 Mark.

Ende Mai. (Bayern.) Ein Hirtenbrief der bayerischen Bischöfe verurteilt scharf den Reformkatholizismus als den gefährlichsten Feind der katholischen Kirche.

Ende Mai. Äußerung Bülows über die Polenpolitik.

Der „Figaro" veröffentlicht eine Unterredung eines Reporters mit dem Reichskanzler, in der er über die Polenfrage sagt: „Unsere Politik gegenüber den Polen achtet deren verfassungsmäßige Rechte, aber sie kann nur eine entschieden nationale sein. In diesem Punkte werden wir nicht nachgeben. Graf Caprivi hatte einen Augenblick geglaubt, daß eine andere Methode vorzuziehen wäre. Die Ereignisse haben ihm unrecht gegeben. Was wollen Sie? Wenn ich in diesem Park, den Sie hier vor sich sehen, 10 Hasen und 5 Kaninchen setze, dann habe ich das nächste Jahr 10 Hasen und 100 Kaninchen. Gegen eine solche Naturerscheinung wollen wir in den polnischen Landesteilen unsere nationale Einheit und die Integrität unseres Territoriums verteidigen." — Diese Bemerkung wird in polnischen und Zentrumsblättern scharf angegriffen.

30. Mai. (Württemberg.) Das Staatsministerium er-

läßt eine Verfügung über Vereinfachung des schriftlichen Geschäftsverkehrs.

30. Mai. (Tübingen.) Professor v. Mandry, Mitarbeiter am Bürgerlichen Gesetzbuch, 71 Jahre alt, †.

31. Mai. (Eisenach.) Die Konferenz sämtlicher evangelischer Kirchenregierungen Deutschlands beschließt die Herbeiführung eines äußeren Zusammenschlusses sämtlicher deutscher Landeskirchen auf den Gebieten gemeinschaftlicher Kirchenangelegenheiten. (Vgl. 1901 S. 176.)

31. Mai. (Württemberg.) Die Abgeordnetenkammer genehmigt mit großer Majorität einen Antrag auf Gewährung eines staatlichen Kredits für baugenossenschaftliche Unternehmungen der Eisenbahn- und Dampfschiffbeamten.

Mai. Juni. Diskussion der Polenfrage.

Die Presse behandelt im Anschluß an die Ansiedlungsvorlage und besonders an die Marienburger Feier die Polenfrage lebhaft. Die Zentrumspresse führt aus, daß man nicht nur von polnischem sondern vor allem von hakatistischem Uebermut sprechen müsse; sie bezweifelt, daß der Aufruf des Kaisers praktischen Erfolg haben werde. Die „Kreuzzeitung" billigt die Nichtberücksichtigung der polnischen Sprache nicht; hierdurch würden die staatstreuen polnischen Elemente der nationalen Agitation zugeführt. Die „Nationalzeitung" polemisiert dagegen und hält es für Illusion, die Polen in absehbarer Zeit zu guten Preußen zu erziehen. Die „Münchener Neuesten Nachrichten" fordern Verhinderung der polnischen Einwanderung.

2. Juni. (Preußisches Abgeordnetenhaus.) Anträge auf Erhöhung der landwirtschaftlichen Zölle. Erklärung Bülows.

Abg. Graf Limburg-Stirum (konf.) beantragt: Die königliche Staatsregierung aufzufordern, im Bundesrat dafür einzutreten, daß den von der Mehrheit der Reichstags-Zolltarifkommission ausgedrückten Wünschen auf Verstärkung des landwirtschaftlichen Zollschutzes über die Zolltarifvorlage hinaus entsprochen werde. Abg. Frhr. v. Zedlitz (frk.) beantragt: Den Antrag der Abg. Limburg-Stirum und Gen. in folgender Fassung anzunehmen: Die kgl. Staatsregierung aufzufordern, im Bundesrate dafür einzutreten, daß eine Verständigung mit dem Reichstage, betreffs der von der Zolltarifkommission gefaßten Beschlüsse auf Verstärkung des Zollschutzes für die Landwirtschaft über die Sätze der Zolltarifvorlage hinaus, herbeigeführt werde. Ministerpräsident Graf Bülow: Meine Herren! Zu dem vorliegenden Antrage des Abg. Grafen Limburg und Gen. und dem Antrage des Abg. Frhrn. v. Zedlitz habe ich namens der kgl. Staatsregierung folgende Erklärung abzugeben: die kgl. Staatsregierung lehnt es ab, an der Beratung dieser Anträge sich zu beteiligen. (Bravo! links.) Der dem Reichstage vorliegende Entwurf eines Zolltarifgesetzes nebst Zolltarif bildet einen nach langen mühevollen Verhandlungen unter den verbündeten Regierungen zu stande gekommenen Kompromiß. Nach der Reichsverfassung und insbesondere, nachdem der Entwurf eines Zolltarifgesetzes nebst Zolltarif im Auftrage Seiner Majestät des Kaisers nach erfolgter Zustimmung des Bundesrats dem Reichstage zur verfassungsmäßigen Beschlußnahme vorgelegt und zur Zeit den Gegenstand der Beratung der zu diesem Zwecke gewählten Zolltarifskommission bildet, gehört diese Materie zur ausschließlichen Kompetenz des Reichstages. (Beifall links.) Die gleichzeitige Beratung des Gegenstandes in den einzelstaatlichen Landtagen, und namentlich in demjenigen des größten Bundesstaates (Sehr richtig!) kann nur den Zweck verfolgen, bei den parlamentarischen Körperschaften von den Einzelstaaten aus eine Beeinflussung auf die Beschlußfassung des Reichstages auszuüben. Eine solche Tendenz würde dem Geiste der Reichsverfassung nicht entsprechen. (Lebhafte Zustimmung.) Wie der Bundesrat sich bisher von Beratungen über solche Gegenstände im Reichstage ferngehalten hat, welche nicht durch die Reichsverfassung dem Reiche zugewiesen sind, also der Zuständigkeit der Einzelstaaten vorbehalten bleiben, ebenso muß die königliche Staatsregierung ihrerseits es sich versagen, ihren übrigens an zuständiger Stelle bereits wiederholt und unzweideutig dargelegten Standpunkt in der hier zur Diskussion stehenden und zur Kompetenz des Reiches gehörenden Zollfrage hier des näheren zu entwickeln. (Lebhafter Beifall links.) — Der Reichskanzler verläßt, ohne sich wieder zu setzen, nach dieser Rede den Saal; ihm schließen sich die anwesenden Minister an.

Abg. v. Heydebrand (konf.): Seine Partei werde trotz der Rede des Ministerpräsidenten an ihren Forderungen festhalten. Abg. Herold (Z.): Es solle kein Druck auf den Reichstag, sondern allein auf die preußische Regierung ausgeübt werden. — Hierauf wird der freikonservative Antrag abgelehnt, der Antrag Limburg mit 183 gegen 79 Stimmen angenommen.

2. Juni. (Bayerische Abgeordnetenkammer.) Debatte über die Universitäten im Unterrichtsausschuß. (Vgl. 1901 S. 145.)

Abg. Schädler (Z.) bespricht die Bewegung, die die Mommsensche Erklärung (1901 S. 145) hervorgerufen habe. In dieser Erklärung würde die katholische Ueberzeugung als inferior bezeichnet; deshalb müsse die Regierung gegen die Professoren, die der Erklärung Mommsens zugestimmt hätten, Stellung nehmen. Abg. Dr. Casselmann (lib.), v. Vollmar (Soz.), Wagner (lib.) protestieren dagegen, weil eine solche Einschränkung der Forschungs- und Lehrfreiheit die Hochschulen degradieren müsse. Abg. Dr. v. Daller (Z.): Mommsens Brief sei mit den Anschlußerklärungen „im ganzen Volke als eine Verleugnung des Christentums" aufgefaßt worden. Da sei dann schon die Frage berechtigt, ob man „das Geld des christlichen Volkes für solche Universitäten ausgeben solle". Abg. Pichler (Z.): Die Forschung müsse ihre Grenzen haben, sonst könne auch ein Anarchist seine Lehre vom Katheder verkünden. Abg. Dr. Heim (Z.): Es bestehe ein Cliquenwesen in Professorenkreisen, das sich gegen gewisse nationalökonomische Richtungen und gegen Katholiken richte. Kultusminister v. Landmann: Die Staatsregierung stehe auf dem Standpunkte, daß es lediglich auf die wissenschaftlichen Leistungen und die Lehrbefähigung des Betreffenden ankomme; sie erkenne aber an, daß auf den Hochschulen tunlichst die verschiedenen wissenschaftlichen Richtungen zur Geltung kommen müßten, und daß bei der Besetzung eine besondere Vertretung der katholischen Richtung notwendig sei, damit die Forschung nicht einseitig werde. Nach diesen Grundsätzen scheine auch in Straßburg verfahren worden zu sein, man habe dort die katholische Richtung zur Geltung gebracht. Ein Anlaß für die Erklärung des Professors Mommsen habe nicht vorgelegen, ebenso wenig zu der sich anschließenden Entrüstungsbewegung, über die er sich habe wundern müssen. Hätte Mommsen den zweiten Brief gleich geschrieben, dann hätte die Sache wohl ein anderes Gesicht bekommen. Doch müsse er die Auffassung Dr. v. Dallers als zu weitgehend bezeichnen, den

Unterzeichnern habe gewiß jede Demonstration gegen das Christentum ferngelegen. Weit näher liege die Vermutung, daß man gegen das „System Althoff" demonstrieren wollte.

3. Juni. (Reichstag.) Der Präsident Graf Ballestrem spricht das Beileid des Reichstags zu dem Unglück in Martinique aus.

Juni. Die Presse über die Erklärung Bülows vom 2. Juni.

Die „Kölnische Volkszeitung" behauptet, Graf Bülow habe eine entgegenkommende Antwort auf die beiden Anträge geben wollen, sei aber vom Kaiser zu der schroffen Absage gedrängt worden. Die „Nordd. Allg. Ztg." schreibt dazu: In verschiedenen Blättern tauchen über die Vorgeschichte der vom Ministerpräsidenten Grafen v. Bülow am 2. Juni im Abgeordnetenhause abgegebenen Erklärung allerlei Erzählungen auf, denen der Gedanke gemeinsam ist, daß Graf v. Bülow anfänglich eine entgegenkommende Antwort auf die Interpellation beabsichtigt habe und erst durch den Kaiser zu einer anderen Haltung gedrängt worden sei. Am weitesten geht darin ein rheinisches Blatt, das sogar angebliche Aeußerungen des Kaisers mitzuteilen weiß, durch die ein entgegenkommender Beschluß des Staatsministeriums umgestoßen worden sei. Wir müssen dieses Geschichtentragen als Unfug bezeichnen und stellen hiermit, um einer weiteren Mythenbildung vorzubeugen, fest, daß es für den Reichskanzler und Ministerpräsidenten keinen Augenblick des Schwankens darüber gab, welche Haltung ihm durch die Interpellation aufgenötigt war, und daß er hierbei ebenso auf das Vertrauen der Krone wie auf die einstimmige Unterstützung des Staatsministeriums rechnen konnte.

4. Juni. (Bayerische Abgeordnetenkammer.) Der Unterrichtsausschuß genehmigt das Schuldotationsgesetz in der Fassung der Reichsräte.

4. Juni. (Berlin.) In der Generalversammlung des Vereins deutscher Zuckerindustrieller wird folgender Beschluß gegen die Brüsseler Konvention (gegen 16 Stimmen) gefaßt:

Die Mehrheit der Versammlung hält die vorliegende Konvention für unannehmbar, weil neben einer übermäßigen Begünstigung seiner Kolonien Englands Verpflichtungen nicht hinreichend sichergestellt sind, auch die Festsetzung der Surtaxe zu den schwersten Bedenken Anlaß gibt und das Fernbleiben Rußlands Befürchtungen erweckt. Einig ist die Versammlung in der Forderung, daß die Ermäßigung der Verbrauchsabgabe auf mindestens 10 Mk. pro Doppelzentner eintritt, und daß Saccharin unter Rezepturzwang gestellt und in die Apotheken verwiesen werde. Diese Forderungen sind Voraussetzung für die Annahme einer Konvention. In der Frage der Kontingentierung gehen die Ansichten auseinander.

4. Juni. Der Reichstag beendet die Beratung der Branntweinsteuernovelle, die im allgemeinen in der Kommissionsfassung angenommen wird.

4. Juni. (Preußisches Abgeordnetenhaus.) Beratung über den Kontraktbruch ländlicher Arbeiter.

Auf eine Interpellation des Abg. v. Pappenheim (kons.) über den Kontraktbruch der ländlichen Arbeiter erwidert Landwirtschaftsminister v. Podbielski, er halte es für wünschenswert, daß in dieser Beziehung klare Bestimmungen ergehen, aber nicht gegen die Arbeiter, sondern gegen die Arbeitgeber, insofern sie kontraktbrüchige Arbeiter beschäftigen. Er hoffe, in der nächsten Session eine entsprechende Vorlage einzubringen.

5. Juni. (Baden.) In Mannheim wird unter Teilnahme des Großherzogs eine Landwirtschaftsausstellung eröffnet.

5. Juni. Der Reichstag genehmigt die Übereinkunft über den Schutz nützlicher Vögel (S. 85).

5. Juni. (Reichstag.) In der dritten Beratung wird der Toleranzantrag nach kurzer Debatte mit 163 gegen 60 Stimmen (Nationalliberale und einige Konservative) angenommen.

5. Juni. (Preußisches Abgeordnetenhaus.) Zweite Beratung der Polenvorlage. Annahme.

Abg. v. Czarlinski (Pole) greift die Regierung heftig an. Wenn der Finanzminister sage, der Regierung sei der Kampf von den Polen aufgezwungen worden, so sei das ein Zugeständnis einer großen Schwäche der preußischen Regierung. Wenn ein Pole sich etwas zu schulden kommen läßt, so werden die strengsten Strafen erkannt. Es hagelt bei uns förmlich Strafmandate wegen der geringsten Vergehen; wie kann der Herr Minister da sagen, daß der Regierung der Kampf aufgezwungen worden sei? Diese Erklärung bedeutet aber gleichzeitig die vollkommenste Bankerotterklärung der Polenpolitik Preußens. Was ist das für eine Regierung, die mit einem großen Teil der Bevölkerung, die zu ihren eigenen Unterthanen gehört, fortwährend auf dem Kriegsfuße lebt? (In den folgenden Ausführungen wird der Redner wegen scharfer Angriffe auf den Kaninchenvergleich des Reichskanzlers (S. 95) zweimal zur Ordnung gerufen.) Finanzminister v. Rheinbaben: Wir haben durchaus den Wunsch, mit unseren polnischen Unterthanen in Frieden zu leben, und nur das aggressive Vorgehen der Polen gegen alles, was deutsch ist, hat uns gezwungen, eine Verteidigungsstellung anzunehmen und diese Vorlage einzubringen. Der Herr Vorredner sagt, es gebe Strafmandate genug in den polnischen Landesteilen. Es gibt leider noch viel zu wenig Strafmandate! Wenn wir lesen, was jeden Tag die polnische Presse den Deutschen ins Gesicht sagt, wenn wir lesen, was die deutsche Nation sich gefallen lassen muß an unerhörten Angriffen der polnischen Presse, so muß man leider sagen, daß die deutschen Strafgesetze noch nicht genügende Anhaltspunkte geben, um solche Angriffe zurückzuweisen.

Nach weiterer Debatte wird die Vorlage angenommen. Dafür stimmen die Nationalliberalen, die Rechte und einige Mitglieder der Freisinnigen Vereinigung.

5. Juni. (Marienburg.) Der Kaiser nimmt teil an der Einweihung der Marienkirche in der Marienburg. Es wird ein Kapitel des Johanniterordens abgehalten; Deputationen des Ordens aus Österreich und England sind anwesend.

Bei dem Bankett hält der Kaiser folgende Rede: Durchlauchtigster Herrenmeister, verehrte Brüder vom Orden St. Johanns! Der heutige Tag hat im Einverständnis mit Meinem Oheim auf Mein Geheiß den Orden St. Johanns in Marienburg versammelt, um mit Mir gemeinsam als Wirte die Gäste zu empfangen, die Wir zu Unserer Freude heute unter

Uns sehen. Seit Meinem Regierungsantritt ist es das zweite Mal, daß wir Uns gemeinschaftlich zusammenfinden; und es liegt Mir am Herzen, dem Orden die vollste Anerkennung und Dankbarkeit auszusprechen für die treue und fleißige Arbeit, welche er auf dem ihm vorgeschriebenen Gebiete leistet und geleistet hat. Ich habe dem Zoll dieses Dankes Ausdruck gegeben dadurch, daß Ich in der Ordre an Se. kgl. Hoheit dem Orden Mein Bildnis in seiner Tracht verliehen habe. Damals war es in den Räumen Sonnenburgs, wo die Geschichte des Ordens webt und lebt, heute an denkwürdiger Stätte an der Wiege des deutschen Ordens. Auf fremdem, heißem Boden zur Unterstützung notleidender deutscher Brüder gegründet, an der Seite des Ordens St. Johanns und der Tempelherren, war sein Zweck, Jerusalem die Freiheit wieder zu erstreiten und die Grabeskirche ein für allemal dem Kreuze zu erhalten. Doch diese Hoffnung trat nicht in Erfüllung. Denn schon bald nach der Gründung des Deutschen Ordens mußte das heilige Land der abendländischen Christenheit als territorialer Besitz ein für allemal als verloren betrachtet werden. Gewiß wird damals mancher Ordensbruder schmerzlich aufgeseufzt haben und mancher Deutscher wird sich gefragt haben, was wird nun aus uns werden, welche Aufgaben müssen wir uns stellen? Ich meine aber, daß gerade hier der Finger der Vorsehung zu erblicken ist. Nicht auf fremdem Boden, wo der Europäer nicht heimisch war und wo das Kreuz noch nicht festen Fuß gefaßt hatte, sondern daheim, an des Reiches Grenze, da steckte die Vorsehung dem Orden die Aufgabe! Und wie hat er sie erfüllt! Das hat ein beredterer Mund als der Meine Uns in herrlichen Worten in der Kirche geschildert. Erhaben und groß in allen seinen Arbeiten und in allen seinen Plänen sowohl in Bezug auf Politik, wie in Bezug auf seine Kriegszüge und seine Bauten, so stellt der Orden gewissermaßen die Blüte deutscher Leistungsfähigkeit dar und durch die ganze Zeit des Mittelalters hindurch, als die kaiserliche und des Reiches Herrlichkeit bald verblichen und dahin schwanden, hat das deutsche Volk sich an diesen Brüdern und Kindern seines Stammes gefreut und an den Leistungen des Ordens sich erbaut. Ich habe schon einmal Gelegenheit genommen, in dieser Burg an dieser Stelle zu betonen, wie die alte Marienburg, dies einstige Bollwerk im Osten, der Ausgangspunkt der Kultur der Länder östlich der Weichsel, auch stets ein Wahrzeichen für die deutschen Aufgaben bleiben soll. Jetzt ist es wieder so weit. Polnischer Uebermut will dem Deutschtum zu nahe treten, und ich bin gezwungen, mein Volk aufzurufen zur Wahrung seiner nationalen Güter. Hier in der Marienburg spreche Ich die Erwartung aus, daß alle Brüder des Ordens St. Johann immer Mir zu Diensten stehen werden, wenn Ich sie rufe, deutsche Art und Sitte zu wahren, und in diesem Wunsche und dieser Hoffnung erhebe Ich Mein Glas auf das Wohl des durchlauchtigsten Herrenmeisters und des Ordens St. Johann. Hurra! hurra! hurra! (Die Musik setzte mit Fanfaren ein.)

Prinz Albrecht erwidert mit einem Hurra auf den Kaiser. Hierauf bringt der Kaiser folgenden Trinkspruch aus: Indem Ich namens des hier versammelten Johanniterordens die Herren des Deutschherrenordens aus Wien und von der Balley Utrecht begrüße, spreche Ich zunächst Meine tief empfundene Trauer aus, daß Erzherzog Eugen durch seinen Gesundheitszustand verhindert ist, hier zu weilen. Von dem Augenblick an, wo Ich Gelegenheit gehabt habe, das Interesse Sr. kgl. Hoheit auf die Wiederherstellung der Bauten und auf die Geschichte der Erneuerung der Marienburg hinzuweisen, hat der durchlauchtigste Herr mit größtem Interesse sich der Arbeiten angenommen und sie verfolgt. Ich bitte Sie, Sr. kgl. Hoheit Unseren ehrerbietigsten, innigsten Gruß und den Wunsch für baldige Herstellung seiner Gesundheit übermitteln zu wollen. Die großartige Geschichte dieses Ordens steht so markant in Wort und Bild, nicht zum mindesten in diesen Räumen hier vor Uns und ist Uns schon in so hervorragender Weise geschildert worden, daß Ich Mich enthalten darf, des weiteren darauf einzugehen. Ich möchte nur einen Punkt betonen, der Mir von höchster Wichtigkeit zu sein scheint, und das ist der, daß die Tendenzen, unter denen die Orden begründet wurden, ein und dieselben gewesen sind wie das große herrliche Gesetz, das Unser Erlöser der Menschheit gegeben hat. Das erhabene Gesetz der Bruderliebe vereint die Orden, welcher Konfession sie auch sein mögen, in dem großen Ziel, der leidenden Menschheit beizustehen, wo sie können, und damit das Werk der Erlösung der Menschheit, dem Vorbilde Unseres Heilands folgend, weiter zu fördern. So wie Wir heute in der alten Marienkirche Unsere Knie gemeinsam gebeugt haben vor einem Allerhöchsten, dem Wir alle verantwortlich sind, und unter dessen Schutz Wir stehen, so möge die gemeinsame Arbeit des Ordens gefördert werden, sei es auf dem Schlachtfelde, sei es im Krankenhause, sei es auf dem Gebiete der Erhaltung von Sitte, Art und zum Schutze alles dessen, was gut deutsch ist hier und jenseits der Grenze.

Der Kaiser begrüßt dann in englischer Sprache die Herren der englischen Deputation und schließt: Wir erheben unsere Gläser und trinken auf das Wohl unserer Gäste. Sie leben hoch, hoch, hoch!

Im Namen der Gäste bringt der österreichische General der Kavallerie Frhr. v. Bechtolsheim ein Hoch auf den Kaiser aus.

Der Kaiser richtet folgendes Telegramm an den König von England: Die feierliche Einweihung der St. Marienkirche in der Marienburg hat soeben stattgefunden. Sie war sehr eindrucksvoll. Ich danke Dir nochmals für Dein gütiges Schreiben, das Mir Lord Breabacbane überbracht hat, und für die Abordnung der Ritter vom Orden St. Johanns, die Du herübergesandt hast. Es ist nicht das erste Mal, daß britische Ritter den Boden der Marienburg betraten; denn wie die hiesige Ueberlieferung sagt, kam Earl Henry Bolingbroke (später Heinrich IV.) mit einer Schar englischer Ritter herüber und kämpfte Seite an Seite mit den Rittern des Teutschordens unter Führung ihres Großmeisters gegen die Heiden.

An den Erzherzog Eugen: Nach der Beendigung der schönen und erhebenden Feier, welche die Herren vom deutschen Orden mit denen vom Orden St. Johanns vor Gottes Altar verbunden hat, beeile Ich Mich, Dir von innigstem Herzen Dank zu sagen für die große und freudige Ueberraschung, welche Du Mir erwiesen hast durch die Verleihung Deines Ordens. Du weißt, wie hoch Ich die Leistungen der alten Deutsch-Ritter für das Gedeihen und die Entwicklung Meines Vaterlandes schätze, und wie sorgfältig Ich daher bemüht bin, ihre Erinnerung in der Wiederherstellung der herrlichen alten Marienburg zu pflegen und zu verewigen. Möge sie in Zukunft ein Wallfahrtsort für jeden Deutschen werden, der an ihr sein Deutschtum neu beleben und stärken soll. Dein Fernbleiben hat uns alle mit Schmerz erfüllt und Du hast uns sehr gefehlt. Möge Dir baldige, völlige Herstellung beschieden sein.

6. Juni. (**Preußisches Abgeordnetenhaus.**) Ein Antrag Barth (fr. Vg.) auf Neueinteilung der Wahlkreise zu Gunsten der gestiegenen städtischen Bevölkerung wird von der Rechten und dem Zentrum ohne Kommissionsberatung abgelehnt.

7. Juni. (**Reichstag.**) Vorlage über die Aufhebung des

Diktaturparagraphen in Elsaß-Lothringen. (Vgl. S. 84.) Polnische Beschwerden.

Reichskanzler Graf Bülow begründet die Vorlage. Der Paragraph sei nach dem Kriege bei der Stimmung der Bevölkerung zur Aufrechterhaltung der Ruhe notwendig gewesen. Er sei sehr selten angewendet worden und jetzt überflüssig und werde von der Bevölkerung als Bedrückung empfunden. — In der Debatte sprechen sich sämtliche Redner für die Vorlage aus; Abg. Bebel (Soz.) greift die bisherige Praxis scharf an, die plötzliche Aufhebung verurteile die frühere Politik. Der kaiserliche Erlaß sei kein Akt politischer Gerechtigkeit sondern persönlichen Wohlwollens; anscheinend sei er durch die Bewilligung des reichsländischen Landesausschusses für die Hohkönigsburg motiviert. Abg. Glebocki (Pole): Nicht nur die Reichsländer sondern auch die Polen litten unter Ausnahmegesetzen; er müsse gegen die Aeußerungen über den polnischen Uebermut (S. 100) protestieren. Reichskanzler Graf Bülow: Wenn Abg. Glebocki Bezug genommen hat auf eine Rede, welche der Kaiser in Marienburg gehalten hat, so erwidere ich ihm, daß diese Rede nur der Ausdruck des monarchischen Pflichtgefühls war, indem Se. Majestät die Einheit der preußischen Monarchie wahrte (Große Unruhe bei den Polen), und es war vollkommen in der Ordnung, daß Se. Majestät gerade in Marienburg so gesprochen hat. (Widerspruch bei den Polen.) Gewiß war das in der Ordnung! Die Vergangenheit des Ostens ist ein Wahrzeichen, die Interessen des Deutschtums zu schützen. (Beifall.) — Die Vorlage wird einstimmig angenommen.

10. Juni. Der **Reichstag** genehmigt in zweiter Beratung das Zuckersteuergesetz.

Die von der Regierung verlangte Abschaffung der Kontingentierung wird mit 194 gegen 114 Stimmen beschlossen. — Die Verbrauchsabgabe wird auf 14 Mark für den Doppelzentner festgesetzt, nachdem die Forderung der Regierung von 16 Mark, mehrere Anträge auf Herabsetzung und ein Antrag der Sozialdemokraten auf Abschaffung der Zuckersteuer abgelehnt sind. — Am 11. wird das Gesetz in dritter Beratung angenommen.

10. Juni. (**Hessen.**) Die Zweite Kammer genehmigt nach lebhafter viertägiger Debatte den Vertrag zwischen Hessen, Preußen und Baden über die Verwaltung der Main-Neckar-Bahn mit 31 gegen 17 Stimmen.

In der Begründung führt Finanzminister Gnauth aus, der Vertrag sei lediglich eine Folge des Gemeinschaftsvertrages vom Jahre 1896. Was jetzt vorgeschlagen werde, sei damals bereits vorgesehen gewesen und würde schon längst ausgeführt sein, wenn nicht zuerst eine Vereinbarung mit Baden nötig gewesen wäre. Heute hätten die Regierung und die Landstände lediglich zu erfüllen, wozu sie im Jahre 1896 sich verpflichtet hätten. Täten sie dies nicht, so würden sie sich vertragsbrüchig machen. Eine Versagung der Genehmigung des Vertrages würde unlogisch und unklug sein, namentlich deshalb, weil der Vertrag Hessen ein Minus an Verpflichtungen auferlege gegenüber dem Vertrage vom Jahre 1896. Preußen habe in loyalster Weise festgehalten, was der damalige Vertrag ihm auferlegt habe. Ja, es sei vielfach darüber hinausgegangen ohne Aengstlichkeit und habe in raschem Tempo vorhandene Mißstände beseitigt.

11. Juni. (**Reichstag.**) Süßstoffgesetz. Brüsseler Konvention. Vertagung.

Der Reichstag genehmigt das Süßstoffgesetz, wonach Herstellung und Verkauf von künstlichem Süßstoff grundsätzlich verboten ist. — Die Brüsseler Zuckerkonvention wird mit 209 gegen 103 Stimmen (Konservative und Zentrum) angenommen. — Hierauf wird das Haus bis zum 14. Oktober vertagt.

Resultate der Reichstagssession.

Aenderung der Strandungsordnung (Reichsgesetzblatt 1), Verlegung der deutsch-österreichischen Grenze (4), Verlegung der deutsch-dänischen Grenze (4), Feststellung eines zweiten Nachtragsetats für 1901 (15), Etatsgesetz (17), Etatsgesetz für die Schutzgebiete (17), Schutz des Genfer Neutralitätszeichens (18), Kontrolle des Reichshaushalts der Reichslande und Schutzgebiete (19), Schaumweinsteuergesetz (24), Feststellung eines Nachtrags zum Etat 1902 (24), Gebührentarif für Kaiser-Wilhelm-Kanal (25), Seemannsordnung (27), Verpflichtung der Kauffahrteischiffe zur Mitnahme heimkehrender Seeleute (27), Stellenvermittlung für Schiffsleute (27), Aenderung seerechtlicher Vorschriften des Handelsgesetzbuchs (27), Aenderung des § 7 der Strafprozeßordnung (30), Aufhebung der außerordentlichen Gewalten des Statthalters in Elsaß-Lothringen (31), Geschäftliche Behandlung des Entwurfs eines Zolltarifgesetzes (32), Aenderung des Gesetzes über die Schutztruppen in Afrika und die Wehrpflicht daselbst (33), Servistarif und Klasseneinteilung der Orte und Aenderung des Gesetzes über Bewilligung von Wohnungsgeldzuschüssen (34), Aenderung des Branntweinsteuergesetzes (36), Süßstoffgesetz (36).

12. Juni. (Preußisches Herrenhaus.) Polenvorlage. Rede Bülows.

v. Koscielski bekämpft die Vorlage, die nicht durch die polnische Agitation gerechtfertigt sei. Das Programm der Polen sei einfach: Polen bleiben zu wollen und den Rechtsboden trotz aller Vergewaltigungen nicht zu verlassen. Ministerpräsident Graf Bülow: Die Entwicklung der preußischen Monarchie hat uns gezwungen, Teile, Fragmente und Bruchstücke fremder Nationalitäten in den preußischen Staatsverband aufzunehmen. Unsere Könige haben diesen andersprachigen Elementen alle Wohltaten der deutschen Kultur, alle Segnungen erwiesen. Im preußischen Staatsverband haben diese andersprachigen Elemente eine Kultur erlangt, die ihnen früher unbekannt war und die sie aus eigener Kraft schwerlich erreicht haben würden. Wir haben diesen andersprachigen Staatsangehörigen auch das volle Bürgerrecht bei uns eingeräumt, wir haben ihnen alle verfassungsmäßigen Rechte zu teil werden lassen, die den übrigen preußischen Staatsbürgern zustehen. Ich verstehe darum nicht, wie am Schlusse seiner Ausführungen Herr v. Koscielski hat sagen können, daß unter den verschiedenen Traumbildern, die nach und nach vor seinen Augen zerronnen wären, auch dasjenige des preußischen Rechtsstaates sich befinde. Dieser preußische Rechtsstaat besteht nach wie vor, er besteht auch gegenüber unseren polnischen Mitbürgern, aber eins können wir allerdings nicht tun — daß wir das nicht tun können, ist wohl der Hauptgrund für die Klagen des Herrn v. Koscielski — wir können andersprachigen Elementen und fremden Nationalitäten bei uns keine Autonomie einräumen. (Sehr richtig!) Denn der preußische Staat ist ein Einheitsstaat, der preußische Staat ist ein deutscher Staat $\kappa\alpha\tau'$ $\dot{\epsilon}\xi o\chi\dot{\eta}\nu$, für den der geschichtliche Beruf darin besteht, überall das Deutschtum zu schützen und zu fördern. Zentrifugale Tendenzen lassen wir nicht zu; für föderative Gestaltungen, wie sie vielleicht Herrn v. Koscielski vorschweben mögen, ist bei uns kein Raum. (Sehr richtig!) Nun hat Herr v. Koscielski gesagt, daß er und seine Freunde auf dem Boden der bestehenden Verhältnisse ständen. Ich denke nicht daran, an dem guten Glauben des Herrn v. Koscielski zu zweifeln, ich zweifle selbstverständlich nicht an der vollen Loyalität irgend eines der polnischen Herren in diesem hohen Hause, glaube aber doch sagen zu dürfen, daß mit dieser seiner so korrekten und richtigen Auffassung Herr v. Koscielski unter seinen politisch tätigen Landsleuten ziemlich vereinzelt dastehe. (Sehr richtig!) „Rara avis nans in gurgite vasto." Ich glaube, daß Herr v. Koscielski nicht daran denkt, irgendwie an den politischen Bestrebungen sich zu beteiligen, die auf die Loslösung der gemischtsprachigen Provinzen, der östlichen Provinzen von der preußischen Monarchie gerichtet wären, glaube aber, verehrte Herren, daß sein Einfluß auf die polnische Agitation nicht so groß ist, als ich dies bei seinen vortrefflichen Anschauungen wünschen möchte. (Heiterkeit.) Ich glaube, daß er mehr geschoben wird, als daß er schöbe, daß, wenn je wieder kritische Zeiten kämen, revolutionäre Elemente in der polnischen Agitation gegen diese Herren gerade so wieder auftreten würden, wie es im Jahre 1848 der Fall gewesen ist. Meine Herren! Es ist unbestreitbar, daß trotz aller Wohltaten, die die preußische Regierung und die preußische Verwaltung den anderssprachigen Landsleuten haben zu teil werden lassen, doch Bestrebungen im Gange sind, die am letzten Ende abzielen auf die Trennung der gemischtsprachigen Provinzen von der preußischen Monarchie (Sehr richtig!) und daß diese Bestrebungen von der polnischen Agitation mit steigender Leidenschaftlichkeit verfolgt worden sind. Es ist unbestreitbar, daß diese großpolnische Agitation die preußische Staatsidee, das deutsche Volkstum und die deutsche Sprache heftiger und bitterer als seit lange befehdet, daß sie die Wiederaufrichtung eines selbständigen polnischen Reiches unverhüllter als seit lange in den Vordergrund schiebt (Sehr richtig!); und das ist es, was diese Frage nach meiner Ansicht zu einer der wichtigsten Fragen unserer inneren Politik, was sie zu einer wahren Schicksals- und Zukunftsfrage für die preußische Monarchie macht, daß sie an die Fundamente greift, auf welchen die preußische Monarchie und mit der preußischen Monarchie das Deutsche Reich ruht. Herr v. Koscielski hat eben gesprochen von der Harmlosigkeit der polnischen Agitation. Nun, meine Herren, mir ist heute noch vorgelegt worden ein Ausschnitt aus der geachteten und verbreiteten „Polnischen Rundschau", in welcher es heißt: „Es ist kein Polen denkbar ohne Oberschlesien, ohne Posen, ohne Westpreußen, auch sogar ohne Ostpreußen. Für den preußischen Staat bedeutet der Verlust dieser Provinzen, deren Grenzen nur wenige Meilen von Berlin entfernt liegen, gleichsam die Vernichtung und den Umsturz seiner Macht, ja sogar den Verlust seines Namens. Preußen verlöre den vierten Teil seiner Bevölkerung und würde zum Standpunkte und zur Benennung ‚Brandenburg' zurücksinken. Wir können nicht zugeben, daß man uns aus der Wiege unseres Landes, unserer Nation herausdrängt und uns verhindert, an das Meer zu gelangen. Der für die Entwicklung zu einer großen, zeitgemäßen Nation unumgänglichen Bestimmung dieser Landstriche, welche heute unter preußischer Herrschaft sich befinden, kann Polen um keinen Preis entsagen. Graf v. Bülow meint, die preußische Regierung verstünde keinen Spaß in der polnischen Angelegenheit. Aber auch wir kennen keinen Spaß in der Frage um unser Sein und um unsere Zukunft." Ihnen, meine Herren, brauche ich nicht zu sagen, daß diese sehr prägnanten Ausführungen in einer Beziehung zweifellos das Richtige treffen. Der Verlust der Provinz Posen würde in der Tat die preußischen Landesgrenzen auf wenige Eisenbahnstunden an Berlin heranschieben und ohne Westpreußen würde Ostpreußen ein unhaltbarer

Besitz werden. Wenn die letzten Ziele der großpolnischen Agitation auch nicht immer so unverhüllt verraten werden, so habe ich doch noch vor kurzem in einem in Deutschland, in Preußen, Westpreußen: Graudenz erscheinenden Blatte gelesen, — man hat sogar die Liebenswürdigkeit gehabt von polnischer Seite, mir dieses Blatt zuzuschicken, — daß aus Posen, Oberschlesien, Westpreußen und Masuren ein eigenes polnisches Gebiet gebildet werden soll unter einem polnischen Statthalter und mit einem eigenen polnischen Landtage. Gleichzeitig wurde ich aufgefordert, zu den verehrten Kollegen, die ich schon habe, mir noch einen besonderen Ministerkollegen für die polnische Angelegenheit zuzulegen. (Heiterkeit.) Wer das sein sollte, ist mir aber noch nicht gesagt worden. (Heiterkeit.) Meine Herren! Wenn wir uns gegen solche Bestrebungen wahren, wenn wir unseren Besitz gegenüber einer solchen Agitation schützen, erfüllen wir einfach unsere Pflicht. Es ist Pflicht der kgl. Staatsregierung, gegenüber den Bestrebungen, die in das feste Gefüge des preußischen Staates einen feindlichen Keil hineintreiben wollen, alle Maßnahmen zu treffen, die notwendig sind „ne quid detrimenti capiat res publica"; und ein Glied in der Kette dieser Maßnahmen ist auch der Gesetzentwurf, der Ihnen heute unterbreitet worden ist. Was den Inhalt dieses Gesetzentwurfes betrifft, so kann ich mich im wesentlichen beziehen auf die ihm beigegebene Begründung. Ich möchte hier zwei Gesichtspunkte noch besonders hervorheben. Zunächst möchte ich sagen, daß kein Widerspruch besteht zwischen diesem unserem Gesetzentwurf und jenem Gesetz vom 26. April 1876, mit welchem seinerzeit Fürst Bismarck unsere ganze Ostmarkpolitik eingeleitet hat. O, meine Herren, Herr v. Koscielski hat auch die finanzielle Seite der Vorlage berührt, er scheint die Rückwirkung auf den Stand der preußischen Finanzen sehr zu fürchten. Demgegenüber möchte ich daran erinnern, daß mein verehrter Freund, Herr v. Rheinbaben, der im allgemeinen den Daumen sehr auf den Beutel hält, nicht nur dieser Vorlage bereitwillig zugestimmt hat, sondern sie sogar als absolut notwendig betrachtet; und ich möchte Sie ferner daran erinnern, daß der verewigte Vizepräsident des Staatsministeriums, v. Miquel, der doch recht viel von Finanzsachen verstand und auch ein sparsamer Mann war, wiederholt darauf hingewiesen hat, daß wir mit der Ansiedelung finanziell ein gutes Geschäft machen. Man müsse nur nicht in kleinlicher Weise bloß auf die momentanen Zahlen sehen, um unser Volkstum im Osten zu schützen. In der Beziehung möchte ich Herrn v. Koscielski bitten, sich keinerlei Illusionen hinzugeben, dazu werden wir immer reich genug sein. (Lebhaftes Bravo!) Es handelt sich um ein großes nationales Unternehmen, um die Fortführung der Aufgaben, die unsere preußischen Könige in der zweiten Hälfte des 18. Jahrhunderts mit Ruhm gelöst haben. In der Fortführung dieser Aufgaben werden wir uns nicht durch kleinliche fiskalische Gesichtspunkte irre machen lassen. Nun möchte ich gegenüber den Schlußworten des Herrn v. Koscielski noch eines ganz besonders betonen: Wir denken nicht daran, unsere polnischen Mitbürger aus ihrer Heimat zu vertreiben, wir denken nicht daran, ihnen ihre Sprache oder ihre Religion rauben zu wollen; aber wir können nicht dulden, daß unsere Kaufleute, unsere Handwerker in den kleinen Städten des Ostens durch den übermächtigen polnischen Mitbewerb überflügelt und mit Hilfe des Boykotts in ihrer wirtschaftlichen Existenz vernichtet werden. Wir wollen nicht ruhig mitansehen, daß durch einen planmäßigen, allmählichen Zuzug polnischer Elemente in vorher ganz oder überwiegend deutschen Landgemeinden unser deutscher Bauer unter geschickter Ausnutzung seiner wirtschaftlich schwachen Lage verdrängt und unter allerlei Schikanen zum Abzug gezwungen wird. Dieser fortschreitenden Polonisierung unserer östlichen Provinzen wollen wir entgegentreten durch eine ruhige, klare, feste und konsequente Abwehr. Wer auch an meiner Stelle steht, gegenüber der großpolnischen Agitation, darf nicht die Waffen strecken, bevor dieselbe nicht ihrerseits die Waffen niedergelegt hat, bevor nicht alle polnischen Untertanen sich auf dem Boden voller Loyalität gegenüber dem preußischen Staat stellen. Also, meine Herren, wir wollen dieser Polonisierung unserer östlichen Provinzen entgegentreten durch eine konsequente soziale, wirtschaftliche und kulturelle Hebung des Deutschtums. Diesem Zweck soll auch das Gesetz dienen, welches wir die Ehre haben, Ihnen zu unterbreiten, und ich bin überzeugt, daß das hohe Haus diesem Gesetz seine Zustimmung erteilen wird. (Lebhaftes Bravo.)

Oberbürgermeister Witting (Posen), Graf Hoensbroech, Oberbürgermeister Delbrück (Danzig) stimmen der Vorlage zu. — Sie wird an eine Kommission verwiesen. — Am 14. Juni wird die Vorlage angenommen.

13. Juni. (Baden.) In der Ersten Kammer erklärt Finanzminister Buchenberger über die Finanzlage:

Die Finanzverwaltung habe in letzter Zeit ernstlich an die Erhöhung der Einkommensteuer bezw. der Ertragsteuer gedacht; er habe sich aber entschlossen, zunächst die Ersparnisse der letzten Jahre zur Deckung der Fehlbeträge heranzuziehen. Die Gestaltung der Finanzlage in den nächsten Jahren hänge von der allgemeinen wirtschaftlichen Lage ab. Wenn die Besserung auch nur langsam voranschreite, dürfe man in den nächsten Jahren mit mäßigen Ueberschüssen rechnen, so daß der Ausfall wenigstens teilweise gedeckt werden kann. Der dunkelste Punkt im Budget seien die Beziehungen zum Reich. Im letzten Jahre sei man mit einem blauen Auge davongekommen; man werde aber im zweiten Jahre der Budgetperiode mindestens mit einer stärkeren Heranziehung der Einzelstaaten zu rechnen haben.

Anfang Juni. (Bayern.) Die „Allgemeine Zeitung" veröffentlicht ein geheimes Rundschreiben des bayerischen Episkopats an den bayerischen Klerus, worin die Notwendigkeit, den Angriffen der Kirchenfeinde in der Presse und in Versammlungen entgegenzutreten, und in der Lehre die Unterschiede zum Protestantismus hervorzuheben, betont wird.

Mitte Juni. Die niederrheinisch-westfälischen Handelskammern richten ein Gesuch an den Reichskanzler auf Beseitigung der Gerichtsferien hinzuwirken. Die Anregung wird vielfach besprochen.

15./19. Juni. (Düsseldorf.) Internationaler Wohnungskongreß. Die Verhandlungen betreffen den Zusammenhang zwischen Wohnungsmiete, Bodenpreis und Baukosten, ferner Selbsthilfe durch Baugenossenschaften. Im allgemeinen wird Hilfe des Staates und der Gemeinde in der Wohnungsfrage verlangt.

16. Juni. Das Preußische Abgeordnetenhaus genehmigt das Fleischbeschaugesetz gegen die Stimmen der Nationalliberalen und Freisinnigen.

16. Juni. (Nürnberg.) Feier des fünfzigjährigen Jubiläums des Germanischen Nationalmuseums.

An der Feier nahmen der Kaiser, die Kaiserin, Prinz Luitpold, der König von Württemberg, der Großherzog von Baden, viele Vertreter von Behörden, Gelehrte aus Deutschland, Oesterreich und der Schweiz teil. — Bei der Hauptfeier im Museum verlieft der Kaiser folgende Urkunde: Wir Wilhelm, von Gottes Gnaden Deutscher Kaiser, König von Preußen, Markgraf zu Brandenburg, Burggraf zu Nürnberg und Graf zu Hohenzollern, entbieten dem Germanischen Nationalmuseum zur Feier seines fünfzigjährigen Bestehens Unseren kaiserlichen Gruß und Glückwunsch. Ins Leben gerufen durch die begeisterte Hingabe des Freiherrn Hans von und zu Aufseß, dessen Unternehmen bei zwei hochgesinnten deutschen Fürsten, Ihren Majestäten den hochseligen Königen Ludwig I. von Bayern und Johann von Sachsen, tatkräftige Unterstützung fand, hat das Germanische Museum nach dem Willen seiner Begründer in einer Zeit, da die deutsche Einheit fern zu liegen schien, durch die Aufdeckung und Sammlung der Denkmäler und Zeugnisse einer großen gemeinsamen Geschichte, den Gedanken an die Wiedergeburt des Deutschen Reiches wachgehalten und an seinem Teile den Boden mitbereiten helfen, auf dem sich der stolze Bau des geeinigten Deutschland erheben sollte. Von bescheidenen Anfängen ausgegangen, ist das Germanische Museum unter dem erhabenen Schutz und der stets gleichen Huld des bayerischen Königshauses, getragen von der Teilnahme und dem einmütigen Zusammenwirken der deutschen Fürsten, des hohen Adels deutscher Nation, der deutschen Städte und Bürgerschaften, der alteingesessenen Geschlechter der ehrwürdigen Stadt Nürnberg, sowie ungezählter für die Wiedererweckung der deutschen Vergangenheit begeisterter Männer und Frauen aus allen Gauen Deutschlands, geleitet von Männern wie dem hochverdienten August von Essenwein, zu einer der hervorragendsten Sammlungs- und Bildungsstätten Deutschlands emporgewachsen. Dank der unmittelbaren Einwirkung Unseres in Gott ruhenden Herrn Großvaters, des hochseligen Kaisers Wilhelm des Großen Majestät, haben Bundesrat und Reichstag dem Germanischen Museum als erster der vom neuen Deutschen Reich geförderten wissenschaftlichen Unternehmungen tatkräftige Hilfe geleistet, und so im Verein mit dem bayerischen Staat und der Stadt Nürnberg die feste Grundlage für die gegenwärtige Größe und Blüte der nationalen Anstalt geschaffen. Nach dem Vorbilde Unserer in Gott ruhenden Eltern, Ihrer Majestäten des Kaisers und der Kaiserin Friedrich, deren teuere Namen zum Dank und Zeugnis für erfahrene Gunstbeweise in bedeutsamen Teilen des Museums fortleben, wollen Wir dem Germanischen Nationalmuseum bei seinem fünfzigjährigen Jubiläum einen erneuten Beweis Unserer kaiserlichen Huld und Fürsorge dadurch gewähren, daß Wir die Sammlung deutscher Kaisersiegel des Dr. Otto Posse, welche die Entwicklung der deutschen Geschichte von den Tagen der Karolinger bis zum Ende des römischen Reiches deutscher Nation eindrucksvoll veranschaulicht, ergänzt durch die Siegel Ihrer Majestäten der hochseligen Kaiser Wilhelms des Großen und Friedrichs III., sowie durch das von Uns geführte kaiserliche Siegel dem Museum zum dauernden Besitz überweisen. Möge das Germanische Nationalmuseum unter dem friedenverbürgenden Schutze von Kaiser und Reich, unter der ferneren Obhut kunstsinniger Landesherren, nach dem Beispiel seines dermaligen erhabenen Protektors, Sr. kgl. Hoheit des Prinz-Regenten Luitpold von Bayern, des Königreichs Bayern Verweser, unter der opferwilligen Beteiligung aller Glieder der Nation auch in Zukunft wachsen und gedeihen als Hüter großer Ueberlieferungen, als Mehrer deutscher Kunst und Wissenschaft, als Bewahrer kostbarer Denkmäler, die das Wirken der göttlichen Vorsehung im Werdegang der Geschichte des deutschen Volkes vor Augen führen. Gegeben Neues Palais, den 12. Juni 1902. Wilhelm, Deutscher Kaiser und König von Preußen. Graf Posadowsky. An das Direktorium des Germanischen Nationalmuseums in Nürnberg.

Bei dem Festmahle hält der Kaiser folgende Rede: Aus tiefstem Herzen fließt der Dank, den Ihre Majestät die Kaiserin und Ich kgl. Hoheit entgegenzunehmen bitten. An erster Stelle danke Ich als Chef im Namen Meines Infanterie-Regiments für die huldvolle Ehrung Meines unvergeßlichen Großvaters, Kaiser Wilhelms des Großen, durch die Verleihung des Namenszuges seitens Ew. kgl. Hoheit an das Regiment. Zum anderen danke Ich Ew. kgl. Hoheit für die Einladung zu dem herrlichen Feste des Jubiläums des Germanischen Museums. Es war ein kerndeutsches Fest, das wir gefeiert haben. Denn in dem Museum verkörpert sich alles, was wir Germanen mit Stolz als germanische Kultur bezeichnen. Und dieses Symbol germanischer Kultur, den deutschen Einheitsgedanken verkörpernd, hat das Haus Wittelsbach unter seinen Schutz und Schirm genommen, seiner althergebrachten Ueberlieferung folgend, in der Treue zu Kaiser und Reich. Nicht Nürnbergs Bürger allein, nicht Bayerns Söhne nur, alle germanischen Stämme blicken heute hierher und feiern heute mit; das bezeugen auch die hier versammelten deutschen Fürsten. Auf blutiger Walstatt, nach siegreichem Kampf, schlugen die deutschen Fürsten die Hände ineinander und, zujubelnd von ihren Völkern in Waffen, stellten sie das Deutsche Reich wieder her. Vorüber, so Gott will, ist für immer die kaiserlose, die schreckliche Zeit. Wiederaufgerichtet ist des Reiches ragendes Panier: der schwarze Adler auf goldenem Felde, umringt von den Fähnlein der fürstlichen Häuser und schützend umlagert von den in Waffen blitzenden, schimmernden Horsten der kriegsgewohnten germanischen Völker. Was die Feinde gefürchtet, was die Zweifler verneint, was die Neider zu hindern gesucht, es ist doch endlich vollbracht worden. Mit tiefem Danke gegen Gott, dessen Führung Mein Haus von der Burggrafenzeit an bis hierher so wunderbar geleitet, stehe Ich tiefbewegt auf Nürnbergs Boden, stolz auf Meine Würde als Burggraf, vor dem erlauchten Regenten und Vater dieses Landes. Mit derselben Treue, mit der einst die Burggrafen den früheren deutschen Kaisern die Pfalz bewahrt und behütet, werde auch Ich das Kleinod des Reiches bewahren, fest bauend auf die bewährte Reichstreue des Wittelsbacher Hauses. Und nun auf, Ihr Nürnberger und Bayern! Laßt unsere Gläser uns erheben zum Gruße dem weisen Haupte des Hauses Wittelsbach. Lang lebe der Prinz-Regent! Gott schütze ihn und sein Haus. So grüßt der Burggraf von Nürnberg, der Hohenzoller, des Königreichs Bayern Verweser, den Wittelsbacher. Hurra, hurra, hurra!

16. Juni. (Stuttgart.) Deutscher Gewerkschaftskongreß, an dem sich zum erstenmale Regierungsvertreter beteiligen. In den Verhandlungen zeigt sich ein Gegensatz zwischen dem Buchdruckerverband, der politische Neutralität verlangt, zu der sozialdemokratisch gesinnten Mehrheit.

17./18. Juni. (Bonn.) Der Kaiser nimmt teil an dem 50jährigen Jubiläum des Husarenregiments.

Bei der Parade hält er folgende Rede: Ich danke dem Regiment für den herzlichen Willkomm, den es Mir geboten. Die 50 Jahre, welche das Regiment in der schönen Stadt Bonn verlebt hat, haben ihm Namen geschaffen. Was einem Regiment zu teil werden kann, hat es erreicht, als Kaiser Wilhelm der Große sich zum Chef des Regiments erklärte und ihm seinen Namen gab. Es wird sich dieses großen Namens, des bin Ich sicher, stets würdig erweisen, und schaut nach drüben (mit dem Marschallsstabe auf die gegenüberstehenden Husaren verweisend), dort stehen die alten Husaren, denen es zu verdanken ist, daß der Name des Regiments in glorreichen Kampfestagen ein so berühmter geworden ist. Ihr in den langen Friedenstagen habt dafür zu sorgen, daß das Regiment sich in derselben Ruhmeshöhe erhält. Die Kriegervereine sind die Stütze Meiner Armee und Ich habe nur den einen Wunsch, daß Ihr alle, auch wenn Ihr die Uniform ausgezogen habt, als Mitglieder der Kriegervereine treue Untertanen bleiben werdet.

Am folgenden Tage nimmt der Kaiser an einem Festmahle des Korps „Borussia" teil und hält da folgende Rede nach einer Ansprache des ersten Chargierten:

Von ganzem Herzen danke Ich Ihnen als erstem Chargierten der Borussen für die Worte, die Sie Mir soeben namens der jungen Generation, die jetzt das Korps ausmacht, entgegengebracht. Sie sehen um sich versammelt, der Einladung des Korps folgend, aus allen Ländern und Gauen des Vaterlandes herbeigeeilt, die alten Herren, ein Beweis, wie innig das schwarz-weiß-schwarze Band uns umschlingt. Ihr Jungen, die Ihr noch das Leben vor Euch habt, noch den schäumenden Becher mit Freuden zum Munde führt, möget bei aller innigen Fröhlichkeit und aller überschäumenden Kraft der Jugend doch der Tage gedenken, auf die Ihr Euch vorbereiten müßt. Denn das Leben ist ein ernstes und das Vaterland bedarf Eurer immer. Die Jugend bedarf vor allem Vorbilder; und Ich glaube, daß niemand von Euch in Zweifel darüber sein wird, wenn er sich in diesem Kreise umblickt, daß Ihr dem Himmel dankbar sein könnt für die Männer, die aus dem Korps hervorgegangen sind, und deren jeder an seinem Ort, in seinem Stand, in seinem Amt dazu beiträgt, unser Vaterland groß und glücklich zu machen und dadurch die Ehre unseres Landes und Korps zu verherrlichen und zu erheben. Euch ist beschieden, Fürstensöhne unter Euch zu sehen, um sie vorbereiten zu helfen und sie einzuführen ins Leben. Möge ihnen nicht nur die heitere, sondern auch die ernste Seite des Lebens klar gemacht werden. Ich aber spreche von ganzem Herzen Meine Freude aus, daß es Mir vergönnt ist, wieder einmal unter jungen Borussen zu weilen; denn Jugend hat Wagemut und Tatkraft und folgt dem Rufe, während das reifere Alter zuweilen zweifelt und zögert, dem Rufe zu folgen. Ich wünsche, daß alle, die aus dem Korps hervorgehen und das schwarz-weiß-schwarze Band tragen, stets dem Gelöbnis des ersten Chargierten des Korps getreu, dem Rufe des Königs folgen, sei es im Innern zum Wohle des Vaterlandes, sei es nach außen zu seiner Verteidigung. Wir alte Herren aber erheben die Gläser und rufen, daß in Ewigkeit sich stets junger Nachwuchs finden möge, der aus diesem Korps auch ferner solche Männer hervorbringt, wie sie hier unter den alten Herren sitzen. Ich wünsche Ihnen namentlich bis ins höchste Alter diesen Schneid, diese frische, fröhliche Tatkraft und Freude am Leben und Vaterland, wie sie zum Beispiel Excellenz Loë zeigt. Und nun Gläser hoch! Ein donnerndes Hurra dem Korps! Vivat, crescat, floreat in Ewigkeit! Hurra!

Beim Festkommers bringt der Kaiser folgenden Trinkspruch auf die Kaiserin aus: Von unseren Urahnen und Vorfahren wissen die Chroniken zu melden, daß, wenn sie im Waffengang zusammenkamen und in Turnieren die Lanze miteinander brachen, es sich von selbst verstand, daß ein hoher Kreis von Damen um sie versammelt war und auf sie herabblickte. Mit Stolz empfing der Sieger den Kranz aus schöner Hand. Ebenso ward, wenn sie zu Harfe und Leyer griffen, wenn sie im Streit um die Wette sangen, auf der Wartburg dem Sieger der Preis zuteil. Noch nie, so lange die Geschichte der deutschen Universitäten geschrieben, ist einer Universität eine solche Ehre zuteil geworden, wie am heutigen Tage. Im Kreise des schönen Bonns, umgeben von fürstlichen Damen, ist die Kaiserin erschienen, die erste Landesfürstin, um einem Kommers der Studenten beizuwohnen. Diese beispiellose Ehre wird der Stadt Bonn zuteil und in dieser Stadt Bonn dem Korps Borussia. Ich hoffe und erwarte, daß alle jungen Borussen, auf denen heute das Auge Ihrer Majestät geruht hat, die Weihe für das ganze Leben empfangen. Wir aber, ob General oder Staatsmann, ob Leutnant oder Landjunker, schließen uns heute zusammen in der Dankbarkeit und zur Huldigung vor unserer Kaiserin und reiben einen urkräftigen Salamander. Ihre Majestät die Kaiserin Hurra! hurra! hurra!

18. Juni. (Bayerische Abgeordnetenkammer.) Der Kultusminister v. Landmann spricht sich gegen die Zulassung der Realgymnasialabiturienten zum juristischen Studium aus.

18. Juni. Das Preußische Herrenhaus genehmigt gegen den Widerspruch der Oberbürgermeister das Fleischbeschaugesetz.

18. Juni. Der Preußische Landtag wird geschlossen. — Resultate der Session:

Aenderung der Landesgrenze gegen Dänemark (Gesetz-Sammlung 4), Erwerb von Bergwerken im Oberbergamt Dortmund (6), Jagdordnung für Hohenzollern (7), Diensteinkommen der evangelischen Pfarrer des Konsistorialbezirks Frankfurt a. M. (8), Fürsorge für Witwen und Waisen der evangelischen Pfarrer desselben Bezirks (8), Heranziehung zu den Kreisabgaben (9), Aufhebung des Amtsgerichts in Nordstrand (11), Schonzeit für das schottische Moorhuhn (12), Verlegung des Amtsgerichts von Trinum nach Westerland (13), Staatsmittel für Wohnungen von Arbeitern in Staatsbetrieben und von gering besoldeten Beamten (14), Landeskreditkasse Kassel (14), Aenderung des Gesetzes über die Landesbank in Wiesbaden (14), Gemeindeforstgesetz für Hohenzollern (15), Etatsgesetz (16), Aenderung der Bestimmungen über die Zusammenlegung der Grundstücke im Gebiet des rheinischen Rechts (19), Ergänzung der Landgemeindeordnung für die 7 östlichen Provinzen (20), Aenderung der Vorschriften über Kompetenzkonflikte zwischen Gerichts- und Verwaltungsbehörden (21), Aufhebung des kommunalständischen Verbandes der Kurmark (22), Fürsorge für Beamte bei Betriebsunfällen (23), Aenderung der Gesetze über Handelskammern (24), Aenderung des Gesetzes über Errichtung öffentlicher Schlachthäuser (24), Verlegung der preußisch-österreichischen Grenze am Przemsafluß (25), Ueberweisung weiterer Dotationsrenten an die Provinzialverbände (26), Erweiterung des Staatsbahnnetzes (27), Erweiterung des Hafens in Ruhrort (27), Aenderung des Gesetzes über Pfandrecht an Privat- und Kleinbahnen (30), Aenderung von Amtsgerichtsbezirken (31), Ausführung des Schlachtvieh- und Fleischbeschaugesetzes (32), Maßnahmen zur Stärkung des Deutschtums in Westpreußen und Posen (32), Aenderung des Berggesetzes (34), Abgrenzung und Gestaltung der Berufsgenossenschaften für Land- und Forstwirtschaft (35), Bildung von Gesamtverbänden in der evangelischen Kirche des Konsistorialbezirks Kassel (36), Umlegung von Grundstücken in Frankfurt a. M. (37), Ausführung des Reichsgesetzes betr. Unfallfürsorge für Gefangene (38), Neuregelung der Vertragsverhältnisse der Main-Neckarbahn (39), Vorausleistungen zum Wegebau (42).

19. Juni. (Aachen.) Besuch des Kaiserpaares. Rede des Kaisers über Karl den Großen, Deutschland und den Vatikan.

Auf die Begrüßungsansprache des Oberbürgermeisters erwidert der Kaiser: Im Namen der Kaiserin und in Meinem Namen spreche Ich Ihnen von ganzem Herzen tiefbewegt Unseren Dank für den unbeschreiblich patriotischen und begeisterten Empfang aus, den alle Teile der Stadt Aachen uns bereiteten. Es war Mir ein Herzensbedürfnis, die Stadt Aachen zu besuchen, und Ich danke Ihnen für die Gelegenheit, die Sie Mir durch die Einladung geboten haben. Wer sollte auf so historischem Boden, wie es Aachen ist, nicht mächtig erfaßt werden von dem Wehen und Rauschen der Vergangenheit und Gegenwart. Wer sollte nicht an die Fügung des Himmels denken, wenn er die Geschichte der Jahrhunderte überblickt, die unser Vaterland durchgemacht hat in der Verbindung mit Aachen? Aachen ist die Wiege des deutschen Kaisertums, denn hier richtete der große Karl seinen Stuhl auf, und von seinem Glanze gewann auch die Stadt Aachen einen Widerschein. So bedeutend, so groß war die Figur dieses gewaltigen germanischen Fürsten, daß von Rom ihm die Würde eines alten römischen Cäsaren angetragen wurde und er ausersehen wurde, die Erbschaft des imperii romani anzutreten. Gewiß eine großartige Anerkennung für die Leistungsfähigkeit unseres eben erst in der Geschichte auftretenden germanischen Stammes. Denn entsunken war das römische Zepter der Cäsaren den Händen ihrer Nachfolger; zerbröckelt und morsch wankte der römische Bau, und erst das Erscheinen des siegesfrohen Germanen mit ihrem reinen Gemüte war im stande, der Weltgeschichte den neuen Lauf zu weisen, den sie bisher genommen. Da verstand es sich von selbst, daß der gewaltige Karl der Große, der Frankenkönig, die Blicke Roms auf sich lenkte, welches in ihm seinen Schutz und Hort erblickte. Allein die Aufgabe, das Amt des römischen Kaisers mit der Würde und Bürde eines germanischen Königs zu verbinden, war zu schwer. Was er mit seiner gewaltigen Persönlichkeit vermochte, das versagte das Geschick seinen Nachfolgern, und unter der Sorge um das Welt-Imperium verloren die späteren Kaisergeschlechter das germanische Volk und Land aus dem Auge. Sie zogen gen Süden, um das Welt-Imperium aufrecht zu erhalten und vergaßen Germaniens darob. So mußte allmählich deutsches Land und Volk verkommen. Gleichwie bei der Aloe, wenn sie ihre Blüte treibt, die ganze Kraft der Pflanze sich zu dieser einen Aufgabe aufrafft und hoch emporstrebend Blüte auf Blüte entwickelt und das Auge des staunenden Beschauers fesselt, derweilen nun die Pflanze selber zusammenbricht und ihre Wurzel verdorrt: so erging es auch dem römischen Kaisertum deutscher Nation. Nunmehr ist ein anderes Kaisertum entstanden, dem deutschen Volke ist sein Kaiser wieder geworden, den es sich selbst geholt hat: mit dem Schwert in der Faust auf dem Schlachtfeld ist die Krone erworben und das Reichspanier flattert wieder hoch in den Lüften. Aus derselben Begeisterung und Liebe, mit der das deutsche Volk an seiner alten Kaiseridee gehangen hat, ist das neue Kaiserreich ins Leben getreten, allein die Aufgaben sind andere: nach außen beschränkt auf die Grenzen unseres Landes, um uns von neuem innerlich stählend auf die Aufgaben vorzubereiten, die unserem Volke jetzt werden, und die im Mittelalter nicht erfüllt werden konnten. Und so sehen wir denn, daß das Reich, obwohl noch jung, sich in sich selbst von Jahr zu Jahr kräftigt, während das Vertrauen zu ihm von allen Seiten immer stärker sich befestigt. Das mächtige deutsche Heer aber gewährt Rückhalt dem Frieden Europas. Dem Charakter der Germanen entsprechend, beschränken wir uns nach außen, um nach innen unbeschränkt zu sein. Weithin zieht unsere Sprache ihre Kreise auch über die Meere; weithin geht der Flug unserer Wissenschaft und Forschung: kein Werk aus dem Gebiete neuerer Forschung, welches nicht in unserer Sprache abgefaßt würde, und kein Gedanke entspringt der Wissenschaft, der nicht von uns zuerst verwertet würde, um nachher von anderen Nationen angenommen zu werden. Und dies ist das Welt-Imperium, welches der germanische Geist anstrebt. Wollen wir nun nach jeder Richtung unseren großen Aufgaben gerecht werden, dann dürfen wir nicht vergessen, daß der Urgrund, auf dem dieses Reich entstanden ist, wurzelt in der Einfachheit, Gottesfurcht und den hohen sittlichen Anschauungen unserer Vorfahren. Wie hat die prüfende Hand unseres Gottes zu Anfang des vorigen Jahrhunderts auf unserem Lande gelegen, und mächtig hat der Arm der Vorsehung das Eisen geschmiedet und geschweißt am Ofen des Elendes, bis die Waffe fertig wurde. So erwarte Ich auch von Ihnen allen, daß Sie Mir helfen werden, ob Geistliche oder Laien, die Religion im Volke aufrecht zu erhalten. Zusammen müssen wir arbeiten, um dem germanischen Stamme seine gesunde Kraft, seine sittliche Grundlage zu erhalten. Das geht aber nur, wenn man ihm die Religion erhält, und das gilt in gleicher Weise für beide Konfessionen. Um so größer ist heute Meine Freude, den Herren der Kirche, die hier vertreten sind, eine Nachricht zu bringen, die Ihnen mitteilen zu können Ich stolz bin. Hier steht der General von Loë, ein treuer Diener seiner Könige. Er ward von Mir gesandt nach Rom zum Jubiläum des Heiligen Vaters, und als er ihm Meine Glückwünsche und Meine Jubelgabe überbrachte und ihm in intimem Gespräch Aufschluß gab, wie es aussieht in unseren deutschen Landen, da hat der Heilige Vater ihm geantwortet, er freue sich, ihm sagen zu können, daß er stets hoch gedacht habe von der Frömmigkeit der Deutschen, zumal des deutschen Heeres. Er könne ihm aber noch mehr sagen, und das solle er seinem Kaiser bestellen: Das Land in Europa, wo noch Zucht, Ordnung und Disziplin herrsche, Respekt vor der Obrigkeit, Achtung vor der Kirche, und wo jeder Katholik ungestört und frei seinem Glauben leben könne, das sei das Deutsche Reich, und das danke er dem Deutschen Kaiser. Dies, Meine Herren, berechtigt Mich zu dem Ausspruch, daß unsere beiden Konfessionen nebeneinander das eine große Ziel im Auge behalten müssen, die Gottesfurcht und die Ehrfurcht vor der Religion zu erhalten und zu stärken. Ob wir moderne Menschen sind, ob wir auf diesem oder jenem Gebiete wirken, das ist einerlei. Wer sein Leben nicht auf die Basis der Religion stellt, der ist verloren. So will auch Ich, da an diesem Tage und an diesem Orte es sich ziemt, nicht nur zu reden, sondern auch zu geloben, Mein Gelöbnis hiermit aussprechen, daß Ich das ganze Reich, das ganze Volk, Mein Heer, symbolisch durch diesen Kommandostab vertrete, Mich selbst und Mein Haus unter das Kreuz stelle und unter den Schutz dessen, von dem der große Apostel Petrus gesagt hat: Es ist in keinem anderen Heil, es ist auch kein anderer Name den Menschen gegeben worden, darin sie sollen selig werden, und der von sich selbst gesagt hat: Himmel und Erde werden vergehen, aber meine Worte vergehen nicht! -- — Ich trinke auf das Wohl der Stadt Aachen in der festen Ueberzeugung, daß die Worte, die Ich gesprochen habe, in ihr guten

Boden finden werden, wie Mich ja auch das, was Ich heute von der Bürgerschaft dieser Stadt, alt und jung, gesehen, sicher macht, daß auch in der Zukunft in ihren Mauern Unser Haus und Unser Thron eine feste Stütze finden wird. Die Stadt Aachen lebe hoch, hoch hoch!

Im Münster wird der Kaiser vom Prälaten Bellesheim begrüßt und erwidert auf seine Ansprache: Ich danke dem Stiftskapitel von ganzem Herzen für diese herrliche Ansprache, die wir soeben hier vernommen haben. Wenn alle Geistlichen Ihrer Konfession im deutschen Lande so denken wie Sie, dann ist es um die Zukunft des Vaterlandes wohl bestellt. Es ist Mir eine hohe Freude, daß ich das Werk der Fortführung und Ausschmückung Ihrer Kirche persönlich fördern und beschützen kann. Es ist eine Fortführung im Sinne Meiner Vorfahren. Schon Mein hochseliger Großvater und Vater empfanden es als ihre notwendige Pflicht, diesem schönen Gotteshause seinen Glanz wieder zu verleihen, den es dereinst besessen hatte, und wir führen nun das Werk, was Kaiser Karl der Große einstens angefangen hatte, fort. Durch alle Jahrhunderte hindurch geht bei den Germanen ein Zug durch ihr Empfinden, die Liebe zur Natur, die uns der Schöpfer ins Herz gepflanzt hat als ein echt germanisches Erbteil. Dieselbe übertrugen sie in ihre Kunst zum Schmucke ihrer Gotteshäuser und von den dadurch entstandenen Vorbildern kann kein Deutscher sich losmachen. Und für den Landesherrn wird ihr Schutz zur Pflicht. Ich werde froh sein, wenn der Himmel Mir gestattet, am Abend Meines Lebens noch die Vollendung dieser Kirche erleben zu können.

19. Juni. (Sachsen.) König Albert, 74 Jahre alt, in Sibyllenort †. Er war seit Anfang Juni ans Bett gefesselt.

Der „Reichsanzeiger" widmet ihm folgenden Nachruf: Aus der Herzlichkeit der Empfindungen, mit der in allen Gauen des Vaterlandes die nationalen Verdienste des heimgegangenen Herrschers geehrt werden, möge die so schwer getroffene edle Königin und die sächsische Königsfamilie sowie das sächsische Volk in diesen leidvollen Tagen Trost und Erhebung schöpfen. König Albert gehört für immer zu den heroischen Gestalten, die am Eingang der durch ihr Wirken heraufgeführten neuen Epoche des deutschen Lebens stehen. Ebenbürtig den berühmtesten Führern des großen Krieges, verknüpfte der königliche General-Feldmarschall seinen Namen mit den Erfolgen, die zu den schönsten Waffentaten des einigen Deutschland gehören. Nicht minder brachte er im Frieden als weiser und gerechter Landesherr sein Königreich zu hoher Blüte. Reich gesegnet war sein Alter, und allen Patrioten galt es als liebgewordene Vorstellung, daß diesem ehrwürdigen Könige die gleiche Lebensdauer beschieden sein möchte, wie seinem Waffenbruder Wilhelm dem Großen. Bewegten Herzens trauert der Kaiser um seinen väterlichen Freund, die Nation um den Helden und König, in dem große Erinnerungen ihrer Geschichte sich verkörperten.

20./21. Juni. (Sachsen.) König Georg erläßt folgende Kundgebungen:

Wir tun kund und zu wissen: Nachdem durch Gottes unerforschlichen Ratschluß des Allerdurchlauchtigsten Königs und Herrn Albert, Königs von Sachsen, Unseres vielgeliebten Herrn Bruders Königliche Majestät zum größten Schmerze seines Hauses und der gesamten Untertanen aus diesem Leben abberufen worden ist, haben Wir die Regierung Sachsens vermöge des nach der verfassungsmäßigen Erbfolge an Uns geschehenen Anfalles und die Krone übernommen. Wir versehen Uns daher zu Unseren getreuen Ständen, königlichen sowie sonstigen in öffentlichen Diensten angestellten geistlichen und weltlichen Beamten und Dienern, auch zu allen Untertanen und Einwohnern Unseres Königreichs, daß sie die Uns als rechtmäßigem angestammtem Landesherrn schuldige Dienstpflicht treu, gehorsam und so willig als pflichtmäßig leisten werden. Dagegen versichern Wir sie Unserer auf Handhabung von Recht und Gerechtigkeit und Förderung der Wohlfahrt zum Besten des Landes unausgesetzt gerichteten landesväterlichen Fürsorge. Die Verfassung des Landes in allen ihren Bestimmungen wird Unsere Regierung beobachten, aufrechterhalten und beschützen. Damit der Gang der Staatsgeschäfte nicht unterbrochen wird, ist es Unser Wille, daß sämtliche Behörden ihre Verrichtung bis auf Unsere weitere Bestimmung pflichtgemäß fortsetzen.

Gegeben Sibyllenort, den 20. Juni 1902.

Georg.

Soldaten! Nach Gottes unerforschlichem Ratschluß seid ihr eures Königs beraubt, eures Königs, der den höchsten Schlachtenruhm in guten und bösen Tagen an eure Fahnen knüpfte, der für euch ein treu sorgendes Herz hatte. Mit unerschütterlicher Treue und unwandelbarer Liebe habt ihr eurem König vergolten, mit unbegrenztem Vertrauen blicktet ihr zu ihm auf. So weiß Ich Mich denn heute in aufrichtiger Trauer mit Meiner Armee vereint. Es ist Mir ein Bedürfnis, euch Meinen königlichen Dank für diese eure Gesinnung und Treue, womit ihr allezeit zu Meinem nun in Gott ruhenden Bruder gestanden habt, auszusprechen. Ich knüpfe daran die feste Zuversicht, daß ihr auch Mir und Meinem königlichen Hause allezeit unverbrüchliche Treue bewahren und die Bundestreue als ein von Meinem Vorgänger auf den Thron überkommenes wertvolles Erbe mit Mir pflegen werdet, zum Nutzen des Reiches, zum Ruhme der Armee, zu eurer Ehre und zum Wohle des geliebten Vaterlandes.

Sibyllenort, 20. Juni.

(gez.) Georg.

An Mein Volk! Tieftrauernd stehe Ich, stehen wir alle an der Totenbahre des edelsten und besten Fürsten, der nicht nur für uns ein Beispiel im Frieden wie im Kriege war, sondern auch ein Landesvater in des Wortes vollster Bedeutung. Zagend ergreife Ich die Zügel der Regierung, denn eines solchen Fürsten Nachfolger zu sein, ist schwer, — zagend, aber auch mit festem Vertrauen auf Gottes Beistand und die Liebe Meiner Sachsen, denn wie Ich gelobe, immer im Sinne und Geiste Meines verewigten Bruders Meines Amtes zu walten, so bin Ich auch der festen Zuversicht, daß Mein Volk, das Mich ja kennt, die Liebe, die es dem teueren Entschlafenen gewidmet hat, auch auf Mich übertragen wird.

Sibyllenort, 21. Juni 1902.

Georg.

20. Juni. Der Kaiser erläßt folgenden Armeebefehl aus Anlaß des Todes des Königs von Sachsen:

Das nach Gottes unerforschlichem Ratschluß erfolgte Ableben Seiner Majestät des Königs Albert von Sachsen hat Mich auf das tiefste erschüttert. Mein Haus, Meine Armee und unser ganzes Vaterland haben einen sehr schweren Verlust erlitten und allerorten werden die Herzen, die eine Empfindung für Deutschlands Glanz und Größe haben, mit Mir in tiefster Trauer den Heimgang dieses heldenhaften deutschen Fürsten beklagen. Mit ihm ist der Letzte jener mit dem Großkreuz des Eisernen Kreuzes geschmückten Heerführer dahingegangen, die an der Spitze der deutschen Armeen unter Meinem in Gott ruhenden Herrn Großvater uns unvergänglichen Siegeslorbeer erkämpften. Im Gedächtnis des Volkes wird der Held von

St. Privat, der Führer der Maas-Armee fortleben, solange deutsche Herzen schlagen. Schwer aber lastet insonderheit auf der Armee, die mit hoher Verehrung und stolzem Vertrauen auf den bewährten, ruhmgekrönten Feldherrn blickte, das Bewußtsein seines Verlustes. Es wird ihr ein tief empfundenes Bedürfnis sein, auch die äußeren Trauerzeichen anlegen zu dürfen und bestimme Ich hierdurch nachstehendes: 1. Sämtliche Offiziere der Armee legen vierzehn Tage hindurch Trauer an. 2. Bei dem 2. Garde-Ulanen-Regiment und dem Dragoner-Regiment König Albert von Sachsen (Ostpreußischen) Nr. 10 währt diese Trauer drei Wochen. 3. An den Beisetzungsfeierlichkeiten haben Abordnungen der vorgenannten beiden Regimenter teilzunehmen, bestehend aus dem Regiments-Kommandeur, 1 Stabsoffizier, 1 Rittmeister, 2 Leutnants, 1 Wachtmeister, 1 Unteroffizier und 1 Gemeinen.

Hügel, den 20. Juni 1902.

Wilhelm.

20. Juni. (Moers.) Der Kaiser hält folgende Rede:

Die Grafschaft Moers hat ihrer altbewährten und langen Treue ein sichtbares äußeres Zeichen gegeben dadurch, daß sie Meinem Vorfahren, König Friedrich I., ein Standbild gesetzt hat in dankbarer Erinnerung, daß er sie gekettet hat an die aufblühende junge Macht Brandenburg-Preußen, welche auch in der Lage war, das kleine Land zu entwickeln und kräftig zu beschützen. Als sein Urenkel und Nachfolger der Krone danke Ich den Grafschaftern von ganzem Herzen für den hochherzigen Entschluß. Zugleich danke Ich Ihnen im Namen der Kaiserin und in Meinem Namen für den herzlichen, begeisterten und warmen Empfang, den Sie uns bereitet. Ich bin überzeugt, daß die Wärme der Gefühle Meiner Grafschafter entsprungen ist aus der Ueberzeugung, daß sie beim Rückblick auf ihre Geschichte der verflossenen zwei Jahrhunderte geschöpft haben, nämlich daß der Grafschaft die Zugehörigkeit zu Preußen zum Segen und dem Könige von Preußen zum Segen gediehen ist. Der hohe Herr, der in Erz gebildet vor uns steht, hatte damals ja erst der Stellung Brandenburgs äußeren Glanz und neue Würde verliehen. Nunmehr ist aus der Königskrone eine Kaiserkrone geworden durch Gottes gnädige Fügung, die Kaiserkrone, deren Wurzeln im märkischen Sande ruhen, unter deren Schutz Preußen und die Grafschaft Moers, so Gott will, noch Jahrhunderte gedeihen sollen. Den Willkommentrunk, den Mir die Grafschaft beut, trinke ich auf das Wohl aller Meiner Grafschafter, mit dem Wunsche, daß Gott es verleihen möge, daß in Frieden, Sicherheit und Wohlfahrt die Grafschaft mehr und mehr sich entwickeln möge. Der Graf von Moers trinkt auf seine Grafschaft: die Grafschaft lebe hoch! hoch! hoch!

20. Juni. (Krefeld.) Der Kaiser hält bei einem Besuche der Stadt folgende Rede nach der Ansprache des Oberbürgermeisters:

Die Stadt überreicht Mir einen Pokal, gefüllt mit deutschem Weine. Wenn Ich denselben ansetze, so trinke Ich damit auf das Wohl der Stadt Krefeld, in einem Jahre, wo der Rückblick auf die Geschichte, wie er von dem Herrn Oberbürgermeister entworfen ist, die Stadt mit Dank an unser Haus gefesselt hat. Ich glaube wohl, daß die Stadt Krefeld das Gefühl haben kann und recht tut, dem Ausdruck zu geben, daß die Regenten des Hauses Preußen ihr Wohl sich stets haben angelegen sein lassen, und daß sogar ein so großer Fürst und Kriegsherr wie Friedrich der Große es nicht verschmäht hat, auch im Detail einzugreifen und dafür zu sorgen, daß ihr die richtigen Wege gewiesen wurden, auf denen ihre Industrie sich entwickeln sollte. Nun, unter dem Zepter Meiner Vorfahren hat sich die Stadt zu einer ungeahnten Höhe entwickelt. Ihre Erzeugnisse sind weit und breit in der Welt bekannt. Sie wissen aber auch, daß der Fleiß, den Sie in Ihre Erzeugnisse stecken, nur dann gedeihen kann, wenn ein kräftiges Zepter der Welt den Frieden erhält. Das haben aber Meine Vorfahren und ich getan, soweit wir es nach unseren Kräften konnten. Jetzt, seitdem Preußen und Krefeld nicht nur zusammengehören als ein Land, sondern ein Stück des großen Deutschen Reiches ausmachen, ist die Macht geschaffen, die es ermöglicht, daß Europa in Ruhe und Frieden seinen Aufgaben nachgehen kann. Unser deutsches Heer steht schirmend um unser Land, und Achtung und Vertrauen begrüßt uns von allen Seiten. Sie aber, die Sie doch eine Handelsstadt sich nennen, begreifen, daß außer dem Heer noch ein anderes Ding notwendig ist, und das ist unsere Flotte! Sie haben empfunden im Laufe Ihrer Entwicklung, was es heißen will, wenn mit einemmale an fremden Gestaden die deutsche Flagge entfaltet wird und der Respekt vor den deutschen Kriegsschiffen bei der Bevölkerung der berührten Länder erwacht. Für Sie ist es notwendig, daß eine starke, mächtige Flotte die Handelsflagge beschirmt, damit Sie in Ruhe Ihre Erzeugnisse überall absetzen können. Damit glaube Ich in der Tat für alle die Städte, welche Industrie und Handel pflegen, das sicherste und beste geleistet zu haben, was Ich konnte, indem Ich Meine ganze Kraft einsetzte, um unsere Macht auf dem Wasser zu entwickeln. Ich bin der festen Ueberzeugung, daß mit jedem Kriegsschiff, welches die Stapel verläßt, die Sicherheit und Ungestörtheit des Friedens zunehmen wird und damit auch die Sicherheit für Ihre Arbeit. Diesen Becher erhebe Ich mit dem innigen Wunsche für das Wohl der Stadt Krefeld und mit dem herzlichsten Dank namens Ihrer Majestät der Kaiserin und in Meinem Namen für den wunderschönen und großartigen Empfang, den die Bürgerschaft in der Ausschmückung ihrer Stadt und in begeisterter Stimmung uns entgegengebracht hat.

20. Juni. (Württemberg.) Kammerbeschlüsse über Eisenbahntarife.

Die Zweite Kammer beschließt nach dreitägiger lebhafter Debatte mit 41 gegen 38 Stimmen, die Regierung zu ersuchen, sobald die Finanzlage sich bessere, eine allgemeine Bahntarifreform vorzunehmen, und als vorübergehenden Ausweg während der Uebergangszeit für die dritte Wagenklasse eine Grundtaxe von zwei Pfennig pro Kilometer ins Auge zu fassen. Ferner wird die Regierung ersucht, behufs alsbaldiger Verbilligung des Nahverkehrs tunlichst auf allen Staatsbahnstrecken lokale Züge mit besonderer Fahrtaxe von zwei Pfennig pro Kilometer für die dritte Klasse unter entsprechender Berücksichtigung der wirtschaftlichen Verhältnisse der einzelnen Gegenden und bedeutender Verkehrsplätze bei der Festsetzung der Fahrzeiten versuchsweise einzuführen, und in allen Zügen, mit Ausnahme der dem Durchgangsverkehr dienenden Schnellzüge, die erste Wagenklasse ganz eingehen zu lassen.

Juni. Die Presse über die Aachener Rede.

In einigen Berichten über die Rede heißt es, daß nach den Worten des Kaisers Papst Leo dem Generalobersten v. Loë gesagt habe, in Deutschland „allein" würde volle Duldung gegen Katholiken geübt. Dagegen führt die katholische Presse aus, daß in Holland z. B. die Religionsfreiheit für die Katholiken unbeschränkter als in Deutschland sei. In protestantischen Blättern wird betont, daß die päpstlichen Worte mit den Paritätsbeschwerden des Zentrums unvereinbar seien. Hierauf antwortet die „Kölnische Volkszeitung": „Wenn also der Heilige Vater wirklich gesagt haben sollte, das Deutsche Reich sei das Land, wo jeder Katholik ungestört und frei seinem Glauben leben könne, so ist das mit Einschränkung zu verstehen. . . . Es ist ja auch ganz unsinnig, zu denken, daß der Heilige Vater das Jesuitengesetz, das Klostergesetz, die Behandlung der Katholiken in Sachsen habe loben oder selbst nur unbeanstandet lassen wollen. Er hat dem Kaiser seine Anerkennung und seinen Dank aussprechen wollen dafür, daß es den Katholiken im Deutschen Reiche verhältnismäßig so gut geht, und dazu hatte er, wenn er seinen Blick über andere Länder schweifen ließ, alle Veranlassung. Daß der Kaiser, als er die Aeußerungen des Heiligen Vaters bekannt gab, damit beabsichtigt habe, die Beschwerden und Wünsche der Katholiken zum Schweigen zu bringen und ihnen mit Berufung auf das Zeugnis des Oberhauptes der Kirche jede Berechtigung abzusprechen, glauben wir nicht."

21. Juni. (Wesel.) Das Kaiserpaar nimmt teil an der Einweihung der wiederhergestellten Willibrordkirche. Der Kaiser hält folgende Ansprache:

Im Namen der Kaiserin und in Meinem eigenen Namen spreche Ich der treuen Stadt Wesel unsern herzlichsten, innigsten Dank für den Empfang aus, der uns hier bereitet wurde, für den Patriotismus, der uns aus Ihren Augen, Herzen und Kehlen entgegengeschlagen ist. Wenn Ich gekonnt, hätte Ich schon früher die Schritte zu Ihnen gelenkt. Denn in der Geschichte unseres Hauses und Landes hat Wesel einen hochklingenden Namen. Schwere Drangsale, bittere Jahre änderten an der Anhänglichkeit der Bürgerschaft nichts. Fest verwachsen mit Brandenburg-Preußen ist das Stück alternigen Preußentums, was wir hier sehen. Im vorigen Jahre entriß Mir Gottes Ratschluß die vielgeliebte Mutter. Auch in diesem Jahre legt sich der Schatten der Trauer auf diesen Tag. Denn soeben hat es Gott gefallen, den König von Sachsen, Majestät, abzuberufen, den letzten großen Heerführer aus der großen Zeit, den letzten Ritter des Großkreuzes des Eisernen Kreuzes, der mit hat aufrichten helfen das Deutsche Reich. Ein edles deutsches Herz hat aufgehört zu schlagen, dem deutsch über alles ging, ein Vorbild aller Regententugenden, der Vater seines Vaterlandes und seines Volkes, ein milder Herrscher von segensreichem Wirken ist dahingesunken. Es ist immer gut, daß wir Menschen daran erinnert werden, daß auch uns ein Ende beschieden ist. Der Blick auf die Kirche des heiligen Willibrord hat Mich mit hoher Freude erfüllt. Ich danke Gott, daß an dieser geweihten Stelle sich wieder Jubelpsalmen zu seiner Ehre erheben. Ich danke Gott, daß die Erinnerung an die große Zeit der Reformation in so würdiger Weise wieder hergestellt worden ist. Nun ergreife Ich den Pokal und wünsche von ganzem Herzen, daß Gottes Gnade Wesel und unser Land bewahren möge vor schwerer Prüfung und Drangsal, und daß es Mir vergönnt sei, den Frieden so zu erhalten, daß auch Sie an Ihrem Teil darin profitieren können, die Stadt in Ruhe sich entwickeln und vergrößern kann. Ich trinke auf das Wohlergehen und Bestehen der Stadt Wesel und ihrer Bürgerschaft!

21. Juni. (Hessen.) Die Zweite Kammer genehmigt die Reform des Wahlrechts. Es wird darin das direkte Wahlrecht und gegen den entschiedenen Widerspruch der Regierung die Wahlpflicht festgesetzt.

23. Juni. (**Kuxhaven.**) Ein Torpedoboot wird von einem Dampfer überrannt und sinkt sofort. Vier Mann ertrinken.

23. Juni. (**Bremen.**) Die Generalversammlung des „Norddeutschen Lloyd" genehmigt ein Abkommen mit den englischen und amerikanischen Schiffahrtsgesellschaften. (Vgl. S. 92.)

Die wichtigsten Bestimmungen sind: 1. Das Syndikat verpflichtet sich, weder direkt noch indirekt Aktien der deutschen Gesellschaften zu erwerben, ebenso übernehmen die deutschen Gesellschaften die Verpflichtung, sich des direkten oder indirekten Erwerbes von Aktien des Syndikats zu enthalten. 2. Um trotzdem den vertragschließenden Parteien ein direktes Interesse an den Ergebnissen ihrer Betriebe einzuräumen, haben sich die beiden deutschen Gesellschaften verpflichtet, dem Syndikate alljährlich denjenigen Anteil an ihrer Dividende auszuzahlen, welcher einem Besitze von mindestens 20 Millionen Mark in Aktien entsprechen würde. Diese Bestimmung ist zu einer Zeit vereinbart worden, als das Aktienkapital der beiden deutschen Gesellschaften je 80 Millionen Mark betrug. Für den inzwischen bekanntlich eingetretenen Fall einer Kapitalserhöhung ist dem Syndikat das Recht vorbehalten, die Summe, von welcher die ihm zukommende Dividende zu berechnen ist, bis auf 25 v. H. des Aktienkapitals zu erhöhen. Die Gegenleistung des Syndikats besteht darin, daß es sich verpflichtet hat, den beiden deutschen Gesellschaften an dem gleichen Betrag, also auf mindestens 20 Millionen Mark, eine Verzinsung von 6 v. H. aus den Mitteln des Syndikats zu vergüten. 3. Um ein ersprießliches Zusammenwirken der beiden Parteien herbeizuführen, ist beschlossen worden, ein Komitee einzusetzen, welches die Aufgabe hat, über die getreuliche Ausführung des geschlossenen Vertrages zu wachen, die ständige Fühlung zwischen den deutschen Gesellschaften und dem Syndikat aufrecht zu erhalten und über Angelegenheiten, die die gemeinsamen Interessen berühren, eine Verständigung herbeizuführen. Dieses Komitee soll aus zwei Mitgliedern des Syndikats und zwei Vertretern der deutschen Gesellschaften bestehen. 4. Die Vereinigung soll ein Schutz- und Trutz-Bündnis darstellen, das Syndikat und die beiden deutschen Gesellschaften verpflichten sich daher auch, einander beizustehen gegen Eingriffe fremder Konkurrenz. 5. Wenn eine der Parteien zeitweilig, um ihrem Verkehr zu genügen, mehr Schiffe braucht, als zu ihrer Verfügung stehen, so soll sie gehalten sein, ehe sie solche Schiffe von fremden Reedereien chartert, der anderen Partei das Vorrecht zu geben, solche Extradampfer ihr zu dem im Vertrage näher festgelegten Bedingungen zu überlassen. 6. Das Syndikat verpflichtet sich, ohne die Zustimmung der beiden deutschen Gesellschaften keines seiner Schiffe nach einem deutschen Hafen zu senden. Dagegen verpflichten sich die deutschen Gesellschaften zur Einhaltung gewisser Grenzen hinsichtlich ihres Verkehrs von den Häfen Großbritanniens. Diese Verpflichtungen verhindern jedoch nicht: a) die völlige Fortführung gegenwärtig schon bestehender Verbindungen. b) Die zukünftige Einbeziehung britischer Häfen für irgendwelche Verbindungen, wohin das Syndikat nicht selbst Linien von England aus unterhält. c) Die zukünftige Aufnahme britischer Häfen für die Linien der deutschen Gesellschaften nach Südamerika, Mexiko oder Westindien, selbst wenn das Syndikat dorthin von England aus Linien unterhält. 7. Gegen die für seine sämtlichen zwischen Großbritannien und Nordamerika verkehrenden Linien übernommene Verpflichtung des Syndikats, mit nicht mehr als zwei Schiffen wöchentlich in jeder Richtung einen französischen Hafen anzulaufen, verpflichten die deutschen Linien sich, wie bisher so auch fernerhin, mit ihren in der Fahrt nach und von Nordamerika beschäftigten Schiffen belgische Häfen nicht zu berühren und versprechen, daß jede von ihnen nicht mehr als 75mal im Jahre, ausgehend und ebensooft einkommend (insgesamt also nicht mehr als 300mal), ihre an der Fahrt nach und von Nordamerika beschäftigten Schiffe englische Häfen anlaufen lassen wird. Vermehren die deutschen Linien ihre Abfahrten aus französischen Häfen, was ihnen jederzeit freisteht, so ist auch das Syndikat berechtigt, eine im Verhältnis gleiche Vermehrung vorzunehmen. 8. Die Errichtung neuer Dampfschiffslinien oder die Ausdehnung einer bestehenden Verbindung, wenn sie so umfangreich ist, daß sie eine Verdoppelung der Zahl der Expeditionen darstellt, soll, ehe sie durchgeführt wird, Gegenstand einer Beratung des unter Ziffer 3 erwähnten Komitees bilden. Das Komitee ist nicht berechtigt, die Errichtung solcher neuer Verbindungen oder die Durchführung solcher Betriebsausdehnungen zu verhindern. Dagegen ist aber vereinbart worden, daß, wenn das Syndikat eine solche Ausdehnung oder die Errichtung einer neuen Linie vornehmen will, es gehalten ist, den deutschen Gesellschaften eine Beteiligung von einem Drittel daran zur Verfügung zu stellen. Die gleiche Verpflichtung übernehmen auch die deutschen Gesellschaften gegenüber dem Syndikate. Diese Beteiligung soll in der Form durchgeführt werden, daß die Partei, welche dieselbe in Anspruch nimmt, den dritten Teil des für die Erweiterung erforderlichen Kapitals mit 5 v. H. der unternehmenden Partei verzinst und dafür an dem Gewinn oder Verlust der bezüglichen Erweiterung zu einem Drittel beteiligt ist. Diese Bestimmungen beziehen sich jedoch nicht auf Küstenlinien und auf ähnliche kleinere Unternehmungen. 9. Das Nordatlantische Kajüts-Passage-Geschäft der beiden Parteien wird durch einen Sondervertrag, der die Herbeiführung eines Pools für diesen Geschäftszweig zum Gegenstande hat, geregelt. Für das Passage-Geschäft der dritten Klasse bleibt die Pool-Vereinigung bestehen, welche schon seit mehr als zehn Jahren zwischen den in Betracht kommenden Gesellschaften in Wirksamkeit ist. 10. Die Herbeiführung ähnlicher Vereinbarungen für das Frachtgeschäft ist über die schon bestehenden Verträge und über die in Absatz 4 vorgesehene gegenseitige Fürsorge hinaus vorläufig nicht in Aussicht genommen. 11. Im Falle von Differenzen, welche die Mitglieder des Komitees nicht unter sich zu schlichten vermögen, wird je nach der Natur des Streitpunktes entweder eine von den beiderseitigen Aufsichtsratskorporationen gewählte Kommission oder ein unparteiisches Schiedsgericht entscheiden. 12. Für die Dauer eines etwaigen Krieges zwischen Deutschland und den Vereinigten Staaten, Deutschland und England oder England und den Vereinigten Staaten tritt der Vertrag außer Kraft. 13. Der Vertrag ist auf die Dauer von 20 Jahren geschlossen. Es soll aber jeder Partei freistehen, nach dem Verlaufe von 10 Jahren eine Revision dieses Vertrages zu beantragen und wenn diese in zufriedenstellender Weise nicht erzielt werden kann, nach Verlauf eines weiteren Jahres sich von dem Kontrakte zurückzuziehen.

23. Juni. (Preußen.) Der Minister der öffentlichen Arbeiten v. Thielen tritt zurück. Er erhält den Schwarzen Adlerorden. Sein Nachfolger wird Generalmajor a. D. Budde, bisher Direktor der Loeweschen Gewehrfabrik. — Der Rücktritt Thielens war schon seit längerer Zeit in der Presse erörtert worden.

25. Juni. (Württemberg.) Beratung der Steuerreform. Sowohl die Staats- wie die Gemeindesteuern sollen einer tief-

greifenden Umänderung unterzogen werden. Für die Staatssteuern bedeutet die Einführung einer allgemeinen progressiven Einkommensteuer mit einem Existenzminimum von 500 bezw. 800 Mark bei Ledigen bezw. Verheiraten und einer Steigung von 4¼ Prozent bei 100000 Mark Jahreseinkommen die wichtigste Neuerung. Dafür kommt die Dienst- und Berufseinkommensteuer in Wegfall, die Kapitalsteuer wird ermäßigt und die Grund-, Gebäude- und Gewerbesteuer vorläufig in einem um ein Drittel niedrigeren Satze beibehalten, um nach sechs Jahren einer eventuellen Vermögenssteuer Platz zu machen. Die Gemeindesteuerreform befaßt sich in der Hauptsache mit der Anpassung an die neuen Staatssteuern und gibt namentlich den Gemeinden ein höheres Besteuerungsrecht der Einkommen.

26. Juni. (Hessen.) Die Zweite Kammer genehmigt einstimmig den Gesetzentwurf betr. die Wohnungsfürsorge für Minderbemittelte.

Das Gesetz sieht die Schaffung einer Wohnungsinspektion, die nicht als ein Organ der Polizeiaufsicht, sondern als Wohlfahrtspflege gedacht ist, sowie die Förderung der Erbauung von Wohnungen für Minderbemittelte vor. Wie seitens der Regierung hervorgehoben wird, soll dies ein Versuch sein, die Schäden des Alkohols, der Tuberkulose u. s. w. im Interesse des Volkswohles zu verhüten und so der Allgemeinheit zu dienen. — Die Erste Kammer stimmt zu.

27. Juni. (Hessen.) Die Zweite Kammer genehmigt gegen die Stimmen der Sozialdemokraten eine Vorlage über Regelung des kirchlichen Eigentumsrechts.

Die wichtigsten Bestimmungen sind: Gebäude, welche gottesdienstlichen Zwecken gewidmet sind, wie Kirchen, Kapellen, Bethäuser oder Pfarrhäuser und ebenso das die Kirche umgebende Gelände, die zum Pfarrhause gehörigen Hofreiten und Hausgärten, die Glocken und sonstigen Zubehörstücke, welche bisher im Eigentum der bürgerlichen Gemeinde stehen oder auf den Namen der bürgerlichen Gemeinde im Grundbuch eingetragen sind, gehen in das Eigentum der betreffenden Kirchengemeinde über, wenn letztere vor der Zeit, in welcher das Grundbuch als angelegt gilt, mit Genehmigung des Kreisamtes und der höheren Kirchenbehörde den Eigentumsübergang beantragt und binnen drei Monaten von Zustellung des Antrages kein Widerspruch erfolgt. Erfolgt kein Widerspruch, so wird die Eigentumsbescheinigung erteilt; im Falle eines Widerspruches ist der Klageweg zu beschreiten. Mit dem Eigentum geht auch die aus ihm entspringende Baulast auf die Kirchengemeinde über. Den Gemeinden wird durch eine besondere Bestimmung an den Kirchen diejenige Rechte gesichert, die sie in Bezug auf Kirchtürme, Glocken, feuerpolizeiliche Lokale u. s. w. zu allgemeinen Gemeindezwecken haben. („Köln. Volksztg.")

28. Juni. (Berlin.) Der Dreibund wird in unveränderter Form erneuert. Reichskanzler Graf Bülow und die Botschafter Graf Szögyeny und Graf Lanza unterzeichnen das Vertragsinstrument.

28. Juni. (Württemberg.) Die Zweite Kammer genehmigt mit 70 gegen 2 Stimmen die Einkommensteuervorlage und lehnt es mit 47 gegen 34 Stimmen ab, der Ersten Kammer im Budgetrecht Konzessionen zu machen.

Ende Juni. Preßdebatten über das persönliche Regiment.

Durch die Presse geht die Nachricht über eine Unterhaltung des Kaisers mit den Ehrenjungfrauen bei seinem Aufenthalt in Krefeld (S. 115). Der Kaiser sagte, er freue sich über die schönen Mädchengestalten und die reizenden Krefelder Gesichter. Dann fragte er, wie oft die Damen tanzten und ob auch die Leutnants viel mit ihnen tanzten. Als die Damen erwiderten, in Krefeld gebe es keine Leutnants, sagte der Kaiser launig, dann wolle er ihnen welche herschicken.

Diese Aeußerung wird namentlich von den „Hamburger Nachrichten" und der „Freisinnigen Zeitung" kritisiert; sie zeige, daß die politischen Angelegenheiten nicht nach sachlichen Motiven, sondern nach persönlichen Regungen geleitet würden. Diese Anschauung wird vielfach verspottet, die „Berliner Politischen Nachrichten" führen aus, daß die Verlegung des Düsseldorfer Husarenregiments nach Krefeld längst erwogen worden sei.

Ende Juni. (Bayern.) Konflikt der Universität Würzburg mit der Unterrichtsverwaltung.

Am 26. Juni wird in der Abgeordnetenkammer ein Konflikt zwischen den Würzburger Professoren Chroust und Brenner erörtert. Dabei erklärt Kultusminister v. Landmann: Es ist bedauerlicherweise zu einem Beleidigungsprozeß zwischen den Professoren Chroust und Brenner gekommen. Das Ministerium hat wiederholt den Versuch gemacht, diese Sache auszugleichen, der Versuch ist aber nicht gelungen, und nunmehr haben sich die Herren gegenseitig verklagt. Als Behelf für diesen Beleidigungsprozeß wünscht nun Chroust gewisse Schriftstücke herauszubekommen. Nachdem ihm die Herausgabe verweigert worden war, hat er seinen Rechtsanwalt zu Hilfe genommen. Darüber ist natürlich im Senat eine sehr gereizte Stimmung entstanden und am Schlusse des Senatsberichtes ist nun allerdings die Meinung ausgesprochen, daß die Schuld an dieser leidigen Angelegenheit auf seiten des Professor Chroust liegt, wenn auch nach Ansicht einiger Senatsmitglieder seine durch die kurz vorher spielenden Vorkommnisse verursachte Gereiztheit als mildernder Umstand in Betracht kommt. Nach der Ueberzeugung des akademischen Senates sei durch die Art und Weise, wie Professor Chroust gegen Professor Förster, gegen die philosophische Fakultät und den Senat vorgegangen ist, das Interesse der Korporation schwer geschädigt und ein gedeihliches Zusammenwirken an unserer Universität für die Zukunft ausgeschlossen. Nun, meine Herren, ich nehme an, daß dieser Senatsbericht vielleicht doch noch eine Korrektur erfahren wird. Der Senatsbericht ist erst veranlaßt worden, wie ich bereits erwähnt habe, dadurch, daß Chroust dem Senat mittelst eines Rechtsanwaltes zu Leibe gegangen ist, den in Privatleben unter Umständen schmerzlich empfunden wird, so auch von einer Korporation.

Hierauf überreicht der Senat der Universität Würzburg dem Kultusministerium folgenden Beschluß (28. Juni):

Das vorgesetzte Staatsministerium hat in der Streitsache Chroust dem Senat der kgl. Universität Würzburg in öffentlicher Kammerverhandlung Befangenheit und Mangel an Objektivität vorgeworfen. Wir protestieren gegen diese durch nichts gerechtfertigten, vielmehr mit der Aktenlage in direktem Widerspruch stehenden Anklagen. Angesichts solcher Vorwürfe können wir es nicht mehr mit unserer Ehre vereinbaren, die Geschäfte der Universität weiter zu führen, und bitten daher um Enthebung von unserem Amte im Senat.

Gez.: M. v. Schanz, v. Burckhard, G. Schanz, Hofmeier, v. Frey, Stöhr, Voß, Meurer, Wilden, Brenner.

29 Würzburger Professoren sprechen in einer Adresse dem Senat ihre Zustimmung zu diesem Schritt aus; 17 unterzeichnen die Adresse nicht.

Am 9. August wird die Protesterklärung des Senats vom Ministerium nach Form und Inhalt als ungehörig erklärt und das Rücktrittsgesuch abgelehnt.

29. Juni. (Bonn.) Rede des Generaloberst v. Loë über Konfessionalismus, Stellung des Vatikans zu Deutschland, die französische Armee.

Bei einem Fest zur Feier des 25jährigen Regierungsjubiläums des Papstes bespricht Generaloberst v. Loë die Preßäußerungen zu der Aachener Rede des Kaisers (S. 111) und führt aus: Seine Majestät hat vor wenigen Monaten die Gnade gehabt, mich zum zweitenmale als allerhöchst seinen Botschafter zur Ueberbringung seiner Glückwünsche an den Heiligen Vater nach Rom zu senden. Beide Sendungen entspringen dem Vertrauen meines kaiserlichen Herrn, mit welchem mich drei Kaiser hintereinander begnadet haben. Sie verschafften mir die Ehre, die verehrungswürdige, edle, hochbedeutende Persönlichkeit des Heiligen Vaters aus nächster Nähe kennen zu lernen und das Glück, mir auch sein Vertrauen erworben zu haben. Es ist seitdem ein Ziel meines Ehrgeizes, mich des beiderseitigen Vertrauens — meines kaiserlichen Herrn und des Heiligen Vaters — würdig zu zeigen, ein Ziel, welches mit meiner Vaterlandsliebe nicht allein vollkommen vereinbar, sondern eine Pflicht ist. Weshalb, ist für jeden vorurteilsfreien und einsichtigen Patrioten klar. Ich habe neulich in einer Ansprache an meine alten Husaren an den denkwürdigen Ausspruch des unvergeßlichen Reichskanzlers, des Fürsten Bismarck, erinnert: „Wir Deutsche fürchten niemanden außer Gott." Der Ausspruch ist heute wahr und wird es bleiben, aber nur unter der Voraussetzung, daß wir den deutschen Erbfehler, die elenden konfessionellen Zänkereien, unterlassen, und daß wir alle ohne Unterschied des religiösen Bekenntnisses treu zusammenhalten — Protestanten, Katholiken und Israeliten. Meine Herren, ich nenne von dieser Stelle die Israeliten mit Vorbedacht, weil ich weiß, daß ich damit im Geiste des Stifters unserer heiligen Religion spreche, welcher das Vorbild der Duldsamkeit ist, im Sinne meines kaiserlichen Herrn, welcher sich in seiner prachtvollen Rede Gott sei Dank unter das Kreuz gestellt hat, im Sinne des Heiligen Vaters, welcher in seiner hohen christlichen Auffassung alle Andersgläubigen, die ehrlich sind, mit derselben Liebe und Achtung umfaßt. Ich nenne die Israeliten aber nicht allein als Christ, ich nenne sie auch als Soldat, denn ich finde nun einmal in dem christlichen und dem Soldatenkatechismus keine Widersprüche. Von diesem Standpunkte und in diesem Sinne habe ich vor vierzehn Tagen in diesen Räumen zu meinen alten Husaren gesprochen. Protestanten, Katholiken und Israeliten, denn auch die letztgenannten hatten sich im stolzen Bewußtsein ihrer Regimentsangehörigkeit zu meiner Freude hier zusammengefunden. Ja, wahrhaftig, zu meiner Freude! denn unter ihnen befindet sich einer der tapfersten Husaren des Feldzuges, ein Bonner Kind. Auch er lebt unter dem Zeichen des Kreuzes, denn er ist für seine Tapferkeit mit dem Eisernen Kreuze geschmückt, und ich drücke ihm bei jeder Begegnung die Hand, weil ich ihn hochachte. Wie ich nachträglich vernommen, sollen meine damaligen Worte bei einigen Zeloten Aergernis erregt haben, namentlich meine Berufung auf den Heiligen Vater. Wenn dies wahr ist, so muß ich mich mit dem Gedanken trösten, daß die Eiferer wahrscheinlich zu jung sind, um den Krieg gesehen zu haben und deshalb die Soldatensprache nicht verstehen. Wenn Seine Majestät der Kaiser sein Volk wieder zu den Fahnen rufen sollte, so weiß ich, daß seine Soldaten ihm alle ohne Unterschied des religiösen Bekenntnisses mit derselben Freudigkeit folgen werden wie damals die Väter seinem Großvater. Dafür, meine Herren, bürgt die Persönlichkeit des Kaisers, wie sie sich zuletzt in Aachen vor der ganzen Welt gezeigt hat. Die Antwort des Kaisers auf die Ansprache des Stiftspropstes und des Oberbürgermeisters hat seinen Besuch in Aachen zu einem weltgeschichtlichen Ereignisse gestempelt. Der Eindruck, welchen die mächtigen Worte des Kaisers auf die im Rathaussaale versammelten Zuhörer hervorbrachten, ist unbeschreiblich. Ich kann Ihnen versichern, meine Herren, ich habe in meinem Leben vielen weltgeschichtlichen Momenten beigewohnt, aber ich erinnere mich keines, welcher die Begeisterung der Anwesenden zu einer solchen Höhe steigerte wie die Kaiserrede in Aachen. Diese Begeisterung hat begreiflicherweise sich über ganz Deutschland verbreitet, sie hat alle Kreise der Nation ergriffen. Dagegen verschwindet die kleinliche Kritik, die ängstlichen Bedenken, mit welcher engherzige konfessionelle Polemik an der herrlichen Kaiserrede zu nörgeln versucht. Da wurde einerseits an der zuverlässigen Wiedergabe der päpstlichen Aeußerungen gezweifelt, für welche es doch keine andere Bürgschaft als das Gedächtnis des Generals v. Loe gebe, andererseits die Besorgnis ausgesprochen, der Kaiser könne sich zu weit mit dem Papste einlassen und sich von seinem festen protestantischen Standpunkte aus etwas vergeben haben. Endlich ist versucht worden, die Erklärung des Papstes zu einer Waffe im politisch-konfessionellen Kampfe zu benutzen. Mögen sie sich beruhigen, die Zweifler, Nörgler und Streiter. Alle diese Bedenken und Gefahren existieren nur in der Einbildungskraft der Kritiker. Das selbstbewußte Friedenswort des Kaisers bleibt unangetastet. Es wird segensreich fortwirken. Daß der Heilige Vater die Persönlichkeit des Kaisers, seine Gerechtigkeit gegen seine katholischen Untertanen, die geordneten staatlichen und kirchlichen Verhältnisse in Preußen rückhaltlos lobend anerkannt hat, dafür bürgt Seiner Majestät die Berichterstattung seines Gesandten während zweimaliger Sendung und das Soldatenwort seines Generals. Damit werde ich mich bescheiden. Daß ich damit nicht habe aussprechen wollen, der Papst fände nun alles nach seiner Ansicht für die Katholiken in Deutschland gut bestellt, und er sei infolgedessen nicht mehr berechtigt, irgend einen Wunsch auszusprechen, das bedarf wohl kaum der Erwähnung. Der Vatikan hat auch in Deutschland noch eine Anzahl von Wünschen, die ich Seiner Majestät pflichtgemäß berichtet habe. Es bleibt die Aufgabe der deutschen Regierung, sie zu prüfen und zu überlegen, inwieweit sich ihre Erfüllung mit den Staatsinteressen verträgt. Jedenfalls ist das freundliche Verhältnis zwischen Kaiser und Papst, wie es heute besteht, ein nützlicher Faktor für die sachgemäße Erledigung dieser Fragen. Hoffen wir, daß das Verhältnis in so günstiger Weise bestehen bleibt. Der bei meiner ersten Sendung empfangene Eindruck der allumfassenden Menschenliebe und Milde des Papstes, seiner hohen menschlichen und staatsmännischen Begabung, seiner unerschütterlichen Aufrichtigkeit und strengen Wahrhaftigkeit, seines Gottvertrauens in die Zukunft der Kirche und der unter Gottes Schutze stehenden Menschheit ist bei meiner zweiten Sendung zehnfach gesteigert worden. Ich werde nie die herzlichen Worte vergessen, als der Heilige Vater mich in seiner Antwort auf meine Ansprache am 6. März den „Familiengesandten" (ambassadeur de famille) zwischen dem Heiligen Stuhle und Deutschland nannte. Das Ziel meines Ehrgeizes, im Sinne meines Kaisers zum Besten meines Vaterlandes und meiner deutschen Glaubensgenossen der Träger guter Beziehungen zwischen dem Kaiser und dem Papste zu sein, ist durch meinen persönlichen Verkehr mit dem Heiligen Vater wesentlich befestigt worden. Niemand, ob Katholik oder Andersgläubiger, kann sich dem Zauber seiner Persönlichkeit entziehen. Der hochbegabte, mir treu ergebene Begleiter, den mir der Kaiser auf meine Bitte für meine zweimalige Sendung jedesmal beigegeben hat, der General v. Hausmann, ist Protestant, aber er sagte mir nach unserer ersten Audienz, die Erscheinung des ehrwürdigen Greises habe einen solchen Eindruck auf ihn gemacht, daß die ungewohnten, durch die Etikette vorgeschriebenen Formen äußerer Ehrfurcht ihm ganz natürlich vorgekommen seien. Das ist der Eindruck, den jeder gebildete, ideal beanlagte Mensch, wes Glaubens und welcher Nationalität er immer sei, vom Heiligen Vater empfangen wird. Es bleibt mir nun noch übrig, einen Zweifel zu erledigen, welchen die Kritiker entgegengesetzter Parteistellung ganz ungerechtfertigterweise in der Kaiserrede gefunden haben. Es handelt sich um die Frage, ob nach den Aeußerungen des Kaisers in Aachen der Papst seine Anerkennung der Glaubensfreiheit für die Katholiken durch den Zusatz des Wortes „allein" nur auf Deutschland beschränkt habe. Der Zusatz würde, wenn er vom Kaiser wirklich zitiert worden wäre, im Munde des Papstes einen Vorwurf gegen alle übrigen europäischen Staaten bedeuten, welchen ich vom Heiligen Vater nicht vernommen habe. Ich muß aber gleichzeitig erklären, daß ich, der ich in Aachen während der Rede Seiner Majestät am nächsten stand, das Wort „allein" von Seiner Majestät nicht gehört habe. Dieses Wort findet sich auch nicht in der offiziösen Wiedergabe der Kaiserrede. Ich bin also berechtigt, anzunehmen, daß weder mein Gehör noch mein Gedächtnis mich im Stiche gelassen hat, wenn ich behaupte, daß der Kaiser dieses Wort nicht gesprochen hat. Uebrigens ist der Zeitungsstreit, ob der Kaiser das Wort „allein" in seiner Rede gebraucht hat oder nicht, vollkommen müßig. Die Tatsache ist unbestreitbar, daß Preußen in Bezug auf die Glaubensfreiheit seiner Bewohner fast allen Staaten voransteht. Daß dieser Vorzug ganz besonders im Vergleiche mit dem katholischen Frankreich gilt, ist weltkundig und wird auch im Vatikan bereitwillig anerkannt. Welchen Eindruck die Aachener Rede auf die religiös gesinnten Franzosen gemacht hat, ist mir in den letzten Tagen aus zuverlässiger Quelle bekannt geworden. Die gläubigen Franzosen bewundern rückhaltlos die Kaiserrede in Aachen, allerdings nicht ohne ernste Betrachtungen über die Maßregeln anzustellen, welche ihre eigene Regierung auf dem religiösen Gebiete namentlich auch in der Armee ergreift. Ich bin nicht im stande, aus der Ferne mir ein Urteil über das Verfahren des französischen Oberkommandos zu bilden. Sollte dasselbe geeignet sein, die Einigkeit in dem ehrenwerten französischen Offizierkorps zu schädigen, das Vertrauen in die militärische Unparteilichkeit der Kommandobehörden zu mindern, so würde ich dies im Hinblick auf die Tüchtigkeit einer Armee bedauern, deren glänzende Tapferkeit, deren große militärische Eigenschaften ich auf manchem Schlachtfelde bewundert habe. Wir Deutsche haben keine Veranlassung, die gesunde militärische Entwicklung der französischen Armee, welche General Galliffet als Kriegsminister bewunderungswürdig gefördert hat, zu fürchten. Im Gegenteil! Jeder Soldat ohne Unterschied der Nationalität müßte sich freuen, einen ruhmbedeckten, kriegserfahrenen General an der Spitze dieser großen Armee zu sehen, welcher als Erziehungsprinzip die Disziplin über die Politik stellte. Ich weiß, daß mein Kaiser, welcher für uns das Vorbild soldatischer, ritterlicher Denkungsart ist, meine Anschauungsweise billigt, und deshalb spreche ich sie hier aus. Zu diesem Seitenblick auf französische Zustände, namentlich auf religiösem Gebiete, hat mich die Erinnerung an mehrfache Unterredungen mit dem Kardinal Rampolla während meines Aufenthaltes in Rom geführt. Der Kardinal, der mein Interesse für die französische Armee vollkommen teilt, hat keinen Anstoß genommen, mir einzugestehen, daß dank der Weisheit und Gerechtigkeit unserer Regierung, speziell Seiner Majestät des Kaisers, unsere kirchlichen Zustände hoch über den französischen stehen. Uebrigens hat es mir in Rom zu besonderer Befriedigung gereicht, mit diesem hochbefähigten, einsichtsvollen, billig denkenden Staatsmanne in vielen Punkten soweit übereinzustimmen, als die mannigfache Verschiedenheit unseres politischen Standpunktes nur irgendwie zuließ. Mit Freuden habe ich bestätigt gefunden, daß der Kardinal sich in der Verehrung für Seine Majestät den Kaiser, in der Wertschätzung dessen Freundschaft für die Person Leos XIII., in der Anerkennung der kaiserlichen Gerechtigkeit für die deutschen Katholiken im vollen Einklange mit dem Heiligen Vater befindet. Wenn selbstverständlich in unseren häufigen, eingehenden, von gegenseitigem Vertrauen getragenen Unterredungen hier und da prinzipiell unlösbare Ansichtsverschiedenheiten zu Tage traten, so muß ich dankbar anerkennen, daß der Kardinalstaatssekretär auch in diesen Fällen ein taktvolles Verständnis für die Verschiedenheit meines Standpunktes zeigte. Das trat in besonders anerkennenswerter Weise in einem Falle hervor, welcher bis jetzt oft die Veranlassung zu peinlichen Mißverständnissen geboten hat. Als ich dem Kardinal am Schlusse meiner Mission in loyaler Weise meinen Entschluß erklärte, unter Wahrung der Rücksichten auf den Vatikan auch die Rücksichten gegen den König von Italien, den unerschütterlich treuen Bundesgenossen meines Kaisers, zu erfüllen, da zeigte Seine Eminenz bei sehr begreiflicher eigener Zurückhaltung und unter voller Wahrung der Würde des Vatikans sein Verständnis für meine Pflicht in so taktvoller Weise, daß ich nach meiner Rückkehr aus Süditalien nach Rom meine Ehrfurcht dem königlichen Hofe mit dem Bewußtsein bezeugen konnte, die Rücksichten gegen den Vatikan, bei welchem ich nicht mehr beglaubigt war, nicht verletzt zu haben.

Die Rede wird vielfach kommentiert, insbesondere wird die Stelle über die französische Armee als Entgleisung bezeichnet.

29. Juni—2. Juli. (München.) Kongreß der christlichen Gewerkschaften Deutschlands. Es wird beschlossen, eine Organisation der ländlichen Arbeiter vorzubereiten.

30. Juni—3. Juli. (Düsseldorf.) Internationaler Binnenschiffahrtskongreß.

30. Juni. (Preußen.) Landwirtschaftsminister v. Podbielski veröffentlicht eine Denkschrift über Maßregeln zur Entschuldung des ländlichen Grundbesitzes.

Es wird darin einiges mitgeteilt über die von der Kreditkommission der preußischen Landwirtschaftskammern auf Grund eingehender Beratungen der Regierung unterbreiteten Vorschläge, welche die Regierung dann einer Versammlung sachverständiger Vertrauensmänner aus den verschiedensten Gebieten der Monarchie vorgelegt hat. Das Ergebnis dieser Erörterungen wird in der Denkschrift zusammengefaßt. „Man war der Meinung, daß es sich bei einem staatlichen Eingreifen wohl nur um Notstandsmaßregeln handeln könne, die einstweilen für einen bestimmten Zeitraum von vielleicht 10 Jahren vorzusehen seien. Die in das Entschuldungs-Verfahren einzubeziehenden Besitzungen wären auf die den Landwirtschaftskammern angeschlossenen selbständigen Besitzungen zu beschränken dergestalt, daß innerhalb jeder Provinz der Betrag des Grundsteuer-Reinertrages, von welchem der Anschluß an die Landwirtschaftskammer abhängig ist, den Kreis der in Betracht kommenden Besitzungen nach unten hin begrenzen würde. Auch wären nur solche Besitzungen zu berücksichtigen, deren Bodenwert durch die Verschuldung noch nicht überschritten ist, diese aber möglichst auch dann, wenn die Bodenrente durch die Schuldenzinsen u. s. w. bereits erschöpft sein sollte. Zur Erreichung des angestrebten Zieles sei die Ablösung der hinter der landschaftlichen Beleihungsgrenze eingetragenen Hypotheken (Nachhypotheken) ins Auge zu fassen, die zu diesem Zweck in unkündbare Amortisations-Hypotheken zu verwandeln wären. Dieser Weg wäre indes nur gangbar, wenn die Landschaften oder sonstigen öffentlichen Kreditinstitute sich bereit finden würden, in geeigneter Weise mitzuwirken. Die Ablösung wäre nicht allgemein und obligatorisch vorzuschreiben; es müßte vielmehr dem einzelnen Grundbesitzer überlassen bleiben, ob er von der Befugnis zur Ablösung Gebrauch machen wolle oder nicht. Ueber die Einführung einer obligatorischen Verschuldungsgrenze heißt es in der Denkschrift: Daß eine solche Einführung zur Zeit ernstlich nicht in Betracht kommen könne, wohl aber die gesetzliche Einführung einer fakultativen Verschuldungsgrenze. Diese könne so erfolgen, daß jedem Grundbesitzer die Möglichkeit gegeben würde, durch eine Erklärung beim Grundbuchamt seinen Grundbesitz einer Verschuldungsgrenze zu unterwerfen, so daß die Belastung des Grundbesitzes über eine bestimmte Wertgrenze, etwa zwei Drittel des landschaftlichen u. s. w. Tagwerts, hinaus in Zukunft ausgeschlossen wäre. Die Einleitung des die Nachhypotheken betreffenden Ablösungsverfahrens würde alsdann davon abhängig zu machen sein, daß der betreffende Grundbesitzer die Eintragung dieser Verfügungsbeschränkung (bei der Nachhypothek) herbeiführt. Eine solche Vorschrift könnte gemäß Artikel 117 Absatz 1 des Einführungsgesetzes zum Bürgerlichen Gesetzbuch im Wege der Landesgesetzgebung getroffen werden. Ferner wird in der Denkschrift erwogen, ob nicht ohne Eingreifen der Gesetzgebung die erforderliche Sicherung gegen Neuverschuldung des von den Nachhypotheken befreiten Grundbesitzes auch durch bloße vertragsmäßige Vereinbarungen zwischen dem Schuldner und der ablösenden Stelle erreicht werden könnte. In Betracht gezogen wird in der Denkschrift eine Vertragsabmachung, wonach der Grundbesitzer sich dem ablösenden Institut gegenüber verpflichtet, bei etwaiger Neuverschuldung seines Grundbesitzes nur noch unkündbaren Amortisationskredit aufzunehmen. Die hierdurch entstehende Krediterschwerung wird nicht allzu hoch angeschlagen. Ferner wird zu erwägen gegeben, ob sich nicht an Stelle einer solchen Vertragsbestimmung folgendes Verfahren empfiehlt: Bei Aufnahme des behufs Schuldentlastung zu gewährenden Darlehns ist vertragsmäßig festzustellen, daß dieses Darlehen sofort fällig und vollstreckbar wird, wenn a) über das verpfändete Grundstück die Zwangsversteigerung eingeleitet wird, oder b) hinter dem Darlehn eine andere Hypothek oder Grundschuld eingetragen wird. Bei Abwägung der Gesichtspunkte, welche für und gegen die Einführung einer gesetzlichen oder vertragsmäßigen Verschuldungsgrenze und die Eingehung von Verträgen sprechen, würde in Betracht zu ziehen sein, ob nicht durch die erforderlichen Eintragungen im Grundbuche der Verkaufswert des Guts bedenklich herabgedrückt und die finanzielle Bewegungsfreiheit des Schuldners beeinträchtigt werden würde, und ob diese Nachteile durch die Vorteile der Ablösung, die im wesentlichen in einer Ermäßigung des Zinssatzes und in der Unkündbarkeit der Ablösungsschuld bestehen würden, aufgewogen werden. Es sei ferner zu bedenken, daß der Schuldner durch die Eintragung der Verschuldungsgrenze u. s. w. unter Umständen auf den Weg des Personalkrebits verwiesen werde. Wenngleich auch durch die zunehmende Verbreitung des landwirtschaftlichen Genossenschaftswesens, durch die Sparkassen u. s. w. im allgemeinen für eine ausreichende Organisation des Personalkredits gesorgt sein dürfte, so bleibe doch zu erwägen, ob diese Kreditquellen dem Schuldner einen genügenden Ersatz für die Beschränkung seines Realkredits gewähren würden.

1. Juli. (Eckernförde.) Zusammenkunft des Kaisers mit dem Thronfolger von Rußland.

3. Juli. (Hessen.) Die Zweite Kammer genehmigt mit 32 gegen 4 Stimmen die Wahlreform. Bis zum 31. Dezember 1907 soll das geltende Wahlgesetz noch in Kraft bleiben.

3. Juli. (Reichstagswahl.) In der Ersatzwahl in Bayreuth erhält Hugel (Soz.) 5498, Hagen (nl.) 3911, Feustel (Bd. b. Ldw.) 3286, Günther (fr. Vp.) 1164 Stimmen. In der Stichwahl am 11. Juli wird Hagen mit 8543 gegen Hugel mit 7623 gewählt.

3. Juli. (Baden.) Die Zweite Kammer genehmigt mit 33 gegen 22 (nationalliberale) Stimmen eine Resolution des Zentrums auf Zulassung von Männerklöstern.

Die Regierung erklärt über die Frage, daß sie auf dem Boden des Gesetzes vom 8. Oktober 1860 stehe. Zu Beginn der Session, sowie während ihres Verlaufs seien Anträge auf Genehmigung der Zulassung von Männerorden durch die Kurie eingegangen. Eine Entschließung der Regierung sei noch nicht erfolgt, da es noch eingehender Erwägung bedürfe, unter welchen Voraussetzungen dem Wunsche der kirchlichen Behörde entsprochen werden könnte. Verhandlungen mit der Kurie selbst schwebten im gegenwärtigen Augenblick nicht. — Die nationalliberale Partei beginnt eine lebhafte Agitation gegen die Zulassung, auch katholische Kreise beteiligen sich nach Berichten liberaler Blätter. — Die meisten Professoren der drei Hochschulen richten eine Petition an den Großherzog gegen die Zulassung.

4. Juli. (Sachsen.) Der Landtag tritt aus Anlaß des Thronwechsels zusammen. — Die Zivilliste wird von 3052300 Mark auf 3550000 Mark erhöht.

4. Juli. Die „Norddeutsche Allgemeine Zeitung" schreibt über die gefangenen deutschen Burenkämpfer:

Die englische Regierung hat die zuständigen Kolonialbehörden angewiesen, den kaiserlichen Konsuln in Colombo, St. Helena, Hamilton (Bermuda) und Bombay diejenigen deutschen Gefangenen, welche auf eigene Kosten heimzukehren wünschen, zur Verfügung zu stellen. Die kaiserlichen Konsuln haben den Auftrag erhalten, diesen Gefangenen tunlichst behilflich zu sein. Nach den vorliegenden Nachrichten befinden sich in den Gefangenenlagern auf Ceylon 110, auf St. Helena 72, auf den Bermudas-Inseln 23 und in der Umgegend von Bombay, soweit bis jetzt ermittelt, etwa 40 Deutsche. Außerhalb dieser Konsularbezirke befinden sich keine deutschen Gefangenen.

4. Juli. (Baden.) Wahlreform. (Vgl. S. 54.)

Die Zweite Kammer genehmigt einen Antrag der Verfassungskommission, der für die Zweite Kammer an Stelle des indirekten Wahlverfahrens das direkte vorschlägt und an Stelle der halben Erneuerung der Kammer eine Gesamterneuerung, die alle vier Jahre stattzufinden hätte. Staatsminister v. Brauer erklärt, daß die Regierung nicht mehr unbedingt an dem indirekten Wahlrecht festhalte. Die Regierung werde dem nächsten Landtag einen Gesetzentwurf vorlegen, der unter gewissen Voraussetzungen das direkte Wahlrecht bringe und mit dem auch eine Reorganisation der Ersten Kammer verbunden sei. — Staatsminister v. Schenkel führt als solche Voraussetzungen an: Proporz in den großen Städten, längerer Aufenthalt des Wählers am Ort der Wahl, Zensus und Listenwahl für die zu bildenden großen Wahlbezirke mit den verschiedenen Verbänden wie Landwirtschafts-, Handels- und Handwerkskammer, Kreise u. s. w. als Wahlkörpern und Verstärkung des Budgetrechts der Ersten Kammer. — Diese Mitteilung wird im Parlament und der Oeffentlichkeit mit lebhaftem Widerspruch aufgenommen.

7. Juli. (Posen.) Es wird folgendes Schreiben der polnischen Mitglieder des Provinziallandtags an den Oberpräsidenten v. Bitter veröffentlicht, worin diese die Beteiligung an der Feier während der bevorstehenden Anwesenheit des Kaisers in Posen ablehnen:

Excellenz! Da es sicher zu sein scheint, daß während der bevorstehenden Anwesenheit des Kaisers auch den Provinzialständen die hohe Ehre zu teil werden soll, Se. Majestät den Kaiser und König im Ständehause in Posen zu begrüßen, fühlen wir uns, um später nicht vielleicht in die Allerhöchsten Dispositionen Verwirrung zu bringen, verpflichtet, schon heute Ew. Excellenz nachstehende Erklärung vorzulegen. Durch die neuen gesetzgeberischen Maßnahmen gegen die Polen sowie durch den uns aus dem Munde Sr. Majestät gemachten, tief von uns empfundenen Vorwurf sehr betrübt, können wir nicht mit freudigem Ermessen vor das Angesicht unseres allergnädigsten Kaisers und Königs treten. Wir würden im Falle unserer Anwesenheit durch unsere Trauer nur die Fröhlichkeit der Feier trüben. Darum sehen wir uns gezwungen, Ew. Excellenz zu bitten, unsere Abwesenheit an allerhöchster Stelle rechtfertigen zu wollen. Ungeachtet aller Maßnahmen, deren Zweck unsere nationale und materielle Hintansetzung auf vaterländischem Boden ist, ja noch mehr, welche sogar die Herzen unmündiger Kinder zum Tummelplatz politischer und religiöser Kämpfe gewählt haben, wollen wir eingedenk der Gebote Gottes Sr. Majestät des Kaisers und Herrn getreue Untertanen sein. Da wir uns in unserem Verhältnisse sowohl dem Staate als auch der allerhöchsten Person des Monarchen gegenüber keiner Schuld bewußt sind, da wir die uns zugeschriebene Absicht, uns loszureißen oder den Bestand der Monarchie zu ändern, als grundlose Verleumdung mit Entrüstung zurückweisen, darum warten wir vertrauend auf die Allmacht des allerhöchsten Leiters der menschlichen Geschicke, sowie auf den wiederholt konstatierten Scharfsinn des allergnädigsten Herrn, mit voller Bestimmtheit auf die Stunde, in welcher der künstliche Dunst, der uns umgeben hat, zerfließen und die Reinheit unseres Denkens als Staatsbürger und Untertanen vor den Augen des Kaisers und Königs erstrahlen wird. Dann werden wir endlich in der heute von uns gewünschten Lage sein, wo wir getreu unserer Kirche, getreu unserer Nationalität, bei der wir verharren wollen bis zum letzten Atemzuge, im stande sein werden, Sr. kaiserlichen Majestät, unserm allergnädigsten Herrn, nicht nur Treue darzubringen, wie jetzt, sondern auch aufrichtige Freude und Dankbarkeit, wo wir im Frieden und gegenseitiger Achtung gemeinsam mit unseren deutschen Mitbürgern an der inneren Befestigung des Staatsgebäudes mitarbeiten können.

8. Juli. (Württemberg.) Die Zweite Kammer genehmigt einen Zentrumsantrag auf obligatorische Warenhaussteuer mit 43 gegen 34 Stimmen.

9. Juli. (Aachen.) Reliquienausstellung. Wissenschaft und Reliquien.

Es werden ausgestellt Windeln und Lendentuch Jesu, ein Kleid der Jungfrau Maria, ein Tuch Johannes des Täufers. Kanonikus Fischer sagt über die Heiligtümer: „Die Echtheit der Aachener Heiligtümer ist kein Glaubensartikel. Wer sie nicht annehmen will, der bleibt ein katholischer Christ, wenn er nur alles glaubt, was die Kirche lehrt. Die Kirche lehrt aber nicht, daß die Aachener Heiligtümer echt sind. Ja, wir wollen des weiteren zugeben, daß die Echtheit dieser Heiligtümer — ich rede von den sogenannten großen Heiligtümern — nicht direkt, weder durch innere, noch durch äußere Gründe, in evidenter Weise erwiesen werden kann. Allein ebensowenig konnte bisher der Beweis der Unechtheit geführt werden. Nun aber ist die Aachener Krönungskirche seit mehr denn 1000 Jahren im Besitz der Heiligtümer. Seit mehr denn 1000 Jahren sind sie als diese h. Reliquien von einem Geschlecht nach dem anderen verehrt worden. Wer den tausendjährigen Besitzstand anzweifelt und diese Echtheit leugnet, muß den Beweis der Unechtheit führen. So lange das nicht geschieht, und in zwingender Weise geschieht — es wird schwerlich jemals geschehen können — sind wir nach allen Regeln einer gesunden Kritik befugt, an dem festzuhalten, was unsere Vorfahren uns überliefert haben, und ist und bleibt die kirchliche Verehrung dieser Heiligtümer vor dem Forum des vernünftigen Denkens eine berechtigte. Denn um was handelt es bei dieser Verehrung? Sie bezieht sich nicht auf den Stoff als solchen, sie bezieht sich auf diejenigen, denen diese Stoffe gedient haben .... Gesetzt selbst, die Stoffe, die wir im guten Glauben als echt betrachten, wären in Wirklichkeit unecht, was verschlägt es für die Verehrung? Für diese sind sie doch nur das sicht- und greifbare Mittel, um zu denen zu gelangen, denen sie einstens angehört haben, und die Verehrung wäre, trotz des unverschuldeten und unbeabsichtigten Irrtums, der sich auf die sichtbare Veranlassung und Vermittelung bezieht, eine echte zu nennen." — Es finden zahlreiche Pilgerfahrten statt. Beim Schluß der Ausstellung (23. Juli) schreibt Prälat Bellesheim im „Echo der Gegenwart": Und wie die Gesunden sich Gnaden der Seelen erflehten, so sah man Tausende und Wiedertausende von Kranken bei unseren heiligen Reliquien Befreiung von Uebeln und Wiedererlangung der Genesung durch frommes Gebet und gläubige Zuversicht sich erwirken. Festes Vertrauen im Herzen tragend, innige Sehnsucht auf ihren Zügen spiegelnd, so sah man sie in heiligem Drange sich dem Priester nähern, der sie mit dem heiligen Lendentuche des Heilandes berührte, so daß sie voll des Trostes und — wir dürfen es bekennen — in nicht seltenen Fällen auch körperlich gestärkt von hinnen schieden.

10. Juli. Die „Kölnische Zeitung" schreibt über die deutsche Chinapolitik:

In ausländischen Blättern wird jetzt wieder die Nachricht verbreitet, daß die Räumung Tientsins nur durch die Schwierigkeiten, die Deutschland in den Weg werfe, hinausgezogen werde. Deutschland stelle im Gegensatz zu anderen Staaten sehr drückende Bedingungen und suche bei dieser Gelegenheit wohl Sondervorteile für sich herauszuschlagen. Hierbei handelt es sich wieder um eine schon oft beobachtete illoyale Berichterstattung, die nur darauf abzielt, Deutschland als den Störenfried unter den Mächten hinzustellen und bei den Chinesen den Glauben zu erwecken, als ob an jeder Drangsalierung Chinas Deutschland allein oder doch hauptsächlich die Schuld trüge. Im Falle Tientsins wird es sich bald herausstellen, wie nichtig die Deutschland gemachten Vorwürfe sind; denn wie wir erfahren, haben sich die Gesandten in Peking bereits über die Bedingungen geeinigt, die China nur anzunehmen braucht, um sogleich die Regierungsgewalt in Tientsin wieder übernehmen zu können. Die Bedingungen sind durchaus milder Art, und Deutschland hatte gar keinen Anlaß, auf eine Verschärfung zu drängen.

11. Juli. (Bayern.) Wechsel im Kultusministerium.

Kultusminister v. Landmann tritt einen längeren Urlaub an. Allgemein wird der Urlaub als Vorbereitung seines Rücktritts aufgefaßt. — Am 7. August wird der Gesandte in Wien, Frhr. v. Podewils, zum Kultusminister ernannt.

Der Rücktritt wird allgemein mit dem Würzburger Konflikt motiviert. Nach der Zentrumspresse ist der Minister unverantwortlichen Ratgebern zum Opfer gefallen; sie greift die Geheimkanzlei des Regenten an, weil sie dem liberalen Professorenklüngel und den Logen in die Hand arbeite.

11. Juli. Der Kaiser trifft auf der Nordlandsreise mit Waldeck-Rousseau zusammen. (Vgl. Norwegen.)

11. Juli. Die Württembergische Abgeordnetenkammer genehmigt mit 64 gegen 9 Stimmen die Reform der Gemeindesteuern.

14. Juli. (Württemberg.) Die Zweite Kammer verweist die Volksschulgesetznovelle an eine Kommission. — Das Zentrum bekämpft den Entwurf scharf, weil er an Stelle der geistlichen Bezirksaufsicht die fachmännische setzt.

15./16. Juli. (Bayerische Abgeordnetenkammer.) Debatten und Beschlüsse über den Kultusetat.

Redner des Zentrums greifen den Ministerpräsidenten scharf an, daß er den Kultusminister der liberalen Minderheit und dem Würzburger Senat geopfert habe. Ministerpräsident v. Crailsheim weist diese Auffassung ab; ein parlamentarisches Mißtrauensvotum sei nicht der Grund der Beurlaubung des Ministers. — Die Kammer lehnt mit den Stimmen des Zentrums die von der Regierung geforderten 10000 M. zur Vorbereitung der Errichtung einer technischen Hochschule in Nürnberg ab. Abg. Segitz (Soz.): Das Zentrum solle die Konsequenz seiner Angriffe ziehen und das Budget verweigern, sonst mache es sich nur lächerlich.

20. Juli. (Hamburg.) Der Dampfer „Primus" sinkt infolge einer Kollision. 109 Passagiere ertrinken.

22. Juli. Zolltariffragen. Erklärung der Regierung.

In der Reichstagskommission für den Zolltarif werden Erhöhungen beschlossen für Möbel, Holzschliff, Zellstoff, Pflastersteine und Mauersteine. Staatssekretär Graf Posadowsky warnt vor Erhöhungen und sagt: Wenn Sie gegenüber dem Tarifentwurf solche Zollerhöhungen annehmen, wie sie kürzlich beschlossen und heute wieder beantragt sind, fürchte ich, wird unsere handelspolitische Rüstung schließlich zu schwer werden, um darin erfolgreich zu kämpfen.

22./23. Juli. (Bayerische Abgeordnetenkammer.) Abstriche vom Kultusetat.

Die aus dem Zentrum bestehende Mehrheit lehnt mehrere Forderungen der Regierung für Kunst und Wissenschaft ab, darunter 400000 ℳ für die Errichtung eines Museums für Gipsabgüsse von Werken aus der christlichen Zeit und 560000 ℳ für die Errichtung eines Museums für Gipsabgüsse von klassischen Bildwerken, ferner 100000 ℳ zur Erwerbung ausgezeichneter Kunstwerke. — In der Debatte erklärt Abg. Schädler (3.), die Streichungen geschähen „mit Rücksicht auf die geänderte politische Situation". — Die Ablehnung wird allgemein als Revanche für die Entlassung des Kultusministers v. Landmann angesehen.

28. Juli. (Reichstagswahl.) Bei der Ersatzwahl im Wahlkreise St. Goarshausen (Rgbz. Wiesbaden) wird Dahlein (3.) gewählt mit 10631 Stimmen. Krawinkel (nl.) erhält 3755, Brand (Bd. b. Ldw.) 3454, Vetters (Soz.) 652 Stimmen.

30. Juli. (Emden.) Der Kaiser besichtigt die Stadt und den Hafen und erwidert auf die Ansprache des Oberbürgermeisters:

Ich bitte Sie, meine Herren, den Ausdruck Meines tief empfundenen Dankes entgegennehmen zu wollen für den begeisterten Empfang und die Ausschmückung, die die Stadt Emden Mir zu bereiten die Güte gehabt hat. Ich danke auch für die Mir gewidmete Medaille, die einen großen Zeitabschnitt aus Ihrer Geschichte festlegen soll. Sie wird Mir ein wertvolles Stück Meiner Medaillensammlung bilden und auch in späteren Zeiten Meinen Kindern und Nachfolgern ein Zeichen sein, wie Emden zu seinem König und Kaiser gestanden hat. Sie haben in freundlicher Weise des schweren und schmerzlichen Verlustes gedacht, den Ich, Mein Haus und das ganze Vaterland erlitten, als Ich im vorigen Jahre Mich anschickte, der Stadt Emden Meinen Besuch zu machen. Von Herzen freue Ich Mich, daß es Mir nun möglich geworden ist, diese Stadt zu betreten. Sie hängt innig mit der Geschichte Unseres Hauses zusammen, und Ich glaube wohl, sagen zu können, daß es nicht ein bloßer Zufall ist, daß gerade die beiden größten Regenten des Hauses Kurbrandenburg-Preußen, der Große Kurfürst und Friedrich der Große, trotz der schweren Kämpfe, die sie fortdauernd bestehen mußten, um die innere Einigkeit des Landes zu festigen und dasselbe gegen äußere Angriffe zu schützen, Zeit und Muße gefunden haben, ihr Auge auf den Handel, auf die See und somit auf die Stadt Emden zu lenken. Ich führe das an, um Ihnen damit zu beweisen, daß es bei Mir kein Verdienst ist, wenn Ich dieselben Wege gehe. Es hat Gott gefallen, Kaiser Wilhelm dem Großen das zu geben, was seinen Vorgängern versagt blieb, nämlich ein einiges deutsches Vaterland wiederherzustellen und das Reich mit gewaltigen Hammerschlägen zusammenzuschmieden. Im Reich steht Preußen an erster Stelle; der König von

Preußen hat wiederum das, was kein Deutscher Kaiser in der Lage war, sich zu schaffen, die nötige Hausmacht. Auf dieser Basis ist es nun möglich, die Aufgaben wieder aufzunehmen, die mit weitschauendem Blicke Meine beiden großen Vorfahren, die Sie mit Recht hier durch Standbilder geehrt haben, jederzeit vor Augen hatten und bestrebt waren auszuführen. Ich möchte nicht diesen Tag vorübergehen lassen, ohne auch noch besonders des Verdienstes der Stadt Emden zu gedenken. Die Stadt Emden hat, wie viele Städte unseres Vaterlandes, eine schwere Zeit durchzumachen gehabt. Sie ist eine blühende Handelsstadt gewesen und hat es erleben müssen, daß der Handel andere Wege ging, andere Bahnen zog, und daß ihr blühender Zustand zurückging. Sie hat eine große Rolle in der Geschichte gespielt und trat dann in den Hintergrund. Aber niemals hat Emden durch Schreien und Klagen in Bitterkeit den veränderten Zeiten Rechnung getragen, sondern in stillem innigen Gottvertrauen auf die Zukunft gewartet. Ich möchte diesen Seelenzustand, diese Eigenschaft der Friesen und Emdens nicht besser bezeichnen können, als mit dem Wort, das von Meinem hochseligen Vater gesagt worden ist. „Sie haben gelernt zu leiden, ohne zu klagen;" fürwahr, ein großes Beispiel, an dem sich viele Meiner Landsleute ein Muster nehmen sollten. Meine Herren, Ich glaube, daß bessere Tage für Sie im Anzug sind. Der Kanal ist gegraben, das Hinterland ist für Sie geöffnet, die Seeschiffe kommen herein. Es wird an Ihnen liegen, die Konjunktur auszunutzen. An Mir wird es liegen, den Frieden zu erhalten, damit auch die Stadt Emden einer gedeihlichen Zukunft entgegengehen kann. Mit diesem Wunsche trinke Ich auf das Wohl der Stadt Emden. Sie lebe hoch, hoch, hoch!

Juli. August. (Posen.) Polenfrage und Beamtentum. Fall Löhning.

In der Presse wird die Pensionierung des Provinzialsteuerdirektors Löhning in Posen lebhaft erörtert. Nach der „Nordd. Allg. Ztg." ist er pensioniert worden, weil er der Polenpolitik der Regierung entgegenwirke; nach Veröffentlichungen, die auf Löhning selbst zurückgehen, weil er sich mit der Tochter eines Feldwebels verheiratet habe und diese Ehe in den höheren Beamtenkreisen nicht als standesgemäß betrachtet werde. — Die liberalen und klerikalen Blätter greifen die Regierung scharf an, der Fall sei bezeichnend für den in Posen herrschenden Kastengeist. (Vgl. Preuß. Jahrbücher Bd. 109.)

31. Juli. (Bayern.) Die Reichsratskammer stellt die von der Abgeordnetenkammer gestrichenen Posten vom Kultusetat wieder her. (S. 131.)

1. August. Die Bayerische Abgeordnetenkammer genehmigt gegen die Stimmen der Sozialdemokraten die Erhöhung des Einkommens der Geistlichen beider Konfessionen.

1. August. (Schwerin.) Der Kaiser besucht Schwerin und erwidert auf die Begrüßung des Großherzogs:

Ich bringe Ew. königlichen Hoheit Meinen herzlichsten Dank entgegen, daß Sie Mir Gelegenheit gegeben haben, die alten Traditionen innigster Verwandtschaft und Freundschaft, welche zwischen Unseren beiden Häusern seit altersher gepflegt wurden und bestanden haben, auch zwischen Uns beiden, Ew. königlichen Hoheit und Mir, fortzusetzen. Ew. königliche

Hoheit haben erwähnt der Tage, die Mein hochseliger Großvater und Mein innig geliebter Vater im gastfreien Hause hier zubringen durften. Ich selber bin Zeuge gewesen des innigen Verkehrs zwischen Ihren und Meinen Vorfahren. Ich darf es wohl mit Freuden sagen, daß Ich hier kein Fremder mehr bin. Ich habe mit diesem Hause und Volke zusammen getrauert an der Bahre hoher dahingeschiedener Fürsten. Ich habe auch Freudenfeste mit denselben feiern können. Ich kehre in bekannte und Mir lieb gewordene Räume und Kreise zurück und hoffe von ganzem Herzen, daß die innigen und warmen Beziehungen, die zwischen den Häusern Mecklenburg und Hohenzollern, zwischen dem mecklenburgischen Volke und dem preußischen bestehen, eifrig weiter gehegt uud gepflegt werden. Ich habe kennen und schätzen gelernt das innige Verhältnis zwischen dem mecklenburgischen Volke und seinen Herrschern, das verständnisvolle Eingehen auf die Wege, die der Landesherr weist. Ich bin niemals über die Reichstreue mit deutscher Gesinnung der Mecklenburger im Zweifel gewesen. So möge denn der Segen Gottes auf der Regierung Ew. königlichen Hoheit und Ihres Hauses ruhen. Mögen Sie sich versichert halten, daß Mein Herz immer das wärmste Interesse für Sie und Ihr Land hegt, dieses Land, das eine Reihe tüchtigster Regenten hervorgebracht hat, dieses Land, das einen der besten Klassiker unserer deutschen Schriftsprache geliefert hat, dieses Land, dem wir Fritz Reuter verdanken! Ich fasse Meine Wünsche zusammen, indem Ich auf das Wohl des Herrschers des Landes und des mecklenburgischen Hauses trinke. Seine königliche Hoheit der Großherzog und sein ganzes Haus hurra, hurra, hurra!

Anfang August. Über die bestehenden Handelsverträge Deutschlands schreibt anläßlich der Tarifverhandlungen die „Allgemeine Zeitung":

Die Tarifverträge mit Meistbegünstigung betreffen bekanntlich unsere Handelsbeziehungen zu Belgien, Italien, Oesterreich-Ungarn, Rumänien, Rußland, die Schweiz und Serbien, wozu sich noch der ältere Tarifvertrag mit Griechenland gesellt, für welchen die Kündigungsfreiheit mit der einjährigen Frist bereits seit 1895 in Geltung ist. Die Verträge mit den erstgenannten drei Staaten Belgien, Italien und Oesterreich-Ungarn einschließlich der Zollanschlüsse Bosniens und Herzegowina und des Fürstentums Liechtenstein, datieren vom 6. Dezember 1891, während der Vertrag mit der Schweiz das Datum des 10. Dezember 1891, der mit Serbien das Datum des 21. August 1892, der mit Rumänien das Datum des 21. Oktober 1893 trägt und der Vertrag mit Rußland endlich am 10. Oktober 1894 abgeschlossen ist. Außer diesen Verträgen besitzt Deutschland aber eine lange Reihe von reinen Meistbegünstigungsverträgen, die zum Teil älteren, zum Teil neueren Datums sind, und bei welchen die Kündigungsklausel sehr verschieden ist. Der älteste Vertrag, auf den sich unsere Handelsbeziehungen zum Auslande stützen, ist der die Grundlage unseres Verhältnisses zu den Vereinigten Staaten von Amerika bildende Vertrag zwischen diesen und dem Königreich Preußen vom 1. Mai 1828, dessen Giltigkeit für das Reich durch den Bundesratsbeschluß vom 20. Oktober 1885 stipuliert wurde. Ergänzt wurden die Abmachungen durch die Konvention vom 10. Juli 1900, für welche allein auch eine Kündigungsfrist von drei Monaten ausgemacht wurde. Laut dieser Konvention gewährte Amerika bekanntlich Deutschland alle Zollvergünstigungen, die den französischen, italienischen und portugiesischen Waren zugestanden sind mit Ausnahme der den portugiesischen Schaumweinen eingeräumten Zollermäßigung. Noch älteren Datums ist eigentlich der Anfang unseres Handelsvertragsverhältnisses mit Dänemark; denn hier kommt ein mit sechsmonatiger Kündigungsfrist abgeschlossener Vertrag mit Preußen vom 17. Juni 1818 in Betracht, der indessen durch einen Vertrag vom 26. Mai 1846 wesentlich ergänzt wurde. Die beiden Verträge haben aber nicht ununterbrochen bestanden; sie wurden durch den Wiener Friedensvertrag vom 30. Oktober 1864 erneuert und gelten laut Bundesratsbeschluß vom 30. April 1885 für das Reich. Aeltere Verträge mit einzelnen deutschen Bundesstaaten, nämlich mit Hamburg und Bremen vom 1. November 1841, mit Oldenburg vom 1. April 1843, mit Mecklenburg-Schwerin vom 10. Oktober 1846 und mit Lübeck vom 14. September 1852, liegen unseren Handelsbeziehungen zu Schweden und Norwegen zu Grunde; sie gelten laut Bundesratsbeschluß vom 20. Oktober 1885 für das Reich und laufen mit einjähriger Kündigungsfrist. Ziemlich alten Datums ist auch das Handelsvertragsverhältnis mit China, insofern ein Vertrag zwischen China und Preußen vom 2. September 1861 in Betracht kommt, doch ist hier die Zusatzkonvention vom 31. März 1880, welche Deutschland die Meistbegünstigung in China sicherte, maßgebender. Auch kommt der Kiau-tschou-Vertrag vom 6. März 1898 in Frage. Zu den älteren Verträgen zählen ferner der mit Argentinien vom 19. September 1857, der eine einjährige Kündigungsfrist aufweist, sodann der Vertrag mit den Niederlanden vom 31. Dezember 1851, der seit dem 1. Januar 1854 mit einjähriger Frist gekündigt werden kann, und der Vertrag mit Liberia vom 31. Oktober 1867 mit ebenfalls einjähriger Kündigungsfrist. Vor die Gründung des Deutschen Reiches fällt noch der Handelsvertrag mit Großbritannien, der ob der eigenartigen Schicksale, die er im letzten Jahrzehnt erlebt hat, besondere Erwähnung verdient. Die Gültigkeit des vom 30. Mai 1865 datierenden Vertrages wurde mit einjähriger Kündigungsfrist auf das Reich ausgedehnt. England kündigte den Vertrag am 30. Juli 1897. Derselbe wurde zunächst dreimal provisorisch auf je ein Jahr verlängert, sodann gemäß Gesetz vom 29. Mai 1901 laut Bundesratsbekanntmachung vom 11. Juni 1901 bis 31. Dezember 1903. Der Vertrag gilt auch für die englischen Kolonien und die auswärtigen Besitzungen, doch ist seit dem 31. Juli 1898 Kanada und seit dem 16. Dezember 1899 auch Barbados ausgeschlossen infolge der dort geübten Zollbehandlung deutscher Waren. Eigenartig ist auch das Verhältnis zwischen Deutschland und Chile. Obwohl der am 1. Februar 1862 abgeschlossene Vertrag am 31. Mai 1897 aufgehört hat, behandeln sich doch beide Länder noch immer nach dem Prinzip der Meistbegünstigung. Das Reich als solches regelt seine Handelsbeziehungen zunächst mit Frankreich. Unser Handel mit diesem Lande beruht bekanntlich auf dem Artikel 11 des Frankfurter Friedensvertrages vom 10. Mai 1871, der unkündbar ist und die Meistbegünstigung für Deutschland und Frankreich stipulierte, jedoch mit der Beschränkung auf die von einem der beiden Vertragsstaaten England, Belgien, den Niederlanden, der Schweiz, Oesterreich und Rußland gewährten Begünstigungen. Zum französischen Zollgebiete gehört außer den französischen Kolonien auch Monaco. Betreffs Tunis hat das Reich ein Meistbegünstigungs-Abkommen mit Frankreich unter dem 18. November 1896 abgeschlossen, das vom 31. Dezember 1903 ab mit einjähriger Kündigungsfrist läuft. Nach Gründung des Reiches folgten, soweit die Verträge noch in Kraft sind, die Handelsabkommen mit nachstehenden Staaten: Persien 1873, Mexiko 1882, Korea 1883, Kongostaat 1884/85, Transvaal 1885, Zanzibar 1885, Ecuador, Guatemala, Honduras und Paraguay 1887, Marokko 1890, Türkei 1890 (hierzu gehört der Vertrag mit Bulgarien 1890 und der mit Aegypten von 1892), Columbien 1892, Japan 1896,

Nicaragua 1896, Oranje-Freistaat 1897. Ein Vertrag mit Uruguay vom Jahre 1892 war vom 31. Juli 1897 bis 23. Januar 1900 außer Kraft. Er wurde durch die Konvention vom 5. Juni 1899 (ratifiziert am 23. Januar 1900) wieder erneuert. Der zuletzt abgeschlossene Vertrag ist der mit Spanien, der nach mancherlei Wirren am 12. Februar 1899 vereinbart wurde. Die meisten dieser Verträge sind gegenwärtig mit einjähriger Kündigungsfrist in Kraft. Die Verträge mit China, Korea und Marokko können nur einer Revision unterworfen werden. Die Verträge mit Spanien und Columbien laufen unkündbar bis 1904, der mit Nicaragua bis 1907, dann tritt auch bei ihnen die einjährige Kündigungsfrist in Geltung. Die längste Dauer ist bei den Verträgen mit der Türkei, bezw. Aegypten und Bulgarien stipuliert; dieselben laufen bis 1912, können aber vorher revidiert werden. Außer Kraft getreten durch Kündigung sind von den in diesem Zeitraum vereinbarten Verträgen der mit Portugal seit 1892, Costa-Rica seit 1897, Dominikanische Republik seit 1897 und San Salvador seit dem 23. Mai 1902. Durch Uebergang der betreffenden Länder an andere Staaten sind außer Kraft getreten die Verträge mit Tonga seit 1899, mit Samoa seit 12. Februar 1900, Hawaii seit 1898, mit Madagaskar seit 1896. Dazu gesellen sich jetzt die Verträge mit Transvaal und dem Oranje-Freistaat. Im Zollkrieg befindet sich Deutschland mit Haiti seit dem 20. April 1901.

August. (Oberschlesien.) In den oberschlesischen Wahlkreisen wird lebhaft für die künftige Reichstagswahl agitiert. Die polnischen Sozialdemokraten verlangen polnische Kandidaten und geraten darüber mit der Parteileitung in Konflikt; die bürgerlichen Polen stellen in sämtlichen Wahlkreisen Polen auf, wogegen das Zentrum protestiert.

4. August. (Kiel.) Reise des Kaisers nach Reval zum Besuche des Zaren. (Vgl. Rußland.)

5. August. (Bayern.) Die Abgeordnetenkammer bewilligt Wohnungsgeldzuschüsse von 45 Mark jährlich an nichtpragmatische Beamte mit Gehalt bis 1020 Mark. — Die Reichsratskammer stimmt am 7. August zu.

5./8. August. (Bonn.) Eine Versammlung von Altkatholiken Deutschlands, Österreichs, der Schweiz und Hollands beschließt Verstärkung der altkatholischen Agitation durch Jünglingsvereine.

6. August. (Bayern.) Die Abgeordnetenkammer streicht zum zweitenmale die Forderung für Kunstzwecke in der Höhe von 124 000 Mark.

7. August. (Hannover.) Rudolf v. Bennigsen, Führer der Nationalliberalen, fast 78 Jahre alt, †.

8. August. (Bayern.) Schluß des Landtags.
Die Session war bei einer Dauer von 10 Monaten länger als alle früheren. Die Hauptergebnisse sind das Schuldotationsgesetz, die Reorganisation der Rentämter, Regelung des Nachlaßwesens, der Zwangs-

erziehung, der Armenpflege, der Grundentlastung, Abänderung des Landtagswahlgesetzes, Bewilligung von Wohnungsgeldzuschüssen.

9. August. (Berlin.) Verbandstag des Zentralverbandes der städtischen Haus- und Grundbesitzervereine. In den Verhandlungen wird bestritten, daß eine Wohnungsnot existiere.

10./11. August. Depeschenwechsel zwischen dem Kaiser und dem Prinzregenten Luitpold über die Abstriche am bayerischen Kultusetat. Preßdebatte.

Der Kaiser richtet folgendes Telegramm an den Prinzregenten:

Swinemünde, 10. August.

An Se. kgl. Hoheit Prinz-Regent Luitpold von Bayern!

Von Meiner Reise eben heimgekehrt, lese Ich mit tiefster Entrüstung von der Ablehnung der von Dir geforderten Summe für Kunstzwecke. Ich eile, Meiner Empörung Ausdruck zu verleihen über die schnöde Undankbarkeit, welche sich durch diese Handlung kennzeichnet, sowohl gegen das Haus Wittelsbach im allgemeinen, als auch gegen Deine erhabene Person, welche stets als ein Muster der Hebung und Unterstützung der Kunst geglänzt. Zugleich bitte Ich Dich, die Summe, welche Du benötigst, Dir zur Verfügung stellen zu dürfen, damit Du in der Lage seiest, im vollsten Maße die Aufgaben auf dem Gebiete der Kunst, welche Du Dir gesteckt hast, zur Durchführung zu bringen.

Wilhelm.

Der Prinz-Regent antwortet:

Sr. Majestät Kaiser Wilhelm, Swinemünde.

Es drängt Mich, Dir Meinen innigsten Dank für Dein so warmes Interesse an Meinen und Meines Hauses Bestrebungen auf dem Gebiete der Kunst und für Dein so hochherziges Anerbieten auszusprechen. Zugleich freut es Mich, Dir mitteilen zu können, daß durch den Edelsinn eines Meiner Reichsräte, welcher die abgelehnte Summe zur Verfügung stellte, Meine Regierung in die Lage versetzt ist, getreu den Traditionen Meines Hauses wie Meines Volkes die Pflege der Kunst als eine Meiner vornehmsten Aufgaben unentwegt fördern zu können.

Jagdhaus Fischbach, 11. August.

Luitpold, Prinz von Bayern.

Die Depesche des Kaisers wird von allen Zentrumsblättern lebhaft angegriffen; nach der „Germania" muß das Eingreifen in innere bayerische Verhältnisse in Bayern gegen den Kaiser und Preußen verstimmen. Die „Köln. Volksztg." schreibt: „Das Oberhaupt des Deutschen Reiches sollte nach unseres Erachtens wegen einer solchen Bagatelle nicht eine so feierliche Kundgebung erlassen. Zur Not hätte ja auch Prinzregent Luitpold die 100000 ℳ. selbst aufwenden können, wenn er es für absolut nötig hielt. Arm sind die Wittelsbacher ja nicht." In der Presse wird eine Interpellation der bayerischen Zentrumsabgeordneten über diese Angelegenheit im Reiche angekündigt. — Die „Tägl. Rundschau" bezeichnet die kaiserliche Depesche als einen Peitschenhieb gegen das Zentrum; die „Frankf. Ztg." meint, die große Masse der Zentrumswählerschaft und vielleicht auch noch manche andere Bevölkerungsteile würden in der Empfindlichkeit über die Einmischung in die Budgetrechte des Landtages wohl nur zu empfänglich sein für die Aufreizungen des Zentrums.

11. August. Die Zolltarifkommission beendet die erste Lesung des Zolltarifs und vertagt sich bis zum 22. September.

14. August. (Reichstagswahl.) Bei der Ersatzwahl im Kreise Forchheim-Kulmbach erhält Faber (nl.) 3946, Zöllner (Z.) 6099, Weilnböck (Bd. d. Ldw.) 3520, Deinhart (Soz.) 1766, Wölfel (bayer. Bauernbd.) 306 Stimmen. Bei der Stichwahl erhält Faber 9400, Zöllner 8498 Stimmen.

15. August. (Düsseldorf.) Der Kaiser besucht die Ausstellung und erwidert auf die Ansprache des Oberbürgermeisters:

Meine verehrten Herren! Ich bin erfreut, daß es Mir möglich gewesen ist, der Stadt Düsseldorf und der Ausstellung den versprochenen Besuch machen zu können. Ich bin mit besonderer Freude nach Düsseldorf gekommen, einmal, weil Ich, als Ich noch junger Bonner Student war, von Meinem hochseligen Großvater den ersten großen Auftrag erhalten habe, ihn bei der Einweihung des Cornelius-Denkmals in Düsseldorf zu vertreten. Schon damals habe Ich von dem einheitlichen Zusammenwirken der Bürgerschaft und der Künstlerschaft den schönsten Eindruck gewonnen, und Ich habe Meinem Großvater Bericht erstatten können über die Schönheit der Stadt und den warmen Empfang der Bürgerschaft. Auch zum anderen sind Mir im Laufe der Zeit, wo Ich regiere, unter den vielen Plänen der Städte, die Mir vorgelegen haben, auch diejenigen der Stadt Düsseldorf zu Gesicht gekommen, und Ich habe daraus entnehmen können, mit welchem Scharfblick Sie hier die Zukunft ins Auge gefaßt haben, mit welcher rücksichtslosen Energie die Stadt Erfolge erstrebe und erreiche. Es ist Mir deshalb eine große Freude gewesen, daß Ich befehlen konnte, daß der Stadt das von ihr gewünschte Terrain überlassen wurde, und als Ich von der großen Ausstellung erfuhr, die den Blick Europas auf sich lenkt, und von der Entwicklung der Stadt, die einen großen Hafen anlegte und ihr Rheinufer ausgebaut hat. Düsseldorf ist auch eine von denjenigen Städten, die jedem von der Nützlichkeit der großen Wasserstraße überzeugen müssen. Indem Ich der Stadt Düsseldorf den herzlichen Dank dafür ausspreche, daß sie ihren neuen Park an dem schönen deutschen Rheinstrom nach Mir nennen will, füge Ich zugleich hinzu, wie schmerzlich Ihre Majestät die Kaiserin bedauert, an dem Besuch nicht teilnehmen zu können, da ihr noch schmerzender Fuß ihr nicht gestattet, eine so weite Reise zu unternehmen. Sie grüßt durch Mich die Stadt Düsseldorf und hofft, später einmal den Besuch nachholen zu können. Ihnen allen, meine Herren, die zum Besuch gekommen sind, herzlichen Dank. Ich wünsche von ganzem Herzen den Segen Gottes für die Entwicklung der Stadt unter den schönen und friedlichen Aussichten, die sich jetzt in Europa entsponnen und die Ich lange zu erhalten hoffe.

Mitte August. (Bayern.) Der Generalshut wird durch einen Helm nach preußischem Muster ersetzt. — In der bayerischen Presse wird die Änderung vielfach als Nachgiebigkeit gegen preußische Wünsche kritisiert.

19. August. (Danzig.) Deutsche, österreichisch-ungarische und russische Kommissare beraten über eine Weichselregulierung.

19. August. Der „Reichs-Anzeiger" konstatiert für das Rechnungsjahr 1901 einen Fehlbetrag von 48 422 783,83 Mark.

19. August. (Homburg v. d. H.) Das Kaiserpaar nimmt teil an der Enthüllung eines Denkmals der Kaiserin Friedrich. Der Kaiser verliest dabei folgende Ansprache:

Am 5. August 1901 verschied zu Schloß Friedrichshof bei Cronberg die Kaiserin und Königin Viktoria, die Witwe des hochseligen Kaisers Friedrich, Prinzeß Royal von Großbritannien und Irland, Meine erlauchte Mutter, nach langem, mit Lebensmut und Ausdauer getragenem Leiden. Hochbegabt, von starker geistiger Willenskraft, erfüllt von hohem, kulturellem Streben, dem ein seltenes Wissen zu Gebote stand, stolz auf ihre königliche und nationale Abstammung, stets bemüht, deren tiefe Jugendeindrücke und Erfahrungen auch in ihrer zweiten, deutschen Heimat zur Geltung zu bringen, die zielbewußte Förderin der Entwickelungswege des Schönen in der Kunst und dem Kunstgewerbe, die wissenschaftliche Forschung und deren Ergebnisse mit Wärme ergreifend, für die Ausdehnung der weiblichen Bildung und Erwerbsfähigkeit, für die Ausgestaltung weiblicher Krankenpflege erfolgreich wirkend, endlich die liebende Gattin und stete Gefährtin des Kronprinzen, an der Spitze eines glücklichen Familienhauses. An allen großen Ereignissen wie an allen Begebenheiten seines reichgestalteten Lebensganges beteiligt, die sorgende Gemahlin des Kaisers und Königs in bangen, trüben Tagen, die würdevoll trauernde Witwe am frühen Schluß ihrer eigenen, über lichte Höhen und durch dunkle Todesschatten führenden Laufbahn, so hat diese Fürstin unter uns geweilt, und so fügt sich ihr Bild ein in die Annalen des hohenzollernschen Hauses in Preußen und Deutschland. Die Kaiserin war geboren am 21. November 1840 als das älteste Kind der Königin Viktoria und des Prinzgemahls Albert von Sachsen-Coburg und genoß inmitten der vielfachen Anregungen, welche das Leben am englischen Hofe dem frühentwickelten Geist der Prinzessin gewährte, eine sorgfältige Erziehung. Erst siebzehnjährig, folgte sie dem ihr am 25. Januar 1858 angetrauten Gatten, dem sich ihre ganze Neigung erschlossen hatte, nach Preußen und verließ einen zahlreichen Geschwisterkreis, ein Vaterhaus und eine Heimat, denen ihre innigste Zuneigung bis zu ihrem Lebensende erhalten blieb. Während der 30 Jahre, welche die große geschichtliche Entwickelungsepoche unseres Vaterlandes umfassen, hat sie als die Kronprinzessin von Preußen und seit 1871 auch des Deutschen Reiches an der Seite des Kronprinzen in zunehmendem Maße in Haus und Familie, in gesellschaftlicher Beziehung und durch öffentliche Bestrebungen, sei es in der Ausübung der fürstlichen Repräsentation, sei es durch die Verdienste um die Begründung des Kunstgewerbemuseums und der Kunstgewerbeschule oder durch die Anregungen zur Gründung des Lettevereins, des Heimathauses für Töchter höherer Stände, des Viktorialyceums und der Fortbildungsschule, des Feierabendhauses für Lehrerinnen, des Viktoriahauses für Krankenpflegerinnen, des Vereins für häusliche Gesundheitspflege sowie des Pestalozzi- und Fröbelhauses in hohem Maße bildend gewirkt und den Stempel ihrer ausgeprägten Persönlichkeit im Rahmen eines bestimmten Zeitabschnittes einem ihrem Wesen und Sein, ihrem Denken und Fühlen entsprechenden Wirkungskreise aufgetragen. Aber inmitten dieses emporstrebenden Schaffens traf das Schicksal sie schwer, zuerst durch den Tod zweier Kinder, dem der frühe Verlust des ihr besonders nahestehenden Vaters vorangegangen war. Niedergebeugt, richtete sie sich wieder auf, und ihr starker Geist gewann auch in den härtesten Prüfungen die Oberhand. Auch in der schwersten Zeit hielt sie mutig Stand, da es ihr beschieden war, den geliebten Gemahl an dem unheilbaren Leiden in dem Augenblick dahinsiechen zu sehen, als die deutsche Kaiserkrone, die er als siegreicher Feldherr erstritten hatte, sich auf sein Haupt senkte. Nach dreißigjähriger Ehe, in der sie Freud und Leid, Sorge und Glück, Trauer und Hoffnung treu und hingebend mit ihm geteilt hatte, umhüllte sie bereits der Witwenschleier. Sie zog sich aus dem öffentlichen Leben zurück und widmete ihr umfangreiches, wohlerworbenes Können und Wissen der Schöpfung, Einrichtung und künstlerischen Gestaltung eines fürstlichen Sitzes, des Schlosses Friedrichshof, welches als ihr gastliches Heim und als eine der Erinnerung an den Kaiser Friedrich gewidmete Stätte von Mir und allen den Ihrigen sowie von einem Kreise hervorragender Persönlichkeiten des In- und Auslandes häufig aufgesucht wurde. Von hier aus fuhr sie fort, gemeinnützige Zwecke zu verfolgen, doch auch dieser letzten Periode ihres Lebens war ein kurzes Ziel gesetzt. Auch sie wurde von schwerer Krankheit ergriffen, und in langer schmerzensreicher Leidenszeit, die sie in Gottes Fügung ergeben durchlitt, löste sich das einst farbenfrohe Band dieses zu so glänzenden Erwartungen berechtigenden inhaltsvollen und inhaltsschweren Daseins einer seltenen Frau und einer zu höherem Wirken berufenen Fürstin.

24./28. August. (Mannheim.) Generalversammlung der Katholiken Deutschlands. Arbeiter, Staat und Kirche. Wissenschaftliche Forschung; religiöser und politischer Katholizismus.

Den Vorsitz führt Redakteur Dr. Cardauns. Abg. Schädler hält die erste Rede und weist darauf hin, daß 20 000 katholische Arbeiter erschienen seien. „Ich sehe in dieser Demonstration einen Protest gegenüber den Großsprechereien von jener Seite und ein Bekenntnis dafür, daß es noch eine andere Fahne als die rote gibt, eine Fahne, der Tausende und Hunderttausende folgen. Und das ist die Fahne des Kreuzes. Man hat gesprochen von einem neuen Messias und von einem neuen Reich und hat gar viel Lärm darum gemacht. Aber damit ist es wie mit der alten Fabel von jener Henne, die auch so viel gackerte, weil es ihr gelungen war, ein Ei zu legen. Als man aber nachsah, war es ein Windei. Männer der Arbeit, wo findet Ihr wirklich Hilfe? Vielleicht beim modernen Staat? Der hat nur Kanonen und Steuerzettel, und lange genug hat es gebauert und der Anstrengungen hat es genug bedurft, bis dieser Staat sich darauf besonnen hat, daß er auch für das Wohl derjenigen Arbeiter, die ihm angehören, in etwas zu sorgen habe. Oder findet Ihr Hilfe bei den Arbeitgebern? Wohl gibt es ihrer eine ganze Reihe, die sich auf ihre Pflichten besonnen und erkannt haben, daß der Arbeiter auch ein Mensch und nicht nur eine Zitrone ist, die man möglichst auspressen muß. Aber dieser Unternehmer sind doch nur sehr wenige. Einzig und allein die Kirche ist es, die alle Menschen mit gleicher Liebe umschlingt, sie, die das Kreuz trägt, die es fest umklammert hält; sie allein ist es, unter deren Schutz die Arbeiter stets geborgen waren."

Professor Braig polemisiert gegen die Behauptung, daß katholischer Glaube und wissenschaftliche Forschung unvereinbar sei. Der katholische Glaube redet von dem Herrn des Weltalls, von seinem Wesen und seinen Ratschlüssen sowie davon, wie der Mensch, der Gottes Bild und Kind ist, zu seinem Ausgang zurückkehren soll. Die Welt selbst aber in allen Teilen überläßt der katholische Glaube dem Nachdenken des Astronomen, des Naturforschers — ungehindert, frei, voraussetzungslos. Professor Esser bekämpft die Gegenüberstellung vom „politischen Katholizismus" und „religiösen Katholizismus". Die Religion ist nur nicht eine bloße spekulative Idee, sondern ein Sauerteig, der alles durchbringen soll. Diese Aufgabe aber kann sie nicht erfüllen durch schmerzliches Sichzurückziehen vom Schauplatz der Werbearbeit. Das Christentum ist nicht Weltverneinung, sondern Weltüberwindung. Soll der religiöse Mensch sich am öffentlichen Leben beteiligen, so werden die inneren Prinzipien sein politisches Verfahren leiten; will man ihm das versagen, so muß man die Forderung stellen, der Mensch müsse religionslos sein, um sich an öffentlichen Angelegenheiten beteiligen zu können. Die Zurückweisung der Religion auf die bloße Innerlichkeit führt hinüber zu dem sozialdemokratischen Satze: Religion ist Privatsache.

Die Rede Schädlers wird in der Presse scharf angegriffen, auch die Zentrumsblätter bezeichnen die Stelle über den Staat und die Arbeiter als eine Entgleisung. Abg. Schädler erklärt nach etwa zwei Wochen, die Stelle habe folgendermaßen gelautet: „Mit vollem Recht darf ich die Frage aufwerfen: Männer, Arbeiter, wo findet ihr wirkliche Hilfe? Vielleicht bei dem modernen Staat? Der hat Kanonen und Steuerzettel, und lange genug hat es gedauert und großer Anstrengungen hat es bedurft, genug gekostet, bis dieser Staat sich darauf besonnen hat, daß er auch für das Wohl derjenigen, die ihm angehören, wenigstens in etwas zu sorgen habe." — Diese Erklärung findet nicht überall Glauben.

25. August. (Potsdam.) Der Kaiser gibt zahlreichen Mitgliedern der Zivilbehörden und der provinziellen Körperschaften der Provinz Brandenburg ein Festmahl. Er hält dabei folgende Rede:

Ich heiße von ganzem Herzen die Vertreter der Provinz Brandenburg willkommen, willkommen hier in den Räumen des Neuen Palais, jenem großen Bau, der dem Kopf des großen Königs entsprang, um nach den heißen Kämpfen, in denen er um die Zukunft und Größe der Mark und seines Landes gerungen hatte, den Gegnern zu zeigen, daß er noch Geld zur Verfügung habe. Auf dem Boden Potsdams, welches das Tusculum für den großen König und für seine Nachfolger wurde, auf dem Boden geheiligter Erinnerungen an Meine Vorgänger, zumal an Meinen seligen Vater und Meine selige Mutter, deren schöpferischem Sinn so manches zu verdanken ist, was wir jetzt hier im Park und in der Umgebung von Potsdam bewundern können, freue Ich Mich, die Märker wieder um Mich versammelt zu sehen, denn Ich habe gefühlt, daß alles, was das Land und das Reich geworden ist, schließlich auf einer festen Säule beruht. Diese Säule ist die Mark. So wünsche Ich denn von ganzem Herzen, daß es Meinem Hause auch fernerhin beschieden sei, treue, zuverlässige, gehorsame und pflichttreue Untertanen zu haben, wie es die Märker den Hohenzollern von jeher gewesen sind. Ich erhebe Mein Glas und trinke auf das Wohl der Mark und der Provinz Brandenburg. Hurra! hurra! hurra!

27./31. August. Besuch des Königs von Italien in Berlin und Potsdam.

Am 28. findet ein feierlicher Einzug in Berlin statt. Bei der Galatafel bringt der Kaiser folgenden Trinkspruch aus: Wenn Ich Euere Majestät von ganzem Herzen hier willkommen heiße, so ist das nicht der hergebrachte Ausdruck einer Höflichkeitsform, sondern der tiefsten Herzensüberzeugung: Willkommen sei Euerer Majestät dargebracht als dem Sohne jenes ritterlichen Königs Umberto ohne Furcht und Tadel, der seine Freundschaft und Bundestreue von Meinen Vorgängern an der Krone — besonders Meinem seligen Herrn Vater an — mit vollster Wärme auf Mich, den so viel Jüngeren, übertrug. Ihm bewahre Ich stets, solange Ich lebe, ein heiliges dankbares Andenken in Meinem Herzen. Willkommen sei Euerer Majestät zugerufen als dem König des herrlichen, schönen Italien, des Landes unserer

Träume, des Jungbrunnens unserer Künstler und Dichter. Willkommen seien Euere Majestät uns als treuer Bundesgenosse, nach Wiedererneuerung des Uns untereinander und mit Unserem erhabenen Freunde Seiner Majestät dem Kaiser und Könige Franz Joseph verknüpfenden Bündnisses, welches in alter Kraft fortbesteht und in das Sein Unserer Völker sich fest eingelebt hat, nachdem es Jahrzehnte hindurch Europa den Frieden gesichert hat und, so Gott will, noch für lange sichern wird. Mit Mir in jubelndem Gruß ruft das gesamte deutsche Vaterland: Seine Majestät der König hurra, hurra, hurra!

Der König von Italien erwidert (in italienischer Sprache): Die Gefühle wahrer Zuneigung, die Euere Majestät für Mein Land, Mein Haus und Meine Person zu bekunden geruht haben, sind das kostbare Unterpfand einer Freundschaft, die Ich von ganzem Herzen erwidere. Auch Ich gedenke mit lebhafter Rührung der brüderlichen Zuneigung, die Euere Majestät erlauchten Vater mit dem Meinigen vereinte, der herzlichen Intimität, die zwischen Unseren beiden ruhmreichen Großvätern bestand. Im Zeichen solcher Erinnerungen werden Unsere Völker auf den Bahnen der Zivilisation fortschreiten, gesichert durch dieses alte Bündnis zwischen Italien und den beiden Kaisermächten, in welchem die allgemeine Anschauung jetzt ein Sinnbild des Friedens und dessen wirksamsten Schutz erkennt. Dies ist der Wunsch, mit dem Ich Mein Glas erhebe, um zu trinken auf das Wohl Euerer Majestät, Ihrer Majestät der Kaiserin und Königin und der kaiserlichen Familie, auf die Wohlfahrt des mächtigen Deutschland, von welchem ein so hoher Glanz von Arbeit und Wissen ausstrahlt. Es lebe Seine Majestät der Kaiser und König!

Ende August. (Hamburg.) Die Reederei A. C. de Freitas kauft den Lloyd Brasiliero an, der etwa 50 Seedampfer mit 40 000 Tonnen besitzt.

August. September. Zwischen den Führern des Zentrums und der elsässischen Klerikalen finden Verhandlungen statt über den Anschluß der Klerikalen ans Zentrum. Namentlich die „Kölnische Volkszeitung" plädiert für den Anschluß. Die elsässischen Führer Wetterlé und Winterer sind dagegen.

1. September. Handelsbeziehungen zu Kanada.

Der Reichskanzler ordnet an, daß in Zukunft bei allen Sendungen von Weizen, Roggen, Haber, Gerste, Erbsen, die direkt aus den nordatlantischen Häfen Amerikas bis Philadelphia herunter, mit Einschluß der an den großen Seen des St. Lorenzostromgebietes gelegenen Hafenplätze kommen und in Hamburg zur Zolleingangsrevision gelangen, nachgewiesen werden muß, daß sie nicht aus Kanada stammen. Von dieser Bestimmung werden auch die zur Zeit noch unterwegs befindlichen Ladungen betroffen.

August. September. Diskussion über Steigen der Fleischpreise.

In der Presse und in Versammlungen, namentlich in städtischen Gemeindevertretungen wird geklagt über das Steigen der Fleischpreise. Die Stimmen der Linken erklären das Steigen mit dem geringen Vorrat im Inlande und den Versuchen der Landwirte, die günstige Konjunktur durch Zurückhaltung des Angebots auszunutzen. Sie fordern Oeffnung der Grenze. Die agrarischen Blätter sehen die Ursache in Manövern der Zwischenhändler und führen aus, daß angebotenes Vieh gerade an Orten mit hohen Fleischpreisen nicht angenommen worden ist. — Der preußische Landwirtschaftsminister v. Podbielski lehnt die Oeffnung der Grenze aus veterinärpolizeilichen Gründen ab.

2./4. September. Aufenthalt des Kaiserpaares in Posen. Beseitigung des Rayongesetzes. Begrüßung russischer Gäste. Rede über die Stellung der Polen.

Zur Abhaltung der Kaisermanöver besucht der Kaiser Posen. Am 2. September wird das Kaiserpaar vom Oberbürgermeister Witting begrüßt, der Kaiser erwidert: Empfangen Sie den Dank der Kaiserin und Meinen für den freundlichen Empfang seitens der Stadt und die Ausschmückung, wie die Gesinnungen, deren Sie solchen beredten Ausdruck verliehen haben. Ich freue Mich von Herzen, daß heute ein anderes Bild Meinen Augen sich zeigen wird, als damals in diesen trüben Tagen, als die Wellen des Stromes sich gegen und zum Teil über Ihre Häuser dahinwälzten. Was diese Stadt und dieses Land sind, verdanken Sie der Arbeit der preußischen Könige, und Ich als ihr Nachfolger werde auch an Meinem Teile, wie Ich es damals schon bei der Sitzung im Magistrat getan, es an der Sorge für die Stadt und Unterstützung in ihrer Entwicklung nicht ermangeln lassen. In seinen Entwicklungsbestrebungen ist Posen in ein Stadium getreten, in welchem es mit den bisherigen Abgrenzungen nicht mehr auskommen kann. Zu enge ist der Gürtel ihres Gewandes geworden, zu klein die Mauerkrone für ihr Haupt. Ich habe infolgedessen heute eine Ordre vollzogen, wonach das Rayongesetz ein für allemal fällt (Brausendes Hurra!), und Ich erwarte von der Einsicht des Bürgermeisters, des Magistrats und der Stadtverordneten und von dem Patriotismus der Einwohner, daß die Stadt nun mit allen Kräften an ihrer Entwicklung Hand anlegt und daß sie sich dieser großen Wohltat würdig zeigen wird. Ich hege keinen Zweifel, daß binnen kurzem sich Straßen und Häuserquartiere erheben werden, welche auch den Aermeren ein besseres und menschenwürdigeres Dasein ermöglichen werden, als die Wallisei jetzt tut. Ich hoffe, daß die bösen alten Stadtteile verschwinden werden. Ich bitte Sie, in Meinem und der Kaiserin Namen den herzlichsten und innigsten Dank für die Stimmung und Begrüßung, sowie für den Empfang der Stadt Posen auszusprechen. Ich danke Ihnen und der gesamten Bürgerschaft dadurch, daß Ich Ihnen die Hand reiche.

Am 3. September begrüßt der Kaiser bei der Paradetafel mehrere russische Offiziere, den Generalgouverneur von Warschau General Tschertkoff und Deputationen seiner russischen Regimenter. Er hält folgende Ansprache an sie: Ehe ich von Ihnen, Meine Herren, Abschied nehme, drängt es Mich, Ihnen Meine Freude auszusprechen, die Offizierkorps von zweien Meiner russischen Regimenter, deren Uniform Ich mit Stolz trage, in Posen bei unserer Parade begrüßen zu können. Ihre Anwesenheit verdanke Ich der Güte Seiner Majestät des Kaisers Nikolaus, welcher Mir bei Meinem Besuche in Reval die freudige Zustimmung zu Ihrer Einladung gewährte. Ihre Anwesenheit in Posen bedeutet nicht nur einen Besuch der Offiziere Meiner schönen russischen Regimenter, sondern ist auch ein Beweis der alten Waffenbrüderschaft, welche seit einem Jahrhundert unsere Heere miteinander verbindet. Daß dieselbe noch lebend ist, das mögen noch zwei Tatsachen erläutern. Am Tage Ihrer Ankunft habe Ich das Rayongesetz für Posen aufgehoben, wodurch eine friedliche Entwicklung der alten Festungsstadt ermöglicht werden wird, zum anderen habe Ich die Ehre, heute zum erstenmale vor den Offizieren Meiner beiden russischen Regimenter die

Schnüre anlegen zu können, welche Seine Majestät der Kaiser Nikolaus mit Mir als ein Zeichen Unserer persönlichen Freundschaft ausgetauscht hat. Sie sollen nach den eigenen Worten Ihres Allerhöchsten Herrn ein Glied in der festen Kette darstellen, welche Uns beide in treuer Freundschaft umschlingt. Gott gebe seinen Segen dazu, daß es immer so bleibe.

Hierauf hält der Kaiser folgenden Trinkspruch auf das 5. Armeekorps und die Kriegervereine: Dem 5. Armeekorps spreche Ich zum heutigen Tage von ganzem Herzen Meinen Glückwunsch aus; es hat bei der Parade eine Probe seiner Entwicklung im Frieden gegeben. Ich kann wohl sagen, daß, als die Reihen der Regimenter an Mir vorüberzogen, Mir die Geschichte des Korps wieder lebhaft vor Augen getreten ist. In ernsten Zeiten haben sich die gelben Achselklappen bewährt. Vor allen Dingen ist Mir dabei das Bild Meines unvergeßlichen Herrn Vaters wieder vor Augen getreten. Ich glaube nicht zuviel zu sagen, wenn Ich dem Korps einen Teil des Verdienstes mit zuschreibe, daß es in den Kriegen, wo es unter dem Oberbefehl Meines Vaters gefochten hat, durch seine tapfere Haltung mit dazu gewirkt hat, daß er sich den Marschallstab erwerben konnte. Niemand, in dessen Busen ein Preußenherz schlägt, wird der Königsgrenadiere vergessen, niemand wird den Moment vergessen, als Seine Königliche Hoheit der Kronprinz auf dem Geisberge den sterbenden Kaisenberg in seinen Armen hielt. Ich würde aber bei dem Trinkspruch auf das Armeekorps nur zur Hälfte seinen Leistungen gerecht werden, wenn Ich nicht zugleich an andere Armeekorps dächte. Was heute im schwarzen Rock, den Hut in der Hand, mit seinen Fahnen vor Uns stand, die 8000 Krieger, die an der Straße aufmarschiert standen, auch sie haben zu Meiner Seele gesprochen; es reihte sich dort Kreuz an Kreuz, Schnalle an Schnalle. Das sind die Leute, die die Geschichte des Korps geschrieben haben, und die mitgeholfen haben, Unser Vaterland zu einigen. Das sind die Kämpfer, die Meinem Vater in die blauen Augen geschaut, als sie ihm den Sieg erfochten. In den Glückwunsch an Mein Korps möchte sich daher auch die Freude mischen über die vorzügliche und tadellose Haltung der Kriegervereine, die Ich heute gesehen habe. Mögen diese Leute den jungen Soldaten als Vorbilder dienen, daß der alte Geist jener Kriegskameraden sich immerdar bewähren möge. Ich trinke auf das Wohl des 5. Armeekorps. Hurra! hurra! hurra!

Am 4. September nimmt der Kaiser den Ehrentrunk vom Provinziallandtagsmarschall Frhr. v. Wilamowitz-Möllendorf entgegen und hält folgende Rede: Die patriotischen Worte, durch die Sie Mir und der Kaiserin die Gesinnungen der Provinz Posen entgegengebracht haben, erfüllen Unsere Herzen mit Freude und Dank. Sie finden ihre Bestätigung durch den patriotischen Empfang seitens der hiesigen Bevölkerung. Wir befinden Uns hier in einer treuen deutschen Stadt: und treu ist die Arbeit, die die Deutschen zur Hebung des Landes hier vollführen. Soll diese Arbeit, deren Endziel die Hebung an Land und Volk ist, zum Nutz und Frommen des Ganzen gelingen, so ist notwendig, einmal, daß die Deutschen ihren Erbfehler des Parteihabers ablegen und daß der einzelne das Opfer seiner ausgeprägten Individualität zu bringen bereit ist, um in der Gesamtheit mit allen vereint zu wirken, so wie sich einst die Ritter des Deutschen Ordens, auf persönliche Ungebundenheit und Bequemlichkeit verzichtend, zu dem festen Gefüge des Ordens zusammenscharten, um in anhaltend harter Arbeit die deutsche Kultur zu verbreiten. Zum anderen versteht es sich von selbst, daß Meine Beamten unbedingt nach Meinen Direktiven und gehorsam Meinen Befehlen ohne Zaudern die Politik durchführen, die Ich für das Wohl der Provinz als richtig erkannt habe. Das Zusammenwirken von Volk und Beamtenschaft unter der Leitung der Krone wird nicht ermangeln, im Laufe der Jahre die segensreiche Entwicklung der Provinz zu fördern. Ich beklage tief, daß sich ein Teil Meiner Untertanen nicht deutschen Stammes nur schwer in unsere Verhältnisse zu finden scheint. Der Grund dafür dürfte in zwei Irrtümern zu suchen sein. Einmal wird in ihnen wachgehalten die Besorgnis vor der Antastung ihrer Konfession. Wer behauptet, daß Meinen Untertanen katholischer Konfession Schwierigkeiten in der Ausübung ihres Glaubens gemacht oder sie gezwungen werden sollen, von demselben zu lassen, macht sich einer schweren Lüge schuldig. Meine ganze Regierungszeit und Meine Worte in Aachen beweisen, wie hoch Ich die Religion, das heißt das persönliche Verhältnis jedes Menschen zu seinem Gott, achte, und er beleidigt durch eine solche Verleumdung den Nachfolger des großen Königs, der erklärt hat, ein jeder solle auf seine Faßon selig werden. Der zweite Irrtum ist der, daß die Besorgnis wach erhalten wird, daß die Stammeseigentümlichkeiten und Ueberlieferungen ausgelöscht werden sollen. Dem ist nicht so. Das Königreich Preußen setzt sich aus vielen Stämmen zusammen, welche stolz sind auf ihre frühere Geschichte und ihre Eigenart. Das hindert sie jedoch nicht, vor allen Dingen brave Preußen zu sein. So soll es auch hier sein. Ueberlieferungen und Erinnerungen können ruhig bestehen; allein sie sind Geschichte, der Vergangenheit angehörig. Jetzt kenne Ich hier nur Preußen; Ich bin es der Arbeit Meiner Vorfahren schuldig, dafür zu sorgen, daß diese Provinz unauflöslich mit der preußischen Monarchie verknüpft, daß sie stets gut preußisch und gut deutsch bleibe. Diesen Becher, gefüllt mit dem Saft der Reben, die an den Ufern des schönen Rheins gewachsen, leere Ich auf das Wohl der Provinz Posen und ihrer Hauptstadt an der Warthe!

3. September. (Kreuznach.) Der Genossenschaftstag schließt mit 268 gegen 84 Stimmen 99 sozialdemokratische Konsumvereine aus dem allgemeinen deutschen Genossenschaftsverbande aus.

5. September. (Berlin.) Geh. Medizinalrat Professor Rudolf Virchow, 80 Jahre alt, †.

6. September. Konflikt mit Haïti s. Mittelamerika.

Anfang September. (Konsulate.) Der Reichskanzler bestimmt, daß die Konsulate im allgemeinen deutschen Interessenten Auskunft zu erteilen haben über Ruf und Kreditwürdigkeit der Firmen ihres Konsulatsbereichs.

10. September. (Düsseldorf.) Der Delegiertentag des Zentralverbandes deutscher Industrieller spricht sich für die Regierungsvorlage des Zolltarifs aus.

September. Zolltarif und monarchische Gesinnung. Das Organ des konservativen Landesvereins in Sachsen, „Das Vaterland", schildert die Notlage der Landwirtschaft und verlangt höheren Zollschutz: Gelingt es nicht, eine Wendung zum Bessern und eine allmähliche Gesundung unseres Bauernstandes herbeizuführen, dann ist sein Ende nicht allzu fern mehr. Wenn das aber einmal besiegelt ist, die zur Verzweiflung getriebene Landbevölkerung sich mit dem Proletariat der Städte vereinigt, dann werden die Throne zusammenkrachen, und es wird ein Chaos herrschen, bis aus Blut und Brand und greuelvoller Verwüstung sich langsam wieder geordnete Zustände herauswinden können. Schon hört man aus Bauernmund harte Anklagen gegen die Gleichgültigkeit der Regierenden, eine früher ungekannte Erbitterung hat in diesem geduldigen, zähen Stande um sich gegriffen, möge man diese Zeichen der Zeit richtig deuten und nicht unterschätzen, der Fehler könnte sich eines Tages schrecklich rächen." Die „Deutsche Tageszeitung" stimmt zu und meint: Man täusche sich nicht! Die Füße des Thrones stehen nur fest, solange sie in dem gewachsenen Boden des Bauerntums und des Mittelstandes wurzeln. Das ist keine politische Phrase, wie man wohl gesagt hat, sondern eine geschichtlich bewiesene, unwiderlegliche Wahrheit.

Die Presse der Linken verhöhnt die Agrarier und Konservativen, daß sie wieder einmal mit dem Uebergange zur Sozialdemokratie und dem allgemeinen Umsturz wegen einer halben oder anderthalb Mark Getreidezoll drohten. Der „Vorwärts" stellt das friedliche städtische Proletariat den Agrariern gegenüber: es will nicht ein Chaos greuelvoller Verwüstung, wie es die Konservativen wollen, sondern eine höhere und wahre Ordnung des Gesellschaftslebens. Es ist eine schnöde Beleidigung, dem Proletariat ein Bündnis mit konservativen Mordbrennern anzutragen.

Viele konservative Blätter wie „Reichsbote", „Konj. Korresp." wenden sich scharf gegen Ton und Inhalt des „Vaterland"artikels; der sächsische Landesverein verleugnet den Artikel.

10. September. (Berlin.) Geh. Rat Professor Ernst Dümmler, Direktor der Monumenta Germaniae Historica, 72 Jahre alt, in Friedrichsroda †.

13. September. (Posen.) Der Oberpräsident veröffentlicht folgenden kaiserlichen Erlaß:

Der herzliche Empfang, welchen Mir und der Kaiserin und Königin, Meiner Gemahlin, die Hauptstadt der Provinz Posen bereitet, die sympathische Begrüßung, welche Mir seitens der Bevölkerung der Provinz in Stadt und Land, soweit Ich gekommen bin, zuteil geworden ist, haben Meinem landesväterlichen Herzen sehr wohl getan und Mich angenehm berührt. Ganz besondere Freude wurde Mir dadurch bereitet, Zeuge der Enthüllung des von der Stadt Posen errichteten Denkmals Meines in Gott ruhenden geliebten Vaters, des Kaisers Friedrich Majestät, sein zu dürfen, wodurch die Bande zwischen Meinem Hause und der Provinz Posen immer fester geknüpft und unlösbar verschlungen werden. Daß die nach Tausenden zählenden Abordnungen der Kriegervereine aus allen Teilen der Provinz zusammengeströmt waren, um am Ehrentage des fünften Armeekorps, am 3. September, teilzunehmen und den obersten Kriegsherrn mit Hurra zu begrüßen, hat Mich mit großer Genugtuung erfüllt. Auch habe Ich gerne erfahren, daß, obwohl den einzelnen Provinzteilen infolge der in diesem Jahre stattgehabten großen Truppenzusammenziehungen eine recht erhebliche Einquartierungslast auferlegt werden mußte, die Truppen überall freundlich aufgenommen wurden. Ich beauftrage Sie, dies der Provinz und ihren Bewohnern mit dem Ausdruck Meines königlichen Dankes bekannt zu machen.

Sonnenburg, 12. September.

(gez.) Wilhelm, R.

Mitte September. Die deutschen und englischen Dampfergesellschaften, die am Verkehr mit dem La Plata beteiligt sind, schließen einen Kontrakt auf drei Jahre zur Aufrechterhaltung bestimmter Frachtraten.

13./14. September. (Danzig.) Eine große Versammlung des Deutschen Ostmarkenvereins stellt folgende Forderungen für die Polenpolitik auf:

Es soll den Polen nicht verwehrt sein, ihre polnische Sprache unter sich zu gebrauchen, da sie aber das polnische Idiom als Kampfmittel gegen das Deutschtum mißbrauchen und es im allgemeinen staatlichen Interesse liegt, daß jeder Staatsbürger die deutsche Staats- und Landessprache beherrscht, empfiehlt der Gesamtausschuß der Staatsregierung folgende Maßregeln: 1. Der fakultative Schreib- und Leseunterricht in der Volksschule der gemischtsprachigen Landesteile wird, wo er noch besteht, aufgehoben. 2. Die für Westpreußen geltenden Bestimmungen über die Erteilung des Religionsunterrichtes in deutscher Sprache sollen auf alle Teile der Ostmarken ausgedehnt werden. 3. Der fakultative polnische Sprachunterricht an den höheren Lehranstalten wird beseitigt. 4. Die Bestimmung, daß die aus dem Dispositionsfonds der Oberpräsidenten unterstützten Stipendiaten sich verpflichten müssen, polnisch zu lernen, wird aufgehoben. 5. Wenn in einer Versammlung eine andere Sprache als die deutsche gebraucht wird, so entziehen sich die Verhandlungen der Kontrolle der öffentlichen Meinung und es ist unmöglich, der Verbreitung gefährlicher Aufhetzungen und Irrtümer bei Zeiten entgegenzutreten. Die Versammlungsfreiheit hat zur Voraussetzung, daß die Verhandlungen in voller Oeffentlichkeit spielen. Wer sich der Oeffentlichkeit entzieht, hat kein Recht auf uneingeschränkte Versammlungsfreiheit. 6. Die polnische Presse hat eine staatsfeindliche Haltung. Soweit einzelne polnische Zeitungen nicht vollständig verboten werden können, muß eine Vorschrift erlassen werden, daß jede polnische Zeitung mit einer deutschen Uebersetzung neben dem Texte erscheint, damit sie sich nicht durch den Gebrauch der fremden Sprache der Oeffentlichkeit entzieht und damit die deutsche Presse und das deutsche Volk in die Lage versetzt wird, den Aufhetzungen und Lügen der polnischen Presse entgegenzutreten. 7. Im innerdeutschen Verkehr der Reichspostverwaltung ist die durchgängige Anwendung der deutschen Sprache Bedingung. Postsendungen mit polnischen Aufschriften sind von der Beförderung ausgeschlossen. Die Uebersetzungsstellen in Posen und Bromberg werden aufgehoben.

Zentrumsblätter weisen darauf hin, daß diese Forderungen mit der Verfolgung der polnischen Sprache der Rede des Kaisers vom 4. September, in der er Achtung der polnischen Stammeseigentümlichkeiten zugesagt habe, widersprächen.

15./20. September. (München.) Sozialdemokratischer Parteitag. Kassenverhältnisse; Polen und Deutsche; Revisionsfrage; Militarismus; Alkoholismus.

Das Präsidium führt Abg. Singer. Den Geschäftsbericht erstattet Abg. Auer. Er teilt mit, daß die Frage, ob die Partei sich an den preußischen Landtagswahlen beteiligen solle, von einem preußischen Parteitage erwogen werden solle. Die polnisch und französisch sprechenden Genossen verlangten besondere Parteiorgane in ihrer Sprache; das sei bei den Finanzen der Partei unmöglich, da die Parteipresse immer mehr zurückgehe. Ueberdies wollten die polnischen Genossen die deutschen nicht als ebenbürtig anerkennen, man könne daher einer selbständigen Organisation der polnischen Sozialdemokratie nicht zustimmen. Im Referat über die

Parteikasse erklärt Abg. Gerisch, in der Parteipresse sei im großen und ganzen ein Rückgang in den Inserateneinnahmen wie in der Abonnentenziffer zu konstatieren; so sei beispielsweise der Ueberschuß aus dem Vorwärts um 20000 M. geringer als im Vorjahre. Anderseits werde die Parteikasse fortgesetzt für unbesonnene und unrentable Zeitungsgründungen in Anspruch genommen, und wenn die Partei sich noch weiterhin für derartige Gründungen engagieren wollte, so könnte das eines Tages zu einem bösen wirtschaftlichen Krach in der Partei führen.

In der weiteren Debatte entspinnt sich ein heftiger Streit vornehmlich zwischen Bernstein, Heine, David und Hoffmann, Bebel und Kautsky über die parteioffizielle „Neue Zeit" und die von Bernstein herausgegebenen „Sozialistischen Monatshefte", der seinen Ursprung hat in der von Bernstein vertretenen Anschauung, daß das Parteiprogramm einer Revision bedürfe (vgl. 1901). — Ueber den Zolltarif, der eine Auswucherung des Volkes bedeute, spricht Abg. Rosenow, und kündigt Obstruktion im Reichstage gegen die Beschlüsse der Zollkommission an. In einem Referat über die Reichstagswahlen polemisiert Abg. Bebel gegen die Finanzwirtschaft und den Militarismus. Es sei ein grober Unfug, daß das Reich immer mehr ausgebe, als der Reichstag bewilligt. Man fängt allmählich an, eine Art Respekt vor Bismarck zu bekommen, denn so was wäre unter Bismarck nicht möglich gewesen. Das sind eben die modernen Zeiten, modern wie in Rom zur Zeit der Cäsaren. Unter den neuen Forderungen, die dem künftigen Reichstag vorgelegt werden würden, würden sich auch die Forderungen für die Kosten einer vollständigen Reform unseres Festungswesens befinden. Wertlos wie die Festungen seien die neu geschaffenen Geschütze der Artillerie, so daß auch für diese sich neue Ausgaben nötig machten. Schließlich werde auch eine neue Kavallerie-Vorlage kommen, die man zunächst mit Hinweis auf den Burenkrieg und, als sich das als wenig stichhaltig erwiesen habe, mit dem Hinweis auf die polnischen Provinzen begründet habe, deren Germanisation die neuen Regimenter durch Unterstützung der deutschen Kaufmannsmeister angeblich fördern sollten. In Wirklichkeit handle es sich ganz einfach darum, den Junkern und Rittern standesgemäße Unterkunft zu schaffen. Auch der regierende Herr ist ja ein besonderer Freund der Kavallerie, wie wir das jetzt eben erst wieder bei den Kaisermanövern in Frankfurt a. O. beobachten konnten. Dort sind 10000 bis 15000 Kavalleristen über das Feld gedonnert und der hohe Herr kam mit geschwungenem Säbel allen voran. Wäre es im Ernstfall gewesen, so wäre freilich keiner mit dem Leben davon gekommen. Die Infanterieoffiziere haben gelacht und gerufen: Laßt uns doch in Frieden, wir sind ja schon lange tot. Und ein englischer Manövergast von hohem Range hat sogar gesagt: Wie schade, daß kein Krieg ist! Alle Sachverständigen sagen uns, daß, wenn derartige Manöver in einem künftigen Kriege ausgeführt werden, ein Debacle die Folge sein würde, gegen den Sedan ein Kinderspiel wäre. Auch das muß im Reichstage ausgesprochen werden, weil in der ganzen Welt bei Laien und bei Sachverständigen die Ueberzeugung dahin geht, daß so nicht gekämpft werden darf und daß das Parlament dafür keine Mittel übrig haben darf.

In der Debatte wird ein energischer Kampf gegen das Zentrum und die katholische Kirche verlangt; erst müsse die Grundlage des Glaubens erschüttert werden, ehe die katholischen Arbeiter gewonnen werden könnten. Abg. v. Vollmar führt dagegen aus, daß ein Kampf gegen die Religion nur das Zentrum stärken werde. — Eine Resolution für die Abstinenz vom Alkohol einzutreten, wird abgelehnt; der Grundsatz, daß Alkohol Privatsache ist, wird proklamiert.

19./20. September. (Frankfurt a. M.) Ein Bankiertag verlangt Säuberung des Bankiertages von unlauteren Elementen und Errichtung einer Vertretung des Bankierstandes zur Wahrung seiner Interessen.

21. September. (Bayern.) Abg. Schädler über den Abgang Landmanns (S. 130) und den Depeschenwechsel zwischen dem Kaiser und dem Prinzregenten (S. 136) und die schwache bayerische Regierung.

In einer Bauernversammlung in Tuntenhausen bespricht Abg. Schädler (3.) den Würzburger Konflikt (S. 121) und bedauert, daß Minister v. Landmann in seinem Bestreben, unsauberen Machenschaften aus Professorenkreisen entgegenzutreten, gefallen sei. Das Zentrum habe seitdem das Vertrauen zu dem Ministerium verloren und deshalb die Abstriche an den Kunstforderungen beschlossen. — Die Depesche des Kaisers enthalte eine unberechtigte Kritik innerbayerischer Verhältnisse und beweise, wie wenig der Kaiser das Zentrum schätze. „Wir werden die Antwort nicht schuldig bleiben, wir werden sie nicht schuldig bleiben an den Stellen, wo auch das Präsidium des Bundes es hört, und zwar in Berlin und in München. Als Mitglied der Zentrumspartei des Landtags wie des Reichstags weise ich diese Einmischung und das Verdikt des Präsidiums des Bundes, des Königs von Preußen, welcher den Namen Deutscher Kaiser führt, mit aller Entschiedenheit zurück und ich weiß mich darin einig mit meinen sämtlichen Parteikollegen in Bayern und im Reich. Vom rein politischen Parteistandpunkt aus könnte man diese Depesche ja freudigst begrüßen, aber ich halte nicht zurück mit dem Ausdruck des tiefsten Bedauerns, und zwar deshalb, weil auf diesem Wege in der Tat Reichsverdrossenheit geschaffen werden muß. Alles, was insbesondere uns Bayern bewegt, von 1866 an bis zur Begegnung im Münchener Zentralbahnhofe, vom abgeschafften Raupenhelm bis zum abgeschafften Generalshut, dies alles fängt aufs neue an sich zu regen und die bayerischen Gemüter in Wallung zu bringen. Mißtrauen wird auf solchem Wege gesäet, dort, wo Vertrauen am Platz wäre, Zwietracht. Zugleich auch der fortgesetzte Gedanke, wird nicht das Uebrige, was wir noch besitzen, den Weg dessen gehen, was vorausgegangen ist — man wird ihn nicht los, auch nicht damit, daß man uns vielleicht sagt, wir wären Reichsnörgler und sollen den Staub von unseren Füßen schütteln. Nur dadurch, daß man die Sonderrechte achtet, peinlich und bis ins kleinste, kann man Vertrauen erringen, nur dadurch kann man es dazu bringen, daß wir alle in gleicher Liebe emporsehen. Man fragt sich aber auch unwillkürlich: Wäre denn so etwas möglich in sonst geordneten Verhältnissen? Allerdings, wenn der Kanzler in Norderney ist und badet, dann wird es sehr schwer werden, ihm dieses Bad austrinken zu lassen. Dazu kommt noch eine weitere Frage. Wenn man so zurückschaut in der bayerischen Geschichte, insbesondere seit der Entwicklung in dem Deutschen Reiche, muß man da nicht auf den Gedanken kommen: Wäre das bayerische Ministerium nicht in einer Reihe von Fragen so schwach und nachgiebig gewesen, wäre dann so etwas möglich noch? Also Schwachheit und Schlappheit auf allen Seiten. Schlappheit in Würzburg gegenüber der Schädigung der Staatsautorität, Schlappheit gegenüber einer liberalen Minorität, Schlappheit auch Ansprüchen gegenüber, denen insbesondere ein bayerisches Ministerium mit aller Entschiedenheit entgegentreten sollte."

22. September. (Preußen.) Einführung von neuen Kriegsartikeln.

An Stelle der 55 alten Kriegsartikel werden 28 neu formulierte eingeführt. Sie werden jedem neu eintretenden Soldaten in seiner Muttersprache vorgelesen. Zu diesem Zwecke werden die Kriegsartikel beim 1. Armeekorps in die litauische, beim 5. in die polnische, beim 9. in die dänische und beim 15. Armeekorps in die französische Sprache übersetzt. — Die neuen Artikel werden auch in Bayern, Sachsen und Württemberg eingeführt.

22./26. September. (Köln.) Beratungen der internationalen Gesellschaft für soziale Reform.

Am Kongreß nehmen Vertreter vieler deutscher und auswärtiger Regierungen teil. Es wird u. a. beraten über kulturelle Hebung des Arbeiterstandes, erhöhten Schutz der Frauen und Kinder im Gewerbebetrieb, Besserung des Vereinsrechts.

24. September. (Zolltarifkommission.) Debatte über Fleischnot, Grenzsperre, Seuchen, Viehzölle.

Abg. Frhr. v. Wangenheim (Bd. d. Ldw.) beantragt bedeutende Erhöhung der bestehenden Zölle für Fleisch- und Fettwaren aller Art. Die im Regierungsentwurf vorgesehenen Vergünstigungen für den Grenzverkehr müßten wegfallen. Abg. Sieg (nl.): Die Agrarier, welche für die Grenzsperren eingetreten, seien die wahren Wohltäter der Volksmassen in Bezug auf Fleischversorgung. Das Geschrei über die Fleischteuerung sei darauf zurückzuführen, daß die Parole des Brotwuchers nicht mehr verfange. Die Händler und Fleischer hätten die Fleischteuerung verursacht: so seien z. B. bayerische Schlachtochsen nach Metz um 100 Mark pro Haupt billiger verkauft als nach Berlin. Abg. Pachnicke (fr. Vg.): Eine solche Schweinenot wie jetzt sei auf dem Berliner Viehhof noch nie dagewesen. Es handle sich bei Beschränkung der Grenzsperren nicht um eine künstliche Minderung der Fleischpreise, sondern um die Verhinderung einer künstlichen Steigerung derselben. Von der herrschenden Fleischteuerung hätten die kleinen Landwirte keinen Vorteil, da das, was ihnen durch die erhöhten Preise gegeben werde, durch Verteuerung der Futtermittel wieder genommen werde. Abg. Dr. Heim (Z.): Man solle eine große Untersuchung einleiten, ob die Seuchengefahr durch Grenzsperren wirksam bekämpft werden könne. Landwirtschaftsminister v. Podbielski: In Oberschlesien seien im Jahre 1896 406 Fälle einer Einschleppung von Seuchen konstatiert worden. Weiter als bis 1896 reiche das Material des Landwirtschaftsministeriums nicht zurück. Die russische Regierung habe alsbann drakonische Maßnahmen gegen die Verschleppung von Seuchen zur Anwendung gebracht. Seit ihrer Durchführung sei die Einschleppung von Viehseuchen aus dem russischen Gebiet nahezu ausgeschlossen.

Staatssekretär Graf Posadowsky: Auch in Rußland, Finnland, Spanien und Belgien werde über Preissteigerungen geklagt. Das Schweinefleisch sei von 1901 bis 1902 in der Spanne Januar-August in Wien von 65.1 auf 76.6, in Pest von 77.8 auf 90.0, in Paris von 110.1 auf 117.1, in Rotterdam von 73.6 auf 81.3 Mark und in Chicago von 6.20 auf 7.35 Dollars gestiegen. Nur in Dänemark sei es von 90.3 auf 90.0 gesunken. Die vorliegenden Angaben ließen erkennen, daß es sich um eine allgemeine Fleischteuerung handle, die unmöglich auf örtliche Umstände zurückgeführt werden könne, sondern nur aus allgemeinen Ursachen entstanden sei.

Abg. Herold (Z.): Die Grenzsperre biete keine hinreichende Sicherheit für den Viehzüchter, denn sie könnte sehr leicht aufgehoben werden. Der Viehzüchter müsse bauernd geschützt werden und dies könne nur durch die vorgeschlagenen erhöhten Zölle für Vieh und Fleisch geschehen. Schwankungen der Preise kämen immer vor. Dies müsse sich Produzent und Konsument gefallen lassen. Ohne Mindestzölle für Vieh und Fleisch sei der Zolltarif für ihn und seine Freunde unannehmbar. Daß bei der Bindung der Abschluß von Handelsverträgen unmöglich sei, glaube er nicht. Staatssekretär Graf v. Posadowsky erklärt vertraulich, daß die verbündeten Regierungen einstimmig der Ansicht seien, daß einer Erweiterung des Systems der Mindestzölle nicht zugestimmt werden könne. Es sei ein Akt der Loyalität, gegenüber der Volksvertretung zu erklären, daß die beschlossenen Viehzölle nicht durchführbar seien. Abg. Speck (Z.): Die weitaus überwiegende Mehrheit seiner Freunde habe nicht die Absicht, von den Mindestzöllen für Vieh und Fleisch abzugehen.

29. September. (Danzig.) Der Oberpräsident von Westpreußen, Staatsminister v. Goßler, 64 Jahre alt, †. — Sein Nachfolger wird der Oberbürgermeister von Danzig, Delbrück.

30. September. 2. Oktober. (Siegen.) Auf dem christlich-sozialen Parteitag führt Hofprediger a. D. Stöcker aus, daß die Christlichsozialen die in nationalliberalen und konservativen Wahlkreisen vorhandenen Industriearbeiter sammeln müßten, um sie nicht sozialdemokratisch werden zu lassen.

5. Oktober. (Wiesbaden.) Generalversammlung des Bundes deutscher Frauenvereine. — Es wird vornehmlich über Reformen in der Konfektionsbranche und über Änderung des Vereinsrechts beraten.

6. Oktober. (Reichstag.) Die Zolltarifkommission beschließt folgende Anträge an das Plenum zu stellen:

Der Reichstag wolle beschließen:

Erstens dem Gesetzentwurfe betreffend den Zolltarif in der vorgeschlagenen Fassung die Zustimmung zu erteilen.

Zweitens die zu dem Gesetzentwurf eingelaufenen Petitionen durch die Beschlußfassung über denselben für erledigt zu erklären.

Drittens folgende Resolutionen anzunehmen:

1. Es sei der Bundesrat zu ersuchen, mit möglichster Beschleunigung und unter Hinzuziehung von Vertretern des inländischen Tabakbaues zu prüfen, in welchen Beziehungen die Ausführungsvorschriften zum Gesetze vom 16. Juli 1879 betreffend die Tabakbesteuerung im Interesse der kleineren Tabakbauern vereinfacht werden können, und dem Reichstage die Ergebnisse mitzuteilen;

2. mit Rücksicht auf die Erklärung der Vertreter der verbündeten Regierungen bezüglich der Zollsätze Nr. 237, „Petroleum", keinerlei vertragsmäßige Verbindlichkeiten anderen Staaten gegenüber eingehen zu wollen, die Regierungen zu ersuchen, in möglichster Beschleunigung zu erwägen, ob nicht durch Einführung verschiedener Zollsätze für Rohpetroleum und gereinigtes Petroleum die Schaffung einer inländischen Raffinerieindustrie möglich und wirtschaftlich geboten erscheine, und im bejahenden Falle einen diesbezüglichen Gesetzentwurf beim Reichstage vorzulegen.

8. Oktober. (Frankfurt a. M.) Kongreß zur internationalen Bekämpfung des Mädchenhandels.

10. 11. Oktober. (Berlin.) Ein von der deutschen Kolonialgesellschaft berufener Kolonialkongreß von Politikern, Kaufleuten, Nationalökonomen, Reisenden und anderen Interessenten verhandelt über Angelegenheiten der deutschen Kolonialpolitik.

11. 13. Oktober. (Eisenach.) Nationalliberaler Parteitag. Liberalismus. Zollfrage.

Den Vorsitz führt Abg. Büsing. Abg. Bassermann betont, daß die Zeiten des Kartells seit der Annäherung zwischen Konservativen und Zentrum vorüber seien, und daß die Partei entschlossene liberale Politik treiben müsse. In der Zollfrage sei jede Verschleppung und Ueberspannung der Forderungen vom Uebel, weil sie der Obstruktion zu gute komme. Prof. Kahl polemisiert gegen den Ultramontanismus, dessen Angriffe auf die Freiheit der wissenschaftlichen Forschung und des Glaubens allein durch Stärkung des Liberalismus abgewiesen werden könnten. — Der Delegiertentag spricht sich in einer Resolution für die Regierungsvorlage des Zolltarifs aus und billigt die Agitation der Partei in Baden gegen die Männerklöster.

14. Oktober. Der Reichstag nimmt seine Beratungen wieder auf und behandelt zunächst Petitionen zum Vereins- und Versammlungsrecht.

15. Oktober. (Berlin.) Die Vorstände des westfälischen, bayerischen, schlesischen, ost- und westpreußischen, nassauischen, hessischen und elsaß-lothringischen Bauernvereins verlangen die Aufrechterhaltung der Kommissionsbeschlüsse im Zolltarif als Mindestforderung der Landwirtschaft.

15. Oktober. Der Kaiser richtet an den Herrenmeister des Johanniterordens, Prinzen Albrecht von Preußen, aus Anlaß der vor 50 Jahren erfolgten Wiederaufrichtung der Ballei Brandenburg folgendes Handschreiben:

Am heutigen Tage begeht die Ballei Brandenburg des Ritterlichen Ordens St. Johannis vom Spital zu Jerusalem den fünfzigjährigen Gedenktag ihrer Wiederaufrichtung durch weiland Se. Majestät den hochseligen König Friedrich Wilhelm IV. Das lebhafte Interesse und die große Wertschätzung, welche Ich als Landesherr und Protektor für den Johanniter-Orden empfinde, habe Ich bereits mehrfach bei Meinem Zusammensein mit der Ritterschaft in ihrem ehrwürdigen Sonnenburger Ordensschlosse wie erst vor wenigen Monden bei der Feier der Wiederherstellung des Marienburger Hochschlosses der Deutschritter in besonderer Weise bezeugt: auch habe Ich zum Zeichen Meiner Teilnahme an den Bestrebungen des Ordens die Insignien desselben Selbst angelegt. Es ist Mir aber ein Bedürfnis des Herzens, heute Eurer Königl. Hoheit als Herrenmeister der Ballei und der gesamten Ritterschaft des Ordens erneut Meinen königlichen Dank und Meine Anerkennung für die segensreiche Tätigkeit auszusprechen, welche die Ballei in den verflossenen 50 Jahren entfaltet hat. Den hochherzigen Intentionen folgend, welche den in Gott ruhenden König bei der Wiederaufrichtung der Ballei beseelten, und den Aufgaben und Pflichten getreu, welche der Ritterschaft durch Statuten und Gelübde auferlegt sind, hat der evangelische Zweig des Johanniter-Ordens unter der weisen Führung seiner beiden ersten Herrenmeister, weiland des Prinzen Karl von Preußen und Euerer Königlichen Hoheit, sich während der 50 Jahre durch Werke selbstloser Barmherzigkeit um die leidende Menschheit in hohem Maße verdient gemacht und ein glänzendes Zeugnis von echt evangelischer und ritterlicher Gesinnung abgelegt. Aus kleinsten Anfängen heraus ist es der Ballei vergönnt gewesen, nicht nur im Anschluß an das frühere Wirken des Ordens im heiligen Lande daselbst für die Kranken und bedürftigen Besucher der uns Christen so teuren Stätten durch Begründung eines Hospizes und eines Krankenhauses Sorge zu tragen, sondern auch den jetzigen bedeutungsvolleren Aufgaben des Ordens getreu, in der deutschen Heimat durch zahlreiche Krankenhäuser und eine ausgedehnte Liebestätigkeit zur Linderung der menschlichen Not beizutragen. Auch in den drei Kriegen, in welchen Deutschland seine Einigung wieder gefunden und seine jetzige Stellung im Rate der Völker errungen hat, haben die Johanniter sich in anspruchsloser, ehrenvoller Arbeit unverwelklichen Lorbeer erworben und ihren Ruhm darin gesucht, Wunden zu heilen, Tränen zu trocknen und Herzen aufzurichten. Daß dabei die Rittertreue selbst bis zum Tode geübt und mit edlem Blut besiegelt ist, das tun die schwarzen Tafeln im Rittersaale zu Sonnenburg uns und allen nachfolgenden Geschlechtern zur Nachahmung kund. Und wie der ritterliche Geist dienender Liebe und der vorbildliche gottesfürchtige Wandel der Johanniter in der Vergangenheit reiche und schöne Früchte gezeitigt haben, so hoffe und vertraue Ich, daß die Ballei Brandenburg unter dem Zeichen des Kreuzes, das als Symbol des Erlösungswerkes unseres Herrn und Heilandes die Welt überwunden hat, auch in Zukunft reichen Segen schaffen und sich allezeit als eine feste Stütze für Thron und Altar erweisen werde im Kampfe nicht nur wider die Leiden der Menschheit, sondern auch wider den Unglauben und die Feinde der göttlichen und menschlichen Ordnungen.

Kabinen, den 15. Oktober 1902.

Wilhelm R.

16. Oktober. (Reichstag.) Zweite Beratung des Zolltarifgesetzes. Bülow über den Tarif. Warnung vor Obstruktion. — Aussichten des Tarifs.

Reichskanzler Graf Bülow weist darauf hin, daß in vielen Ländern Europas eine Erhöhung der Tarife geplant werde. Um so mehr ist es geboten, daß wir unser handelspolitisches Rüstzeug erheblich verstärken. Zu diesem Zwecke haben die verbündeten Regierungen einen neuen autonomen Tarif aufgestellt, der sowohl in der äußeren Anordnung wie in der Höhe der Positionen vielfach vom alten Tarif abweicht. Der neue Tarif unterscheidet sich vom alten durch eine größere Spezialisierung und durch Zerlegung einer großen Anzahl von Sammelpositionen in einzelne Positionen. Das bedeutet aber nicht einen Bruch mit den zollpolitischen Grundsätzen, die vor zehn Jahren herrschten, sondern die größere Spezialisierung soll eine wirksame Waffe für die bevorstehenden Vertragsverhandlungen bieten. Abgesehen von dieser veränderten technischen Anordnung enthält der Entwurf eine größere Anzahl erhöhter Positionen namentlich für die handelspolitisch wichtigen Waren, die bei den Vertragsverhandlungen voraussichtlich eine Rolle spielen werden. Die einzige Ausnahme in dem System bilden die Zölle für die vier Hauptgetreidearten, Roggen, Weizen, Gerste und Haber. Für diese ist einem dringenden Wunsche unserer Landwirtschaft entsprechend ein Maximal- und Minimalzoll eingesetzt worden. Keine Position des ganzen Tarifs ist Gegenstand so lebhafter Auseinandersetzungen geworden wie diese. Wir glauben, daß die Höhe der Getreidezölle gerade richtig bemessen ist, einerseits um die Landwirtschaft in ihrer bisherigen Intensität und ihrem bisherigen Umfang zu erhalten, anderseits um den Abschluß langfristiger Handelsverträge noch möglich erscheinen zu lassen (Bewegung. Ruf links: „Noch!"), noch möglich erscheinen zu lassen. Daß die Landwirtschaft eine schwere Krisis durchgemacht hat und zum Teil noch durchmacht, kann nicht ernstlich bestritten werden. Wir müssen ihr also helfen, schon im nationalen Gesamtinteresse. Dieses macht es uns zur Pflicht, die Ernährung des deutschen Volkes möglichst vom Auslande unabhängig zu stellen. Es gebietet uns, den so zahlreichen und sozialpolitisch wichtigen Teil der Bevölkerung, der sich mit Körnerbau beschäftigt, in seiner Leistungsfähigkeit zu stärken und lebensfähig zu erhalten. Das ist nur möglich durch eine verständige Schutzzollpolitik, und deshalb haben die verbündeten Regierungen eine Erhöhung der Getreidezölle vorgeschlagen.

Nach den Erfahrungen von 1891 darf ich die Zollhöhe von 5 und 5,50 ℳ als die äußerste Grenze bezeichnen, bis zu der in der Erhöhung der Zölle auf Brotgetreide gegangen werden kann. Es würde — ich sage das in voller Erkenntnis der Tragweite meiner Worte — eine Erhöhung oder Erweiterung der Mindestsätze das Zustandekommen von Handelsverträgen unmöglich machen. (Hört! hört! hört!) Die verbündeten Regierungen sind in puncto Mindestsätze bis zur äußersten Grenze gegangen. (Hört! hört! links), wo das Zustandekommen von Handelsverträgen noch möglich erscheint. Ich will auf die viel erörterte und umstrittene Frage nicht eingehen, ob Deutschland in absehbarer Zeit im stande sein wird, seinen Bedarf an einheimischem Getreide selbst zu erzeugen; gegenwärtig haben wir für die Ernährung des deutschen Volkes noch eine Zufuhr von Nahrungsmitteln aus dem Auslande nötig und werden ihrer bei der Zunahme der Bevölkerung voraussichtlich noch lange bedürfen. Das Ausland hat einen Ueberschuß an Getreide und ist deshalb auf die Ausfuhr angewiesen. Die Handelsvertragsstaaten haben dasselbe Interesse an der Erhaltung des deutschen Marktes für die Ausfuhr ihres Getreides, wie wir es haben, Absatzgebiete für unsere Fabrikate auch ferner zu genießen. Aber höher und weiter dürfen wir mit den Mindestsätzen nicht gehen. Es ist nun gesagt worden, die Industriezölle des Entwurfes seien im Verhältnis zu den Agrarzöllen zu hoch gegriffen; es würde dadurch eine Preissteigerung für Maschinen und ähnliche Industrieprodukte herbeigeführt, und die Landwirte hätten mit dem zu niedrigen Getreidezoll keinen genügenden Ersatz. Die Industriezölle sind ja bedeutend erhöht. Es handelt sich aber da um Artikel, die bisher zum Schaden der betr. Industrie zu niedrig verzollt waren. Die Schutzzölle für die Industrie sollen nur den Veränderungen angepaßt werden, die sich im letzten Dezennium auf industriellem Gebiet vollzogen haben, und ein großer Teil der erhöhten Industriezölle sind Tarifzuschläge, die bei den bevorstehenden Handelsverträgen als Kompensationsobjekte zu dienen bestimmt sind. Die verbündeten Regierungen hoffen, daß auf Grundlage des Entwurfes es gelingen wird, eine Einigung herbeizuführen. Auf eine Erhöhung der Mindestsätze auf Getreide können die verbündeten Regierungen ebensowenig eingehen als auf eine Ausdehnung derselben auf andere Artikel des Entwurfes. (Hört! hört! links.) Ich kann sagen, daß zwischen den verbündeten Regierungen volle Einhelligkeit herrscht. (Hört! hört!) Wenn der Entwurf abgelehnt werden sollte, so bliebe nur übrig, entweder wenn möglich die bisherigen Handelsverträge fortbestehen zu lassen oder auf Grund des alten Tarifes in neue Handelsvertragsunterhandlungen einzutreten. Auch in letzterem Fall würden die verbündeten Regierungen nach Kräften bemüht sein, die Interessen der Landwirtschaft wahrzunehmen. Ich darf aber daran erinnern, daß auch beim besten Willen es nicht in dem Maße möglich sein würde wie auf der Basis eines neuen Tarifes. Deshalb möchte ich an diejenigen Parteien, denen die Interessen der Landwirtschaft besonders am Herzen liegen, im Namen der verbündeten Regierungen die Aufforderung richten, nicht zu vereiteln, was die verbündeten Regierungen in mühsamer Arbeit für die Landwirtschaft erstreben, und sich auf dem Boden der realen Tatsachen zu halten. An die linke Seite dieses hohen Hauses möchte ich im Namen der verbündeten Regierungen die ebenso ehrliche wie gut gemeinte Aufforderung richten, den Gang unserer Verhandlungen nicht durch künstliche Mittel aufzuhalten oder in die Länge zu ziehen. (Bewegung.) Meine Herren! Ich kenne in der parlamentarischen Geschichte kein einziges Beispiel, wo die Obstruktion, möge es sich nun um eine künstliche, offene oder versteckte Obstruktion handeln, nicht schädigend auf das Ansehen, die Stellung, das Schwergewicht der Parlamente und die parlamentarischen Institutionen selbst eingewirkt haben (Sehr gut! Sehr wahr! links. Bravo. Glocke des Präsidenten). Es hieße die Axt an die Wurzel des Parlamentarismus legen, wenn eine so wichtige Vorlage wie diese nicht in rein sachlicher und ganz loyaler Weise behandelt würde.

Abg. Gotheim (fr. Vg.): Vor 4 Jahren habe niemand an die Möglichkeit eines solchen Maximal- und Minimaltarifs gedacht. Deshalb liege es im Interesse eines gesunden Parlamentarismus, daß nicht der jetzige sondern ein neuer Reichstag darüber entscheide. Abg. v. Kardorff (RP.): Die Zwangslage, in die die Regierung den Reichstag setze, vermindere das Ansehen des Reichstags ebenso wie die Obstruktion. Seine Partei sei für die Kommissionsbeschlüsse.

In der Presse des Zentrums und der Konservativen wird ausgeführt, nach den Mitteilungen des Reichskanzlers erscheine das Zustandekommen des Zolltarifs ausgeschlossen; die Regierungsvorlage werde keine Mehrheit finden.

16./18. Oktober. (Berlin.) Besuch der Burengenerale. — Debatte über eine Audienz beim Kaiser.

Die Burengenerale L. Botha, Dewet und Delarey besuchen Berlin und werden mit stürmischem Enthusiasmus empfangen. Es werden ihnen als Ergebnis mehrerer Sammlungen etwa 300000 ℳ. übergeben.

Schon mehrere Wochen vor ihrer Ankunft war die Frage erörtert worden, ob der Kaiser die Generale empfangen werde; die „Rhein. Westf. Ztg." kündigte Ende September an, daß eine Audienz wahrscheinlich sei, da die Generale auf Verlangen des Auswärtigen Amtes jede Erörterung politischer Angelegenheiten zu vermeiden versprochen hätten.

Am 8. Oktober schreibt die „Nordd. Allg. Ztg.": Der Kaiser ließ unterm 18. September die Burengenerale wissen, er sei bereit, sie zu empfangen, falls sie sich in Deutschland jeder antienglischen Agitation enthalten würden und sich durch die Vermittelung des englischen Botschafters anmelden ließen. General Dewet acceptierte diese Forderungen namens seiner Kameraden. Aus dem Haag wird unter dem 6. Okt. 1902 amtlich berichtet, die Burengenerale seien nunmehr anderen Sinnes. Sie erheben Bedenken, eine Audienz nachzusuchen; sie wollen berufen sein. Demnach ist die Angelegenheit in negativem Sinne entschieden und erledigt.

Aus Anlaß dieser Erklärung wird die Regierung in der Presse, namentlich von Blättern der Rechten und äußersten Linken, scharf angegriffen, weil sie die Audienz nicht zu stande gebracht habe, es wird ihr zu weitgehende Rücksicht auf England vorgeworfen. Hierzu schreibt die „Norbb. Allg. Ztg." (16. Okt.): Ueber die gescheiterte Audienz der Burengenerale bei dem Kaiser sind in den letzten Tagen viele einander widersprechende Angaben, zum Teil unter Berufung auf die Generale selbst, verbreitet worden. Wir halten es deshalb für nützlich und erforderlich, nochmals auf die Angelegenheit zurückzukommen. Am 18. September hatte sich der Kaiser auf den Vorschlag des Reichskanzlers bereit erklärt, die Generale zu empfangen, wenn sie sich durch Vermittelung des englischen Botschafters in Berlin anmelden lassen und sich jeder antienglischen Agitation enthalten würden. Die Generale wurden hiervon infolge einer Verfügung des Auswärtigen Amtes an den kaiserlichen Vertreter im Haag in Kenntnis gesetzt. Dewet erklärte in ihrem Namen, daß sie das kaiserliche Anerbieten annähmen und mit den Bedingungen einverstanden wären. Am 6. Oktober ließen sie jedoch der amtlichen Vertretung des Reiches im Haag mitteilen, daß eine Anfrage bei dem englischen Botschafter nicht in ihrem Plane gelegen hatte, und daß sie daher die Vermittelung des englischen Botschafters nicht nachsuchen würden, es sei denn, daß vorher ein förmlicher Ruf des Kaisers an sie erginge. Gegen unsere Bemerkung, daß die Generale anderen Sinnes geworden seien, wurde gesagt, daß sie nach wie vor bereit waren, ein Gesuch um Vermittelung bei dem englischen Botschafter einzubringen. Entscheidend ist aber, daß sie erst das kaiserliche Anerbieten vorbehaltlos annahmen, nachträglich jedoch den vorgeschriebenen Schritt bei der englischen Botschaft von der dem Kaiser zugemuteten Bedingung abhängig machen wollten und hierfür anführten, daß auch König Eduard sie rufen ließ. Dieser Vergleich trifft nicht zu, da der Kaiser nicht ihr Souverän ist und bei der Audienz am englischen Hofe die Vermittelung eines fremdem Botschafters überhaupt nicht in Frage kommen konnte. Nachdem die Generale die Bedingung des Kaisers annahmen, stellte sich ihre Erklärung vom 6. Oktober, wonach sie nicht auf dem geforderten Wege um Audienz bitten wollten, als ein Novum dar, das die Sachlage vollständig veränderte und das Scheitern der Audienz bewirken mußte.

Die Regierung wird ferner sehr scharf getadelt, weil sie erklärt, amtlich von der Anwesenheit der Buren keine Notiz zu nehmen.

17./21. Oktober. (Reichstag.) Zolltarif. Obstruktion. Reden der süddeutschen Minister.

Folgende Anträge über die Getreidezölle stehen zur Diskussion:

	Roggen	Weizen	Gerste	Hafer
Regierungsvorlage	5.—	5.50	3.—	5.—
Kommissionsfassung	5.50	6.—	5.50	5.50
Antrag Heim (3.)	6.—	6.—	6.—	6.—
Bund der Landwirte	7.50	7.50	7.50	7.50
(Bisheriger Satz	3.50	3.50	2.—	2.80).

Die sozialdemokratische Partei beginnt die Obstruktion mit Dauerreden. Ihr erster Redner ist Abg. Antrick, der 4½ Stunden gegen den Tarif spricht. Es wird angekündigt, daß über jede Position eine namentliche Abstimmung von den Sozialdemokraten beantragt werden wird, so daß gegen 1000 Abstimmungen stattfinden müssen. — Abg. Herold (3.) polemisiert gegen die Anträge des Bundes der Landwirte, die nur agitatorischen Zweck hätten. Am 18. Oktober verteidigt der badische Finanzminister v. Buchenberger die Regierungsvorlage. Ein System, wie es sich in England durch Preisgabe der Landwirtschaft herausgebildet hat, wollten die Regierungen nicht, aber sie wollten auch nicht die von der Linken erstrebte Brotverbilligungspolitik, denn der Getreidebau in Deutschland werde immer das Fundament und das Rückgrat der Landwirtschaft sein. Für die deutsche Landwirtschaft sei es sehr wichtig, einen mäßigen Schutzzoll zu haben. Die Rechte sollte aber nicht vergessen, daß in den letzten 30 bis 40 Jahren neben der landwirtschaftlichen Berufstätigkeit eine großkapitalistische, organisierte Industrie entstanden sei, die mit einem Fuß in dem deutschen Inlandsmarkt, mit dem anderen sozusagen auf allen Ozeanen ihren Platz gefunden habe, und in der Millionen von Arbeitskräften beschäftigt seien. Wenn die Rechte die Reihe kollidierender Interessen berücksichtige, so sollte sie zu dem Zugeständnis kommen, daß die verbündeten Regierungen doch eigentlich weiter gegangen seien, als sie noch vor sechs bis sieben Jahren hätten gehen können. Er habe im Laufe des letzten halben Jahres häufig Gelegenheit gehabt, die landwirtschaftlichen Berufsstände in seinem Vaterland zu hören, und immer habe es geheißen: „Herr Minister, wir nehmen, was wir kriegen."

Am 20. Oktober erklärt sich Abg. Graf Schwerin-Löwitz (kons.) im Namen eines Teils der Konservativen gegen die Anträge des Bundes der Landwirte und für die Kommissionsbeschlüsse. Württembergischer Minister v. Pischek: Der kleine süddeutsche Bauer sei an hohen Getreidepreisen interessiert, weil durch sie die Entwertung des Bodens verhindert werde. Abg. Sattler (nl.) gibt den Mehrheitsparteien die Schuld, wenn, wie wahrscheinlich, die Vorlage scheitere, weil sie nicht zur rechten Zeit die Regierungsvorlage acceptiert hätten. Bayerischer Finanzminister v. Riedel: Alle Regierungen seien einmütig für die Vorlage. Die Regierungen haben allen Ernstes danach gestrebt, eine Regelung zu finden, die den verschiedenen Interessen, soweit es überhaupt möglich ist, gerecht werden wird. Die Lösung der Frage besteht darin, daß die Agrarzölle nicht so hoch gesteigert werden, daß sie geeignet sind, einen fühlbaren Druck auf die Lebenshaltung der nicht Landwirtschaft treibenden Kreise auszuüben oder die Industrie zu erschweren oder den Vertragsabschluß zu verhindern. Die Erhöhung des Gerstenzolles nach dem Antrag Heim sei unannehmbar, weil sie der wichtigsten bayerischen Exportindustrie das Rohmaterial verteuere. — Am 21. betont Reichskanzler Graf Bülow nochmals, daß für die Landwirtschaft nicht mehr zu erreichen sei, weil Handelsverträge mit höheren Mindestsätzen nicht zu stande zu bringen seien. Er schließt: Ich erkläre nochmals namens der verbündeten Regierungen, daß alle von der Vorlage abweichenden Abänderungsanträge zu den vorgeschlagenen Mindestsätzen für Roggen und Weizen in jedem Stadium der Verhandlungen für die verbündeten Regierungen unannehmbar sind.

Hierauf wird über § 1 des Tarifgesetzes abgestimmt und unter Ablehnung aller Abänderungsanträge werden die Kommissionsbeschlüsse über den Roggen- und Weizenzoll mit 187 gegen 152, resp. 194 gegen 145 Stimmen angenommen.

18. Oktober. (Fehrbellin i. d. Mark.) Der Kaiser enthüllt ein Denkmal des Großen Kurfürsten und hält folgende Rede:

Mit inniger Freude habe Ich den Entschluß des Havellandes und Fehrbellins begrüßt, an diesem Orte dem größten Brandenburger Kurfürsten ein Denkmal zu setzen. Es ist Mir eine große Befriedigung, daß Ich dazu die Gestalt, wie sie des Künstlers Hand für die Siegesallee entworfen hat, habe dazu zur Verfügung stellen können. Ein Land, das seine Fürsten ehrt, ein Volk, das ihnen Denkmäler setzt, ehrt sich selbst, zumal hier in der Mark, wo gerade des Großen Kurfürsten Person wie keine andere in Mühe und Arbeit, in Kampf und Streit mit seinem Lande und seinem Volke verbunden war. Mit den Söhnen der Mark mußte er die einzelnen Teile seines Landes zusammenschweißen und mit dem Degen in der Faust sich sein Hausrecht wahren. Denn es war von jeher Sitte, wenn Völker miteinander rechten wollten, dann suchten sie sich deutschen Boden aus, um auf Kosten der Deutschen ihre Fehden auszutragen. Zum erstenmale hat in deutschen Landen der Große Kurfürst diesem Treiben ein Ende gemacht und durch seine Tat bei Fehrbellin den Grund gelegt zu einer festen Vereinigung der brandenburgischen Lande und für ihre Entwicklung durch die Königskrone bis zur Kaiserkrone. Zugleich hat er aber auch, wie schon richtig erwähnt worden ist, den Grundstein für unsere jetzige Armee gelegt durch den Grundsatz, daß die Offiziere in unmittelbarer Berührung und unmittelbar abhängig von ihrem Landesherrn die Söhne des Volkes zu führen haben. So gelang es ihm mit einem geringen Haufen entschlossener Märker und mit ihrem Kurfürsten treu ergebenen Offizieren Wunder der Tapferkeit zu verrichten. Die alte märkische Art von Fehrbellin ist nicht unterlegen, sie bewährte sich durch Jahrhunderte. Noch manchesmal hat unser Vaterland schwere Zeiten durchmachen und seinen Boden durch feindliche Armeen zerstampfen lassen müssen. Der große König Friedrich II. hat sich wehren müssen bis aufs Blut, um sein Erbe zu bewahren, und es half nichts, wir haben durch Jena und durch Tilsit hindurchgemußt. Das war der Schmelzofen, den Gottes Vorsehung für notwendig hielt, das deutsche und märkische Gold im Feuer erst zu bewähren. Und schließlich ist es den märkischen Regimentern doch gegeben gewesen, siegreich allerorten, auch jenseit der Grenzen unseres engeren und größeren Vaterlandes, ihre Fahnen aufzupflanzen, und unter Kaiser Wilhelm dem Großen und seinem Heldensohne, dessen Geburtstag wir heute begehen, die gewaltigen Hammerschläge zu tun, die unser Reich wieder aufrichteten und die deutsche Kaiserkrone auf dem Schlachtfelde schmiedeten. Es ist Mir gegeben, in Frieden das Erbe Meiner Vorfahren zu verwalten, aber nur dann können wir unangetastet in friedlicher Arbeit der Entwicklung uns hingeben, wenn unsere Söhne nach wie vor ihre vornehmste und höchste Pflicht in der Verteidigung des Vaterlandes sehen, die höchste Ehre im Rock des Königs und die höchste Arbeit im Waffenhandwerk. Solange ein Märker noch eine Flinte trägt oder eine Lanze schwingt, und solange noch ein Hohenzoller seines Portepees gedenkt, solange wird es gut bestellt sein um unser Land. In dieser Gesinnung erhebe Ich den Pokal, dem alten Brandenburger Geschlecht gehörig, dessen Mitglieder vom ersten Augenblick an treu zu ihrem Markgrafen, Kurfürsten, König und Kaiser gestanden haben, und setze ihn an auf das Wohl Meiner Märker mit dem Wunsch, daß sie auch fernerhin mit gutem Beispiel vorangehen mögen in Mannesmut und Mannestat und vor allen Dingen in Gottergebung und unbedingtem Gehorsam wie bisher.

19. Oktober. (Bayern.) In Füssen wird ein Wittelsbacher-Denkmal enthüllt.

19. Oktober. (Berlin.) Es bildet sich unter Teilnahme von staatlichen und städtischen Behörden eine „Deutsche Gesellschaft zur Bekämpfung der Geschlechtskrankheiten".

20. Oktober. (Düsseldorf.) Schluß der Ausstellung, die von 4 882 459 Personen besucht worden ist.

20. Oktober. (**München.**) Es konstituiert sich eine Gesellschaft von fortschrittlich gesinnten Katholiken, die das Ziel verfolgt, eine Verständigung zwischen Katholizismus und Kultur herbeizuführen. Der Führer ist Franz Klasen, der Herausgeber des „20. Jahrhunderts"; mehrere Dozenten deutscher und österreichischer Universitäten gehören ihr an.

22. Oktober. (**Berlin.**) Der Arbeitsbeirat der sozialstatistischen Abteilung des kaiserlichen statistischen Amts tritt zusammen.

Er besteht aus folgenden Mitgliedern: Präsident des Statistischen Amtes Dr. Wilhelmi, Vorsitzender, sächsischer Geheimrat Dr. Fischer, stellvertretender Vorsitzender. Vom Bundesrat sind folgende Mitglieder gewählt: Geh. Regierungsrat Neumann (Preußen), Zentralinspektor für Fabriken und Gewerbe, Regierungsrat Poellath (Bayern), württembergischer Bundesratsbevollmächtigter v. Schicker, Geh. Ober-Regierungsrat Freiherr v. Bodmann (Baden), Ministerialrat Braun (Hessen) und Regierungsrat Oberländer (Meiningen). Vom Reichstag gewählte Mitglieder sind: Bauermeister (Rp.), Freiherr Heyl zu Herrnsheim (natl.), Hitze und Letocha (3.), Jacobskötter (l.), Molkenbuhr (Soz.), Schmidt-Elberfeld (frs. Vp.).

Eine seiner Aufgaben ist die Berichterstattung über den Arbeitsmarkt, zu welchem Zweck eine Zentralisierung der Statistik der Arbeitsnachweise geplant ist. Andere Mitteilungen werden Lohnstatistik, Wohnungswesen, Gemeindliche Sozialpolitik, Gewerbegerichte bilden. Zu dem Zweck wird der Beirat eine eigene Zeitschrift herausgeben.

23. Oktober. Der Reichstag genehmigt nach zweitägiger Debatte den Gersten- und Haberzoll nach den Beschlüssen der Kommission.

24. Oktober. Der Reichstag genehmigt die von der Kommission festgesetzten Pferdezölle.

24. Oktober. (**Berlin.**) Schluß eines Beleidigungsprozesses, der vom Vorsteher des Trakehner Gestütes gegen einen Arzt und Volksschullehrer angestrengt war. Der Prozeß beweist, daß die Gestütsverwaltung den Lehrern schroff gegenübersteht; sie wird in der Presse im allgemeinen scharf getadelt.

25. Oktober. (**Münster.**) Die Akademie Münster wird durch Errichtung einer juristischen und staatswissenschaftlichen Fakultät zur Universität erhoben. — Der Kultusminister und Vertreter der preußischen Universitäten nehmen an der Eröffnungsfeier teil.

25./29. Oktober. (**Reichstag.**) Beratung über Fleisch- und Viehzölle. Neue Warnung Posadowskys. Ablehnung agrarischer Anträge.

Folgende Sätze stehen zur Debatte:

Das Deutsche Reich und seine einzelnen Glieder. (Oktober 25./29.)

	Rindvieh				Schafe	Schweine
	Bullen u. Kühe	Jungvieh	Kälber	Ochsen		
Bestehender Tarif .	9	6	5	30	1	6 (Spanferkel 1)
Vertragstarif . .	9	5	3	25.50	1	5 (Spanferkel 1)
Regierungsvorlage	25	15	4	12	2	10
Kommissionsbeschl.	18	18	18	18	18	18
Mindestzoll . .	14.40	14.40	14.40	14.40	14.40	14.40
Antr. Wangenheim (Mindestzoll)	18	18	18	18	18	18
Sozialdem. Antrag	frei	frei	frei	frei	frei	frei

Fleisch, für 1 Doppelzentner:

	frisch, auch gefroren	einfach zubereitet	zum feinen Tafelgenuß zubereitet	Speck
Bestehender Tarif .	20	20	60	20
Vertragstarif . .	Schweinefl. 17 and. Fleisch 15	17	60	20
Regierungsvorlage	30	35	75	30
Kommissionsbeschl.	45	60	120	36
Mindestzölle .	34	48	96	36
Antr. Wangenheim (Mindestzoll)	45	60	120	30
Sozialdem. Antrag	frei	frei	frei	frei

Abg. Bebel (Soz.) spricht drei Stunden lang gegen die Zollsätze. Er führt die hohen Fleischpreise auf die durch die Habgier der Agrarier hervorgerufene Grenzsperre zurück. Die Tierärzte, die die Grenzsperre mit der Seuchengefahr motivierten, seien nur Werkzeuge der Agrarier, von denen sie wirtschaftlich abhängig seien. Preußischer Landwirtschaftsminister v. Podbielski protestiert gegen die Verdächtigung der Tierärzte. Am 27. Oktober erklärt sich Abg. v. Oldenburg (konf.) für die Bindung der Viehzölle; die Rechte habe nicht genügend Vertrauen zur Regierung, um hierauf zu verzichten. Abg. Semler (nl.) spricht für die Regierungsvorlage und gegen die Mindestzölle, weil diese einen Zollkrieg hervorrufen würden.

Am 28. Oktober erklärt Staatssekretär Graf Posadowsky: Die Regierung steht vor einem kritischen Augenblick, und ich kann den Mehrheitsparteien nur bringend raten, von weitergehenden Forderungen alsbald abzulassen. Diese weitergehenden Forderungen sind nicht realisierbar. . . . . Das Jahr 1902 ist für die Landwirtschaft ein ernstes, ein kritisches Jahr. Ob dieser Zolltarif an der Skylla oder der Charybdis scheitert, ist egal. Sollte dieses traurige Ereignis eintreten, so wird sich auch kein Zollschiff mehr in die Nähe einer so gefährlichen Klippe wagen. Die zweitausendjährige Geschichte des deutschen Volkes weist leider auf jeder Seite nach, welches unermeßliche Unglück über Deutschland gekommen ist, weil sich die Parteien nicht einigen konnten nach außen. Sollte sich dieser Fall hier wiederholen, so wird das deutsche Volk um eine sehr schwere Erfahrung reicher werden, und die Mehrheitsparteien werden die Folgen zu tragen haben. Die warnende Schrift steht an der Wand, und man braucht kein Daniel zu sein, um sie zu lesen und zu deuten.

Am 29. Oktober werden in mehreren Abstimmungen mehrere Anträge des Bundes der Landwirte und der Sozialdemokraten abgelehnt, ein Teil der Anträge des Abg. v. Wangenheim (Bund der Landw.) wird auf Antrag des Abg. Herold (Z.) durch Uebergang zur Tagesordnung erledigt. Dagegen stimmen die meisten Konservativen, die Antisemiten, Sozialdemokraten und Freisinnige. Die Zollsätze der Kommission werden angenommen.

Der Antrag Herold wird von manchen Blättern als ein Zeichen angesehen, daß die Mehrheit den Verschleppungsversuchen von links und rechts energisch entgegentreten und den Tarif durchberaten will. Die „Deutsche Tageszeitung" greift den Beschluß scharf an.

27. 28. Oktober. Der Kronprinz von Dänemark besucht das Kaiserpaar. — In der Presse wird der Besuch vielfach als ein Zeichen der Besserung in den deutsch-dänischen Beziehungen betrachtet.

1. November. (Halle a. S.) Feier des 400jährigen Gedenktages der Gründung des älteren Zweiges der Universitäten Halle-Wittenberg. (Vgl. Haupt, Deutsch-evangel. Blätter 1902, XI.)

2. November. (Berlin-Charlottenburg.) Feierliche Einweihung der neuen Hochschulen für bildende Künste und Musik. — Der Kaiser verliest dabei folgende Ansprache:

Es gereicht Mir zur besonderen Freude, in Gemeinschaft mit Ihrer Majestät der Kaiserin und Königin, Meiner Gemahlin, der heutigen Feier der Einweihung der für die akademischen Hochschulen für bildende Künste und Musik neu geschaffenen Räume beiwohnen zu können. Eng verknüpft ist die Geschichte der Akademie mit den Geschicken Meines Hauses. Von Meinem Ahnen, Kurfürst Friedrich III., dem wir so viele, noch heute unerreicht dastehenden Kunstschöpfungen verdanken, im Jahre 1696 gestiftet, hat die Akademie sich des Protektorates aller Meiner Vorfahren an der Krone zu erfreuen gehabt und von ihnen, soweit nicht die Not der Zeit und die Sorge um die Erhaltung des Staates es hinderten, reiche Förderung erfahren. Die 1809 erfolgte Angliederung einer Abteilung für Musik an die ursprünglich nur für Malerei, Bildhauerei und Architektur bestimmte Akademie, die 60 Jahre später erreichte Gründung der Hochschule für Musik, die Ausgestaltung des praktischen Unterrichtes auf den verschiedenen Gebieten der Kunst durch die Beschaffung von Meister- und Schülerateliers und die gesamte Entwicklung der Hochschulen bis zu ihrer jetzigen Höhe legen beredtes Zeugnis ab von der der Akademie zu teil gewordenen königlichen Fürsorge. Daß es aber gelungen ist, der Hochschule für bildende Künste, der die alte historische Stätte der Akademie Unter den Linden schon seit geraumer Zeit keine genügende Unterkunft bot, hier in unmittelbarer Nähe der Schwesteranstalt, der Technischen Hochschule, ein so schönes neues Heim zu schaffen und zugleich mit ihr die Hochschule für Musik räumlich zu vereinigen, das verdanken wir in erster Linie dem unermüdlichen Wirken und der Entschließung Meines in Gott ruhenden Herrn Vaters, weiland Seiner Majestät des Kaisers und Königs Friedrich III. Von Jugend auf der Kunst aufs innigste zugetan und als langjähriger Protektor der königlichen Museen um die Entwicklung derselben hochverdient, hat der hochselige Herr in treuer Gemeinschaft mit seiner feinsinnigen und kunstgeübten Gattin auf die Fortbildung der deutschen Kunst und des deutschen Kunstgewerbes segensreichen Einfluß ausgeübt und sich — selbst in der Zeit schwerer Heimsuchung — mit warmem Herzen die Förderung der Interessen der Künstlerschaft angelegen sein lassen. So gewährte es ihm besondere Freude, daß ihm während seiner, durch ein tragisches Geschick nur allzu kurz bemessenen Regierungszeit vergönnt war, den seit Jahrzehnten schwebenden Verhandlungen über den Neubau der Akademie ein Ziel zu setzen, indem er diesen Platz für den Bau der Hochschulen bestimmte und die Ausarbeitung eines Projektes befahl. Als Protektor der Akademie beglückwünsche Ich Sie zu der heutigen Errungenschaft. Zugleich zolle Ich gern Meine Anerkennung den hervorragenden Leistungen, die der Unterricht an beiden Hochschulen unter der ausgezeichneten Leitung ihrer langjährigen verdienstvollen Direktoren bisher gezeitigt hat. Wie Ich es aber als eine der vornehmsten Pflichten des Herrschers ansehe, in seinen Landen die den Menschen veredelnde Kunst zu fördern und auf deren gesunde Entwicklung sein Augenmerk zu richten, und, wie ich während Meiner bisherigen Regierung stets darauf bedacht gewesen bin, dieser Pflicht gerecht zu werden, so kann Ich auch die jetzige Gelegenheit nicht vorübergehen lassen, ohne an Lehrer wie Schüler die ernste Mahnung zu richten, in enger Anlehnung an die unerreichbaren klassischen Vorbilder und in treuer Nachfolge der zahlreichen großen Meister aller späteren Jahrhunderte, die der Kunst sich geweiht und sie fortentwickelt haben, sowie insbesondere derjenigen Meister, die an der Akademie gelehrt oder ihre Ausbildung erhalten haben, die Ideale der Kunst in den durch die Ueberlieferung und die unwandelbaren Gesetze der Schönheit, Harmonie und Aesthetik gewiesenen Bahnen zu hüten und zu pflegen. Seien Sie sich allzeit der großen Kulturmission bewußt, die die von Gott begnadeten Jünger und Träger der Kunst zu erfüllen haben: durch ihre Arbeit das Volk in allen seinen Schichten aus dem Getriebe des alltäglichen Lebens zu den Höhen der Kunst zu erheben und das den germanischen Stämmen besonders eigene Schönheitsgefühl und den Sinn für das Edle zu hegen und zu stärken. Von solchem Geiste getragen werden die beiden Hochschulen — das erwarte und vertraue Ich! — ihren großen Aufgaben gerecht werden und dem Vaterlande zur Zierde und zum Segen gereichen.

3. November. (Berlin.) Abg. Rickert, Führer der freisinnigen Vereinigung, 69 Jahre alt, †.

4. November. (Berlin.) Der Kaiser hält bei der Vereidigung der Rekruten folgende Ansprache:

Rekruten! Ihr habt Mir soeben den Fahneneid geschworen und dabei angesichts der glorreichen und ruhmgekrönten Feldzeichen ausgesprochen, daß Ihr treu zu Eurem Kaiser stehen wollt in allen und jeden Lagen. Hierfür Meinen kaiserlichen Dank. Ihr werdet während Eurer Ausbildung manche schwere Stunde über Euch ergehen lassen müssen, denn der Kriegsdienst ist schwer und stellt hohe Anforderungen an Euch. Aber laßt Euch dadurch nicht anfechten, sondern tut, was von Euch verlangt wird, was Eure Vorgesetzten Euch in Meinem Namen befehlen werden. Dann werden aus Euch ganze Männer, auf die sich das Vaterland verlassen kann. Jeder tue an seiner Stelle seine Pflicht und lasse sich durch nichts irre machen. Denkt stets an Euren Fahneneid und schüttelt die Versucher von Euch ab. Vergeßt aber auch Euren Gott nicht, denn durch den Segen des Allerhöchsten wird Euch Euer Dienst leicht und lernt Ihr schwere Stunden überstehen. Schämt Euch nicht des Gebetes, das Euch einst Eure Mutter gelehrt hat. Wer Gott vertraut, ist noch nie untergegangen und war die Prüfung auch noch so schwer. Ihr habt Mir Treue geschworen; seid aber Euch selbst auch treu. Der Rock, den Ihr tragt, ist Mein Rock und Ehre dem, der ihn tragen kann. Laßt dies Ehrenkleid aber nicht beschimpfen, denn wer Euch beleidigt, tritt auch Mir zu nahe. Haltet aber Frieden mit jedermann, vergewissert Euch in der Stunde der

Anfechtung Eures Eides und zeigt Euch würdig, dem Heere anzugehören und dem Wohle des Ganzen zu dienen nach dem Vorbilde Eurer Väter. Wer seine Pflicht treu und gewissenhaft erfüllt, der darf Meines Dankes versichert sein und dem wird's auch wohl gehen, das war immer schon so. Nun gehet heim und tut Euren Dienst!

4./5. November. Der Reichstag lehnt mit 131 gegen 112 Stimmen freisinnige und sozialdemokratische Anträge ab, wonach der Bundesrat verpflichtet sein soll, zollfreie Einfuhr zuzulassen, wenn die gleichartigen Waren von deutschen Verkaufsvereinigungen (Syndikate, Trusts, Kartelle, Ringe oder dergleichen) nach dem Auslande oder im Auslande billiger verkauft werden als im deutschen Zollgebiete.

5. November. Der Botschafter in Wien, Fürst zu Eulenburg, tritt in den einstweiligen Ruhestand. Sein Nachfolger wird der bisherige Botschafter in Rom, Graf Karl v. Wedel, der durch den Gesandten in München, Graf v. Monts, ersetzt wird.

6. November. (Köln.) Der bisherige Weihbischof Dr. Fischer wird zum Erzbischof gewählt. (Vgl. S. 129.)

6. November. Der Reichstag genehmigt in fünf namentlichen Abstimmungen und nach langer Geschäftsordnungsdebatte die §§ 2—4 des Zolltarifgesetzes nach der Regierungsvorlage.

6. November. (Kiel.) Der Kaiser reist auf der „Hohenzollern" nach England.

7. November. (Reichstag.) Antrag auf Abänderung der namentlichen Abstimmungen.

Die konservativen Parteien und das Zentrum bringen folgenden Antrag (Aichbichler) auf Abänderung des § 58 der Geschäftsordnung ein: Eine namentliche Abstimmung erfolgt in folgender Weise: Der Präsident fordert die Mitglieder auf, ihre Plätze einzunehmen. Die Schriftführer haben alsdann von den einzelnen Mitgliedern Abstimmungskarten entgegenzunehmen und in Urnen zu sammeln; die Abstimmungskarten tragen den Namen des Abstimmenden und die Bezeichnung: Ja oder Nein, oder: Ich enthalte mich. Nach Beendigung der Sammlung der Abstimmungskarten erklärt der Präsident die Abstimmung für geschlossen. Die Zählung der Stimmen geschieht durch die Schriftführer. Die Namen der Abstimmenden und ihrer Abstimmung werden in den stenographischen Bericht über die Sitzung aufgenommen.

Der Antrag ist hervorgerufen durch die vielen von der Linken herbeigeführten namentlichen Abstimmungen, die die Sitzungsdauer bis zu einem Drittel ausgefüllt haben.

7. November. (Württemberg.) Die Kommission der Abgeordnetenkammer genehmigt mit 15 gegen 1 Stimme den Entwurf des Volksschulgesetzes im wesentlichen nach der Regierungsvorlage.

11. November. (Berlin.) Das Deutsche Reich und Luxem-

burg unterzeichnen einen Vertrag über die Verlängerung des bisherigen Zollvereinsvertrags.

12. November. (Reichstag.) Geschäftsordnungsdebatte über die Zulässigkeit des Antrags Aichbichler. Erklärung Richters.

Abg. Spahn (3.) beantragt, den Antrag Aichbichler auf die morgige Tagesordnung zu setzen. Abg. Singer (Soz.) und Abg. Pachnicke (fr. Bg.) erklären diese Tagesordnung auf Grund des § 35 der Geschäftsordnung für unzulässig. Der Antrag sei ein Initiativantrag, und diese müßten der Reihe nach behandelt werden. Der Antrag sei verfassungswidrig. Abg. Bassermann (nl.): Der § 35 bezöge sich nur auf Schwerinstage und sei für den vorliegenden Antrag unbrauchbar. Abg. Richter (fr. Vp.): Der Antrag ist um einer einzelnen Vorlage willen gestellt worden. Das ist der Hauptgrund, weshalb wir dagegen stimmen. Wir haben darum auch keine Eile mit der Beratung dieses Antrages. Dagegen halte ich die formellen Einwände des Abg. Singer nicht für berechtigt. Sie würden meiner ganzen parlamentarischen Praxis ins Gesicht schlagen. Auch der Abg. Rickert hat seinerzeit erklärt: „Ich bin der Ansicht, daß die Mehrheit einen solchen Antrag auf die Tagesordnung setzen kann." Die gleiche Ansicht hat der Abg. Twesten gehabt, der der eigentliche Vater unserer Geschäftsordnung ist. Die Schwerinstage sind zum Schutze der Minderheit geschaffen, die früher nicht in der Lage war, einen Initiativantrag auf die Tagesordnung zu bringen. Daraus zu folgern, daß nunmehr die Mehrheit nicht das Recht habe, einen wichtigen Antrag auf die Tagesordnung eines anderen Tages zu setzen, wäre ein kompleter Unsinn. Man soll keine Geschäftsordnung zu Gunsten bestimmter Vorlagen ändern, aber ebenso verkehrt ist es, die Geschäftsordnung nach einer bestimmten Vorlage auszulegen. (Stürmischer Beifall. Lärm bei den Sozialdemokraten.) Nach Pflicht und Gewissen muß ich als eines der ältesten Mitglieder des Hauses erklären, daß die Auslegung der Geschäftsordnung falsch ist, die der Mehrheit verbieten will, an anderen als Schwerinstagen außer der Reihe Anträge auf die Tagesordnung zu setzen. (Stürmischer Beifall rechts. Große Unruhe bei den Sozialdemokraten.) Abg. Bebel (Soz.): Künftig werde Obstruktion auch bei den Etatsberatungen getrieben werden. — Nach weiterer Debatte wird mit 187 gegen 67 Stimmen beschlossen, den Antrag Aichbichler am 13. zu beraten.

13./14. November. (Reichstag.) Annahme des Antrags Aichbichler.

Abg. Spahn (3.): Der Antrag sei veranlaßt durch die in letzter Zeit in außergewöhnlich großem Maße sich häufenden namentlichen Abstimmungen, welche in neun Tagen nicht weniger als 28 Stunden in Anspruch genommen. Es handele sich hier um keine Frage des materiellen Rechtes, sondern nur um eine Zweckmäßigkeitsfrage. Die Zolltarifvorlage sei von so überaus großer Wichtigkeit für das gesamte wirtschaftliche Leben des Volkes, daß es Pflicht des Hauses wäre, alles zu tun, um die Durchberatung zu beschleunigen. Wenn die Bevölkerung die Gewißheit hätte, daß die Vorlage zu stande kommen werde, so würde die Gewißheit allein schon genügen, um dem darniederliegenden wirtschaftlichen Leben einen neuen Aufschwung zu geben. Wenn die Obstruktionisten die Vorlage zu Falle zu bringen suchten, so täten sie das einzig und allein aus wahltaktischen Gründen, und darum sei es umsomehr Pflicht der Mehrheit, das Vorhaben der Obstruktionisten zu durchkreuzen. Abg. Singer (Soz.): Die

Mehrheit wolle der Linken die Hände binden, um einen Raubzug gegen die arbeitenden Klassen unternehmen zu können (Große Unruhe). Er stellt den Antrag auf Uebergang zur Tagesordnung, der mit 201 gegen 76 Stimmen abgelehnt wird. Abg. Heine (Soz.) spricht dreieinhalbstundenlang gegen den Antrag. Abg. Limburg-Stirum (konf.): Der Antrag sei nötig, weil die Linke durch ihre Obstruktion sich das nur den verbündeten Regierungen zustehende Recht der Reichstagsauflösung anmaße und dadurch das Machtverhältnis zwischen dem Parlamente und den verbündeten Regierungen verschiebe, und daß sie ferner ein absolutes Vorrecht gegen jedes Gesetz, welches ihr nicht passe, für sich in Anspruch nehme. Abg. Bassermann (nl.): Der Reichstag werde durch die bisherige Art der Beratung lächerlich, und die gestrige Erklärung Bebels über künftige Obstruktionen erleichtern den Nationalliberalen die Aenderung der Geschäftsordnung. — Nach langer Debatte vertagt sich das Haus abends 9½ Uhr, da die elektrische Beleuchtung versagt. — Am folgenden Tage wird der Antrag Aichbichler mit 197 gegen 78 Stimmen angenommen.

November. (Braunschweig.) Regelung der Regentenfrage. Die Regierung legt dem Landtage einen Entwurf vor, betreffend die authentische Auslegung des Regentschaftsgesetzes von 1879. Demnach wird das Regentschaftsgesetz ausdrücklich dahin ausgelegt, daß bei einem etwaigen Wechsel in der Person des erbberechtigten Thronfolgers die Regentschaft nicht aufzuhören hat, sondern so lange bestehen bleibt, bis ein an der aktuellen Ausübung der Regierung nicht behinderter, erbberechtigter Thronfolger die Regierung antritt. — Auf die durch neuerliche Vorkommnisse veranlaßte Anfrage des herzoglichen Staatsministeriums sei von maßgebender Stelle des Reiches kein Zweifel darüber gelassen worden, daß nach dortiger Auffassung in den tatsächlichen Verhältnissen keinerlei Aenderung eingetreten ist, die den Bundesrat veranlassen könnte, eine andere als in dem Bundesratsbeschlusse von 1885 gekennzeichnete Stellung in der Thronfolgefrage einzunehmen; ebensowenig sei dem herzoglichen Staatsministerium eine Tatsache bekannt geworden, die zu dem Schlusse berechtige, daß seitens des Hauses Braunschweig Schritte geschehen seien, eine Entscheidung bezüglich der schwebenden, an die letzte Thronerledigung im Herzogtum sich knüpfenden Fragen herbeizuführen. Die Annahme sei also berechtigt, daß in absehbarer Zeit eine Aenderung in den Verhältnissen des Herzogtums nicht eintrete (13. November).

Am 24. November beantragt die Justizkommission einstimmig die Annahme der Regierungsvorlage, die der Landtag am 28. gegen drei Stimmen genehmigt.

November. Die Presse über den Antrag Aichbichler. In den Blättern der Linken außer denen der freisinnigen Volkspartei wird die Behandlung des Antrags als verfassungs- und geschäftsordnungswidrig bezeichnet, Abg. Richter wird als Verräter der Minderheit bezeichnet, der der Mehrheit Handlangerdienste leiste. Die Presse der Mehrheit motiviert den Antrag als formell berechtigt und sachlich notwendig; die Würde des Reichstags sei durch die Obstruktion herabgesetzt worden. Zur Charakteristik der Obstruktion gibt in der „Germania" ein Berichterstatter folgende Probe von der Rede des Abg. Heine vom 13. November: „Meine Herren, wie schwierig wird es schon in diesem großen Saale sein, sämtliche Abgeordnete herbeizurufen. Wir haben eine —, zwei —, drei —, vier —, fünf —, sechs — Türen. Wenn ich die beiden Türen neben dem Präsidium mitzähle, so haben wir eine —, zwei —, drei —, vier —, fünf —, sechs —, sieben —, acht — Türen. Wenn ich noch in

Betracht ziehe, daß hinter dem Präsidium sich auch noch Ausgänge befinden — ich weiß nicht, wie viele, da ich diesen Weg nie wähle — ich nehme aber nur an, es wäre eine Tür, so haben wir eine — —, zwei — —, drei — —, vier — —, fünf — —, sechs — —, sieben — —, acht — —, neun — — Türen. Nehme ich aber an, es wären zwei Türen, dann wären es eine — —, zwei — —, drei — —, vier — —, fünf — —, sechs — —, sieben — —, acht — —, neun — —, zehn — — Türen. Nehme ich aber an, es gäbe drei Türen, so wären eine — —, zwei — —, drei — — u. s. w. Nun haben wir, meine Herren, im Saale einen —, zwei —, drei —, vier —, fünf —, sechs — sieben —, acht —, neun — Gänge; zähle ich aber die äußeren Gänge hinzu, so haben wir einen — —, zwei — —, drei — —, vier — —, fünf — —, sechs — —, sieben — —, acht — —, neun — —, zehn — —, elf — — Gänge."

14. November. Der Reichstag genehmigt in stürmischer Sitzung die §§ 9 und 10 des Zolltarifgesetzes in mehreren namentlichen Abstimmungen. — Die erste namentliche Abstimmung nach dem neuen Modus dauert 20 Minuten; allmählich wird die Dauer bis auf neun Minuten verringert, während die früheren Abstimmungen gewöhnlich ½ Stunde gedauert hatten.

14. November. (Posen.) In Gegenwart des Kultus- und des Finanzministers wird die Kaiser Wilhelm-Bibliothek eingeweiht.

14. November. (Berlin.) Eine von der Reichsregierung berufene Konferenz von Sachverständigen zur Einleitung einer Enquete über das Kartellwesen beginnt ihre Beratungen.

Mitte November. Diskussion über eine Verständigung in der Zollfrage.

Mehrere Mitglieder des Vorstandes des Handelsvertragsvereins, der bisher jede Erhöhung der landwirtschaftlichen Zölle scharf bekämpft hat, sprechen sich für eine Verständigung auf Grund der Regierungsvorlage aus, finden aber im Handelsvertragsverein lebhaften Widerspruch. Auf der anderen Seite ermahnt die „Schlesische Zeitung" die Konservativen, das von der Regierung Gebotene anzugreifen. Die „Deutsche Tageszeitung" polemisiert scharf gegen eine solche Verständigung. — Unter den parlamentarischen Führern finden fortgesetzt Verhandlungen über eine Verständigung mit der Regierung statt.

November. Sozialdemokratische Vertretungen in deutschen Landtagen.

Anläßlich einiger Erfolge der Sozialdemokratie in Oldenburg und Rudolstadt macht die „Kölnische Volkszeitung" folgende Zusammenstellung: Gegenwärtig sitzen in 13 der 24 deutschen Landtage 79 sozialdemokratische Abgeordnete: in Bayern bei 159 Abgeordneten 11, in Württemberg 6 von 93, in Baden 6 bei 63, in Hessen 6 bei 50, in Oldenburg 6 bei 38, in Koburg-Gotha 10 bei 30 (Gothaischer Landtag 19 Abgeordnete mit 9 Sozialdemokraten, — Koburger Landtag 11 Abgeordnete mit 1 Sozialdemokrat), in Sachsen-Meiningen 6 bei 24, in Sachsen-Altenburg 4 bei 30, in Schwarzburg-Rudolstadt 7 bei 16, in Reuß ä. L. 1 bei 12, in Reuß j. L. 5 bei 16, die Bürgerschaft von Hamburg weist bei 160 Mitgliedern 1, die Bürgerschaft von Bremen bei 150 Mitgliedern 11 Sozialdemokraten auf.

Aus dem Landtage des Königreichs Sachsen sind die Sozialdemokraten infolge der Aenderung des Wahlrechts verdrängt worden.

19./20. November. (Stuttgart.) Internationale Eisenbahnberatungen.

Bei der Generaldirektion der Staatseisenbahnen finden Verhandlungen mit Vertretern italienischer Bahnen zum Zwecke der Erweiterung des direkten Personenverkehrs mit diesen Bahnen statt. An der Konferenz nehmen außer der italienischen Mittelmeerbahn und der Adriatischen Bahn verschiedene deutsche Eisenbahnverwaltungen, ferner die österreichische, die ungarische, die schweizerische und die französische Eisenbahnverwaltung teil.

20. November. Der Reichstag genehmigt mit 145 gegen 90 Stimmen § 10a des Zolltarifs nach dem Beschlusse der Kommission.

Es wird darin bestimmt, daß von dem auf Inkrafttreten des Zolltarifgesetzes folgenden 1. April ab für Rechnung von Kommunen und Korporationen Abgaben auf Getreide, Hülsenfrüchte, Mehl und andere Mühlenfabrikate, desgleichen auf Backwaren, Vieh, Fleisch, Fleischwaren und Fett nicht mehr erhoben werden dürfen. — Staatssekretär Graf Posadowsky und preußischer Minister des Innern v. Hammerstein erklären sich gegen den Antrag, weil er eine Verfassungsänderung enthalte und in die Landesgesetzgebung eingreife. — Infolgedessen stimmen Konservative und Nationalliberale gegen den Antrag.

21. November. (Reichstag.) Zentrumsanträge auf Verwendung der Mehrerträge des künftigen Tarifs.

Das Zentrum beantragt, die Erträge einer Reihe von Tarifpositionen, soweit sie die Erträge der entsprechenden Zollsätze des geltenden Tarifs übersteigen, für die Durchführung einer Witwen- und Waisenversorgung nach einem spätestens am 1. Januar 1910 auf Grund eines vom Reichsversicherungsamt auszuarbeitenden Gesetzes zu verwenden. Bis dahin sollen die Mehrerträgnisse angesammelt und verzinslich angelegt werden. Sollte aber ein Gesetz am 1. Januar 1910 nicht in Kraft treten, so sollen die Mehrerträge den einzelnen Invaliden-Versicherungsanstalten zur Witwen- und Waisenversorgung bei ihren Versicherten überwiesen werden.

Abg. Rettich (konf.) beantragt für den Fall der Ablehnung des § 11a eine Resolution, welche die Regierung zu Maßnahmen im Sinne des § 11a auffordert.

Abg. Albrecht (Soz.) und Genossen beantragen, neben redaktionellen Aenderungen und Vermehrung der Zolltarifpositionen, deren Erträgnisse zur Witwen- und Waisenversicherung verwendet werden sollen, nicht nur das Mehrerträgnis, sondern die sämtlichen Erträgnisse zur Witwen- und Waisenversicherung zu verwenden. Sie soll mit dem Zolltarifgesetz selbst zu gleicher Zeit in Kraft treten.

Abg. Trimborn (Z.): Der Zentrumsantrag zieht die Konsequenz aus der Erklärung des Reichskanzlers vom 4. Mai 1901, wonach die Zollerträge zu Gunsten der ärmeren Bevölkerung verwendet werden sollen. Die Witwen- und Waisenversorgung sei eine nationale Ehrenpflicht. Abg. Rösicke-Dessau (wild): Die Witwen- und Waisenversicherung sei ein Danaergeschenk, wenn man sie an die Erhöhung der Zölle knüpfen wolle; sie würden der Familie einen Mehraufwand von 60 ℳ jährlich veranlassen. Es sei unsinnig, bei dem großen Fehlbetrag in den Reichseinnahmen über bestimmte Gelder im voraus zu verfügen. Schatzsekretär Frhr. v. Thielmann: Der Antrag habe zwar eine löbliche Absicht, aber er verstoße gegen die Franckensteinsche Klausel und sei bei der ungünstigen Finanzlage inopportun. Man müsse mit einem Fehlbetrag von 150 Millionen Mk. rechnen und an neue Belastung von Bier und Tabak denken. Abg. Molkenbuhr (Soz.): Die Tabaksteuer werde Hunderttausende von Arbeitern dem Verhungern preisgeben. Die Unterstützung der Witwen und Waisen werde bei der Verteuerung der Lebensmittel viel zu gering sein. Abg. Graf Kanitz (konj.): Die Erträge des künftigen Tarifes seien ganz ungewiß; der Zentrumsantrag verkaufe das Fell des Bären, ehe er erlegt sei. — Nach längerer Geschäftsordnungsdebatte wird der Zentrumsantrag mit 143 gegen 106 Stimmen angenommen.

24. November. (Bayern.) In München tritt unter dem Vorsitz des Ministers des Innern v. Feilitzsch eine Kommission zusammen, die über die Versorgung der Städte mit Fleisch beraten soll.

25. November. (Württemberg.) Die Steuerkommission der Kammer der Standesherren beschließt, entgegen dem Beschlusse der Abgeordnetenkammer, den Steuersatz bei der Steuerreform im Maximum auf 6 v. H. zu erhöhen, einstimmig die Herabsetzung auf 4½ v. H. Ebenso hält sie an der Forderung des Budgetrechtes für die Einkommensteuer fest.

November. (Essen.) Tod Krupps. — Anklage des „Vorwärts"; Preßdiskussion.

Der „Vorwärts" bringt eine Anklage gegen Friedrich Alfred Krupp, den Besitzer der großen Essener Werke, er habe sich während seines Aufenthaltes in Capri gegen § 175 des Strafgesetzbuchs vergangen und sei deshalb aus Italien ausgewiesen worden. Diese Behauptung wird von der italienischen Regierung dementiert; Krupp erhebt Anklage wegen Beleidigung gegen den „Vorwärts". Unmittelbar darauf erleidet Krupp einige Schlaganfälle und stirbt, 48 Jahre alt (22. November).

In der bürgerlichen Presse wird der Tod auf die durch die Verleumdung hervorgerufene Aufregung zurückgeführt und der „Vorwärts" aufs schärfste getadelt, weil er über die Unwahrheit der Beschuldigung, die von einer italienischen Erpressergesellschaft erfunden sei, selbst keinen Zweifel gehabt habe. Der „Vorwärts" erwidert hierauf: Unsere Kenntnis der Angelegenheit beruht im wesentlichen nicht auf italienischen Gewährsmännern — soweit wir italienische Quellen benutzt haben, sind wir durchaus zuverlässigen und ernsthaften Männern gefolgt —, sondern wir haben sie geschöpft aus gänzlich anders gearteten lauteren Quellen, die abseits jeder Privatleidenschaft, jedes persönlichen Interesses, jedes politischen Hasses fließen. Und auf Grund dieser Informationen stellen wir mit ruhiger, fester Ueberzeugung als unumstößlich die volle Wahrheit unserer Andeutungen fest. Wir wollten an dem Falle eines besonders bekannten Namens die Notwendigkeit der Aufhebung jenes § 175 erweisen, der für viele Unglückliche eine stete Geißel ist, der nicht nur das Laster den Erpressern und den Richtern ausliefert, sondern auch das Verhängnis eines Naturirrtums ewig bedroht und, wie wissenschaftlich feststeht, eine furchtbare Zahl von Selbstmorden verursacht hat — die Beseitigung einer gesetzlichen Bestimmung, die überdies einen klaffenden Widerspruch des geschriebenen Gesetzes und seiner Anwendung zur Folge hat und den Willen der Polizei zum Schicksal über zahlreiche Existenzen macht. Darum erwähnten wir den Fall, darum machten wir darauf aufmerksam, daß in Deutschland solche Personen der Willkür des Paragraphen rettungslos ausgeliefert seien.

Diese Darstellung wird von der bürgerlichen Presse durchweg als Heuchelei bezeichnet.

Nach dem Tode Krupps läßt seine Witwe die Privatklage fallen, hierauf stellt auch die Staatsanwaltschaft, die Anklage erhoben hatte, weil Krupp Mitglied des Staatsrats war, die Untersuchung gegen den „Vorwärts" ein. Die Einstellung der Klage wird vielfach bedauert.

26. November. (Essen.) Der Kaiser nimmt teil an der Begräbnisfeier für Krupp und hält darauf an die Mitglieder des Direktoriums und die Vertreter der Arbeiterschaft der Kruppschen Werke folgende Ansprache:

Es ist Mir ein Bedürfnis, Ihnen auszusprechen, wie tief Ich in Meinem Herzen durch den Tod des Verewigten ergriffen bin. Die gleiche Trauer läßt Ihre Majestät die Kaiserin Ihnen allen aussprechen und hat sie bereits schriftlich Frau Krupp zum Ausdruck gebracht. Ich habe häufig mit Meiner Gemahlin die Gastfreundschaft im Kruppschen Hause genossen und den Zauber der Liebenswürdigkeit des Verstorbenen auf mich wirken lassen. Im Laufe der Jahre gestalteten sich unsere Beziehungen so, daß Ich Mich als Freund des Verewigten und seines Hauses bezeichnen darf. Aus diesem Grunde wollte Ich es Mir nicht versagen, zu der heutigen Trauerfeier zu erscheinen, indem Ich es für Meine Pflicht gehalten, der Witwe und den Töchtern Meines Freundes zur Seite zu stehen. Die besonderen Umstände, die das traurige Ereignis begleiteten, sind Mir zugleich Veranlassung gewesen, Mich als Oberhaupt des Deutschen Reiches hier einzufinden, um den Schild des Deutschen Kaisers über dem Hause und dem Andenken des Verstorbenen zu halten. Wer den Heimgegangenen näher gekannt hat, wußte, mit welcher feinfühligen, empfindsamen Natur er begabt war, und daß diese den einzigen Angriffspunkt bieten konnte, um ihn tödlich zu treffen. Er ist ein Opfer seiner unantastbaren Integrität geworden. Eine Tat ist in deutschen Landen geschehen, so niederträchtig und gemein, daß sie aller Herzen erbeben gemacht und jedem deutschen Patrioten die Schamröte über die Wange treiben mußte über die unserem Volke angetane Schmach. Einem kerndeutschen Manne, der stets nur das Wohl des Vaterlandes, vor allem aber das seiner Arbeiter im Auge gehabt, hat man an seine Ehre gegriffen. Diese Tat mit ihren Folgen ist weiter nichts als Mord, denn es besteht kein Unterschied zwischen demjenigen, der einen Gifttrank einem anderen mischt und kredenzt, und demjenigen, der aus dem sicheren Versteck seines Redaktionsbureaus mit den vergifteten Pfeilen seiner Verleumdungen einen Mitmenschen um seinen ehrlichen Namen bringt und durch die hierdurch hervorgerufenen Seelenqualen tötet. Wer war es, der diese Schandtat an unserem Freunde beging? Männer, die bisher als Deutsche gegolten haben, jetzt aber dieses Namens unwürdig sind, hervorgegangen aus der Klasse der deutschen Arbeiterbevölkerung, die Krupp so unendlich viel zu verdanken hat und von der Tausende in den Straßen Essens heute mit tränenfeuchtem Blick dem Sarge ihres Wohltäters ein letztes Lebewohl zuwinkten. (Zu den Vertretern der Arbeiter gewendet): Ihr Kruppschen Arbeiter habt immer treu zu Euerem Arbeitgeber gehalten und an ihm gehangen. Die Dankbarkeit in Euerem Herzen ist nicht erloschen. Mit Stolz habe Ich im Auslande überall durch Euerer Hände Werk den Namen unseres deutschen Vaterlandes verherrlicht gesehen. Männer, die die Führer der deutschen Arbeiter sein wollen, raubten Euch Eueren teuren Herrn. An Euch ist es, die Ehre Eueres Herrn zu schirmen und zu wahren und sein Andenken vor Verunglimpfungen zu schützen. Ich vertraue darauf, daß Ihr die rechten Wege finden werdet, der deutschen Arbeiterschaft fühlbar und klar zu machen, daß weiterhin eine Gemeinschaft oder Beziehungen zu den Urhebern der schändlichen Tat für brave, ehrliebende deutsche Arbeiter, deren Ehrenschild befleckt ist, ausgeschlossen ist. Wer nicht das Tischtuch zwischen sich und diesen Leuten zerschneidet, legt moralisch gewissermaßen die Mitschuld auf sein Haupt. Ich hege das Vertrauen zu den deutschen Arbeitern, daß sie sich der vollen Schwere des Augenblicks bewußt sind und als deutsche Männer die Lösung der schweren Frage finden.

25./26. November. (Reichstag.) Anfangstermin des künftigen Tarifs. Haltung des Zentrums.

Unter Ablehnung zahlreicher sozialdemokratischer Einzelanträge werden die §§ 11 und 12 beraten. § 12 bestimmt den Zeitpunkt, an dem der neue Tarif in Kraft treten soll. Nach der Regierungsvorlage soll derselbe durch kaiserliche Verordnung mit Zustimmung des Bundesrates bestimmt werden. Die Kommission hat beschlossen, daß das Gesetz und mit ihm der Tarif spätestens am 1. Januar 1905 in Kraft treten soll. Abg. Dr. Paasche (nl.) beantragt Wiederherstellung der Regierungsvorlage. — Die Sozialdemokraten beantragen, den Zeitpunkt des Inkrafttretens durch ein besonderes Gesetz zu bestimmen, eventuell soll die Regierungsvorlage wieder hergestellt werden.

Abg. Dr. Paasche (nl.): Ein fester Termin würde den Abschluß der Handelsverträge verhindern oder hinausschieben, denn die Vertreter der anderen Staaten würden nicht vor dem letzten Termin zustimmen. Staatssekretär Graf Posadowsky: Der Kommissionsbeschluß sei für die Regierung unannehmbar. Abg. Graf Limburg-Stirum (kons.): Um gute Handelsverträge zu erhalten, dürfe man sich auch nicht vor einem Zollkrieg scheuen. Abg. Spahn (Z.): Das Zentrum habe sich entschlossen, den Kommissionsbeschluß aufzugeben, um das Zustandekommen des Gesetzes und den Abschluß von Handelsverträgen zu erleichtern. — Der Antrag Paasche wird mit 196 gegen 76 Stimmen angenommen.

Die Zentrumserklärung wird vielfach als erster Schritt zur allgemeinen Verständigung zwischen Regierung und Mehrheit angesehen.

26. November. (Bayern.) Justizminister v. Leonrod tritt nach 51jährigem Staatsdienst zurück. Sein Nachfolger wird der Reichsgerichtsrat Miltner.

27. November. Verständigung zwischen der Regierung und den Mehrheitsparteien über den Zolltarif.

Die Vertreter der Regierung und der konservativen, nationalliberalen und Zentrumspartei kommen überein, in den Sätzen für Brotgetreide und Hafer die Vorschläge des Regierungsentwurfs wiederherzustellen, für Braugerste wird der Minimalsatz der Regierung von 3 M. auf 4 M. erhöht. Die Mehrheitsparteien verzichten auf die Mindestzölle auf Vieh und Fleisch; die Regierung acceptiert den Zentrumsantrag über die Verwendung der Mehrerträge für Witwen- und Waisenversicherung und ist einverstanden mit den in der Kommission und in zweiter Lesung vom Reichstag angenommenen höheren autonomen Sätzen für die Getreidearten, sowie für Vieh und Fleisch, indem sie gleichzeitig dadurch die bei letzteren vom Reichstage beschlossenen Grundlagen: durchweg Gewicht statt Stückzahl, gutheißt. Außerdem werden die Industriezölle für landwirtschaftliche Maschinen und für gewisse Industrieerzeugnisse, deren die Landwirtschaft bedarf, herabgesetzt. — Die Mehrheitsparteien einigen sich, einen Antrag zu stellen, der diese Abänderungen des Zolltarifes aufnimmt und dahingeht, daß diese und der übrige Teil des Zolltarifs en bloc angenommen werden sollen.

27. November. (Reichstag.) Gemeinsamer Antrag der Mehrheitsparteien (Kardorff) zu § 1 des Zollgesetzes.

Abg. v. Kardorff (RP.) stellt im Namen der Mehrheit folgenden Antrag: Der Reichstag wolle beschließen, für den Fall der Annahme des § 1 Absatz 1 des Entwurfs eines Zollgesetzes denselben zu fassen wie folgt: Bei der Einfuhr von Waren in das deutsche Zollgebiet werden, soweit nicht für die Einfuhr aus bestimmten Ländern andere Vorschriften gelten, Zölle nach Maßgabe der dem Reichstage am 6. Oktober 1902 vorgelegten endgültigen Beschlüsse der 16. Kommission über den Zolltarif erhoben. Jedoch werden in Abweichung von diesen Beschlüssen die Zollsätze der Nr. 808 auf 4,50 ℳ., der Nr. 809 auf 7,50 ℳ., der Nr. 810 auf 12 ℳ., der Nr. 816 auf 8 und 12 ℳ., der Nr. 825 auf 8 ℳ., der Nr. 905 auf 4 ℳ. und der Nr. 906 auf 15, 12, 10, 9, 7, 5,50, 4,50 und 3 ℳ. festgesetzt. (Die genannten Positionen enthalten Spaten, Schaufeln, Sensen, Gabeln, Pflüge und andere Gegenstände für den landwirtschaftlichen Gebrauch.) — Der Antrag entfesselt einen ungeheuern Sturm; Redner der Linken verlangen Vertagung, um die geschäftsordnungsmäßige Zulassung des Antrags zu prüfen. Abg. Spahn (Z.) führt aus, darüber werde die Geschäftsordnungsdebatte Aufschluß geben. Die Zeitvergeudung durch die Obstruktion habe die Mehrheit zu diesem Antrage gezwungen. Die Abgg. Bebel, Singer, Stadthagen und Ulrich (sämtlich Sozialdemokraten) werfen der Mehrheit vor, jede sachliche Diskussion ausschließen zu wollen und die Geschäftsordnung brutal zu vergewaltigen. In der stürmischen Verhandlung werden die Abgg. Ulrich und Singer je dreimal zur Ordnung gerufen. — Nach fünfstündiger Sitzung wird die Beratung vertagt.

28. November. (Reichstag.) Beratung des Antrags Kardorff. Unterbrechung der Sitzung.

Abg. Spahn (Z.): Der Antrag Kardorff sei geschäftsordnungsmäßig zulässig, denn er beziehe sich auf den Tarif, der eine Anlage zum Tarifgesetze bilde. Diese Anlage könne als einziger Artikel betrachtet und zusammenfassend behandelt werden, denn die Geschäftsordnung enthalte nichts über Anlagen. Abg. Richter (fr. Vp.): Der Antrag bedeute einen unerhörten Bruch der Geschäftsordnung. Abg. Geyer (Soz.) bekämpft den Antrag und verhöhnt die Mehrheit, die ursprünglich gegen den Regierungsentwurf gewesen sei. — Während hierauf Abg. Bachem (Z.) den Antrag verteidigt und der freisinnigen Vereinigung ihr Zusammengehen mit der Sozialdemokratie vorwirft, kommt es zu so stürmischen Unterbrechungen, daß Vizepräsident Büsing die Sitzung um eine halbe Stunde unterbrechen muß. Nach Wiederaufnahme der Sitzung erklärt Vizepräsident Büsing: Meine Herren, die unterbrochene Sitzung wird fortgesetzt. Ich muß meinem tiefsten Bedauern Ausdruck geben, daß ich gezwungen war, die Sitzung zu unterbrechen. Seit über 31 Jahren tagt der Reichstag, es ist das erstemal, daß die Sitzung wegen wüster, tumultuarischer Scenen unterbrochen werden mußte. Ich hoffe, daß es das erste und einzige Mal gewesen sein wird. (Bravo! im gesamten Hause.) Ich hoffe, daß kein Präsident mehr dieses Mittel anzuwenden nötig haben wird im Interesse der Würde des Reichstags. — Als Abg. Bachem seine Rede fortsetzen will, wird er durch den Lärm der Sozialdemokraten gezwungen, auf das Wort zu verzichten.

28. November. (Görlitz.) Einweihung eines Kaiser Friedrich-Museums und einer Gedenkhalle durch den Kaiser. Ansprache des Kaisers über Pflicht und Freiheit; Preßerörterung.

Auf die Begrüßung des Oberbürgermeisters erwidert der Kaiser: Indem Ich Ihnen, Mein verehrter Herr Oberbürgermeister, Meinen herzlichen Dank ausspreche dafür, daß die Stadt Görlitz gewünscht hat, daß Ich an diesem Tage der Einweihung zugegen sein möchte, spreche Ich auch dem Komitee Meinen Dank und Meine Freude aus über das Werk, das Sie hier vollbracht haben. Es ist ein Werk der Erinnerung und deshalb möchte Ich glauben, daß der Name Erinnerungs- oder Gedenkhalle für diese Halle besser paßte als Ruhmeshalle. Es ist ungermanisch, sich zu rühmen. Wir wollen Gott dankbar sein, daß er Meinem Großvater und Vater geholfen hat, unser Land wieder zu einigen und uns bis hierher zu führen. Wir sollen uns aber dessen nicht rühmen, denn ohne ihn wäre es wohl kaum gelungen. Also eine Danköshalle für den Ruhm des deutschen Vaterlandes! Diese Gedenkhalle soll uns mahnen wie es das verehrte Stadthaupt gesagt hat, sie soll uns mahnen, daß uns beim Anblick der Paladine und Heroen aus großer Zeit wieder klar werde, daß unsere Einheit nur durch die gewaltige Arbeit des Geistes und des Körpers möglich geworden ist, die gewaltige Arbeit Wilhelm des Großen, der in jahrelangen Kämpfen dafür gewirkt hat, die gewaltige Geistesarbeit des deutschen Volkes, welches in allen seinen Ständen danach trachtete, die Einheit wieder zu finden und die gewaltige Arbeit seiner bewährten Söhne auf den Schlachtfeldern. Mir will es scheinen, als ob die jetzige Generation der Verpflichtung, durch Arbeit fortzuführen, was uns durch die Arbeit unserer Väter überkommen ist, nicht vollkommen entsprechen wollte. Unser Volk in seinen verschiedenen Klassen und Ständen ist für diese Aufgaben unempfänglicher geworden. Die großen Fragen, die an uns herantreten, seitdem ein einiges deutsches Vaterland und einiges germanisches Volk wieder hergestellt sind, werden nicht verstanden. Ich hoffe aber, daß jeder Bürger, der hier ein- und ausgeht, durch diesen Anblick zum Nachdenken angeregt werden möge und daß in den Lausitzern und auch in den Fremden, die hier hoffentlich in großer Zahl sich einfinden werden, das Gefühl für den kategorischen Imperativ der Pflicht wieder wach werde. Es ist schön und herrlich, wenn ein Volk seine Liebe zu seinen Vätern und zur Krone und deren Träger zum Ausdruck bringt. Allein damit ist es nicht getan. Es kann der Träger der Krone und seine Organe auf die Dauer ein Land nicht vorwärts bringen, wenn nicht alle Stände desselben helfen. Wir stehen an der Schwelle der Entfaltung neuer Kräfte. Unsere Zeit verlangt ein Geschlecht, das sie versteht. Das neue Jahrhundert wird beherrscht durch die Wissenschaft, inbegriffen die Technik, und nicht, wie das vorige, durch die Philosophie. Dem müssen wir entsprechen! Groß ist der Deutsche in seiner wissenschaftlichen Forschung, groß in seiner Organisierung und Disziplinfähigkeit. Die Freiheit für das einzelne Individuum, der Drang zur Entwicklung der Individualität, der unserem Stamme innewohnt, ist bedingt durch die Unterordnung unter das Ganze zum Wohle des Ganzen. Möge deswegen die zukünftige Zeit ein Geschlecht heranwachsen sehen, das in voller Erkenntnis dieser Tatsache in freudiger Arbeit Individuen entwickelt, die sich unterordnen zum Wohle des Ganzen und zum Wohle des Volkes und des Vaterlandes. Dann wird das, was Ich in Aachen angedeutet habe, erst Wirklichkeit und Wahrheit werden, äußerlich begrenzt, innerlich unbegrenzt. Und hier auf Schlesiens Boden, da ziemt es sich wohl, an den großen König zu erinnern, der diesen Edelstein seiner Krone eingefügt hat; und das, was er für die Zukunft seines Vaterlandes im Auge hatte, das wollen wir auch weiter bilden: Freiheit für das Denken, Freiheit in der Weiterbildung der Religion und Freiheit für unsere wissenschaftliche Forschung. Das ist die Freiheit, die Ich dem deutschen Volke wünsche und ihm erkämpfen möchte, aber nicht die Freiheit, sich nach Belieben schlecht zu regieren. Nun ergreife Ich diesen Pokal, gefüllt mit deutschem Wein, und trinke auf das Wohl der Stadt Görlitz und der Lausitz! Sie leben hoch! hoch! hoch!

Die Rede, namentlich der letzte Passus, wird viel kommentiert, die Stelle über die Weiterbildung der Religion wird nach der Parteistellung mit Zustimmung oder Bedenken besprochen. Die „Kölnische Volkszeitung" findet einen Widerspruch in der Rede zu der Aachener Rede (S. 111) und führt die religiösen Anschauungen des Kaisers auf den Einfluß des Hauptes der modernen Theologie Professor Harnack zurück, der einen hohen Einfluß am Hofe besitze und jedes positive Christentum, ja jede positive Religion negiere.

Nach den Aufzeichnungen des Denkmalsausschusses soll die Stelle übrigens gelautet haben: „Es ziemt sich wohl, hier auf schlesischem Boden an den großen König zu erinnern, der diesen Edelstein seiner Krone eingefügt hat, und so wie er die Zukunft im Auge behalten hat, so wollen wir auch weiter streben in der Freiheit der Religion und der Weiterbildung unserer wissenschaftlichen Forschung. Das ist die Freiheit, die Ich dem deutschen Volke wünsche, aber nicht die Freiheit, sich selbst schlecht zu regieren."

Ende November. Diskussion über die Verständigung und den Antrag Kardorff.

Die Presse der Mehrheitsparteien begrüßt im allgemeinen das Vorgehen der Reichstagsmehrheit mit Zustimmung. Die „Deutsche Tageszeitung" und die agrarischen Blätter verwerfen die Verständigung; sie bezeichne einen dies ater für die Landwirtschaft. Von den nationalliberalen Blättern greift die „Nationalzeitung" den Antrag Kardorff scharf an als Vergewaltigung der Minderheit, auch einige nationalliberale Versammlungen äußern sich ähnlich; andererseits erhält die Fraktion viele Zustimmungserklärungen. Der „Vorwärts" nennt die Mehrheit Zollbriganten.

1. Dezember. (Reichstag.) Zulässigkeit des Antrags Kardorff. Rede Richters gegen die Obstruktion.

Abg. v. Kröcher (konf.) tadelt scharf, daß viele Angehörige der Mehrheit dem Reichstage fernbleiben, so daß die Linke wiederholt die Beschlußunfähigkeit herbeigeführt habe. Abg. Richter (fr. Vp.) verteidigt seine Partei gegen die Angriffe der Sozialdemokraten und freisinnigen Vereinigung, daß sie sich an der Obstruktion nicht beteilige. Man will einen Gesetzentwurf über 18 Monate hinausziehen und alle parlamentarischen Verhandlungen zu nichte machen, indem man den auf 5 Jahre gewählten Reichstag hindert, seine Mehrheitsansichten zum Durchbruch zu bringen. Dann könnte man jeden guten Agitationsstoff für eine Wahlkampagne auf Jahre hinausziehen. Das müßte eine jammervolle Mehrheit sein, die sich einen solchen Obstruktionsfeldzug gefallen ließe. Hiernach ist es nicht mehr ein Kampf um die Sache, sondern um die Zeit, und darum haben meine Freunde von der Freisinnigen Volkspartei und der Deutschen Volkspartei einmütig beschlossen, uns hieran nicht zu beteiligen. Denn wenn man grundsätzlich 18 bis 19 Monate hindurch verhindern will, daß die Mehrheit ihren Willen zum Ausdruck bringt, so kämpft man damit gegen einen Grundgedanken des Parlamentarismus. (Lebhafte Zustimmung.) Wenn man die Entscheidung bis zur neuen Wahlperiode hinausschieben will, verkürzt man das Recht der jetzigen Volksvertretung. Die Obstruktion habe in der Kommission eine sachliche Beratung und dadurch die Verschärfung der Gegensätze zwischen Regierung und Agrariern und unter den Mehrheitsparteien verhindert. Ohne die Obstruktion sei eine Koalition der Opposition von rechts und links gegen den Regierungsentwurf möglich gewesen. Ende Oktober noch hätte der Abg. Sattler an einer Erledigung des Tarifes verzweifelt, da hätte die Obstruktion mit den Dauerreden eingesetzt, die durch ihre Form erbittern mußten, weil sie alle Zuhörer zum Besten zu halten schienen. Ich wenigstens erkannte darin ein Mindermaß von Achtung gegen den Parlamentarismus und jeden einzelnen Abgeordneten. (Zustimmung rechts und im Zentrum.) So traten in den Mehrheitsparteien die Gegensätze über die Höhe der Zölle gegenüber dem wachsenden Unwillen über die Form des Kampfes zurück. Es gilt jetzt, zu entscheiden, ob das Fünftel des Reichstages, die Sozialdemokraten und die Freisinnige Vereinigung, mehr zu bedeuten haben soll als der ganze Reichstag. Die Sozialdemokraten spiegelten sich derart in ihrer eigenen Tapferkeit, daß sie gar nicht merkten, was hier vorging, daß sie Dauerreden hielten, während die Mehrheitsparteien die Zeit brauchten, um sich zu vereinigen. . . . . Ich halte den Antrag Kardorff für illegitim. Aber das sage ich: Wenn es so bis in den April oder Mai hineingeht, muß der Parlamentarismus an Autorität und Ansehen tief erschüttert werden. (Beifall rechts, in der Mitte, bei den Nationalliberalen und in der freisinnigen Volkspartei.) Ich gehöre 31 Jahre diesem Reichstage an. Wenn wir österreichische Zustände bekommen sollten, würde ich es nicht mehr als eine Ehre betrachten, diesem Hause anzugehören. Die freisinnige Vereinigung und die Sozialdemokratie trägt die Verantwortung für diesen Schritt der Mehrheit. (Lebhafter Beifall rechts, in der Mitte, bei den Nationalliberalen und in der freisinnigen Volkspartei.)

Abg. Bebel (Soz.): Abg. Richter verwerfe die Obstruktion, weil er in vielen Wahlkreisen auf die Hilfe des Zentrums und der Rechten gegen die Sozialdemokraten angewiesen sei. Abg. Sattler (nl.): Der Antrag Kardorff sei ein Akt der Notwehr, denn die Sozialdemokraten wollten die Geschäftsordnung nur zur Geschäftsbehinderung benutzen.

Am 2. Dezember wird der Antrag Kardorff mit 200 gegen 44 Stimmen für zulässig erklärt. — Es kommt hierauf noch zu stürmischen Geschäftsordnungsdebatten, in denen eine Anzahl Sozialdemokraten durch den taktmäßigen Ruf „Rhabarber! Rhabarber!" die Reden der Präsidenten unhörbar zu machen sucht.

2. Dezember. Die „Norddeutsche Allgemeine Zeitung" schreibt über die Räumung Schanghais:

Zwischen den vier Mächten, die an der provisorischen Besetzung Schanghais beteiligt waren, fand ein Meinungsaustausch über die Modalitäten einer gleichzeitigen Zurückziehung der Truppen statt. Zunächst verließ das japanische Besatzungskorps am 22. November Schanghai; die Engländer werden am 20. Dezember nachfolgen. Im Anschluß daran werden die deutschen Truppen abziehen. Der genaue Termin hierfür hängt von den Fahrzeiten der verfügbaren Transportschiffe ab. Jedenfalls aber wird noch im Laufe des Januar Schanghai von dem deutschen Korps geräumt sein.

3./4. Dezember. (Reichstag.) Beratung des Tarifgesetzes.

Die Beratung der Tarifpositionen wird unter großer Unruhe und fortwährenden Geschäftsordnungsdebatten geführt; die Sozialdemokraten beantragen, die einzelnen Referate an die Kommission zurückzuverweisen, die Mehrheit antwortet mit dem Antrage auf Uebergang zur Tagesordnung. Am 4. wird Abg. Singer (Soz.), der den Anordnungen des Präsidenten nicht gehorcht, dreimal zur Ordnung gerufen und von der Sitzung ausgeschlossen. Da er den Saal nicht verläßt, wird die Sitzung unterbrochen; nach Wiederaufnahme der Sitzung wird Singers Gegenwart ignoriert und er zu Abstimmungen nicht zugelassen.

4. Dezember. (Preußen.) Die Minister des Innern und der Justiz erlassen eine Vorschrift über die Behandlung gefangener und vorzuführender Personen.

5. Dezember. (Breslau.) Der Kaiser empfängt eine Abordnung von Arbeitern und hält an sie folgende Ansprache:

Daß die Arbeiter Breslaus sich entschlossen haben, zu Mir, ihrem Könige und Landesvater zu kommen, hat Mich mit freudiger Befriedigung erfüllt, und das in zweifacher Weise. Zum ersten habt Ihr Meine in Essen ausgesprochenen Erwartungen nicht getäuscht, zum andern habt Ihr dadurch das Andenken Meines seligen Freundes Herrn Krupp vorwurfsfrei wahren helfen. Von Herzen danke Ich dem Sprecher für seine warm empfundenen patriotischen Worte. Sie zeugen davon, daß ehrenhafte Gesinnung und Anhänglichkeit an König und Vaterland unter Euch fest wurzeln. Euer Stand ist stets Gegenstand Meines eingehenden Interesses und Meiner Fürsorge gewesen, denn mit Stolz konnte ich im Auslande beobachten, wie der deutsche Arbeiter von allen anderen angesehen wird, und mit Recht. Ihr dürft freudig an Eure Brust schlagen und Eurer Arbeit und Eures Standes froh sein. Durch die herrliche Botschaft des großen Kaisers Wilhelm I. eingeleitet, ist von Mir die soziale Gesetzgebung weitergeführt, durch die für die Arbeiter eine gesicherte und gute Existenzbedingung geschaffen worden bis ins Alter hinein unter Auferlegung von oft bedeutenden Opfern für die Arbeitgeber. Und unser Deutschland ist das einzige Land, in welchem diese Gesetzgebung bereits in hohem Maße zum Wohle der arbeitenden Klassen fortentwickelt ist. Auf Grund dieser von Euren Königen Euch zugewendeten großen Fürsorge bin Ich berechtigt, auch ein Wort aufklärender Mahnung an Euch zu richten. Jahrelang habt Ihr und Eure deutschen Brüder Euch durch die Agitatoren der Sozialisten in dem Wahn erhalten lassen, daß, wenn Ihr nicht dieser Partei angehörtet oder Euch zu Ihr bekenntet, Ihr für nichts geachtet und nicht in der Lage sein würdet, Euren berechtigten Interessen Gehör zu verschaffen zur Verbesserung Eurer Lage. Das ist eine grobe Lüge und ein schwerer Irrtum. Statt Euch objektiv zu vertreten, haben diese Agitatoren Euch aufzuhetzen versucht gegen Eure Arbeitgeber, die anderen Stände, gegen Thron und Altar, und Euch zugleich auf das rücksichtsloseste ausgebeutet, terrorisiert und geknechtet, um ihre Macht zu stärken. Und wozu wurde diese Macht gebraucht? Nicht zur Förderung Eures Wohles, sondern um Haß zu säen zwischen den Klassen und zur Ausstreuung feiger Verleumdungen, denen nichts heilig geblieben, und die sich schließlich am Hehrsten vergriffen, was wir hienieden besitzen, an der deutschen Mannesehre! Mit solchen Menschen könnt und dürft Ihr als ehrliebende Männer nichts mehr zu tun haben und nicht mehr von ihnen Euch leiten lassen. Nein! Sendet uns Eure Freunde und Kameraden aus Eurer Mitte, den einfachen schlichten Mann aus der Werkstatt, der Euer Vertrauen besitzt, in die Volksvertretung: der stehe ein für Eure Wünsche und Interessen, und freudig werden wir ihn willkommen heißen als Arbeitervertreter des deutschen Arbeiterstandes, nicht als Sozialdemokraten. Mit solchen Vertretern des Arbeiterstandes, so viele ihrer sein mögen, werden wir gern zusammenarbeiten für des Volkes und des Landes Wohl, und wird so für Eure Zukunft gut gesorgt sein, zumal da sie natürlich fest fußen werden auf der Königstreue, auf der Achtung vor dem Gesetze und dem Staate und vor der Ehre ihrer Mitbürger und Brüder, getreu dem Schriftwort: „Fürchtet Gott, habt die Brüder lieb, ehret den König."

5. Dezember. Dem Reichstage geht folgender Antrag Gröber (3.) zu über Aenderung der Geschäftsordnung:

Der Reichstag wolle beschließen: Den ersten Satz des § 44 der Geschäftsordnung durch folgende Bestimmungen zu ersetzen: „Das Wort zur Geschäftsordnung wird nur nach freiem Ermessen des Präsidenten erteilt. Eine von ihm zugelassene Bemerkung zur Geschäftsordnung darf die Dauer von fünf Minuten nicht übersteigen."

5. Dezember. (Oldenburg.) Der Landtag fordert die Regierung auf, im Bundesrat auf Verminderung der Matrikularbeiträge hinzuwirken.

Dezember. Aus vielen Werken laufen Kundgebungen der Arbeiter an den Kaiser zu der Essener und Breslauer Rede ein. In sozialdemokratischen Blättern wird behauptet, zu diesen Adressen würden die Arbeiter von den Arbeitgebern gezwungen. Auch andere Blätter, wie „Tägliche Rundschau" und „Kölnische Volkszeitung", äußern Bedenken gegen das Zustandekommen dieser Kundgebungen.

9. Dezember. Der Reichstag genehmigt nach kurzer Debatte den Antrag Gröber mit 206 gegen 95 Stimmen. — Die Geschäftsordnungsberatungen werden von jetzt an außerordentlich verkürzt.

10. Dezember. (Berlin.) Eine Versammlung des Deutschen Brauerbundes protestiert gegen die Erhöhung des Zolles auf Braugerste.

11. Dezember. (Reichstag.) Annahme des Antrags Kardorff.

Zu dem Antrage sind eine Reihe Abänderungsanträge gestellt, die Abg. Bassermann (nl.) sämtlich abzulehnen bittet. Die Annahme des Antrages Kardorff entscheide das Schicksal des Zolltarifs, der nunmehr gesichert sei. Es sei an der Regierung, sich zu dem Antrage zu äußern.

Reichskanzler Graf Bülow: Meine Herren! Der Herr Vorredner, Abgeordneter Bassermann, hat dem Wunsche Ausdruck gegeben, daß ich mich aussprechen möchte über den Antrag von Kardorff und Genossen, über die Herabsetzung einer Anzahl von Industriezöllen, über die Viehzölle und über die Handhabung der Seuchenpolizei. Was zunächst die Herabsetzung einer Anzahl von Industriezöllen angeht, so möchte ich darauf allgemein hinweisen, daß es sich in der Zolltarifvorlage der verbündeten Regierungen um einen autonomen Tarif handelt, der bestimmt ist, bei den bevorstehenden Handelsvertragsverhandlungen als Grundlage zu dienen: von entscheidender Bedeutung kann es deshalb für die verbündeten Regierungen nicht sein, wenn die Sätze der Positionen in der Kommission im einzelnen nach oben oder nach unten eine Abänderung erfahren haben. (Unruhe links.) Die verbündeten Regierungen müssen aber immerhin Wert darauf legen, daß die in ihrem Tarifentwurf enthaltenen Sätze für die Verhandlungsobjekte keine zu weit gehende Abschwächung erfahren, und als erwünscht kann ich deshalb die in dem Antrage von Kardorff und Genossen vorgesehene Ermäßigung von autonomen Zollsätzen nicht bezeichnen. (Unruhe.) Wenn aber der Reichstag voraussichtlich die Herabsetzung von Industriezöllen beschließen sollte, so werden die verbündeten Regierungen einen solchen Vorschlag in einer der Wichtigkeit der Sache entsprechende ernste und wohlwollende Erwägung ziehen. (Bravo! rechts. Heiterkeit und Lachen links.) Die handelspolitischen Gründe, aus welchen die verbündeten Regierungen auf eine gesetzliche Bindung der Viehzölle nicht eingehen können, sind von mir und meinen Vertretern wiederholt und eingehend dargelegt worden. Die verbündeten Regierungen sind indes fest entschlossen, beim Abschluß von Handelsverträgen unserer heimischen Viehzucht einen Zollschutz in der Höhe zu sichern, welche erforderlich ist für ihre gedeihliche Fortentwicklung und eine solche gewährleistet. Die verbündeten Regierungen werden auch keine Bestimmung in einen Handelsvertrag oder in ein Abkommen mit anderen Staaten aufnehmen, welche sie verhindern würde, alle diejenigen veterinärpolizeilichen Maßnahmen zu treffen, um unsere heimische Viehzucht gegen die Gefahr der Einschleppung von Viehkrankheiten aus dem Auslande wirksam zu schützen. (Beifall. Rufe links. Unruhe und Bewegung.)

Hierauf wird nach längerer Debatte der Antrag mit 184 gegen 136 Stimmen angenommen und ebenso der durch den Antrag modifizierte § 1. — Die zweite Lesung der Zolltarifvorlage ist damit erledigt.

Dezember. Dem Reichstage wird eine Denkschrift über die Verwicklung mit Venezuela vorgelegt.

Seit längerer Zeit hat die Regierung der Vereinigten Staaten von Venezuela der kaiserlichen Regierung durch die Behandlung der deutschen Reklamationen zu ernsten Beschwerden Anlaß gegeben. Es handelt sich einmal um Forderungen der in Venezuela lebenden Deutschen aus den letzten venezolanischen Bürgerkriegen und ferner um Ansprüche deutscher Unternehmer wegen Nichterfüllung der von der venezolanischen Regierung vertragsmäßig übernommenen Verbindlichkeiten. Der Betrag dieser Schäden aus den Bürgerkriegen von 1898 bis 1900 beziffert sich auf rund 1 700 000 Bolivares (Franken), während aus dem neuesten Bürgerkriege bereits Schäden von rund 3 000 000 Bolivares angemeldet worden sind. Einzelne der Geschädigten haben fast ihre ganze Habe verloren und dadurch auch ihre in Deutschland lebenden Gläubiger in Mitleidenschaft gezogen. Die venezolanische Regierung zeigt sich offenbar nicht gewillt, ihren Verpflichtungen zum Ersatze dieser Schäden nachzukommen: sie hat unterm 24. Januar 1901 ein Dekret erlassen, wonach eine lediglich aus venezolanischen Beamten bestehende Kommission, bei der die Geschädigten ihre Forderungen innerhalb drei Monaten anzumelden hatten, über die Reklamationen entscheiden sollte. Die Bestimmungen dieses Dekrets erschienen aus verschiedenen Gründen unannehmbar. Unter anderem sollte gegen die Entscheidung der Kommission jeder diplomatische Einspruch ausgeschlossen, vielmehr nur die Berufung an den höchsten venezolanischen Gerichtshof zulässig sein, obwohl die richterlichen Beamten in Venezuela, wie einzelne Fälle gezeigt haben, von der Regierung tatsächlich abhängig und gelegentlich ohne weiteres aus ihrem Amte entfernt worden sind. Auch sollten die von der Kommission als rechtmäßig anerkannten Reklamationen mit Scheinen einer neu zu schaffenden Revolutionsschuld bezahlt werden, die nach den bisherigen Erfahrungen nahezu wertlos sein würden. In der Tat hat das auf Grund dieses Dekrets durchgeführte Verfahren zu einer irgendwie befriedigenden Erledigung der Reklamationen nicht geführt. Insbesondere sind die vereinzelten bei der Kommission angemeldeten deutschen Forderungen zum Teil ohne weiteres abgewiesen, zum Teil in offenbar willkürlicher Weise herabgesetzt worden; so ist einem deutschen Viehzüchter, dem rund 3800 Stück Rindvieh im Werte von über 600 000 Bolivares gewaltsam weggenommen waren, nur ein Betrag von 14 000 Bolivares zuerkannt worden. Die deutsche Regierung hat jenem Dekret die Anerkennung versagt. Aehnliche Erklärungen sind auch von England, den Vereinigten Staaten von Amerika, Italien, Spanien und den Niederlanden abgegeben worden. Bei dieser Sachlage hat die kaiserliche Regierung nicht umhin gekonnt, die deutschen Reklamationen selbst einer Prüfung zu unterziehen und soweit sie danach begründet waren, unmittelbar bei der Regierung der Republik anhängig zu machen. Die venezolanische Regierung hat darauf zwar in Aussicht gestellt, eine befriedigende Lösung der Angelegenheit durch ihren Kongreß herbeizuführen. Das von diesem im letzten Frühjahr angenommene Gesetz wiederholt indes nur die ungenügenden Bestimmungen des Dekrets vom 24. Januar 1901 und soll sich überdies nur auf solche Reklamationen erstrecken, die bei der durch das Dekret eingesetzten Kommission nicht rechtzeitig vorgelegt werden konnten. Jede weitere Erörterung der Angelegenheit hat die Regierung wiederholt mit der Begründung abgelehnt, daß in Venezuela mit Rücksicht auf die dortigen landesrechtlichen Vorschriften eine Regelung fremder Kriegsreklamationen auf dem diplomatischen Wege ausgeschlossen sei. In dem ganzen Verhalten der venezolanischen Regierung kann hiernach nur das Bestreben erblickt werden, den fremden Reklamationen die ihnen völkerrechtlich gebührende Regelung zu versagen. Dazu kommt noch, daß in dem neuesten venezolanischen Bürgerkriege die Deutschen in besonders feindseliger Weise behandelt worden sind; so haben sich beispielsweise die Gewalttätigkeiten der Regierungstruppen bei der Plünderung von Barquisimeto hauptsächlich gegen deutsche Häuser gerichtet. So aufrichtig die kaiserliche Regierung von dem Wunsche beseelt ist, mit der Republik Venezuela freundschaftliche Beziehungen zu erhalten, und soweit sie davon entfernt ist, der staatlichen Unabhängigkeit dieses Freistaates zu nahe zu treten oder in seine inneren Einrichtungen eingreifen zu wollen, so kann sie doch das Verhalten der venezolanischen Regierung als ihrer Würde zuwiderlaufend nicht länger dulden und glaubt daher ihrerseits auf die Erledigung der deutschen Kriegsreklamationen in bestimmter Weise hinwirken zu müssen. Von weiteren Verhandlungen mit Venezuela verspricht sie sich nach den bisherigen Erfahrungen keinen Erfolg. Die vorstehend geschilderte Behandlung der deutschen Kriegsreklamationen hat die kaiserliche Regierung ferner zu der Auffassung geführt, daß auch die deutschen Ansprüche wegen Nichterfüllung der von der venezolanischen Regierung vertragsmäßig übernommenen Verbindlichkeiten ihres Schutzes bedürfen, um zu einer gerechten Erledigung zu gelangen. In dieser Beziehung kommen in Betracht die Reklamationen des Ingenieurs Karl Henkel in Hamburg und die Aktiengesellschaft für Beton- und Monierbau in Berlin, denen Venezuela noch 82000 Bolivares schuldet aus dem Bau eines Schlachthofs in Caracas sowie die Ansprüche der deutschen Großen Venezuela-Eisenbahngesellschaft aus einer ihr zugesicherten Zinsgarantie. Die Ansprüche der genannten Eisenbahngesellschaft belaufen sich gegenwärtig auf rund 7½ Millionen Bolivares und sind überdies in fortwährendem Steigen begriffen. Die wegen Regelung der vorstehenden Forderungen seit längerer Zeit schwebenden Verhandlungen sind bisher erfolglos geblieben. Der kaiserliche Geschäftsträger in Caracas hat daher der venezolanischen Regierung ein Ultimatum überreicht, worin im Auftrage der kaiserlichen Regierung die alsbaldige Zahlung oder befriedigende Erklärungen wegen Festsetzung und Sicherstellung der bezeichneten Forderungen verlangt wird. Sollte auf das Ultimatum nicht alsbald eine befriedigende Antwort erfolgen, so würde die kaiserliche Regierung sich zu ihrem Bedauern genötigt sehen, die Sorge für die Durchsetzung der deutschen Ansprüche selbst zu übernehmen.

11. Dezember. (Reichstagswahl.) Im Wahlkreise Liegnitz-Goldberg erhält Pohl (fr. Vp.) 7576, Bruhns (Soz.) 6483, Roericht (konf.) 6290 Stimmen. In der Stichwahl (19. Dezember) erhält Pohl 11091, Bruhns 6400 Stimmen.

13./14. Dezember. (Reichstag.) Dritte Lesung des Zolltarifgesetzes. Annahme nach 19stündiger Sitzung. Erklärung Bülows. Obstruktionsrede Antricks.

Der Reichstag tritt um 10 Uhr zusammen. Abg. Herold (3.) und Genossen aus allen Mehrheitsparteien stellen folgenden Antrag: Die Zollsätze sollen durch vertragsmäßige Abmachungen bei Roggen nicht unter 5 Mark, bei Weizen und Spelz nicht unter 5.50 Mark, bei Malzgerste nicht unter 4 Mark, bei Hafer nicht unter 3 Mark für den Doppelzentner herabgesetzt werden. Die Mindestzölle für Pferde, Vieh und Fleisch fallen damit aus dem Absatz 2 fort.

Hierdurch werden die Sätze zweiter Lesung wieder aufgehoben und die der Regierungsvorlage (ausgenommen Braugerste) wieder hergestellt (vgl. S. 169).

Abg. v. Heyl (nl.) beantragt eine Resolution, die die Lösung des Meistbegünstigungsverhältnisses zu denjenigen Staaten fordert, die nicht volle Reziprozität gewähren.

Abg. Speck (3.) beantragt folgende Resolution: Den Reichskanzler zu ersuchen, tunlichst bald, wenn möglich noch vor Erneuerung von Tarifverträgen, das vertragsmäßig oder herkömmlich bestehende Meistbegünstigungsverhältnis zu allen denjenigen Ländern zu lösen, bei denen die Erfahrung gezeigt hat, daß ein solches Verhältnis den deutschen Interessen nachteilig gewesen ist, und darauf hinzuwirken, daß mit solchen Ländern reine Meistbegünstigungsverträge nicht mehr abgeschlossen werden.

Reichskanzler Graf v. Bülow: Beim Eintritt in die dritte Lesung der Zolltarifvorlage glaube ich die Stellungnahme darlegen zu sollen, welche die verbündeten Regierungen zu dem vom Hohen Hause in der zweiten Lesung gefaßten Beschlusse einnehmen. Obwohl sich der Bundesrat verfassungsmäßig erst dann den Beschlüssen des Reichstages gegenüber zu entschließen hat, wenn diese fertig vorliegen, so kann ich schon jetzt erklären, daß die verbündeten Regierungen dem Zolltarif in der nunmehr vorliegenden Fassung ihre Zustimmung zu geben bereit sind, und ich bin gleichzeitig in der Lage aussprechen zu können, daß die Aenderungen, welche in dem Entwurf des Zolltarifgesetzes vorgenommen worden sind, das Einverständnis des Bundesrats finden werden (Zwischenrufe), mit alleiniger Ausnahme der zum zweiten Absatz des § 1 gefaßten Beschlüsse. Insbesondere darf ich voraussetzen, daß die verbündeten Regierungen ihre ernsten Besorgnisse, zu welchen die im § 10a gefaßten Beschlüsse über die Einschränkung des Besteuerungsrechtes der Gemeinden mit Hinsicht auf die schwierige finanzielle Lage eines großen Teils der Kommune Anlaß gaben, zurücktreten lassen werden, nachdem der Zeitpunkt für das Inkrafttreten dieser Bestimmung bis zum Jahre 1910 hinausgerückt worden ist (Lachen links); ebenso kann ich in Aussicht stellen, daß die verbündeten Regierungen im Interesse einer verbesserten und gesicherten Fürsorge für die Hinterbliebenen der arbeitenden Klassen (Gelächter bei den Sozialdemokraten) dem § 11a, betr. die spätere Einführung einer Witwen- und Waisenversorgung, zustimmen werden. (Lachen links, Beifall bei den Mehrheitsparteien.) Die verbündeten Regierungen gehen hierbei von der Erwartung aus, daß auch bei Einführung dieser weitgehenden sozialpolitischen Maßregel innerhalb der durch den § 11a für die Beteiligung des Reiches festgelegten finanziellen Grenzen eine die wirtschaftliche Entwicklung der Einzelstaaten berücksichtigende Regelung der Reichsfinanzen möglich sein und hierzu der Reichstag seine wirksame Mithilfe nicht versagen wird. Der einzige hiernach noch verbleibende Differenzpunkt zwischen den verbündeten Regierungen und den Beschlüssen der 2. Lesung, die Erhöhung und Erweiterung der Mindestzölle im § 1 Abs. 2 des Zolltarifgesetzes, soll durch den vom Hohen Hause vorliegenden Antrag Herold und Gen. auf Nr. 790 der Drucksachen beseitigt werden. Nach diesem Antrage sollen Mindestzölle für Pferde, Vieh und Fleisch nicht festgesetzt, die Mindestzölle für Roggen, Weizen und Hafer auf die in der Regierungsvorlage vorgeschlagenen Sätze zurückgeführt, endlich ein Mindestzollsatz von 4 ℳ für Malzgerste unter Wegfall eines Mindestzolles für andere Gerste eingeführt werden. Namens der verbündeten Regierungen kann ich schon jetzt das Einverständnis derselben mit diesem Antrage erklären. Die verbündeten Regierungen sind nicht der Meinung, daß sie sich mit der Zustimmung zu einer Erhöhung des Mindestzolles für Malzgerste von 3 auf 4 ℳ in Widerspruch setzen mit dem ablehnenden Standpunkte, den sie gegenüber Anträgen auf Erhöhung oder Erweiterung der Mindestsätze des Entwurfs haben einnehmen müssen. Die Erklärungen der verbündeten Regierungen bezogen sich auf Gerste im allgemeinen (Lachen bei den Sozialdemokraten, Glocke des Präsidenten). Ich pflege Sie immer sehr ruhig anzuhören. Herr Bebel selbst wird nicht bestreiten können, daß ich mich während seiner vorgestrigen, langen, hier und da ziemlich polemischen Rede eines ganz ruhigen und sehr anständigen Verhaltens befleißigt habe (Lachen bei den Sozialdemokraten, große Unruhe); ich würde Ihnen dankbar sein, wenn Sie dieselbe Haltung einnehmen wollten — was dem einen recht ist, ist dem andern billig! Ich habe ebenso gut das Recht, gehört zu werden, wie Sie. (Lebhafter Beifall bei der Mehrheit, Lärm bei den Sozialdemokraten, Glocke des Präsidenten.) Präsident Graf v. Ballestrem: Ich möchte bringend bitten, den Herrn Reichskanzler nicht zu unterbrechen. (Lärm bei den Sozialdemokraten und Zurufe: Wir lachen ja nur!) Reichskanzler Graf v. Bülow (fortfahrend): Malzgerste ist eben eine ausgewählte, wesentlich wertvollere Ware als Futtergerste. Wenn daher aus dem Gesamtzolltitel der Gerste die im Preise wesentlich höher stehende Malzgerste herausgenommen und besonders verzollt wird, so handelt es sich tatsächlich um eine andere Ware, als diejenige, auf die sich die früheren Erklärungen bezogen. Der wertvollen Malzgerste einen höheren Zollschutz zu gewähren, erscheint deshalb sachlich durchaus gerechtfertigt. Was die Unterscheidung von Malzgerste und Futtergerste betrifft, so waren die verbündeten Regierungen bei Abfassung des Zolltarifs der Ansicht, daß eine zolltarifarische Unterscheidung nicht möglich sein werde. Weitere Ermittelungen und Erwägungen haben die verbündeten Regierungen davon überzeugt, daß eine verschiedene Verzollung derart möglich sein wird, daß Unterschleife ausgeschlossen sind, und insbesondere Gerste, die als Malzgerste verwendet werden soll, als solche zur Verzollung gelangen wird. Was die Verzollung der Futtergerste betrifft, so wird bei den Vertragsverhandlungen den berechtigten Interessen der Landwirtschaft Rechnung getragen werden. Die verbündeten Regierungen geben sich der Hoffnung hin, daß dieses Hohe Haus durch seine Beschlüsse in dritter Lesung zwischen Bundesrat und Reichstag volle Einigung herbeiführen und damit dem großen Werk der Tarifreform zum Segen des Vaterlandes (Lachen bei den Sozialdemokraten) — (mit erhobener Stimme) zum Segen des Vaterlandes — Vollendung und Abschluß sichern wird. (Lebhafter Beifall bei der Mehrheit, Lachen bei den Sozialdemokraten.)

Abg. v. Wangenheim (Bd. b. Ldw.): Die Regierung habe trotz ihres Versprechens keine Parität zwischen Industrie und Landwirtschaft hergestellt und so werde die Landwirtschaft bei den Handelsverträgen die Kosten tragen. Abg. Richter (fr. Vp.): Der Tarif sei eine einseitige Begünstigung der Landwirtschaft; der Reichskanzler habe durch die Auslegung, die er seinen früheren Erklärungen gegeben habe, jedes Vertrauen verloren. Abg. Gamp (RP.): Seine Partei stimme der Vorlage nach dem Antrag Herold aus politischen Gründen zu in der Erkenntnis der Notwendigkeit eines einmütigen Vorgehens gegen die Obstruktionsparteien. Seine Freunde behielten sich aber für die Zukunft, insbesondere hinsichtlich ihrer Stellung zu den Landwirtschaftszöllen, alles vor. Abg. Mollenbuhr (Soz.) bezeichnet es als Erfolg der Obstruktion, daß nicht noch höhere Zölle eingestellt seien. Er protestiert gegen die Art der Erledigung des Tarifs, in der die sozialdemokratischen Sachverständigen nicht angehört worden seien. Abg. Graf Hompesch (Z.) verliest eine Erklärung, die die Annahme des Tarifs durch das Zentrum motiviert. Das Zentrum wolle Industrie und Landwirtschaft durch das Scheitern der Vorlage nicht in eine ungewisse Lage bringen. Abg. Barth (fr. Vg.): Die Erklärung des Vorredners beweise, daß nicht die Obstruktion, sondern die Unmöglichkeit, mehr zu bekommen, die Mehrheitsparteien geeinigt habe. Durch den Tarif gewinne die Schutzzollidee in Europa an Boden und Handelsverträge würden dadurch erschwert werden. Reichskanzler Graf Bülow: Ich glaube, meine Herren, daß diese Prophezeiung des Herrn Abgeordneten Barth nicht in Erfüllung gehen wird. Ich muß überhaupt sagen, daß ich bei aller Anerkennung für die Begabung des Herrn Abg. Barth ihn nicht gerade für einen Propheten halte. (Heiterkeit.) Vor einigen Wochen — es sind kaum drei Wochen her — las ich entweder in der „Nation" oder in der „Korrespondenz des Handelsvertragsvereins", aber jedenfalls in einem den Herrn Abg. Barth sehr nahestehenden Blatte: Nur ein Reichskanzler von der Unwissenheit und Beschränktheit des Grafen Bülow (Große Heiterkeit) — ja, meine Herren, wie die theatralische, so treibt auch die politische Kritik in unserer Zeit manchmal seltsame Blüten —, nur ein Reichskanzler von der Unwissenheit und Beschränktheit des Grafen Bülow könne sich einbilden, daß die Tarifvorlage jemals zustande kommen wird. Ich bin und bleibe ein vorsichtiger Mann, aber ich glaube, ich kann doch der Hoffnung Ausdruck geben, daß diese Prophezeiung des Abg. Barth nicht eintreffen wird, und ich glaube, mit seiner Prophezeiung hinsichtlich der Handelsverträge steht es ähnlich. Jedenfalls haben wir den Wunsch, und wir haben das Bestreben, auf für uns annehmbarer Basis — diese fünf Worte unterstreiche ich, und da liegt der große Unterschied in der Auffassung des Herrn Abg. Dr. Barth und derjenigen der verbündeten Regierungen — auf für uns annehmbarer Basis wieder zu langfristigen Handelsverträgen zu kommen. Die verbündeten Regierungen sind der Ueberzeugung, daß diese Tarifvorlage eine brauchbare Grundlage, daß sie ein gangbarer Weg sein wird für solche Handelsverträge. Von unserer Seite wird es nicht an gutem Willen fehlen, und bei gutem Willen auf beiden Seiten wird man schon zu einer Einigung kommen. Auf eines aber möchte ich den Herrn Abg. Dr. Barth aufmerksam machen: der Abschluß von Handelsverträgen wird nicht erleichtert, wenn, wie nur zu oft von seiner Seite und der Seite seiner Freunde, die Sache so dargestellt wird, als ob Deutschland ein größeres Interesse am Zustandekommen von Handelsverträgen habe, als andere Länder. (Lebhafte Zustimmung bei den Mehrheitsparteien.) So liegt die Sache nicht, und ich möchte das Ausland davor warnen, solchen Auslassungen ein zu großes Gewicht beizulegen. (Zustimmung und Beifall bei den Mehrheitsparteien.) Wir befinden uns keineswegs in einer wirtschaftlichen Zwangslage, die uns nötigte, unter irgend ein kaudinisches Joch zu kriechen. Unser Einfuhr-Ueberschuß beträgt über eine Milliarde. Deutschland ist der beste Käufer der Welt. (Sehr richtig!) An dem weiteren Fortbestande von Handelsverträgen haben die anderen uns befreundeten Nationen genau dasselbe Interesse wie wir (Sehr richtig! bei den Mehrheitsparteien) und deshalb werden wir in Handelsvertragsunterhandlungen eintreten mit der loyalen Absicht, einen gerechten und billigen Ausgleich der Interessen zwischen uns und den uns befreundeten Nationen herbeizuführen, aber auch mit dem Selbstbewußtsein und dem Selbstgefühl, das uns die wirtschaftliche Kraft des deutschen Volkes verleiht. (Lebhafter Beifall bei den Mehrheitsparteien.)

Nach einigen weiteren Erklärungen wird die Generaldiskussion mit 206 gegen 118 Stimmen geschlossen. Hierauf werden mehrere sozialdemokratische Anträge abgelehnt. In der Spezialdiskussion spricht Abg. Antrick (Soz.) von 4½ Uhr bis 12½ Uhr gegen den Tarif. — Nach kurzer Diskussion und Ablehnung von Einzelanträgen wird nach 2 Uhr mit den Abstimmungen über die einzelnen Paragraphen begonnen; um 4½ Uhr wird in der Gesamtabstimmung die Vorlage mit 202 gegen 100 Stimmen angenommen. — Der Reichstag vertagt sich bis zum 13. Januar 1903. — Am 18. Dezember genehmigt der Bundesrat den Zolltarif.

Dezember. Statistik über die Reichstagsreden zum Zolltarif.

Die „Tägliche Rundschau" polemisiert gegen die Behauptung der Sozialdemokraten, daß durch die Handhabung der Geschäftsordnung der Minderheit das Wort abgeschnitten worden sei, und stellt folgende Berechnung auf. Es haben die zweite und dritte Lesung, einschließlich der Geschäftsordnungsdebatten über die Lex Aichbichler und die Lex Gröber, 39 Sitzungen beansprucht. In diesen haben, abgesehen von Bemerkungen des Präsidenten, von Erklärungen der Regierungsvertreter und von persönlichen Bemerkungen 112 Redner 697mal das Wort ergriffen. Davon entfallen 257 Reden auf die sachliche Beratung und 440 Reden auf Gegenstände der Geschäftsordnung. Die sämtlichen Reden füllen 2294 Druckspalten der stenographischen Berichte, davon die Reden zur Sache 1615, diejenigen zur Geschäftsordnung 679. Es haben gesprochen: 1. von der sozialdemokratischen Partei 30 Mitglieder mit 250 Reden in einer Länge von 1177 Druckspalten, davon zur Geschäftsordnung 202 Reden mit

442 Druckspalten, zur Sache 48 Reden mit 735 Druckspalten. Demnach entfallen der Länge nach von allen sachlichen Reden 45.5 v. H., von den Reden zur Geschäftsordnung gar 65.1 v. H. auf die Sozialdemokratie. 2. Von der freisinnigen Vereinigung ergriffen 8 Redner 118mal das Wort, und zwar zur Sache 43mal, zur Geschäftsordnung 75mal. Die Ausführungen dieser 8 Redner füllen einen Raum von 336 Druckspalten, davon 242 Spalten mit sachlichen, 94 Spalten mit Geschäftsordnungsreden. Somit hat die freisinnige Vereinigung an der gesamten Redelänge einen Anteil von 14.6 v. H., und zwar ziemlich gleichmäßig an den Reden zur Sache und denen zur Geschäftsordnung. 3. Die freisinnige Volkspartei und die süddeutsche Volkspartei entsandten zusammen 13 Redner in das Wortgefecht, die 57mal sprachen. Die Drucklegung ihrer Reden erforderte einen Raum von 206 Spalten, wovon 174 auf sachliche und 32 Spalten auf geschäftliche Erörterungen entfallen. 4. Alle anderen Parteien des Hauses zusammengenommen stellten 61 Redner, die 140mal zur Sache und 132mal zur Geschäftsordnung sprachen. Der Druck dieser 272 Reden erforderte nur 575 Spalten, also etwa die Hälfte des für den Druck allein der sozialdemokratischen Reden erforderlichen Raumes. Auf sachliche Reden entfallen 464, auf Geschäftsordnungsreden 111 Druckspalten. Demnach haben die Obstruktionsparteien (Sozialdemokratie und freisinnige Vereinigung) 368 Reden (52.8 v. H.) gehalten, die einen Druckraum von 1513 Spalten (65.9 v. H.) in Anspruch genommen haben. Auf solche Ausführungen entfielen hiervon 977 Druckspalten (60.5 v. H.), auf Gegenstände der Geschäftsordnung 536 Druckspalten (79.0 v. H.). Nimmt man die Mitglieder der freisinnigen Volkspartei sowie der süddeutschen Volkspartei zu diesen beiden Gruppen hinzu und stellt also die Minderheit der Mehrheit gegenüber, so ergibt sich folgendes Bild:

	Zahl der Reden	und zwar		Druckspalten: und zwar		
		zur Sache	zur Geschäftsordnung	im ganzen	zur Sache	zur Geschäftsordnung
Minderheit .	425 (61.0 %)	117 (45.5 %)	308 (70.0 %)	1719 (74.9 %)	1151 (71.3 %)	568 (83.7 %)
Mehrheit . .	272 (39.0 %)	140 (54.5 %)	132 (30.0 %)	575 (25.1 %)	464 (28.7 %)	111 (16.3 %)

Den Mehrheitsparteien sind hierbei diejenigen Mitglieder zugezählt, welche schließlich gegen die Vorlage gestimmt haben, weil sie ihnen nicht weit genug ging. Hätte die sozialdemokratische Partei so viel Redefreiheit erhalten, wie es das Verhältnis ihrer Mitglieder zur Gesamtmitgliederzahl mit sich brachte, so wären von 2294 Spalten Redelänge nur 335 Spalten auf sie entfallen; auf die freisinnige Vereinigung wären nur 87 Spalten gekommen, während sie tatsächlich mit 1177 und 336 Spalten figurieren. Somit ist den Rednern der Obstruktionsparteien mehr als dreieinhalbmal so viel Reberaum zugefallen, als ihnen nach dem Verhältnis zur Mitgliederzahl zugestanden hätte. Demgegenüber haben die Mehrheitsparteien von dem ihnen nach dem Verhältnis ihrer Mitgliederzahl zustehenden Raum von 1681 Spalten nur 575 Spalten, also wenig mehr als ein Drittel in Anspruch genommen.

Mitte Dezember. (Berlin.) Professor Th. Mommsen veröffentlicht in der „Nation" einen Artikel über das Zolltarifgesetz, in dem er ein enges Bündnis zwischen Sozialdemokraten und

Liberalen empfiehlt, um den Umsturz der Verfassung durch die Mehrheitsparteien zu verhindern.

16. Dezember. (Württemberg.) Die Zweite Kammer lehnt mit 62 gegen 7 Stimmen einen Antrag auf Beseitigung des Religionsunterrichts in der Volksschule ab.

Dezember. (Sachsen.) Die Regierung veröffentlicht eine Denkschrift über die Erhöhung des Personentarifs, die in der Presse viel Widerspruch findet.

19. Dezember. Die „Norddeutsche Allgemeine Zeitung" weist die Behauptung amerikanischer Blätter, daß Deutschland in Venezuela und Brasilien Kolonien erwerben wolle, zurück; die Regierung der Vereinigten Staaten sei unterrichtet, daß Deutschland nur seine gerechten Forderungen an Venezuela durchsetzen wolle.

20. Dezember. (Kiel.) Stapellauf des Linienschiffes „Braunschweig", das einen neuen Typ darstellt.

Ende Dezember. Es gehen Nachrichten durch die Presse, daß die Mehrheitsparteien eine gründliche Aenderung der Geschäftsordnung im Reichstage, u. a. die Reduktion der einzelnen Redezeit auf eine Stunde, planten. Angehörige der Mehrheitsparteien dementieren die Nachricht.

Ende Dezember. (Preußen.) Die Presse erörtert die Möglichkeit, ein besonderes Ministerium für Posen und Westpreußen zu bilden, um eine kräftige Polenpolitik zu betreiben.

Dezember. (Sachsen.) Die Kronprinzessin, geborene Erzherzogin von Toskana, verläßt ihren Gatten und entflieht nach der Schweiz (11. Dezember). Am 30. wird amtlich bekannt gemacht, daß der Kronprinz auf Aufhebung der ehelichen Gemeinschaft klagen werde.

Dezember. Agitation des Bundes der Landwirte gegen die Mehrheitsparteien.

Der engere Vorstand des Bundes der Landwirte (Frhr. v. Wangenheim, Dr. Roesicke, Dr. Diedrich Hahn) richtet an die Vorsitzenden der Wahlkreise und Bezirke sowie an die Vertrauensmänner des Bundes ein Rundschreiben, in dem es heißt:

Man ist im Begriff, die wichtigsten und dauernden Ziele zu opfern, die der Bund der Landwirte seit seiner Gründung sich gesteckt hat, ja, die überhaupt zu der Gründung des Bundes einst allein den Anlaß gaben und für die er seit zehn Jahren Arbeit, Mühe und Opfer seiner Mitglieder aufgewendet hat! Da kann es, nach unserer festen Ueberzeugung, nur eine Konsequenz geben: Der Bund der Landwirte muß auf ein weiteres Zusammengehen mit denjenigen politischen Parteien und Abgeordneten verzichten, welche seine wichtigsten Ziele durch Annahme des Antrages Kardorff preisgeben. Es wäre richtiger, den Bund der Landwirte aufzulösen, als immer wieder sich in nutzloser Arbeit aufzureiben, nur um im entscheidenden Moment alles preiszugeben, was man erstrebt hat, weil eine geschickte Agitation es versteht, plötzlich das Ziel des Kampfes zu verrücken! Nicht wir, die wir gegen diesen Antrag Kardorff stimmen, „lassen das deutsche Vaterland in schwerer Stunde schmählich im Stich", wie vor einigen Tagen die „Kreuzzeitung" behauptet hat, sondern diejenigen tun es, die gegen ihre seit zehn Jahren selbst vertretene wirtschaftspolitische Ueberzeugung nun einer Regierungsvorlage zustimmen wollen, die eine dauernde Schwächung des Bauernstandes und des Mittelstandes in Stadt und Land bedingen würde, und die, wenn sie auch in formeller Beziehung voraussichtlich wieder nur auf zehn Jahre hinaus Geltung haben soll, dennoch bei der heute schon so geschwächten wirtschaftlichen Lage des Bauernstandes auch in diesem einen Jahrzehnt das Schicksal des Bauernstandes für immer besiegeln würde.

Diese Erklärung führt zu einer lebhaften Preßfehde zwischen agrarischen und konservativen Blättern; mehrere konservative Abgeordnete, wie Abg. v. Kardorff, treten aus dem Bunde aus.

II.
Die österreichisch-ungarische Monarchie.

1. Januar. (Pest.) Ministerpräsident v. Szell empfängt eine Abordnung der liberalen Partei und sagt in einer Ansprache über die Regelung der wirtschaftlichen Beziehungen zu Österreich und zum Auslande:

Die Feststellung des Zolltarifs bilde den ersten Punkt des Arbeitsprogramms. Die Schwierigkeit der Lösung der wirtschaftlichen Frage werde in nicht geringem Maße durch die in ganz Europa, namentlich im Deutschen Reiche auf Abschließung gerichtete Zoll- und Handelspolitik erhöht. Hinsichtlich der Regelung der zoll- und landespolitischen Verhältnisse mit Oesterreich sei sein ehrliches Streben, auf der Grundlage des gemeinsamen Zollgebietes ein gerechtes, billiges Abkommen zu treffen. Man dürfe den gordischen Knoten nicht zerhauen, sondern müsse ihn zu entwirren trachten. Es gäbe besondere Schwierigkeiten, die dadurch entstehen, daß diese Frage seitens der Parteien Oesterreichs in das Kampfterrain des nationalen Haders einbezogen werde, und daß deren Beurteilung im österreichischen Reichsrate nach Gesichtspunkten erfolge, welche ihr nicht nur völlig fremd seien, sondern lediglich mit nationalen Aspirationen zusammenhingen. „Die zwölfte Stunde hat geschlagen, diesem Zustande muß baldmöglichst ein Ende gemacht werden. Es darf die definitive Regelung des wirtschaftlichen Verhältnisses mit Oesterreich nicht länger verschleppt werden. Diejenigen Elemente Oesterreichs laden eine schwere Verantwortung auf sich, die dem Zustandekommen eines gerechten, billigen Uebereinkommens der beiden Staaten endlose Schwierigkeiten und Hindernisse bereiten. Ich setze die Hoffnung auf den inneren Zusammenhalt und die unverbrüchliche Solidarität der liberalen Partei, welche eine Gewähr dafür bietet, daß die schwierigen Fragen eine gedeihliche Lösung finden."

5. Januar. (Cisleithanien.) Das offiziöse „Fremdenblatt" schreibt über die Erklärung des Fürsten Czartoryski im galizischen Landtag (1901 S. 204):

Es wäre besser gewesen, wenn im galizischen Landtage Fürst Czartoryski die vor dem Eingang in die Tagesordnung von ihm abgegebene Erklärung unterlassen hätte, da dieselbe dem Wirkungskreise des Landtags nicht gemäß war. Wenn der Vertreter der Regierung trotzdem keine Einsprache erhob, so entsprang sein Verhalten nur dem Wunsche, der Angelegenheit nur dadurch nicht zu einer größeren Ausdehnung zu verhelfen und dieselbe möglichst einfach und klanglos zu Ende zu führen. Den beiden Regierungen haben wir es zu danken, wenn das Ueberschäumen der Wreschener Affaire auf dem österreichischen Boden und das Anschlagen derselben sowohl im österreichischen Abgeordnetenhause wie im galizischen Landtage keinen Augenblick lang jene Beziehungen tangieren konnten, die zwischen unserer Monarchie und der deutschen verbündeten sowie zwischen den beiderseitigen Regierungen bestehen. Es ist neuerlich der Beweis erbracht, daß es bei der Innigkeit der beiderseitigen Beziehungen zwischen Oesterreich-Ungarn und Deutschland keine Zwischenfälle geben kann, die eine Schwierigkeit bereiten können, oder deren plötzliches Auftauchen zu befürchten wäre. Die stärkste Wurzel des Bundesgefühls in beiden Staaten ruht darin, daß jeder Teil in seinem Hause Herr ist.

Anfang Januar. (Pest.) Magyarische Studenten demonstrieren gegen die Aufführung deutscher Stücke in Cafés und Theatern.

14. Januar. (Brüx.) Durch ein Grubenunglück werden 43 Bergleute getötet.

15. Januar. (Trautenau.) Der Abg. Wolf, der sein Mandat niedergelegt hatte (1901 S. 202), wird wiedergewählt.

21. Januar. (Lemberg.) Anläßlich des Jahrestags der Erhebung der Polen im Jahre 1863 findet eine Demonstration statt, die durch Husaren gesprengt wird.

29./30. Januar. (Ungarn.) Abgeordnetenhaus. Debatte über die Beziehungen der Magyaren zu den Sachsen und anderen Nationalitäten.

Abg. Lindner (Sachse) führt aus, weshalb die Sachsen der Regierungspartei nicht beigetreten seien. Was das sächsische Volksprogramm anlange, so gravitierten die Sachsen nicht nach auswärts, sondern ständen auf dem Boden des konstitutionellen ungarischen Staates und erkennen innerhalb der Grenzen des Nationalitätengesetzes von 1868 das Recht der Staatssprache an. Das magyarische Element sei geschichtlich zur führenden Stellung berufen. Die Siebenbürger Sachsen verschlössen sich dieser Erkenntnis durchaus nicht und hätten daher unter Umständen wohl auch schon für reinblütige Magyaren ihre Stimmen abgegeben. Dieses geschichtliche Recht zur führenden Stellung bedeute aber nicht die unbedingte Herrschaft über die anderen Nationalitäten, die einfache Suprematie. (Allgemeiner Lärm und heftiger Widerspruch; Rufe: „Zur Ordnung!" Vizepräsident Daniel ruft den Abg. Lindner zur Ordnung.) Die Nationalitätenfrage sei eine Rechtsfrage, solange sie auf dem Boden des Nationalitätengesetzes bleibe; sonst aber werde sie eine Machtfrage, die zur Unterdrückung der nichtmagyarischen Nationalitäten und zur Vernichtung jeder Autonomie führen müsse. Die Sachsen seien jederzeit bereit, ihr Blut für das ungarische Vaterland zu opfern, andererseits aber würden sie auch auf ihre Nationalität nie verzichten.

Am folgenden Tage sagt Abg. Lindner zur Erklärung und Richtigstellung seiner gestern mißverstandenen Worte, die im Hause einen so heftigen Sturm erregten: er erkenne die Einheit des ungarischen Staates und der ungarischen Nation vollkommen an, dieselben stellten einen politischen Begriff dar, während die verschiedenen Nationalitäten, die in Ungarn leben, also auch die Sachsen, keine politischen Organismen bildeten, sondern nur als einzelne Volksstämme in Betracht kämen. „Wenn mir jemand imputierte, daß ich als Mitglied des ungarischen Reichstags die Suprematie der ungarischen Nation in Zweifel ziehe und dem sächsischen Volksstamm denselben Rang zuerkenne, wie der gesamten ungarischen Nation, so wird mir etwas vorgeworfen, was ein Lehrer des ungarischen Staatsrechts, als der ich gewirkt, überhaupt nicht sagen konnte." (Allgemeine Zustimmung.)

Am 25. Februar werden die sächsischen Abgeordneten vom Abg. Pichler abermals angegriffen, worauf Abg. Korobi antwortet: „Die Sachsen werden den ungarischen Reichstag meiden, wenn sie hier beleidigt werden." (Vgl. Korobi, „Preußische Jahrbücher" Bd. 109.)

5. Februar. (Wien.) Die Alldeutsche Vereinigung beschließt an der Führung des Abg. v. Schönerer festzuhalten und den Abg. Wolf zu bekämpfen.

5. Februar. (Wien.) Der Thronfolger Erzherzog Franz Ferdinand reist als Vertreter des Kaisers zum Besuche des Zaren nach Petersburg.

10. Februar. (Ungarn.) Der Redakteur der „Groß-Kikindaer Zeitung", der die Magyarisierung der Volksschulen angegriffen hatte, wird von der Anklage wegen Aufreizung freigesprochen. Die von ihm behauptete Vergewaltigung der nichtmagyarischen Nationalitäten wird von den Geschworenen bestätigt.

11. Februar. (Cisleithanien.) Der Budgetausschuß des Abgeordnetenhauses genehmigt das Budget und den Dispositionsfonds des Ministerpräsidenten.

13. Februar. (Cisleithanien.) Abgeordnetenhaus. Annahme der Rekrutenvorlage. Debatte über die Nationalitäten in der Armee und zweijährige Dienstzeit.

Das Haus genehmigt die Rekrutenkontingentsvorlagen in allen Lesungen. Auf einige gegen die Armee gerichteten Anklagen erwidert Landesverteidigungsminister v. Welsersheimb: Man möge sich hüten, durch solche Anklagen auf die Bevölkerung, aus der die Wehrmacht hervorgehe, eine Einwirkung auszuüben, welche die Erziehung der Soldaten zum Opfermut erschwere. Eine derartige Einwirkung auf die Bevölkerung könne zwar der Armee, die im allgemeinen Ansehen viel zu hoch stehe und viel zu fest gefügt sei, nichts anhaben, wohl aber könne sie manchen armen Teufel ins Unglück treiben, indem sie ihn zu Torheiten, die er schwer büßen müsse, verleite. Die Armee stehe keiner Bevölkerungsschicht und keiner Nationalität feindlich gegenüber, namentlich nicht den Vertretern der breiten Schichten der Bevölkerung, die dringend des Schutzes der starken Armee im bewaffneten Frieden bedürften. Diese Kreise täten unrecht, die Armee als solche anzufeinden. Die Frage der zweijährigen Dienstzeit müsse mit der größten Vorsicht behandelt und nicht zum Parteischlagwort gemacht werden. Den notwendigen Mannschaftsersatz müßte man in diesen

Falle mit großen Kosten durch freiwillig länger Dienende zu gewinnen suchen. Es sei deshalb das Zweckmäßigste, durch eine entsprechende Erhöhung der Friedenskontingente die Beurlaubung wirklich Berechtigter in größerem Maße zu ermöglichen.

13. Februar. (Ungarn.) Abgeordnetenhaus. Debatte über die Reise des Thronfolgers.

In der Presse war ausgeführt worden, daß der Erzherzog als ungarischen Begleiter den Grafen Johann Zichy in seinem Gefolge haben wollte. Der ungarische Ministerpräsident Szell erhob dagegen Vorstellung beim Könige, da Graf Zichy Präsident der klerikalen Volkspartei ist und seine Berufung in das Gefolge daher einen parteipolitischen Beigeschmack haben könnte. So unterblieb die Ernennung eines ungarischen Begleiters ganz. Die Budapester Blätter liberaler Richtung tadeln den Erzherzog, weil er sich durch die Designierung Johann Zichys zu der in Ungarn herrschenden Volksströmung in Gegensatz gestellt habe. — Im Abgeordnetenhause wird infolgedessen eine Interpellation eingebracht, worauf Ministerpräsident v. Szell erwidert: Der Besuch in St. Petersburg ist ein Höflichkeitsakt gewesen, welcher wohl den Zweck hatte, das Verhältnis zwischen beiden Höfen inniger zu gestalten, aber keinen politischen und staatsrechtlichen Charakter besaß. Die Wahl der Begleiter des Erzherzogs hatte einen persönlichen Charakter; diesen Charakter büßte die Frage erst in dem Augenblick ein, als die Wahl des Erzherzogs auf den Grafen Johann Zichy gefallen war, dessen hervorragende Eigenschaften er, Redner, hochschätze, der aber der Führer einer oppositionellen Fraktion sei. Deshalb habe die Wahl desselben als Begleiter des Erzherzogs als mit den Grundsätzen des Parlamentarismus in Widerspruch stehend angesehen werden müssen, da man darin eine Stellungnahme des Erzherzogs erblickt haben würde, die mit den konstitutionellen Grundsätzen nicht in Einklang stehe. Diese schwerwiegenden Bedenken habe er, der Ministerpräsident, der zuständigen Stelle unterbreitet, wo dieselben sofort als begründet anerkannt worden seien.

Februar. Streik und Unruhen in Triest.

Die Triester Hafenarbeiter legen die Arbeit nieder, weil die Lloydverwaltung eine Herabsetzung der Arbeitszeit um 2½ Stunden ablehnt. Dem Ausstand schließen sich zahlreiche andere Arbeiter an, so daß ein Generalstreik ausbricht, der Straßenbahnverkehr eingestellt wird, die Zeitungen nicht erscheinen und der Frachtverkehr aufhört. Bei Ausschreitungen der Ausständigen gegen die Lloydgebäude kommt es zu Angriffen auf das Militär und die Polizei, wobei mehrere Arbeiter getötet werden (14. Februar). Infolgedessen wird das Standrecht und der Ausnahmezustand in Triest verkündet.

18. Februar. (Cisleithanien.) Das Abgeordnetenhaus lehnt einen Antrag der Sozialdemokraten, die Ausnahmebestimmungen in Triest sogleich aufzuheben, mit großer Majorität ab, nachdem Ministerpräsident v. Körber die Verfügungen begründet hat.

24. Februar. (Cisleithanien.) Abgeordnetenhaus. Budget. Erklärungen Körbers über den Parlamentarismus und Staatsstreich und über den ungarischen Ausgleich.

Von mehreren Seiten wird dem Ministerpräsidenten wegen seiner

Ausführungen über die Arbeitsunfähigkeit des Parlaments (1901 S. 203) die Absicht, einen Staatsstreich zu unternehmen, vorgeworfen. Herr v. Körber erwidert hierauf: Die Regierung habe nichts getan, was jemanden berechtige, ihr einen frivolen Rechtsbruch zu Gunsten irgend einer Partei zuzumuten. Nur eine solche Handlung würde einen offenkundigen Staatsstreich bedeuten. Er habe mit vollem Bewußtsein seiner Verantwortlichkeit nur die Notwendigkeit vor Augen geführt, welche sich ergeben müßte, wenn ein besonderes Parteiinteresse über das gemeinsame Interesse der gesamten Bevölkerung des Staates rücksichtslos gestellt und festgehalten würde. Er habe nur darauf hingewiesen, daß, wenn das Parlament nicht mehr den Schutz seiner Völker versehen wollte, der Staat das Recht, zu existieren, auch gegenüber dem Parlamente zu Hilfe rufen müßte. Das Haus solle sich nicht nur aus seiner Krisis emporringen, sondern auch dazu, daß seine fruchtbare Tätigkeit fürderhin nicht mehr zweifelhaft sein dürfe. Das Parlament habe es allezeit in der Hand, die Anwendung eines jeden außerordentlichen Mittels hintanzuhalten, indem es vermeide, mit Waffen, welche gegen einander oder gegen die Regierung sich kehren, den Staat zu verwunden. Niemand würde dies freudiger begrüßen, als die Beamtenregierung, welcher eine größere Arbeit zugefallen sei, als jemals einem parlamentarischen Kabinett, und welche gern zurücktrete, sobald andere Männer rascher und sicherer die Volksvertretung zu ihren pflichtgemäßen Arbeiten dauernd zurückzuführen vermögen. Die Völker des Reiches würden den Abgeordneten danken, wenn die Volksvertretung ihre Macht in den Dienst einigender Arbeit stelle. Den ungarischen Ausgleich berührend, bemerkt der Ministerpräsident, die die Machtstellung Oesterreichs begründende Grundlage der 1857er Gesetzgebung dürfe nicht ins Wanken geraten. Die Regierung hoffe, über den Hauptpunkt des Ausgleichs mit Ungarn, wo die gleiche Auffassung vorhanden sei, zu einer Einigung zu gelangen. Eine bezügliche Vorlage werde dem Hause rechtzeitig zugehen. Der Zeitpunkt der Handelsvertragsverhandlungen hänge nicht allein von der Regierung, sondern auch von den ausländischen Staaten ab. Die Regierung werde dieselben in keinem Stadium verzögern, weil sie in der Herstellung dauernder Zustände in den internationalen wirtschaftlichen Beziehungen den größten Vorteil für die inländische Produktion erblicke. Was den Nationalitätenstreit betreffe, so habe der Staat für alle Nationalitäten nur die gleiche Gerechtigkeit. Die Regierung wolle nur Konflikte verhüten und sich unbefangen und unverdrossen um eine freie Verständigung zwischen den Deutschen und Tschechen bemühen, wozu neue Schritte bevorständen. Eine starke Monarchie und ein gerechtes Oesterreich seien die Bürgschaften zu einer friedfertigen Auseinandersetzung zwischen seinen Nationalitäten. Es gebe keinen besseren und konstitutioneller gesinnten Monarchen, der größeres Vertrauen zu seinen Völkern habe und dem das Wohl der Völker mehr am Herzen liege, als Kaiser Franz Joseph.

26. Februar. (Cisleithanien.) Abgeordnetenhaus. Budget. Erklärung über die politische Stellung der deutschen Katholiken.

Abg. Kathrein (J.) polemisiert gegen den von Alldeutschen erhobenen Vorwurf, daß das Zentrum zu geringe Sympathien für Deutschland und das Deutschtum habe. „Mit regem Interesse verfolgen wir die geistigen Bestrebungen Deutschlands. Sympathisch begrüßen wir auch den deutschen Kaiser, den Bundesgenossen Oesterreichs, den Freund unseres erhabenen Monarchen. Allein die Politik zog zwischen Oesterreich und Deutschland Grenzen, die hüben und drüben beachtet werden müssen. Uns Deutschen in Oesterreich hat die Geschichte unsere Stellung angewiesen an der Seite des Thrones der Habsburger. Hier stehen wir treu und fest geschart um unseren Kaiser, den wir alle lieben und innig verehren. Wir wollen vereint mit allen übrigen Volksstämmen des großen Reiches mit deutscher Kraft eintreten für Oesterreichs Ansehen und Machtstellung." — Hierauf wird mit 136 gegen 72 Stimmen beschlossen, in die Spezialberatung des Budgets einzutreten.

27. Februar. (Ungarn.) Abgeordnetenhaus. Szell über den Ausgleich und die Nationalitätenfrage.

Der Ministerpräsident v. Szell erklärt, daß die jüngst vom Ministerpräsidenten v. Körber über die Parlamentsfrage abgegebenen Erklärungen völlig der Auffassung der ungarischen Regierung entsprächen. Was den autonomen Zolltarif angehe, so bestimme das Gesetz, daß der neue Zolltarif vor den Verhandlungen über die Handelsverträge zustande kommen müsse. Wenn auch von keinem auswärtigen Staat eine Anregung in dem Sinne erfolgt sei, daß, falls der Abschluß der Handelsverträge nicht rechtzeitig möglich wäre, die Verträge mit dem Auslande verlängert werden sollten, so müsse doch angesichts der zollpolitischen Lage in allen Staaten damit gerechnet werden, daß in anderer Weise in handelspolitischer Hinsicht Vorsorge getroffen werde. Das Gesetz beschränke in dieser Richtung die Aktionsfreiheit Ungarns nicht; Ungarn könne sogar im Falle des Nichtzustandekommens des neuen Zolltarifs kurzfristige mit dem Jahre 1907 ablaufende Handelsverträge abschließen. (Zustimmung rechts.) Im weiteren Verlauf seiner Rede sagt Ministerpräsident v. Szell mit Bezug auf die Erörterungen des Abg. Lindner (S. 186): Eine Nationalitätenfrage in dem Sinne, wie man sie gemeinhin versteht, gibt es in Ungarn nicht, da wir nur eine einheitliche, politische Nation kennen. (Allgemeiner, lebhafter Beifall.) Aus diesem Grund kann ich als Ministerpräsident es nicht billigen, wenn Abg. Lindner von einer Hegemonie des magyarischen Stammes spricht. Das führt in letzter Konsequenz zum Föderalismus. Ich schätze das tüchtige, arbeitsame Sachsenvolk ungemein, wenn es während seiner 700jährigen Ansässigkeit in Ungarn seinen angestammten Sitten, seiner Sprache und Kultur, die ich sehr schätze, treu geblieben ist. Das beweist, daß der ungarische Staat in allen Wechselfällen der Geschichte seine schirmende Hand über das Sachsenvolk gebreitet hat. Um so befremdender ist die Behauptung des Abg. Lindner, daß Zusagen an Volksstämme im Lande nur den Kroaten gegenüber gehalten werden. Diese Aeußerung wirft auf die Gedankenwelt des Abg. Lindner ein scharfes Licht und mahnt zur Behutsamkeit. (Zustimmung rechts.) Er verwerfe jede Politik, welche die Zurücksetzung eines Staatsbürgers seiner Abstammung oder seiner Muttersprache wegen fordere, weil so weit entfernt sei von einem Vorgehen, das als tyrannisch aufgefaßt werden könne.

7. März. (Cisleithanien.) Im Abgeordnetenhause führt Ministerpräsident v. Körber aus, daß die Triester Unruhen vom 14. Februar zum großen Teil von Anarchisten angezettelt seien.

Am 13. Februar habe eine Arbeiterdemonstration ohne Folgen stattgefunden, am 14. Februar aber traten andere Bevölkerungsschichten auf, von welcher Art, beweisen ihre Taten. „Sie schlugen Hunderte von Fenstern ein, sie zerbrachen zahlreiche Bänke in den Parkanlagen, sie zertrümmerten 400 Straßenlaternen, sie rissen 80 Gaskandelaber aus der Erde, zündeten das ausströmende Gas an und bewarfen die Feuerwache, welche zu löschen versuchte, mit Steinen, sie forderten zur Brandlegung am Gasometer auf, sie zerbrachen eine Kiste mit Werkzeugen und verteilten diese als Waffen, sie plünderten einen Bäckerladen und stürmten gegen eine Schokoladefabrik, sie bewarfen das Militär und die Wache mit faustgroßen Steinen, mit kiloschweren Ziegeln, Eisen- und Bleistücken, sie forderten die Leute in den Wohnungen auf, die Fensterbalken auf das Militär zu werfen, sie riefen: „Tod dem Präsidenten Becher! Tod dem Sekretär!", sie hießen die Soldaten: Mörder, sie ermordeten menschlerisch einen aus der Wachstube heimkehrenden Wachmann."

8. März. (Böhmen.) Das Tschechenblatt „Politik" veröffentlicht Vorschläge der jungtschechischen Partei zur Lösung der Sprachenfrage in Böhmen und Mähren in Form eines Gesetzentwurfs.

Der Entwurf berücksichtigt Fälle aus allen Zweigen der Staatsverwaltung und betrifft Böhmen und Mähren. Für den äußeren Parteienverkehr wird die vollständige Gleichheit der beiden Sprachen (Deutsch und Tschechisch) vorgeschlagen. Als Staats- und Dienstsprache im inneren Dienst soll diejenige Landessprache zur Anwendung kommen, zu der sich die Bevölkerung des Amtsbezirkes nach dem Ergebnisse der jeweiligen Volkszählung bekennt. — Die tschechischen Blätter bekämpfen den Entwurf scharf.

März. (Ungarn.) Die deutsche Sprache in den Elementarschulen.

Es gehen Nachrichten durch die Presse, daß der Magistrat von Budapest die Abschaffung der deutschen Sprache als Lehrgegenstand aus den Elementarschulen beschlossen habe. — Auf eine Interpellation im Abgeordnetenhause erklärt Kultusminister Wlassics (12. März): die Schulstühle von 13 Bezirken der Hauptstadt hätten sich gegen den deutschen Unterricht in den Elementarschulen ausgesprochen. Der Magistrat habe sodann den Beschluß des städtischen Unterrichtsausschusses auf Ausscheidung der deutschen Sprache aus dem Lehrplan dem Ministerium unterbreitet. Der Minister könne nichts dagegen einwenden, wenn der Magistrat die Abschaffung der deutschen Sprache aus dem Lehrplane beschließe, weil der Unterricht im Deutschen in den Elementarschulen kein obligatorischer Unterrichtsgegenstand sei und bisher nur gewohnheitsmäßig erteilt worden sei. Er könne nur dafür sorgen, daß der Unterricht im Deutschen, von dessen Nützlichkeit und Notwendigkeit er überzeugt sei, dort mit Erfolg gehandhabt werde, wo dies gesetzlich vorgeschrieben sei, nämlich an den Bürger- und anderen Mittelschulen. (Allgemeine Zustimmung.)

18. März. (Cisleithanien.) Abgeordnetenhaus. Antihabsburgische alldeutsche Demonstrationen. Parteierklärungen.

In der Budgetdebatte erklärt Abg. Schönerer (Alld.), seine Partei strebe das bundesrechtliche Verhältnis mit Deutschland an und werde jede Regierung, die sich dem widersetze — daher auch die gegenwärtige — bekämpfen, und schließt, um gegen den gestern dem Abg. Eisenkolb wegen seiner anerkennenden Aeußerungen über die Hohenzollern erteilten Ordnungsruf zu demonstrieren, mit dem Rufe: Hoch und Heil den Hohenzollern! (Demonstrative Heilrufe bei den Alldeutschen, Gelächter und energische Protestrufe rechts und im Zentrum, anhaltender Lärm.) Der Präsident erteilt Schönerer einen Ordnungsruf wegen des die patriotischen Gefühle verletzenden Schlusses seiner Rede. Franko Stein ruft: Hurra die Hohenzollern! Abg. Kramarcz (Tsch.) erhebt Einspruch gegen die letzten Worte der Rede Schönerers, wobei es zu lärmenden Auftritten zwischen den Tschechen und Alldeutschen kommt.

Abg. Dr. v. Derschatta (Dt. Vp.): Der Abgeordnete Kramarsch hat betont, die Ausführungen Schönerers hätten gezeigt, daß diejenigen, welche die deutsche Staatssprache wünschen, daß diejenigen, welche ein deutsches Oesterreich wollten, die Existenz dieses Reiches als eines selbständigen Staates untergraben und daß ein Oesterreich mit der deutschen Staatssprache neben einem großen und mächtigen Deutschland unmöglich sei. Mit Verlaub! Ich glaube, wenn nicht die Gelegenheit so günstig gewesen wäre, hätte auch Abg. Kramarsch diesen Satz nicht ausgesprochen. (Sehr richtig! links.) In Europa und auf der Welt ist Platz genug für ein großes Deutsches Reich, an dem wir auch mit allen Fasern unseres Herzens hängen, weil es das Reich unseres deutschen Volkes ist und weil ein Oesterreich mit der deutschen Staatssprache neben Deutschland, beide zusammen geführt von ihren glorreichen Herrscherhäusern, für jeden Deutschnationalgesinnten das einzig Erstrebenswerte ist. Ein Bund der Deutschen in Europa würde für die Welt ein Hort des Friedens, der Arbeit, des Fortschritts und Erfolges bedeuten, wie wir ihn schöner nicht denken können. (Lebhafter Beifall, Händeklatschen und Lärm.)

Abg. Funke (Dt. Ftsch.): Wir alle wissen, daß eine deutsche Staatssprache im Interesse des großen Reiches gelegen ist und durch deren Einführung die Rechte der anderen Völkerschaften nicht beeinträchtigt würden. Wir sind deutsch und im Geiste verbündet mit unseren Brüdern im Reich. Dieses Gefühl wird uns niemand nehmen, deshalb können wir trotzdem treue Oesterreicher bleiben.

Abg. Kathrein (Z.): Es sind heute hier Worte gefallen, die im österreichischen Parlamente noch nie gehört wurden und deren Tendenz wir nie hören sollten. Sie haben uns tief verletzt und unser patriotisches Gefühl beleidigt. Im Namen aller Oesterreicher weise ich diese Worte mit tiefster Entrüstung zurück (Beifall, Händeklatschen, Zwischenrufe und Lärm bei den Alldeutschen), nicht deshalb, meine Herren, weil hier ein Hoch ausgebracht wurde auf ein uns befreundetes Fürstenhaus, sondern weil wir Oesterreicher alle treu und fest zu unserem Kaiser und zu Habsburg halten; deshalb müssen wir uns tief gekränkt fühlen. (Beifall, Händeklatschen, Lärm bei den Alldeutschen.) Ich erkläre, wir halten fest an unserem Kaiserhaus und an Oesterreich. (Beifall, Händeklatschen, Lärm bei den Alldeutschen.)

20. März. (Ungarn.) Der Finanzminister legt dem Abgeordnetenhause einen Gesetzentwurf über die Rentenkonversion vor.

Der Entwurf ermächtigt den Finanzminister, die Obligationen verschiedener ungarischer Anleihen zu kündigen, und falls die Besitzer dieser Obligationen einen niedrigeren Zinsfuß nicht annehmen, ihnen den Kapitalwert der eingezogenen Schuldverschreibungen bar anzubieten. Die Anleihekategorien, die gekündigt werden, sind die 4½prozentigen Regalobligationen der Staatsbahnanleihe von 1888 in Gold und Silber und die 5prozentige Ostbahnanleihe und Eisenbahnanleihe von 1888, deren Stücke ab 1. Juli 1902 fällig werden. Die Kündigungsfrist der einzuziehenden Staatsschuldverschreibungen beträgt drei Monate. Die Rückzahlung erfolgt in derselben Währung, in der bisher die Einlösung der verlosten Obligationen erfolgte. Der Gesetzentwurf enthält gesonderte Bestimmungen für die Regalobligationen der Städte und Gemeinden. Der Finanzminister wird ferner ermächtigt, für die 1897 vorgesehenen Eisenbahn-Investitionen 4prozentige

Rente in der Höhe von 59,7 Millionen Kronen auszugeben. In der Begründung heißt es: Ein bedeutender Teil des Gesamtumlaufs des Kreditgeldes ist mit Gold gedeckt. Die Goldbedeckung ist in solchem Verhältnisse vorhanden, daß wir den Vergleich mit jedem Staat mit geordnetem Geldwesen glänzend bestehen können. Man kann mit Rücksicht auf den bereits vorhandenen Goldumlauf sagen, unsere Landeswährung ist schon Goldwährung und es ist der feste Wille der Regierung, daß sie auch eine formelle Goldwährung sei. Die Summe der zu konvertierenden Titres wird mit 1036902981 Kronen angegeben. Die Bedingungen des Konversionsvertrages sichern eine Zinsenersparnis von 0,3 Prozent im Jahre. Mit Einschluß der wegfallenden Annuitäten für die Amortisation wird die jährliche Ersparnis auf 6½ Millionen Kronen beziffert.

21. März. (Cisleithanien.) Abgeordnetenhaus. Cillifrage.

Die Budgetkommission hatte einen deutschliberalen Antrag, die slovenischen Parallelklassen an dem Gymnasium in Cilli, also in einer Stadt mit vorwiegend deutscher Bevölkerung, aufzuheben und dafür in Marburg (Steiermark) ein selbständiges slovenisches Untergymnasium zu errichten, angenommen. Im Plenum wird der Antrag mit 203 gegen 170 Stimmen abgelehnt, da die Italiener, die in der Kommission dafür gestimmt hatten, dagegen stimmen, und die Mehrheit der Deutsch-Klerikalen entweder dagegen stimmt oder sich enthält. — Infolge der Abstimmung kommt es zu stürmischen Angriffen der deutschen Linken gegen die Klerikalen und Italiener.

23. März. (Ungarn.) Koloman Tisza, 1875 bis 1890 Ministerpräsident, 71 Jahre alt, †.

1. April. (Fiume.) Es beginnt ein Generalausstand der Hafenarbeiter.

Anfang April. (Cisleithanien.) Unter den deutschen Parteien macht sich eine stärkere Neigung zur entschiedenen Opposition geltend. Die deutsche Volkspartei tritt aus der deutschen Obmännerkonferenz aus, weil die Christlich-Sozialen und der verfassungstreue Großgrundbesitz sich nicht an der Opposition beteiligen wollen.

8. April. Besuch des deutschen Reichskanzlers Graf Bülow in Wien.

16. April. (Ungarn.) Der „Budapesti Hirlap" schreibt über den Gegensatz zwischen der österreichischen und ungarischen Regierung in der Zollfrage:

Ministerpräsident Széll wünscht gleichmäßige Zollerhöhungen für Produkte der Landwirtschaft und Industrie. Diese Zollerhöhungen sollen Ungarn Schadenersatz bieten für den Wegfall des deutschen Marktes durch den deutschen Zolltarif. Ministerpräsident Körber wünscht ungleichmäßige, besonders hochgespannte Industriezölle. Oesterreich will aus dem deutschen Zolltarif Nutzen ziehen und seine industrielle Alleinherrschaft in Ungarn, selbst um den Preis eines Zollkrieges mit Deutschland, sichern. Körbers Forderungen würden die Rückkehr zum Vertragsverhältnis mit Deutschland ebenso erschweren wie die überspannt hohen Zölle der deutschen Agrarier. Széll hingegen wünscht, dem genannten Budapester Organ zufolge, nur solche Zollerhöhungen, welche die Rückkehr zu den Handelsverträgen nicht übermäßig erschweren.

16. April. (Cisleithanien.) Das Abgeordnetenhaus vollzieht die Delegationswahlen.

22. April. (Cisleithanien.) Das Abgeordnetenhaus genehmigt mit 218 gegen 135 Stimmen der deutschen Linken 16 Millionen Kronen zur Assanierung von Prag.

24. April. Die österreichische Quotendeputation beschließt das Quotenverhältnis zwischen den beiden Reichshälften (65,6 zu 34,4) aufrecht zu erhalten.

25. April (Cisleithanien.) Im Abgeordnetenhause begründet der Finanzminister v. Böhm-Bawerk die Zuckerkonvention mit der Notwendigkeit, die Überproduktion einzuschränken.

Ende April. (Cisleithanien.) Die Alldeutschen bringen folgenden Sprachenantrag ein:

§ 1. Die deutsche Sprache ist die Staatssprache. § 2. Jeder Staatsbeamte hat ihrer in Wort und Schrift mächtig zu sein. § 3. Sie ist die Verhandlungssprache des Reichsrates und der Delegation desselben. § 4. Sie ist die Amtssprache aller Staatsbehörden im inneren und äußeren Dienst. § 5. In ihr verfaßte Eingaben sind von jeder Staatsbehörde anzunehmen. Nur in Amtsbezirken, in denen eine von der Staatssprache verschiedene Landessprache des Landes, zu dem der Bezirk gehört, die vorherrschende Umgangssprache bildet, haben die unteren Behörden auch Eingaben, die in dieser Sprache verfaßt sind, anzunehmen, in derselben die Verhandlungen mit den Parteien, die der Staatssprache nicht mächtig sind, zu führen und für amtliche Erledigungen und Bekanntmachungen neben der Staatssprache nach Erfordernis die betreffende Landessprache anzuwenden. § 6. Schulen mit von der Staatssprache verschiedener Unterrichtssprache sind in einer Gemeinde, deren Vertretung dagegen Einspruch erhebt, nicht zulässig. In Volks- und Bürgerschulen, in Lehrer-Bildungsanstalten, Mittelschulen, Gewerbe- und Fachschulen mit von der Staatssprache verschiedener Unterrichtssprache hat erstere in jeder Schulklasse einen Lehrgegenstand zu bilden. An höheren Lehranstalten und Hochschulen mit von der Staatssprache verschiedener Unterrichtssprache ist bei jeder Staatsprüfung wenigstens aus einem Prüfungsgegenstande die Prüfung in der Staatssprache abzulegen. § 7. Alle mit diesem Gesetze in Widerspruch stehenden Vorschriften und Gepflogenheiten sind außer Wirksamkeit gesetzt. § 8. Mit dem Vollzuge dieses Gesetzes ist Mein Gesamtministerium beauftragt.

Das Gesetz soll gelten für das Königreich Böhmen, das Erzherzogtum ob und unter der Enns, die Herzogtümer Salzburg, Steiermark, Kärnten und Krain, die Markgrafschaft Mähren, das Herzogtum Ober- und Niederschlesien, die gefürstete Grafschaft Tirol und das Land Vorarlberg, die Markgrafschaft Istrien, die gefürstete Grafschaft Görz und Gradisca und die Stadt Triest mit ihrem Gebiete.

Anfang Mai. (Ungarn.) Die ungarischen Blätter protestieren dagegen, daß Erzherzog Franz Ferdinand bei seinen Reisen nach London und Madrid zu den Krönungsfeierlichkeiten von je einem deutschen, ungarischen, polnischen und tschechischen Aristokraten begleitet sei, weil Ungarn hierdurch als österreichische Provinz erscheine.

Anfang Mai. (Cisleithanien.) Die Presse fast aller Parteien richtet scharfe Angriffe auf die ungarische Regierung, die die Entscheidung in der Quotenfrage hinziehe. Österreich müsse sich auf die wirtschaftliche Trennung von Ungarn vorbereiten.

6. Mai. (Pest.) Die Delegationen treten zusammen. Budget; Kosten für Militär und China.

Das gemeinsame Budget weist ein Gesamterfordernis von 372,4 Millionen Kronen, d. h. 8,4 Millionen Kronen mehr als im Vorjahre auf. Die Deckungssumme beträgt 6,4 Millionen Kronen, somit stellt sich das Nettoerfordernis auf 366 Millionen Kronen, d. h. gegen das Vorjahr um 8,2 Millionen Kronen höher. Die Zollüberschüsse sind veranschlagt mit 112,8 Millionen Kronen, gegenüber dem Vorjahre 2,3 Millionen Kronen mehr. Der Voranschlag des Kriegsministeriums weist in Ordinarium ein Mehrerfordernis von 6 Millionen Kronen auf, davon 4,4 Millionen Kronen für Aufstellung von 14 Feldhaubitzen-Batterien in Tirol. Das Modell für die im Ordinarium, sowie in einer besonderen Vorlage geforderten neuen Gebirgsgeschütze und Haubitzen ist fertiggestellt, nur für das Feldgeschütz sollen die Versuche fortgesetzt werden. Falls sie im nächsten Jahre zum Abschluß gelangen, wird die Kriegsverwaltung für 1903 einen weiteren Teil der einmaligen Beschaffungskosten für das Feldgeschütz, jedoch nicht über 40 Millionen Kronen, beanspruchen. Das Ministerium des Aeußern beansprucht in besonderer Vorlage Nachtragskredite zur Deckung der Auslagen anläßlich der Wirren in China, und zwar 2 Millionen Kronen für 1901 und 2,4 Millionen Kronen für 1902. In der Vorlage wird bemerkt, daß über die Verteilung der seitens Chinas zu leistenden Entschädigungssumme noch Verhandlungen im Gange seien. Oesterreich-Ungarn habe eine Entschädigungssumme von 14,7 Millionen Kronen angemeldet, wovon 14,6 Millionen Kronen auf die Kosten des militärischen Vorgehens, 0,7 Millionen Kronen auf Entschädigungsforderungen von Oesterreichern und Ungarn entfallen.

7. Mai. (Pest.) Debatte über die auswärtige Politik in der österreichischen Delegation. Exposé Goluchowskis. Dreibund, Zweibund, Handelsverträge.

Minister des Auswärtigen Graf Goluchowski bezeichnet die internationale Lage als günstig. Der Dreibund, dessen Gültigkeitsdauer im Mai 1903 abläuft, geht nunmehr der Erneuerung entgegen, nachdem die drei Kabinette formelle Zusicherungen hinsichtlich ihrer besten Absichten ausgetauscht haben, den zwischen ihnen bestehenden Allianzvertrag in seinem vollen Wert aufrechtzuerhalten und an die Unterzeichnung der einschlägigen Instrumente rechtzeitig zu schreiten. (Lebhafter Beifall.) Auf der Grundlage sich gegenseitig deckender Interessen aufgebaut, jeder aggressiven Tendenz nach was immer für einer Seite bar, wird somit der eminent konservative Bund der europäischen Centralmächte auch weiter die hehren Friedensziele, denen er sein Entstehen verdankt, mit um so größerer Zuversicht verfolgen, als er nach den von berufener Seite wiederholt abgegebenen Erklärungen über die nicht minder friedfertigen Ziele des ihm gegenüberstehenden Zweibundes in dieser Gruppierung eine höchst wertvolle Ergänzung und Förderung seiner eigenen Aufgaben wohl erblicken darf. Diese sozusagen parallel laufenden Aktionen haben bereits ihre segensreichen Früchte in ausgiebigem Maße getragen und werden sich gewiß auch in Zukunft gleich gut bewähren, zumal ihr Wesen nicht allein für jeden der Teilnehmer in der Sicherung des eigenen Besitzstandes, sondern auch in dem Bestreben kulminiert, die schädlichen Rückwirkungen von Ereignissen, die sich in anderen Gebieten abspielen würden, zu paralysieren, falls es überhaupt nicht gelänge, das Auftauchen derselben zu verhindern. Die Vorteile dieser internationalen Konstellationen werden noch dadurch prägnanter, daß letztere nicht im mindesten spezielle Vereinbarungen zwischen einzelnen Mächten der verschiedenen Gruppen ausschließen über ihre spezifischen Interessen, die sie allein berühren und deren Regelung in jeder Weise nicht nur in keinem Widerspruch mit den Prinzipien steht, welche den Zusammenschluß der Hauptgruppe bewirkte, sondern im Gegenteil nur geeignet ist, die Garantien zu vermehren, mit denen man heute allseitig beflissen ist, das große Friedenswerk zu umgeben. Dies beweist ebenso das vertrauensvolle Verhältnis, welches gegenwärtig zwischen Italien und Frankreich herrscht und dem eine beiderseitige befriedigende Aussprache über die früher bestehenden Differenzen vorausgegangen war, als auch die überaus günstige Ausgestaltung unserer eigenen Beziehungen zu Rußland, zu der die Ihnen bekannte Petersburger Vereinbarung vom Jahre 1897 geführt hat. Die seither in letztem Punkte eingetretene Wendung kann füglich als eine der erfreulichsten Erscheinungen betrachtet werden, die in jüngster Zeit auf dem politischen Gebiet wahrzunehmen waren, weil damit vielfach Gefahren eingedämmt zu werden vermögen, die zu dem ständigen Inventar der Beunruhigung auf dem europäischen Kontinent gehören. Vom Augenblick an, wo autoritativ festgestellt werden konnte, daß weder wir noch Rußland selbstsüchtige Zwecke im nächsten Orient verfolgen, geschweige denn irgend eine Gebietserweiterung daselbst anstreben, mußte logischerweise das Mißtrauen, durch welches das Vertrauen beider Reiche zu einander jahrelang schwer belastet wurde, von der Bildfläche schwinden und der freundlichen Stimmung den Platz räumen, die wir nunmehr zu verzeichnen haben. In der engen Uebereinstimmung zwischen den beiden Kabinetten liegt überhaupt das sicherste Mittel, um unser Uebereinkommen vor äußerlichen und tieferen Dissonanzen zu bewahren. Denn so sehr die Regierungen beider Staaten von dem einmütigen Wunsche beseelt sind, ihr Tun und Lassen in den Dienst des Friedens zu stellen, so aufrichtig sie das Bestreben haben, alles zu vermeiden, was diese Vorsätze beeinträchtigen könnte, so ist anderseits der Umstand nicht zu übersehen, daß die Ziele ihrer Politik in starkem Gegensatze zu den Aspirationen einer Reihe unlauterer Elemente stehen, die das Fischen im Trüben planmäßig betreiben, und demzufolge keine Mühe scheuen, um durch tendenziöse Ausstreuungen und Verdächtigungen das Einvernehmen zu untergraben, welches neben anderen Vorzügen auch die Eigenschaft besitzt, gerade ihnen erfolgreich das Handwerk legen zu können. Je erfreulicher aber diese Tatsache ist, desto gewichtiger drängt sich die Pflicht auf, dafür Sorge zu tragen, daß die nunmehr zustande gebrachte Verständigung, frei von jeder Entgleisung, auch für die weitere Zukunft unversehrt erhalten bleibe. Der Minister weist sodann auf die großen Aufgaben hin, die in allernächster Zeit der Lösung harren. Die anderthalb Jahre, die noch vor dem Erlöschen der gegenwärtigen Handelsverträge liegen, werden vollauf unsere Tätigkeit in

Anspruch nehmen, und wenn auch ich mich nicht der Erkenntnis verschließe, daß die Verhandlungen zu deren Erneuerung auf manche Schwierigkeiten stoßen dürften, so glaube ich doch, daß dieselben bei einigem guten Willen nicht so unüberwindlich sein werden, um nicht endlich zu einem allseitig annehmbaren Vergleich zu führen. Dies setzt allerdings zwei Bedingungen voraus, einerseits einen gewissen Grad von Einsicht und Mäßigung in den wirtschaftlichen Kreisen der verschiedenen in Betracht kommenden Staaten — um, ohne daß dabei die Preisgabe wirklich vitaler Interessen in Frage kommt, die Ueberbrückung der zum Vorschein kommenden Gegensätze zu ermöglichen, anderseits, was uns speziell betrifft, eine vollständige Uebereinstimmung zwischen beiden Teilen der Monarchie, um dem Ausland gegenüber als geschlossenes und somit kräftiges Ganzes auftreten zu können und uns nicht etwa durch mangelhafte Bestellung des eigenen Haushaltes schon a priori in Nachteil zu versetzen. (Hört, hört!) Daß von jeder Seite einige Opfer gebracht werden müssen, um zu einer billigen Verständigung zu gelangen, daß vor allem die Alliierten trachten müssen, sich miteinander abzufinden, um einen vertraglosen Zustand zu vermeiden und ihre wirtschaftlichen Beziehungen mit den politischen möglichst in Einklang zu bringen, scheint mir ziemlich einleuchtend zu sein; aber ebenso naheliegend ist es, daß, wenn wir nicht Gefahr laufen wollen, in eine höchst ungünstige Lage zu geraten und etwa die Zeche allein zu zahlen, wir unbedingt dafür sorgen müssen, eine gemeinsame Operationsbasis zu schaffen, auf der wir unsere Postulate bei den Verhandlungen mit den fremden Staaten erfolgreich vertreten können.

Del. Kramarsch (Tsch.): Nach der Aeußerung des Grafen Bülow vom 8. Januar bedeute der Dreibund für Preußen nur ein Sicherungsmittel für seine frühere Eroberungspolitik, und Oesterreich-Ungarn habe sich dazu hergegeben, durch seinen Beitritt zum Dreibund alles zu ratifizieren, was die preußische Politik bisher systematisch gegen Oesterreich unternommen habe... Das Einvernehmen mit Rußland biete die beste Friedensbürgschaft, aber eine bloße Politik des status quo auf dem Balkan biete nicht genügend Garantien für die legitime Stellung Oesterreich-Ungarns und die Erhaltung des Friedens dortselbst, namentlich angesichts der Ausführung eines faktischen Protektorates seitens Deutschlands in Konstantinopel und der nationalen italienischen Aspirationen am Ostgestade des Adriatischen Meeres. Del. v. Kozlowski (Pole) billigt den Dreibund trotz der schikanösen Haltung der preußischen Regierung gegen die Polen.

Die deutschen Delegierten stimmen den Ausführungen des Ministers zu.

14. Mai. (Pest.) Debatte in den Delegationen über die Begleitung des Erzherzogs Franz Ferdinand.

Auf eine Anfrage des ungarischen Del. Hollo erwidert Minister des Auswärtigen v. Goluchowski: Der Erzherzog begebe sich nach London in ausschließlicher Vertretung Sr. Majestät des Kaisers von Oesterreich und Königs von Ungarn. Sobald der Erzherzog erfahren habe, daß er ausersehen sei, Se. Majestät bei der Krönung zu vertreten, habe er die Erlaubnis erbeten, einige Herren zur Begleitung einzuladen, und habe die Namen dieser Herren genannt. Die Auswahl sei von Sr. Majestät gebilligt worden. Der Erzherzog habe dafür gesorgt, daß ihn auch ein hochangesehenes Mitglied der ungarischen Gesellschaft, Graf Tassilo Festetics, begleite. Es seien auch andere Persönlichkeiten eingeladen worden; aber diese Herren verträten nichts und niemanden. Es könne aus der Zusammenstellung des Gefolges kein staatsrechtliches Gravamen abgeleitet werden;

das sei eine reine Hofsache, auf die dem Minister des Aeußern keine Ingerenz zustehe.

23. Mai. (Cisleithanien.) Das Abgeordnetenhaus genehmigt mit 154 gegen 114 Stimmen das Budget in dritter Lesung. Es ist seit 1897 das erste Budget, das ordnungsmäßig zu stande gekommen ist.

23. Mai. (Cisleithanien.) Debatte über den Ausgleich mit Ungarn.

Abg. Breiter (Alld.) verlangt unter heftigen Angriffen auf den ungarischen Ministerpräsidenten Auskunft über die Ausgleichsverhandlungen. Ministerpräsident v. Körber: Er halte es nicht für zuträglich, über den Stand der Ausgleichsverhandlungen in einem Augenblick Mitteilungen zu machen, wo diese knapp vor der Entscheidung stehen. Er könne nur wiederholen, daß die Regierung fest entschlossen sei, den unabweislichen Bedürfnissen der diesseitigen Reichshälfte mit allem Nachdruck Geltung zu verschaffen. Daß uns vor allem der Gedanke leitet, die alte wirtschaftliche Gemeinschaft mit Ungarn aufrechtzuerhalten, ist selbstverständlich. Wir werden diesen Gedanken erst verlassen, wenn man uns dazu zwingt. (Hört!) In keinem Fall werden wir die ersten sein, welche das Band, das die Kraft der Monarchie mit zusammenhält, auch nur antasten. Abg. Dr. Pacak: Die Böhmen würden an dem Beschlusse, in Verhandlungen über den ungarischen Ausgleich nicht einzugehen, festhalten, bis das an ihnen begangene Unrecht gutgemacht sei. Solange würde es unmöglich sein, auf parlamentarischem Wege den österreichisch-ungarischen Ausgleich zustande zu bringen.

26. Mai. (Pest.) Der Kaiser empfängt die Delegationen und hat dabei mit dem Abg. Pacak eine Unterredung über die böhmische Frage.

Die „Bohemia" berichtet darüber: Der Kaiser gedachte, zum Abg. Pacak sich wendend, der bevorstehenden böhmischen Landtagssession. Dr. Pacak meinte, es sei allerdings höchste Zeit, den Reichsrat zu schließen und den Landtag einzuberufen, weil dieser dringende Arbeiten habe. Der Kaiser sprach sodann über die weiteren Aufgaben des Reichsrats und die Stellung der tschechischen Abgeordneten zu demselben. Dr. Pacak setzte in seiner Antwort die Taktik der tschechischen Abgeordneten seit 1899 auseinander und betonte, daß, wenn eine übel beratene und übel beratende Regierung, anstatt in Bezug auf die Sprachenverordnungen tabula rasa zu machen, die innere tschechische Amtssprache, insbesondere in den der Mehrheit nach tschechischen Bezirken, statuiert und geregelt hätte, die Stellung der tschechischen Abgeordneten eine leichtere wäre. Trotzdem hätten es diese über sich gebracht, in Erwartung, daß ihnen hierfür Anerkennung zuteil werden wird, bisher alle Staatsnotwendigkeiten passieren zu lassen, während zur Zeit der früheren (d. h. deutschen) Obstruktion, deren meritorische Rechte durch die Sprachenverordnungen nicht im mindesten verletzt worden seien, keine einzige Regierungsvorlage zur Verhandlung zugelassen worden sei. Leider sei die Erwartung der Tschechen auf Anerkennung nicht in Erfüllung gegangen, insbesondere sei in Bezug auf das Hauptgravamen des tschechischen Volkes und in Bezug auf die Hauptursache der jetzigen Opposition der tschechischen Volksabgeordneten, nämlich in der Sprachenfrage, seit drei Jahren nichts geschehen. Er wolle dem Kaiser nicht verschweigen, daß die Stellung der tschechischen Abgeordneten im Hause und im Volke eine sehr schwierige sei, auch aus dem Grunde, weil sie gegnerische Fraktionen im Rücken haben. — Der Kaiser: Aber ich höre, daß Ihre Zeitungen Sie zur Vorsicht mahnen? — Dr. Pacak: Das trifft bei dem einen oder anderen Blatte zu und bezieht sich aber keineswegs auf unser Verhalten und Vorgehen in der Sprachenfrage. — Der Kaiser sprach sodann über die Notwendigkeit eines Einverständnisses zwischen den beiden Volksstämmen in Böhmen. — Dr. Pacak: Niemand bei den Tschechen ist gegen einen gerechten Ausgleich mit den Deutschen; erstens, weil die wirtschaftlichen Interessen beider Völker kongruent seien, und zweitens, weil es das Interesse sowohl der Völker, als der Dynastie wäre; aber es müsse doch ein Milieu geschaffen werden, um das möglich zu machen. Die Einführung der inneren tschechischen Amtssprache tangiere niemandes Rechte. — Der Kaiser bemerkte sodann, es sei angezeigt, noch einige Vorlagen vor dem Reichsratsschluß zu erledigen, und gedachte hierbei der letzten drohenden Erklärungen des Tschechenklubs. — Dr. Pacak erwiderte, daß vor Beginn der Budgetberatung, welcher die Tschechen nicht die geringsten Schwierigkeiten gemacht hätten, von den anderen maßgebenden Parteien öffentlich eine bindende Erklärung dahin abgegeben worden sei, daß nach dem Budget und vor der parlamentarischen Behandlung des Ausgleichs Mittel und Wege gesucht werden sollen, um zu einer befriedigenden und gerechten Austragung der deutsch-tschechischen Angelegenheiten zu kommen. Die tschechischen Abgeordneten hätten ihre Pflicht verletzt, wenn sie diese die übrigen Parteien verpflichtende Erklärung nicht in Erinnerung gebracht hätten. Es sei Sache der anderen Seite, den von ihr angekündigten Vorgang einzuhalten. Indem der Kaiser sich zu einem anderen Abgeordneten wandte, sagte er noch zu Dr. Pacak: Ich wiederhole: „Ich halte das Einvernehmen der beiden Nationen in Böhmen für eine Staatsnotwendigkeit."

27. Mai. (Pest.) Debatte über die Los von Rom-Bewegung in der österreichischen Delegation.

Abg. Kramarz (Tsch.): Die Los von Rom-Bewegung sei keine religiöse, sondern eine nationale und politische mit dem Endzweck, Oesterreich zum Rang eines deutschen Bundesstaates herabzudrücken. Redner bezeichnet die Bewegung als aus Deutschland importiert und sagt, wir haben das Recht, zu verlangen, daß Deutschland nicht duldet, daß diese Bewegung von Körperschaften, die einen offiziellen Charakter haben, bei uns unterstützt werde.

Minister des Auswärtigen Graf Goluchowski: Der Delegierte Dr. Kramarz hat in einer langen Rede die „Los von Rom"-Bewegung erörtert und mich aufgefordert, auch bei der Bekämpfung mitzuwirken. Ich muß gestehen, daß ich nicht weiß, in welcher Form ich seiner Aufforderung nachkommen kann. Daß diese Bewegung besteht, das leugne ich nicht; ich leugne auch nicht, daß es evangelische Vereine gibt, insbesondere den Gustav-Adolf-Verein, die diese Bewegung unterstützen. Das sind private Angelegenheiten. Soweit es sich aber um die deutschen Regierungen, und zwar die preußische, sächsische, bayerische handelt, kann ich nur konstatieren, daß sie außerordentlich korrekt vorgegangen sind und mir keinen Anlaß gegeben haben, in dieser Hinsicht aufzutreten. Es kann ja vorkommen, daß diese Agitation, die Vorstöße dieser evangelischen Vereine in Oesterreich nicht immer mit den hiesigen Gesetzen übereinstimmen. Da ist es Aufgabe der österreichischen Regierung, dagegen aufzutreten und solche Uebelstände abzuschaffen. Es ist allerdings wahr und bedauerlich, daß wir, was die Vikare anbelangt, auf den Zuzug aus der Fremde angewiesen sind. Aber das hängt mit der Tatsache zusammen, daß wir in Oesterreich nicht das genügende Material erziehen, und wenn ich nicht irre, hat das Protestantenpatent vom Jahre 1864 die Verfügung getroffen, daß, soferne diejenigen Seelsorger, die für die evangelischen Gemeinden notwendig sind, nicht in Oesterreich erzogen werden, sie aus dem Ausland bezogen werden können. Selbstverständlich haben diese Seelsorger sich hier korrekt zu benehmen. Tun sie das nicht, so ist es Sache der österreichischen Regierung, dagegen aufzutreten und die notwendigen Maßregeln zu treffen.

30. Mai. (Cisleithanien.) Herrenhaus. Körber über den Ausgleich.

In der Butgetberatung bespricht Ministerpräsident v. Körber den Ausgleich und konstatiert dabei, daß Oesterreich der großartigen materiellen Entwicklung Ungarns niemals hinderlich entgegengetreten sei. Man müsse zugestehen, daß sich Oesterreich an der Seite Ungarns hielt, weil es dort ein Absatzgebiet für seine Industrie fand. Man dürfe aber andererseits nicht außer Betracht lassen, daß Oesterreich der nächste zugängliche Markt für die ungarische Landwirtschaft ist. Aus diesem Zusammenhang wäre logischerweise zu folgern, daß die wirtschaftliche Gemeinschaft beider Staatsgebiete einer Gefährdung nicht ausgesetzt sein könnte. Leider ist dem nicht so. Nicht die Diskordanz der Interessen, sondern Gesichtspunkte anderer Art erschweren den notwendig gewordenen Ausgleich der beiderseitigen Ansprüche im Zoll- und Handelsbündnis, wie im neuen Zolltarif so sehr, daß der Ministerpräsident dem Hause seine Besorgnis über den Ausgang der nun schon so lange schwebenden Verhandlungen nicht verhehlen darf. (Bewegung.) Er könne versichern, daß Oesterreich in keinem Punkte dem Besitzstande Ungarns zu nahe trete und ihm nichts nehmen wolle. Aber es sei unerläßlich, die bestehenden Unklarheiten zu beseitigen, damit für die fernere Zukunft eine Deutung zu ungunsten Oesterreichs unmöglich werde. Ebenso sei im Tarife eine gewisse Rücksichtnahme auf die Bedingungen der wirtschaftlichen Existenz Oesterreichs nötig. „Das ist alles, was wir verlangen, und die Regierung wird nicht davon abgehen. Wir müssen aber auf einen raschen Abschluß der Verhandlungen bedacht sein, damit nicht eine Zwangslage geschaffen wird, die unheilvoll und mit den Begriffen des Ausgleichs nicht verträglich ist. (Zustimmung.) Wir wollen bis an die äußerste Grenze des möglichen Entgegenkommens gehen, um die Gemeinschaft mit Ungarn in Freundschaft aufrecht zu erhalten (Sehr gut!), wir werden jedoch zu einer Gemeinschaft, welche uns zu keiner Ruhe kommen läßt, die Hand nicht bieten."

30. Mai. (Pest.) In der ungarischen Delegation wird die alldeutsche Bewegung als Landesverrat bezeichnet. Von den meisten Rednern und der Regierung wird festgestellt, daß die deutsche Regierung dieser Bewegung ganz fern stehe.

2. Juni. (Lemberg.) Ausständige Bahnarbeiter greifen eine Militärabteilung an; 23 Arbeiter werden verwundet.

Juni. (Cisleithanien.) Debatte über die preußische Polenpolitik.

Im Polenklub wird gegen die preußische Ansiedlungvorlage (S. 84), die zur Vernichtung der Polen bestimmt sei, protestiert. Die Mitglieder der Delegation werden beauftragt, auf die Befreiung Oesterreichs von der deutschen Oberherrschaft hinzuwirken. — Nach der Marienburger Rede Kaiser Wilhelms wird die Debatte noch lebhafter, da alldeutsche Stimmen sich für sie aussprechen. Das „Grazer Tageblatt" schreibt: Es ergreift uns Deutschösterreicher, die wir unter Slaven-, Pfaffen- und Polentum schmachten, beinahe ein süßer Schauer, wenn aus Wort und Tat die frohe Ueberzeugung auf uns eindringt: es gibt eine starke Selbstwehr des Deutschtums, und der Träger der mächtigsten Krone ist der Verkünder dieses gesunden Nationalismus! Der übermütige Slave, das ist der Feind — klang es vom Hochschlosse der Marienburg. Zum ersten Male hat der deutsche Kaiser im alldeutschen Sinne der Stammesbrüder außerhalb seines Reiches mit einem unmittelbaren nationalen Appell gedacht, zum ersten Male — und dies in einer Kundgebung gegen das feindliche Slaventum — zum Schutze auch ihrer nationalen Güter, ihrer Art und Sitte, aufgerufen. Im Zusammenhange mit der außergewöhnlich energischen Kundgebung gegen den Uebermut und den Deutschfeindsinn eines slavischen Volkes kann an dem wahren Gehalte dieses trostreichen Kaiserwortes nicht gedreht und nicht gemäkelt werden.

Am 10. Juni wendet sich Abg. Klofac (Tsch.) im Abgeordnetenhause gegen die Rede des Kaisers, worüber die „Allgemeine Zeitung" berichtet: Abg. Klofac (tschechisch-radikal) wendet sich in einer Anfrage an den Präsidenten gegen die Marienburger Rede des Deutschen Kaisers, der sich diesmal öffentlich an die Spitze der alldeutschen Propaganda gestellt habe.... Abg. Choc (tschechisch-radikal): Die Hetzrede des Deutschen Kaisers! Abg. Klofac: ... der Deutsche Kaiser, für dessen Dynastie bei Sedan Ströme polnischen Blutes vergossen wurden. (Lebhafte Zustimmung bei den Tschechisch-Radikalen.) Präsident: Ich ersuche, das Oberhaupt eines uns verbündeten Staates nicht in die Debatte zu ziehen. (Lärmende Zwischenrufe bei den Tschechisch-Radikalen.) Abg. Klofac: Der Deutsche Kaiser hat diesmal nicht bloß von Polen gesprochen, er hat in Gegenwart eines hohen österreichischen Würdenträgers ... Abg. Choc: Der dazu geschwiegen hat. (Zustimmung und Zwischenrufe bei den Tschechisch-Radikalen.) Abg. Fresl (tschechisch-radikal): Weil die Regierungen und alle Sklaven Wilhelms II sind! Abg. Klofac: ... die Deutschen auch außerhalb der Grenzen des Deutschen Reiches zum Kampfe gegen das Slaventum haranguiert. Da hört sich jede Rücksicht auf. (Zustimmung bei den Tschechisch-Radikalen.) Da ist die Regierung verpflichtet, im Interesse ihrer nichtdeutschen Nationalitäten, wie auch in ihrem eigenen Interesse energisch dagegen aufzutreten! (Beifall bei den Tschechisch-Radikalen.)' Indem wir den Präsidenten ersuchen, den Ministerpräsidenten auf unsere Interpellation aufmerksam zu machen, antworten wir auf die Marienburger Unverschämtheit. ... Präsident: Das ist ganz ungehörig! Ich rufe Sie wegen dieser Aeußerung zur Ordnung und entziehe Ihnen das Wort! (Lebhafter Widerspruch und zahlreiche heftige Zwischenrufe bei den Tschechisch-Radikalen. Andauernder großer Lärm.)

Am 11. Juni tadelt der Präsident noch einmal scharf das Verhalten Klofacs; hierauf erklärt Ministerpräsident v. Körber: Hohes Haus! Am Schluß der gestrigen Sitzung, dem ich nicht mehr beiwohnen konnte, hat sich eine Szene zugetragen, auf die wohl auch ich zurückkommen muß. Wenn ich sagen würde, die Regierung weise mit Entrüstung die gefallenen Worte zurück — ich will vorerst davon absehen, wem sie galten —, so brächte das nicht richtig meine Empfindung zum Ausdruck. Eher könnte ich sagen, wir weisen diese Worte, diese Vorfälle mit Betrübnis zurück. Ich habe nicht das Recht, das Motiv und den Zweck der gemachten Aeußerungen zu prüfen. Wohl aber muß mir die Zensur der Wirkung zustehen;

denn die Regierung ist die Repräsentanz des Staates gegenüber der Außenwelt. (Zwischenrufe bei den Tschechisch-Radikalen. Lebhafte Rufe: Ruhe!) Wie denken Sie sich nun angesichts der erwähnten Vorfälle die Erfüllung dieser Pflicht der verantwortlichen Regierung, wie denken Sie sich die Gestaltung der Beziehungen zu irgend einem Staat, wenn hier im österreichischen Abgeordnetenhause Schmähungen schlimmster Art gegen fremde Staatsoberhäupter — heute gegen das eine, morgen gegen das andere — vorgebracht werden? Ich will gar nicht daran erinnern, daß es sich gestern um einen seit seinem Regierungsantritte treuen Verbündeten der Monarchie handelte. (Zwischenrufe bei den Tschechisch-Radikalen. Lebhafte Rufe: Ruhe!) Ich würde in jedem gleichen Falle sagen: Die Urheber solcher Vorfälle vergehen sich schwer an dem Staate. Sie können allerdings die Politik des Staates nach außen nicht schädigen. Unter diesen Verhältnissen ist der Standpunkt der Regierung klar vorgezeichnet: sie bringt ihn zur Geltung, indem ich erkläre, die Beantwortung der aus diesem Anlasse an mich gerichteten Interpellation abzulehnen. (Lebhafter Beifall und Händeklatschen. Lärm und Zwischenrufe bei den Tschechisch-Radikalen.)

Juni. (Cisleithanien.) Verzicht der Tschechen auf die Obstruktion.

Ministerpräsident v. Körber verspricht den Führern der Tschechen im Herbst eine Vorlage zur Regelung der böhmischen Sprachenfrage einzubringen und droht, den böhmischen Landtag nicht zu berufen, wenn die Tschechen Ostruktion trieben; infolgedessen stellen die Tschechen alle ihre Dringlichkeitsanträge zurück, so daß mehrere Gesetzentwürfe wie die Regelung der Sonntagsruhe der Staatsbahnarbeiter und die Fahrkartensteuer erledigt werden können.

Ende Juni. Diskussion zwischen Österreich und Ungarn über die Kündigung der Handelsverträge.

Die „Neue Freie Presse" teilt am 27. Juni mit, daß der ungarische Ministerpräsident am 23. amtlich davon in Kenntnis gesetzt wurde, daß Oesterreich die Handelsverträge kündigen wolle. Nach den Bestimmungen des Zoll- und Handelsbündnisses haben die beiden Regierungen über den weiteren Vorgang sich ins Einvernehmen zu setzen. Diese Verständigung muß binnen sechs Monaten erfolgen. Andernfalls muß die gemeinsame Regierung, wenn Oesterreich einen solchen Schritt verlangt, die Verträge kündigen. Die „Neue Freie Presse" sagt: „Nach dem von Oesterreich unternommenen Schritt wird Ungarn nunmehr mit voller Offenheit zu erklären haben, ob es die Zollgemeinschaft oder die Zolltrennung von Oesterreich wünscht."

Es kommt hierüber zu einer lebhaften Preßdebatte; nach ungarischen Blättern frage man sich in Pest, ob es bei den fortgesetzten österreichischen Indiskretionen möglich sei, die Ausgleichsverhandlungen überhaupt weiter zu führen, und man sage sich, daß diese Art und Weise von Verhandlungen zwischen Regierungen zweier verbündeter Staaten einfach ohne Beispiel dastehe.

30. Juni. Da die Quotenverhandlungen zu keinem Resultat führen, so bestimmt der Kaiser, daß Cisleithanien $66^{46}/_{49}$ und Transleithanien $33^{3}/_{49}$ zum gemeinsamen Staatshaushalt beizutragen haben.

3. Juli. (**Prag.**) Die Prager Polizeidirektion veröffentlicht infolge einer Mystifikation einen Steckbrief gegen den Deutschen Kaiser anläßlich der Marienburger Rede. — Die Angelegenheit wird viel besprochen.

12. Juli. (**Eger.**) Bei einem großen alldeutschen Volkstage kommt es zu erbitterten Zusammenstößen zwischen Alldeutschen, Liberalen und Christlich-Sozialen.

13. Juli. (**Lemberg.**) Zur Erinnerung an die Besiegung des Deutschen Ordens durch Polen und Littauen im Jahre 1410 bei Tannenberg findet eine große nationale Feier statt als Protest gegen die preußische Polenpolitik.

Juli. August. (**Galizien.**) Großer Streik der ruthenischen Feldarbeiter, deren Lohn durchschnittlich 30 bis 50 Kreuzer täglich beträgt.

August. In der österreichisch-ungarischen Presse wird der Einfluß Italiens in Nordalbanien mit Mißtrauen beobachtet und ausgeführt, daß die Erhaltung des status quo nicht die auswärtige Politik erschöpfen dürfe.

22. August. (**Wien.**) Die österreichischen und ungarischen Minister beginnen in gemeinsamen Konferenzen die Beratung des neuen autonomen Zolltarifs.

1. September. (**Agram.**) Kroaten demonstrieren gegen die Serben und plündern serbische Geschäftshäuser. Militär muß die Ruhe wieder herstellen.

13. September. (**Graz.**) Eine Grenzstreitfrage zwischen Galizien und Ungarn wird zu Gunsten Galiziens entschieden.

19. September. (**Ungarn.**) Anläßlich der Feier zu Kossuths 100jährigem Geburtstage kommt es in Pest und Temesvar zu lebhaften Demonstrationen gegen die Deutschen und zu Ruhestörungen.

Ende September. Über den Stand der Ausgleichsfrage verbreitet die Presse ungünstige Nachrichten.

8. Oktober. (**Pest.**) Das Parlament tritt zusammen.

12. Oktober. (**Klausenburg.**) Bei der Enthüllung eines Denkmals für den König Matthias finden Demonstrationen gegen die Regierung und gegen die österreichische Hymne statt.

14. Oktober. (**Cisleithanien.**) Ministerpräsident v. Körber legt einer Konferenz von Tschechen und Deutschen folgenden Entwurf zur Regelung der Sprachenfrage in Böhmen und Mähren vor:

Die deutsche Sprache ist in dem bisherigen Umfange zu gebrauchen:
1. im gesamten Verkehr mit den Militärbehörden und der Gendarmerie

für deren dienstliche Anforderung; 2. im Verkehr mit Behörden außerhalb Böhmens und Mährens; 3. die deutsche Sprache ist ferner zu gebrauchen von allen landesfürstlichen Behörden sowohl im inneren Dienstverkehr, wie auch in amtlichen Konferenzen in allen Angelegenheiten der bewaffneten Macht, weiter bei Vorlegung von Berichten, Gutachten und Geschäftsausweisungen an Zentralstellen, bei Informationen, Berichten u. s. w., in staatspolizeilichen Angelegenheiten und solchen der Sicherheitswache; endlich bei den Qualifikationstabellen der Staatsbediensteten; außerdem bei allen landesfürstlichen Kassen und Aemtern, bei Führung der Kassenjournale u. s. w., welche von der Zentralorganisation benutzt werden, wie in allen Betriebs- und Verkehrsangelegenheiten im inneren Dienst, im Geschäftsbetrieb des Post- und Telegraphendienstes, den der Zentralleitung unmittelbar unterstehenden staatlichen Anstalten, sowie für den gegenseitigen Verkehr der betreffenden Organe und Aemter. Abgesehen hiervon sind grundsätzlich bei den landesfürstlichen Behörden zu unterscheiden einsprachiges böhmisches, einsprachiges deutsches und zweisprachiges Sprachgebiet. Als einsprachig gelten jene Gerichtsbezirke, worin bei der Volkszählung von 1900 und bei jeder zweiten jeweiligen Volkszählung weniger als 20 Prozent der ansässigen Bevölkerung eine andere Landessprache als die Umgangssprache angegeben haben. Alle anderen Gerichtsbezirke sind zweisprachig. Danach richtet sich auch die Einsprachigkeit oder Zweisprachigkeit der landesfürstlichen Behörden. Mehrere Gerichtssprengel umfassende Behörden sind zweisprachig, wenn ein oder mehrere dieser Sprengel anderssprachig sind als die übrigen.

16. Oktober. (Cisleithanien.) Abgeordnetenhaus. Finanzexposé; Sprachenfrage; Ausgleich mit Ungarn.

Der Finanzminister v. Böhm-Bawerk führt aus, daß infolge der Wirkungen der wirtschaftlichen Depression einerseits und anderseits durch die unaufhörlich wachsenden Staatsausgaben, sowie durch die Erhöhung des Aufwandes für Staatsschulden und der Fortsetzung der großen Investitionsaktion die Knappheit des Budgets wie bei dem letzten Budget fortdauere, so daß wie im Vorjahre die Herstellung des Gleichgewichtes die größten Schwierigkeiten bereitet habe. Da das Erträgnis für die Fahrkartensteuer bereits für bestimmte Zwecke gebunden sei, habe auch für 1903 neben der Ausgabe von Tilgungsrenten der Münzgewinn von 13,2 Millionen Kronen zur Bedeckung herangezogen und der verfügbare Teil der Gebarungsüberschüsse von 1901 ausgestellt werden müssen ... Nachdem man die großen Ueberschüsse der Vorjahre zugesetzt habe, müsse der Frage der Erhaltung des Gleichgewichtes nunmehr wieder die vollste Aufmerksamkeit nicht nur von ihm, sondern auch vom Abgeordnetenhause zugewandt werden, und er wisse sich eins mit dem Hause in der Ueberzeugung, daß das festeste Bollwerk für den Staat ein wohlgeordneter Staatshaushalt sei.

Ministerpräsident v. Körber: In Einlösung des gegebenen Wortes unterbreitete die Regierung den Vertretern der zunächst interessierten Parteien die Grundzüge, nach welchen sie die Sprache in Böhmen und Mähren zu regeln beabsichtigt, noch vor dem Zustandekommen der definitiven Vereinbarungen über den österreichisch-ungarischen Ausgleich, um darzutun, daß für die Regierung kein Zusammenhang zwischen den beiden Angelegenheiten besteht, sondern daß sie einzig und allein nach Pflicht und Einsicht handle. Ich erkläre, daß die Regierung diese Frage von der Tagesordnung nicht absetzt, sondern im gegebenen Zeitpunkt den Gesetzentwurf über die Regelung der Sprachenverhältnisse Böhmens und Mährens, sowie über die Schaffung von Kreisbehörden in Böhmen einbringt, dessen Erledigung sie mit aller Entschiedenheit anstrebt, um die Sprachenfrage einer praktischen Lösung zuzuführen. Es ist möglich, daß wir mit unserem Versuch scheitern, allein die Frage ist gestellt und muß beantwortet werden. Dies ist meines Erachtens ein Fortschritt in der Situation, für welchen wir von den Vertretern des böhmischen Volkes gewiß wohl kaum Vorwürfe verdienen. (Lebhafter Widerspruch bei den Tschechen.) Die Regierung mahne beide Volksstämme mit gleichem Nachdruck zur Mäßigung und Besonnenheit. (Scharfe Unterbrechungen von seiten der Tschechen.) Die Regierung war auf die Verwerfung ihrer Vorschläge in Bausch und Bogen schon gefaßt und wundert sich nicht, wenn auch von der anderen Seite eine herbe Kritik kommt. Der Widerspruch beider Parteien aber schrecke sie nicht. Gehen Sie auf die Sache ein, und der richtige Weg wird sich finden. Leider muß ich hier einen sonst seltenen Fall annehmen, daß sich nämlich hinter sachlichen Einwendungen Mißgunst gegen die Form verbirgt. Und darin erblicke ich einen schweren Fehler. (Bravo.) Die Vertreter der Deutschen finden in den Grundzügen das Gebiet genau umschrieben, in dem die deutsche Sprache als Amtssprache bei den landesfürstlichen Behörden zu gelten hat. Die Regierung gibt ihnen auch anheim, einen Vergleich zwischen dieser Abgrenzung und den von den Deutschen erhobenen Wünschen anzustellen und danach ihre Entscheidung zu treffen. Auch die Frage, ob für die Erhaltung ihres Volkstums Garantien darin gegeben sind, wollen sie prüfen. Ueber den Ausgleich sagt er: Die Regierung ist wider Erwarten und trotz allen Eifers augenblicklich nicht in der Lage, definitive Resultate vorzulegen. Die Regierung hält volle unzweideutige Klarheit und gegenseitiges Wohlwollen in allen zu vereinbarenden Abmachungen für sehr bedeutungsvoll. Nur dann könne man zu jener Gemeinschaft gelangen, die die Regierung als allein erstrebenswertes Ziel ihrer Politik ansieht. Wir weisen jeden anderen Gedanken so lange zurück, als die Hoffnung eines gerechten Ausgleiches zwischen den beiderseitigen Forderungen vorhanden ist. Das Entgegenkommen der Regierung kennt nur eine Grenze, nämlich das unabweisbare Bedürfnis Oesterreichs.

22. Oktober. (Pest.) Abgeordnetenhaus. Finanzminister Lukacs legt das Budget für 1903 vor.

Die Bilanz der ordentlichen Gebarung schließt ab mit: Einnahmen 1051555204 Kronen und Ausgaben 1000664498 Kronen, daher mit einem Ueberschuß der ordentlichen Gebarung von 50890706 Kronen; dagegen stehen bei der außerordentlichen Gebarung den 89798172 Kronen Uebergangs- und Investitions-Ausgaben nur 39381270 Kronen außerordentliche Einnahmen gegenüber, daher ergibt sich hier ein Defizit von 50416902 Kronen. Die ordentliche und außerordentliche Gebarung zusammengenommen, stehen den 1090462670 Kronen Gesamteinnahmen 1090036474 Kronen Gesamtausgaben gegenüber, so daß ein Ueberschuß von 473804 Kronen verbleibt, welcher Betrag um 286654 Kronen größer ist als der Ueberschuß pro 1902. Bei den ordentlichen Ausgaben sind die Zivilliste mit 2, die gemeinsamen Ausgaben mit 2,75, die staatlichen Betriebe mit 5,75 Millionen höher angesetzt. Bei Post, Telegraph und Bahnen sind die staatlichen Beihülfen zu den kulturellen Institutionen um 18 Millionen höher veranschlagt. Demgegenüber weisen die Staatsschulden eine hohe Zinsenersparnis um 10 Millionen Kronen auf. Eine größere Summe, und zwar 13 Millionen Kronen, dürfte die Erhöhung der Gehälter der Staatsbeamten erfordern.

Oktober. Die Regierung bringt in beiden Reichshälften eine

Vorlage ein, die jährliche Rekrutenziffer um 20000 Mann durch Heranziehung aus der Ersatzreserve zu vermehren.

28. Oktober. (Cisleithanien.) Im Abgeordnetenhause wird der Landarbeiterstreik in Galizien besprochen; deutsche und sozialdemokratische Abgeordnete kritisieren scharf die wirtschaftliche Ausbeutung der Arbeiter durch die polnischen Grundbesitzer.

Ende Oktober. (Niederösterreich.) Bei den Landtagswahlen erringen die Christlich-Sozialen die große Mehrheit.

11./13. November. (Cisleithanien.) In einer Diskussion der Sprachenfrage empfiehlt Ministerpräsident v. Körber den Deutschen und Tschechen dringend eine Verständigung, da Österreich kein nationaler Staat sein könne. — Während der Beratungen kommt es zu Zusammenstößen zwischen Deutschen und Tschechen.

15. November. (Cisleithanien.) Der Tschechenklub erwidert auf den Sprachenentwurf des Ministerpräsidenten:

> In Erwägung, daß das schwere am tschechischen Volk verübte Unrecht nicht gesühnt worden ist, in der weiteren Erwägung, daß die sprachlichen Grundsätze, anstatt die angetane Unbill gutzumachen, noch den Deutschen in ihrer unberechtigten und dem Staate gefährlichen Forderung nach gesetzlicher Festlegung der deutschen Staatssprache entgegenkommen und hiermit den Beweis erbringen, daß die gegenwärtige Regierung den berechtigten Ansprüchen des tschechischen Volkes nicht nachkommen kann oder nicht nachkommen will, erklärt der Klub, daß er gegen die gegenwärtige Regierung den schärfsten Kampf mit allen im Wiener Parlament üblichen Mitteln eröffnen wird.

20. November. (Cisleithanien.) Die deutsch-böhmischen Abgeordneten des Reichsrats, ausgenommen die Alldeutschen, erklären sich zu Verhandlungen mit den Tschechen bereit, um Grundlagen für die Arbeitsfähigkeit des Parlaments und den Sprachenfrieden in Böhmen zu schaffen.

20. November. (Ungarn.) Abgeordnetenhaus. Ministerpräsident v. Szell legt infolge von Angriffen der Opposition den Stand der österreichisch-ungarischen Zollfrage dar:

> Es sei eine vollkommen willkürliche Auslegung der bezüglichen Abmachungen, wenn die Opposition behaupte, daß der gemeinsame Zolltarif bis Ende 1902 unbedingt erledigt sein müsse, und daß Ungarn, falls das nicht geschehe, den Bruch der Reziprozität zu konstatieren und zur Errichtung eines selbständigen Zollgebiets zu schreiten habe. Ebenso sei die Behauptung der Opposition unrichtig, daß er (Szell) für seine Person die Verpflichtung übernommen habe, Ende 1902 von dem Rechte Ungarns, die Handelsverträge zu kündigen, unbedingt Gebrauch zu machen. Die Verpflichtung, einen gemeinsamen Zolltarif mit Oesterreich zu vereinbaren, sei nicht an kalendarische Termine gebunden; das Gesetz schreibe bloß vor, daß ein neuer austro-ungarischer Zolltarif vor dem Beginn der Verhandlung

über den Abschluß neuer Handelsverträge mit dem Auslande zustande kommen müsse. Nun habe sich die internationale Konstellation seit 1899 wesentlich verändert, insofern der deutsche Zolltarif, auf dessen Grundlage die Kündigung der Handelsverträge Ende 1902 eventuell hätte erfolgen müssen, noch nicht erledigt sei. Heute liege die Sache so, daß das Deutsche Reich wahrscheinlich, ja er möchte sagen nahezu gewiß, von dem Kündigungsrechte seinerseits noch nicht Gebrauch machen werde. Wer kündigen werde und in welcher Weise, vermöge heute noch niemand zu sagen, da die handelspolitische Lage in Europa teilweise von der deutschen Zollpolitik abhängt. Wir wissen nicht, welches die Haltung Italiens, Frankreichs und Rußlands sein wird. Es ist möglich, daß, falls ein Staat kündigt oder wir einem oder dem anderen Staate kündigen, was noch nicht entschieden ist, die Regelung unseres Verhältnisses mit Oesterreich um so bringender werden wird. Der gemeinsame Zolltarif wird jedenfalls erledigt werden, so daß wir, an welchem Zeitpunkte des Jahres 1903 die Kündigung auch erfolgen mag, auf der Grundlage des neuen Zolltarifs in die Verhandlungen eintreten können. (Lebhafter Beifall rechts.) Ich gehe weiter: ich werde bestrebt sein, das Verhältnis zwischen Ungarn und Oesterreich definitiv zu klären. (Allgemeiner lebhafter Beifall.) Der Entwurf des Zolltarifs ist ja bereits so gut wie fertiggestellt. Wenn auch gewisse Einzelfragen noch unerledigt sind und ich den Zolltarif dem Hause noch nicht unterbreitet habe, so bitte ich, mir das nicht als ein Vergehen anzurechnen. Es möchte ja niemand hier mir etwa den Rat erteilen, gegenüber dem anderen vertragschließenden Teil allzu freigebig zu sein, nur damit wir eher fertig werden. (Lebhafter Beifall rechts.) Aber schon aus dem Umstande, daß der gemeinsame Zolltarif, wie gesagt, in der Hauptsache fertig ist, ergibt sich, daß eine Vereinbarung mit Oesterreich über wirtschaftliche Fragen keineswegs unmöglich erscheint, wie mehrfach behauptet wurde. Allerdings haben wir vorgezogen, selbst im Oktober den Ausgleich zwischen beiden Reichshälften noch nicht gänzlich zu erledigen. Wir wollten eben nicht bloß zu irgend einem Resultate gelangen, sondern auch durch Gründlichkeit und Gewissenhaftigkeit der Beratungen die bestehenden Differenzen zwischen Ungarn und Oesterreich auf ein Mindestmaß reduzieren. (Beifall rechts.)

2. Dezember. (Gmunden.) Der frühere Minister Graf Belcredi, 79 Jahre alt, †.

5. Dezember. (Brüx.) Schluß des Prozesses, den der alldeutsche Führer Wolf wegen Ehrenbeleidigung gegen andere Alldeutsche angestrengt hatte. Die Angeklagten werden verurteilt, setzen aber den Kampf gegen Wolf fort, den sie wegen seines eingestandenen Ehebruchs einer politischen Führerrolle für unwürdig erklären. Ein großer Teil der Partei hält an Wolf fest.

5. Dezember. (Böhmen.) Vorschlag der deutschen Parteien über eine Verständigung in der Sprachenfrage.

Die deutsche Volkspartei, die Fortschrittspartei und der verfassungstreue Großgrundbesitz veröffentlichen ein Programm, nach dem die Verwaltung Böhmens reformiert werden soll. Böhmen zählt 6 Millionen Einwohner, von denen etwas über 37 Prozent Deutsche sind, und es ist gegenwärtig das größte Verwaltungsgebiet in Mittel- und Westeuropa. Dies führte zu erheblichen Uebelständen. Die Statthalterei in Prag vermag die Masse ihrer Geschäfte nicht zu erledigen, zumal da sie ungefähr 90 Bezirkshauptmannschaften als unterste Instanzen der Verwaltung zu überwachen und zu leiten hat. Die Uebelstände, die aus der Masse der Geschäfte bei der böhmischen Statthalterei entspringen, wachsen mit jedem Jahre, und daher rät die deutsche Denkschrift, das Land in Kreise zu zerlegen und diese sprachlich nach Möglichkeit abzugrenzen. Die Statthalterei soll an ungefähr 10 Kreisregierungen einen Teil ihrer Befugnisse abgeben und ebenso der Landtag mit der autonome Landesausschuß an die zu wählenden autonomen Kreisvertretungen. Um aber die Doppelverwaltung zu verhindern, die sich jetzt zwischen die Statthalterei und die Landesausschüsse der österreichischen Kronländer störend stellt, sollen die Kreisregierungen und die Kreisvertretungen einen Teil ihrer Agenden gemeinsam erledigen. Ist die nationale Abgrenzung erfolgt, so ergibt sich die Regelung der Sprachenfrage ohne allzugroße Schwierigkeiten. Die Deutschen verlangen für ihr Gebiet die deutsche Amtssprache, während sie den Tschechen in dem ihrigen ihre Muttersprache gönnen. Hierbei machen die Deutschen das Zugeständnis, daß Eingaben in beiden Sprachen bei jedem Amte des Königreiches angenommen werden können, während sie noch in ihrem bekannten Pfingstprogramm von 1899 tschechische Eingaben in deutschen Bezirken nur in deutscher Sprache erledigt wissen wollten. Hiermit wäre einer der wichtigsten Streitpunkte abgetan. Was die Einführung der inneren tschechischen Amtssprache betrifft, so wollen die Deutschen taxativ aufgezählt haben, wie weit dieselbe zu gelten hat. Als Regel soll die deutsche Amtssprache dienen.

("Allg. Ztg.")

Die alldeutschen Abgeordneten lehnen die Zustimmung zu diesem Programm ab, weil sie den Standpunkt einnehmen, „daß mit der gesetzlichen Festlegung der deutschen Sprache als Staatssprache, die sie zur Sicherung der führenden Stellung unseres Volkes in Oesterreich und zur Wahrung des deutschen Charakters unseres Staates fordern, die Einführung einer inneren tschechischen Amtssprache in direktem Widerspruche steht und unter keiner Bedingung zuzugeben sei".

Die Tschechen erwidern, vor jeder Verständigung müßten die Deutschen die Ansicht aufgeben, daß die Bewilligung der tschechischen Amtssprache als Konzession der Deutschen zu betrachten sei. — Die Antwort wird von den Deutschen als Ablehnung aufgefaßt.

6. Dezember. (Ungarisches Abgeordnetenhaus.) Ministerpräsident v. Szell erklärt auf eine Anfrage über die Kündigung des deutschen Handelsvertrags und das Verhältnis zu Österreich (vgl. S. 206):

Es ist sehr schwer, sich zu dieser Frage zu äußern, deren Erörterung die größte Umsicht und Behutsamkeit erfordert. Man kann von seinem Platze aus nicht definitiv Stellung nehmen, wenn man nicht der vollendeten Tatsache gegenübersteht. Da Deutschland wichtige Entschlüsse vorbereitet und der Termin naht, in welchem von dem Kündigungsrecht Gebrauch gemacht werden kann, ist es äußerst bringend, daß wir unser wirtschaftliches Verhältnis zu Oesterreich klären. Ich bin bemüht, daß diese Angelegenheit bald dem Abgeordnetenhause unterbreitet wird, und ich werde dafür sorgen, daß wir nicht ohne Wehr und Waffen bleiben. Ich werde danach trachten, daß der autonome Zolltarif so bald als möglich zustande kommt, damit die internationalen Verhandlungen beginnen können. Ich erörtere jetzt nicht den deutschen Zolltarif und beschränke mich darauf, zur Beruhigung unserer Abgeordneten zu erklären, daß unser neuer Zolltarif derart entworfen ist, daß die Interessen Ungarns nicht schutzlos bleiben, weder Deutschland noch anderen Staaten gegenüber.

Am 12. Dezember lehnt er eine Aufforderung der Opposition, die Handelsverträge am 31. Dezember zu kündigen ab und erklärt: Für am meisten dringend halte er die definitive Klärung des Verhältnisses mit Oesterreich in allen schwebenden Fragen, und diese Klärung werde auch eintreten.

18. Dezember. (Cisleithanien.) Abgeordnetenhaus. Zollfrage. Vertagung.

Auf einige Anfragen über die Ausgleichsverhandlungen erwidert Ministerpräsident v. Körber, beide Regierungen hätten einen neuen Zolltarif sowie ein Zoll- und Handelsbündnis vereinbart. Ueber einzelne Punkte seien sie noch nicht einig; doch werde die Entscheidung in jedem Fall in kürzester Zeit erfolgen. Bis dahin sei die Regierung nicht in der Lage, einen Zolltarif zu veröffentlichen, welcher, wenn auch im weiteren Sinne des Wortes, einen Bestandteil des Ausgleichs bilde, weil das Resultat der mit der ungarischen Regierung gepflogenen Verhandlungen einen bestimmenden Einfluß auf die zukünftige Handelspolitik der diesseitigen Reichshälfte ausüben müsse. Hierauf wird der Reichsrat vertagt, ohne daß das Budget erledigt ist.

20. Dezember. Der Reichskriegsminister Frhr. v. Krieghammer tritt in den Ruhestand; sein Nachfolger wird F.M.L. Ritter v. Pitreich.

29. Dezember. (Wien.) Ankunft des russischen Ministers des Auswärtigen Graf Lambsdorff.

29. Dezember. Die Regierung kündigt den Handelsvertrag mit Italien, so daß der Vertrag mit dem 31. Dezember 1903 außer Kraft tritt.

31. Dezember. (Cisleithanien.) Die „Wiener Zeitung" veröffentlicht ein sechsmonatiges Budgetprovisorium bis 30. Juni 1903 mittels kaiserlicher Verordnung auf Grund des § 14.

31. Dezember. (Wien.) In später Abendstunde wird der österreichisch-ungarische Ausgleich von den Ministern v. Szell und v. Körber unterzeichnet.

III.
Portugal.

2. Januar. (Lissabon.) Die Cortes treten zusammen. — Die Einnahmen werden auf 54913, die Ausgaben auf 55863 Contos veranschlagt.

Ende März. (Santarem.) Gegen den Kardinalpatriarchen von Lissabon finden feindliche Kundgebungen statt.

Anfang März. (Lissabon.) Die Regierung schließt ein Abkommen mit den Staatsgläubigern aus England, Deutschland und Frankreich, wonach in die Verwaltung der Staatseinkünfte drei Vertreter der Gläubiger aufgenommen werden sollen.

10. Mai. Die Cortes genehmigen in beiden Kammern das Abkommen mit den auswärtigen Gläubigern mit großer Mehrheit. — Im Lande wird es scharf angegriffen; in mehreren Provinzen brechen Unruhen aus, die einen antiklerikalen Charakter annehmen.

16. Oktober. Der König tritt über Spanien und Frankreich eine Reise nach England an.

Anfang November. Die spanische Presse verbreitet Nachrichten über Gärungen im portugiesischen Offizierkorps; mehrere Generale wollten eine Kundgebung gegen das Ministerium hervorrufen.

IV.
Spanien.

1. Januar. Das Budget wird publiziert. Die Einnahmen werden auf 974 Millionen, die Ausgaben auf 971 Millionen Pesetas angeschlagen.

18. Januar. (Manresa.) Durch eine Explosion in einer Spinnerei werden gegen hundert Menschen getötet und verwundet.

Januar. (Barcelona.) Der Aufstand vergrößert sich; es finden Angriffe auf Fabriken statt, die Polizei und Bürgergarde verteibigt.

Februar. (Katalonien.) Der Generalaufstand in Barcelona wird am 16. erklärt, etwa 60000 Arbeiter nehmen daran teil, in ganz Katalonien streiken mehr als 100000. — Es kommt zu blutigen Straßenkämpfen mit den Truppen. — Über Saragossa wird der Kriegszustand verhängt.

17. Februar. (Senat.) Debatte über Marokko.

Es werden mehrere Anfragen gestellt, welche Versuche Frankreich und England gemacht hätten, um ihren Einfluß in Marokko zu befestigen. Der Minister des Auswärtigen erwidert: Was die gegenwärtige Lage in Marokko betreffe, so seien die in dieser Beziehung verbreiteten Gerüchte unbegründet. Spanien sei mehr als irgend ein anderes Land daran interessiert, was Marokko betreffe. Andere Nationen können wohl mehr materielle Interessen in Marokko haben, aber Spanien, das seit Jahrhunderten Niederlassungen in Marokko besitzt, habe das volle Recht zu einer Intervention. Es wolle keine Eroberungen machen, aber aus der gegenwärtigen Lage Nutzen ziehen und die Plätze an der afrikanischen Küste zur Entwicklung bringen.

Ende Februar. In Toledo brechen Streiks und Unruhen aus.

27. Februar. (Deputiertenkammer.) Debatte über die Vorgänge in Katalonien.

Der Vertreter von Barcelona, Abg. Robert, führt aus, daß die Krisis in der allgemeinen Arbeiterbewegung in Barcelona das Werk der revolutionären Sozialisten gewesen sei, die durch ihre heftigen Reden gegen die Reichen die Massen erbittert und aufgereizt hätten. Der Redner macht jedoch die Regierung wegen ihres früheren passiven Verhaltens für die

Vorkommnisse mit verantwortlich und fordert sie auf, durch Reformen die Lage der Arbeiter zu verbessern. Der Minister des Innern erwidert, da er die Unruhen vorausgesehen habe, habe er ein Rundschreiben an die Präfekten gerichtet, in welchem er sie aufgefordert habe, Maßregeln zu ergreifen, bevor ein Aufstand in Barcelona ausbreche. Später habe er zwischen den Arbeitgebern und Arbeitern zu vermitteln gesucht. Er habe ferner die Redner in den Versammlungen gerichtlich verfolgt und den Belagerungszustand verhängt. Drei Stunden nach der Proklamierung des Ausstandes habe er den Präfekten, der offenbar nicht genügende Autorität besaß, abgesetzt; die Regierung habe also ihre Pflicht getan.

März. Kabinettskrisis.

Am 10. März tritt der Finanzminister Urzaiz zurück, weil sein Projekt, die Emissionen von der Bank von Spanien zu trennen, in der Kammer keinen Beifall findet. Hieran knüpft sich eine Kabinettskrisis, die am 18. beendet wird. Sagasta bleibt Vorsitzender, neu eintreten Canalejas für öffentliche Arbeiten, Moret für Inneres, Robriganez für Finanzen, Montille für Justiz.

15. März. (Madrid.) Auf Befehl des Kriegsministers werden die Soldaten, deren Dienstzeit abgelaufen ist, noch unter der Fahne behalten, bis die Gefahr der Ruhestörungen vorüber ist.

Anfang April. (Cortes.) Die Regierung bringt eine Vorlage über Schuldentilgung ein.

Es wird geplant, daß der Staatsschatz der Bank von Spanien in einem Zeitraum von zehn Jahren den Betrag der bei derselben schwebenden Schuld zurückzahlt. Zu dieser Rückzahlung soll erstens der Betrag der gemäß dem Gesetze vom 2. August 1899 zu emittierenden öffentlichen Schuld verwandt werden, zweitens der Ertrag der Begebung einer dauernden inneren, äußeren oder amortisierbaren Schuld. Die Regierung soll ermächtigt werden, die Emission oder Begebung im Gesamtbetrag oder in Teilbeträgen vorzunehmen. Drittens sollen die Ueberschüsse der nächsten Budgets zu dieser Rückzahlung verwandt werden. Das Maximum der Emission der Bankbillets soll 1200 Millionen Pesetas betragen. Die über diesen Betrag hinaus im Umlauf befindlichen Bankbillets müssen durch bare Kassenbestände, von denen die Hälfte aus Gold bestehen muß, gedeckt werden. Die Regierung wird sich mit der Bank von Spanien wegen Festsetzung des Diskonts für die Darlehen mit Garantie durch öffentliche Fonds ins Einvernehmen setzen. Dieser Diskont muß stets ein halb Prozent höher sein als der Wechseldiskont. Desgleichen wird sich die Regierung mit der Bank von Spanien wegen des Verkaufs von Titres der öffentlichen Schuld und von Aktien der Tabakspachtgesellschaft ins Einvernehmen setzen, dergestalt, daß das Portefeuille sich ausschließlich aus diskontierten Wechseln mit einer Verfallzeit von 90 Tagen zusammensetzt, jedenfalls aber darf dieser Verkauf nicht stattfinden, bevor an die Bank von Spanien die dem Staatsschatz gegenwärtig geleisteten Vorschüsse zurückerstattet sind.

16. April. Franz v. Assisi, Gemahl der Königin Isabella von Spanien (1833—68), in Epinay in Frankreich. †.

Mitte Mai. (Madrid.) Es werden mehrere Anarchisten verhaftet, die eine Verschwörung gegen das Leben des Königs geplant haben sollen.

Spanien. (Mai 17.—Dezember 30.)

17. Mai. König Alfons XIII. übernimmt die Regierung. — An den Feierlichkeiten verweigern mehrere Munizipalitäten, z. B. Barcelona, die Teilnahme.

27. Mai. Der Minister für öffentliche Arbeiten Canalejas tritt zurück, weil er die Ausführung der Dekrete gegen die Kongregationen vom vorigen Jahre verlangt, die Sagasta ablehnt. — Sein Nachfolger wird Suarez Inclan.

Mitte August. (Santiago di Compostella.) Eine Versammlung von 15 Bischöfen fordert in einer Adresse an den König das Lehrmonopol für die Kirche, größere Freiheit für die Kongregationen und Einschränkung der Preß- und Redefreiheit.

August. Zwischen Spanien nnd dem Vatikan finden Verhandlungen statt über die Verminderung der Bischofssitze, über die Besteuerung der religiösen Gemeinschaften und über die Unterbrückung der im Konkordat nicht anerkannten Kongregationen.

9. Oktober. (Gibraltar.) Infolge der Schließung eines sozialistischen Klubs kommt es zu einem heftigen Zusammenstoß zwischen Sozialisten und Militär.

20. Oktober. Die Cortes treten wieder zusammen.

8. November. (Barcelona.) Eine Anzahl Karlisten, die eine Erhebung geplant haben sollen, werden festgenommen.

November. Ministerkrisis.

Ministerpräsident Sagasta reicht seine Entlassung ein, da die Kammermehrheit seine Kirchenpolitik tadelt (10. Nov.). Nach einigen vergeblichen Versuchen bildet Sagasta ein neues Kabinett. Präsidium: Sagasta; Auswärtiges: Herzog von Almodovar; Justiz: Puigcerver; Finanzen: Eguilior; Inneres: Moret; Krieg: General Weyler; Marine: Admiral Herzog von Veragua; Unterricht: Romanones; öffentliche Arbeiten: Amos Salvador.

Ende November. (Barcelona.) An der Universität brechen Unruhen aus wegen des Erlasses, den Unterricht in der spanischen Sprache obligatorisch zu machen. — Am 17. Dezember wird das Dekret aufgehoben.

6. Dezember. Das Kabinett Sagasta tritt wegen heftiger Angriffe der Opposition zurück. Es wird ein konservatives gebildet mit folgender Zusammensetzung: Präsidium Silvela, Auswärtiges Abarzuza, Inneres Maura, Bautenminister Vadillo, Finanzministerium Villaverde, Unterricht Allendes Alazar, Justiz Dato, Marine Sanchez Toca, Krieg Linares.

30. Dezember. Die Regierung sendet einige Kriegsschiffe nach Tanger und hält Truppen zum Eingreifen in Marokko bereit.

V.
Großbritannien.

Januar. (**Irland.**) In mehreren Grafschaften kommt es zu Konflikten zwischen Pächtern und Landlords. Die nationale irische Liga agitiert heftig gegen die Bezahlung des Pachtgeldes. Die Polizei muß häufig einschreiten.

11. Januar. (**Birmingham.**) Der Kolonialminister Chamberlain hält eine Rede über die gegen ihn gerichteten Angriffe und den Imperialismus.

Er führt darin aus, die Animosität gegen England werde seiner unbedachten Redeweise zugeschrieben. Er nehme jedoch nichts zurück, modifiziere nichts und habe nichts zu rechtfertigen. Kein englischer Minister habe jemals seinem Lande treu gedient und sich zugleich im Auslande der Popularität erfreut. Man müsse daher der Kritik des Auslandes etwas zu gute halten. Er wolle aber nicht dem Beispiele folgen, welches ihm gegeben worden sei; er wolle keinem auswärtigen Minister Lehren erteilen, noch irgend welche aus dessen Händen entgegennehmen. Er sei einzig seinem Souverän und seinen Landsleuten verantwortlich. . . . „Ich frage Sie, wie kann einigen Worten, die ich vor wenigen Wochen in einer Rede geäußert, zugeschrieben werden, daß monatelang und Jahre hindurch schon von Beginn des Krieges an die Auslandspresse von Beschimpfungen unseres Landes strotzt?" Die jetzige Regierung habe die Beziehungen zum Auslande nicht verschlechtert, wie von der Opposition behauptet werde. „Ich stelle nicht in Abrede, daß wir Frieden hatten, als wir unser Amt antraten; wir fanden aber mindestens sechs brennende internationale Fragen vor, die unsere Vorgänger in der Schwebe gelassen hatten, nämlich die siamesische Frage, der Grenzstreit mit Venezuela, die Frage über das Hinterland unserer westafrikanischen Kolonien, woran wir mit Deutschland und Frankreich zugleich beteiligt waren, die Samoa-Frage, die Frage der Inseln im Stillen Ozean, zuletzt Frankreichs Position am Nil. Die jetzige Regierung, welche, wie man Ihnen erzählt, unfähig, schwach und verbraucht sein soll, hat alle diese Fragen in erfolgreicher Weise angefaßt, abgesehen davon, daß wir die britischen Interessen im Osten gewahrt und die seit langem vorhandene Ursache von Differenzen mit unseren amerikanischen Verwandten beseitigt haben, indem wir uns über den Vertrag einigten, welcher den sofortigen Bau des die Ozeane verbindenden Kanals gestattet. Ich möchte auch die Transvaal-Frage hierin einschließen. Denn es wäre absurd, wenn man nicht anerkennen wollte, daß der Kampf der Buren und Briten um die Oberherrschaft in Südafrika schon lange, bevor wir unser Amt übernahmen, begann. Das sind gewichtige Leistungen auf friedlichem Gebiete. Wenn wir auch außer stande waren, das Vorurteil auf dem Kontinente zu beseitigen, welches stets bestanden, wenn auch niemals in gröblicherer Form zum Ausdruck gekommen war, so haben wir doch auf jeden Fall einige wesentliche Differenzpunkte erledigen können. Aber wir haben noch mehr getan, noch wichtigeres, als das Wohlwollen der fremden Nationen für uns bedeutet, wenngleich ich dessen Wert damit nicht herabsetzen will: Was mehr Wert hat, ist die Zuneigung und das Vertrauen unserer Verwandten jenseits der Meere. Trotz der schweren Verluste hat der Krieg dazu gedient, zu zeigen, daß, wenn wir wieder einmal zu kämpfen haben um unsere Existenz gegen eine Welt in Waffen, wie schon einmal, daß wir dann nicht allein stehen. Es kann kaum ein Opfer zu groß erscheinen für das Ergebnis, daß wir uns zur Höhe des Imperiums erheben können, welches nicht an die Grenzen des Vereinigten Königreiches gebunden ist, sondern jeden Mann britischer Rasse in jedem Teile der Erdkugel umfaßt. Das ist der Imperialismus, um dessentwillen ich von jedem patriotischen Briten Unterstützung verlange."

Mitte Januar. Die Erklärungen des Grafen Bülow (S. 1) über die englische Armee und die Äußerung Chamberlains werden von der Regierungspresse im allgemeinen ungünstig kommentiert. Die Angriffe auf Chamberlain hätten seine Stellung befestigt, die Unfreundlichkeit Bülows erschwere eine deutsch=englische Freundschaft.

16. Januar. (London.) Der König eröffnet das Parlament. In der Thronrede heißt es: Meine Beziehungen zu den anderen Mächten sind andauernd freundschaftlicher Art. Ich bedaure, daß der Krieg in Südafrika immer noch nicht beendet ist, obwohl sich der Gang der Operationen günstig für unsere Waffen gestaltete. Der Schauplatz des Krieges ist erheblich kleiner geworden. Die Industrie wird in Meinen Kolonien wieder aufgenommen. Trotz des ermüdenden Charakters des Kampfes zeigten die Soldaten durchweg Freudigkeit in der Ertragung der Beschwerden der Guerilla=Kriegführung und Humanität in der Behandlung des Feindes, sogar zu ihrem eigenen Schaden. Dies verdiene das höchste Lob. Die Notwendigkeit, diejenigen Truppen, welche am meisten den Beschwerden des Krieges ausgesetzt waren, ablösen zu lassen, gab mir Gelegenheit, wiederum von den loyalen und patriotischen Anerbietungen der Kolonien Gebrauch zu machen. Neue Kontingente aus Canada, Australien und Neuseeland werden bald in Südafrika eintreffen. Auf Einladung des Königs der Belgier ist die internationale Konferenz zur Beratung über die Zuckerprämien vor kurzem in Brüssel zusammengetreten. Ich hege die Zuversicht, ihre Entscheidung werde zum Verlassen eines Systems führen können, durch welches die Zucker erzeugenden Kolonien und die Fabrikanten im Mutterlande beim Betriebe dieses höchst wichtigen Industriezweiges in unbilliger Weise belastet wurden. Die Thronrede erwähnt dann den Vertrag mit den Vereinigten Staaten betr. die Erbauung eines interozeanischen Kabels unter der Bürgschaft, daß dessen Neutralität aufrecht erhalten bleibt und der Kanal dem Handel und der Schiffahrt aller Nationen offen steht. Die Thronrede berichtet sodann über den Abschluß eines Vertrages mit Brasilien über die schiedsgerichtliche Entscheidung von Fragen betreffend die Grenze von Guayana und bemerkt, mit großer Freude teile der König

mit, daß der König von Italien sich bereit erklärte, das Schiedsrichteramt zu übernehmen. Ferner heißt es in der Thronrede, die Regenfälle in Indien seien weniger reichlich, als es zu wünschen wäre. Die Fortführung der Notstandsvorkehrungen sei, wenn auch in geringerem Maßstabe, in den einzelnen Landesteilen nötig und die Unterstützungsmaßnahmen gegen die Hungersnot sollten bezüglich des einzuschlagenden Verfahrens und dessen Wirksamkeit weiter verbessert werden. Die Thronrede gedenkt sodann des Todes des Emirs von Afghanistan und der Thronbesteigung seines Nachfolgers, der den ernsten Wunsch ausdrückte, die freundlichen Beziehungen Afghanistans zum indischen Reich aufrechtzuerhalten. Schließlich werden einzelne Vorlagen angekündigt betr. Verbesserungen des Unterrichtswesens, Erleichterungen des An- und Verkaufs von Land in Irland und andere Maßnahmen lokalen Charakters.

20. Januar. (Unterhaus.) Debatte über den südafrikanischen Krieg; Konzentrationslager, Friedensverhandlungen, Hinrichtungen.

Auf verschiedene Anfragen und Anträge erwidert Kolonialminister Chamberlain: Die Konzentrationslager seien geschaffen worden infolge des Vorgehens Bothas, der die Frauen nicht in den Meiereien belassen wollte. Die Regierung sorgte mit einer in der Kriegsgeschichte beispiellos dastehenden Menschlichkeit für die ihr so aufgedrängten Frauen und Kinder. Für das beklagenswerte Elend und die Sterblichkeit in jenen Lagern seien die Befehlshaber der Buren verantwortlich. Wenn die Buren glaubten, daß sie jederzeit die von Kitchener angebotenen Bedingungen erhalten könnten, seien sie im Irrtum. Augenscheinlich sei der Grund, weshalb sie Kitcheners Vorschläge ablehnten, der, daß sie dieselben für das Minimum hielten, das sie jederzeit erhalten könnten. Es wäre sehr gefährlich, sie in dieser Ansicht zu bestärken. Falls die Buren Verhandlungen eröffneten, müßten die Engländer zunächst wissen, ob die, welche die Verhandlungen führen wollten, auch berechtigt seien, das zu tun. Präsident Krüger und seine mit nach Holland geflüchtete Umgebung schienen das Vertrauen der Transvaaler verloren zu haben. Ebenso wenig käme die ambulante Regierung Steyns und Schalk Burghers in Betracht, da sie nicht mit allen Kommandos in Verbindung sei. Auch die Burengenerale könnten für die andern nicht verhandeln. Wenn aber wirklich eine entsprechende Vertretung der Buren gefunden wäre, so müsse gesehen werden, ob ihre Bedingungen vernünftig seien und Aussicht auf einen soliden Frieden böten. Bannermanns Vorwurf betreffend die Ausrottungspolitik sei unberechtigt; niemand sei wegen Hochverrats erschossen worden, sondern wegen Mordes. Die Regierung wolle den Besiegten baldmöglichst volle politische Rechte und allen Weißen gleiches Recht geben. Eine allgemeine Konfiskation sei nicht beabsichtigt. Zum Zwecke des dauernden Friedens müßten die Buren ihre Niederlage zugeben, was angesichts ihrer Tapferkeit keine Demütigung sei. England sei nicht taub gegen Friedensanerbietungen, die von einer verantwortlichen Behörde kommen. Kitcheners Proklamation vom 7. August bleibe unaufgehoben, da durch die Exilierung der Burenführer die Bestrebungen zur Wiederaufrichtung des Burenstaates unterdrückt würden. Letzteren werde nach dem Friedensschlusse, soweit es Englands Sicherheit erlaube, größtmögliche Amnestie gewährt werden. Hinter der Regierung stehe die Mehrheit der Engländer. (Beifall.)

21. Januar. (Unterhaus.) Debatte über die Vorgeschichte des spanisch-amerikanischen Krieges (vgl. S. 38).

Auf eine Anfrage bezüglich des Gerüchtes, daß seinerzeit von seiten der europäischen Mächte Vorschläge zu einem gemeinsamen Vorgehen gemacht seien, um den Ausbruch des spanisch-amerikanischen Krieges zu verhindern, erwidert Unterstaatssekretär Cranborne, nach Ausbruch des Krieges seien solche Schritte nicht mehr unternommen worden, wohl aber habe er unmittelbar vor dem Kriege verschiedene Mitteilungen von anderen Mächten erhalten, welche die Ueberreichung einer gemeinsamen Note in Washington angeregt hätten. Die britische Regierung habe sich bereit erklärt, sich den übrigen Mächten anzuschließen, und in dieser Note der Hoffnung Ausdruck gegeben, daß die weiteren Unterhandlungen zu einer friedlichen Einigung führen würden, die von gewissen Garantien begleitet sein würde. Die britische Regierung habe nun zunächst Schritte getan, um sich zu vergewissern, ob die Ueberreichung der Note, wie auch ihr Wortlaut für den Präsidenten annehmbar sein würden. Die Regierung habe es sodann abgelehnt, sich mit weiteren Vorschlägen einverstanden zu erklären, gegen die man anscheinend den Einwand hätte erheben können, daß sie einen Druck auf die amerikanische Regierung ausübten und die Haltung Amerikas kritisierten.

23. Januar. (Unterhaus.) In einer Debatte über das Verhältnis Englands und Rußlands zu Persien erklärt Unterstaatssekretär Lord Cranborne:

Das Ziel Englands in Asien sei die Aufrechterhaltung des status quo. Großbritannien habe große politische und Handelsinteressen in Persien, welche es aufrecht erhalten müsse. Es bestehe aber kein Grund, daß Großbritannien deshalb in andere als freundschaftliche Beziehungen zu Rußland trete. Obwohl England freundschaftliche Beziehungen zu Rußland und den anderen Mächten suche, dürften diese Beziehungen nicht auf Kosten von Rechten, die es durch einen Vertrag besitze, angestrebt werden. (Beifall.) Englands Politik sei auf die Wahrung der Integrität Persiens gerichtet; aber es gebe Grenzen für eine solche Politik, welche nicht unabhängig vom Vorgehen anderer Mächte aufrecht erhalten werden könne. England könne seine Rechte und seine Uebergewichtsstellung nicht aufgeben. Neben der Integrität Persiens wünsche er, Redner, auch dessen Weiterentwicklung. Bezüglich der Weigerung Englands, die jüngste persische Anleihe zu garantieren, führte Cranborne aus, die Regierung könne Geld nur gegen gute Sicherheit verleihen. Die englische Regierung habe die Tatsache begrüßt, daß Rußland an der Entwicklung des Eisenbahnwesens in Persien teilnehme, genau so, wie sie ein analoges Vorgehen Deutschlands begrüßt habe. Die englische Handelspolitik, welche keine Vorzugstarife kenne, komme allen zugute.

25. Januar. Die niederländische Regierung richtet eine Note an die englische und bietet ihre guten Dienste zur Herbeiführung von Friedensverhandlungen im südafrikanischen Kriege an. Die englische Regierung erwidert, die Initiative müsse von den Buren ausgehen. (Vgl. Staats-Archiv Bd. 66.)

Januar. Februar. England, Deutschland und die Vereinigten Staaten. (Vgl. S. 38.)

Die Presse kommentiert die Reise des Prinzen Heinrich von Preußen nach Amerika und führt dabei aus, daß Deutschlands Haltung gegen die

Vereinigten Staaten im Jahre 1898 im Gegensatz zu England feindlich gewesen sei. Die „Times" behaupten, die Absicht des Prinzen sei, den Präsidenten Roosevelt über die Monroedoktrin zu sondieren.

Nach der Veröffentlichung des „Deutschen Reichsanzeigers" (S. 38) verlangt Abg. Normann im Unterhause (14. Februar) Informationen betreffs der Versammlung der Botschafter der europäischen Großmächte in der englischen Botschaft zu Washington im April 1898. Parlamentssekretär des Auswärtigen Amtes Lord Cranborne: Diese Versammlung fand am 14. April 1898 statt und war zusammenberufen vom englischen Botschafter Pauncefote als Doyen auf die mündlich vorgebrachten Anregungen einiger Kollegen. Welche Anregungen auch immer Pauncefote bei dieser Besprechung, die einen nicht formellen Charakter trug, zum Ausdruck gebracht haben mag, sie waren nur seine persönliche Meinung und nicht infolge irgend welcher Instruktionen der englischen Regierung ausgesprochen. Die Besprechung endete mit der Vereinbarung der Botschafter, identische Depeschen an ihre Regierungen zu senden, in welchen eine weitere Mitteilung an die amerikanische Regierung in Vorschlag gebracht wurde. Nach Empfang der Depesche Pauncefotes erwiderte die englische Regierung sofort und sprach sich gegen die Fassung der vorgeschlagenen Mitteilung an die amerikanische Regierung aus, die sie als unüberlegt betrachte. Später wurde Pauncefote mitgeteilt, daß die englische Regierung sich entschlossen habe, keine Aktion vorzunehmen. Wir hatten zu der Zeit keine Information über die Haltung der deutschen Regierung.

30. Januar. (London.) Abschluß eines Bündnisses mit Japan.

Das Abkommen, das am 11. Februar veröffentlicht wird, lautet: Beide Regierungen sind von dem Wunsche beseelt, den status quo und den allgemeinen Frieden in Ostasien, wie auch die Unabhängigkeit und Integrität von China und Korea aufrecht zu erhalten, und kamen über folgendes überein: 1. Maßregeln zu treffen, um ihre Interessen zu wahren, wenn diese durch aggressives Vorgehen irgend einer anderen Macht oder durch Unruhen in China und Korea bedroht sind und sich dadurch für einen der beiden vertragschließenden Teile die Notwendigkeit ergibt, zum Schutze ihrer Staatsangehörigen zu intervenieren; 2. wenn einer der beiden Vertragschließenden in einen Krieg mit irgend einer anderen Macht verwickelt werden sollte, wird der andere Teil strenge Neutralität bewahren, und sich bemühen, zu verhindern, daß andere Mächte sich an den Feindseligkeiten gegen seinen Verbündeten beteiligen; 3. wenn irgend eine Macht sich den Feindseligkeiten gegen diesen Verbündeten anschließt, wird die andere Partei ihm zu Hilfe eilen, den Krieg mit ihm gemeinsam führen und in wechselseitigem Einvernehmen Frieden schließen; 4. die vertragschließenden Parteien kommen überein, daß keine von beiden, ohne die andere zu befragen, sich auf separate Abmachungen mit einer anderen Macht zum Schaden der oben bezeichneten Interessen einlassen wird; 5. wenn immer die oben erwähnten Interessen gefährdet sind, werden die beiden Regierungen in umfassender und rückhaltloser Weise Mitteilungen machen; 6. das Abkommen tritt sofort in Kraft und bleibt fünf Jahre lang in Geltung. Ist indessen einer der beiden Verbündeten in einen Krieg verwickelt, wenn der Zeitpunkt seines Erlöschens herankommt, so soll dasselbe in Geltung bleiben, bis Friede geschlossen ist.

31. Januar. (Unterhaus.) Brodrick über die Kriegskosten und die militärische Lage in Südafrika.

Großbritannien. (Februar 13.)

Der Staatssekretär des Krieges, Brodrick, bringt einen Nachtragsetat für die Heeresverwaltung in Höhe von 5 Mill. Pfd. Sterl. ein. Er sagt, daß im Etatsjahr 1900/1901 die Kriegskosten 63 Mill. Pfd. Sterl. betrugen; im Etatsjahr 1901/02 würden die Kosten 61 Mill. Pfd. Sterl. betragen. Einen Teil des Jahres hindurch zählte das Kriegsheer in Südafrika 250000 Mann, am 1. Januar d. J. 237000 Mann. Im Durchschnitt wurden monatlich 24000 Pferde gekauft. Mit dem Troß betrug die Gesamtzahl der dem Kriegsheere Angehörenden 280000. Die Regierung mußte durchschnittlich 208000 Pferde und Maultiere, 30000 Ochsen, 27000 gefangene Buren und 130,000 Angehörige derselben unterhalten. Die monatlichen Ausgaben haben sich von 5½ auf 4½ Mill. vermindert. Das Blockhaussystem hat den bestmöglichen Erfolg gezeigt, indem es nicht nur die Strapazen der Truppen verminderte, sondern auch den Umfang des Kriegsschauplatzes verringerte. Die Aufständischen in der Kapkolonie sind in Wirklichkeit zersprengt. Von den Buren sind nur noch einige Trupps im Felde, die sich in den Bergen versteckt halten. In der Oranjekolonie hat das Blockhaussystem das Land südlich der Linie Kimberley-Kronstadt-Natalgrenze von Buren freigemacht; auch in Transvaal ist durch die Blockhäuser ein großer Teil des Landes gesäubert und die Eisenbahn gesichert. Das Wiedererwachen des Geschäftslebens in Johannesburg ist ein Anzeichen, um dessentwegen wir uns beglückwünschen können. Noch drei große feindliche Truppenkörper befinden sich auf dem Kriegsschauplatz. Nämlich Dewets Streitmacht, die unter Umständen ein zu fürchtender Truppenkörper werden könnte, die Streitmacht unter Botha, die in ihren Bewegungen durch die letzten Operationen sehr gehemmt ist, und Delareys Truppe. Kitcheners Plan ist es, diese Truppenkörper zusammenzudrängen und zu einem Gefecht zu zwingen. Das Blockhaussystem gibt uns die Sicherheit, daß früher oder später unsere Truppen im stande sein werden, einen großen Truppenkörper der Buren zu einem Gefecht zu zwingen. Jedes dieser drei Kommandos kann etwa 2000 Mann stellen.

13. Februar. (Oberhaus.) Der Staatssekretär des Auswärtigen Lord Landsdowne sagt über das Bündnis mit Japan:

Dieses Abkommen kann als das Ergebnis der Ereignisse der letzten zwei Jahre im fernen Osten betrachtet werden, wie auch des Anteils, welchen England und Japan am Vorgehen der Mächte anläßlich derselben genommen. Während des ganzen Verlaufes der Unruhen und Verwickelungen in China, die auf den Ausbruch des Boxeraufstandes folgten, sind die beiden Mächte in engem und ununterbrochenem Verkehr gewesen und haben gleichartige Anschauungen betätigt. Aus dem häufigen Meinungsaustausch zwischen den beiden Regierungen, aus der Entdeckung, daß ihre Interessen im fernen Osten identisch sind, ergab sich, daß jede von beiden Seiten den Wunsch ausdrückte, daß diese gemeinsame Politik ihren Ausdruck in einem internationalen Vertrage von bindender Kraft finden sollte. Die englische Regierung ist bei ihrem Entschlusse, diesen wichtigen Vertrag einzugehen, in hohem Maße durch die Ueberzeugung beeinflußt gewesen, daß derselbe keine Bestimmungen enthält, welche als ein Anzeichen aggressiver oder selbstsüchtiger Absichten in den Gegenden, auf welche er sich bezieht, betrachtet werden können. Das Abkommen ist lediglich als Vorsichtsmaßnahme abgeschlossen worden, an welche man sich, im Falle sich eine Gelegenheit ergeben sollte, in der Verteidigung wichtiger britischer Interessen zu halten hätte. Der Vertrag bedroht in keiner Weise die gegenwärtige Stellung oder berechtigte Interessen anderer Mächte. Im Gegenteil, kann jener Teil des Abkommens, welcher für jede der vertragschließenden Parteien die Verbindlichkeit enthält, daß sie von der anderen Partei zum Beistande aufgefordert werden kann, nur wirksam werden, wenn einer der Verbündeten sich gezwungen sieht, in den Krieg zu ziehen zur Verteidigung der Interessen, welche beiden gemeinsam sind, ferner, wenn die Umstände, unter welchen der Schritt unternommen, derart sind, daß feststeht, daß er den Streit nicht gesucht hat. Und wenn der Verbündete, der zur eigenen Verteidigung in einen Kampf verwickelt ist, sich nicht durch eine einzelne Macht, sondern durch eine feindliche Koalition bedroht sieht.

13. Februar. (Unterhaus.) Debatte über die Mandschurei und die Abkommen mit Japan und Deutschland.

Abg. O'Kelly fragt, ob der englisch-japanische Vertrag auch auf die Mandschurei Anwendung finde und ob die deutsche Regierung der Ansicht sei, daß das englisch-deutsche Abkommen gleichfalls auf die Mandschurei Anwendung finde. Unterstaatssekretär Cranborne: Die Mandschurei sei ebensowenig wie irgend eine andere Provinz Chinas von dem Geltungsbereich des neuen Abkommens ausgeschlossen. Der Inhalt des englisch-japanischen Abkommens sei auch der deutschen Regierung mitgeteilt worden und das englisch-deutsche Abkommen bleibe noch in Kraft. Dem Vorredner sei ohne Zweifel die Auslegung wohl bekannt, welche die deutsche Regierung bezüglich der Frage der Anwendbarkeit des englisch-deutschen Abkommens auf die Mandschurei kundgegeben habe.

15. Februar. (Unterhaus.) Die Regierung legt die Etats für das Heer und die Marine vor.

Der Militäretat für das Fiskaljahr 1903 beträgt 69 310 000 Pfd. Sterl. (nach deutschem Gelde 1 Milliarde und 386½ Millionen Mark). Die Präsenzstärke des Heeres soll 420 000 Mann betragen, und zwar 219 700 Mann für den ordentlichen und rund 200 000 Mann für den Kriegsdienst. Der Voranschlag bleibt hinter dem für 1902 um 23 230 000 Pfd. Sterl. (464 600 000 Mk.) bezüglich des Kriegsdienstes und um 375 000 Pfd. Sterl. (7½ Mill. Mk.) bezüglich des ordentlichen Dienstes zurück. Er sieht weiter die Beibehaltung der Feldarmee in Südafrika in der gegenwärtigen Stärke für acht oder neun Monate des neuen Finanzjahrs vor.

Die Marine-Forderungen belaufen sich auf 31 255 000 Pfd. Sterl. gegen 30 875 000 Pfd. Sterl. im Vorjahre; davon sind bestimmt für Neubauten 9 058 000 Pfd. Sterl., von diesem letzteren Betrage sind 700 000 Pfd. Sterl. für die ersten Raten neuer Schiffe ausgeworfen.

Februar. Differenzen in der liberalen Partei (vgl. 1901 S. 224.)

In Leicester findet eine Versammlung der „National Liberal Federation" statt (19. Februar). In den Debatten kommt es zu lebhaften Kämpfen zwischen den Anhängern Rosebery's, die gegen die Home Rule und für den Imperialismus sind, und denen Campbell-Bannermanns. Campbell-Bannermann greift Lord Rosebery scharf an, namentlich wegen seiner Bekämpfung der Gladstoneschen Home Rule und fordert ein Sonderparlament und eine Sonderregierung für die Iren.

28. Februar. (Unterhaus.) Debatte über Irland.

Abg. T. W. Russel polemisiert gegen die Versuche, die irische Agitation mit Gewalt niederzuwerfen. Das vereinigte Königreich stände vor dem Ausbruch jener großen Krisen, die von Zeit zu Zeit das Staatsgebäude in Irland in seinen Grundfugen erschüttern. Zu gegenwärtigen

Augenblick gehe im Westen Irlands eine höchst gefährliche Neubildung geheimer Gesellschaften vor sich: wenn die Regierung die Vereinigte Irische Liga unterdrücke, so würde das einfach für die geheimen Gesellschaften das Signal sein, daß die Zeit gekommen sei, um wieder eine Schreckensherrschaft einzuführen, wie sie in vergangenen Zeiten in Irland bestanden habe. Eine gründliche Agrarreform würde der jetzigen unversöhnlichen politischen Bewegung die Spitze abbrechen. Das Heilmittel sei: Expropriierung der englischen Großgrundbesitzer durch den Staat und allmähliche Umwandlung den irischen Farmer in Eigentümer des Landes. In leidenschaftlicher Entrüstung stellt Mr. Russel die Frage: „Wie lange soll es noch dauern, daß Tausende und aber Tausende menschlicher Wesen aus einem kleinen Stückchen Land mühsam ihren Lebensunterhalt zusammenkratzen müssen, daß sie in Häusern wohnen, die armseliger sind als Kaffernhütten und die schlechter genährt und gekleidet sind als Armenhausbewohner in England?"

4. März. (Unterhaus.) Debatte über die Konzentrationslager. (Vgl. Staats-Archiv Bd. 66.)

Auf Angriffe der Opposition, daß in den Konzentrationslagern zu große Sterblichkeit herrsche, erwidert Kolonialminister Chamberlain: Die Sterblichkeit habe schnell abgenommen. Er bedaure die Sterblichkeit, die aufgetreten sei, drücke jedoch die Ueberzeugung aus, daß jede andere Politik, als die von der Regierung befolgte, eine vermehrte Sterblichkeit zur Folge gehabt haben würde. Niemals in der ganzen Weltgeschichte seien so gewaltige Anstrengungen gemacht worden, die Schrecken des Krieges auf das kleinste Maß zu beschränken. Die Kosten für die Konzentrationslager betrügen 180000 Pfd. Sterl. monatlich. Als der Guerillakrieg begonnen habe, habe Lord Kitchener sich erboten, die Frauen auf den Farmen zu belassen und sogar mit Lebensmitteln zu versehen, wenn General Botha ihnen erlaubte, den Neutralitätseid zu leisten. Botha habe das abgelehnt, und diese Politik sei von den Buren weiter befolgt worden bis zu den letzten Stadien des Krieges.

4. März. (Unterhaus.) Bei der Beratung des Kriegsbudgets sagt Kriegsminister Brodrick über die Rekrutierungsfrage:

Die Rekrutierung des letzten Jahres ergab nur 45000 Mann; offenbar langte England an der Grenze der Rekrutierungsmöglichkeit an; nach dem gegenwärtigen System bestehe aber keine Aussicht auf Verminderung des Heeres. Indien werde eher mehr als weniger Truppen erfordern und in Südafrika müsse noch längere Zeit jede erforderliche Truppenmenge unterhalten werden. Künftig solle der aktive Dienst drei, der Reservedienst neun Jahre dauern und die Löhnung von zehn Pence auf einen Schilling erhöht werden. Die Soldaten in Indien und den Kolonien sollen wählen können, ev. acht Jahre aktiv und vier Jahre Reserve zu dienen; im letzteren Falle würden sie 1½ Schilling erhalten. Nötig zur Fortführung der gegenwärtigen Heeresstärke seien 50000 Rekruten; ferner sei erforderlich eine Reserve von 150000 bis 175000. Die Kosten des neuen Planes betragen für Großbritannien 1048000 und für Indien 786000 Pfd. Sterl. jährlich. Bei der Miliz, Yeomanry und den Volunteers soll eine Reserve errichtet und die Schulung der Offiziere und Mannschaften verbessert werden. Wenn die Minister zur Königkrönung eintreffen, werden ihnen die Pläne der Regierung, betreffend die militärischen Verpflichtungen der Kolonien mitgeteilt werden, welche die verschiedenen Teile des Reiches enger aneinander knüpfen würden. England sei entschlossen, daß das Heer aus dem gegenwärtigen Kriege schlagfertiger als zuvor hervorgehen müsse. Ob der zwangsweise Heeresdienst je für die Verteidigung des Mutterlandes eingeführt werde oder nicht, jedenfalls werde England stets für die Verteidigung von Indien, den Kolonien sowie für die Expeditionen im Auslande auf ein nicht konskribiertes, aber darum nicht schlechteres Heer sich verlassen müssen.

Anfang März. Die Presse stimmt im allgemeinen den Ausführungen des Grafen Bülow über die chinesische Politik Deutschlands (S. 43) zu.

12. März. Das Unterhaus lehnt einen Antrag auf Einführung des Achtstundentages für die Bergarbeiter ab.

22. März. Ein Vertrag mit Persien wird veröffentlicht.

Danach verpflichtet sich Persien, unter britischer Oberaufsicht eine dreifache Telegraphenlinie von Kaschan über Jesd und Kerman nach der Grenze von Belutschistan zu bauen. Hierdurch wird ein neuer Weg für den Durchgangsverkehr von Indien nach Europa geschaffen. Persien verpachtet die Linie an die Indoeuropäische Telegraphengesellschaft. Großbritannien streckt die Baukosten ohne Zinsen vor. Als Sicherstellung dient Dreiviertel des Pachtertrages der Telegraphengesellschaft. Großbritannien hält die Linie in stand und bezahlt die für den Schutz derselben erforderlichen persischen Wachmannschaften aus eigenen Mitteln. Die Konvention bleibt in Kraft bis 1925 oder noch länger, wenn dann nicht die Baukosten zurückerstattet werden.

24. März. Kriegsminister Brodrick teilt mit, daß Kitchener Schalk-Burger freies Geleit durch die englischen Linien gegeben habe, um mit Steijn die Möglichkeit von Friedensvorschlägen zu besprechen.

24. März. (Unterhaus.) Es wird eine Unterrichtsbill eingebracht.

Hiernach sollen die städtischen Behörden im ganzen Lande die Aufsicht über die Elementarschulen und die Schulen zweiter Ordnung sowie über die durch freiwillige Beiträge unterhaltenen Schulen führen. London fällt nicht unter die Bestimmungen dieses Gesetzes, indessen soll im nächsten Jahre eine Bill eingebracht werden, die diese Frage auch für London regelt.

8. April. (London.) Lord Kimberley, Führer der Liberalen im Oberhause, †.

9. April. (Leeds.) Staatssekretär Balfour erklärt, daß die Unterwerfung der Buren nur noch eine Frage der Zeit sei, da nur noch 8000 Buren im Felde ständen.

14. April. (Unterhaus.) Schatzkanzler Hicks Beach legt das Budget vor.

Das Deficit dieses Jahres wird geschätzt auf 45 500 000 Pfund Sterling. Es wird beantragt, das Deficit zu decken durch Suspendierung der Schuldentilgung, Erhöhung der Einkommensteuer um einen Penny auf das Pfund Sterling, Erhöhung der Stempelabgaben auf Checks, Koupons und Sichtwechsel auf zwei Pence, Erhebung eines Zolles von drei Pence per Zentner Korn und fünf Pence per Zentner feines und grobes Mehl, Aufnahme einer Anleihe von 32 000 000 Pfund Sterling und durch Ausgabe von

Schatzwechseln in gewisser Höhe. In seiner Budgetrede führt Hicks Beach aus: Aus dem letzten Jahre ist ein Saldo von vier Millionen Pfund Sterling geblieben. Die Kohlen- und Zuckerzölle sind von Erfolg gewesen, indem der Zuckerzoll 6390000 Pfund Sterling, der Kohlenzoll 1300000 Pfund Sterling erbracht hat. Was die künftigen Ausgaben betrifft, so habe ich Hoffnung auf ein glückliches Ergebnis der Konferenzen der Burenführer, aber ich kann mich bei einer solchen Gelegenheit durch solche Hoffnungen nicht beeinflussen lassen. Nichts ist in der gegenwärtigen Krisis mehr geeignet, zum Frieden beizutragen, als der Entschluß des Parlaments und des Landes, den Krieg, wenn unglücklicherweise die Hoffnungen sich nicht erfüllen sollten, zu einem erfolgreichen Ende zu führen, koste es, was es wolle.

Mitte April. (Irland.) Die Regierung erklärt neun Grafschaften in Ausnahmezustand.

21. April. Das Unterhaus genehmigt die Erhöhung der Einkommensteuer mit 290 gegen 61 Stimmen.

April. Mai. Der Eintritt einiger englischer Schiffahrtsgesellschaften in den amerikanischen von Morgan geführten Trust erregt in der öffentlichen Meinung große Besorgnisse um die Zukunft der englischen Handelsflotte. (Vgl. Deutsches Reich.)

Anfang Mai. Nach einer dem Unterhause vorgelegten Rechnung betragen die Kriegskosten vom Oktober 1899 bis 31. März 1902 228984000 Pfund Sterling. Davon werden 73836000 Pfund Sterling durch außerordentliche Steuern und 155148000 Pfund Sterling durch Anleihen gedeckt.

3. Mai. (Unterhaus.) Das Finanzgesetz bringt folgende Getreidezölle in Vorschlag:

Einen Zoll von 3 Pence für den Zentner Weizen, Gerste, Hafer, Roggen, Mais, Buchweizen, Erbsen, Bohnen (nicht frisch), Johannisbrot, Linsen, Reis (für anderen, als ganzer und gereinigter) und für Abfälle der erwähnten Artikel. Ferner einen Zoll von 5 Pence auf Mehl und Grütze aus obigen Artikeln, sowie auf Stärke, Arrow-Root und Kassaba-Pulver, Tapioka, Kartoffelmehl, Sago, Malz, Perlgraupen, Reis, ganz und gereinigt. Das Gesetz bestimmt ferner: Vom 7. Mai ab wird auf die zur Wiederausfuhr bestimmten Artikel der obenbezeichneten Arten, welche in Großbritannien und Irland einen Fabrikations- oder Zubereitungsprozeß durchgemacht haben, Rückvergütung gewährt. Ferner wird Rückvergütung gewährt auf die in Großbritannien und Irland zubereiteten Waren, zu welchen vom Ausland eingeführte Getreidearten benutzt sind. Die Rückvergütung erfolgt in der Höhe des für solche eingeführte Getreidesorten gezahlten Zolles. Rückvergütung wird ferner gewährt für in Entrepots gelagerte Artikel, die zum Gebrauch als Schiffsvorräte bestimmt sind.

Mai. Die Schulvorlage wird von den Liberalen und Nonkonformisten scharf bekämpft; die anglikanische Geistlichkeit verteidigt sie, weil die konfessionslosen Volksschulen die Moral untergraben hätten.

12. Mai. (**Unterhaus.**) Der Schatzsekretär Hicks Beach läßt die geplante Verdoppelung der Wechselsteuer fallen, weil sie lebhafte Opposition findet.

21. Mai. Vorschläge über Reform der Offizierausbildung.

Ein Ausschuß, der zur Prüfung der Offizierausbildung eingesetzt war, verurteilt das bisherige System scharf. Er schlägt vor, in jedem Jahre 50 Offizierspatente an Studenten aus den englischen Kolonien zu vergeben. Hundert Patente sollen sofort an Universitätsstudenten gegeben werden, um sie zur Einschlagung der Offizierslaufbahn zu ermutigen. Es müsse ferner Kadetten, welche einen Zuschuß von 200 Pfund jährlich haben, möglich sein, bei der Kavallerie einzutreten. Dann solle ein Generalinspekteur für das militärische Erziehungswesen ernannt werden, dessen erste Pflicht es sein würde, die militärischen Instruktionsbücher einer Revision zu unterziehen, soweit sie zu tadeln sind.

28. Mai. (**Unterhaus.**) Admiral Forster erklärt über den **Ausbau der Marine:**

„Seit April 1901 wurden 35 Schiffe fertig gestellt. Gegenwärtig sind 75 Schiffe in Bau, darunter 14 Schlachtschiffe und 24 Panzerkreuzer. England verwendet 9 Mill. Pfd. St. (180 Mill. Mark) allein auf Neubauten für die Flotte, während das ganze deutsche Marinebudget sich auf 10 Mill. Pfd. Sterling (200 Mill. Mark), das französische auf 12 Mill. Pfd. St. (240 Mill. Mark) beläuft. Die Admiralität ist entschlossen, das Tempo der Schiffsneubauten nicht herabgehen zu lassen und das aufgestellte Flottenprogramm durchzuführen. In der Ueberwindung der Verzögerung, die im Schiffsbaubetrieb und in der Beschaffung des Panzermaterials eingetreten ist, wurden befriedigende Fortschritte gemacht."

1. Juni. (**London.**) Der König erläßt folgende Botschaft an das englische Volk über die Beendigung des südafrikanischen Krieges:

Der König erhielt die willkommene Nachricht von der Einstellung der Feindseligkeiten in Südafrika mit unendlicher Genugtuung und hegt das Vertrauen, daß dem Frieden die Wiederherstellung der Wohlfahrt in seinen neuen Besitzungen rasch folge und daß die durch den Krieg notwendigerweise hervorgerufenen Empfindungen einem aufrichtigen Zusammenwirken aller Untertanen des Königs in Südafrika Platz mache, um die Wohlfahrt ihres gemeinsamen Vaterlandes zu fördern.

2. Juni. Das Abkommen über die Unterwerfung der Buren wird veröffentlicht. Bemerkungen Balfours. Das Abkommen lautet:

Art. 1: Die Burghers im Felde legen sofort alle Waffen nieder und übergeben die Kanonen und Waffen, sowie die Kriegsmunition, die in ihrem Besitze sind oder unter ihrer Kontrolle sich befinden. Sie stehen von weiterem Widerstande gegen die Autorität König Eduards VII. ab, welchen sie als ihren gesetzlichen Souverän anerkennen. Art. 2: Alle Burghers im Felde wie außerhalb der Grenzen Transvaals und der Oranje-Kolonie und alle Kriegsgefangenen, die jetzt außerhalb Südafrikas sich befinden und Burghers sind, werden, sobald sie die Annahme ihrer Stellung als Untertanen König Eduards erklärt haben, zurückgebracht, sobald die notwendigen Beförderungs- und Subsistenzmittel beschafft und gesichert sind. Art. 3: Die auf diese Weise sich ergebenden und zurückkehrenden Burghers werden ihrer persönlichen Freiheit oder ihres Eigentums nicht beraubt. (Beifall auf den Bänken der Opposition.) Art. 4: Weder ein Zivil-, noch ein Strafverfahren wird gegen sich ergebende oder zurückkehrende Buren eingeleitet wegen Handlungen im Zusammenhang mit dem Kriege. Diese Klausel bezieht sich jedoch nicht auf gewisse Handlungen, welche den Kriegsgebräuchen widersprechen. Diese sollen sofort nach Schluß der Feindseligkeiten vor dem Kriegsgerichte verhandelt werden. Die holländische Sprache wird in den öffentlichen Schulen Transvaals und der Oranje-Kolonie gelehrt, wo die Eltern dies wünschen, und ist auch für die Gerichtshöfe gestattet, wenn es für die wirksame Ausübung der Gerechtigkeit nötig ist. Der Besitz von Gewehren ist in Transvaal und der Oranje-Kolonie den Personen gestattet, die sie zu ihrem Schutze bedürfen, wenn sie einen gesetzmäßigen Erlaubnisschein dafür erhielten. Die militärische Verwaltung soll so bald wie möglich durch die Zivilverwaltung ersetzt werden, und sobald die Umstände es gestatten, sollen repräsentative Institutionen, die zur Selbstverwaltung führen, eingeführt werden. Die Frage, ob den Eingeborenen das Wahlrecht zu gewähren ist, soll erst nach der Einführung der Selbstverwaltung entschieden werden. Eine spezielle Steuer zur Zahlung der Kriegskosten soll auf den Grundbesitz in Transvaal oder in der Oranje-Kolonie nicht gelegt werden. Sobald die Verhältnisse es gestatten, wird in jedem Distrikte eine Kommission ernannt werden, in der ein Beamter den Vorsitz hat und die Einwohner des Distriktes vertreten sind, um den Leuten bei der Wiedereinsetzung in ihre Heimstätten Beistand zu leisten, und denen, die infolge von Kriegsverlusten außer stande sind, sich damit zu versorgen, Wohnung, Obdach und Saatgut nebst anderem, was zur Wiederaufnahme der normalen Beschäftigung nötig ist, zu liefern. Die englische Regierung wird der Kommission drei Millionen Pfund Sterling zur Verfügung stellen und gestatten, daß alle Noten, die unter dem Gesetze 1 von 1900 in der Südafrikanischen Republik emittiert wurden, und alle von Offizieren oder auf ihre Ordre gegebenen Empfangscheine einer juridistischen, von der Regierung ernannten Kommission eingehändigt werden, und, wenn solche Noten und Empfangscheine von dieser Kommission als berechtigt zum Ersatz und als für eine wertvolle Gegenleistung ausgegeben befunden werden, sollen sie als Beweis der Kriegsverluste gelten, die die Personen erlitten, denen sie ursprünglich gegeben worden sind. Außer der oben erwähnten freien Dotation von 3 Mill. Pfd. St. wird die Regierung bereit sein, Vorschüsse als Darlehen für denselben Zweck auf zwei Jahre zu gewähren, die mit 3 Prozent Zins rückzahlbar sein sollen. Kein Ausländer oder Rebell wird berechtigt sein, von dieser Klausel zu profitieren.

Staatssekretär Balfour verliest im Unterhause das Abkommen und bemerkt dazu: Es gibt gewisse wichtige Punkte, die in dem eben verlesenen Schriftstück, welches das am Samstag unterzeichnete Dokument ist, nicht enthalten sind. Gouverneur Milner hat an Chamberlain eine Depesche gerichtet, welche die verlesenen Schriftstücke ergänzt und in welcher es heißt: Nachdem ich den Buren-Delegierten die Abschrift des Entwurfes des Abkommens eingehändigt hatte, las ich ihnen folgende Erklärung vor und gab ihnen eine Abschrift derselben, nämlich: Die Behandlung der Kap- und Natal-Kolonisten, die am Aufstande beteiligt waren und sich jetzt ergeben, wird, wenn sie zu ihren Kolonien zurückkehren, von den kolonialen Regierungen gemäß den Gesetzen der Kolonie entschieden. Britische Untertanen, die sich dem Feinde anschlossen, werden dem Gerichtsverfahren des Teiles des britischen Reiches unterworfen, dem sie angehören. Die britische Regierung wurde von der Kap-Regierung benachrichtigt, daß ihre Ansichten hinsichtlich der Bedingungen, welche denjenigen britischen Untertanen, welche jetzt im Felde stehen, oder sich ergeben haben, oder seit dem 12. April 1901 gefangen genommen wurden, gewährt werden sollen, folgende sind: Gemeine Soldaten sollen, nachdem sie sich ergeben und die Waffen ausgeliefert haben, von dem Magistrate des Distriktes, wo die Uebergabe erfolgt, ein Schriftstück unterzeichnen, in welchem sie sich des Hochverrates schuldig bekennen. Ihre Strafe soll, vorausgesetzt, daß sie nicht des Mordes oder einer Handlung schuldig sind, die gegen die Gebräuche einer zivilisierten Kriegsführung verstößt, darin bestehen, daß sie lebenslänglich nicht berechtigt sind, in die Wählerlisten eingetragen zu werden oder bei Parlaments-, Provinzialrats- oder Munizipal-Wahlen zu stimmen. Friedensrichter, Feldkornets, überhaupt alle Personen, die eine amtliche Stellung unter der Kap-Regierung oder eine autoritative Stellung, bezw. ein Kommando bei Rebellen- oder Burghers-Streitkräften hatten, sollen wegen Hochverrates vor einen gewöhnlichen Gerichtshof des Landes oder vor solche Gerichte gestellt werden, die hierfür gesetzlich gebildet sind. Ihre Bestrafung soll diesen Gerichten mit der Maßgabe überlassen sein, daß unter keinen Umständen die Todesstrafe zu verhängen ist. Die Regierung Natals ist der Ansicht, daß die Rebellen gemäß dem Gesetze der Kolonie zu behandeln sind.

5. Juni. Beide Häuser des Parlaments nehmen ein Dankesvotum für das Heer an und bewilligen Lord Kitchener eine Dotation von 50 000 Pfund. — Im Unterhause protestieren die Iren leidenschaftlich dagegen.

Juni. Die öffentliche Meinung begrüßt das Abkommen mit den Buren mit großer Genugtuung; England könne sich nun mit ungeteilten Kräften den Aufgaben des Imperialismus und der Versöhnungspolitik in Südafrika zuwenden.

Juni. Die englischen Verluste im südafrikanischen Kriege betragen nach einer amtlichen Bekanntmachung: 22 550 Tote, 22 829 Verwundete, 9553 Gefangene und Vermißte. 75 430 Mann wurden als Invaliden in die Heimat entlassen.

10. Juni. Das Unterhaus genehmigt den Getreidezoll mit 279 gegen 193 Stimmen. (Annahme in dritter Lesung 25. Juni.) Dabei lehnt der Schatzsekretär einen Schutzzoll auf ausländische Waren ab.

22. Juni. (London.) Toast des Grafen Waldersee auf die englische Armee.

Feldmarschall Graf Waldersee, der zur bevorstehenden Krönungsfeier in London eingetroffen ist, hält auf einem ihm von Lord Roberts gegebenen Diner folgende Rede: „Es ist eine hohe Ehre für mich, an den gegenwärtigen Festlichkeiten zur Krönung Ihres allergnädigsten Königs teilzunehmen. Die Tatsache, daß ich im letzten Jahre die Ehre hatte, britische Truppen zu befehligen und deren Schulung und Tapferkeit selbst zu beobachten, erhöht meine Freude und Genugtuung, heute der Gast eines so ausgezeichneten Oberbefehlshabers der britischen Armee, des stets siegreichen Feldmarschalls, meines Wirtes zu sein. Wir deutschen Soldaten wissen alle sehr wohl, wie schwer und mühsam die Aufgabe war, welche die britische Armee in Südafrika zu bewältigen hatte. Wir wissen auch, daß

Großbritannien. (Juni 24.—Juli 9.)

die Offiziere und die Mannschaften Ihres Heeres ihre Aufgabe mit der äußersten Hingabe, mit Tapferkeit und Menschlichkeit erfüllt haben."

Die Rede wird in Deutschland vielfach ungünstig kritisiert.

24. Juni. (**London**.) Der König erkrankt an Blinddarmentzündung. Die auf den 26. Juni festgesetzte Krönung wird verschoben, die fremden Gäste verlassen England.

30. Juni. (**London**.) Unterhandlungen des Kolonialministers mit den Premierministern der autonomen Kolonien.

Die beiden Hauptgegenstände der Erörterung bilden die Fragen der Handelsbeziehungen und der Reichsverteidigung. In Bezug auf das erstere Thema stehen folgende Punkte zur Erörterung: 1. Reziprozität zwischen allen Teilen des Reiches und 2. zwischen den verschiedenen Kolonien. 3. Vorzugstarife zu gunsten des Mutterlandes in den Kolonien. 4. Schaffung und Subsidierung von Schnelldampferlinien. Bezüglich der Reichsverteidigung handelt es sich um die folgenden Fragen: 1. Ist die Zeit gekommen für die Erhaltung der Armee und der Kriegsflotte auf gemeinsame Kosten aller Teile des Reiches? Welche Beiträge sollen zum Zwecke der Reichsverteidigung von den Kolonien geleistet werden? 3. Ist es geratener, bei dem gegenwärtigen System zu bleiben oder soll dasselbe in Bezug auf die Beitragsziffern und die Verteidigungskraft (die Miliz in den Kolonien selbst) erweitert werden? Es sind auf der Konferenz vertreten: Das Vereinigte Königreich durch Mr. Chamberlain, die Vereinigten Staaten von Australien durch Sir Edmund Barton, Neuseeland durch R. Seddon, Canada durch Sir Wilfried Laurier, die Kapkolonie durch Sir Gordon Sprigg, Natal durch Sir A. Hime und Neufundland durch Sir R. Bond.

Anfang Juli. Die Regierung lehnt die von Milner, dem Oberkommissar Südafrikas, vorgeschlagene Suspendierung der Verfassung der Kapkolonie ab, weil hierdurch anstatt Beruhigung Verschärfung des Rassenhasses hervorgerufen werde.

9. Juli. (**Oberhaus**.) Debatte über den amerikanischen Schiffahrtstrust und den Bau von Ersatzkreuzern.

Lord Brassey bespricht die Abnahme des Baues von Handelsdampfern, die sich für den Dienst als Hilfskreuzer eignen, und legt dar, daß England seine von ihm einst eingenommene Position bezüglich der schnellfahrenden Handelsdampfer verloren habe, und daß die englischen Schiffsbauer nicht versucht hätten, mit den deutschen Reedern in Bezug auf die Schnelligkeit der Dampfer zu wetteifern. Erster Lord der Admiralität Earl of Selborne: Die Handelskreuzer seien von Wert, aber in keiner Weise als Ersatz für gepanzerte Kreuzer anzusehen. Das Zurückbleiben Englands im Bau sehr schneller Dampfer sei darauf zurückzuführen, daß die auswärtigen Subsidien in höherem Betrage gezahlt hätten, als sie von England je in Erwägung gezogen worden seien. Solche Schiffe machten sich in kommerzieller Beziehung nicht bezahlt, sie benötigten deshalb Subsidien. Bezüglich des atlantischen Schiffahrtstrustes hegte die englische Regierung keinerlei Eifersucht gegenüber dem Verlangen Amerikas, eine eigene Handelsflotte zu besitzen. Amerika sei zu der vollen Beteiligung am atlantischen Handel durchaus berechtigt. England könne nicht zugeben, daß es selbst aus dem atlantischen Handel vertrieben werde. Die Regierung stehe dem Truste in keiner Weise feindlich, wohl aber voller

Besorgnis gegenüber; sie müsse die gegenwärtige Lage der Schiffahrt im Atlantischen Ozean im ganzen in Betracht ziehen und könne sich, ehe nicht die ganze Frage zu einem endgültigen Abschluß gelangt sei, vernünftigerweise weder mit der einen noch mit der anderen Partei ins Einvernehmen setzen.

12. Juli. Der Premierminister Lord Salisbury tritt wegen hohen Alters zurück; sein Nachfolger wird der Erste Lord des Schatzes James Arthur Balfour. Der Rücktritt Salisburys wurde seit längerer Zeit erwartet.

17. Juli (Unterhaus.) Bei der Beratung des Heeresetats kritisiert der Kriegsminister Brodrick scharf die Heerführung General Bullers während der Belagerung von Ladysmith und seine Disziplinlosigkeit nach seiner Abberufung.

24. Juli. (Oberhaus.) Der Minister des Auswärtigen Lord Lansdowne sagt auf eine Anfrage über die Lage im Mittelmeer:

England und Italien erstrebten die Aufrechterhaltung des status quo im Mittelmeere und wünschten, daß kein Eingriff in die Unabhängigkeit der Länder am Gestade des Mittelmeeres geschehe und daß die englische Politik auf dieses Ziel gerichtet sein müsse; das sollte eine Gelegenheit geben, beide Länder vereint zu sehen zur Aufrechterhaltung dieser Ziele. Dieser Meinungsaustausch über Politik sei nicht in irgend einem Vertrage niedergelegt. Von diesem politischen Versprechen sei England niemals zurückgetreten. England bestätige von neuem seine Freundschaft mit Italien und wünsche die Aufrechterhaltung des status quo und hege die Hoffnung, beide Mächte, wenn notwendig, gemeinsam handeln zu sehen. Es hätten keine Schwierigkeiten zwischen England und Italien bestanden, außer in einer oder zwei Angelegenheiten, die Auseinandersetzungen erheischten, darunter die Frage der erythräischen Grenze und zuletzt im Jahre 1899 die tripolitanische Frage. Ueber diese Frage sei Lord Salisbury mit der französischen Regierung zu einer Verständigung gelangt und unzweifelhaft sei die Wirkung dieser Verständigung gewesen, daß bei der italienischen Regierung die Besorgnis erregt wurde, England beabsichtige den status quo an der Küste des Mittelmeeres zu stören. Die italienische Regierung habe aber sowohl von der englischen wie von der französischen Regierung Versicherungen über diesen Punkt erhalten, die sie völlig befriedigt hätten. Die englische Regierung sei darauf bedacht gewesen, diesen Versicherungen hinzuzufügen, daß England zwar seinen Verpflichtungen nachkommen müsse, daß es aber sein Wunsch sei, daß die Lage der Dinge im Mittelmeere nicht gestört werden solle. Diese Versicherungen seien bereitwillig angenommen worden. „Es ist so dargestellt worden, als ob wir das Bündnis mit Italien verloren hätten, und als ob Italien Frankreich in die Arme getrieben worden sei. Wir erachten es für ebenso völlig natürlich, daß Italien auf einem freundschaftlichen Fuße mit seinen Nachbarn zu stehen wünscht, als es unser Interesse ist, daß Italien gedeihe: wir wollen die letzten sein, die es beklagen, wenn durch ein solches Abkommen Italien seine internationale Lage verbessert hat. Es gibt keine Macht, mit der wir nicht herzlichere und freundschaftlichere Beziehungen zu haben wünschen, und so viel ich weiß, gibt es keine Macht, mit der wir nicht auf freundschaftlichem Fuße stehen." — Am 24. erklärt er, Italien gestatte, bei der Bekämpfung des Mullah im Somalilande auf die Grenzen der englischen und italienischen Einflußsphäre keine Rücksicht zu nehmen.

21./25. Juli. (Manchester.) Internationaler Gewerkschaftskongreß. Die Verhandlungen betreffen hauptsächlich Lohn- und Wohnungsfragen.

29. Juli. (Unterhaus.) Kolonialminister Chamberlain erklärt über die Zukunft Südafrikas auf eine Anfrage Campbell Bannermanns:

Eine schwierigere Aufgabe habe der Regierung nie vorgelegen, als gegenwärtig, wo sie in das Chaos in Südafrika Ordnung bringen müsse und dem Lande eine Wohlfahrt geben wolle, wie das Land, das getraue er sich zu versichern, sie in der Vergangenheit niemals genossen habe. Zu diesem Zwecke sei es notwendig, eine neue Verwaltung einzurichten, Gerichtshöfe einzusetzen, einen großen Teil der Burenbevölkerung in die Heimat zurückzuführen, den englischen Ansiedlern, die während des Krieges geflüchtet seien, ihr Heim wiederzugeben und ein allen gerecht werdendes System der Besteuerung einzuführen. Zur Erreichung dieser Ziele bitte die Regierung um die Unterstützung der Opposition. Die Proklamation betreffend die Konfiskation des Eigentums sei von den Buren, die bereits früher die Waffen niedergelegt hatten, als berechtigt anerkannt worden. Die Regierung habe sich übrigens ein sehr wirksames Mittel vorbehalten, das nämlich, Personen, die sich als unerwünschte Untertanen gezeigt hätten, die Rückkehr zu verweigern oder sie auszuweisen. Die Regierung beabsichtige nicht, die Loyalität des Landes durch irgendwelche Intrigue untergraben zu lassen. (Beifall.) Eine vollständige und sofortige Zurückführung der Burengefangenen in ihr Vaterland sei unmöglich und würde zu den schlechtesten Ergebnissen führen. Der Zeitpunkt der Zurückführung werde gänzlich nach praktischen Erwägungen festgesetzt werden. Er gebe zu, daß die Regierung durch ihre Ehre verpflichtet sei, die Friedensbedingungen nach dem Sinne und dem Buchstaben einzuhalten. Die Regierung werde es sich angelegen sein lassen, denen, die sich ergeben, die Treue zu halten. Er sei Optimist genug, um anzunehmen, die Selbstregierung in den neu gewonnenen Gebieten werde sich eher erreichen lassen, als man gemeinhin glaube, alles aber werde davon abhängen, wie die Dinge sich entwickelten. Die Buren selbst seien gegen die Uebernahme von Aemtern durch Männer ihrer Rasse; sie hätten erklärt, sie würden die Engländer bevorzugen. (Beifall.) Es würde daher zunächst ratsam sein, englische Beamte in größerer Zahl an der Verwaltung zu beteiligen. Bezüglich der Besteuerung der Bergwerke werde die Regierung in keiner Weise in die Entwickelung der Minen eingreifen. In ihnen lägen sichere Einnahmequellen, die zu der Wiedererlangung eines Teiles der Kriegskosten verwendet werden könnten. Diese Quellen seien aber nicht in den jetzt bestehenden Minen zu finden. Der Grund für den ungeheuren Nutzen, der aus den Minen gezogen wurde, sei der gewesen, daß die Eigentümer sie unter einer ganz unangemessenen geringen Abgabe an den Staat betreiben konnten. Die Regierung hoffe, diesem Zustand ein Ende zu machen und man könne auch erwarten, daß sie einen gewissen Anteil an dem Ueberschuß aus den Einnahmen in Transvaal erhalte. Aus diesen beiden Einnahmequellen könne man jährlich eine Summe ziehen, die genüge, um eine Anleihe zu rechtfertigen, die zur Herabsetzung der Kosten, die dieses Land verursache, verwandt werden könnte. Was die Arbeiterfrage anbetreffe, so begünstige er jede Erleichterung, die durch Einstellung von eingeborenen Arbeitern gewährt werden könne. Aber er sei ein Gegner der Zwangsarbeit; er begünstige auch die Bewegung, die auf eine weitere Einstellung weißer Arbeiter hinziele. Die Regierung halte es für ausführbar, allmählich im Lande eine beträchtliche Anzahl englischer Ansiedler seßhaft zu machen, die den Buren ein Beispiel geben könnten.

Anfang August. Weitere Veränderungen im Kabinett.
Der Schatzsekretär Michael Hicks Beach, der Generalpostmeister Lord Londonberry und der Vizekönig von Irland Earl Cadogan treten zurück. Ihre Nachfolger werden Mr. Ritchin, Augustin Chamberlain, Earl of Dudley.

9. August. (London.) Die Krönung des Königs findet unter großer Feierlichkeit statt. Zahlreiche fremde Fürstlichkeiten, aus Deutschland u. a. Prinz Heinrich, nehmen teil.

August. (London.) Über die Kolonialkonferenz wird folgendes bekannt gemacht:

Es ist vereinbart, daß die Kolonien die folgenden Jahresbeiträge für die Marine leisten: Australien 200000 Pfd. Sterl., die Kapkolonie 50000, Neuseeland 40000 und Natal 35000 Pfd. Sterl. Mit Canada werde ein besonderes Abkommen getroffen werden. Ferner haben die Kolonien sich über eine gemeinsame Beisteuer zu dem Nationaldenkmal für die Königin Viktoria in London ins Einvernehmen gesetzt; Canada hat 30000, die Kapkolonie 20000, Neuseeland 15000 und Natal 10000 Pfd. Sterl. beizusteuern versprochen. Ferner wird die Resolution betreffend die Vorzugszölle angenommen. Danach sollen die Kolonien dem Beispiele Canadas folgen, indem sie Waren englischer Herkunft möglichst bevorzugen. Die Resolutionen verpflichten weder die englische Regierung, noch die Regierungen der Kolonien; sie sollen vielmehr den gesetzgebenden Körperschaften der betreffenden Teile des Reiches unterbreitet werden.

16. August. (Southampton.) Die Burengenerale Botha, Dewet und Delarey werden bei ihrer Landung sympathisch begrüßt.

16. August. (Spithead.) Der König nimmt eine Parade über 20 Panzerschiffe, 24 Kreuzer, 15 Kanonenboote, 32 Torpedobootszerstörer und 10 Schulschiffe ab.

17. August. (Southampton.) Der König empfängt die Burengenerale.

1./7. September. (London.) Der Kongreß der Trade Unions, der 1½ Millionen Arbeiter vertritt, spricht sich gegen Zwangsschiedsgerichte, den Kornzoll und das neue Schulgesetz aus.

14. September. (Irland.) Eine Massenversammlung in Dublin, deren Teilnehmer auf 20000 geschätzt werden, protestiert gegen die Verhängung des Ausnahmezustandes.

20. September. In der Grafschaft Yorkshire protestieren Versammlungen von 100000 Personen gegen die Schulvorlage, die die Schule der Geistlichkeit ausliefere.

Großbritannien. (September Ende—November 4./6.)

Ende September. Die Presse beobachtet die Sammlungen der Buren auf dem Festlande und in Amerika mit Mißtrauen. Ein etwaiger Empfang der Generale durch den Deutschen Kaiser wird vielfach als Unfreundlichkeit gegen England angesehen.

1. Oktober. (London.) Vertrag zwischen der Regierung und der atlantischen Cunardlinie.

Um zu verhindern, daß die Cunardlinie dem amerikanischen Trust beitritt, zahlt ihr die Regierung eine jährliche Subvention von 150000 Pfd. Ferner sollen zwei große und schnelle neue Dampfer für den atlantischen Handel sofort in Angriff genommen werden, wozu die Regierung das Geld zu einem Zinsfuße von $2^3/_4\%$ zu geben hat. Die Cunard-Gesellschaft verpflichtet sich, nicht nur dem amerikanischen Trust fernzubleiben, sondern daß die Verwaltung der Linie nicht in die Hände von Ausländern — welcher Nation dieselben auch angehören mögen — kommen solle. Die sämtlichen Schiffe der Gesellschaft sollen im Kriegsfalle stets der britischen Regierung zur Verfügung stehen.

10. Oktober. (Birmingham.) Kolonialminister Chamberlain erklärt, die Regierung werde eventuell Änderungen an der Schulvorlage bewilligen, aber bei Ablehnung des Entwurfs zurücktreten. — Ein Teil der liberalen Unionisten mißbilligt die Vorlage.

Ende Oktober. Es wird bekannt, daß Kolonialminister Chamberlain eine Reise nach Südafrika unternehmen will. Die Absicht wird mit Zustimmung begrüßt.

4./6. November. (Unterhaus.) Nachtragskredit für notleidende Buren und Briten in Südafrika. Zurückführung von Gefangenen.

Schatzkanzler Ritchin beantragt 8 Mill. Pfd. zu bewilligen, die teils an Buren und loyale Kolonisten in Südafrika, also à fonds perdu, gegeben, teils Buren und anderen Personen als Darlehen vorgestreckt werden sollten. Dabei führt der Schatzkanzler aus, die Regierung habe anfangs dafür gehalten, daß die in den Friedensbedingungen erwähnten drei Millionen keine Gabe Englands, sondern einen Teil der neuen Transvaal-Anleihe darzustellen hätten. Die Burenführer hätten dagegen betont, daß eine Transvaal zur Last fallende Anleihe von drei Millionen Pfund dem Geiste der Friedensbedingungen nicht Genüge tun würde. Die Regierung habe daher, in der Erwägung, daß der Wortlaut des Friedensabkommens diese Auffassung immerhin zulasse, und von dem Wunsche beseelt, die Erweckung jedes berechtigten Gefühls von Unzufriedenheit bei den Buren zu vermeiden, geglaubt, in Uebereinstimmung mit den Interessen Südafrikas und den Gefühlen des britischen Volkes zu handeln, wenn sie diese Last auf das Reich übernehme. Geschehe die Bewilligung aber aus Reichsmitteln, so müsse auch eine entsprechende Bewilligung für die loyalen Kolonisten erfolgen. Die neue Anleihe soll aus der Transvaal-Anleihe zurückbezahlt werden. Letztere sei noch nicht ausgegeben, da der gegenwärtige Zeitpunkt ungünstig erscheine; er hoffe indessen, daß das Frühjahr eine günstige Gelegenheit dafür bieten werde.

Am folgenden Tage erklärt Kolonialminister Chamberlain, daß

von 24000 Gefangenen bereits 14000 zurückgebracht worden seien, und daß weitere 7000 noch vor Jahresschluß zurückkehren würden; der Rest solle dann in kürzester Zeit folgen. Der Wert des Grundbesitzes in Transvaal und der Oranje-Kolonie sei in der kurzen Zeit seit dem Friedensschluß schon gestiegen. Wenn die bisher bewilligten Mittel nicht ausreichten, so werde er nicht zögern, weitere zwei Millionen Pfund für die Loyalisten zu fordern, da sich die englische Regierung bereit erklärt habe, den Loyalisten in Natal Entschädigungen zu gewähren und den loyalen Untertanen der Kapkolonie, die unter dem Einfall der Buren gelitten hätten, Beihilfe zu geben. Den Kaprebellen dagegen solle kein Pfennig Entschädigung gewährt werden. Der Kredit wird am 6. November bewilligt.

8./20. November. Besuch des Deutschen Kaisers in England. — Die Möglichkeit eines englisch-deutschen Bundes wird viel erörtert und die Haltung der deutschen öffentlichen Meinung kritisiert.

10. November. (London.) Rede des Premierministers Balfour auf dem Lordmayorsbankett. Südafrika; Verhältnis zu den Kolonien; Besuch des Kaisers; internationale Aufgaben.

„Dieser Krieg hat uns die Antwort auf zwei Fragen gegeben, welche von den Staatsmännern und Kritikern, ehe er begann, voll Besorgnis aufgeworfen wurden. Die erste Frage war die: Ist das britische Volk jetzt noch das, was es in vergangenen Zeiten war, ein Volk in der Tat nach Frieden begierig aber nicht ungerüstet für den Krieg und bereit, seine großen nationalen und persönlichen Opfer zu bringen, welche ein notwendiger Krieg unvermeidbar erheischt. Die zweite Frage war, sind jene großen sich selbst verwaltenden Kolonien, die ihren Ursprung, Abstammung, Gesetze und Politik von uns genommen haben, sind diese Kolonien bloß stille Teilhaber an der Reichsfirma und sind sie nur bereit, an den Vorteilen teilzunehmen und sich nicht den Gefahren auszusetzen, oder sind sie bereit, gleich ihren Vorfahren im alten Lande, für das Reich zu kämpfen, von dem sie ein Teil sind? Diese beiden Fragen werden heute nicht mehr gestellt, weil jedermann die Antwort weiß, welche bejahend lautet. Eine noch nicht beantwortete Frage ist es dagegen, ob dieser Krieg, welcher zu einem erfolgreichen Abschluß gebracht wurde, nun auch von einem nicht minder erfolgreichen Frieden gefolgt sein wird? Ich für meinen Teil sehe der Zukunft unserer neuen Kolonien und des großen südafrikanischen Gemeinwesens, von dem diese neuen Kolonien jetzt ein wesentlicher Teil sind, in hoffnungsvoller, doch nicht sanguinischer Stimmung entgegen. Wir haben mit großen materiellen und großen moralischen Schwierigkeiten zu kämpfen und haben eingedenk zu sein, daß die beiden neuen Kolonien noch vor wenigen Monaten der Schauplatz eines Krieges gewesen sind, der einzigartig in der Hinsicht war, daß jedes menschliche Wesen in beiden Kolonien entweder Kriegführender war, der auf der einen oder der anderen Seite im Felde kämpfte, oder auf Kosten unseres Landes unterhalten wurde und nicht aus den Mitteln des Gemeinwesens, von dem es ein Glied war. England kehrte den Grundsatz Napoleons um, der das Land, in das er eindrang, das einfallende Heer ernähren ließ." Während des ganzen Krieges hätten die Industrien Südafrikas stillgestanden und es sei jetzt nötig, wieder von vorne anzufangen. Dies sei eine große Aufgabe, welche, wie er glaube, binnen kurzem durchgeführt werden würde. Die Kolonien würden zu einem höheren Stande des materiellen Gedeihens gebracht werden, zu dem, den sie inne hatten, ehe sie ein integrierender Teil des britischen

Reiches wurden. Neben den materiellen seien aber auch moralische Schwierigkeiten vorhanden, ja diese letzteren seien sogar die bedeutungsvolleren. Er zweifle nicht, daß die wichtige Aufgabe, die früheren Gegner zu versöhnen, erfolgreich durchgeführt werden würde. Unter allen glücklichen Momenten, welche Chamberlains Verwaltung des Kolonialamtes zu einer der größten in der britischen Geschichte machen, glaube er kaum einen glücklicheren finden zu können als den Gedanken eines persönlichen Besuches in Südafrika, um an Ort und Stelle über die vielen Probleme zu urteilen, mit denen sich England beschäftige. Die Kolonien wüßten jetzt, daß England die fähigsten seiner Söhne aussende, um persönlich die Probleme zu behandeln, an denen das Mutterland und die Kolonien gleicherweise interessiert seien. Er hoffe, daß schließlich ein nicht bloß durch Gesetze und Gefühle gebildetes Band zwischen England und seinen Kolonien bestehen werde, sondern eine Art konstitutioneller Union für Angelegenheiten gemeinsamen Interesses gefunden werden möge. Doch würde derjenige Staatsmann der Uebereilung zu zeihen sein, der gegenwärtig schon eine so riesenhafte Aufgabe durchführen wollte. Inzwischen hoffe er auf eine engere fiskalische Verbindung mit den Kolonien. Er hege die Zuversicht, Chamberlains Besuch werde große Frucht in nicht ferner Zukunft tragen. Er sehe auf die kolonialen Probleme mit hoffnungsvollem Auge und sehe keine unüberwindliche Schwierigkeit. Warmes Lob zollt der Premier sodann dem patriotischen Geist, der in letzter Zeit von Canada, Australien und Neuseeland und den anderen großen Besitzungen bewiesen worden sei. Von den auswärtigen Beziehungen könne er mit nicht geringerer Befriedigung sprechen. „Im allgemeinen fühle ich mich etwas schüchtern, über die auswärtigen Angelegenheiten zu reden, weil ich bemerkte, daß der Besuch eines großen, freundlich gesinnten Souveräns bei seinem nächsten Verwandten zum Text gemacht wurde für die wildesten und phantastischsten Empfindungen, welche, wie ich denke, selbst eine erfindungsreiche Presse je entdeckte. Ich habe Ihnen nichts zu sagen über diese eingebildeten Verhandlungen und sonderbaren Handelsgeschäfte, über die allerlei Gerüchte auswärts verbreitet sind." Die Angelegenheit des Somali-Landes habe für das Reich keine sehr große Bedeutung, sie liege vielmehr außerhalb der ganzen Bahn der britischen Entwicklung und sei vielleicht nur deshalb gegenwärtig von so großem Interesse, weil sie das freundschaftliche Empfinden Italiens für England in helles Licht gerückt habe und die Bereitwilligkeit zeige, mit welcher Italien für die gemeinsamen Interessen mitarbeite. In Ostasien habe England große Erfolge errungen: Lord Lansdowne habe die Geschicklichkeit besessen, einen Handelsvertrag mit China zustande zu bringen, sowie auch ein Bündnis mit Japan, womit er den Interessen des internationalen Friedens und des Handels große Dienste leistete. — Jede Macht Europas wünsche den Frieden. „Man sagt, wir seien Gegenstand des allgemeinen Mißtrauens und der Abneigung unter unseren Nachbarn. Ich weiß nicht, ob es so ist; es ist außerordentlich schwer, die Empfindungen großer Gemeinwesen einzuschätzen; aber wenn dem so ist, so mag die Ursache wahrscheinlich in dem letzten Kriege liegen, und wenn es so ist, so werden diese Empfindungen schwinden mit der Ursache, die sie geboren. Die Vorurteile werden dann schwinden, die unruhige See wird wieder ruhig werden. Aber es mag auch sein, daß der Burenkrieg nur eine Ausrede, nicht die Ursache war. Und wenn dem so ist, so beklage ich es doch nicht, denn dann sind wir nicht die Hauptleidenden. Aber ich denke, es ist ein großer Verlust für die internationale Zivilisation, wenn die Empfindungen lebendig bleiben dürften. Es gibt kein Gefühl, das die europäischen Staatsmänner sorgsamer pflegen sollten, als den Geist der internationalen Toleranz, Freundschaft und Liebe. Es handelt sich dabei um Empfindungen, die, wenn sie in rechter Weise gefördert werden, die mächtigste Wirkung in der Zukunft haben, wenn immer Gefahr den europäischen Frieden bedroht, indem sie uns die Fortführung der großen Politik des europäischen Konzertes ermöglichen, das in der Vergangenheit ein großes Werkzeug für den Frieden gewesen und dazu bestimmt ist, in der Zukunft eine noch größere Rolle für den Fortschritt und die Gesittung der Christenheit zu spielen, als während der jüngsten Jahre."

November. Anläßlich der Verhandlungen über die Räumung Schanghais wird in der englischen Presse die deutsche Regierung angegriffen, da sie im Yangtsetale, einer britischen Einflußsphäre, dieselben Rechte wie England beanspruche.

24. November. Das Unterhaus faßt folgenden Beschluß über die Zuckerkonvention:

Das Haus billigt die in der Zuckerkonvention niedergelegte Politik und ist für den Fall, daß die Konvention die Ratifikationen erhält, die notwendig sind, ihr bindende Kraft zu geben, bereit, die zu ihrer Durchführung notwendigen Maßnahmen zu genehmigen.

November. (Irland.) Die Führer der nationalistischen irischen Liga und die Kirchenbehörden geraten in Zwist, weil der Erzbischof verlangt, daß die irischen Abgeordneten für das Schulgesetz stimmen sollen, während die irischen Abgeordneten der Regierung keine Hilfe leisten wollen.

4. Dezember. Das Unterhaus genehmigt die Unterrichtsvorlage mit 286 gegen 134 Stimmen. — Annahme im Oberhause mit 147 gegen 37 Stimmen am 5. Dezember.

16. Dezember. (Unterhaus.) Debatte über die Venezuelaangelegenheit. Bündnis mit Deutschland.

Auf eine Ermahnung der Opposition, ein Schiedsgericht anzunehmen, erwidert Unterstaatssekretär Lord Cranborne, die Regierung sei verpflichtet, die im Verkehr zwischen den Nationen geltenden Pflichten zu erfüllen. Sie habe die Ordnung dort, wo sie gestört worden, wiederherzustellen und Staaten wie Venezuela an einem offenbaren Bruche des Völkerrechts zu hindern. Die Vereinigten Staaten hätten einen verständigen Standpunkt eingenommen und eingesehen, daß das Verlangen Englands, Venezuela solle seine Verpflichtungen erfüllen und die Rechte der britischen Untertanen achten, keineswegs eine Verletzung der Monroe-Doktrin sei. Kein Land sei mehr darauf bedacht, die Vereinigten Staaten in der Aufrechterhaltung dieser Doktrin zu unterstützen als England. (Beifall.) Die englische Regierung würde strenge Maßregeln nicht unternommen haben, wenn es sich nicht um Angriffe auf die Freiheit und das Besitztum englischer Untertanen gehandelt hätte. Wir haben Venezuela jede Rücksicht gezeigt. Wir wünschen den Weg der Mäßigung, den wir bisher eingeschlagen, weiter zu verfolgen. Der Beschlagnahme der Kanonenboote wird die Blockade folgen, wenn Venezuela nicht nachgibt. Wir beabsichtigen aber, die Blockade unter aller Rücksichtnahme auf die Interessen Neutraler, und, soweit wie möglich, sogar der Interessen Venezuelas selbst durchzuführen.

Abg. Campbell-Bannermann (lib.) bedauert, daß England mit Händen und Füßen an Deutschland gebunden sei, ohne die Ausdehnung der deutschen Forderungen zu kennen. Premierminister Balfour: Die Schwierigkeit der venezolanischen Frage liege in der gewalttätigen Weise, wie die Regierung Venezuelas gegen die Rechte britischer Seeleute und Schiffsreeder vorgegangen. Sie behandelte sie, wie dies keine andere Nation der Welt getan, und würdigte die englischen Vorstellungen kaum einer Antwort. Da habe sich die Unerträglichkeit der Lage herausgestellt, welche das Vorgehen erforderlich machte. Es sei zu bedauern, daß die venezolanische Regierung früher nicht an die Vorteile eines Schiedsspruches dachte, und während vieler Monate und Jahre von Streitigkeiten, jede Antwort, jeden Vorschlag oder Auseinandersetzung über irgend etwas, was sich ereignete, verweigerte, und daß es drei Ultimatums empfing, ohne sich herabzulassen, die geringste Notiz von unserem Vorgehen zu nehmen. Erst jetzt, wo man in Feindseligkeiten begriffen ist, drängt sich der venezolanischen Regierung plötzlich der Gedanke eines Schiedsgerichts auf. Man kann noch nicht sagen, ob der Gedanke gut oder schlecht ist, und sich deshalb noch nicht für oder gegen ihn aussprechen. Es sei nicht möglich, wie Campbell-Bannermann wünscht, eine Allianz mit Deutschland einzugehen unter dem Vorbehalt, den Bundesgenossen bei gelegener Zeit im Stich zu lassen.

18. Dezember. Das Parlament wird geschlossen. Die Thronrede spricht sich sehr befriedigt über die Erfolge des abgelaufenen Jahres aus.

Dezember. Ein Teil der Presse, vornehmlich die „Times", tadelt das Zusammengehen mit Deutschland, da Deutschland sich im Burenkriege als Feind Englands gezeigt habe.

26. Dezember. Änderungen in der Ausbildung der Marineoffiziere.

Die Admiralität veröffentlicht eine Denkschrift, in der die abgeänderten Bestimmungen über den Ersatz, den Unterricht und das Verhalten der Marine-Offiziere und der Matrosen enthalten sind. Die Denkschrift besagt, daß heutigentags ein Marine-Offizier Seemann, Artillerist, Ingenieur, Soldat und ein wissenschaftlich gebildeter Mann sein müsse. Es sei unerläßlich, daß die verschiedenen Kategorien der Offiziere eine vollständige Einheit besäßen. Aus diesem Grunde sei beschlossen worden, daß in der Folge alle Kadetten bis zum Rang eines Unterleutnants Unterricht erhalten sollen, also ungefähr bis zum zwanzigsten Jahre.

VI.
Frankreich.

1. Januar. Depeschenwechsel zwischen Petersburg und Paris. Der Zar telegraphiert an den Präsidenten:

Zarskoje Selo, 1. Januar.

Aus Anlaß des Jahreswechsels drängt es die Kaiserin und Mich, Ihnen unsere besten Wünsche für Frankreich und für Sie persönlich, Herr Präsident, auszusprechen. Unter den angenehmsten Erinnerungen, welche uns das soeben zu Ende gegangene Jahr hinterläßt, ist uns diejenige der in dem schönen befreundeten und verbündeten Lande zugebrachten Tage besonders teuer.

Nikolaus.

Präsident Loubet antwortet:

Seiner Majestät dem Kaiser Nikolaus, Zarskoje-Selo. Sehr gerührt von den Wünschen, welche Euere Majestät und Ihre Majestät die Kaiserin für Frankreich, den Freund und Verbündeten Rußlands, hegen, fühle ich mich herzlich gedrängt, Ihnen meine lebhaftesten Danksagungen auszudrücken. Frankreich, welches an den zweiten Besuch, den Eure Majestät ihm zu widmen geruhte, eine dankbare Erinnerung bewahrt hat, wird mit Freuden den glücklichen und dauernden Eindruck erfahren, den dieser neue Aufenthalt unter uns in Ihrem Geiste und dem Ihrer Majestät der Kaiserin hinterlassen hat.

Emile Loubet.

Die beiden Kriegsminister tauschen ebenfalls Grüße aus.

Anfang Januar. (**Paris.**) Angebliche Äußerungen Delcassés über Frankreichs Beziehungen zu Italien und die Lage im Mittelmeer.

Der Minister des Auswärtigen Delcassé empfängt einen italienischen Reporter und spricht sich nach dem „Giornale d'Italia" folgendermaßen aus: Das englisch-französische Abkommen betr. das Hinterland von Tunis und an Tripolis habe den Anstoß zum italienisch-französischen Abkommen wegen Tripolitanien gegeben. Die Herstellung des Gleichgewichtes der italienischen und französischen Interessen an der ganzen Küste bis Marokko sei leicht gewesen, da die italienischen Interessen hauptsächlich im Osten, die französischen aber im Westen lägen. Spanien, das sein Augenmerk speziell auf die marokkanische Küste richte, wisse ganz genau, daß Frankreich es nie zugeben werde, daß irgend eine Macht Marokko völlig occupiere. Der heiße Wunsch Frankreichs sei jetzt die Aufrechterhaltung des status quo. Auch bezüglich des Balkans habe der Minister erklärt, sollten sich Italien und Frankreich einigen. Keine andere Macht würde besser als Frankreichs Verbündeter, Rußland, die Bestrebungen Italiens auf dem Balkan, speziell in dem Gebiet zwischen Makedonien, Serbien und dem Adriatischen Meere verstehen und begünstigen können. Delcassé dementiert in der „Agence Havas" diese Mitteilungen, das „Giornale d'Italie" hält sie aber aufrecht.

Anfang Januar. (Paris.) Die Vertreter der allemanistischen Sozialdemokratie treten aus dem sozialdemokratischen Zentralkomitee aus, weil ihr Antrag, den Handelsminister Millerand aus der Partei auszuschließen, abgelehnt wird.

15. Januar. Die Kammer tritt zusammen und wählt Deschanel wieder zum Präsidenten.

20. Januar (Kammer.) Debatte über die überseeische Politik. Verhältnis zu England und Rußland.

Abg. Etienne bedauert, daß beim französisch-englischen Niger-Abkommen die Engländer sämtliche fruchtbaren Gebiete bis zum Tschad-See für sich behalten hätten. Eine Grenzberichtigung sei wünschenswert. Frankreich wolle Marokkos Unabhängigkeit respektieren, aber sein Einfluß müsse dort vorwiegen. Man müsse die Engländer wissen lassen, daß Frankreich durch jeden Versuch, sich in Marokko an seine Stelle zu setzen, sich verletzt fühlen würde. (Beifall.) In Siam müsse Frankreich wenigstens die gleiche Stellung wie England einnehmen. Etienne weist schließlich auf die Frage betr. Neufundland und die Neuen Hebriden hin und verlangt Schutz für Frankreichs Interessen an allen Punkten des Erdballs. Der Minister des Aeußern Delcassé: Die Unterzeichnung des chinesischen Protokolls sei den Bemühungen Frankreichs zu verdanken. Frankreich flöße den Mächten Vertrauen ein, und die Stellung, die es in der Welt einnehme, sei zufriedenstellend. Besonders in der Türkei stehe Frankreich hinter keiner anderen Macht zurück. Die wichtigsten Unternehmungen seien dort in den Händen von Franzosen. Die Flottenkundgebung vor Mytilene bezweckte die Verteidigung der wirtschaftlichen Interessen Frankreichs. Dadurch, daß Frankreich sich nicht dauernd auf Mytilene festsetzte, habe es seine Uneigennützigkeit gezeigt und bewiesen, daß es das ihm von der Welt geschenkte Vertrauen verdiene. In Neufundland, in Siam und auf den Neuen Hebriden verlange Frankreich nur die Aufrechterhaltung der Verträge. Für Frankreich sei die Unabhängigkeit Marokkos von größter Wichtigkeit. Frankreich habe seit einigen Jahren durch eine Reihe von Verträgen seine afrikanischen Besitzungen genau abgegrenzt. Das französisch-italienische Handelsabkommen und der Vertrag bezüglich Afrikas verliehen den Beziehungen Frankreichs und Italiens einen neuen Charakter. Die Folge war die hervorragende Kundgebung in Toulon, die als das Ende einer langen Reihe von Mißverständnissen begrüßt wurde. (Beifall.) Die französisch-russische Allianz bedrohe niemand, könne aber alle Bedrohungen vereiteln. Der Einsicht des Parlamentes sei es zu verdanken, daß die Regierung alle diese Resultate erlangen konnte. (Beifall.)

In der weiteren Debatte wird von mehreren Rednern gerügt, daß die Mächte keinen Versuch machen, dem greuelvollen Kriege in Südafrika Einhalt zu tun.

24. Januar. Die Kammer genehmigt mit 272 gegen 260 Stimmen die Verstaatlichung der West- und Südbahn. Die Verstaatlichung der Nord-Ost-Orleans- und Mittelmeer-Bahn wird abgelehnt.

28. Januar. Die Kammer genehmigt einen Gesetzentwurf über die Verbesserung von Wasserstraßen und Häfen.

Die Vorlage bezweckt hauptsächlich den Ausbau der Häfen von Dünkirchen, Boulogne, Dieppe, Havre, Saint Nazaire, Nantes, Bordeaux, Bayonne, Cette und Marseille, sowie den Bau eines Nordostkanals.

4. Februar. Die Kammer genehmigt einen Gesetzentwurf, nach dem Gewerbe- und Kunstschüler zum einjährigen Dienst berechtigt sind. — In der Debatte wird die Aufhebung aller Dispense und die Einführung der allgemeinen zweijährigen Dienstzeit gefordert.

5. Februar. Die Kammer genehmigt mit 338 gegen 219 Stimmen einen Gesetzentwurf, wonach die Arbeitszeit in den Bergwerken 9 Stunden betragen soll; nach zwei Jahren soll sie auf 8½ und nach weiteren zwei Jahren auf 8 Stunden herabgesetzt werden.

14. Februar. (Kammer.) Beschlüsse über die Reform des Unterrichts.

Die Kammer genehmigt eine Vorlage über die Reform des Mittelschulunterrichts.

Ferner genehmigt die Kammer eine Resolution Brisson, ein Gesetz zur Abschaffung der Unterrichtsfreiheit einzubringen. Die Resolution richtet sich gegen die Klerikalen.

Mitte Februar. Die Presse feiert die Besetzung der Oase Figig (südlich Marokko) durch Frankreich als ein hochwichtiges Ereignis.

Mitte Februar. Die Presse bespricht die Veröffentlichungen über die Vorgeschichte des spanisch-amerikanischen Krieges (S. 38) und führt aus, daß England ein Doppelspiel gespielt und jetzt notgedrungen Pauncefote verleugnet habe.

19. Februar. (Paris.) Die diplomatischen Beziehungen werden mit Venezuela wieder hergestellt.

20. Februar. (Paris.) Die „Agence Havas" veröffentlicht folgende offiziöse Note über die Stellung Rußlands und Frankreichs zu dem englisch-japanischen Vertrag (S. 218):

Die diplomatischen Vertreter Frankreichs und Rußlands teilten am Mittwoch den Ministern des Aeußern derjenigen Mächte, die das Protokoll von Peking vom 7. September v. J. unterzeichnet haben, folgende Erklärung mit: „Die verbündeten Regierungen Frankreichs und Rußlands, denen der englisch-japanische Vertrag vom 30. Januar 1902 zur Kenntnis gebracht worden ist, haben mit vorbehaltloser Befriedigung wahrgenommen, daß in diesem Vertrag, der abgeschlossen wurde, um den status quo und allgemeinen Frieden im äußersten Orient zu sichern und die Unabhängigkeit Chinas und Koreas, die für den Handel und die Industrie aller Nationen offen bleiben sollen, aufrecht zu erhalten, im wesentlichen dieselben Grundsätze anerkannt werden, die sie selbst zu wiederholten Malen aufstellten und die die Grundlage ihrer Politik bilden. Die beiden Regierungen sind der Ansicht, daß die Respektierung dieser Grundsätze zugleich als eine Garantie für ihre speziellen Interessen im äußersten Orient sich erweist. Gleichwohl sind sie genötigt, ihrerseits den Fall ins Auge zu fassen, in dem eine aggressive Aktion dritter Mächte oder neue Wirren in China zu einer Gefahr für ihre Interessen werden könnten. Beide Regierungen behalten sich vor, eventuell auf die zu ihrem Schutz erforderlichen Mittel bedacht zu sein.

25. Februar. Die Kammer genehmigt mehrere Anträge auf Verkürzung der militärischen Übungen der Reserve und Landwehr und erklärt sich für das Prinzip der zweijährigen Dienstpflicht.

25. Februar. (Paris.) Der 100. Geburtstag Viktor Hugos wird mit großem Gepränge gefeiert. Alle öffentlichen Anstalten sind geschlossen. Von fremden Nationen haben allein die Tschechen eine Deputation geschickt.

5. März. (Paris.) Der russische Botschafter überreicht dem Präsidenten Loubet ein Handschreiben des Zaren mit der Einladung zum Besuche nach Petersburg.

5. März. (Alais.) Der nationale Kongreß der Grubenarbeiter beschließt mit 124 gegen 105 Stimmen den Achtstundentag zu verlangen und durch Generalausstand zu erzwingen. — In der Arbeiterschaft herrscht starke Opposition gegen den Beschluß.

9. März. Die Kammer genehmigt mit 398 gegen 64 Stimmen das Budget.

18. März. Die Kammer genehmigt mit 298 gegen 237 Stimmen einen Antrag, das Mandat der Kammer von vier auf sechs Jahre auszudehnen. — Die Linke bezeichnet die Neuerung zum Teil als antirepublikanisch. — (Annahme im Senat am 28. März.)

25. März. (Deputiertenkammer.) Delcassé über die chinesische Politik und das englisch-japanische Bündnis.

Abg. Denis Cochin interpelliert den Minister des Aeußern nach der Tragweite der französisch-russischen Note in betreff des äußersten Ostens. Er wünschte zu wissen, bis zu welchem Punkte Frankreich Verpflichtungen eingegangen sei. Minister Delcassé erwidert, er habe an demselben Tage, an welchem die Antwort Frankreichs und Rußlands auf die Mitteilung von einem englisch-japanischen Vertrag veröffentlicht worden sei, im Senat die Aufklärungen, die er einige Tage zuvor Gelegenheit gehabt habe, in der Kammer zu geben, ausführlich behandelt und Erklärungen hinzugefügt, die von allen so verstanden worden seien, wie er sie habe verstanden wissen wollen. Er habe damals erklärt und wiederhole es jetzt, daß die Politik Frankreichs bezüglich Chinas in keiner Weise abgeändert worden sei. Nun frage ihn Cochin, was geschehen werde, wenn die im letzten Paragraphen des Abkommens vorgesehene Schwierigkeit eintreten sollte? Um Frankreich zum Handeln zu veranlassen, müsse entweder die Integrität Chinas angegriffen oder auf irgend eine Weise die Entwicklung Chinas dadurch beeinträchtigt werden, daß daraus eine Gefahr für die französischen Interessen sich ergäbe. Würde in einem solchen Falle ein Zögern für eine Großmacht nicht gleichbedeutend sein mit Abdanken? Cochin sehe die Hauptgefahr im Norden Chinas; er (Delcassé) möchte aber keine Garantie dafür übernehmen, daß das Gewitter nicht auch im Süden zum Ausbruch gelange. Es sei — so erklärt der Minister — die Pflicht Frankreichs, für alles Vorsorge zu treffen; denn ein wohlbehütetes Haus schrecke von jedem böswilligen Versuch ab. Alle Mächte hätten ein Interesse daran, daß China unabhängig und dem freien Wettbewerbe der Intelligenz und des Kapitals der gesamten Welt geöffnet bleibe. In Wirklichkeit ständen sich im äußersten Osten nicht feindliche Kräfte gegenüber, sondern alle Kräfte seien auf dasselbe Ziel gerichtet, nämlich auf die Aufrechterhaltung des status quo und des allgemeinen Friedens. Auf jeden Fall sei das der Gedanke, von welchem Frankreich und Rußland sich leiten ließen; dies sei auch allen Regierungen, die den Vertrag von Peking unterzeichnet hätten, mitgeteilt worden. Die französisch-russische Erklärung habe denn auch bereits die mehr oder weniger bestimmte Zustimmung verschiedener Mächte und den vollkommenen Ausdruck des Vertrauens seitens aller Kabinette erlangt.

27. April. 11. Mai. Kammerwahlen.

Im ersten Wahlgange werden 411 Mandate besetzt, nach Abschluß der Stichwahlen (11. Mai) wird folgendes Resultat von der „Agence Havas" bekannt gemacht: 50 Konservative, 59 Nationalisten, 99 ministerielle Republikaner, 111 Republikaner, 129 Radikale, 90 sozialistische Radikale, 48 Sozialisten, 6 antiministerielle Sozialisten. — Die Regierung rechnet auf eine sichere Majorität.

2. Mai. Ministerpräsident Waldeck-Rousseau erläßt ein Rundschreiben an die Präfekten gegen die Wahlagitation des Klerus.

6. Mai. (Compiègne.) Ein Zug mit belgischen Lourdespilgern entgleist; neun Pilger werden getötet, viele verwundet.

12. Mai. (Paris.) Es wird bekannt, daß eine Familie Humbert, die unter dem Vorgeben, eine Anwartschaft auf eine Erbschaft von 100 Millionen Franken zu besitzen, viele Millionen von Geschäftsleuten entliehen und eine große Rolle in Paris gespielt hat, entflohen ist. — Die Angelegenheit wird auf das lebhafteste erörtert, namentlich die Frage, weshalb der Staatsanwalt nicht eher gegen die offenbaren Schwindeleien eingeschritten ist.

Mai. Vulkanische Ausbrüche auf Martinique. (Vgl. Mittelamerika.)

14. Mai. (Brest.) Präsident Loubet reist an Bord des „Montcalm" nach Petersburg. (Vgl. Rußland.)

Ende Mai. (**Paris.**) Im Kolonialministerium wird die Frage erwogen, ob Martinique geräumt werden müsse.

27. Mai. (**Dünkirchen.**) Präsident Loubet kehrt aus Petersburg zurück.

28. Mai. (**Paris.**) Das Ministerium beschließt zurückzutreten.

1. Juni. Zusammentritt der Kammer. Sie wählt Léon Bourgeois mit 303 Stimmen zum Präsidenten. Der bisherige Vorsitzende Deschanel erhält 267 Stimmen.

7. Juni. Bildung des Ministeriums Combes.

Es hat folgende Zusammensetzung: Vorsitz, Inneres und Kultus: Combes, Justiz: Vallé, Äußeres: Delcassé, Krieg: André, Marine: Pelletan, Finanzen: Rouvier, Unterricht: Chaumié, Handel: Trouillot, Arbeiten: Maruejouls, Ackerbau: Mougeot, Kolonien: Doumergue und Unterstaatssekretär der Posten: Berard. (André und Delcassé gehörten dem bisherigen Ministerium an.)

10. Juni. (**Kammer.**) Ministerpräsident Combes verliest eine Erklärung über die Politik der Regierung. Schulfrage; Einkommensteuer; Militärdienst.

Es heißt darin, das Land habe sich für die Politik Waldeck-Rousseaus ausgesprochen. „Wir werden mit unserer ganzen Energie, heißt es in der Erklärung, alle diejenigen bekämpfen, welche versuchen sollten, unsere republikanische Regierungsform anzugreifen und die Armee von ihren Pflichten abwendig zu machen. Wir werden die Armee von der Politik fernzuhalten wissen. Wir werden nicht dulden, daß ein Teil des Klerus versucht, die Kirche mit den religiösen Kongregationen zu identifizieren. Wir werden über die Anwendung der Gesetze des Landes zu wachen haben und werden die Gesetze der Republik mit allen Mitteln verteidigen, über welche die Regierung verfügt. Das Vereinsgesetz tritt jetzt in die Periode seiner Ausführung durch die Verwaltung. Die Regierung wird darüber wachen, daß keine der Bestimmungen des Gesetzes wirkungslos bleibe. Wir werden Ihnen gleichzeitig die Abschaffung des Unterrichtsgesetzes von 1850 vorschlagen, damit der Staat, ohne deshalb aus dem öffentlichen Unterrichtswesen ein Monopol machen zu wollen, die Stelle, welche er niemals hätte aufgeben sollen, wieder einnehme und über den Unterricht, der jedem Bürger zuteil wird, wache." Die Regierung wird nichts versäumen, um einen mehr sparsamen Sinn in den Ausgaben eintreten zu lassen und um die Belastung des Budgets in den angenommenen Grenzen zu halten. Die Regierung wird sich bemühen, den nationalen Kredit in gutem Stand zu erhalten. Unter den Reformen, welche das allgemeine Stimmrecht fordert, ist eine der ersten, welche durchzuführen sein wird, diejenige, daß in dem Steuersystem mehr Billigkeit und mehr praktischer Sinn obwalten, und daß vor allem gewisse Abgaben durch eine allgemeine Einkommensteuer ersetzt werden müssen, welche jeden nach seinen Fähigkeiten und Mitteln trifft. In allernächster Zeit wird die Regierung den Senat ersuchen, die Vorlage betreffend die Einführung des zweijährigen Militärdienstes zu beraten, und wird diese Vorlage auch mit allem Nachdruck vor dem Parlament vertreten. Die Regierung werde sich bemühen, die Militärgerichtsbarkeit auf den Grundlagen der modernen Gesetzgebung aufzubauen, und daß sie sich mit der Frage des Ankaufes von Eisenbahnen und mit der Altersversicherung der Arbeiter beschäftigen werde.

Am 13. Juni spricht die Kammer mit 329 gegen 124 Stimmen der Regierung ihr Vertrauen aus, in der Ueberzeugung, daß sie eine kräftige Politik, die Verweltlichung des Schulwesens, Reform des Steuerwesens und soziale Solidarität verfolgen werde.

18. Juni. (Senat.) Debatte über die zweijährige Dienstzeit.

Kriegsminister André führt aus, durch den Wegfall der 3. Jahresklasse würde ein Ausfall von 50000 Mann entstehen. Zur Deckung sollen die Hilfsmannschaften etwa 6000 Mann liefern, ferner sollen durch Umgestaltung des Feuerlöschkorps und Aufhebung der Musikschulen der Artillerie und der des Genieskorps und des französischen Kontingents der Spahisregimenter und anderer derartiger Maßnahmen noch 8000 Mann gewonnen werden. Schließlich sollen 7000 Unteroffiziere und 10000 Korporale und 20000 Mann neu verpflichtet werden. — In der Debatte wird vielfach die Besorgnis geltend gemacht, daß die Qualität der Armee durch diese Neuerung leiden werde; in der Presse erklären sich mehrere Generale u. a. Galliset scharf dagegen. Die Verteidiger der zweijährigen Dienstzeit führen aus, die Dienstzeit müsse für alle gleich sein. — Ferner wird mehrfach die deutsche und französische Armee verglichen und ausgeführt, daß die französische besser als die deutsche sei. — Am 4. Juli genehmigt der Senat mit 176 gegen 114 Stimmen den Artikel des Entwurfs, daß der Militärdienst für alle, ausgenommen die körperlich untauglichen, gleich sein soll.

20. Juni. Politische Überwachung der Beamten.

Ein Rundschreiben des Ministerpräsidenten an die Präfekten führt aus, daß sie politische Beamte und als solche die Delegierten der jeweiligen Regierung in den einzelnen Departements seien, daß mithin ihre Hauptpflicht darin bestände, ihre Departements politisch zu überwachen, zwar gerecht zu verwalten, aber doch dafür Sorge zu tragen, daß die Vorteile, die die Republik zu gewähren in der Lage sei, nur an solche Personen und Korporationen vergeben würden, die dem herrschenden System aufrichtig ergeben seien.

27. Juni. Die Regierung erläßt ein Dekret, 135 Kongreganistenschulen zu schließen.

Ende Juni. Juli. August. Viele Kongreganistenschulen werden geschlossen, zum Teil unter Aufbietung von Polizei und Militär, weil die Bevölkerung sich für die geistlichen Lehrer und Lehrerinnen erklärt.

3. Juli. (Kammer.) Minister des Auswärtigen Delcassé erwidert auf eine Anfrage über das Verhältnis zwischen Frankreich und Italien anläßlich der Erneuerung des Dreibundes:

„Niemand kann die Anmaßung haben, die Interessen Italiens besser zu kennen als Italien selbst und noch weniger ihm eine Richtschnur vorzuzeichnen darüber, was seine Interessen ihm zu gebieten scheinen. Aber ebenso wird niemand überrascht sein, daß, als uns auf den Tribünen mehrerer Parlamente die bevorstehende Erneuerung des Dreibundes angekündigt wurde, wir uns mit der Frage beschäftigten, in welchem Maße dieser diplomatische Akt mit den zu derselben Zeit wieder angeknüpften Freundschafts- und Interessenbeziehungen zwischen Frankreich und Italien im Einklange stehen könnte. Die italienische Regierung sorgte selbst dafür, die Lage aufzuklären und zu präzisieren. Die Erklärungen, welche uns gegeben wurden, haben uns gestattet, die Gewißheit zu erlangen, daß die Politik Italiens infolge seiner Bündnisse weder direkt noch indirekt gegen Frankreich gerichtet sei, daß sie in keinem Falle eine Drohung für uns bedeute, weder in der diplomatischen Form, noch durch die internationalen Protokolle oder militärischen Stipulationen, und daß endlich Italien in keinem Falle und in keiner Form ein Werkzeug oder ein Gehilfe eines Angriffes gegen unser Land werden könne. Die Erklärungen können keinen Zweifel über den entschieden friedlichen und freundschaftlichen Charakter der italienischen Politik uns gegenüber bestehen lassen, noch über das Gefühl der Sicherheit, von welchem nunmehr die Beziehungen beider Völker erfüllt sein müssen. Die Erklärungen geben uns schließlich die gute Zuversicht, daß sich nichts mehr der Weiterentwicklung der Freundschaft entgegenstellt, die bereits so fruchtbare Erfolge gehabt hat."

10. Juli Neuer Erlaß gegen die Kongregationsniederlassungen.

Ministerpräsident Combes richtet ein Rundschreiben an die Präfekten, in welchem er sie auffordert, denjenigen Kongregationsniederlassungen, welche zur Zeit der Veröffentlichung des Vereinsgesetzes ohne staatliche Genehmigung waren und seitdem die Genehmigung nicht nachsuchten, zur Kenntnis zu bringen, daß ihnen eine Frist von acht Tagen zugestanden werde, damit die Niederlassungen aufgelöst werden und die Mitglieder sich zerstreuen. Nach Ablauf dieser Frist sollen die Präfekten die Schließung dieser Niederlassungen, deren Zahl etwa zweitausend beträgt, vornehmen.

11. Juli. (Kammer.) Anläßlich einer Interpellation über die Schließung der Kongregationsschulen wird die Sitzung so stürmisch, daß sie geschlossen und die Tribünen geräumt werden müssen.

15. Juli. (Paris.) Unter dem Vorsitz des Ministers des Auswärtigen tritt eine Konferenz zur internationalen Bekämpfung des Mädchenhandels zusammen.

Ende Juli. Lebhafte Demonstrationen für und wider die Durchführung des Kongregationsgesetzes führen zu Zusammenstößen zwischen den klerikalen und republikanischen Massen untereinander und zwischen Klerikalen und Polizei. Am stärksten ist der Widerstand im Departement Finisterre.

26. Juli. (Paris.) Ein Dekret löst 26 Kongreganistenniederlassungen in Paris und im Seinedepartement auf.

Ende Juli. Mehrere Bischöfe, darunter der Erzbischof von Paris, protestieren in einem offenen Schreiben an Loubet gegen die Schließung der Kongregationsschulen.

15. August. (Villefranche.) Revancherede Andrés.

Bei der Einweihung eines Kriegerdenkmals sagt der Kriegsminister André: „Wir wollen unsere Niederlage nicht verherrlichen, wir kennen und tragen noch heute ihre Folgen. Wir ehren das Gedächtnis der für das Vaterland Gefallenen. Der Soldat, den das Denkmal darstellt, ist der Soldat der Zukunft, der Frankreich auch seine materielle Größe wiedergeben wird. Er schuldet dem Lande, das er zu verteidigen geschworen hat, alles, selbst das Opfer gewisser persönlicher Ueberzeugungen. Dieser Soldat der Zukunft wird der Rächer Frankreichs sein; diesem Rächer bewahren wir unsre Palmen auf." In einer Rede auf die Vertreter von Belfort sagt er, er rate Belfort, die glorreiche Fahne von 1870 nicht früher herauszutragen als an dem Tage, da das Vaterland alle seine Kinder zu den Waffen rufen werde.

Ende August. In oppositionellen Kreisen wird die Idee erörtert, die Regierung durch Steuerverweigerung zur Aufhebung des Kongregationsgesetzes zu zwingen.

Anfang September. Der Botschafter in Petersburg Graf v. Montebello wird abberufen. Sein Abschied wird mit seiner klerikalen Gesinnung motiviert und lebhaft kritisiert.

12./15. September. Reden Pelletans über Italien, Deutschland und England.

Der Marineminister Pelletan besucht Ajaccio und hält auf einem Bankett eine Rede, in der er sagt: Es genügt, die Karte anzusehen, um sich von der strategischen Bedeutung Corsicas zu überzeugen; Corsica ist das Hauptglied der Kette, welche das afrikanische Frankreich mit dem Mutterlande verbindet; die Insel besitzt die wunderbare Reede von Ajaccio, in der ganze Kriegsflotten vor Anker liegen können. Die Ostküste Corsicas zielt Italien mitten ins Herz; das Mittelmeer ist zwar keine französische See, hat aber die größte Wichtigkeit für uns und Corsica ist eine Bürgschaft für die Sicherheit Frankreichs. Wir müssen deshalb Corsica befestigen; aber wir machen jetzt eine finanzielle Krisis durch, die uns zwingt, unsere Pläne nur allmählich durchzuführen. — Am 15. September besucht der Minister Biserta und sagt in einer Ansprache an die Stadtverwaltung: Biserta sei der Mittelpunkt der Verteidigung Frankreichs am Südgestade des Mittelmeeres, es werde ein neues Karthago sein, ohne die Lasten und die Roheit des alten. Frankreich wolle aus dem Mittelmeere kein französisches Binnengewässer machen; es sei geheilt von seinen Weltherrschafts-Träumen; aber ein Teil des Mittelmeeres sei französisch und werde französisch bleiben. Mit Biserta, der mächtigen Schutzwehr, die gleicherweise für die Verteidigung wie für den Angriff günstig gelegen sei, ferner mit Corsica und Toulon vermöge Frankreich die Türe zwischen den Mittelmeerhäfen trotz Malta und Gibraltar offen zu halten. Pelletan betonte ferner, er wünsche keinen Konflikt mit England oder Italien, da man aber nicht wisse, was andere tun würden, sei es seine (Pelletans) Pflicht, den heiligen Krieg für das französische Vaterland gegen die Feinde, wer diese auch seien, vorzubereiten. Heute gebe es in der zivilisierten Welt keine Sicherheit mehr. Am Ende des 19. Jahrhunderts, nach der Niederwerfung Frankreichs durch die Barbarei des alten Germaniens habe man den Rückfall in das Gewaltrecht und den Angriff erlebt, einen Rückfall, während dessen die ganze Welt von dem Grundsatz, daß Gewalt vor Recht gehe, beherrscht erschienen sei. „Wir müssen alle unsere Anstrengungen darauf richten, das Genie Frankreichs als die Quelle der Gerechtigkeit und des Lichtes intakt zu erhalten."

Viele Blätter wie der „Temps" tadeln die Reden Andrés und Pelletans als ungeschickt; die Minister hätten nicht das genügende Gefühl ihrer Verantwortlichkeit. In Deutschland werden die Reden meist verspottet.

September. Die militärische Disziplin und das Vorgehen gegen die Kongregationen.

Der Oberstleutnant St. Rémy weigert sich, am 9. August dem Präfekten eine Truppe zur Schließung einer Nonnenschule zur Verfügung zu stellen, weil es ihm sein Gewissen verbiete. Es wird deshalb zu einem Tag Gefängnis verurteilt (5. Sept.). — Der Major Le-Roy-Laburie, der dem Befehl seines Obersten die Schließung einer Schule vorzunehmen, nicht gehorcht, wird aus dem Heere ausgestoßen (26. Sept.).

20. September. (Marthe.) Rede des Ministerpräsidenten.

Bei einem Festmahl hält der Ministerpräsident Combes eine Rede, in der er die Kampfesweise der Opposition tadelt. Das Kabinett habe bewiesen, daß es die guten Beziehungen zum Auslande erhalten wolle. Indessen nehmen seine politischen Gegner die geringsten Vorkommnisse zum Vorwand, um zu unterstellen, die Politik des Kabinetts zu verdächtigen, wie sie jeden Tag seine religiöse Politik verleumden. Entschlüpft ein etwas sensationelles Wort den Lippen eines Ministers im Feuer der Improvisation, in der warmen, mitteilsamen Stimmung des Banketts — sei es auch im Geiste dessen, der es aussprach, nur ein Wort der stilistischen Ausschmückung eines rednerischen Bildes —, gleich wird es für die Feinde des Kabinetts zu einem Worte der Regierung selbst. Sie bekümmern sich nicht einmal darum, in Erfahrung zu bringen, ob dieses Wort richtig gemeldet und vom Redner als authentischer Ausdruck seines Gedankens anerkannt worden ist. Als Präsident des Ministerrates protestiere ich gegen ein derartiges Vorgehen. Niemandem kann es unbekannt sein, daß unter dem parlamentarischen Regime die Regierung niemals durch individuelle Erklärungen eines Ministers gebunden wird. Sie wird nur gebunden durch Erklärungen des Chefs der Regierung, der allein vor den Kammern und dem Lande für die der Politik erteilte Richtung verantwortlich ist. Jeder Minister für sich ist nur zuständig und maßgebend für die Verwaltung seines speziellen Ressorts. An diesem Grundsatz, der das Wesen der parlamentarischen Regierungsform bildet, erinnern, heißt den von den Gegnern erhobenen Ausspruch, das ganze Ministerium auf einen Satz festzulegen, der mehr oder weniger wahrheitswidrig durch irgend einen Berichterstatter wiedergegeben ist, auf den wahren Wert zurückführen. In Angelegenheiten der inneren Politik kann nur der Präsident des Ministerrates als Organ der Regierung haftbar gemacht werden; in Angelegenheiten der äußeren Politik hat nur der Minister des Auswärtigen die Aufgabe, im Namen der Regierung zu sprechen und zu handeln. Hierin besteht in Wahrheit die parlamentarische Regierungsform. Die öffentliche Meinung in Frankreich und im Auslande hat sich auch kaum durch die Polemik regierungsfeindlicher Blätter beeinflussen lassen. Ich empfinde daher nicht das Bedürfnis, die öffentliche Meinung über die Absichten der Regierung zu beruhigen, welche bleiben, wie sie an dem Tage waren, an dem sie ans Ruder kam. Bis heute hat die Regierung noch nichts an dem Programm geändert, das in ihrer ministeriellen Erklärung vorgezeichnet ist und darin besteht, alle Fraktionen der republikanischen Partei gegen die Dreistigkeiten der klerikalen Reaktion und die Anschläge der Nationalisten zu vereinen und die demokratischen Reformen, welche seit so langer Zeit vom Lande gefordert werden, zu verwirklichen. Dieses Programm halten wir für ausreichend, die fremden Mächte davon zu überzeugen, daß wir ebenso sehr wie sie selbst es sein können, von dem Wunsche beseelt sind, mit ihnen die aufrichtigsten und ehrlichsten Beziehungen zu unterhalten und daß wir bereit sind, mit ihnen in dem Bemühen zu wetteifern, unseren gegenseitigen Interessen und Rechten entsprechend alle Zwischenfälle zu regeln, die geeignet sind, den bestehenden Frieden zu stören, der zugleich das erste unserer Bedürfnisse und der glühendste unserer Wünsche ist.

Die Rede wird meist als Verleugnung der Aeußerungen Andrés und Pelletans aufgefaßt.

6. Oktober. (Paris.) Der Ministerpräsident spricht sich bei einer Bankettrebe scharf gegen die klerikalen Kundgebungen aus und verheißt unbedingte Durchführung des Regierungsprogramms.

8. Oktober. (Paris.) Vertrag zwischen Frankreich und Siam.

Der abgeschlossene Vertrag enthält folgende Bestimmungen: Frankreich erhält die Provinzen Maluprei und Bassak und das Gebiet am Großen See zwischen dem Proluos- und dem Prekompontliam-Flusse. Die französischen Truppen räumen Tschantabun. Siam erhält das Recht, Truppen nach verschiedenen Punkten auf dem rechten Ufer des Mekong zu entsenden, welche Siam verbleiben, doch nur ausschließlich siamesische von siamesischen Offizieren befehligte Truppen. Ferner darf Siam in dem siamesischen Teile des Flußbettes des Mekong Häfen, Kanäle und Eisenbahnen bauen, jedoch nur mit siamesischem Personal und unter siamesischer Leitung. Ohne Zustimmung Frankreichs darf keine Differenzialabgabe für Benutzung der Häfen, Kanäle und Eisenbahnen im Mekong-Gebiete und ganz Siam erhoben werden. Die im französischen Gebiete geborenen oder unter französischem Schutze stehenden Asiaten, sowie deren Kinder können wie französische Staatsangehörige in die Listen der französischen Gesandtschaft und der Konsulate in Siam eingetragen werden. Bezüglich der anderen Asiaten sollen Frankreich dieselben Rechte zustehen, welche Siam anderen Mächten eingeräumt hat.

9. Oktober. (Paris.) Der französische Episkopat protestiert in einem Briefe an die Kammer gegen die Bekämpfung der Kongregationen, weil sie das Konkordat verletze und die „moralische Einheit" Frankreichs vernichte. — Vier Bischöfe haben die Kundgebung nicht unterzeichnet.

9. Oktober. (Paris.) Ein Ausschuß der Grubenarbeiter proklamiert den Generalstreik. — In den nächsten Wochen treten allmählich etwa 2/3 der Bergleute Frankreichs in den Ausstand.

12. Oktober. (Paris.) Präsident Loubet empfängt das protestantische Konsistorium und erwidert auf die Ansprache des Vorsitzenden:

„Ich kenne seit langer Zeit die Anhänglichkeit, welche Sie alle der Regierung und der Republik entgegenbringen. Wir wissen, daß die Republik keine festere Stütze hat als die Anhänger des reformierten Glaubens.

Es beruht auf Ueberlieferung und den Gesetzen des Verstandes, daß sich diese Anhänglichkeit bei Ihnen stetig fortpflanzt. Es ist Ihr Ideal, daß mehr Gerechtigkeit und Brüderlichkeit herrsche; es ist dies der Katechismus der wahren Republikaner."

13. Oktober. (Paris.) Die Burengenerale Botha, Dewet und Delarey werden enthusiastisch begrüßt und haben eine kurze Zusammenkunft mit dem Präsidenten Loubet, dem Ministerpräsidenten und dem Minister des Auswärtigen.

14. Oktober. Die Kammern treten zusammen. Budget.

Das vorgelegte Budget balanciert mit 3575500000 Franks. Der Anschlag stellt fest, zur Erzielung des Gleichgewichtes seien 207 Mill. Fr. neue Mittel notwendig. Unter diesen neuen Mitteln befinden sich die Einnahmen aus der Konversion der 3½prozentigen Rente, Regelung des Privilegiums der Hausbrenner, Revision der Rechte der toten Hand auf bebaute Grundstücke, Ausgabe von Schatzscheinen mit sechsmonatiger Laufzeit u. s. w. Bei Einrechnung der neuen Mittel weist das Budget einen Ueberschuß von 500000 Fr. auf. Die Einnahmen aus der Zuckersteuer sind um 41 Mill. niedriger als im Etatsvorjahre geschätzt, da die Zuckersteuer infolge der Unterdrückung der Ausfuhrprämien auf 25 Fr. herabgesetzt wird.

17. Oktober. Die Deputiertenkammer billigt nach lebhafter Debatte mit 323 gegen 233 Stimmen die Politik der Regierung gegen die Kongregationen.

21. Oktober. (Paris.) Der Ministerrat beschließt, den Protest der Bischöfe dem Staatsrat zu übergeben, weil er gegen das Konkordat verstoße.

Oktober. Der Ministerpräsident verbietet in einem Erlaß vom 1. Januar 1903 ab Predigten und Religionsunterricht in bretonischer Sprache abzuhalten. — Der Erlaß findet in der Bretagne heftigen Widerstand.

23. Oktober. (Kammer.) Debatte über den Ausstand der Grubenarbeiter.

Abg. Jaurès (Soz.) wirft den Kohlenbergwerksgesellschaften vor, sie hätten den Arbeitslohn zu einer Zeit herabgesetzt, als ihr Gewinn stieg. Die Gesellschaften sollten alljährlich ihre Bilanzen dem Parlamente vorlegen, die gemeinsamen Forderungen der Grubenarbeiter sollten allgemein geregelt werden. Die Regierung müsse nach dem Beispiel Roosevelts dahin wirken, daß bessere Gesinnungen im Generalkomitee der Grubenbesitzer Platz greifen. Die Grubengesellschaften könnten keinen Widerstand leisten, wenn die Kammer ihre moralische Autorität zu Gunsten eines Schiedsspruches des Ministerpräsidenten geltend machte, und die Kammer würde damit ein großes und patriotisches Werk vollführen, ein Werk der Billigkeit gegenüber den Arbeitern. Ministerpräs. Combes: Die Lohnfrage müsse zwischen Arbeitgebern und Arbeitern geregelt werden. Der Ministerpräsident erklärt schließlich, die Regierung werde sich angelegen sein lassen, für Besserung der Lage verschiedener Arbeiterklassen einzutreten und zwischen den streitenden Parteien zu vermitteln. Die Regierung werde mit allen Kräften auf eine Beilegung des Ausstandes hinarbeiten, der drohe, zu einem großen Unglück auszuarten und vielleicht die französische Kohlenindustrie zu ruinieren, die ausländische Konkurrenz aber zu bereichern.

30. Oktober. Der Senat billigt mit 163 gegen 90 Stimmen die Bekämpfung der Kongregationen.

7. November. (Paris.) Das zwischen den Arbeitgebern und Bergarbeitern eingesetzte Schiedsgericht beschließt, daß nicht die Löhne, aber die Alterspensionen zu erhöhen sind. — Die Arbeiter nehmen allmählich die Arbeit wieder auf.

15. November. (Kammer.) Der Kolonialausschuß beschließt, den Minister des Auswärtigen um Zurückziehung des Vertragsentwurfs mit Siam zu ersuchen.

25. November. (Senat.) Debatte über die Gesundheitsverhältnisse in der Armee.

Senator Gotterov führt aus, im laufenden Jahre habe die französische Armee 2131 Sterbefälle, die deutsche nur 432. Kriegsmin. André: Er gebe zu, daß die Sterblichkeit in der französischen Armee vierfach so groß sei als in der deutschen. Die Schuld trage aber nicht das Sanitätskorps, das tadellos sei. Die Ursache der meisten Todesfälle sei Schwindsucht, in der französischen 1415, in der deutschen nur 129. Die Schwindsucht sei die Krankheit Frankreichs. Außerdem erklärten die Aerzte die Gestellungspflichtigen zu leicht für diensttauglich. Er habe daher die Aerzte angewiesen, zu schwache Leute wieder heimzuschicken und alle Mittel anzuwenden, um die Verbreitung der Krankheit zu verhindern, damit, so weit dies möglich sei, die Sterblichkeit der Armee herabzumindern.

30. November. Die Regierung empfiehlt die Anerkennung folgender religiöser Gemeinschaften:

Barmherzige Brüder des h. Johannes von Gott, Mutterhaus zu Lyon, 10 Krankenanstalten; Cistercienser der Unbefleckten Empfängnis, auf der Insel Lerins, Mutterhaus ohne Niederlassungen; Trappisten, Mutterhaus zu Citeaux, 23 Niederlassungen, alle dem Ackerbau gewidmet; Afrikanische Missionen zu Lyon, 5 Anstalten; Algerische Missionare (Weiße Väter), Maison Carré, 6 Niederlassungen.

2. Dezember. Der Senat genehmigt mit 165 gegen 75 Stimmen die von der Kammer angenommene Vorlage über die Ergänzung des Vereinsgesetzes und die Verhinderung der Gründung nichtgenehmigter Kongregationsniederlassungen.

6. Dezember. In der Kammer kommt es bei der Diskussion der Humbertangelegenheit zu so stürmischen Unterbrechungen, daß die Sitzung unterbrochen werden muß.

15. Dezember. (Paris.) Es wird eine nationale Subskription eröffnet, um Sanatorien zur Bekämpfung der Tuberkulose, wie sie Deutschland besitze, zu errichten.

17. Dezember. (**Marseille.**) Schluß eines zweiwöchigen Streiks der eingeschriebenen Seeleute. Die Regierung verspricht den Ausständigen einen Gesetzentwurf über eine neue Seemannsordnung einzubringen.

20. Dezember. Die flüchtige Familie Humbert wird in Madrid verhaftet.

VII.
Italien.

Anfang Januar. Verhältnis zu Frankreich und dem Dreibunde. Durch die Presse gehen Gerüchte über ein Abkommen mit Frankreich über Tripolis. Der „Popolo Romano" erklärt, ein schriftlicher Vertrag existiere nicht, sondern nur ein Gedankenaustausch der Minister. Auch das Verhältnis zu den übrigen Mächten wird lebhaft erörtert, so schreibt die „Tribuna", die Freundschaft mit Frankreich dürfe das Bündnis Italiens mit anderen Staaten nicht trüben. Die letzteren sollten sich aber bestreben, daß Italien ein entscheidendes Gewicht zukomme. Italien werde diejenigen Mächte streng beurteilen, die nicht zur Grundlage ihrer Freundschaft für Italien dessen legitime Interessen mit voller Loyalität machten. Die großen Erfolge der französischen Politik sollten die Bundesmächte belehren.

Anfang Januar. Die Klerikalen entfalten eine lebhafte Opposition gegen den geplanten Gesetzentwurf über die staatliche Ehescheidung.

Mitte Januar. Das Ergebnis der Volkszählung wird bekannt gemacht: 32 966 307 Einwohner gegen 26 301 134 im Jahre 1871.

15. Januar. Der Senat genehmigt mit 117 gegen 35 Stimmen die von der Kammer angenommene Vorlage über Schaffung eines Arbeitsamtes.

21. Januar. Der Senat genehmigt mit 109 gegen 69 Stimmen die Finanzreform.

26. Januar. (Mailand.) Ein katholischer Gewerkschaftskongreß, auf dem über 100 000 Arbeiter vertreten sind, beschließt die Gründung eines katholischen Gewerkschaftsverbandes für Italien.

Ende Januar. Die Presse begrüßt das Geschenk der Goethestatue durch den Deutschen Kaiser mit großer Sympathie.

Mitte Februar. (Rom.) Im Kabinett brechen Differenzen aus. Der Minister der öffentlichen Arbeiten tritt zurück, weil er das Ehescheidungsprojekt mißbilligt und weil mehrere von ihm gewünschte Eisenbahnen in Süditalien abgelehnt werden.

20. Februar. Der König eröffnet das Parlament.

In der Thronrede heißt es: „Ich eröffne zum ersten Male persönlich Ihre gesetzgeberischen Arbeiten und freue mich, Ihnen hiebei mein herzlichstes Vertrauen auf Ihre Tätigkeit auszusprechen. Ich habe die feste Ueberzeugung, daß die Harmonie der Gedanken und Empfindungen zwischen dem Fürsten und dem Parlamente die Wohltaten unserer Institutionen sicher stellt und bekräftigt, daß dieselben jeglichem Fortschritte geöffnet und jeglicher Weiterentwicklung fähig sind." ... „Ich weiß, daß ich immer auf Ihre patriotische Mitwirkung rechnen kann bei dem großen Werke, welches die glückliche Zukunft des gemeinsamen Vaterlandes bezweckt. Diese starke und loyale Unterstützung wurde in den schweren Tagen, welche unsere Unabhängigkeit und Einheit vorbereiteten, von meinem großen Ahnen vom Parlament verlangt, um die liberalen Grundsätze, die er zur unerschütterlichen Grundlage machen wollte, zur Anwendung und Entwicklung zu bringen. Auf diese Beispiele wurde auch hingewiesen von meinem vielgeliebten Vater, dessen Hinscheiden in meinem und jedermanns Herzen lebhaft und dauernd beklagt wird. Es ist mir sehr angenehm, daß wir nach schweren Tagen uns jetzt getrösten können durch die in der Eintracht zwischen Gesetz und Freiheit gewonnene Beruhigung." Es werden sodann soziale Gesetzentwürfe, besonders ein Gesetz über den Arbeitsvertrag angekündigt.... „Meine Regierung wird Ihnen eine Vorlage unterbreiten, die dahin geht, in Uebereinstimmung mit dem gemeinen Rechte anderer Völker das ideale Prinzip der Unauflöslichkeit der Zivilehe einzuschränken und durch gerechte Vorschriften die gegen uneheliche Söhne gerichteten Bestimmungen abzuändern. — In den Beziehungen zwischen Staat und Kirche ist meine Regierung bestrebt, streng die Trennung der staatlichen und kirchlichen Ordnung aufrecht zu erhalten, dem Klerus die ihm zukommende Ehre zu erweisen, aber ihn innerhalb der Grenzen des rein Kirchlichen zu halten, der Religion und der Freiheit des Gewissens unbeschränkteste Achtung entgegenzubringen, aber unbeugsam die Vorrechte der Staatsgewalt, sowie die Rechte der nationalen Souveränität unangetastet zu erhalten." ... „Die Beziehungen Italiens zu allen Mächten sind ausgezeichnet. Die Politik, die all unserer Rechte, all unserer Pflichten eingedenk ist, trug uns große Sympathie und schmeichelhafte Beweise der Achtung ein, in welcher unser Vaterland bei den auswärtigen Völkern steht. Die Verteidigung unserer Interessen, die Treue gegenüber unseren Bündnissen und gegenüber den Banden herzlicher Freundschaften lassen sich so vollkommen vereinen mit dem erhabensten Ziele, das Italien verfolgt — dem Frieden. Traurige Ereignisse machten die Entsendung italienischer Streitkräfte nach dem äußersten Osten nötig. Unsere Soldaten und Seeleute legten Beweise hervorragendster militärischer Tüchtigkeit ab und sind bei ihrer Rückkehr in die Heimat mit herzlicher Begeisterung empfangen worden. Eingedenk der Tapferkeit und Selbstverleugnung, des Gehorsams und der Treue, welche unsere Armee und Marine stets gezeigt haben, entbiete ich ihnen als Soldat und König meinen Gruß."

21. Februar. Ministerkrisis.

Bei der Präsidentenwahl in der Kammer erhält der Kandidat der Regierung Villa 142 Stimmen, ein Sozialist Costa 17, 13 Stimmen zersplittern sich, 120 weiße Zettel werden abgegeben. 216 Abgeordnete fehlen. Bei der Stichwahl erhält Villa 135, Costa 25, 142 weiße Zettel werden abgegeben. Wegen der geringen Stimmenzahl des Regierungskandidaten reicht das Ministerium Zanardelli seine Demission ein.

Februar. (**Oberitalien.**) Streik der Eisenbahnarbeiter.

Die Eisenbahnbeamten verlangen eine Abänderung der organici und proklamieren einen Ausstand, um sie zu erzwingen. Infolgedessen erläßt der Kriegsminister eine Bekanntmachung, daß alle noch im Militärverhältnis befindliche Eisenbahnbeamte und Eisenbahnbedienstete sich als zum Militärdienst einberufen zu betrachten haben. Es soll ihnen dadurch die Möglichkeit genommen werden, sich an einem etwaigen Strike zu beteiligen, da sie nun unter militärischer Disziplin stehen und ohne grobe Verfehlung gegen dieselbe ihre dienstlichen Funktionen nicht einzustellen vermögen. Ein Teil des Eisenbahnpersonals soll durch Militär ersetzt werden, es wird deshalb die Jahresklasse 1878 der Reserve zu den Waffen einberufen (24. Febr.). — An diesen Maßregeln scheitert der Ausstand nach wenigen Tagen.

3. März. (**Rom.**) Der König lehnt die Demission des Ministeriums ab.

März. Streiks und Unruhen.

Die „Riforma Soziale" veröffentlicht eine Statistik der Arbeiterbewegung in den letzten drei Jahren. Die „Tägl. Rundschau" berichtet darüber: „Aus derselben geht hervor, daß besonders die Landarbeiter in erheblicher Weise durch die Streiks ihre Lage gebessert haben. Im Jahre 1889 hatten wir nur 9 Streiks auf dem Lande, während diejenigen in den Jahren 1900 und 1901 so zahlreich gewesen sind, daß sie bis heute nicht einmal gezählt werden konnten. Bemerkenswert ist noch, daß 1900 zweimal die Soldaten zu den Erntearbeiten abkommandiert wurden. In der Provinz Mantua haben durch Arbeitsniederlegung oder durch Androhung derselben etwa 50000 Familien ihre Lage um 15 v. H. im Jahre gebessert. Die Leute beziehen jetzt durchschnittlich im Jahre 400 Lire. Der Tageslohn schwankt zwischen 1,90 Lire im Sommer und 1,15 im Winter. Im Gebiete Polesine haben gleichfalls die Landleute ihre Lage um 15 bis 25 v. H. gebessert. Der Tageslohn beträgt 83 Centesimi im Winter und steigt bis zu 1,52 Lire im Juli. In der Provinz Novara entstanden in drei Monaten 127 Streiks mit ungünstigem Ausgang für die Arbeiter. Nur in einzelnen Gemeinden wurde eine Lohnaufbesserung erzielt. In der Provinz Verona legte sich die Regierung ins Mittel und vereinbarte in 34 Gemeinden eine Lohnerhöhung von 20 v. H. für die Arbeiter. In der Umgebung von Parma beträgt das Ergebnis von 70 Streiks eine jährliche Lohnaufbesserung von 90 Lire auf den Kopf. Einen noch besseren Erfolg hatte die Bewegung in der Provinz Ferrara, wo die Tageslöhne teilweise um 70 Centesimi, ja um eine Lira stiegen. Im Bolognesischen, in der Aemilia, im Bergamaskischen zielten die Streiks besonders auf die Besserung der Arbeitsverträge hin. Dieses Ziel wurde zum Teil erreicht. In der Romagna setzten die Arbeiterinnen in den Reisfeldern ohne Streik eine neunstündige Tagesarbeit den Lohn von einer Lira durch. In der Umgebung von Vercelli bequemten sich die „padroni" dazu, statt dreizehn Stunden am Tag nur zehn Stunden arbeiten zu lassen. In dieser Weise geht es weiter mit der Bewegung, von den Alpen angefangen bis nach Sizilien."

Im März finden im Süden, z. B. in Cosenza und Cassana lebhafte Ausschreitungen statt, gegen die Truppen aufgeboten werden.

10. März. Die Kammer wählt den Regierungskandidaten Biancheri mit 350 von 402 abgegebenen Stimmen zum Präsidenten.

14./15. März. (**Kammer.**) Debatte über die innere und

auswärtige Politik der Regierung. Vertrauensvotum. Sozialpolitik; südafrikanischer Krieg.

Mehrere Deputierte wenden sich gegen die Sozialpolitik der Regierung. Hierauf erwidert Minister des Innern Giolitti: Im Juni vorigen Jahres wie jetzt, wo es von neuem in Arbeiterkreisen gäre, habe man gefürchtet, daß es zu schweren Ruhestörungen kommen werde, doch hätten sich diese Befürchtungen nicht bewahrheitet. Richtig sei ja, daß die Ausstände wieder begonnen hätten, aber dies komme daher, daß man vor einer großen sozialen Bewegung aller Klassen des Proletariats stehe. Dieselben verlangten einfach bessere Lebensbedingungen und hätten damit recht. Keine ihrer Forderungen habe einen politischen Charakter. (Lebhafter Beifall links.) Eine solche Bewegung werde nur dann gefährlich, wenn die Regierung glaube, sie mit Gewalt unterdrücken zu sollen. Pflicht der Regierung sei es, unparteiisch zu bleiben und die Rechte aller zu achten. Daher müsse die Regierung das Recht, in den Ausstand zu treten, und die Berechtigung, für dieses Recht Propaganda zu machen, so lange achten, als keine Gewalttätigkeiten damit verbunden seien. Ebenso müsse sie die Freiheit der Arbeit gewährleisten. Auch glaube er, daß, soweit nicht obligatorische Schiedsgerichte gesetzlich eingeführt seien, die Regierung das Recht und die Pflicht habe, ihre von beiden Parteien angerufenen Vertreter eingreifen zu lassen, um eine friedliche Lösung der Streitigkeiten herbeizuführen. Im Streik der Bahnangestellten habe die Regierung die Einstellung des Bahnbetriebs verhindern müssen, die namentlich den ärmeren Teil der Bevölkerung schwer betroffen haben würde. Sie habe aber auch die seit Jahren unerledigt gebliebenen gerechten Ansprüche der Bahnarbeiter zu schützen unternommen und so die öffentliche Ordnung aufrechterhalten. Die Regierung habe sich an den Verhandlungen und an den erforderlichen Ausgaben beteiligen müssen. Man dürfe sich nicht verhehlen, daß auch andere berechtigte Ansprüche der arbeitenden Klassen Befriedigung erheischten, da die Löhne vielfach zu gering seien. (Sehr gut.) Es sei ein großes Ergebnis des Friedenswerkes der Regierung, daß sie vom Proletariat nicht als ein Feind betrachtet werde. Jene, die verlangten, daß die Regierung sich nicht auf die meistbelasteten Klassen stütze, könnten sich nur auf die Ultrakonservativen und die Klerikalen stützen. (Lebhafter Beifall links.)

Am folgenden Tage wendet sich Ministerpräsident Zanardelli gegen den Abg. Sonnino, der das Vorgehen der Regierung in der Eisenbahnfrage kritisiert hatte, und betont, daß die Regierung die gerechten Ansprüche der Arbeiter und das Dienstinteresse berücksichtigt habe. — Auf eine Interpellation der äußersten Linken, ob nicht eine europäische Intervention in Südafrika zu veranlassen sei, erwidert Minister des Auswärtigen Prinetti, die Antwort Englands auf die niederländische Note und die wiederholten Erklärungen der Regierung im Parlament ließen nicht die Hoffnung zu, daß eine Einmischung in den Streit mit den Buren bei der englischen Regierung wohlwollende Aufnahme finden könne. Die Weigerung, die gewünschte Initiative zu ergreifen, dürfe nicht als Beweis einer wenn auch noch so geringen Erkaltung in unseren Beziehungen zu England angesehen werden. „Ich kann der Kammer versichern, daß die in meiner Erklärung vom 14. Dezember erwähnten so glücklich wiederhergestellten guten Beziehungen zu Frankreich die alte traditionelle Freundschaft zwischen England und Italien in keiner Weise beeinträchtigt haben. Ich benütze sehr gerne die Gelegenheit, um heute hinzuzufügen, daß die Beziehungen zwischen Italien und England niemals herzlicher und inniger als jetzt sein könnten."

Die Kammer spricht der Regierung mit 250 gegen 158 Stimmen bei 45 Stimmenthaltungen ihr Vertrauen aus.

15. März. (Rom.) Das Dekret über die Militarisierung des Eisenbahndienstes wird wieder aufgehoben.

23. März. Die Kammer genehmigt mit 186 gegen 50 Stimmen das Gesetz über die industrielle Frauen= und Kinderarbeit.

Das Gesetz erhöht die Minimalaltersgrenze für die Kinderarbeit bei Knaben von 9 auf 12, für die Mädchen von 11 auf 15 Jahre. In besonders gefährlichen und gesundheitsschädlichen Betrieben wird sie auf 18 Jahre hinaufgesetzt. Der Industrie, besonders in Sicilien, sind 3 Jahre als Uebergangszeit gelassen. Wöchnerinnen müssen 3 Wochen Ruhe haben, und auch dann dürfen sie zunächst nicht über 5 Stunden beschäftigt werden. Die Nachtarbeit wird eingeschränkt, die Zulassung von Frauen und Kindern zur Industriearbeit überhaupt von Zeugnissen der Kommunalbehörden abhängig gemacht. Diese dürfen nur ausgestellt werden, wenn alle Voraussetzungen des neuen Gesetzes erfüllt sind.

26. März. (Rom.) Als Nachfolger des zurückgetretenen Giusso wird der Senator Nicola Valengano zum Minister der öffentlichen Arbeiten ernannt.

27. März. (Venedig.) Der deutsche Reichskanzler Graf Bülow hat mit dem Minister des Auswärtigen Prinetti eine Zusammenkunft.

Ende März. (Oberitalien.) In mehreren Garnisonen kommt es zu Insubordinationen, weil die eingezogene Jahresklasse von 1878 noch nicht vollständig entlassen ist. Der Kriegsminister verfügt die schärfsten Maßregeln gegen etwaige Wiederholungen.

April. Die italienische Regierung veröffentlicht ein Grünbuch über den Zwischenfall mit der Schweiz.

Es enthält neun Aktenstücke: In dem ersten, das vom 5. Februar datiert ist, teilt der italienische Gesandte in Bern, Silvestrelli, mit, daß er mündlich die Aufmerksamkeit des Präsidenten Zemp auf den Artikel des „Risveglio" und die darin enthaltene Beschimpfung des Andenkens des Königs Humbert gelenkt habe. Das vom 25. Februar datierte zweite Dokument enthält die Antwort des Bundesrats darauf, die dahin geht, daß der „Risveglio" nur auf den förmlichen Antrag der italienischen Regierung verfolgt werden könne und daß letztere der Schweiz Reziprozität zusichern müsse. Das dritte Schriftstück, datiert vom 8. März, ist die Note, in welcher Silvestrelli erklärt, die italienische Regierung sei nicht gewillt, die gerichtliche Verfolgung des „Risveglio" wegen des am 18. Januar veröffentlichten Artikels zu beantragen, und erhebe gegen die derartigen Veröffentlichungen in der Schweiz gewährte Straflosigkeit Einspruch. Die italienische Regierung glaube genug getan zu haben, daß sie die Schweiz zur Beobachtung ihrer internationalen Pflichten aufgefordert habe, und überlasse dem Bundesrat die Verantwortlichkeit für seine Haltung. Die Forderung der Reziprozität erscheine der italienischen Regierung in dem vorliegenden Fall nicht angebracht, weil die Schweiz niemals an

Italien, wo die Schweizer Beamten für jeden Akt in der Presse aller Parteien eine achtungsvolle Behandlung erfahren, eine Klage ähnlicher Art gerichtet habe. Im vierten Schriftstück, datiert vom 12. März, wird Silvestrelli von dem Präsidenten des Bundesrates, Dr. Zemp, erwidert, daß die Note vom 8. März sowohl hinsichtlich des Inhalts, wie hinsichtlich der Form dem Bundesrat verletzt habe. Der Bundesrat protestiert gegen den Inhalt der Note und könne ihn nicht annehmen. Wenn die italienische Regierung sich den Bestimmungen des schweizerischen Strafrechtes nicht fügen wolle, so liege auch kein Anlaß vor, die schweizerische Regierung zur Beobachtung ihrer internationalen Pflichten aufzufordern und ihr in dieser Hinsicht irgend welche Verantwortlichkeit zuzuschieben. Im fünften Schriftstück, datiert vom 23. März, erwidert Silvestrelli, die italienische Gesandtschaft könne nicht zugeben, daß für die vorliegende Streitfrage Einwände juristischer Natur, wodurch die Straflosigkeit, welche der „Risveglio" genieße, erklärt werden sollte, geltend gemacht werden. Nach Ansicht der italienischen Gesandtschaft sei die Veröffentlichung des „Risveglio" nach Artikel 4 und 5 des schweizerischen Gesetzes gegen die Anarchisten von 1894 zu bestrafen und von der schweizerischen Regierung von Amts wegen zu verfolgen. Die Gesandtschaft könne daher ihren in ihrer Note vom 8. März dargelegten Standpunkt nicht ändern. Im sechsten Schriftstück vom 7. April wendet sich der schweizerische Gesandte in Rom, Dr. Carlin, an Minister Prinetti und bestätigt ihm die ihm am 31. März mündlich gemachte Mitteilung, welche sich auf die Abberufung Silvestrellis aus Bern bezieht. Da der Minister ihm ablehnend geantwortet, so wurde Dr. Carlin auf Befehl seiner Regierung davon verständigt, daß der Bundesrat sich in die Notwendigkeit versetzt glaube, seine offiziellen Beziehungen zu Silvestrelli abzubrechen. Das siebente Schriftstück vom 9. April enthält die Antwort Prinettis, in welcher er dem Gesandten Carlin mitteilt, daß er ihm am 31. März die Erwägungen auseinandergesetzt habe, welche die Weigerung veranlaßt hätten, Silvestrelli abzuberufen. Diese Erwägungen, welche in einem beigefügten Schriftstücke enthalten waren, sollten seiner Meinung nach den Bundesrat dahin bringen, seine eigene Entschließung nochmals in Erwägung zu ziehen. Inzwischen sieht sich Prinetti in die Notwendigkeit versetzt, auch seinerseits die offiziellen Beziehungen zu Carlin abzubrechen. In der Denkschrift zur Note vom 9. d. M. geht Prinetti nochmals die einzelnen Phasen der Frage durch und konstatiert, daß der Bundesrat sich auf einen Standpunkt gestellt habe, welcher nicht dem der italienischen Gesandtschaft entspreche, da diese das Treiben des Blattes „Risveglio" immer in seiner Gesamtheit im Auge gehabt habe und nicht in seinen einzelnen Artikeln. Es sei daher natürlich gewesen, daß Silvestrelli durch die Note vom 8. März es ablehnte, seinerseits gerichtliche Verfolgung zu beantragen, da dies im Widerspruche mit der ständigen Haltung der Gesandtschaft gestanden hätte. Was die Form der Note Silvestrellis angehe, so erkläre sich dieselbe vollkommen durch die Tatsache, daß die italienische Gesandtschaft schon seit langer Zeit feststellen konnte, daß gegenüber den Angriffen auf die Einrichtungen des Königreichs der Bundesrat in seinen Mitteilungen nicht das geringste Wort des Bedauerns gefunden habe. So lagen die Dinge, als der eidgenössische Gesandte Carlin am 31. März die Abberufung Silvestrellis verlangte. Prinetti erwiderte ihm, er könne der Forderung nicht beitreten, da sie ihm nicht gerechtfertigt erscheine. Der Minister fügte hinzu, seiner Ansicht nach seien freimütige Erklärungen zwischen Silvestrelli und dem Bundesrat am besten geeignet, die Mißverständnisse zu beheben, die aufgetreten zu sein schienen.

Italien. (April 21.—Mai 22./23.)

21. April. (**Rom.**) Die am 23. Februar einberufenen Reservemannschaften der Jahresklasse 1878 werden wieder entlassen.

26. April. (**Kammer.**) Auf eine Anfrage erklärt der Minister des Auswärtigen Prinetti über den Schweizer Zwischenfall: Der Gesandte Silvestrelli habe keineswegs die gerichtliche Verfolgung des Blattes Risveglio wegen des das Gedächtnis des Königs Humbert beleidigenden Artikels verlangt. Silvestrelli habe einfach die Gelegenheit ergriffen, sich nochmals über die ganze Haltung des Blattes zu beklagen, welches den Königsmord verteidigt und dafür Propaganda gemacht habe. Die in Form einer offiziellen Note gegebene Antwort des Bundesrats auf eine gar nicht gestellte Anfrage ist es, was den bedauerlichen Zwischenfall veranlaßte. Silvestrelli konnte nicht, ohne sich zu widersprechen, die gerichtliche Verfolgung wegen eines einzigen Zeitungsartikels verlangen. Seine Verwunderung darüber war natürlich groß, daß an ihn das Verlangen der Reziprozität gestellt wurde, was überflüssig war, da solche durch das italienische Gesetz tatsächlich gesichert war. Hätte Silvestrelli übrigens in den Mitteilungen des Bundesrats solche Worte für Italien und seine Herrscher gefunden, die der Berichterstatter der Nationalversammlung in Bern aussprach, so hätte er sicherlich nicht die Ausdrücke gebraucht, über die der Bundesrat sich beklagte. Zwischen dem bedauerlichen Vorfall und der schlechthin ausgesprochenen Forderung, Silvestrelli abzuberufen, die der Schweizer Gesandte Dr. Carlin an mich richtete, besteht auf jeden Fall nicht das richtige Verhältnis. (Beifall.) Kein Minister hätte in ein solches Ansinnen eingewilligt. Ich habe aber in meiner Unterredung mit Carlin, der ersten und einzigen, die ich mit dem Vertreter der Schweiz seit dem Eintritte des Zwischenfalles hatte, die Ansicht ausgesprochen, welche auf eine ruhige Aufforderung zu einer freimütigen Auseinandersetzung zwischen Silvestrelli und dem Bundesrate geht. Noch heute ist dies meine Ansicht. Wir haben das Bewußtsein, daß der Bruch keinesfalls durch einen Fehler unsererseits verschuldet ist. Wir hoffen, daß der Wunsch, der von den beiden Berichterstattern der Kammern in Bern ausgesprochen wurde, sich bald verwirkliche, der Wunsch nach einer ehrenhaften befriedigenden Lösung.

22./23. Mai. (**Kammer.**) Debatte über Albanien, den Dreibund, Tripolis, Handelsbeziehungen.

Abg. De Martino fragt, ob Deutschland und Oesterreich-Ungarn durch besondere Gewährleistungen Italien das Recht zuerkannten, die albanische Frage als in seinem Interessenkreise liegend anzusehen, die einen wesentlichen Bestandteil des Gleichgewichts im Mittelmeere ausmache, weil jede Ausdehnung Oesterreich-Ungarns längs der Balkanküste nach dem Adriatischen Meere zu oder jede Bewegung Oesterreich-Ungarns auf Salonichi zu das Gleichgewicht im Adriatischen Meere erheblich stören würde. Redner fragt ferner, ob England für den Fall, daß der status quo infolge von außerhalb des Willens Italiens liegenden Tatsachen nicht aufrechterhalten werden könnte, sich jedes Anspruches auf Tripolis begeben würde.

Minister des Auswärtigen Prinetti: Was Tripolis betreffe, so würde er seinen früheren Auslassungen eigentlich nichts mehr hinzuzufügen haben. Nun aber habe De Martino an ihn eine Interpellation gerichtet, des Inhaltes, ob nicht nach dem französisch-englischen Abkommen vom Jahre 1899 England der italienischen Regierung wegen der Ortsgrenzen von Tripolis dieselben Zusicherungen gegeben habe wie Frankreich bezüglich der Westgrenze. Seine Antwort werde ebenso einfach wie bündig lauten: „Ja! Diese Zusicherungen sind uns gegeben!" Die traditionelle Herzlichkeit der Beziehungen zu England sei also wieder einmal bestätigt worden. Was Albanien angehe, von dem Graf Goluchowski in seiner letzten Rede nichts gesagt habe, wahrscheinlich, weil er seinen Aeußerungen nichts hinzuzufügen hatte, so könne auch er, Redner, seine früheren Erklärungen wiederholen: Italien und Oesterreich-Ungarn stimmen darin überein, in der Erhaltung des status quo in diesem Lande die beste Garantie ihrer gegenseitigen Interessen zu sehen. Die beiden Regierungen würden daher nicht aufhören, mit Gleichmut und völliger Uneigennützigkeit der natürlichen Entwicklung des albanischen Volkes zuzusehen.

Man habe vermutet, die Erneuerung des Dreibundes könne den guten Beziehungen schaden, die in so glücklicher Weise wieder mit Frankreich hergestellt worden seien. Graf Bülow und Graf Goluchowski sowie er, der Redner, selbst, hätten schon früher erklärt, daß der Dreibund, der seinem Charakter nach, durchaus friedliche Ziele verfolge, weit davon entfernt sei, irgendeine der vertragschließenden Parteien zu hindern, sich an einem Uebereinkommen mit dritten Mächten zu beteiligen. Der Dreibund enthalte nichts Aggressives gegen Frankreich, nichts dessen Ruhe und Sicherheit Bedrohendes und könne also keinerlei Hindernis für die Erhaltung und die Weiterentwicklung der herzlichen Beziehungen zu Italiens lateinischem Schwestervolk sein. An dem Tage, da Frankreich und Italien die Fragen prüften, welche beide im Mittelmeer trennen zu sollen schienen, wurden beide bald zu der Feststellung geführt, daß ihre Interessen leicht zu vereinbaren seien. Es komme also darauf an, Mißverständnisse zu beseitigen, welche die gegenseitigen Beziehungen beeinträchtigen könnten. Da man ferner behauptet habe, daß Sonderkonventionen und Zusatzprotokolle in dem Dreibundsvertrag eingefügt seien, welche den Geist der Dreibundpolitik änderten und selbst einen aggressiven Charakter gegenüber Frankreich hätten, so halte er sich für verpflichtet zu erklären, daß solche Protokolle und Konventionen nicht existieren.

Hinsichtlich der Handelsverträge weist der Minister darauf hin, daß eine Verhandlung mit den beiden Verbündeten noch nicht möglich sei, da die neuen Tarife in Deutschland und in Oesterreich-Ungarn bisher noch nicht festgestellt worden seien. Die drei Kabinette hätten nur prinzipielle Ansichten austauschen können, aber die italienische Regierung lege der Sache alle Wichtigkeit bei und wende ihr alles Interesse zu. In seinen Augen würde eine auswärtige Politik, welches auch ihre Erfolge seien, weder als geschickte noch als glückliche angesehen werden können, wenn sie nicht dem Lande auf wirtschaftlichem Gebiete befriedigende Beziehungen sichere. Die Zukunft werde beweisen, ob die von ihm befolgte Politik bei den künftigen Handelsvertragsverhandlungen für Italien vorteilhaft sei. Sicher werde ihn niemand davon überzeugen können, daß der beste Weg, zu guten Handelsverträgen mit Deutschland und Oesterreich-Ungarn zu gelangen, der wäre, die politischen Verträge mit denselben nicht zu erneuern. Keine Wolke trübt den politischen Horizont. Heute ist das gemeinsame Programm der Mächte, auf friedlichem Wege die Frage zu lösen, die man sonst den Chancen eines Krieges überließ. Im vollen Einvernehmen mit zwei anderen Mittelmeer-Großmächten ist Italien am besten in der Lage, in der Welt sein Werk der Beruhigung und Versöhnung zu verfolgen. Seiner eigenen Interessen sicher, kann Italien voller Ruhe nicht nur seiner gegenwärtigen Lage, sondern auch der Zukunft ins Auge sehen.

25. April. Der Senat lehnt nach einer Debatte über die innere Politik der Regierung ein Mißtrauensvotum mit 81 gegen 76 Stimmen ab.

29. April. Die Kammer genehmigt in geheimer Abstimmung mit 163 gegen 53 Stimmen die Vorlage betr. Schaffung eines neuen 3½prozentigen konsolidierten Rententitres und Maßnahmen zur Tilgung der einlösbaren Schulden.

14. Mai. General Ottolenghi wird zum Kriegsminister ernannt.

21. Mai. (Rom.) Besuch des Schah von Persien.

27. Mai. (Palermo.) Das Königspaar eröffnet die sizilische Ackerbauausstellung.

29. Mai. (Palermo.) Der König besucht eine Abteilung des englischen Mittelmeergeschwaders.

15. Juni. Der Senator General Luigi Pelloux, der ehemalige Ministerpräsident, wird auf seinen Antrag pensioniert. Es wird erwartet, daß er die Führung der Opposition im Senat übernehmen wird.

10. Juli. Der König reist nach Petersburg zum Besuche des Zaren.

14. Juli. (Venedig.) Der Glockenturm von San Marco stürzt ein.

30. Juli. (Bologna.) Der frühere Abg. Palizzolo, ein Führer der sizilischen Maffia wird wegen Mordes zu 30 Jahren Zuchthaus verurteilt. Der Prozeß spielt seit dem Dezember 1899.

Ende August. Anfang September. (Florenz.) Infolge von Streitigkeiten in einer Metallwarenfabrik bricht ein allgemeiner Ausstand aus, der aber nur wenige Tage anhält.

6./8. September. (Imola i. Romagna.) Kongreß der sozialistischen Partei Italiens. Sieg der Gemäßigten.

Die „Kölnische Volkszeitung" berichtet darüber: Die Gemäßigten oder Reformisten, geführt von dem früheren Mailänder Abgeordneten Filippo Turati und unterstützt vom Zentralorgan „Avanti" in Rom, erstreben zunächst Reformen und unterstützen die gegenwärtige Regierung, während die Radikalen oder Unversöhnlichen, unter Führung von Enrico Ferri, Abgeordneter für Ravenna, alle Kompromisse mit anderen Parteien und der Regierung verwerfen, aber doch durchblicken ließen, daß sie eventuell die Einheit der Partei über alles stellen würden. In Imola kam es nun nach dreitägiger Debatte, die mit den Taktikstreitigkeiten auf den Parteitagen der deutschen Sozialdemokraten viele Berührungspunkte bot, zur Entscheidung. Mit 456 gegen 279 Stimmen wurde eine von den Radikalen gestellte Resolution, nach welcher die sozialistische Partei auf den ver-

Italien. (September 8.—November 19.)

schiedensten Gebieten des politischen und wirtschaftlichen Kampfes ihre Ziele unabhängig und getrennt von jeder anderen Klasse und politischen Partei zu verfolgen habe, verworfen, dagegen folgende Kompromißresolution angenommen: „Das Endziel des Sozialismus ist die Befreiung der Menschheit von der kapitalistischen Ausbeutung durch das Mittel des Kollektivismus. Der Weg zur Emanzipation ist der von dem klassenbewußten Proletariat geführte Klassenkampf gegen die wirtschaftliche und politische Organisation der Klasse der Monopolisten und Besitzer der Produktionsmittel. Da alle Reformen, welche die ökonomische, politische und moralische Hebung des Proletariats bezwecken, gleichzeitig zur Erreichung der sozialen Revolution beitragen, so erklärt der Kongreß die Existenz zweier verschiedener Tendenzen als wohl vereinbar. Der Kongreß stellt fest, daß die Aktion der Partei reformistisch ist, weil revolutionär, und revolutionär, weil reformistisch, oder auch die einfache (semplicemente) sozialistische Parteitaktik. Die Resolution erkennt ferner an, daß die Kammerfraktion in ihren Entschlüssen selbständig ist; daß sie sich indes in Fühlung mit den Anschauungen und Wünschen der großen Masse des Proletariats halten muß." — Die sozialistische Kammerfraktion ist in ihrer überwiegenden Mehrheit — sie zählt 32 Mitglieder — gemäßigt und hat bisher mit Wärme das Ministerium Zanardelli gestützt. Vorläufig dürfte die Kammerfraktion auch bei ihrem Ministerialismus beharren. Um einer Spaltung der Partei vorzubeugen, ist die obige Kompromißresolution so gefaßt, daß sie sowohl Turati als auch Ferri, dem Ministerium und der Revolution Recht gibt.

8. September. (Apulien.) In dem Landstädtchen Candela treten mehrere Hundert Landarbeiter wegen Lohnstreitigkeiten in Ausstand und greifen das zum Schutz der Arbeitswilligen herbeigerufene Militär an. Mehrere Arbeiter werden erschossen.

25. September. (Sizilien.) In der Provinz Catania richtet ein Cyklon große Verwüstungen an und tötet viele Menschen.

November. Seeräuberei im Roten Meer. (Vgl. Asien.) Am 10. November wird ein Abkommen zwischen Italien und der Türkei auf folgenden Grundlagen abgeschlossen:

Alle in der Umgegend von Midi eingeschlossenen Seeräuberschaluppen werden zerstört oder dem Kommandanten Arnone ausgeliefert. Die türkischen Behörden werden diejenigen Seeräuber, die türkische Untertanen sind, exemplarisch bestrafen. Die von Arnone bezeichneten Seeräuber, die nach der italienischen Kolonie Erythräa zuständig sind, werden von der Pforte binnen zwei Monaten nach Massauah ausgeliefert. Die Pforte verpflichtet sich, die Kunft die Seeräuberei mit dem größten Nachdruck zu ahnden. An die Familien der beiden in Midi getöteten Seeleute wird eine Entschädigung von 15000 Franken bezahlt; für die bereits früher geschädigten italienischen Untertanen in der erythräischen Kolonie wird eine Zahlung von 19600 Franken geleistet. Die Segelschiffe aus Erythräa genießen künftig von der Türkei dieselbe Behandlung wie die Schiffe der meistbegünstigten Nationen. Die italienische Regierung hat den Kommandanten Arnone angewiesen, sich wegen schleuniger Durchführung dieses Abkommens mit den Ortsbehörden in Verbindung zu setzen. Sodann wird Arnone mit den seinem Befehl unterstehenden Truppen und mit den den Seeräubern weggenommenen Schaluppen nach Massauah zurückkehren.

19. November. (**Rom.**) Die Königin wird von einer Prinzessin entbunden.

Ende November. Die Regierung bringt einen Gesetzentwurf „Reform der Familiengesetzgebung" ein, der die Einführung der Ehescheidung enthält.

Es wird darin bestimmt, daß die Scheidung nur erfolgen kann, wenn eine durch Richterspruch erfolgte Trennung vorangegangen ist, deren Dauer bei kinderlosen Paaren ein Jahr, sonst drei Jahre sein muß. Ursachen dieser Trennung können sein: 1. Ehebruch, 2. böswilliges Verlassen, 3. körperliche Mißhandlung oder schwere Ehrenkränkung, 4. Verurteilung eines Gatten zu 20 oder mehr Jahren Kerker (es sei denn, daß die Verurteilung vor der Heirat erfolgte und dem anderen Teil bekannt war). In all diesen Fällen kann nur der unschuldige, nie der schuldige Teil die Trennung und Scheidung beantragen. Bei der Scheidung ist Vorsorge zu treffen, daß sich in finanzieller Hinsicht der schuldige Teil nicht auf Kosten des unschuldigen bereichern kann; bei Scheidung wegen Ehebruchs kann der schuldige Teil nie seinen Mitschuldigen heiraten, auch können im Ehebruch gezeugte Kinder nie legitimiert werden. Die Wiederverheiratung Geschiedener ist unzulässig. Die Rechte der Kinder sind in einem besonderen Abschnitt streng gewahrt. Die geschiedene Ausländerin gewinnt ihre ursprüngliche Staatsangehörigkeit wieder.

Eine Petition mit 3½ Millionen Unterschriften spricht sich gegen die Vorlage aus.

2. Dezember. (**Kammer.**) Der Minister des Auswärtigen Prinetti erklärt, Italien habe der englischen Regierung gestattet, bei der Bekämpfung des Mullah italienisches Gebiet zu überschreiten, unter der Bedingung, daß hierdurch keine Gefahr für die italienische Kolonie entstehe.

Dezember. Italien und Venezuela.

Der italienische Gesandte richtet an die venezolanische Regierung die Aufforderung zur Zahlung einer Entschädigung an verschiedene italienische Untertanen (14. Dezember). Die italienischen Ansprüche rühren von Schäden her, die Italiener während der Revolutionen von 1898 bis 1900 erlitten und belaufen sich auf 2810255 Bolivares. Die Forderung auf Schadloshaltung wurde bereits im April überreicht. — Am 16. Dezember werden die diplomatischen Beziehungen abgebrochen, da Venezuela die italienische Forderung ablehnt. — Die italienische Regierung schließt sich dem Vorgehen Englands und Deutschlands an.

18. Dezember. (**Kammer.**) Debatte über Erythräa.

Der Republikaner **Chiesi** beantragt die Räumung Erythräas. Gouverneur von Erythräa **Martini**: Es könne keine Rede mehr von der Räumung Erythräas sein, wo sich die Lage seit 1897 vollkommen geändert habe. Niederlassungen von Hunderten von Häusern seien über die Kolonie zerstreut. Die Ersetzung Italiens durch eine andere Macht würde nur ein Zeichen von Machtlosigkeit Italiens sein. Die Abtretung der Kolonie an eine Privatgesellschaft wäre unzweckmäßig. Italien gäbe für die Kolonie jährlich nur 6400000 Lire aus, die sich allmählich verringern würden bis zum Verschwinden. Die Erfahrungen zeigten, daß aus der Kolonie großer Nutzen gezogen werden könne. Zweifellos seien auch Goldminen vorhanden; es fehle nur das Vertrauen des Kapitals. Die Ergebnisse der Erfahrungen auf landwirtschaftlichem Gebiete seien hervorragend; auch seien weite fruchtbare Gebiete vorhanden, die bereit seien zur Aufnahme von Auswanderern. Erythräa werde demnächst dem Vaterlande wertvolle Beisteuern liefern. Minister des Auswärtigen Prinetti: Italien, das eine so starke Auswanderung habe, kann unmöglich ohne Schaden zu leiden auf jede koloniale Ausdehnung verzichten.

Der Antrag Chiesis wird gegen 4 Stimmen abgelehnt.

15. Dezember. (Kammer.) Erklärung Prinettis über die künftigen Handelsverträge.

Auf einige Anfragen erwidert der Minister des Auswärtigen, er müsse vor allem erklären, er habe bisher keine amtliche oder halbamtliche Mitteilung betr. die Kündigung der gegenwärtigen Handelsverträge erhalten; er sei auch nicht in stande, diesbezüglich etwas vorauszusagen zu können, denn er habe keine Kenntnis von den Absichten, die jede der anderen Regierungen haben möge, ihren Vertrag zu kündigen oder nicht zu kündigen. Hier halte er es nützlich, den Irrtum zu zerstreuen, in den er in dieser Kammer und anderswo oft diejenigen geraten sehe, die sich mit diesem Gegenstand beschäftigen. Es sei nicht richtig, daß, wenn die Handelsverträge am 31. Dezember nicht gekündigt seien, sie als ein Jahr über die Ablaufsfrist verlängert angesehen würden, und daß die Mitternacht des 31. Dezember von den Interessenten mit all der Angst erwartet werden müßte, die ehemals das Herannahen des Jahres 1000 verursachte. Nein, nach dem 31. Dezember könne täglich gekündigt werden, und die Verträge würden genau nach einem Jahre vom Tage der Kündigung gerechnet ablaufen. Was die Zukunft anlange, die auf dem so wichtigen Gebiet der Handelsbeziehungen unserem Lande bevorstehen könne, glaube er nichts an dem im Mai 1901 Gesagten ändern zu müssen. Er glaube nicht, daß Italien sehr ernsten Schwierigkeiten in den demnächstigen Verhandlungen und Abmachungen mit Deutschland entgegengehe und er sei noch tiefer wie damals überzeugt, daß die Grundlage der Regelung der Handelsbeziehungen beider Länder keiner wesentlichen Änderung unterworfen werde. Der gegenwärtige Handelsvertrag mit Oesterreich-Ungarn sei, das dürfe man nicht vergessen, bedeutend vorteilhafter für Oesterreich-Ungarn als für Italien. Diejenigen, welche in Oesterreich-Ungarn mit lauter Stimme die Kündigung des Vertrages verlangen, erheben, wie jedermann wisse, nur eine einzige Beschwerde, nämlich die gegen die bekannte Weinklausel. Die Klausel im gegenwärtigen Wortlaute erfahre in Oesterreich und besonders in Ungarn großen Widerspruch wegen des durch sie eingeführten ermäßigten Tarifs und weil Frankreich noch bis 31. Dezember 1903 für Weine die gleiche Behandlung verlangen könnte, die es sich verpflichtete, nicht vor dem 31. Dezember 1903 zu verlangen. Soweit Italien in Betracht komme, werde es, obgleich der bestehende Vertrag kaum für Italien günstig sei, stets von dem Gefühl großer Mäßigung, welche seine Haltung in diesem großen Zeitraum handelspolitischer Streitigkeiten, der schon so lange anhalte, bestimmte, beseelt bleiben. Italien werde den gegenwärtigen Vertrag nicht kündigen. Er kenne die Entscheidung, die die österreichisch-ungarische Regierung treffen werde, nicht. Wenn Oesterreich-Ungarn den Vertrag kündige, würden die italienischen Vertreter in die Verhandlungen über neue Vereinbarungen den Geist hoher Billigkeit und den lebhaften Wunsch, zu schneller Entscheidung zu kommen, mitbringen; aber sie würden nicht umhin können, alle Positionen des Vertrags einer Nachprüfung zu unterziehen, um zu einer neuen Einigung zu kommen, die beiden Ländern gerecht würde. Ein unparteiisches, ernstlich objektives Studium werde den vollen Wert der Ermäßigungen, den der Vertrag Oesterreich-Ungarn auf den bestehenden allgemeinen italienischen Tarif zusicherte, derart ins rechte Licht setzen, daß man Italien den freien Eingang seiner Weinbauerzeugnisse nicht werde verweigern können. Wenn man erwäge, daß allein in Holz und Pferden nach Italien für etwa 60 Millionen Lire größtenteils aus jenen Gegenden eingeführt würde, wo man am meisten gegen die italienischen Weine schreie, komme man leicht zu der Ueberzeugung, daß auch bei dem jetzt geltenden italienischen Generaltarif, der außerdem mit Leichtigkeit durch einfaches königliches Dekret um 50 Prozent erhöht werden könne, Italien zu einer auf ausgiebigen billigen Grundsätzen beruhenden Verhandlung gerüstet sei. Er glaube, daß der gegenwärtige italienische Generaltarif genüge, um eintretendenfalls als Grundlage der Verhandlungen über einen neuen Vertrag mit der Schweiz zu dienen. Wenn übrigens wider alles Erwarten die Aufstellung eines neuen Generaltarifs notwendig erscheinen sollte, könne er versichern, daß die zu diesem Zwecke beim Ministerium für Ackerbau und Handel gebildete Kommission alle erforderlichen Elemente zusammengebracht habe, damit der Tarif in kürzester Frist aufgestellt und der Volksvertretung unterbreitet werden könnte. (Lebhafte Zustimmung auf allen Seiten.)

16. Dezember. (Kammer.) Die zur Beratung des Gesetzes über das Familienrecht eingesetzte Kommission lehnt das Ehescheidungsgesetz ab.

20. Dezember. Der Kammer wird das Finanzexposé vorgelegt.

Es wird darin ausgeführt, daß das Budget 1901/1902, welches nach dem Rektifikationsgesetz einen Ueberschuß von 24 Millionen Lire hatte, mit einem noch bedeutenderen Mehrertragnis abschloß, das sich nach geschehener Feststellung auf 32½ Millionen Lire belaufe. Die Besserung, welche eingetreten sei, sei in der Hauptsache der sehr günstigen Entwicklung zu verdanken, welche sämtliche Isteinnahmen hatten, aber auch den Einnahmen aus den Zöllen für Malz und Tabak, den Einnahmen aus den Posten und Telegraphen und ferner den Einnahmen aus den Eisenbahnen und aus der Steuer aus dem beweglichen Vermögen. Die Ergebnisse des rektifizierten Budgets für 1902/1903 ließen einen Ueberschuß von 16 Millionen Lire voraussehen, nachdem schon die Kosten für die Eisenbahnen bestritten seien und Vorsorge für die Schuldentilgung und die Kosten der China-Expedition getroffen worden seien. Für das Finanzjahr 1903/1904 rechne man, wenn man alle Ausgaben in Rechnung ziehe und die Einnahmen unter Nichtberücksichtigung ihrer fortschreitenden Erhöhung mäßig ansetze, auf einen Ueberschuß von etwa 4 Millionen Lire. Das Exposé erwähnt hierauf die Besserung der Lage des Schatzes, bespricht die Lage des im Umlauf befindlichen Goldes und weist nach, daß das durch die Emissionsbanken in Umlauf gesetzte Gold unter dem Einfluß der Gesetze von 1893 und 1897 in der vorgeschriebenen Form abnehme, während die Reserve sich ständig vermehre und gegenwärtig bereits 56 Prozent des umlaufenden Goldes betrage. Nach einem Hinweis auf die Schwankungen der italienischen Rente im Inlande und im Auslande und das vollständige Verschwinden des Agios wird betont, daß der hohe Kursstand der konsolidierten fünfprozentigen italienischen Rente ein Beweis der Achtung sei, die der Kredit und die Finanzlage Italiens genießen. Die nationale Sparsamkeit fahre in erfreulicher Weise fort, die im Auslande untergebrachten italienischen Staatspapiere aufzunehmen, infolgedessen seien in dem letzten Finanzjahre etwa fünf Millionen Lire weniger an Staatsschuldenzinsen an das Ausland zu zahlen gewesen. Das Exposé behandelt sodann eingehend die neue 3½prozentige konsolidierte Rente und führt aus, die gute Position, die dieses Papier auf dem Börsenmarkt erlangt habe, widerlege die Einwände, die man dem Minister wegen der Emissionsmethode gemacht habe. Nach einem Ueberblick über die Besserung der ökonomischen Lage des Landes schließt es mit dem Hinweis, daß das Budget stark genug sei, den Verlust zu ertragen, den die Herabsetzung der Salzabgabe und andere wirtschaftliche Maßnahmen mit sich bringen.

VIII.
Die Römische Kurie.

27. Januar. Bestrebungen des Vatikans die katholische Bewegung in Italien zu organisieren.

Im Auftrage des Papstes will Kardinal Rampolla die katholische Bewegung auf neue Grundlagen stellen und zwar durch Angliederung bezw. Unterordnung der christlichsozialen Gruppen unter die Kommission bezw. den Verband der Ausschüsse für die Veranstaltung der italienischen Katholikenkongresse. Mittels eines Schreibens vom 27. Januar 1902 hat der Kardinalstaatssekretär allen italienischen Bischöfen zwei Aktenstücke übersandt. Das eine ist eine Denkschrift von 105 Seiten, gedruckt in der vatikanischen Buchdruckerei. Den Inhalt derselben bilden die Satzungen für die Veranstaltung von Katholikenkongressen und für die Katholikenausschüsse, ferner die Verhaltungsmaßregeln für den ständigen Generalausschuß, die ständigen Gruppen und Sektionen, die Provinzialausschüsse, die Diözesankomitees, Pfarrkomitees und die Jugendsektionen der Katholikenkongresse. Dazu gesellen sich Anweisungen allgemeiner Art, das Programm und die Richtschnur für die christlichsoziale Tätigkeit, Gebete, die bei Beginn und Schluß der Versammlung zu sprechen sind, und die von Pius IX. im Jahre 1876 den Mitgliedern der Vereinigungen bewilligten Ablässe. Das zweite Aktenstück, eine Broschüre von 17 Seiten, ist eine vom Kardinal Rampolla unterzeichnete Unterweisung der Kongregation für außergewöhnliche Angelegenheiten über die christlich-populäre oder christlich-demokratische Bewegung in Italien. Wie das Begleitschreiben des Kardinalstaatssekretärs sagt, ist diese Unterweisung ebenfalls bestimmt, die Mißverständnisse zu beseitigen und jenen Eifer und jene Einigkeit zu fördern, die von allen so sehr gewünscht werden und dem Papste so sehr am Herzen liegen. Die Anweisung geht aus von dem Umstande, daß, zumal in der letzten Zeit, in Italien über die Art der christlich-sozialen Tätigkeit und deren Förderung Meinungsverschiedenheiten geherrscht haben; dadurch sei die vom h. Vater so dringend gewünschte Einigkeit der italienischen Katholiken stark gestört worden. „Daher befahl Se. Heiligkeit, vorliegende Anweisung an die hochw. Bischöfe Italiens zu senden, damit jeder Grund zu Mißverständnissen und Zwisten unter den Katholiken ausgeräumt werde und gleichzeitig auf verschiedene

Anfragen, die dem h. Stuhle von mehreren Seiten unterbreitet wurden, eine Antwort erfolge." („Köln. Volkszty.")

20. Februar. Papst Leo tritt in das 25. Jahr seines Pontifikats. Kardinal Rampolla erläßt einen Aufruf an alle Bischöfe, das Festjahr durch Wallfahrten, Gebete und Spenden zu feiern.

6. März. Der Papst empfängt die Sondermissionen der Souveräne, die ihn zum Jubiläum beglückwünschen und beschenken. Im Namen des Deutschen Kaisers überreicht ihm Generaloberst v. Loö eine Stutzuhr aus Porzellan. (Vgl. S. 122.)

29. März. Der Papst erläßt eine Enzyklika, in der er die modernen Irrlehren und die Ehescheidung verurteilt und die Welt zur Rückkehr zum Papst auffordert, um sich aus dem gesetzlosen Zustande zu retten.

5. April. Der Papst hebt den Stand der Notare des römischen Vikariats auf und weist ihre Geschäfte dem Kardinalvikar zu.

28. April. Der Papst empfängt Vertreter von 30 deutschen Vereinen und fordert sie auf, rastlos weiter zu arbeiten, um der Kirche in Deutschland zu ihrem Rechte zu verhelfen.

Ende April. Der Papst beantwortet ein Glückwunschschreiben des nordamerikanischen Episkopats und sagt über die katholische Kirche in den Vereinigten Staaten:

Wenn Uns beim Antritt des obersten Apostolates das Schauspiel eurer kirchlichen Lage keine geringe Freude bereitete, so fühlen Wir Uns nun zu dem Geständnisse gedrängt, daß jene damalige Freude stets gewachsen ist ob des herrlichen Gedeihens des Katholizismus in eurem Lande. Man muß eurer Klugheit das Zeugnis ausstellen, daß ihr in genauer Kenntnis des Charakters der dortigen Bevölkerung so weise vorgegangen seid, daß ihr alle Arten von katholischen Einrichtungen in Anpassung an die Bedürfnisse und Geistesrichtung emporzubringen in der Lage waret. Hierin verdient das größte Lob, daß ihr stets die Verbindung eurer Kirchen mit dieser Hauptkirche und dem Stellvertreter Christi auf Erden sorgsam pfleget und pfleget. Aus langer Erfahrung müssen Wir hinwieder gestehen, daß Wir durch euere Bemühungen bei eueren Landsleuten durchaus die gebührende Folgsamkeit und Bereitwilligkeit gefunden haben. So kommt es, daß, während Umsturz und Verfall bei fast allen Völkern, die seit Jahrhunderten die katholische Religion besitzen, Trauer einflößen, der jugendlich blühende Zustand euerer Kirchen das Gemüt erheitert und auf das angenehmste berührt. Allerdings genießet ihr vonseiten der Staatsregierung keinerlei gesetzliche Begünstigung; doch gebührt den Lenkern des Staates die Anerkennung, daß ihr in keiner Weise im Genusse einer gerechten Freiheit gestört seid. Es ist uns nicht unbekannt, wie sehr sich jeder von euch, ehrwürdige Brüder, die Errichtung und Förderung von niederen und höheren Schulen zur richtigen Ausbildung der Jugend angelegen sein läßt. Ebenso läßt die hervorragende Mühewaltung, die ihr auf die geistlichen Seminare verwendet, eine Vermehrung des Klerus und eine Erhöhung seiner Würde erwarten. Noch mehr, ihr habt für die Andersgläubigen, um sie zu belehren und zur Wahrheit zu bekehren, dadurch gesorgt, daß ihr gelehrte und bewährte Männer aus der Geistlichkeit bestimmtet, welche die verschiedenen Gegenden durchziehen und entweder in den Kirchen oder in anderen Gebäuden öffentlich in einer Art vertraulichen Gespräches zu den Versammelten sprechen und die aufgeworfenen Schwierigkeiten lösen. Das ist eine vortreffliche Einrichtung, die bereits reichliche Früchte getragen. Auch das unglückliche Los der Neger und Indianer hat eure Liebe nicht vergessen; denn durch Sendung von Glaubenslehrern und Zuweisung reichlicher Mittel sorgt ihr auf das eifrigste für deren ewiges Heil.

4. Mai. Der Papst empfängt die Leiter und einige Mitglieder der römischen historischen Institute.

Juli. Der Papst schließt mit den Vereinigten Staaten ein Abkommen, das die Grundlage für die Regelung der kirchlichen Angelegenheit auf den Philippinen bilden soll.

22. Juli. (Rom.) Kardinal Ledochowski, 1865—1874 Erzbischof von Gnesen, fast 80 Jahre alt, †.

29. Juli. Der Papst ernennt den Kardinal Gotti zum Nachfolger Ledochowskis als Generalpräfekt der Kongregation de propaganda fide.

23. September. (Rom.) Der Kardinalvikar Respighi veröffentlicht im „Osservatore Romano" eine Kundgebung über die christliche Demokratie:

Es wird gesagt, daß die Mehrzahl der christlichen Demokraten sich den Weisungen des Papstes vom 27. Januar d. J. fügte, während einige noch immer abseits stehen. Von diesen heißt es: „Sie haben hauptsächlich in Schrift und Wort dazu beigetragen, gefährliche Theorien und Richtungen weiterzuverbreiten, obwohl man sie mehrere Male durch die kirchliche Behörde väterlich ermahnt hatte. Eine in der Republik von San Marino am 24. August d. J. gehaltene Rede (veröffentlicht in Rom in der christlich-demokratischen Zeitung Il Domani d'Italia vom 31. August, Romolo Murri: Freiheit und Christentum) hat hauptsächlich das Vaterherz des h. Vaters betrübt. Mehrere Bischöfe, die sich über die hervorgerufene böse Wirkung dieser Rede beunruhigt fühlten, haben es für nötig gehalten, bei Sr. Heiligkeit Vorstellungen zu machen. Nach genau angestellter Prüfung ist besagte Rede als verwerflich und für die Zensur reif erachtet worden. Ueberdies ist es beklagenswert, zu sehen, daß nicht selten verschiedene auf derselben Grundlage beruhende Veröffentlichungen ihre Inspiration von dem gleichen Autor der in San Marino gehaltenen Rede empfangen. Dagegen verdient das vollste Vertrauen unter den Katholiken die zweite Gruppe der Kongreßarbeit (opera dei congressi), da sie treulich den päpstlichen Weisungen und insonderheit den vom h. Stuhl am 27. Januar d. J. erteilten Instruktionen und ausgesprochenen Grundsätzen nachkommt. Die gegenwärtige Kundgebung wird auf besonderes Verlangen des h. Vaters auch allen Diözesanverwaltern Italiens zu ihrer Richtschnur mitgeteilt, damit durch ihre seelsorgerische Umsicht alle vor den obenerwähnten Lehrsätzen und Bestrebungen gewarnt werden. Auch soll Sorge getragen werden, daß die laut Instruktion vom 27. Januar in den Statuten der Opera enthaltenen Lehrsätze und Regeln vollständig zur Kenntnis gebracht, häufig durchgelesen und getreu von allen der christlichen Werktätigkeit angehörigen Klassen beobachtet werden." („Köln. Volksztg.")

Anfang Dezember. (Rom.) Vorgehen gegen den Protestantismus in Rom.

Der Papst setzt eine Kommission von vier Kardinälen ein, um „das Vorgehen bei dem Werke der Erhaltung des Glaubens gegenüber der protestantischen Propaganda in Rom zu leiten." Am 5. Dezember erklärt es der „Osservatore Romano" für verrückt, vom Papste Duldung der Kultusfreiheit zu erwarten. Der Katholizismus dulde zwar andere Kulte, aber nur soweit sie die Vorherrschaft der Papstkirche nicht gefährden. Die liberale Regierung habe durch „Aufnahme heimtückischer Horden des Protestantismus" in Italien die Verfassung verletzt.

5. Dezember. Abschluß eines Abkommens mit Deutschland über die Errichtung einer katholisch-theologischen Fakultät in Straßburg.

Art. 1. Die wissenschaftliche Ausbildung der angehenden Kleriker der Diözese Straßburg wird durch eine katholisch-theologische Fakultät erfolgen, welche an der dortigen Universität zu errichten ist. Gleichzeitig wird das bischöfliche große Seminar fortbestehen und in Tätigkeit bleiben in bezug auf die praktische Erziehung der genannten Kleriker, welche dort die erforderliche Unterweisung auf allen Gebieten erhalten, die sich auf die Ausübung des priesterlichen Amtes beziehen. Art. 2. In der Fakultät werden namentlich folgende Fächer vertreten sein: 1. Philosophisch-theologische Propädeutik, 2. Dogmatik, 3. Moral, 4. Apologetik, 5. Kirchengeschichte, 6. Exegese des Alten Testaments, 7. Exegese des Neuen Testaments, 8. kanonisches Recht, 9. Pastoraltheologie, 10. kirchliche Archäologie. Art. 3. Die Ernennung der Professoren erfolgt nach vorherigem Einvernehmen mit dem Bischof. Die Professoren haben, bevor sie in Funktion treten, die professio fidei, den Formen und Regeln der Kirche entsprechend, in die Hand des Dekans abzulegen. Art. 4. Für das Verhältnis der Fakultät und ihrer Mitglieder zu der Kirche und den kirchlichen Autoritäten sind die Bestimmungen maßgebend, welche für die katholisch-theologischen Fakultäten in Bonn und Breslau gelten. Art. 5. Wird durch die kirchliche Behörde der Nachweis erbracht, daß ein Professor wegen mangelnder Rechtgläubigkeit oder wegen gröblicher Verstöße gegen die Erfordernisse priesterlichen Wandels zur weiteren Ausübung seines Lehramtes als unfähig anzusehen ist, so wird die Regierung für einen alsbaldigen Ersatz sorgen und die erforderlichen Maßnahmen ergreifen, daß seine Beteiligung an den Geschäften der Fakultät aufhört.

23. Dezember. Der Papst über die Ehescheidungsvorlage und die christliche Demokratie.

Der Papst empfängt das heilige Kollegium zur Abstattung der Weihnachtsglückwünsche und erwidert auf die Ansprache, er beklage den Gesetzentwurf betreffend die Ehescheidung, der eine Erschütterung der christlichen Ordnung und eine Rückbildung der Staaten auf der Grundlage des Naturalismus und des Heidentums bedeute. Die Aktion auf christlich-demokratischer Grundlage sei hochwichtig. Er erteile zu dieser den Bedürfnissen der Zeit entsprechenden Tätigkeit Anregung und Genehmigung, indem er sehr deutlich das Ziel, die Mittel und die Grenzen der Art gegeben habe, daß, wenn in irgend einem Teil irgend jemand Irrtümer begehe, dieses nicht aus Mangel an autoritativer Leitung geschehe. Die Geistlichkeit solle sich auf diese Gebiete für ihre Tätigkeit unter Beobachtung bestimmter Rücksichten begeben. Der demokratische Gedanke, wie ihn die Kirche verstehe, stehe nicht nur wunderbar mit der geoffenbarten Lehre und der religiösen Ueberzeugung im Einklang, sondern er sei auch aus dem Christentum geboren und von ihm großgezogen worden, indem sie ihn durch die apostolische Botschaft unter den Völkern verbreite. Außerhalb dieser christlichen Demokratie breite sich mit ganz anderen Idealen und auf anderen Wegen eine verführerische gottlose Bewegung aus. Die christliche Demokratie mache der sozialistischen Demokratie den Platz streitig und arbeite deren gefahrvollem Einfluß entgegen und werde schon allein dadurch dem außerkirchlichen Leben einen großen Dienst erweisen.

IX.
Schweiz.

13. Februar. (**Bern.**) Der Bundesrat legt der Bundesversammlung den Entwurf des neuen Zolltarifs vor.

Er soll als Grundlage für die Handelsverträge dienen. Der Entwurf enthält im allgemeinen Erhöhungen der bisherigen Sätze und ermächtigt den Bundesrat zur Erhöhung der Tarifsätze gegenüber den Staaten, welche die schweizerischen Erzeugnisse mit hohen Zöllen belegen oder sie ungünstiger behandeln als Waren anderer Herkunft. — Die Bauernvereine agitieren lebhaft gegen den Entwurf; sie fordern zollfreie Getreideeinfuhr, aber Schutz der Viehzucht.

März. Verwicklungen mit Italien. (Vgl. S. 254/6.)

Am 10. April teilt der Bundesrat der Bundesversammlung hierüber folgendes mit: Der Bundesrat machte der Bundesversammlung heute folgende Mitteilung: „Wir beehren uns Ihnen mitzuteilen, daß bedauerliche Mißhelligkeiten, welche zwischen uns und dem hiesigen italienischen Gesandten Silvestrelli entstanden sind, uns veranlaßt haben, von der italienischen Regierung zu verlangen, daß sie im Interesse der zwischen den beiden Staaten bestehenden guten Beziehungen ihren bei der schweizerischen Eidgenossenschaft beglaubigten Vertreter abberufe. Die italienische Regierung lehnte unser Ansuchen ab und versetzte uns somit in die Notwendigkeit, unsere offiziellen Beziehungen zu Herrn Silvestrelli abzubrechen. Das hatte unmittelbar zur Folge, daß die italienische Regierung unserem Gesandten in Rom, Herrn Carlin, gegenüber das Gleiche tat. Dies ist die Sachlage, von der wir nicht ermangeln wollten, Ihnen Kenntnis zu geben, indem wir uns im übrigen vorbehalten, Ihnen demnächst darüber unter Mitteilung der zwischen uns und dem italienischen Gesandten gewechselten Noten Bericht zu erstatten."

1. April. (**Bern.**) Bundesrat und Bundesversammlung weihen das neue Parlamentsgebäude ein.

26. April. Der Nationalrat genehmigt das Zolltarifgesetz mit 97 gegen 13 Stimmen.

Ein Antrag, den Bundesrat zu ermächtigen, nach Abschluß neuer Handelsverträge oder falls sich deren Abschluß als unmöglich erweisen sollte, unter Ausschluß des Referendums einen selbständigen Gebrauchstarif mit niedrigen Ansätzen aufzustellen, wird abgelehnt. — Die Zölle auf Wein und Vieh werden erhöht.

3. Juni. (Zürich.) Der internationale Textilarbeiterkongreß faßt eine Resolution auf Abschaffung der Akkordarbeit.

6. Juni. Der Nationalrat genehmigt die vom Bundesrat beantragte Verfassungsänderung, wonach der Bund berechtigt sein soll, den Kantonen zur Unterstützung in der Erfüllung der ihnen auf dem Gebiete der Volksschule obliegenden Pflichten Beiträge zu verabfolgen. (Annahme im Ständerat 1. Oktober.)

24. Juni. Der Ständerat genehmigt den Zolltarif in der Fassung des Nationalrats. — Der Tarif wird von vielen Seiten, namentlich von der Arbeiterbevölkerung, angefochten.

Juni. Juli. Beziehungen zwischen Deutschland und der Schweiz im geistigen Leben.

Der Rektor der Universität Bern, Prof. Vetter, hatte an der Feier des Germanischen Nationalmuseums teilgenommen (S. 107) und dabei in einer Rede folgendes gesagt: „Unsere kleinen Eigenheiten und Eigentümlichkeiten gehören der deutschen Kunst- und Kulturgeschichte an; das Schweizerische Alpenhaus, das Schweizer Schloß gehört in den Kreis der deutschen Kultur so gut wie das fränkische Bauernhaus und wie die Burg von Nürnberg. Dieser Zugehörigkeit zu Deutschland wollen wir uns freuen. Die Schweiz ist in geistiger Beziehung eine deutsche Provinz, allerdings mit bedeutenden Reservatrechten. Sind wir auch politisch abgetrennt von den deutschen Stämmen, von der deutschen kulturellen Entwickelung trennt uns nichts. Wenn Gottfried Keller sagte, daß man Schweizer sein darf und Deutscher sein muß, so sagen wir: Als Schweizer sind und bleiben wir Deutsche."

Gegen diesen Ausdruck protestieren Blätter der französischen Schweiz; französische Studenten in Bern demonstrieren gegen Vetter, es kommt zum Zusammenstoß mit der Polizei, deren Verhalten vom Berner Polizeidirektor als ungeschickt und zweckwidrig getadelt wird.

13. Juli. (Olten.) Die Rektoren der Universitäten Zürich, Bern und Basel beraten über die einheitliche Regelung der Doktorprüfungen in Deutschland und der Schweiz.

Ende Juli. Die Beziehungen zwischen der Schweiz und Italien werden unter deutscher Vermittelung wieder hergestellt. Die beiderseitigen Gesandten werden durch neue Geschäftsträger ersetzt.

2. August. (Winterthur.) Der Kongreß der schweizer sozialdemokratischen Partei, die seit der Verschmelzung mit dem Grütlibunde an 25000 Mitglieder zählt, beschließt eifrige Beteiligung an den Nationalratswahlen.

19. August. Der Bundesrat untersagt elf in den Kantonen St. Gallen, Waadt und Wallis ansässigen Frauenorden und Kongregationen auf Grund der Bundesverfassung unter Ansetzung einer

Frist von neunzig Tagen für Ordnung ihrer Verhältnisse den weiteren Aufenthalt in der Schweiz.

26. August. (Göschenen.) Der König von Italien wird bei seiner Durchreise nach Berlin vom Bundespräsidenten und einer Abordnung des Bundesrats begrüßt.

Anfang Oktober. (Genf.) Ein großer Ausstand führt zu lebhaften Unruhen, so daß Truppen aufgeboten und ausländische Arbeiter ausgewiesen werden. Der Ausstand scheitert.

23. Oktober. (Bern.) Das Budget enthält 106 430 000 Francs Einnahmen und 110 545 000 Francs Ausgaben.

26. Oktober. Bei den Wahlen zum Nationalrat, dessen Mitglieder infolge der Vermehrung der Bevölkerung von 147 auf 167 erhöht wird, wird die demokratisch-radikale Mehrheit bestätigt. Die Sozialdemokraten erhalten sieben Sitze.

23. November. Eine Volksabstimmung genehmigt die Verfassungsänderung über die Förderung des Volksschulwesens mit 252 000 gegen 76 000 Einzelstimmen und mit 21½ gegen ½ Kantonsstimmen.

9. Dezember. Der Nationalrat genehmigt fast einstimmig die Konzessionsvorlage für den Jura-Durchschnitt Frasne-Valloche als internationale Zufahrtslinie zum Simplon.

11. Dezember. Veränderungen in der Bundesversammlung. Die Bundesversammlung bestätigt für die weitere dreijährige Amtsperiode die bisherigen Bundesräte Deucher, Thurgau, Brenner, Basel, Müller, Bern, Comtesse, Neuenburg, Ruchet, Waadt, sämtliche radikal, Zemp, Luzern, katholisch-konservativ, und wählt neu an Stelle des verstorbenen Hauser, Zürich, den Direktor des Zentralamtes für den internationalen Eisenbahntransport in Bern, Forrer, Winterthur, radikal. Zum Bundespräsidenten für 1903 wird Deucher gewählt und zum Vizepräsidenten des Bundesrates Comtesse.

Mitte Dezember. Der Bundesrat bringt ein Gesetz ein, wonach mit Gefängnis bestraft werden soll, wer eine strafbare Handlung, die vorwiegend den Charakter eines gemeinen Verbrechens oder schweren Vergehens hat, öffentlich in einer Weise verherrlicht, die geeignet ist, zur Verübung solcher Handlungen anzureizen.

18. Dezember. Die Bundesversammlung genehmigt einstimmig in beiden Räten den Zusatzantrag zur lateinischen Münzunion, nach welchem die Schweiz zur Prägung eines außerordentlichen Kontingents von 12 000 000 Silberscheidemünzen ermächtigt wird.

Dezember. 17 Angehörige des Heeres, die der Einberufung

anläßlich des Genfer Ausstandes keine Folge geleistet hatten, werden kriegsgerichtlich bestraft. Der Nationalrat lehnt eine Petition um Amnestierung gegen die Stimmen der Sozialdemokraten ab (19. Dezember).

X.
Belgien.

Anfang Februar. (Brüssel.) Der Bürgermeister verbietet Umzüge und Ansammlungen von Gruppen, da organisierte sozialistische Unruhen befürchtet werden.

12. Februar. Die Kammer beginnt die Beratung eines Gesetzentwurfs, das allgemeine gleiche Wahlrecht auf die Gemeinde- und Provinzialwahlen auszudehnen. — Zahlreiche Straßenkundgebungen finden statt.

5. März. (Brüssel.) Die internationale Zuckersteuerkonvention wird unterzeichnet. (Staats-Archiv Bd. 66.)

Die „Nordd. Allg. Ztg." faßt das Ergebnis folgendermaßen zusammen: „Beteiligt am Vertrage sind einerseits das Hauptverbrauchsland für Zucker: Großbritannien, andererseits die Zuckerexportländer: Deutschland, Oesterreich-Ungarn, Frankreich, Belgien und die Niederlande. Ferner haben sich Italien, Spanien und Schweden, welche Zucker zwar produzieren, aber nicht ausführen, der Konvention mit gewissen Vorbehalten angeschlossen. Rußland ist ferngeblieben, es ist ihm aber, wie auch den anderen Ländern der nachträgliche Beitritt offen gehalten. Die genannten Zuckerexportländer verpflichten sich, alle direkten oder indirekten Prämien auf die Erzeugung oder die Ausfuhr von Zucker bedingungslos abzuschaffen. Es werden also auch in Frankreich, das im Laufe der Verhandlungen Anspruch auf Beibehaltung eines Teils seiner indirekten Prämien erhoben hatte, die Prämien nunmehr vollständig beseitigt. Für diese Länder wird ferner der sogenannte Ueberzoll, das heißt der Unterschied zwischen der Zoll- und Steuerbelastung des eingeführten ausländischen Zuckers und der Belastung des inländischen Zuckers, auf einen Höchstbetrag festgesetzt, der bei Raffinade und ähnlichem Zucker 6 Fr. und bei rohem Zucker $5^{1}/_{2}$ Fr. für 100 Kilogr. nicht überschreiten darf. Der Zweck dieser Bestimmung ist, für die Zukunft es unmöglich zu machen, daß unter hohem Zollschutz die Zuckerindustrie eines Landes mit Hilfe von Kartellen und Syndikaten den Zuckerpreis in die Höhe treibt und dadurch übermäßige Vorteile zieht, die den Prämien gleichkommen. Auf Italien, Spanien und Schweden finden die vorstehenden Bestimmungen so lange keine Anwendung, als diese Länder Zucker nicht ausführen. Großbritannien übernimmt gleichfalls die Verpflichtung, daß es Prämien nicht gewähren wird. Die kleine Prämie, die den englischen Raffinerien aus der besonderen Gestaltung des seit dem April 1901 bestehenden englischen Zuckerzolls zugefallen ist, wird also beseitigt werden. Ferner hat Großbritannien das wichtige Versprechen abgegeben, während der Dauer des Vertrags den Zucker seiner Kolonien nicht günstiger als den Zucker der Vertragsstaaten zu behandeln. Die britischen Kolonien und auswärtigen Besitzungen fallen nicht ohne weiteres unter den Vertrag, es ist ihnen vielmehr nur der Beitritt offen gehalten. Indessen hat Großbritannien die Verpflichtung übernommen, daß dem Zucker seiner Kronkolonien keinerlei Prämien gewährt werden dürfen. In Britisch-Ostindien werden mit dem Inkrafttreten des Vertrags die dort bestehenden Prämien-Ausgleichszölle gegenüber den Vertragsstaaten wegfallen. Die niederländischen Kolonien fallen gleichfalls nicht unter den Vertrag. Aber auch ihrem Zucker dürfen keine Prämien gewährt werden, und derselbe darf bei der Einfuhr in den Niederlanden nicht günstiger als der Zucker der Vertragsländer behandelt werden. Zucker aus Ländern, die den Vertragsbedingungen sich nicht unterwerfen, soll zum Ausgleich der Prämien, die er im Ursprungsland genießt, oder der Vorteile, die sich aus einem dort bestehenden zu hohen Ueberzoll ergeben, mit einem Strafzoll belegt oder durch Einfuhrverbot ausgeschlossen werden. Als Termin für das Inkrafttreten des Vertrages, der auf fünf Jahre fest abgeschlossen wird, für die spätere Zeit aber von Jahr zu Jahr kündbar sein soll, ist der 1. September 1903 festgesetzt. Bleibt die Ratifikation seitens Italiens, Spaniens oder Schwedens aus, so soll dies auf das Zustandekommen des Vertrags unter den übrigen Staaten keinen Einfluß üben. Die internationalen Verhandlungen über die Abschaffung der Zuckerprämien führen sich bis auf die sechziger Jahre des neunzehnten Jahrhunderts zurück. Ein Erfolg des neuen Jahrhunderts ist es, daß in seinem Anfang die bisher vergeblichen Bemühungen voraussichtlich einen erfolgreichen Abschluß finden werden. Die Zuckerprämien haben sich in den europäischen Staaten vielfach, so auch in Deutschland, zunächst gegen oder ohne den Willen des Gesetzgebers entwickelt. Später sind sie bewußt aufrechterhalten oder auch neu eingeführt worden, um der einheimischen Rübenzuckerindustrie den Wettbewerb mit den Rübenzuckerindustrien der anderen europäischen Staaten zu erleichtern. Die von den Prämienfreunden jetzt vielfach aufgestellte Behauptung, daß die Prämien den Zweck hätten, dem Rübenzucker die Konkurrenz mit dem Rohrzucker zu ermöglichen, ist historisch nicht richtig; es lag zu einer Begünstigung der Rübenzucker-Industrie gegenüber der Rohrzucker-Industrie auch gar kein Anlaß vor, da die erstere sich stets als die leistungsfähigere erwiesen hat. Richtig ist nur, daß die Rohrzucker-Industrie unter den Prämien des Rübenzuckers gelitten hat, eine Tatsache, die erklärt, warum Großbritannien jetzt einen anderen Standpunkt als früher einnimmt und anstatt, wie früher die Verbilligung des Zuckers durch die Prämien im Interesse der britischen Zuckerverbraucher freudig zu begrüßen, nunmehr die Beseitigung der Prämien erstrebt. Fast allgemein ist die Auffassung gewesen, daß die Prämien keine dauernde Einrichtung sein, sondern nur als Abwehrmittel gegenüber den Prämien anderer Länder dienen sollten. Dies gilt insbesondere von Deutschland. Das Zuckersteuergesetz von 1896 sieht die Möglichkeit der Beseitigung der deutschen Prämien ausdrücklich für den Fall vor, daß andere Länder ihre Prämien abschaffen. Bei Beratung dieses Gesetzes hat der Reichstag eine Resolution auf künftige Wiederaufhebung der Prämien gefaßt."

6. März. (Brüssel.) Kundgebung für das allgemeine Stimmrecht.

Eine Versammlung, in der mehrere liberale und sozialistische Deputierte sprechen, sendet ein Telegramm an den König, worin es heißt,

Belgien. (März 13.—April 18.)

25000 Arbeiter und Bürger machen den König auf den Ernst der Kundgebungen aufmerksam, welche zu Gunsten des allgemeinen Stimmrechtes stattfanden, und fordern ihn auf, seine Macht in dem Sinne zu betätigen, daß die Lösung der Wahlfrage schleunigst auf friedlichem Wege herbeigeführt werde.

13. März. In der Kammer kommt es bei der Beratung des allgemeinen Stimmrechts, in der Ministerpräsident Smet de Naeyer von revolutionären Absichten der Sozialisten spricht, zu so stürmischen Unterbrechungen, daß die Sitzung unterbrochen werden muß.

März. Die liberalen Parteien einigen sich zu einem Wahlprogramm, in dem sie gleiches Wahlrecht und obligatorischen Schulunterricht fordern.

19. März. Die Kammer lehnt die Anträge, den Frauen das kommunale Wahlrecht zu erteilen und das wahlfähige Alter von 24 auf 21 Jahre herabzusetzen, ab.

20. März. Der Senat genehmigt das Militärgesetz mit 56 gegen 25 Stimmen. — Ein Antrag auf Abschaffung der Stellvertretung wird abgelehnt.

22. März. Die Kammer genehmigt mit 93 gegen 7 Stimmen den Gesetzentwurf über das Verbot aller Spielhäuser in Belgien.

23. März. (Brüssel.) Ein Zug von mehreren Hundert liberalen, christlich-demokratischen und sozialistischen Vereinen demonstriert für das allgemeine Stimmrecht.

30./31. März. (Brüssel.) Der belgische Sozialistenkongreß faßt folgende Beschlüsse: 1. allgemeines und gleiches Stimmrecht nach dem Grundsatz: „Ein Mann, eine Stimme"; 2. Aufnahme des Grundsatzes des Proportional-Wahlsystems (Minderheitsvertretung) in die Verfassung, wodurch dieser Grundsatz der Abänderung durch die wechselnden Parlamentsmehrheiten entzogen wird; 3. Verwerfung des Frauenstimmrechtes.

9.—21. April. In Brüssel, Gent, Lüttich, Brügge, Löwen, Namur finden große Demonstrationen für das allgemeine Stimmrecht statt. Überall kommt es zu blutigen Zusammenstößen zwischen den Massen mit der Polizei und den Truppen. Der allgemeine Ausstand wird proklamiert, aber nach wenigen Tagen (20. April) wird die Arbeit überall wieder aufgenommen.

18. April. Die Kammer lehnt nach mehrtägiger stürmischer Debatte mit 84 gegen 64 Stimmen die von den Sozialisten beantragte Revision der Verfassung ab, weil sie das Land in Erregung stürzen werde.

25. Mai. Infolge der Teilwahlen wird die Mehrheit der Regierung verstärkt. Der Senat besteht aus 62 Katholiken, 41 Liberalen, 6 Sozialisten, die Kammer aus 96 Katholiken, 34 Liberalen, 34 Sozialisten, 2 christlichen Demokraten.

17. Juli. (Brüssel.) Ein panarmenischer Kongreß beschließt, die europäischen Mächte zum Schutz der Armenier anzurufen.

20./25. August. (Courtrai.) Kongresse über die Erhaltung der niederdeutschen Sprache.

Die „Allg. Ztg." berichtet darüber: Der eine derselben, der sogenannte vlämische „Landtag", hatte nur die Lage des vlämischen Volksstammes in Belgien im Auge und erhob wieder die bekannten Forderungen der vlämischen Nationalpartei wegen der völligen Gleichstellung mit dem französischen Element. Alle Redner schilderten die ungünstige Lage, in welcher das belgische Vlämentum sich trotz aller Versprechungen der Regierungskreise tatsächlich befindet. Insbesondere tritt die ungerechte Behandlung der Vlämen auf dem Gebiete des Schulwesens sehr grell hervor. Eine wirkliche Gleichberechtigung existiert für sie bloß in der Volksschule, während das Mittelschulwesen sich schon zum größten Teile in den Händen der Wallonen befindet. Was die Hochschulen betrifft, so tragen alle vier Landesuniversitäten einen ausschließlich französischen Charakter, und die Vlämen, welche einen höheren Bildungsgrad anstreben, können denselben daher in ihrer Muttersprache nicht erreichen. Dabei bildet der vlämische Volksstamm die überwiegende Mehrheit in Belgien. Die Beschlüsse des Kortrijker Landtags heben alle diese Punkte hervor und fordern entschiedene Abhilfe. Ob sie aber einen praktischen Erfolg erzielen werden, bleibt um so zweifelhafter, als der soeben erfolgte Eintritt eines eifrigen Wallonen in das Kabinett nicht gerade auf eine vlämenfreundliche Haltung der Regierung schließen läßt. — Der zweite niederdeutsche Kongreß trug einen mehr internationalen Charakter und war von mindestens 900 Delegierten Belgiens, Hollands, der holländischen Kolonien und der bisherigen Burenstaaten beschickt. Seine Hauptaufgabe bestand in der Auffindung der Mittel und Wege, die geeignet sind, die niederländische Sprache zu erhalten und zu verbreiten. Es handelte sich dabei hauptsächlich um die zukünftige Stellung der niederländischen Sprache in Südafrika, wo die Engländer jedenfalls den Versuch machen werden, sie zu verdrängen. Die beiden Burenvertreter Louw und Reitz gaben die Versicherung ab, daß die Buren im Kampfe für ihre Nationalität und Sprache ausharren werden, was der Kongreß mit Befriedigung zur Kenntnis nahm. Aus den Erklärungen der beiden Burendelegierten geht jedoch hervor, daß dem dreijährigen Waffengange in Südafrika nunmehr ein zwar unblutiger, aber nicht minder hartnäckiger, nationaler Kampf nachfolgen dürfte.

19. September. (Spaa.) Königin Maria Henriette, eine geborene Erzherzogin, 66 Jahre alt, †.

Mitte September. (Hennegau.) Unter den Bergleuten macht sich eine Bewegung geltend, aus der Arbeiterpartei auszutreten und eine neue radikale Sozialistenpartei zu begründen.

10. Oktober. Das Spielhöllengesetz tritt in Kraft.

13. November. Die offiziöse „Etoile Belge" teilt mit, daß

Graf Philipp von Flandern, der Bruder des Königs, zu Gunsten seines Sohnes Albert auf seine Thronrechte verzichtet habe.

15. November. (Brüssel.) Ein Anarchist Rubino unternimmt ein Attentat auf den König, das mißlingt.

4. Dezember. (Kammer.) Bei der Beratung eines Antrages Woeste (kler.), Verletzungen der Schamhaftigkeit und Sittlichkeit schärfer zu bestrafen, kommt es zu stürmischen Zusammenstößen zwischen Sozialisten und Klerikalen.

XI.
Niederlande.

25. Januar. (Erste Kammer.) Kuyper über gefangene niederländische Ambulanzen im südafrikanischen Kriege.

Auf eine Anfrage erwidert der Ministerpräsident, er habe gleich seinem Vorgänger alle möglichen Schritte getan, um eine Freilassung der in Ceylon gefangen gehaltenen Mitglieder der niederländischen Ambulanzen zu verlangen. Die Frage habe eine hohe internationale Bedeutung im Hinblick auf die Dienste, welche die Gesellschaften vom Roten Kreuz aus neutralen Ländern in Zukunft leisten könnten. Zu seinem Bedauern müsse er jedoch zugeben, daß die von Koster geleitete Ambulanz es an der notwendigen korrekten Haltung habe fehlen lassen. Die Tatsache allein, daß Koster Briefe bei sich geführt habe, könne, ganz abgesehen von dem Inhalt derselben, schwer verteidigt werden, da er nicht wissen konnte, ob dieselben nicht vielleicht nützliche Nachrichten für die Buren enthielten.

Ende Januar. Anfang Februar. Versuch einer Vermittlung im südafrikanischen Kriege. (Vgl. S. 217.)

22. März. Telegraphenkonvention mit Deutschland.

Die Regierung legt den Generalstaaten eine Telegraphenkonvention mit Deutschland zur Genehmigung vor, betreffend eine Kollektivsubvention der Kabelverbindungen mit den Kolonien in Asien: Danach soll Menabo auf Celebes mit dem von der Westküste Nordamerikas über die Insel Palau nach den Philippinen führenden amerikanischen Kabel verbunden werden, welches auch eine Verbindung mit Schanghai erhalten soll. Auf diese Weise wird eine Verbindung mit Europa auf dem Wege über Amerika hergestellt.

30./31. März. (Groningen.) Der Kongreß der Sozialistenpartei faßt folgenden Beschluß über die Schulfrage:

Der Kongreß der sozialdemokratischen Arbeiterpartei stellt an den Staat die Forderung, dafür zu sorgen, daß überall allgemein verpflichtender, kostenloser, genügender Elementarunterricht erteilt wird; erachtet deshalb die Hebung des Niveaus der unteren Schule für notwendig, mit

Bezahlung aller Unkosten und sachkundiger Aufsicht durch den Staat: konstatiert, daß ein großer Teil der arbeitenden Klasse in Niederland für seine Kinder religiösen Unterricht verlangt, und erachtet es für nicht wünschenswert, ihm darin entgegenzuwirken, da die Sozialdemokratie die Einigkeit der Arbeiterklasse gegenüber gläubigen und ungläubigen Kapitalisten auf wirtschaftlichem Gebiete nicht wegen theologischer Streitigkeiten beeinträchtigen darf; stellt an die besondere Schule dieselben materiellen Forderungen wie an die öffentliche, auch hinsichtlich der Position der Lehrer, deren Selbständigkeit durch den Staat garantiert werden muß, ebenso wie die Freiheit der Eltern in der Wahl der Schule, und erklärt sich nur bei vollständiger Erfüllung dieser Bedingungen für Maßregeln, die die Gleichstellung der besonderen Schulen mit der öffentlichen im Auge haben.

4. Mai. (Schloß Loo.) Die Königin erleidet eine Frühgeburt.

8. Mai. Bericht über die deutsch-holländische Kabelkonvention.

Der Kommissionsbericht der zweiten Kammer sagt: Einige Mitglieder haben die Ansicht geäußert, daß die Regierung das Interesse Hollands an der neuen Verbindung zu hoch einschätze. Bei einer Unterbrechung der Verbindung über die Straits Settlements wäre Holland allerdings ohne Verbindung mit seinen indischen Kolonien, doch sei nach den mit der Eastern-Extension-Company gemachten Erfahrungen diese Gefahr ausgeschlossen. Im Gegensatz hierzu ist die große Mehrheit der Mitglieder von der Wichtigkeit einer neuen Verbindung, namentlich in Zeiten des Kriegs oder der Kriegsgefahr, überzeugt. Nur sprachen sich einige Mitglieder gegen das zur Erreichung des Zieles vorgeschlagene Verfahren aus. Sie bekämpfen das Zusammengehen mit Deutschland, das eine auf 20 Jahre zu leistende beträchtliche Subvention erfordere, Holland gefährliche Verpflichtungen auferlege und ein Ueberwiegen des deutschen Einflusses bei der subventionierten Gesellschaft befürchten lasse. Ein Kabel von Menodo nach den Philippinen, oder noch besser ein Kabel von Batavia nach den Philippinen verdiene den Vorzug. Andererseits wird hervorgehoben, daß das Interesse Deutschlands und Amerikas an dem Kabel die Sicherheit einer telegraphischen Verbindung in Kriegszeiten gewährleiste, und daß aus politischen Gründen die Berührung mit den Vereinigten Staaten allein nicht der vorgeschlagenen Konvention vorzuziehen sei. Das Kapital könne sehr gut zum großen Teil in Holland aufgebracht werden, von der Höhe des angelegten Betrages aber hänge der Einfluß ab. Die Linie Menado-Philippinen sei durch das spanische Monopol der Eastern-Extension-Company ausgeschlossen und die Linie Batavia-Manila werde viel teurer zu stehen kommen.

6. Juni. Die Zweite Kammer genehmigt eine Vorlage, wonach die Regierung zur Subventionierung eines niederländischen Unternehmens ermächtigt ist, behufs Unterhaltung eines monatlichen Dampferdienstes unter niederländischer Flagge zwischen Java, China und Japan. (Annahme in der Ersten Kammer 1. Juli.)

12. Juni. (Haag.) Vertreter der meisten europäischen Staaten unterzeichnen eine Konvention zur internationalen Regelung des Eherechts.

Mitte Juli. (Utrecht.) Vertreter niederländischer und

deutscher Handelskammern fordern eine handelspolitische Annäherung zwischen Deutschland und Holland und den Abschluß eines engeren Postübereinkommens.

19. August. (Rotterdam und Haag.) Die Burengenerale Botha, Dewet und Delarey kommen aus England und werden begeistert empfangen.

Anfang September. Kuyper über die auswärtige Politik.

Ministerpräsident Kuyper, der eine Reise ins Ausland unternommen hat (S. 60), erklärt, daß alle Gerüchte über den angeblich geplanten Anschluß Hollands an den Dreibund und die Abtretung einer Kohlenstation an Deutschland der Begründung entbehrten. Seine Unterredungen mit amtlichen Stellen in Wien, Berlin und Rom hätten ausschließlich wirtschaftlichen Fragen gegolten, und zwar insbesondere der projektierten Post-Union zwischen Deutschland, Oesterreich und Holland.

16. September. (Haag.) Die Königin eröffnet die Generalstaaten. In der Thronrede spricht sie sich befriedigt über die politische und wirtschaftliche Lage aus.

30. Oktober. Das Königspaar reist nach Schwerin.

29. November. (Haag.) Der Schiedsgerichtshof entscheidet mehrere Differenzen zwischen England und den Vereinigten Staaten im Behringsmeere zu Gunsten der Vereinigten Staaten.

XII.
Dänemark.

15. Februar. (Kopenhagen.) Hörup, Minister für öffentliche Arbeiten, 60 Jahre alt, †.

13./14. März. (Folkething.) Debatte und Beschluß über die Abtretung der westindischen Inseln.

Die Regierung bringt am 5. März eine Vorlage ein über den Verkauf der dänischen Antillen an die Vereinigten Staaten. Abg. Anders Nielsen (Linke): Dänemarks Rechte und Platz in der Reihe der Nationen zu behaupten, beruhe auf ganz anderen Bedingungen, als auf dem Besitz der dänisch-westindischen Inseln. Namens der großen Mehrzahl des Folkethings empfehle er die Annahme des Antrags in der Hoffnung, daß die Inseln unter dem Schutze einer großen Macht einer glücklichen Zukunft entgegensehen. Abg. Ottesen (Linke) beantragt, eine Abstimmung unter den Bewohnern der Insel vorzunehmen. Abg. Bjerre (Linke) gegen die Abtretung, da die wirtschaftlichen Verhältnisse der Inseln sich voraussichtlich besser stellen würden. Minister des Auswärtigen Deuntzer: Der Zweck des Vertrags sei nicht Verkauf, sondern Uebergang der Inseln an Amerika, wo sie eine ganz andere und zwar bessere Stellung als jetzt erwerben würden. Dänemark erhalte nämlich nur den Ersatz seiner Verpflichtungen. Amerika habe während der Verhandlungen die größte Loyalität gezeigt. Dem Abg. Bjerre gegenüber erklärt der Minister: In der Politik gälten nicht Hoffnungen, sondern Fakta. Abg. Hammerich (Rechte): Die Abtretung werde im Ausland als Falliterklärung Dänemarks aufgefaßt. — Am 14. März nimmt das Folkething mit 88 gegen 7 Stimmen die Vorlage an.

März. Es wird eine rege Agitation gegen den Verkauf der Antillen entfaltet.

Mitte April. (Kopenhagen.) Ein Streik der Hafenarbeiter bricht wegen Lohnstreitigkeiten aus und dauert bis Anfang Mai.

24. April. Das Landsthing beschließt mit 32 gegen 28 Stimmen die Entscheidung über den Verkauf der Antillen zu verschieben, bis die Kolonialwähler über den Verkauf abgestimmt hätten.

29. April. Das Folkething faßt mit 98 gegen 7 Stimmen folgenden Beschluß über die Antillenfrage: Der Reichstag heißt die Abtretung unter der Bedingung gut, daß die Inselbewohner bei einer ähnlichen Abstimmung wie im Jahre 1867 sich für die Abtretung aussprechen.

25./26. Mai. (Kopenhagen.) Präsident Loubet besucht den König.

9. Juli. (Kopenhagen.) Internationaler Schiffahrtskongreß.

22. Oktober. Das Landsthing lehnt definitiv die Vorlage über die Abtretung der Antillen ab.

26. Oktober. Der Kronprinz besucht Berlin (S. 160).

Ende Oktober. Es bildet sich eine „Westindische Kompagnie", um regelmäßigen Dampferverkehr mit den Antillen zu unterhalten. Mehrere Mitglieder des Königshauses gehören ihr an.

12. Dezember. Das Folkething genehmigt eine Vorlage über das Verfasser- und Künstlerrecht, die den Beitritt Dänemarks zur Berner Konvention ermöglicht.

XIII.
Schweden und Norwegen.

17. Januar. (Schweden. Der König eröffnet den Reichstag.

Ende Januar. (Schweden.) Abg. Hedin beantragt im Reichstage, die Neutralität Schwedens und Norwegens durch eine internationale Abmachung dauernd festzulegen. Auch Dänemark soll beteiligt werden.

23. Februar. (Schweden.) Die verschiedenen auf nationaler Grundlage stehenden Gruppen der Linken schließen sich zu einer „Liberalen Landesvereinigung" zusammen, die eine Änderung des Wahlrechts und soziale Reformen verlangt.

12. März. (Schweden.) Die Regierung legt einen Gesetzentwurf über Ausdehnung des Stimmrechts vor.

Hiernach soll jeder, der das 25. Lebensjahr erreicht hat und das kommunale Stimmrecht besitzt, auch das politische Stimmrecht haben. Ausgenommen sind diejenigen, welche die staatliche und kommunale Steuer in den letzten zwei Jahren nicht bezahlt haben, sowie Wehrpflichtige vor Ablauf ihrer Dienstzeit. Verheiratete und solche, die das 40. Lebensjahr überschritten haben, sollen zwei Stimmen erhalten.

März. (Norwegen.) Debatten im Storthing über die Landesverteidigung.

Mehrere Deputierte protestiren gegen die Befestigungsarbeiten im Südwesten, weil sie auf einer grundlosen Schwedenfurcht beruhten und fordern Sicherheitsmaßregeln im Nordosten gegen Rußland. Der Kriegsminister verteidigt die Arbeiten im Süden, weil Christiania den strategischen Mittelpunkt Norwegens bilde.

Ende April. (Schweden.) Die liberalen und sozialistischen Kreise finden die Wahlrechtsvorlage ungenügend und demonstrieren in vielen Städten für das allgemeine und gleiche Wahlrecht. In Stockholm nehmen am 27. April 30—40 000 Menschen an den Umzügen teil.

12. April. (Norwegen.) Ministerpräsident Steen tritt zurück. Nach mehrwöchigen Verhandlungen wird der Staatsminister am schwedischen Hofe Blehr sein Nachfolger; Staatsminister in Stockholm wird Sigurd Ibsen.

10. Mai. (Schweden.) Debatte über den Neutralitätsantrag.

Die zweite Kammer lehnt den Antrag Hedin ab. Der Minister des Auswärtigen Lagerheim bekämpft in der Diskussion die Behauptung Hedins, daß ein geheimes schwedisch-deutsches Bündnis existiere. Er führt aus, daß die auf unabhängigen Sympathien fußende Freundschaft zwischen Schweden-Norwegen und dem Deutschen Reiche weder jetzt noch in früheren Zeitläuften durch irgendwelche vertragsmäßigen Abmachungen den Charakter eines völkerrechtlich diskutierbaren Bündnisses erhalten habe. Ein derartiger formeller Zusammenschluß dürfte auf deutscher Seite, soweit er die Stimmung an den betreffenden Stellen zu beurteilen vermöge, auch nicht einmal für erstrebenswert gehalten werden. Jedenfalls habe er während seiner diplomatischen Tätigkeit an deutschen Höfen stets den Eindruck empfangen, als ob man dem Thema einer skandinavisch-deutschen Koalition ernste Beachtung kaum zuwende. Diesen Sachverhalt kenne man auch in St. Petersburg sehr genau und es erscheine daher völlig unerfindlich, wie man in gewissen inländischen Kreisen von einer politischen Beunruhigung auf Seiten Rußlands angesichts der deutsch-nordischen Intimität sprechen könne. Die Verwirklichung des Neutralitätsgedankens werde für die Vereinigten Nordreiche keinerlei praktische Vorteile, dagegen zahlreiche lästige Verpflichtungen im Gefolge haben. Er müsse es sich demgemäß versagen, dem Wunsche des Antragstellers stattzugeben und dem Träger der Kronen von Schweden und Norwegen die Proklamierung der Neutralität seiner Staaten zu empfehlen. Gleichwohl nehme er gern die Gelegenheit wahr, um vor dem Forum des schwedischen Parlaments zu konstatieren, daß die skandinavische Union – im gleichen Maße wie sie auf die Forterhaltung freundschaftlicher Beziehungen zu den Nachbarreichen bedacht sei, jeden Anlaß von der Hand weisen werde, sich in die Zwistigkeiten anderer Länder hineinzumischen.

12. Mai. (Schweden.) Der Reichstag bewilligt 20 Millionen Kronen für den Bau neuer Kasernen.

15.–17. Mai. (Schweden.) Versuch des allgemeinen Ausstandes, um die Gewährung des allgemeinen Stimmrechts zu erzwingen. Nach dem Beschluß vom 16. wird die Arbeit wieder aufgenommen.

16. Mai. (Schweden.) Beide Kammern des Reichstags fordern in einer Resolution die Regierung auf, bis 1904 eine neue Wahlrechtsvorlage einzubringen, wonach jeder, der seiner Wehr- und Steuerpflicht genügt hat, mit 25 Jahren wahlberechtigt sein soll.

Ende Juni. (Schweden.) Wegen der Ablehnung seiner Wahlrechtsvorlage tritt Ministerpräsident v. Otter zurück; sein Nachfolger wird der frühere Premierminister Bostroem (5. Juli).

26. Juli. Vorschläge über das schwedisch-norwegische Konsulatswesen.

Ein schwedisch-norwegisches Komitee, das der König im Januar beauftragt hatte, zu untersuchen, in welcher Weise, unter Beibehaltung der gemeinschaftlichen diplomatischen Vertretung der beiden Unionsstaaten, die norwegischerseits geforderte Errichtung getrennter Konsulate für Norwegen und Schweden durchführbar wäre und wie nach Analogie des konsularen Beistandes in auswärtigen Staaten die Interessen schwedischer Staatsbürger in Norwegen und norwegischer in Schweden am besten wahrgenommen werden könnten, beendet seine Sitzungen. Es schlägt vor, daß nach Abschluß der Verhandlungen zwischen den beiden Regierungen über die Auflösung des gemeinschaftlichen Konsularkorps die fremden Mächte aufgefordert werden müßten, auch die neuen Konsuln zu bestätigen. Es sei ein besonderes norwegisches Konsulardepartement zu errichten, welches sich über die Erwirkung der Bestätigung für norwegische Konsuln mit dem Auswärtigen Amt in Stockholm ins Einvernehmen zu setzen hätte. Dem Auswärtigen Amt soll es überlassen werden, etwaige Reklamationen von Seiten fremder Mächte zu beantworten. Die besonderen norwegischen Konsuln werden dem erwähnten norwegischen Konsulardepartement und nicht dem Auswärtigen Amt in Stockholm unterstellt und die diplomatischen Vertreter von Schweden und Norwegen werden ihnen demzufolge keine Weisungen erteilen können. Den norwegischen Konsuln soll es jedoch gestattet sein, in dringenden Fällen um den Beistand der diplomatischen Vertreter nachzusuchen. Zur Wahrung der Interessen schwedischer Staatsbürger in Norwegen und vice versa hat das Konsulatskomitee keine besonderen Maßregeln in Vorschlag gebracht, sondern sich darauf beschränkt, allgemeine Bestimmungen betreffend die Unterstützung norwegischer Seeleute in Schweden und vice versa zu empfehlen.

Anfang August. (Schweden.) Die Sozialisten erklären sich für die Unterstützung der Liberalen bei den Reichstagswahlen.

19. September. Wahlen zur Zweiten Kammer des Reichstags.

Es werden gewählt 102 Liberale, 94 Mitglieder der Rechten (der sog. Landtmannpartei), 32 Fraktionslose, darunter 4 Sozialdemokraten. (Die Liberalen gewannen 25 Sitze und verloren 13; die Landtmannpartei gewann 3 und verlor 26 Sitze, die Fraktionslosen gewannen 15, von denen 3 an die Sozialdemokraten fielen, und verloren 4 Sitze.)

14. Oktober. (Stockholm.) König Oskar fällt den Schiedsspruch in der Samoaangelegenheit. (Vgl. Australien.)

XIV.
Rußland.

Anfang Januar. Reichsbudget. Bemerkungen Wittes.

An Einnahmen sind bei den ordentlichen 1 800 784 402 Rubel, bei den außerordentlichen 1 800 000 Rubel angesetzt; aus den freien Barmitteln der Reichsrentei betragen die Einnahmen 143 587 494 Rubel. Die Gesamtsumme der Einnahmen wird demnach auf 1 946 571 976 Rubel veranschlagt. Bei den Staatsausgaben betragen die ordentlichen 1 775 313 481 Rubel, die außerordentlichen 170 658 495 Rubel, zusammen also ebenfalls 1 946 571 976 Rubel. Der Ueberschuß der ordentlichen Einnahmen über die ordentlichen Ausgaben beträgt 24 871 001 Rubel. Der Bericht des Ministers schließt mit folgenden Bemerkungen: „Die im vorstehenden gemachte Darlegung führt zu dem Schluß, daß unsere Finanzen, welche auf einem beständigen Gleichgewicht des Budgets beruhen, sich in einem vollkommen befriedigenden Zustande befinden, daß unser Münzsystem nichts zu wünschen übrig läßt und unser Eisenbahnnetz sich fortdauernd unter günstigen Bedingungen entwickelt. Trotz der widrigen Zufälle, welche unserm wirtschaftlichen Leben in den letzten Jahren zugestoßen sind infolge vorübergehender Ereignisse, wie ungünstiger Ernten, Geldknappheit und unerquicklicher Lage einiger Industriezweige, zeigt der allgemeine Wohlstand des Landes keine Zeichen eines Rückganges." (Vgl. dazu Rohrbach, das Finanzsystem Witte, Preußische Jahrbücher Bd. 109.)

6. Januar. (Warschau.) Staatsrat v. Bloch, Agitator der Friedensidee, †.

12. Januar. (Finnland.) Russifizierung des Militärs.

Die „Finlandskaja Gaseta" bringt Tagesbefehle des Generalgouverneurs Bobrikow, in denen er bekannt gibt, daß vom 14. Januar an das 3. finnische Leibgarde-Schützenbataillon und die Truppenteile der acht finnischen Schützenbataillone, die allmählich aufgelöst werden, ihm als dem Kommandierenden der Truppen des finländischen Militärbezirks unterstellt werden. Am gleichen Tage hören der Stab der finnischen Truppen und die Reservecadres derselben auf zu bestehen.

Ende Januar. Februar. Die Erteilung der Konzession für die Bagdadbahn (f. Türkei) wird von der russischen Presse im allgemeinen scharf kritisiert und als Beginn der wirtschaftlichen und politischen Unterjochung der Türkei durch Deutschland hingestellt.

Ende Januar. (Petersburg.) Die Zeitung „Rossija", ein verbreitetes und namentlich in der Hofgesellschaft gelesenes Blatt, wird unterdrückt, angeblich wegen eines Angriffs auf die kaiserliche Familie.

Ende Januar. (Mandschurei.) Russische Truppen zersprengen mehrere größere Räuberbanden.

Anfang Februar. (Polen.) In Wilna und anderen Städten kommt es zu Unruhen in den Schulen, da die Schüler den Religionsunterricht in polnischer anstatt in russischer Sprache verlangen.

4. Februar. (Kiew.) Das Polytechnikum wird wegen Unruhen der Studenten während des laufenden Lehrjahrs geschlossen.

6. Februar. (Petersburg.) Ein kaiserlicher Erlaß errichtet eine Kommission, welche über die Bedürfnisse der landwirtschaftlichen Produktion beraten soll. Der Kommission gehören die Minister der Finanzen, der Domänen und des Innern, sowie andere vom Kaiser unmittelbar ernannte Persönlichkeiten an.

Mitte Februar. (Kaukasus.) Durch Erdbeben wird die Stadt Schemacha im östlichen Kaukasus zerstört. Mehrere Tausend Menschen kommen um.

Februar. (Kiew.) Studenten der Universität veranstalten Demonstrationen, weil sie mit einem Reglement für die Wahlen der Korporationen unzufrieden sind. Kosaken und Polizisten schreiten ein, wobei viele Demonstranten verletzt werden.

24. Februar. Rußland und der spanisch-amerikanische Krieg. (Vgl. S. 38.)

Das „Journal de St. Pétersbourg" teilt über die diplomatischen Vorstellungen in Washington im Jahre 1898 mit, daß die russische Regierung an der ersten durchaus freundschaftlichen Vorstellung teilgenommen, aber sich von der Teilnahme an der zweiten mißbilligenden Vorstellung enthalten habe mit der Absicht, streng neutral zu bleiben und dem amerikanischen Volke einen neuen Beweis der Freundschaft zu geben, wie während des Sezessionskrieges.

22. Februar. (Moskau.) Eine große Ruhestörung von Studenten wird durch Polizei und Militär unterdrückt.

Anfang März. (Armenien.) Der Minister für Volksaufklärung gestattet in dem Knaben- und Mädchengymnasium in Pjatigorsk den Unterricht in armenischer Sprache, ferner den Religionsunterricht für armenische Kinder in der Muttersprache.

3. März. Die „Peterburgskija Wjedomosti" schreiben über die preußische Polenpolitik:

Seit dem Kindermorde des Herodes sind 20 Jahrhunderte hingegangen. Die Zivilisation hat sich zum Zenith erhoben, auf die barbarischen Rasseneigenschaften der Germanen hat sie aber so wenig gewirkt, daß ihre Gewalttaten noch weit ärger sind als die des Herodes. Durch ihre drakonischen Gesetze, welche die polnische Sprache aus Schule, Familie, Presse und Gesellschaft verdrängen, bringt die deutsche Regierung nicht nur 2000—3000 Kinder um, sondern sie tötet die Seele der heranwachsenden Generation, entfremdet die Kinder den Müttern, sucht sie zu sittlichen Kretins zu machen, sie werden unpersönliche und gefühllose Wesen, denen jeder Boden des Seelenlebens geraubt ist, die alles Deutsche hassen und ihre polnische Muttersprache nicht kennen. Ihrer Kultur nach stehen die Türken heute ja niedriger als die Deutschen. Aber selbst die Türken erröten vor Scham, wenn man sie an ihre Janitscharenregimenter erinnert, die aus gewaltsam geraubten Christenkindern gebildet wurden. Wodurch unterscheiden sich die Deutschen von den türkischen Henkern . . . u. s. w. Der einzige Trost Polens sei die entrüstete Stimme Rußlands, wie sie in der russischen Presse laut werde. Denn das Gewissen des russischen Mannes empört sich gegen solche Gewalt, die seinem Geist, seinem Glauben, seinen Traditionen und den Aufgaben der Geschichte widerspricht. (Gesperrt von den Pet. Wjed.) Der Protest der russischen Presse ist eine laute Verurteilung des von Deutschland aufgegriffenen unmenschlichen und unnatürlichen Systems, die Völker zu assimilieren u. s. w. (Nach der „Kreuz-Zeitung".)

11. März. (Petersburg.) Auszeichnung des Emirs von Buchara und seines Sohnes.

Der Zar richtet folgendes Schreiben an den Emir:

Ew. Hoheit! Ihre unwandelbare aufrichtige Ergebenheit und die erfolgreiche Fürsorge für die Aufrechterhaltung und Wahrung guter Beziehungen zu Rußland, sowie die rastlosen Bemühungen Ew. Hoheit für das Wohl Ihrer Untertanen und die von Ihnen ergriffenen Maßnahmen zur Aufrechterhaltung der Ruhe unter ihnen, haben Ihnen das Wohlwollen Meines unvergeßlichen Vaters, Kaisers Alexander III., und Meine ständige Gunst erworben, welche in den Ihnen zu verschiedenen Zeiten zu teil gewordenen monarchischen Gnadenbeweisen zum Ausdruck kamen. Indem Ich die Ueberzeugung äußere, daß die von Ihnen gehegten Gefühle auch in Zukunft dieselben bleiben werden und daß auch der Thronfolger Ew. Hoheit von den gleichen Gefühlen beseelt ist, halte Ich es für Meine angenehme Pflicht, Ew. Hoheit neuerdings Mein besonderes Wohlwollen zu eröffnen und Ihren Sohn Seid Mir Alim-Khan durch die Verleihung des Titels Durchlaucht auszuzeichnen.

Ich verbleibe Ihnen immerdar unabänderlich wohlgeneigt
Nikolaus.

Gleichzeitig erhält der Emir den Wladimir-Orden 1. Klasse.

11. März. (Warschau.) Oberst Grimm, beschäftigt in der Verwaltung des Warschauer Kriegsbezirks, wird wegen Verrats militärischer Geheimnisse verhaftet. — Er wird am 14. Juni zu zwölfjähriger Zwangsarbeit verurteilt.

März. (Polen.) Mehrere Gymnasien werden geschlossen, weil die Schüler sich weigern, an staatlichen Festtagen das Lied „Gott schütze den Zaren" in russischer Sprache zu singen. Der Bischof v. Kalisch wird deshalb abgesetzt.

14. März. (**Dorpat.**) Die Universität wird wegen Unruhen unter den Studenten geschlossen.

20. März. Der „Regierungsbote" veröffentlicht die russisch-französische Erklärung (S. 238) über den englisch-japanischen Vertrag und bemerkt dazu:

Die kaiserliche Regierung begrüßt den Abschluß des besagten Abkommens mit größter Ruhe. Die Grundsätze, welche die russische Politik seit Beginn der Unruhen in China leiten, sind und bleiben unverändert. Rußland hält an der Unabhängigkeit und Integrität Chinas, ebenso wie an der Koreas fest. Rußland wünscht die Aufrechterhaltung des status quo und eine allgemeine Beruhigung des äußersten Ostens. Durch den Bau eines großen Schienenweges durch Sibirien mit Abzweigung durch die Mandschurei nach einem stets eisfreien Hafen begünstigt Rußland die Ausdehnung des Handels und der Industrie der ganzen Welt in diesen Gegenden. Würde es in seinen Interessen liegen, hierin jetzt Schwierigkeiten zu bereiten? Die von England und Japan bekundete Absicht, zur Erreichung derselben von der russischen Regierung unwandelbar verfolgten Ziele mitzuwirken, kann nur den Sympathien Rußlands begegnen, trotz der Auslassungen gewisser politischer Kreise und verschiedener Organe der auswärtigen Presse, welche sich bemüht haben, unter einem ganz anderen Gesichtspunkt die unveränderliche Haltung der kaiserlichen Regierung in Bezug auf diesen diplomatischen Akt darzustellen, welcher in den Augen der russischen Regierung die allgemeine Lage am politischen Horizont in nichts ändert.

März. April. Mai. Bauernunruhen in Südrußland.

Seit Ende März rotten sich in den Gouvernements Pultawa und Charkow Bauern zusammen und plündern die Scheunen der Gutsherrschaften. Die Ursache ist die Hungersnot, die infolge der Mißernte von 1901 dort herrscht. Das „Neue Wiener Abendblatt" schreibt über die Vorgänge in Pultawa: „Während der im Gouvernement herrschenden Hungersnot verteilte die revolutionäre Partei in sämtlichen Dörfern Proklamationen. Die Bauern, welche weder schreiben noch lesen können, ließen sich durch ihren Gemeindevorsteher den Inhalt der Proklamationen erklären und kamen hierauf zu ganz eigenartigen Entschlüssen. Sie erklären nämlich, daß die Proklamationen ein Manifest des Zaren seien, und darauf gestützt, gehen sämtliche Bauern, mit dem Starosta an der Spitze, zu den Lagerhäusern der Gutsbesitzer und jeder nimmt sich so viel Proviant, als er und seine Familie brauchen, und so viel Getreide für die Saat, um seine Felder bebauen zu können. Das alles vollzog sich mit der größten Ruhe, als ob sie nichts Ungesetzliches tun würden. Die Bauern forderten hierauf, daß ihr Gemeindevorsteher ein Protokoll aufsetze, in welchem genau der Name eines jeden Bauern verzeichnet wurde und wie viel Proviant und Samen ein jeder nahm. Die reichen Bauern beteiligten sich nicht dabei, dafür wurde jeder arme Bauer von der Gemeinde gezwungen, mitzugehen." Militär muß einschreiten, da die Bauern bald mit Plünderung und Brennen beginnen. An einigen Stellen weigern sich die Soldaten, auf die Bauern zu schießen. Der Aufstand dauert bis Mitte Mai. — Ein kaiserlicher Ukas befiehlt den Geistlichen, im Gottesdienst den Untertanen die Notwendigkeit des unbedingten Gehorsams einzuschärfen. Viele Bauern werden körperlich gezüchtigt.

8. April. Rußland und China schließen in Peking einen Vertrag über die Mandschurei.

Im ersten Artikel des Vertrages erklärt Rußland, daß es mit der Wiederherstellung der chinesischen Regierungsgewalt in der Mandschurei einverstanden sei. Die Mandschurei bleibe ein Bestandteil des chinesischen Reiches und der chinesischen Regierung werde das Recht zurückgegeben, die Regierungs- und administrative Gewalt dort auszuüben, wie dies vor Besetzung der Mandschurei durch die russischen Truppen der Fall gewesen sei. Im Artikel 2 verpflichtet sich China, die Bestimmungen des am 8. September 1896 mit der Russisch-chinesischen Bank abgeschlossenen Vertrages bei Wiederherstellung der Regierungs- und administrativen Gewalt in der Mandschurei zu erfüllen. China hat sich gemäß § 5 jenes Vertrages verpflichtet, die Eisenbahn und die an ihr angestellten Personen zu schützen und für den Schutz aller in der Mandschurei befindlichen russischen Untertanen und ihrer Unternehmungen zu sorgen. Dagegen verpflichtet sich die russische Regierung, ihre Truppen allmählich aus der Mandschurei zurückzuziehen, falls keine Wirren ausbrechen und die Handlungsweise anderer Mächte sie nicht daran behindert. Und zwar sollen erstens im Laufe von 6 Monaten nach Unterzeichnung des Vertrages der südwestliche Teil der Provinz Mukden bis zum Liau-ho-Flusse von den russischen Truppen geräumt und die Eisenbahnen China übergeben werden, zweitens soll im Laufe der folgenden 6 Monate der übrige Teil der Provinz Mukden, sowie die Provinz Kirin von den russischen Truppen geräumt werden, drittens im Laufe der nächsten 6 Monate die übrigen russischen Truppen, die sich in der Provinz Halung-Kiang befinden, zurückgezogen werden. Im Artikel 3 finden sich Bestimmungen über die chinesischen Truppen, die in die Mandschurei verlegt werden, so lange die russischen Truppen noch nicht zurückgezogen sind. China darf in der Mandschurei nur so viele Truppen halten, als die russischen Militärbehörden gestatten. Wenn die russischen Truppen die Mandschurei geräumt haben, steht der chinesischen Regierung das Recht zu, die Zahl der chinesischen Truppen in der Mandschurei zu bestimmen, die russische Regierung muß aber von jeder Vermehrung oder Verminderung dieser Truppen sofort benachrichtigt werden, da jede überflüssige Verstärkung der chinesischen Truppen in der Mandschurei ebenfalls eine Vermehrung der russischen Truppen in den benachbarten Bezirken zur Folge haben würde. Zur Aufrechterhaltung der Ordnung in den Teilen der Mandschurei, die nicht der chinesischen Ostbahn überwiesen sind, wird eine chinesische Polizeiwache gebildet, die ausschließlich aus chinesischen Untertanen besteht. In Artikel 4 verspricht Rußland die Eisenbahn Schanhaikwan-Inkou-Ssinmiutin ihren Eigentümern zurückzugeben. Die chinesische Regierung verpflichtet sich, 1. den Schutz dieser Eisenbahn allein zu übernehmen, keine anderen Mächte zu diesem Zwecke oder zum Bau oder zur Exploitation heranzuziehen, noch anderen Mächten zu gestatten, das von den Russen zurückgegebene Gebiet zu besetzen, 2. die genannten Eisenbahnen, gemäß dem russisch-englischen Abkommen vom 28. April 1899 und gemäß dem am 10. Oktober 1898 mit einer Privatgesellschaft über eine Anleihe für den Bau der genannten Linien abgeschlossenen Vertrage zu Ende zu bauen und zu exploitieren; 3. in der Folge, wenn in der südlichen Mandschurei Eisenbahnen gebaut werden sollen, wenn in Inkou eine Brücke gebaut oder der jetzt dort befindliche Endpunkt der Eisenbahnlinie verlegt werden soll, sich vorher mit Rußland über diese Fragen zu verständigen; 4. die Kosten, die Rußland durch Uebernahme der Eisenbahnlinien Schanhaikwan-Inkou-Ssinmiutin, deren Wiederherstellung und Exploitation erwachsen sind, zurückzuerstatten. Die Bestimmungen aller früheren Verträge zwischen Rußland und China, die durch dieses Abkommen nicht verändert werden, bleiben zu Recht bestehen. Das Abkommen wird an dem Tage, wo die Bevollmächtigten beider Länder es unterzeichnen, rechtskräftig. Der Austausch beider Ratifikationsurkunden erfolgt innerhalb dreier Monate nach Unterzeichnung des Vertrages in St. Petersburg. Der Vertrag wird in russischer, französischer und chinesischer Sprache abgefaßt. Als maßgebend für die Auslegung gilt der französische Text. In einer Mitteilung der Regierung wird sodann bekannt gegeben, daß der russische Gesandte in Peking den chinesischen Bevollmächtigten eine Note überreicht hat, in der die russische Regierung erklärt, daß die Uebergabe der Zivilverwaltung in Niutschwang an die chinesische Verwaltung erst erfolgen werde, wenn die fremden Truppenabteilungen diesen Platz verlassen werden und die Stadt Tientsin den Chinesen zurückgegeben sei.

13. April. Das „Journal de St. Petersbourg" protestiert gegen die Behauptung französischer Blätter, daß Rußland das französische Bündnis zur systematischen Plünderung der französischen Rentner benutze. Die finanzielle Lage Rußlands sei bei seiner friedlichen Politik unerschütterlich und schlösse jede Gefahr für die französischen Kapitalien in Rußland aus.

15. April. (Petersburg.) Der Minister des Innern Sfipjagin wird von einem relegierten Studenten ermordet. — Der Mörder wird am 16. Mai gehängt. — Zum Minister des Innern wird Senator v. Plehwe ernannt.

24. April. Der Unterrichtsminister General v. Wannowski tritt wegen seines hohen Alters zurück. Sein Nachfolger wird sein bisheriger Gehilfe Dr. Sänger.

Mai. Die „Kölnische Volkszeitung" schreibt über die Lage der Landwirtschaft in Russisch-Polen:

Die fortschreitende Verelendung und Massenauswanderung der kleinbäuerlichen Bevölkerung Russisch-Polens wird durch die Statistik in greller Weise beleuchtet. Es gibt danach in Russisch-Polen gegenwärtig rund 85 000 Kleinbauern ohne einen Morgen Land und etwa 660 000, welche nur einen Morgen oder höchstens einen und einen halben Morgen Land besitzen und von ihm etwa drei Scheffel Getreide oder 12 Scheffel Kartoffeln ernten. Man kann also sagen, daß die kleinbäuerliche Bevölkerung, welche ohne Landbesitz lebt, etwa ein Sechstel der Gesamtbevölkerung Russisch-Polens — nach der letzten Volkszählung etwas über neun Millionen Köpfe — ausmacht. Hieraus erklärt sich die geradezu unheimliche Auswanderung aus Russisch-Polen, die von Jahr zu Jahr zunimmt, denn von den zehn Gouvernements Russisch-Polens haben nur zwei: Warschau und Petrikau Industrie, in der die besitzlosen Kleinbauern Beschäftigung finden. In den übrigen acht Gouvernements gibt es weder eine Hausindustrie, noch hat der Bauer Gelegenheit, durch Lohnfuhren u. s. w. etwas dazu zu verdienen. Die Besitzer der kleinen Güter und Vorwerke zahlen die denkbar niedrigsten Löhne und beschäftigen obendrein besonders in der Zeit der Ernte, sobald die Feldarbeiten bringlich sind, Militär, das noch niedriger gelöhnt zu werden braucht und außerdem in Massen zu haben ist. In welch großem Maße die Auswanderung in Russisch-Polen um sich greift, ersah man in diesem Frühjahr daraus, daß z. B. im Bezirk Lomza mehr als die Hälfte aller Gestellungspflichtigen nach Amerika ausgewandert war und die andere Hälfte der Gestellungspflichtigen infolge einer durchaus ungenügenden Ernährung zum Militärdienst großenteils untauglich war. Denn in der Hauptsache besteht die Ernährung des Kleinbauern aus Kartoffeln, Kraut, Buttermilch, etwas Brot, während Fett und Schmalz schon als Luxusartikel gelten, von Fleisch u. f. w. ganz zu schweigen. Die russische Regierung hat nun vor einigen Jahren ein großes Uebersiedelungsbureau eingerichtet, welches die Auswanderung aus dem europäischen Rußland und besonders aus Westrußland nach Mittelasien, dem Kaukasus und nach Sibirien leitet und organisiert. Jetzt wird nun von diesem amtlichen Uebersiedelungsbureau auch in Russisch-Polen und ganz Westrußland ein kleines Buch in Hunderttausenden von Exemplaren verbreitet, worin die Auswanderung nach Sibirien, nach den Ländern am Stillen Ozean, nach dem Berglande des Altai, das an die chinesische Mongolei angrenzt, empfohlen wird. Es wird in diesem Büchelchen ausgeführt, daß die Auswanderung nach Westrußland weit mehr Chancen biete als nach Kanada, der nordamerikanischen Union, Brasilien, Argentinien u. f. w. Trotzdem gehen aber — wohl überwiegend aus religiösen Rücksichten — die polnischen und litauischen Kleinbauern fast nur nach Amerika und ganz vereinzelt nach Ostasien, während ja noch gegenwärtig die Auswanderung der rein russischen Elemente nach Ostasien eine sehr starke ist.

Mai. Der Reichsrat berät auf Vorschlag des Finanzministers die Aufhebung der obligatorischen Haftpflicht der Bauerngemeinden für die Steuern und den Erlaß von 120 Millionen an Rückständen bäuerlicher Steuern.

19. Mai. (Wilna.) Der Gouverneur, General Wahl, wird durch Revolverschüsse verwundet. Er war, wie ein ihm zugegangener Brief sagte, von dem revolutionären Zentralkomitee seiner Grausamkeit wegen zum Tode verurteilt.

20.—23. Mai. Besuch des Präsidenten Loubet in Petersburg. Er wird am 20. in Kronstadt vom Zaren empfangen, am 21. findet eine Parade in Krasnoje Selo, am 22. eine Galatafel in Petersburg statt. Am 23. nimmt der Zar ein Frühstück an Bord des „Montcalm" ein. — Die Trinksprüche betonen die friedliche Politik der Verbündeten.

13. Juni. (Finnland.) Sprachenverordnungen.
Der Senat wird durch kaiserlichen Befehl angewiesen, die Bestimmungen über den Gebrauch der russischen, finnischen und schwedischen Sprache bei den Gerichten und sonstigen Staatsbehörden zu veröffentlichen. Die Beamten, für welche die Kenntnis der russischen Sprache obligatorisch ist, sollen auf Wunsch in russischer Sprache antworten, die übrigen sollen, falls eine russische Antwort gewünscht wird, eine russische Uebersetzung auf Kosten des Bittstellers beifügen.

27. Juni. Entschädigung für die von den bäuerlichen Unruhen Betroffenen.

Der Regierungsbote gibt einen Erlaß des Kaisers bekannt, nach welchem die Reichsrentei 800 000 Rubel Entschädigung für die Grundbesitzer in den Gouvernements Charkow und Poltawa anzuweisen hat, die durch die Bauernunruhen Verluste erlitten haben. Besondere Kommissionen unter dem Vorsitze der Gouverneure haben die Höhe der einzelnen Entschädigungen festzusetzen, ferner die Höhe der Beträge, für welche die einzelnen Dorfgemeinden und deren Bauern, die an den Unruhen teilgenommen haben, aufkommen müssen. Sie haben ferner die Zeit zu bestimmen, in welcher die Bauern durch die Zahlung einer entsprechenden jährlichen Zuschlagsteuer, die in diesem Jahre zum erstenmal erhoben werden soll, der Reichsrentei ihre Schuld abtragen müssen.

Ende Juni. In Galizien und Südwestrußland richtet Unwetter großen Schaden an.

Ende Juni. Anfang Juli. In Rostow brechen Unruhen unter Fabrikarbeitern aus; unter den Landleuten in Südrußland von Charkow bis zum Kaukasus macht sich wieder eine Gärung bemerklich.

Anfang Juli. Die russische Regierung protestiert in einer Note an die Mächte gegen die Brüsseler Zuckerkonvention.

In der Note heißt es, Rußland habe mit allen an der Brüsseler Konvention beteiligten Staaten Handelsverträge abgeschlossen, laut welchen für Produkte russischer Herkunft kein anderer oder höherer Zoll als für Produkte der am meisten begünstigten Staaten erhoben werden könne. Daher müsse die russische Regierung eine Tariferhöhung für russischen Zucker als Vertragsverletzung ansehen, auch wenn in Rußland der Zuckerexport durch Ausfuhrprämien begünstigt werde, was aber in Wirklichkeit nicht der Fall sei. Das Inkrafttreten der Brüsseler Konvention würden die Handelsverträge auch verletzen, wenn die Handelsverträge eine Klausel betr. Einführung von Exportprämien enthielten, da die russische Regierung keineswegs solche auszahle, sondern im Gegenteil ein Privatsyndikat, wodurch die Zuckerfabrikanten zum Export gezwungen gewesen, aufgehoben und dieses durch Regulierung der Binnenproduktion ersetzt habe. Die Note will nicht zugeben, daß diese Maßregel eine Erhöhung der Binnenpreise bezwecke, sondern stellt als ihren Zweck dar die Verbreitung des Binnenkonsums von Zucker vermittelst einer allmählichen Reduktion der Preise dieses Produktes. Falls nachgewiesen werde, daß dieser Schutz der Binnenpreise den natürlichen Verlauf der internationalen verletzt, so würde die russische Regierung zusammen mit den anderen Mächten in eine Prüfung derjenigen Maßregeln eintreten, die das künstliche Einwirken auf den internationalen Markt hindern könnten; sie würde gern auf den Vertrag eingehen, wenn diese Frage in ihrem ganzen Umfang zur Prüfung vorgelegt würde, d. h. nicht nur die Folgen der unmittelbaren Maßregel der Regierungen betr. die Auszahlung von Prämien oder die Normierung der Produktion, sondern auch die Bedeutung der verschiedenen Syndikate, die von der Regierung geduldet oder begünstigt werden, geprüft würde, und wenn der Vertrag nicht nur den Zucker, sondern auch andere Waren betreffe, die von Bedeutung im gegenwärtigen Welthandel seien.

13./17. Juli. (**Petersburg.**) Der König von Italien, begleitet vom Minister des Auswärtigen, besucht den Zaren.

Mitte Juli. (**Kaukasus.**) Am Kasbek werden durch Rutschungen von Gletschern 36 Personen getötet.

11. August. (**Charkow.**) Der Gouverneur Fürst Obolensky wird durch ein Attentat verwundet. — Ihm war vorher folgender Brief zugegangen:

Seit dem Tage, da Fürst Obolensky zum Gouverneur ernannt wurde, richtete er sein ganzes Können auf Unterdrückung der landschaftlichen Selbstverwaltung und auf sinnlose Verfolgung der Bauern und Arbeiter. Noch als Gouverneur von Cherson hatte sich Obolensky dadurch ausgezeichnet, daß er jedes Streben, den hungernden Bauern zu helfen, rücksichtslos verfolgte. Als die Bauernunruhen im Gouvernement Charkow ausbrachen, benützte er seine unbeschränkte Gewalt, um die verhungernden Bauern, die Brot suchten, in rohester Weise zu mißhandeln. Die schreckliche Niedermetzelung der unbewaffneten Bauernmassen, das Preisgeben der Arbeiterbevölkerung an die Willkür der Kosaken, die körperlichen Züchtigungen, die er anordnete, kurz die ganze administrative Tätigkeit des Fürsten Obolensky stellten die „Kampforganisation der sozialrevolutionären Partei", die die kämpfenden Arbeitermassen vor der Tyrannei zu schützen hat, vor die Aufgabe, ihn zu beseitigen. Da sie keine Möglichkeit hatte, den Fürsten Obolensky auf irgend eine andere Weise los zu werden, oder ihn für die vollzogenen Verbrechen gegen das russische Volk zur Verantwortung zu ziehen, da sie ferner äußerst empört ist über die Anerkennung, die ihm der Zar für seine „Dienste" während der Bauernunruhen aussprach, sieht sich die Kampforganisation gezwungen, ihre Bürgerpflicht zu erfüllen und den Fürsten Obolensky, den der Zar schützt, durch das einzige ihr zur Verfügung stehende Mittel zu beseitigen — durch den Tod. Mit der Erfüllung dieses Urteils wird ein Mitglied der Kampforganisation beauftragt.

Die Kampforganisation der sozialrevolutionären Partei.
St. Petersburg, 22. Juli 1902. („Allg. Ztg.")

6./8. August. (**Reval.**) Der Deutsche Kaiser, begleitet vom Reichskanzler, hat an Bord des „Standard" und der „Hohenzollern" eine Zusammenkunft mit dem Zaren. Es finden russische Flottenmanöver statt.

15. August. (**Petersburg.**) Der Verweser des Marineministeriums ordnet an, daß für den Bau russischer Kriegsschiffe nur Material russischen Ursprungs verwendet werden soll.

Ende August. Anfang September. Reformen im Hochschulwesen.

Es werden die geheimen Charakteristiken der Mittelschulabiturienten abgeschafft, die die Direktoren bisher zu verfassen und an die Hochschulen einzusenden hatten, in welche Mittelschulabiturienten eintreten. Statt dessen wird ihnen jetzt für den Eintritt in die Hochschule ein Auszug aus der Führungsliste für die letzten drei Schuljahre ausgefolgt.

Ferner werden zeitweilige Bestimmungen über die Disziplinargerichte an allen denjenigen Hochschulen, die dem Unterrichtsminister unterstellt sind, veröffentlicht. Danach sollen diese Gerichtshöfe aus Professoren zusammengesetzt werden. Ihrer Kompetenz unterliegen die in den Hochschulen begangenen Ruhestörungen und Streitigkeiten zwischen den Studenten und Professoren oder Beamten der betreffenden Hochschule, sowie gewisse Vergehen der Studenten.

3. September. (Petersburg.) Die Zarin erleidet eine Frühgeburt.

15. September. (Kursk.) Der Zar nimmt an den Manövern teil und empfängt einige Dorfälteste, denen er folgende Rede über die Bauernunruhen hält:

Im Frühling plünderten in einigen Gegenden der Gouvernements Poltawa und Charkow Bauern die benachbarten Wirtschaften aus. Die Schuldigen werden die verdiente Strafe erhalten. Die Obrigkeit wird, dessen bin Ich sicher, in Zukunft derartige Unruhen nicht zulassen. Ich erinnere Euch an die Worte Meines seligen Vaters, die er in den Tagen der Krönung an die Wolost-Aeltesten richtete: „Hört auf Eure Adelsmarschälle, glaubt keinen törichten Gerüchten!" Denkt daran, daß man nicht durch das Besitzergreifen von fremdem Gut reich wird, sondern durch ehrliche Arbeit, Sparsamkeit und ein Leben nach den Geboten Gottes. Teilt alles, was Ich Euch gesagt habe, den anderen Leuten in Euren Dörfern mit, sowie auch das, daß Ich ihre wirklichen Bedürfnisse nicht ohne Meine Fürsorge lassen werde.

26. September. Finanzminister v. Witte unternimmt eine Inspektionsreise in die Mandschurei. Am 7. November kehrt er an den kaiserlichen Hof nach Livadia zurück.

2. Oktober. (Finnland.) Neue Verfügungen über die Verwaltung Finnlands. Stellung der Beamten und des Senats.

1. Allerhöchste Verfügung über die Abänderung einiger auf den Dienst im Zivilressort bezüglichen Regeln, nach denen künftig auch Personen russischer Herkunft im Lande zum Dienst zugelassen werden. Danach erhalten die Kandidaten und graduierten Studenten aller russischen Universitäten die gleichen Rechte wie die Kandidaten und graduierten Studenten der Universität Helsingfors. — 2. Verfügung über die Amtsentsetzung. Die Entfernung vom Dienst von Personen der Administrativ-Ressorts wird danach der vorgesetzten Behörde anheimgestellt, von der die Anstellung der betreffenden Beamten abhängt. Die Beamten können mit Ausschluß der Polizeibeamten und der Beamten der Kanzlei des Generalgouverneurs von dem Oekonomie-Departement des Senates im Einverständnis mit dem Generalgouverneur vom Dienst entfernt werden. — 3. Verfügung über die gerichtliche Belangung von Beamten, die Dienstverbrechen begangen haben, und über deren Uebergabe an das Gericht die direkten oder die höchsten Vorgesetzten entscheiden. Die gerichtliche Verfolgung von Personen der dritten Rangklasse erfolgt mit Allerhöchster Genehmigung, die von Personen der fünften bis neunten Rangklasse erfolgt seitens des Oekonomie-Departements des Senats im Einverständnis mit dem Generalgouverneur. Die Verfügung erstreckt sich auf alle schwebenden Sachen, die noch nicht durch Urteile, die gesetzliche Kraft erhalten haben, entschieden sind. — 4. Eine Verfügung über Abänderungen in einigen Abteilungen und Institutionen des Senates, derzufolge die allgemeine Versammlung beider Departements

durch den Generalgouverneur einberufen werden kann. Für das Oekonomie-Departement wird eine besondere Behörde mit bestimmtem Wirkungskreis gebildet. Den Vorsitz im Senat führt der Generalgouverneur oder dessen Gehilfe, in Abwesenheit des letzteren einer der Vizepräsidenten der Departements. Die Bestimmung über diejenigen Sachen, die unbedingt unter dem Vorsitz des Generalgouverneurs oder seines Gehilfen zu beraten sind, wie die Oberleitung der Verhandlung, die Verteilung der Mitglieder auf die einzelnen Abteilungen, Inspektionsfahrten und Beurlaubung von Senatoren hängt von dem Generalgouverneur ab. Das Einreichen von Papieren an den Senat auf den Allerhöchsten Namen wird abgeschafft. Die Papiere werden dem Senat eingereicht, Klagen und Bittschriften auf den Allerhöchsten Namen werden auf dem vorgeschriebenen Weg vorgebracht. Auf keinen Fall dürfen berücksichtigt werden: von mehreren Personen gemeinschaftlich eingereichte Bittschriften, Adressaten oder Reklamationen, die in Form von Gesuchen an Regierungsmaßnahmen Kritik üben oder die öffentliche Ruhe und Ordnung erschüttern. Das Recht des Senatsprokurators, über den Generalgouverneur an den Kaiser zu berichten, wird aufgehoben. Die Verfügungen, die die Einrichtungen des Senates betreffen, treten am 14. Oktober 1903 in Kraft. („Allg. Ztg.")

30. November. (Petersburg.) Die erste offizielle behördliche Arbeiterversammlung wird abgehalten, um über die Verbesserung der Lage durch gegenseitige Unterstützung und durch Entwicklung beruflicher Selbständigkeit zu beraten. Der Minister des Innern v. Plehwe verspricht einer Abordnung Arbeiter seine Unterstützung.

November. Dezember. (Rostow.) Arbeiterunruhen. Der „Regierungsbote" berichtet darüber (2. Dezember): Am 17. November stellten 3000 Arbeiter der in Rostow am Don gelegenen Werkstätten der Wladikawkas-Eisenbahn die Arbeit ein und forderten Verkürzung der Arbeitszeit, Lohnerhöhung und die Entlassung einiger Meister. Sie verhielten sich sonst ruhig. Am 20. November wurde den Arbeitern bekannt gegeben, daß ihre Forderungen nicht berücksichtigt werden könnten, und die Arbeiter wurden aufgefordert, ihre Abrechnung zu machen. An den folgenden Tagen wurden unter den Ausständigen Proklamationen verteilt mit der Aufforderung zum Ausstande und der Unterschrift: Donsches Komitee der russischen sozialdemokratischen Arbeiterpartei. Infolgedessen wurden am 21. November fünf Aufrührer festgenommen. Am 22. November und 28. November fanden in einer Schlucht bei Rostow Arbeiterversammlungen statt. Die Eisenbahnbehörde setzte den 24. November als Termin fest, die Arbeit wieder aufzunehmen. Trotzdem fanden am 24. November Arbeiterversammlungen statt. Kosaken versuchten, die Ausständigen zu vertreiben, wobei durch Steinwürfe ein Offizier und 5 Kosaken verletzt wurden. Als die Ausschreitungen ihren Höhepunkt erreichten, feuerte eine halbe Sotnie Kosaken zu Fuß. Die Arbeiter flüchteten und ließen 2 Tote und 19 Verwundete zurück. Auch die Arbeiter der Station Tichorezkaja stellten am 28. November die Arbeit ein und erhoben dieselben Forderungen wie die Rostower. Obwohl jede Versammlung verboten wurde, versammelten sich am 30. November gegen 1000 Arbeiter. Als der Haufe auf Ermahnung nicht auseinanderging, sondern die Kosaken mit Steinwürfen bewarf und einen Offizier und 12 Kosaken verwundete, gingen die Kosaken erst mit blanker Waffe vor und feuerten dann, worauf der Haufe auseinanderlief, 2 Tote, 7 Schwerverletzte und 12 Leichtverletzte zurücklassend. 102 Personen, die Widerstand leisteten, wurden festgenommen. Ueber die Ursachen dieser Arbeiterbewegung ist besondere Untersuchung eingeleitet worden.

Der Streik wird am 12. Dezember beendet, nachdem den Arbeitern der rückständige Lohn ausbezahlt ist und einige unbeliebte Meister entlassen wurden. Die Arbeiter halten hierauf einen feierlichen Dank-Gottesdienst ab und liefern 22 Agitatoren der Regierung aus.

13. Dezember. Der „Regierungsbote" veröffentlicht folgendes Communiqué über die Lage in Mazedonien und die Politik Rußlands und Österreich-Ungarns:

Laut Nachrichten aus der östlichen Türkei schließt die Lage auf der Balkanhalbinsel nicht die Möglichkeit ernster Komplikationen aus. Dank der rechtzeitig ergriffenen Maßnahmen und dem Eintritte des Winters ist anzunehmen, daß die Gärung in Mazedonien einstweilen keine weitere Ausbreitung findet, dennoch sprechen viele Anzeichen dafür, daß die steigende Unzufriedenheit der Untertanen des Sultans unter dem Drucke verschiedener Komitees einen allgemeinen Aufstand im Frühling hervorzurufen geeignet ist. Diese beängstigenden Erscheinungen können nicht verfehlen, Rußlands Aufmerksamkeit zu erwecken, das von Altersher für das Schicksal der verwandten Stämme besorgt ist. Die russische Regierung machte der Pforte entsprechende Vorstellungen, um einem weiteren Umsichgreifen der Unruhen über die ganze Balkanhalbinsel vorzubeugen, und beauftragte den russischen Botschafter in Konstantinopel, nach Prüfung der örtlichen Zustände über die Möglichkeit sofortiger Einführung administrativer Reformen in Mazedonien zu berichten, und ohne Unterlaß der türkischen Regierung deren Durchführung zu empfehlen, zwecks der Verbesserung der Lage der orthodoxen Bevölkerung. Indessen ist nicht außer acht zu lassen, daß, solange Unruhen in diesem Gebiete vorhanden sind, die der türkischen Regierung Anlaß geben, Maßregeln gegen die aufständischen Untertanen zu ergreifen, administrative Reformen und eine vollkommene Beschützung der Bevölkerung vor den Uebergriffen der Beamten sehr schwierig sind. Demnach ist die erste Hauptbedingung für einen Erfolg in dieser Richtung das Aufhören der Agitationen des Komitees in Mazedonien, da sie den beabsichtigten patriotischen Zweck nicht erreichen, sondern die Bevölkerung nur von friedlicher Arbeit zurückhalten und zu verhängnisvollen Schritten hinreißen. Die russische Regierung hatte wiederholt Veranlassung, ihre Ansicht über die mazedonische Frage auszusprechen; sie verurteilte jeden Versuch der slavischen Stämme auf gewalttätige Veränderung der durch internationale Vereinbarungen garantierten Lage der Balkanhalbinsel. Dieser Ansicht ist die russische Regierung auch gegenwärtig. Angesichts dessen erachtet sie es für zweckentsprechend, von neuem der serbischen und bulgarischen Regierung den wohlmeinenden Rat zu geben und sie auf die Notwendigkeit hinzuweisen, im eigenen Interesse die gefährliche Agitation zu verhindern und zur Wiederherstellung der Ruhe auf dem Balkan ihrerseits beizutragen. Die kaiserliche Regierung ist berechtigt zu der festen Hoffnung, daß in den gemäß dem Allerhöchsten Willen gemachten Vorstellungen gesteckte Ziel zu erreichen, und darauf zu rechnen, daß die slavischen Stämme, welche ihre Freiheit und Selbständigkeit den uneigennützigen Opfern Rußlands verdanken, ihren Weisungen folgen werden. Der unerschütterliche Entschluß Rußlands, den möglichen Komplikationen auf der Balkanhalbinsel vorzubeugen, findet die vollste Zustimmung der übrigen

Mächte. Die österreichisch-ungarische Regierung hat nicht versäumt, ihren Vertreter in Konstantinopel nach dem Austausch der Ansicht mit dem russischen Botschafter zu beauftragen, sich den Schritten des russischen Botschafters bei der Pforte behufs der Notwendigkeit der Einführung von Reformen in Mazedonien anzuschließen. Die vereinten Anstrengungen der benachbarten, an der Aufrechterhaltung des Friedens im Orient am meisten interessierten Staaten sind die Folge der Vereinbarungen von 1897, deren wohltätige Wirkung und Existenz nur möglich ist bei strenger Beobachtung der ihnen zugrunde liegenden Prinzipien, als die Nichtzulassung willkürlicher Abänderung der vertragsmäßig festgestellten Ordnung auf der Balkanhalbinsel und die Aufrechterhaltung der Ruhe, die so notwendig ist für die Wohlfahrt der christlichen Völker und endlich die Wahrung des allgemeinen Friedens. Zum Schluß kann die kaiserliche Regierung, welche nicht wenige Beweise ihres steten Wunsches, die besten Beziehungen mit der Türkei zu unterhalten, gegeben hat, nicht ermangeln, die Hoffnung auszudrücken, daß die Regierung des Sultans die nötigen Maßregeln zur Unterdrückung jeglicher Gewalttätigkeiten ergreifen und die Bedeutung der freundschaftlichen Vorstellungen Rußlands zugunsten der christlichen Bevölkerung Mazedoniens schätzen wird, deren schnelle und möglichste Beruhigung als bestes Material erscheint, der Entstehung von für die ottomanische Regierung gefährlichen Komplikationen vorzubeugen.

19. Dezember. Offizielle Erklärung über die asiatische Politik Rußlands.

In der „Now. Wremja" veröffentlicht Paul Tolstoi einen Artikel über die asiatischen Fragen. Hierauf veröffentlicht das Auswärtige Amt in der „Now. Wremja" folgendes: Nach den Erklärungen Tolstois habe sich Rußland den Forderungen Englands, den „ersten" Vertrag mit China bezüglich der Mandschurei zu vernichten, unterworfen. Diese Behauptung ist unrichtig. Es ist kein Vertrag vernichtet worden; und es konnte also auch keine Rede sein von irgend einer Forderung, die England an Rußland gestellt hat. In den nach und nach erfolgten Veröffentlichungen der russischen Regierung war der Standpunkt derselben bezüglich der chinesischen Ereignisse von 1900 nachdrücklich betont. Das vorgestreckte Ziel, dessen Grundlage die Wiederherstellung und Aufrechterhaltung normaler Verhältnisse im Nachbarstaate war, streng einhaltend, begann Rußland Verhandlungen, betreffend die Räumung der Mandschurei. Die chinesische Regierung zog sich anfänglich, vielleicht unter dem Einfluß fremder Machenschaften, von dem Abschlusse des Vertrags zurück. Für Rußland lag keine Notwendigkeit zum Vertragsabschlusse vor. Es wurde später der Vertragsabschluß tatsächlich vollzogen, doch geschah dies nur auf Drängen der chinesischen Regierung, wobei Rußland die Räumung der Mandschurei von der Wiederherstellung der Ruhe im Lande und von dem Verhalten der übrigen Mächte abhängig machte. Nachdem England und Japan ein Bündnis geschlossen, bekundeten Rußland und Frankreich ein enges Zusammengehen in Ostasien. Dies ist das beste Dementi gegen die Behauptung, daß in den Angelegenheiten Chinas England und Japan eine hervorragende Stellung einnehmen. — Bezüglich Koreas ist bekanntlich 1896 zwischen Rußland und Japan ein Vertrag abgeschlossen worden, welcher diesen beiden Staaten gestattet, eine Anzahl Truppen in Korea zu halten. Danach ist das Halten kleiner Truppenteile seitens Japans in Korea ebenso wenig wie die Anstellung des Japaners Cato, der im Ministerium für Landwirtschaft eine Stellung zweiten Grades einnimmt und nicht der Verwalter des Hofministeriums ist — eine Verletzung dieses Vertrages. Was den Engländer

Brown, den Chef der Zollverwaltung, angeht, so befindet er sich auf Grund eines Kontraktes in koreanischem Dienste, dessen Frist nach Tilgung der Korea-Anleihe in Japan abläuft. Die Mitteilungen Tolstois über die Lage in Mittelasien sind ebenso wenig richtig; England okkupierte den Südosten Persiens nicht; und wenn es einige Versuche machte, die persische Grenze zu überschreiten, so sind diese Versuche durch das Einschreiten Rußlands rechtzeitig abgewiesen worden. In der letzten Zeit fanden im Reiche des Schahs keinerlei Grenzverschiebungen statt. Die Beziehungen Rußlands zu Persien verbessern sich andauernd; es ist kein Grund zu ersehen, warum sie sich verschlechtern sollten. Die Grenzregulierung mit Afghanistan fand bereits vor dem Burenkriege statt. Wenn Rußland 1895 die Abtretung eines Gebietsteiles zwischen dem Oberlauf des Amudarja und Indien zuließ, so verpflichtete es andererseits England, dieses Gebiet sich nicht einzuverleiben. Was sodann Rußlands Beziehungen zu Afghanistan betrifft, so ist es notwendig, zu erklären, daß Rußland sich mit keinem Ersuchen an das englische Kabinett wandte, sondern ihm einfach seinen Entschluß bekannt gab, mit Afghanistan zukünftig in direkte Beziehungen treten zu wollen. Weitere Erklärungen hierüber sind nicht erfolgt. Tolstoi bespricht zum Schluß das passive Verhalten Rußlands gegenüber der deutschen Bagdad-Bahnkonzession; aber die bekannte Erklärung des Finanzministeriums beweist mehr als alles andere, welche Aufmerksamkeit die russische Regierung der Entwicklung dieser Frage widmete.

21. Dezember. Nach einer Erklärung des „Regierungsboten" sind zur Bekämpfung der Mißernten in 10 Gouvernements Rußlands und in einigen Distrikten Sibiriens 6663000 Rubel ausgegeben worden.

22. Dezember. (Petersburg.) Abreise des Ministers des Auswärtigen Graf Lambsdorff nach Belgrad, Sofia und Wien.

Die „Now. Wremja" schreibt dazu: Die Reise Lambsdorffs bezwecke außer der Feststellung der Ursachen, welche die Bevölkerung Mazedoniens zur Flucht nach Bulgarien veranlassen, den bulgarischen leitenden Kreisen zu erklären, die russische Regierung wünsche den Frieden in Mazedonien und erachte daher die herausfordernde Tätigkeit des Komitees gegenüber der Türkei, die berechtigt sei, den Aufstand in ihrem Lande niederzuwerfen, für höchst unpassend und für Bulgarien gefahrvoll.

Ende Dezember. (Petersburg.) Eine russische Gesandtschaft reist nach Abessinien.

XV.
Die Türkei und ihre Vasallenstaaten.

1. Türkei.

Januar. Es werden Nachrichten in der europäischen Presse verbreitet, daß aus den Balkanländern und aus ehemaligen türkischen Teilen Rußlands, wie dem Kaukasus und der Krim, seit einigen Jahren eine stetig steigende Auswanderung von Mohammedanern nach der Türkei stattfindet.

16. Januar. (Konstantinopel.) Ein kaiserliches Jrade, das den Bau der Bagdadbahn genehmigt, wird veröffentlicht.

Die Konzession wird auf 99 Jahre erteilt. Ferner wird die Konzessionsdauer für das bereits bestehende Netz Haidar-Pascha-Angora und Eskischehir-Konia auf 99 Jahre vom Zeitpunkt der Erteilung der Konzession für die Bagdadlinie an festgesetzt. Die Bagdadlinie wird ihren Ausgangspunkt in Konia haben, über Bagdad gehen und am Persischen Golfe an einem noch später mit der Pforte gemeinsam festzusetzenden Punkte endigen. Die Gesellschaft wird das oben bezeichnete bisherige Netz verbessern, um den Anforderungen eines direkten Expreßdienstes zwischen Konstantinopel und dem Persischen Golf zu genügen. Die Regierung wird daher 30 Jahre lang jährlich 350 000 Francs als Entschädigung für die Kosten dieser Verbesserung und weitere 350 000 Francs jährlich während der Dauer der Konzession zur Bestreitung der Erhöhung der Betriebskosten bezahlen, welche sich aus der Einrichtung des direkten Expreßdienstes ergibt. Die Bagdadbahn wird mit ihren Zweiglinien eine Länge von 2500 Kilometern haben.

7. März. (Konstantinopel.) Die Pforte verbietet den Geschichtsunterricht in armenischer Sprache an den armenischen Schulen. Der Patriarch protestiert dagegen.

10. März. Die Stadt Tochangri am Schwarzen Meer wird durch Erdbeben zerstört.

Anfang Mai. (Aleppo.) Wegen einer Brotverteuerung finden Unruhen statt, die durch Militär unterdrückt werden. —

Der Wali, Emir Pascha, wird beschuldigt, an dem Brotwucher beteiligt zu sein.

9. Juli. (Jerusalem.) Griechische Pilger, die deutsche und französische Franziskaner vor der Grabeskirche am 4. November 1901 angegriffen hatten, werden gerichtlich verurteilt. — Der Vorgang war in Europa lebhaft besprochen worden.

Juli. An der albanisch-montenegrinischen Grenze finden Zusammenstöße zwischen türkischen und montenegrinischen Truppen statt.

1. August. Der Sultan genehmigt den Finanzplan Rouviers über die Unifikation der türkischen Schuld.

3. August. (Konstantinopel.) Der armenische Patriarch Ormanian reicht seine Demission ein, weil viele Armenier durch Regierungsschikanen zum Glaubenswechsel gezwungen würden. Die Pforte nimmt die Demission nicht an.

Mitte September. Durchfahrt russischer Torpedoboote durch die Dardanellen.

Die russische Regierung verlangt die Erlaubnis zur Durchfahrt von drei Torpedobooten vom Mittelländischen Meere nach dem Schwarzen Meer; sie sollen ohne Armierung und unter Handelsflagge fahren. Der türkische Ministerrat verweist auf die Bestimmungen der Reglements und der Verträge, welche die Durchfahrt von Kriegsschiffen durch die Meerengen verbieten, und erklärt, wenn man die Ermächtigung zur Durchfahrt für die genannten Torpedoboote besser ungeachtet erteile, dann würden sie die Erlaubnis ausnahmsweise als Kriegsschiffe erhalten müssen, nicht aber auf Grund der Fiktion, daß sie nicht armiert seien und daher als Handelsschiffe passieren könnten. Ein vom Sultan eingeholtes militärisches Gutachten weist darauf hin, daß Rußland schon viele Torpedoboote mit der Eisenbahn vom Baltischen ins Schwarze Meer hinübergeschafft habe und daher eine Erlaubnis nicht dringend benötige. — Am 20. September verspricht der Sultan die Erlaubnis zur Durchfahrt.

September—Dezember. Unruhen in Mazedonien.

Die Unruhen in Mazedonien, die nie ganz aufgehört haben, werden zur Zeit der Schiplapaßfeier stärker. Es bilden sich Banden, an denen Bulgaren teilnehmen, und brandschatzen die Provinz. Die Pforte verstärkt die Truppen an der bulgarischen Grenze um mehrere 1000 Mann; Mitte Oktober säubert Ibrahim Pascha mit 25 Bataillonen unter hartnäckigen Kämpfen den Sandschak Serres von den Banden.

2. Oktober. (Konstantinopel.) Besuch des Großfürsten Nikolaus Nikolajewitsch beim Sultan. — Der Besuch soll, wie angenommen wird, den Sultan wegen der Schipkafeier beruhigen.

November. (Aden.) Die Pforte räumt ein zwischen Aden und Yemen gelegenes Gebiet, da die englische Regierung Anspruch darauf macht und mit Gewalt droht.

November. Seeräuberkämpfe im Roten Meer (vgl. S. 259).

Anfang Dezember. (Konstantinopel.) Die Pforte veröffentlicht folgende Maßregeln zur Verbesserung der Verwaltung der europäischen Provinzen:

Die Gendarmerie wird aus Muhammedanern und Christen bestehen, ausgediente Soldaten werden vor anderen Muhammedanern bevorzugt. Die Enthebung und Ersetzung der Gendarmerieoffiziere und Polizeikommissäre erfolgt mit Zustimmung der Walis. Zu Polizeikommissären und Agenten werden Mohammedaner und Christen ernannt, welche lesen und schreiben können. Die Walis haben die Fortschritte der Landwirtschaft, der öffentlichen Bauten und der Industrie zu überwachen. Direktoren der öffentlichen Bauten werden neu ernannt und den Walis zugeteilt. Das System der Zwangsarbeit für den Straßenbau bleibt unverändert. 5 Prozent der Vilajeteinnahmen werden öffentlichen Bauten gewidmet. Ortschaften mit über 50 Häusern erhalten eine Volksschule; die Schulenzahl jedes Distriktes wird vermehrt. In den Hauptorten der Sandschaks und Vilajets werden Vorbereitungsschulen errichtet. Zwei Drittel der für den Unterricht verwendbaren Gelder werden in den Vilajets verwendet, und ein Drittel für die höheren Schulen in Konstantinopel. Wo Aemter der Direktoren des Unterrichts und der Landwirtschaft noch nicht bestehen, werden solche errichtet. Für die Direktoren der vom Vilajet abhängigen Distrikte werden Kaimakamate errichtet. Die Direktoren und Dragomans für den auswärtigen und den Vilajetdienst werden mit Zustimmung des Ministers des Auswärtigen ernannt und müssen das internationale Recht, die Verträge und anderes auf das Ressort des Auswärtigen Bezügliche kennen. Die Walis sorgen dafür, daß die ernannten Beamten tüchtig sind. Die Auswahl der Mutessarifs und der Generalinspektoren der Vilajets erfolgt durch die Wahlkommission für Zivilbehörden mit Zustimmung der Walis. Gerichtstribunale werden nach dem Organisationsgesetze überall errichtet. Das jetzige Prinzip für die Auswahl der Gerichtsbeamten wird aufgehoben. Künftig erfolgt die Ernennung durch den Justizminister im gleichen Verhältnis von Muhammedanern und Christen. Approbierte Rechtsschüler, welche dem Justizwesen dienen, werden bevorzugt. Die Distrikte erhalten die gleichen Tribunale, mit je einer Sektion für Zivil- und für Strafsachen, wie die Sandschaks. Die Tribunale wirken unabhängig und unbeeinflußt, wie gesetzlich vorgeschrieben. Zuwiderhandelnde zeigt der Wali und der neuernannte Generalinspektor sofort dem Justizminister an, welcher sie suspendiert oder enthebt, die Untersuchung einleitet und mit der Durchführung der Maßregeln die Walis betraut. Der neuernannte Generalinspektor, welchem Zivil- und Militärbeamte zugeteilt sind, ist beauftragt, die Durchführung der Maßregeln zu kontrollieren und den Wali wie die Hohe Pforte von nicht durchgeführten Maßregeln zu benachrichtigen, die Verwaltung und den Finanzdienst zu inspizieren, Verbesserungen vorzuschlagen, mit den Walis über die Enthebung und Ersetzung von Beamten zu beraten, Beamte zur Untersuchung zu ziehen und Vorschläge betreffs deren Nachfolger den durch Jrabó ernannten Beamten der Hohen Pforte zu unterbreiten. Dagegen wird die neuernannte, aus einem Präsidenten und drei Mitgliedern bestehende Kommission die Berichte der Walis und der Generalinspektoren an die Hohe Pforte studieren und mit den Walis und den Generalinspektoren korrespondieren, sowie die Beschlüsse unverzüglich dem Großwesir unterbreiten.

14. Dezember. (Konstantinopel.) Der Minister des Auswärtigen richtet an die Botschafter der Pforte folgendes Rundschreiben über die Verwaltungsreformen:

„Mehrere auswärtige Botschafter haben bei der Pforte Schritte unternommen, um ernste und wirksame Maßregeln zur Verbesserung der Lage der Bevölkerung in unseren europäischen Provinzen zu verlangen, damit Verwicklungen vorgebeugt werde, die den ihren Regierungen zugekommenen Berichten zufolge in nächster Zeit zu erwarten wären und ernste Folgen nach sich ziehen könnten. Einige Botschafter haben bei dieser Gelegenheit die Notwendigkeit betont, in diesen Provinzen die Grundsätze einer guten Finanzverwaltung einzuführen, damit der Sold an die Truppen und die Gehalte der Beamten regelmäßig gezahlt werden, wodurch die Fortsetzung von Erpressungen ausgeschlossen würden, unter denen die Bevölkerung gegenwärtig sehr zu leiden habe. Euer Exzellenz ist es nicht unbekannt, daß die kaiserliche Regierung, von dem lebhaften Bestreben geleitet, die Ruhe und Ordnung in diesen Provinzen aufrecht zu erhalten, zu diesem Zwecke eine Reihe ernster Maßregeln angeordnet und jederzeit den Generalgouverneuren anempfohlen hat, die erforderlichen Schritte zu tun, damit die Interessen eines jeden von allen Benachteiligten verschont werden. Die Walis haben sich auch streng an diese Ratschläge gehalten. Unsere Behörden haben nichts vernachlässigt, um die Räuberbanden, die im Fürstentum organisiert und von dort in unsere Provinzen entsandt werden, zu unterdrücken. Sobald die Behörden von einem Verbrechen oder einem Vergehen Kenntnis erhalten, pflegen sie Erhebungen nach den Tätern und führen sie der verdienten Strafe zu. Dank diesen Maßregeln ist die Ruhe und Ordnung in unseren Provinzen vollständig gewahrt worden, und da jetzt daselbst ungestörte Ordnung herrscht, haben wir keine Ursache vorauszusehen, daß demnächst Verwicklungen eintreten werden. Es hat den Anschein, als ob die Botschafter, die von den kommenden Verwicklungen sprechen, der kaiserlichen Regierung die Schuld daran beimessen, und daß sie, indem sie die Einführung der Grundsätze einer guten Finanzverwaltung empfehlen, glauben machen wollen, daß die in den Provinzen verübten Erpressungen von den Beamten, den kaiserlichen Truppen und den Gendarmen verübt werden, weil ihnen Gehalt oder Sold nicht ausgezahlt wird. Diese Anschuldigungen sind aber nichts weniger als gerecht. Aus den Telegrammen unserer Walis, von denen ich Ihnen regelmäßig Abschriften zugesendet habe, werden Sie bereits entnommen haben, daß es die in Bulgarien ausgerüsteten und in unsere Provinzen entsendeten Banden sind, die die Ordnung stören und die Ruhe der Bevölkerung erschüttern, daß es eine Folge ihrer Aufreizungen ist, wenn die bulgarischen Bewohner sich Angriffe gegen ihre muselmanischen und griechischen Mitbürger zu Schulden kommen lassen, sowie sich ihnen dazu eine Gelegenheit ergibt; wenn in verschiedenen Teilen des Fürstentums Muselmanen auf die grausamste Weise ermordet werden; und daß die bulgarischen Komitees unter Drohungen die Bulgaren, die bereits ihre Reue den kaiserlichen Behörden ausgedrückt und ihre Waffen abgeliefert haben, zwingen, das Land zu verlassen. Alle diese Tatsachen beweisen, daß die Lage, über die Europa Klage führt, ihren Ursprung in dem ehrgeizigen Bestreben Bulgariens hat, den Kreis seiner Machtvollkommenheit zu erweitern, keineswegs aber in den vereinzelten Missetaten, die sich von Zeit zu Zeit in unseren Provinzen ereignen und deren Urheber jedesmal eifrigst verfolgt und nach dem Gesetz mit aller erwünschten Strenge bestraft werden. In diesen Verbrechen, wie sie täglich in allen Ländern verübt werden, die Ursachen der von den fremden Regierungen vorausgesehenen kommenden Verwicklungen zu suchen, wäre sehr ungerecht. Angesichts dieses Standes der Dinge sind wir überzeugt, die . . . Regierung werde geneigt sein, anzuerkennen, daß ein energischer Druck auf das Fürstentum und nicht auf die kaiserliche Regierung ausgeübt werden müsse, um die weitere Aufrechterhaltung der öffentlichen Ordnung sicherzustellen, deren Wahrung von dem Reiche lebhaft gewünscht wird. Ich bitte Sie, sich von den vorerwähnten Erwägungen durchbringen zu lassen und dieselben mit den erforderlichen Erweiterungen dem Minister des Aeußern auseinanderzusetzen, um die Rechte und Interessen der kaiserlichen Regierung zu schützen und zu vertreten. Ueberdies sende ich Ihnen zu Ihrer weiteren Bestärkung eine Abschrift des Teskeré des Großwesirs, das über diesen Gegenstand die ausführlichsten Einzelheiten, die Sie in Ihrer Unterredung mit Seiner Exzellenz dem Minister zur Geltung bringen wollen. Ich halte es nicht für nötig, Ihnen zu sagen, daß Sie darauf bedacht sein werden, derart vorzugehen, daß Ihre Schritte keinen offiziellen Charakter annehmen."

Ende Dezember. Reformen in Makedonien.

Sämtliche Mannschaften und Offiziere der Gendarmerie in Makedonien haben (nach der Meldung türkischer Blätter) ihre rückständigen Gehälter ausgezahlt erhalten. Auf Befehl Hilmi Paschas wurden zahlreiche Beamte in Mazedonien wegen Unregelmäßigkeiten sofort in strafrechtliche Untersuchung genommen.

2. Bulgarien.

4. Januar. Infolge der Haltung der Kammer in den Finanzangelegenheiten (vgl. 1901 S. 288) tritt das Ministerium Karawelow zurück; Danew bildet ein neues Kabinett.

5. Januar. Die Sobranje verweigert zwei provisorische Zwölftel des Budgets zu bewilligen und wird aufgelöst.

6. Februar. (Sofia.) Der Unterrichtsminister Kautschew wird ermordet.

2. März. Die Wahlen zur Sobranje ergeben eine Mehrheit für das Kabinett Danew.

April. Bulgarien und die makedonische Bewegung.

Die Vertreter Oesterreich-Ungarns und Rußlands erheben Vorstellungen in Sofia wegen der makedonischen Agitation (Ende März) . . Die bulgarische Regierung veröffentlicht eine Erklärung gegen die makedonische Bewegung und droht die makedonischen Komitees in Sofia aufzulösen, wenn sie sich nicht in gesetzlichen Grenzen hielten. — An ihre Vertreter im Auslande erläßt sie ein Rundschreiben (16. April), worin sie nach der „Politischen Korrespondenz" hinweist auf die Maßnahmen, welche die Regierung zur Hintanhaltung von Bandenbildungen in Bulgarien, sowie von Waffensendungen nach Makedonien getroffen hat. Die fürstliche Regierung, heißt es dann weiter, werde in ihrer Politik bezüglich der makedonischen Frage von der Erwägung geleitet, daß die vitalen Interessen des Fürstentums und des gesamten bulgarischen Volkes es geboten erscheinen ließen, alle Bemühungen auf die Aufrechterhaltung des Friedens auf der Balkanhalbinsel zu richten. In dieser Beziehung trafen die bulgarischen Interessen mit dem Wunsche der Großmächte vollkommen zusammen. Die fürstliche Regierung habe mit den verfügten Maßnahmen ihre Pflicht gewissenhaft erfüllt und es würde daher ungerecht sein, sie für die Existenz der gegenwärtig in der Türkei ihr Wesen treibenden Banden und für die revolutionäre Bewegung daselbst verantwortlich zu machen; die Schuld hierfür treffe vor allem die türkische Verwaltung und die türkische Regierung selbst. Nach den der bulgarischen Regierung zugehenden Informationen sei die Lage in Mazedonien und dem Adrianopeler Vilajet äußerst unbefriedigend, ja gefährlich. Die bulgarische Bevölkerung greife in ihrer Verzweiflung zu den Waffen, um ihre ermordeten Angehörigen und mißhandelten Frauen zu rächen und ihre Habe zu retten. Diese Zustände seien nicht neu, sie hätten sich aber infolge der Untätigkeit der türkischen Behörden neuerdings verschärft. Aus dieser Lage erkläre sich auch die massenhafte Zunahme der ohnehin beträchtlichen mazedonischen Emigranten nach Bulgarien und der Erfolg der Aufwiegler bei der bulgarischen Bevölkerung in Mazedonien. Die türkischen Behörden sorgten nicht nur nicht für Abhilfe oder Besserung, sondern verfolgten auch Unschuldige. Erwäge man noch das große Elend der bulgarischen Bevölkerung — wagten doch die Bauern nicht einmal mehr ihre Felder zu bearbeiten — sowie die Erpressungen mancher Behörden, so könne man sich vorstellen, welch günstiges Terrain in Mazedonien für eine revolutionäre Tätigkeit geboten sei. Die fürstliche Regierung habe schon öfters die Aufmerksamkeit sowohl der türkischen Regierung, als auch der Signatarmächte des Berliner Vertrages auf die unvermeidlichen Folgen dieser sich indes mehr verschlechternden Lage gelenkt. Es bleibe nun den Großmächten überlassen, zu erwägen, ob es nicht im Interesse des gewünschten Friedens liege, in Mazedonien, sowie im Adrianopeler Kreis jene Reformen einzuführen, welche die Lage daselbst erfordere und welche im Berliner Vertrage vorgesehen seien. Die fürstliche Regierung erachte es jedenfalls als ihre Pflicht, auf die Gefahren hinzuweisen, welche entstehen würden, wenn man zuließe, daß die türkischen Behörden bei Niederwerfung der entstandenen Bewegung die gleichen gewaltsamen, auch die ruhige Bevölkerung nicht verschonenden Mittel, wie bisher in ähnlichen Fällen anwendeten. Der Eintritt einer Katastrophe, welcher man allseits vorbeugen wollte, würde dadurch noch beschleunigt werden.

11. Juni. Der Fürst besucht den Zaren in St. Petersburg und überreicht ihm ein Modell des Alexander II. in Sofia errichteten Denkmals.

8. August. Die Sobranje genehmigt mit 111 gegen 56 Stimmen eine Anleihe von 120 Millionen.

Anfang September. (Sofia.) Mehrere Führer des makedonischen Komitees werden wegen Bandenbildung festgenommen.

27./29. September. (Scheinowo am Schipkapaß.) Zur Erinnerung an die Kämpfe vor 25 Jahren finden große militärische Feierlichkeiten statt, an denen der Fürst und der russische Großfürst Nikolaus Nikolajewitsch teilnehmen.

24. Oktober. (Sofia.) Der Mörder Stambulows, Haljus, wird zum Tode verurteilt.

28. Oktober. Die Sobranje wird durch den Ministerpräsidenten eröffnet. In der Thronrede wird auf die wohlwollende Gesinnung des Zaren gegen Bulgarien hingewiesen.

12. November. Der König von Rumänien besucht gemeinschaftlich mit dem Fürsten das Schlachtfeld von Plewna.

17. November. Das Kabinett wird umgebildet und erhält folgende Zusammensetzung: Danew Äußeres und Präsidium; Sarafow Finanzen; Ludskanow Inneres; Radew Unterricht; Toborow Justiz; Popow (bisher Vizepräsident der Sobranje) öffentliche Arbeiten; Abraschew Handel und Paprikow Krieg.

16. Dezember. (Dubnitza.) Nach der „Agence Bulgare" werden 24 von der Arbeit heimkehrende makedonische Arbeiter beim Überschreiten der Grenze von einer türkischen Patrouille getötet.

23. Dezember. Das Kabinett Danew wird derartig umgestaltet, daß es ausschließlich aus Zankowisten besteht.

26./27. Dezember. (Sofia.) Besuch des russischen Ministers des Auswärtigen Graf Lambsdorff beim Fürsten.

3. Egypten.

Juli. (Kairo.) Die Cholera breitet sich aus, so daß die Truppen aus der Stadt entfernt werden.

25. November. (Kairo.) Egypten und Frankreich schließen einen Handelsvertrag auf 21 Jahre.

10. Dezember. (Assuan.) Die Nilstauwerke, die etwa 1 Milliarde Kubikmeter Wasser jährlich liefern, werden in Gegenwart des Khediv und des Herzogs von Connaught feierlich dem Verkehr übergeben.

12. Dezember. Veröffentlichung von Verträgen mit Abessynien und Italien.

Hiernach gestattet Menelik England, in der Nachbarschaft von Itang an den Ufern des Flusses Baro ein Gebiet zu wählen, das nicht größer als 400 Hektar ist und nicht an den Fluß angrenzt, auf eine Ausdehnung von mehr als zwei Kilometer. Dieses Gebiet wird von Menelik der englisch-egyptischen Regierung verpachtet werden, die darüber die Verwaltung übernehmen und es als Handelsstation besetzen wird, jedoch desselben sich weder zu politischen noch zu militärischen Zwecken bedienen darf. Menelik räumt den Engländern das Recht ein, durch das abessynische Gebiet eine Eisenbahn zu bauen. Ferner verpflichtet sich Menelik, „kein Werk über den blauen Nil, Tsana-See oder Sobat hinweg auszuführen, welches das Fließen ihrer Wasser in den Nil aufhalten könnte", ausgenommen in Uebereinstimmung mit der anglo-egyptischen Regierung.

Zwischen der italienischen Kolonie Erythräa und Egypten wird eine Grenzberichtigung beschlossen.

XVI.
Rumänien.

24. Januar. Der Finanzminister Pallade tritt zurück. Sein Portefeuille übernimmt Ministerpräsident Sturdza.

Ende Februar. (Bukarest.) Handwerker, die mit einer geplanten Zunftorganisation unzufrieden sind, suchen durch Unruhen die Kammer zum Erlaß eines strengen Zunftgesetzes zu zwingen. Der Versuch wird durch Gendarmerie unterdrückt.

11. März. Das Parlament wird durch eine Thronrede geschlossen, in der es über die Lage der Finanzen heißt:

> Die gegenwärtige Session der gesetzgebenden Körperschaften findet heute ihr Ende, nach einer Wirksamkeit, deren wohltätige Folgen bezüglich der Sanierung unserer Finanzen und des Kredites des Landes sich schon jetzt fühlbar machen. Sie haben das zweite, im Gleichgewicht gehaltene Budget unter Erhaltung der Ausgaben auf der Höhe des vorhergehenden Budgets votiert, obgleich vorauszusehen ist, daß dieses mit einem Ueberschusse abschließen wird. Sie haben damit einen neuen Beweis geliefert, daß Sie entschlossen sind, die Politik der wirtschaftlichen Sammlung zu verfolgen, welche Sie im verflossenen Frühjahre mit sehr energischer Arbeit und mit großer Aufopferung für das öffentliche Wohl eingeleitet haben. Diese gesunde Richtung hat, ohne das budgetmäßige Gleichgewicht zu stören, es möglich gemacht, den Steuerzahlern eine Erleichterung zu verschaffen, indem die Immobiliensteuer in den Städten ermäßigt und die Taxe per Hektar für Pflaumen- und Weingärten wieder eingeführt werden konnte. Mit dem Budget eng verbunden ist das allgemeine Pensionsgesetz, welches dazu bestimmt ist, den Staat, sowie die Pensionäre gegen die bisher bestandenen gefährlichen Schwankungen sicherzustellen. Durch Votierung der von der Regierung vorgelegten Finanzgesetze haben Sie den Rest der Defizits der letzten Jahre geregelt und damit im Staatsschatze den normalen Zustand wieder herbeigeführt, in welchem derselbe in Hinkunft verbleiben muß. Sie haben der Verwaltung der Kirchengüter eine auf der Verantwortlichkeit beruhende gesunde Grundlage gegeben und ferner das Gesetz bezüglich der Organisation der Handwerker votiert, durch welches eine gesunde Entwicklung eines Teiles der nationalen Arbeit gesichert wird.

22. Mai. (Bukarest.) Der 25. Jahrestag der rumänischen Unabhängigkeit wird gefeiert.

19. Oktober. (Constanza.) In Gegenwart des Prinzen von Rumänien, der Minister und mehrerer fremder Gesandten wird der Donaukanal zwischen Tultscha und Sulina eröffnet.

11. November. Der König reist nach Bulgarien.

11. Dezember. (Bukarest.) Der 25. Jahrestag der Einnahme von Plewna wird gefeiert. Der König gewährt eine Amnestie; die Kammer bewilligt 500000 Lei für ein Denkmal zur Erinnerung an den Unabhängigkeitskrieg.

XVII.
Serbien.

5. März. (Schabatz.) Ein Anhänger des Prätendenten Karageorgewitsch, Rade Alawantitsch, versucht mit einigen Begleitern einen Putsch und wird von einem Gendarmeriehauptmann erschossen. — Die Teilnehmer werden zu Gefängnis verurteilt.

19. März. Kabinettskrisis.

Die Skupschtina genehmigt gegen den Wunsch des Justizministers Stamenkowitsch einen Antrag auf Abänderung des bestehenden Beamtengesetzes, dessen Zweck ist, den jetzigen Beamten für den Fall eines Regierungswechsels ihre Stellungen zu sichern. Das Ministerium reicht seine Demission ein, der König nimmt sie aber nicht an.

16. April. (Skupschtina.) Beschluß über den Dispositionsfonds.

Auf den Bericht der zur Prüfung des Dispositionsfonds eingesetzten Kommission beschließt die Skupschtina einstimmig, über die Mißbräuche des Kabinetts Wladan Georgewitsch im Interesse der Würde Serbiens und mit Rücksicht auf den vertraulichen Charakter des betreffenden Fonds, welcher ein Gerichtsverfahren unzulässig erscheinen lasse, mit Verachtung und unter strenger moralischer Verurteilung der Schuldigen zur Tagesordnung überzugehen.

18. Mai. Ministerkrisis.

Da die Skupschtina ein Anleiheprojekt der Regierung verwirft, reicht das Kabinett Wuitsch abermals seine Demission ein. Nach einigen Verhandlungen wird es umgebildet; Wuitsch bleibt Ministerpräsident; im Kabinett sitzen 4 Radikale, 3 Fortschrittler, 1 Neutraler.

6. August. Die Skupschtina genehmigt in außerordentlicher Sitzung eine Anleihe von 60 Millionen.

Mitte Oktober. Kabinettswechsel.

Es wird bekannt, daß das Königspaar eine Reise nach Rußland geplant hatte, daß sie aber aufgegeben werden muß, weil die Zarin sich weigert, die Königin Draga zu empfangen. Infolge dessen tritt das Kabinett zurück; der König unterhandelt mehrere Tage mit zahlreichen Parteiführern und hierauf wird ein radikal-fortschrittliches Ministerium Welimirowitsch gebildet.

18. November. (Kabinettswechsel.) Da die Skupschtina nur eine geringe Majorität für das Ministerium aufweist, tritt es zurück. General Zinzar Markowitsch wird Ministerpräsident.

24./26. Dezember. (Belgrad.) Besuch des russischen Ministers des Auswärtigen Graf Lambsdorff beim König.

XVIII.
Griechenland.

15. Juni. Verlobung des Prinzen Nikolaus mit der russischen Großfürstin Helena.

Ende August. Der Minister des Innern verbietet die Einführung aller Evangelienübersetzungen nach Griechenland. (Vgl. 1901 S. 291.)

2. Dezember. Bei den Wahlen zur Deputiertenkammer werden 82 Delyannisten, 75 Theotokisten, 46 Ziamisten und einige Parteilose gewählt. — Es wird infolgedessen ein Kabinett Delyannis gebildet.

24. Dezember. Der König eröffnet die Kammer durch eine Thronrede. Vorher kommt es zu einer Schlägerei zwischen Delyannisten und Theotokisten um das Alterspräsidium, wobei die Theotokisten unterliegen.

XIX.
Nord-Amerika.

4. Januar. Verhandlung mit Italien über gelynchte Italiener. (Vgl. 1901 S. 251.)

Staatssekretär Hay überreicht dem italienischen Botschafter eine offizielle Note betr. die Lynchung von Italienern zu Erwin und teilt ihm mit, eine Abschrift des Protestes der italienischen Regierung werde den Ausschüssen des Senats und des Repräsentantenhauses zugestellt werden, behufs Unterstützung des Vorschlages des Präsidenten Roosevelt, die Gesetzgebung dahin abzuändern, daß den Bundesgerichten die Rechtsprechung über Vertragsverletzungen zum Schaden fremdländischer Staatsangehöriger übertragen werde.

9. Januar. Das Repräsentantenhaus genehmigt mit 308 gegen 2 Stimmen die Vorlage über den Nikaraguakanal.

24. Januar. (Washington.) Die Regierung unterzeichnet einen Vertrag mit dem dänischen Gesandten über die Abtretung der dänisch-westindischen Inseln an die Vereinigten Staaten.

1. Februar. Staatssekretär Hay richtet an die Regierungen Rußlands und Chinas folgende Mitteilung über die Mandschureifrage:

„Die Regierung der Vereinigten Staaten kann ein Abkommen, wodurch China einer Körperschaft oder Gesellschaft ausschließliche Rechte oder Privilegien für den Betrieb von Bergwerken, die Errichtung von Eisenbahnen oder sonst in irgend einer Weise für die industrielle Aufschließung der Mandschurei erteilt, nur mit der ernstesten Besorgnis betrachten. Dies schafft ein Monopol, das offensichtlich die Vereinbarungen der zwischen China und den fremden Mächten abgeschlossenen Verträge durchbricht, wodurch die Rechte der amerikanischen Bürger ernstlich betroffen werden. Es beschränkt ihren rechtmäßigen Handel, da er nachteiliger Klassifizierung, Einmischung und anderer Benachteiligung ausgesetzt wird, und birgt in hohem Grade die Gefahr in sich, daß die Souveränitätsrechte Chinas in diesem Teil seines Gebietes dauernd beeinträchtigt werden; zugleich vermindert es seine Fähigkeit, seinen internationalen Verpflichtungen nachzukommen. Außerdem würde ein derartiges Zugeständnis von seiten Chinas zweifellos Forderungen anderer Mächte nach gleichen oder ähnlichen ausgedehnten Vorteilen in anderen Gebieten des chinesischen Reiches zur Folge haben, und das unvermeidliche Ergebnis würde der vollständige Schiffbruch der Politik der absolut gleichen Behandlung aller Nationen in Bezug auf Handel, Schiffahrt und Verkehr innerhalb der Grenzen des chinesischen Reiches sein. Andererseits widerspricht die Erreichung derartiger ausschließlichen Vorzugsrechte durch eine Macht für den Handel ihres Landes den von dem kaiserlich russischen Minister der auswärtigen Angelegenheiten der diesseitigen Regierung wiederholt übermittelten Versicherungen, die kaiserliche Regierung habe die Absicht, in China die Politik der „offenen Tür" zu befolgen, wie sie von der Regierung der Vereinigten Staaten befürwortet wird und von allen Vertragsmächten, die in jenem Reiche Handelsinteressen haben, angenommen ist. Aus diesen Gründen unterbreitet die Regierung der Vereinigten Staaten, jetzt wie früher von dem aufrichtigen Wunsche beseelt, die ganzen Wohltaten des ungehinderten Verkehrs zwischen China und den Mächten auf der Grundlage gleicher Rechte und Vorteile für alle zu sichern, das Obenstehende der ernsten Erwägung der kaiserlichen Regierungen Chinas und Rußlands, in der Zuversicht, daß sie dessen Bedeutung durch Ergreifung solcher Maßnahmen anerkennen werden, die die gerechtfertigte und natürliche Besorgnis der Vereinigten Staaten aufheben."

Mitte Februar. In der Diskussion über die Vorgeschichte des Krieges von 1898 (S. 38) erkennt die gesamte Presse an, daß Deutschlands Haltung durchaus freundlich gewesen ist. Viele Blätter polemisieren scharf gegen England.

17. Februar. Der Senat genehmigt den Vertrag mit Dänemark über die Abtretung der westindischen Inseln.

17. Februar. Das Repräsentantenhaus genehmigt einstimmig eine Bill, wodurch die zur Zeit des Krieges mit Spanien eingeführten Einkommensteuern wieder abgeschafft werden.

22. Februar. Der Vertrag mit England über den Isthmus-Kanal wird ratifiziert (vgl. Staats-Archiv Bd. 66).

23. Februar. (New-York.) Prinz Heinrich von Preußen landet und wird von den Spitzen der Behörden und einer großen Volksmenge empfangen.

24. Februar. (Washington.) Prinz Heinrich wird von dem Präsidenten Roosevelt empfangen.

25. Februar. (New-York.) Stapellauf der Yacht „Meteor". Festmahl und Trinksprüche Prinz Heinrichs und Roosevelts.

Die Yacht des Deutschen Kaisers „Meteor" läuft vom Stapel, wobei die Tochter des Präsidenten die Taufe vollzieht. Hierauf findet ein Festmahl an Bord der Hohenzollern statt, wobei Prinz Heinrich folgenden Trinkspruch ausbringt: „Herr Roosevelt! Sie sind hier an Bord als Gast des deutschen Kaisers, und ich glaube, daß dies das erstemal ist, daß ein Präsident der Vereinigten Staaten je an Bord eines Schiffes des Kaisers gewesen ist. Wolle Gott, daß es nicht das letztemal sein möge! Ich möchte Ihnen herzlich für den Empfang danken, den ich seit dem ersten Tage, an dem ich gelandet bin, bis zu diesem Augenblick gefunden habe.

Es ist mein aufrichtiger, gewisser Eindruck, daß ein starkes Gefühl persönlicher Freundschaft zwischen uns ersteht. Möge es sich ausdehnen zum Heile unserer zwei großen Nationen." Der Präsident antwortet: „Ich möchte meinen herzlichen Dank für die gütigen Worte ausdrücken, welche Ew. königliche Hoheit mir gewidmet haben. Ich möchte Ihnen zu wissen tun — das ist kein leeres Kompliment — daß Ew. königliche Hoheit bereits einen aufrichtigen Platz in unserer Zuneigung und unserem Wohlwollen gewonnen haben. Wir würdigen es in hohem Maße, daß der deutsche Kaiser Sie zu dem amerikanischen Volke entsandt hat, und ich danke Ihnen persönlich und auch dafür, was natürlich von viel höherer Wichtigkeit ist, daß Sie den Schritt unternommen haben, der naturgemäß die beiden großen Nationen enger aneinander knüpfen muß, deren Freundschaft so viel für die zukünftige Wohlfahrt der ganzen Welt bedeutet. Um schließlich meine persönlichen Wünsche auszudrücken, so ist es der, daß ich mit großer Freude dem Tage entgegensehe, an welchem ich als Gast bei Ihnen in Ihrer Eigenschaft als Admiral an Bord eines Ihrer Schlachtschiffe weilen werde."

27. Februar. (New-York.) Die Presse gibt dem Prinzen Heinrich ein Diner. Der Prinz hält dabei folgende Rede:

„Ich bin mir der Tatsache voll bewußt, daß ich Gast und in der Gesellschaft der Vertreter der Presse der Vereinigten Staaten, besonders Gast der „New-Yorker Staatszeitung" bin. Ich wünsche beiden zu danken für die freundliche Einladung und den Empfang, der mir heute abend geworden ist. Ehe ich mich in Einzelheiten vertiefe, möchte ich Ihnen Allen zu verstehen geben, daß dieses Zusammensein, obwohl es als ein offizielles betrachtet werden mag, als ein ganz vertrauliches ansehe, und daß mein Wunsch ist: Keiner von Ihnen möge, nachdem er diese Festtafel verlassen, das auszubeuten versuchen, was hier gesagt oder geredet worden ist. Zweifellos ist die Presse heutzutage ein Faktor, wenn nicht eine Macht, welche nicht vernachlässigt werden darf, und die ich mit zahllosen submarinen Minen vergleichen möchte, die in vielen Fällen in am wenigsten erwarteter Weise losgehen. Aber Ihre eigene Marine-Geschichte lehrt uns, Minen nicht zu beachten, wenn sie uns im Wege sind. Die bei dieser denkwürdigen Gelegenheit geführte Sprache war schärfer, als ich sie je heute abend zu wiederholen unternehmen würde. Ich brauche nur den Namen Farragut zu erwähnen. Ein anderer Vergleich mag Ihrem Geschmack, meine Herren, mehr entsprechen. Er ist tatsächlich schmeichelhafter. Er wurde gezogen vom Kaiser, ehe ich abreiste. Der Kaiser sagte: „Du wirst mit vielen Vertretern der Presse zusammentreffen, und ich wünsche deshalb, daß du mögest Dir stets vergegenwärtigen, daß Preßleute in den Vereinigten Staaten beinahe mit meinen kommandierenden Generalen rangieren." Ich weiß, es wird Sie interessieren, etwas über die Motive Meiner Aufgabe in diesem Lande zu erfahren. Die Tatsachen liegen so: Seine Majestät der Kaiser hat die jüngste rapide Entwicklung der Vereinigten Staaten aufs genaueste verfolgt und der Kaiser ist sich sehr klar über die Tatsache, daß Ihre Nation eine rasch schreitende ist. Meine Sendung in dieses Land mag deshalb als Akt der Freundschaft und Courtoisie angesehen werden, mit dem einzigen Wunsche, freundschaftliche Beziehungen zwischen Deutschland und den Vereinigten Staaten zu fördern. Sollten Sie Willens sein, eine ausgestreckte Hand zu ergreifen, so finden Sie eine solche jenseits des Atlantischen Ozeans."

27. Februar. (New-York.) Der „Deutsche Verein" bringt

dem Prinzen Heinrich einen Fackelzug. Der Prinz dankt dem Vorsitzenden mit folgender Ansprache:

„Herr Präsident! Erlauben Sie mir, meinen aufrichtigen Dank für diesen herzlichen Empfang auszusprechen. Es erfüllt mich mit Freude, zu sehen, daß alle deutschen Vereine New-Yorks an dieser Ovation teilnehmen, die ich nicht als mir, sondern als meinem Bruder, Seiner Majestät dem Deutschen Kaiser, meinem hohen Souverän, dargebracht ansehe. Meine Herren! Die meisten von Ihnen sind Bürger dieses herrlichen Landes, der Vereinigten Staaten. Aus Ihrem alten Vaterlande brachten Sie hier herüber ein gewisses Pflichtgefühl mit, das zweifellos in hohem Maße Ihnen geholfen hat, die Erfolge zu erringen, die Sie als Bürger dieses Landes erzielt haben. Es ist mein Wunsch, daß Sie als Bürger dieses herrlichen Landes demselben Pflichtgefühl treu bleiben mögen, welches Ihre Brüder im alten Vaterlande leitet."

2./10. März. Prinz Heinrich macht eine Reise nach St. Louis, Chicago, Niagara, Cambridge, Boston, Philadelphia. In Cambridge wird der Prinz zum Ehrendoktor der Rechte der Harvarduniversität ernannt. In Philadelphia hält er auf einem Festdiner folgende Rede:

„Ich wünsche Ihnen zu danken für die freundliche Aufnahme, welche ich in den Vereinigten Staaten fand. Meine Herren! Dies ist wohl die letzte Gelegenheit, welche ich während meines Aufenthalts in den Vereinigten Staaten habe, öffentlich zu sprechen. Ich bin sehr betrübt darüber, daß dies so sein muß. Was ich jetzt im Begriff bin, Ihnen mitzuteilen, sage ich vor der Welt. Es war absolut kein geheimer Zweck, der mit meiner Mission in Ihr Land verknüpft ist. Sollte irgend jemand von Ihnen etwas Gegenteiliges lesen oder hören, so ermächtige ich Sie hiemit, dies rundweg zu bestreiten. Mir wurde gesagt, bevor ich die Reise antrat, die Augen und Ohren so weit wie möglich zu öffnen und so wenig wie möglich zu sprechen. In letzterer Beziehung bin ich bange, daß meine Mission fehlgeschlagen sei. Ich sah bedeutend mehr Dinge, als viele von Ihnen glauben mögen. Ich hörte gleichfalls sehr viele Dinge, darunter viele freundliche Worte von Personen und Jubelrufe Tausender Ihrer Landsleute. Was ich in Ihrer Gegenwart ausspreche, spreche ich in Gegenwart Ihrer Nation aus, nämlich: herzlichen Dank für die freundliche Aufnahme und die Sympathien, welche ich während meines Aufenthalts in Ihrem Lande fand. Es wird mir am Herzen liegen, dem Kaiser hievon Kenntnis zu geben. Morgen trete ich die Rückreise an. Es wäre nicht recht von mir, wenn ich sagen würde, daß es mir leid tut, wieder nach Hause zu reisen. Aber gleichzeitig überkommt mich ein trauriges Gefühl, das Land zu verlassen, in welchem ich mit so viel Güte und Gastfreundschaft aufgenommen wurde. Lassen Sie mich, meine Herren, noch sagen: lassen Sie uns danach trachten, Freunde zu sein, und es auch wirklich sein.

5. März. (Washington.) Präsident Roosevelt empfängt Delegierte der Buren und lehnt die von ihnen gewünschte Intervention im Südafrikanischen Kriege ab.

11. März. (New-York.) Prinz Heinrich reist an Bord des Lloyddampfers „Deutschland" nach Europa ab. Depeschenwechsel

mit Roosevelt. Der Prinz richtet vor dem Aufbruch folgende Depesche an den Präsidenten:

An den Präsidenten der Vereinigten Staaten von Amerika! Am Tage meiner Abreise möchte ich sowohl Ihnen persönlich, wie auch der Nation, deren Gast ich gewesen, danken für all die Freundlichkeit, Aufmerksamkeit und herzliche Gesinnung, die mir während meines Besuchs in Ihrem interessanten Lande entgegengebracht worden sind. Ich hoffe, daß mein Besuch die Gefühle der Freundschaft zwischen dem Lande, dessen Vertreter ich bin, und den Vereinigten Staaten gestärkt hat. Indem ich Lebewohl sage, wünsche ich Ihnen jeden möglichen Erfolg, und bitte ich Sie, mich Frau Roosevelt und Fräulein Roosevelt zu empfehlen, die in so bezaubernder Weise und so herzhaft ihre Aufgabe beim Stapellauf Sr. Maj. Yacht „Meteor" erfüllten. Nochmals herzlichsten Dank! Hoffentlich sehen wir uns wieder. Heinrich, Prinz von Preußen.

Präsident Roosevelt antwortet:

Weißes Haus. An den Prinzen Heinrich von Preußen. Dampfer „Deutschland", Hamburg-Dock, Hoboken. Nicht allein persönlich habe ich mich über Ihren Besuch erfreut, sondern auch für meine Landsleute. Es drängt mich Ihnen meine Freude auszudrücken darüber, daß ich Sie gesehen, und über das tatsächliche Gute, das, wie ich denke, Ihr Besuch bewirkt hat. Indem er das Gefühl der Freundschaft zwischen dem Deutschen Reiche und den Vereinigten Staaten förderte, ist es mein ernstester Wunsch, daß dieses Gefühl ständig stärker werden möge. Frau Roosevelt sendet herzliche Empfehlungen. Fräulein Roosevelt würde das Gleiche tun, wenn sie nicht abwesend wäre. Ich bitte Sie, meine herzlichsten Grüße dem Deutschen Kaiser zu übermitteln. Nochmals danke ich Ihnen für Ihren Besuch und wünsche Ihnen alles Gute, wo immer Sie sein mögen. Theodore Roosevelt.

17. März. Der Senat genehmigt mit 42 gegen 31 Stimmen eine Vorlage über Zahlung von Subsidien für den Schiffsbau.

Die Subvention soll für Schiffe von 2000–5000 Tonnen und 14 Knoten Geschwindigkeit 1,5 Cent auf die Tonne für je 100 Seemeilen Fahrt betragen, bei 15 Knoten erhöht sie sich auf 1,7, bei 16 Knoten auf 1,9, bei 17 Knoten auf 2,1 Cent. Dampfer von 5000 bis 8000 Tonnen und 18 Knoten Fahrt erhalten 2,3 Cent, bei 19 Knoten 2,5 Cent und endlich diejenigen Postschiffe, die einen Raumgehalt von 10000 Tonnen und eine Fahrtgeschwindigkeit von 20 Knoten haben oder noch darüber hinausgehen, beziehen 2,7 Cent auf die Bruttotonne für je 100 Seemeilen Fahrt. — Die subventionierten Schiffe müssen im Kriegsfalle der Regierung gegen Entgelt zur Verfügung stehen.

17. März. (Kanada.) Der Finanzminister sagt über das Verhältnis Kanadas zu Deutschland:

Kanada habe es in Verfolgung der eigenen Zwecke für richtig gehalten, das Aufhören des Handelsvertrages mit Deutschland zu verlangen, und Deutschland habe bei dem Nichtvorhandensein des Vertrages die kanadischen Erzeugnisse dem Höchsttarif unterworfen. Es sei ein Irrtum Deutschlands, anzunehmen, daß Kanada gegen Deutschland eine differenzierende Behandlung in Anwendung brachte. Richtig sei, daß Kanada Deutschland einige Handelsvorteile entzogen habe, aber dies seien Vorzugsrechte, welche keiner fremden Nation, sondern nur dem Familienkreise des britischen Reiches zukommen sollten. Kanada sei völlig bereit, Deutschland den Meistbegünstigungsvertrag, d. i. eine ebenso günstige Behandlung zuzugestehen, wie sie den Produkten irgend eines fremden Landes auf den Märkten Kanadas gewährt wird.

21. März. Der Senat genehmigt mit 52 gegen 15 Stimmen das Gesetz zum Schutze des Präsidenten (Anarchistengesetz).

Das Gesetz will dem Präsidenten der Vereinigten Staaten oder im Falle seines Todes seinem Rechtsnachfolger erhöhten Schutz gegen mörderische Angriffe gewähren. Personen, welche einen der vorgesehenen Beamten der Republik angreifen, in der Absicht, ihn zu töten, sollen mit dem Tode bestraft werden, auch dann, wenn der Anschlag erfolglos blieb, während in den Vereinigten Staaten sonst nur der vollzogene Mord mit der Todesstrafe belegt wird. Personen, welche einem Attentäter raten oder beistehen, oder die sich an einer Verschwörung zum Zwecke eines solchen Attentates beteiligen, sind mit Gefängnis bis zu 20 Jahren zu bestrafen, Personen, die drohen oder jemand mündlich oder schriftlich raten, den Präsidenten zu töten, mit Gefängnis bis zu 10 Jahren. Auswärtige gekrönte Häupter genießen in den Vereinigten Staaten gleichfalls den Schutz dieses Gesetzes, sofern die betreffende Verschwörung in den Vereinigten Staaten ihren Ursprung fand.

April. Nachrichten in der Presse über Grausamkeiten auf den Philippinen.

Es wird behauptet, daß General Smith folgenden Befehl gegeben habe: „Ich will, daß Sie töten und brennen; je mehr Sie töten, einen desto größeren Gefallen werden Sie mir tun. Das ganze Innere von Samar muß zur heulenden Wildnis gemacht werden. Die Grenze für das Töten ist das zehnte Jahr." Die „New-York Evening Post" bemerkt zu diesen Enthüllungen: „Wir bezweifeln nicht im geringsten, daß das Gefühl, welches sich jedes Amerikaners bei Lektüre dieser grausigen Nachrichten bemächtigen wird, das der brennenden Scham ist. Unsere Armee ist entehrt und unser nationaler Name besudelt durch die furchtbaren Enthüllungen des Kriegsgerichts ... Unsere Truppen haben auf der Insel Samar eine Politik des Massenmordes verfolgt ... Es ist geschehen, und in den Augen der Welt stehen wir entehrt da. Es gibt nur ein Ding, welches uns noch mehr beschämen könnte, und das wäre der Umstand, daß es vielleicht Amerikaner geben könnte, die sich nicht schämen. Uns kommt es vor, als könnten wir niemals unser Haupt erheben. Man denke sich nur, daß Engländer lesen, daß wir Protestversammlungen gegen die Grausamkeiten in Südafrika abhalten, nachdem solche Dinge vorgekommen sind!"

23. April. (Washington.) Staatssekretär Hay und der kolumbische Gesandte unterzeichnen einen Vertrag, durch welchen den Vereinigten Staaten die Rechte hinsichtlich des Baues des Panama-Kanals übertragen werden.

Anfang Mai. (Pennsylvanien.) 200000 Arbeiter in den Anthracitbezirken treten in den Ausstand. Sie verlangen Lohnerhöhung um 20 Prozent, Herabsetzung der Arbeitszeit und Anerkennung der Gewerkschaft als ihrer Vertretung.

8. Mai. (Senat.) Der Sekretär des Kriegsamts Root erklärt auf eine Anfrage das Kriegssystem des Generals Smith auf den Philippinen für die denkbar menschlichste und wirksamste.

16. Mai. (Washington.) Beschluß über die Aufstellung der Statue Friedrichs des Großen (vgl. S. 81).

Das Kabinett verhandelt über das Anerbieten des Deutschen Kaisers betr. die Statue Friedrichs des Großen; ein Beschluß wird nicht gefaßt. Präsident Roosevelt entscheidet, daß in der Angelegenheit der vom Deutschen Kaiser gestifteten Statue kein Beschluß des Kongresses erforderlich sei, und daß es, weil Friedrich der Große ein großer Feldherr gewesen sei, am angemessensten sein werde, wenn die Statue in der Nähe der neuen Kriegsschule errichtet werde.

24. Mai. (Washington.) Es wird ein Denkmal des Marschalls Rochambeau, eines Führers im Unabhängigkeitskriege, enthüllt. Präsident Roosevelt und eine französische Abordnung nehmen teil an der Feier.

30. Mai. (New-York.) Roosevelt über die Philippinen und Lynchjustiz.

Präsident Roosevelt erklärt in einer öffentlichen Rede, daß die Grausamkeiten auf den Philippinen, zu welchen der verräterische Feind die amerikanischen Truppen herausgefordert habe, weniger Verurteilung verdienten, als die in den Vereinigten Staaten heute noch übliche Lynchjustiz. Es sei im Augenblick nicht möglich, zu entscheiden, ob die Filipinos unabhängig von den Vereinigten Staaten bestehen sollten oder in engerer Verbindung mit denselben, verknüpft mit ihnen durch die Bande der Freundschaft und Interessengemeinschaft, bis sie den Nachweis ihrer vollständigen Fähigkeit zur Selbstregierung erbracht haben würden.

5. Juni. Das Repräsentantenhaus genehmigt einen Antrag auf Erschwerung der Einwanderung.

Danach sollen Analphabeten und Anarchisten nicht mehr zugelassen werden. Ferner werden folgende Bestimmungen getroffen: Erhebung eines Kopfgeldes von den auf dem Landwege (über Kanada) Einwandernden, die Erweiterung der auszuschließenden Elemente auf Epileptiker, Personen, welche innerhalb der letzten fünf Jahre vor ihrer Einwanderung irrsinnig gewesen waren, Prostituierte und Mädchenhändler, Ausdehnung des Wortes „Kontrakt" im Kontraktarbeitergesetze auf „Offerte, Ueberredung und Versprechungen", Bestrafung der Dampfergesellschaften, welche gebrechliche und mit ansteckenden Krankheiten Behaftete an Bord nehmen, Verlängerung der Frist, binnen welcher ein Einwanderer, der dem Gemeinwesen zur Last zu fallen droht, ausgewiesen werden kann, von einem auf zwei Jahre.

9. Juni. Das Repräsentantenhaus genehmigt mit 175 gegen 38 Stimmen das Gesetz gegen die Anarchisten.

13. Juni. Botschaft an den Kongreß über Kuba.

Präsident Roosevelt ersucht den Kongreß, daß der kubanischen Republik als Gegenleistung für die besonderen Verpflichtungen, die sie hinsichtlich ihrer internationalen Stellung auf das Ersuchen Amerikas übernommen habe, gewisse besondere wirtschaftliche Zugeständnisse gewährt werden, insbesondere solle eine Herabsetzung von Zöllen auf die Einfuhr

aus Kuba erfolgen. Den wirklichen Vorteil aus dieser Herabsetzung der
Zölle sollten aber die kubanischen Produzenten, nicht die amerikanischen
Zuckerraffinerien haben. Der Präsident rät ab, auf die Prämie in Form
eines Rabatts zurückzugreifen.

20. Juni. (Senat.) Beschluß über die Kanalfrage.

Der Senat genehmigt mit 67 gegen 6 Stimmen einen Antrag, daß
der Präsident durch richterliche Beamte mitteilen lassen soll, ob kein Besitztitel über das Grundeigentum der Panamagesellschaft, ihre Rechte und die
ihr gehörigen Konzessionen zu beschaffen ist. Wenn sich befriedigend nachweisen läßt, daß ein solcher Besitztitel beschafft werden kann, soll der Präsident diesen für vierzig Millionen Dollars erwerben. Ist man aber der
Ansicht, daß ein Besitztitel nicht beschaffbar ist, soll der Präsident zum Bau
des Nicaraguakanals schreiten. Um das erforderliche Geld für die Kanalbauten aufzubringen, sollen zweiprozentige Goldbonds im Betrage von
138 000 000 Dollars ausgegeben werden. — Das Repräsentantenhaus faßt
denselben Beschluß am 26. Juni.

3. Juli. (New-York.) Die Handelskammer fordert den
Präsidenten Roosevelt auf, in dem pennsylvanischen Streik zu intervenieren. Roosevelt lehnt ab. — Im Streikgebiet kommt es zu
vielen blutigen Zusammenstößen zwischen Arbeitern und Polizei.

17. Juli. (Philippinen.) Das Kriegsgericht in Manila
verurteilt den General Smith wegen seiner grausamen Kriegführung zu einer Verwarnung. Präsident Roosevelt pensioniert ihn.

1. September. (Proctor in Vermont.) Präsident Roosevelt
hält eine Rede über die Monroe-Doktrin.

Er sagt darin: „Wir glauben an die Monroedoktrin nicht etwa in
dem Sinne, als wäre sie für uns ein Angriffsmittel; sie bedeutet also
nicht, daß wir gegen irgend eine Macht uns aggressiv verhalten wollen;
sie bedeutet vielmehr nur, daß wir als die größte Macht dieses (des amerikanischen) Kontinents dem zuerst unter der Präsidentschaft Monroes aufgestellten Grundsatze treu bleiben, daß dieser Kontinent von keiner europäischen Macht, welche es auch sei, als Gegenstand der politischen Kolonisation betrachtet werden darf. Das ist eine Doktrin des Friedens, eine
Doktrin, dazu bestimmt, auf diesem Kontinent den Vereinigten Staaten
die Möglichkeit zu sichern, sich in Frieden auf ihren eigenen Wegen zu
entwickeln. Die Doktrin wird so lange respektiert werden, als wir eine
starke Marine haben, gewiß nicht viel länger. Im Privatleben ist derjenige, der versichert, er wolle etwas tun, was er hinterher dann doch nicht
voll vertritt, immer ein verächtliches Geschöpf, und so wäre auch das letzte,
was wir uns als Nation gestatten dürften, der Versuch, eine Position einzunehmen, die wir nicht zu behaupten beabsichtigen. Prahlerei und Ruhmredigkeit sind im Privatleben fast immer Zeichen eines schwachen Mannes.
Eine Nation, die stark ist, hat es nicht nötig, ihre Staatsmänner ihrethalben prahlen zu lassen. Am allerwenigsten kann eine Nation, die Selbstachtung besitzt, wünschen, daß ihre staatlichen Vertreter irgend einer anderen
Macht zu nahetreten, sie bedrohen oder insultieren. Unsere Haltung gegen
alle Mächte muß von der gleichen würdevollen Höflichkeit und Achtung
sein, die wir von anderen uns selbst gegenüber beobachtet wissen wollen.
In Erwiderung einer solchen Haltung müssen sie willens sein, uns die

jenige freundliche Rücksicht zu erweisen, die wir entschieden beanspruchen. Wir dürfen anderen Nationen nicht mehr Unrecht tun, als wir uns eventuell von ihnen gefallen lassen müssen. Aber wenn wir einmal irgend eine Position einnehmen, wollen wir uns stets vor Augen halten, daß ihre Behauptung von uns selbst abhängt, und zwar abhängt davon, daß wir die Fähigkeit zeigen, sie zu behaupten. — Schande über uns, wenn wir die Monroe-Doktrin verfechten wollten, in dem Augenblick aber, in dem unser Anspruch in Zweifel gezogen würde, nur zeigten, daß wir leere Prahlerei vorgebracht haben und nicht im stande sind, unsere Worte durch Taten zu unterstützen."

September. Ein großer Teil der Presse erkennt das Vorgehen Deutschlands gegen Haiti als berechtigt an. (Vgl. Mittelamerika.)

20. September. (Cincinnati.) Präsident Roosevelt über die Trusts.

Der Präsident bespricht in einer öffentlichen Rede die Notwendigkeit, die Trusts zu kontrollieren, aber es sei unmöglich, durch eine Aenderung der Tarifgesetze für die mit den Trusts wirklich verbundenen Uebelstände Abhilfe zu schaffen. Die Produkte vieler Trusts genössen überhaupt keinen Tarifschutz und würden daher durch Zollmaßnahmen nicht oder doch nur in geringem Maße getroffen werden können. Als Beispiele hierfür führt der Präsident die Standard Oil Corporation und die Anthracit Corporation an. Einige Trustbildungen würden freilich durch Zurückziehung der Schutzzölle getroffen werden können, allein nur auf Kosten und zum Schaden aller kleinen Konkurrenten und ihrer Angestellten, wie man überhaupt gegen die Trusts nicht rücksichtslos vorgehen könne, ohne wichtige wirtschaftliche Interessen zu gefährden. Ein wohlüberlegtes gesetzgeberisches Vorgehen in Sachen der Trusts sei indessen notwendig und er glaube, es könne in dieser Hinsicht viel getan werden, auch ohne Aenderung der Verfassung.

Mitte September. Staatssekretär Hay fordert die europäischen Großmächte auf, gegen Rumänien auf Grund des Berliner Vertrags einzuschreiten, um eine bessere Lage der rumänischen Juden herbeizuführen.

16. Oktober. Ende des Kohlenstreiks.

Am 3. Oktober beruft Präsident Roosevelt 5 Unternehmer und 3 Arbeiterführer nach Washington und sucht sie durch einen Appell an ihre Vaterlandsliebe zur Beendigung des Streiks, der der Industrie außerordentlich schädlich sei, zu bewegen. Die Arbeiterführer erklären sich zur Annahme eines von Roosevelt einzusetzenden Schiedsgerichts bereit, die Unternehmer lehnen erst ab, nehmen es aber dann unter dem Druck der öffentlichen Meinung an. Am 16. März wird der Streik für beendet erklärt (vgl. Uebersicht).

4. November. Bei den Wahlen zum Repräsentantenhause behalten die Republikaner eine Mehrheit von etwa 25 Sitzen.

2. Dezember. (Kongreß.) Botschaft des Präsidenten. Allgemeine Politik; Industrie und Handel; Währung; Sozialpolitik; Kuba; Isthmuskanal; Monroedoktrin.

Die Botschaft beginnt mit der Erklärung, daß die letzten vier Jahre den Vereinigten Staaten einen Platz unter den großen Mächten angewiesen hätten. „Wir schrecken nicht vor dem vor uns liegenden Kampfe zurück; wir haben zwar mit großen Problemen im Auslande und noch größeren daheim zu tun, aber wir können sie sehr wohl lösen. Der gegenwärtige hohe Stand materieller Wohlfahrt ist die Folge der über ein Jahrhundert währenden Entfaltung wirtschaftlicher Kräfte, unserer Gesetze, unserer beständigen Politik und vor allem der hohen durchschnittlichen Eigenschaften der Bürger." Allerdings sei mit so viel Gutem auch vieles Uebel groß geworden, an dessen Beseitigung mit Geduld und praktischem Verstande gegangen werden solle. Die Erfahrung eines Jahres habe bewiesen, daß die in der letzten Botschaft vorgeschlagenen Maßnahmen sich empfehlen. Ungeachtet der Unverletzlichkeit des Eigentums müßten Verbände, namentlich Vereinigungen von Verbänden einer Regelung durch öffentliche Vorschriften und der nationalen Aufsicht unterworfen werden. Sie seien nicht zu beseitigen; sie seien im Gegenteil die unvermeidliche Entwicklungsform des modernen Industrialismus. Ihre Vernichtung würde also nur unter äußerster Schädigung des ganzen politischen Gemeinwesens möglich sein. Die Vereinigungen sollten nicht angegriffen, sondern es solle nur alles darin enthaltene Uebele beseitigt und eine solche Regelung getroffen werden, daß sie dem allgemeinen Wohle dienen. Bei der Regelung müsse dafür Sorge getragen werden, daß große Unternehmungen, welche eine Herabminderung der Produktionskosten erzielten, nicht gehemmt und daß der Platz, den das Land in der Führung der internationalen industriellen Welt gewonnen hat, nicht aufgegeben werde. Eine der wichtigsten Aufgaben des Kongresses sei die Regelung des Handels zwischen den Staaten der Union. Die Monopole seien ungerecht und schädigten oder verhinderten den freien Wettbewerb. „Kraft der Befugnis des Kongresses, den Handel mit fremden Nationen und unter den Staaten der Union zu regeln, können die mit der Trustbildung in Verbindung stehenden Uebel und die den inneren Handel schädigenden Betriebsmaßnahmen verhindert werden." Wenn es sich als unmöglich erweisen sollte, durch ein Gesetz in diesem Sinne die erwähnte Aufgabe zu lösen, so sollte man vor der Abänderung der Verfassung, um die dazu nötige Befugnis zu schaffen, nicht zurückschrecken. Durch Herabsetzung des Zolltarifes würde an den mit den Trusts verbundenen Mißständen nichts geändert, vielmehr nur die Fabrikation weniger gewinnbringend gestaltet und namentlich der schwächere einheimische Mitbewerber unvermeidlich dem Untergange geweiht werden. Die Aufgabe der Tarifpolitik sei es nicht, ausländischen Produkten durch unzweckmäßige Tarifänderungen einen Vorteil auf dem heimischen Markte einzuräumen, sondern dem heimischen Wettbewerbe durch eine geeignete Gesetzgebung ein günstiges Feld zu schaffen. Die Frage der Regelung der Trusts habe mit der Frage der Tarifrevision nichts zu tun. Was die letztere angehe, so stimmte das Volk dem Grundsatze des Schutzzolltarifes zu. Es sei äußerst unrätlich, das bestehende System zu beseitigen, oder gewaltsame oder radikale Aenderungen an demselben vorzunehmen. Die Erfahrung habe gezeigt, daß großes Gedeihen des Landes sich stets unter einem Schutzzolltarif entfaltete. Besser sei es, zeitweilig kleine Uebelstände im Tarifwesen zu ertragen, als rasche und ruckweise Aenderungen vorzunehmen. Wenn es auch wünschenswert sei, bei Festhaltung des Prinzips dessen Durchführung den Veränderungen der nationalen Bedürfnisse anzupassen, so sei doch als Richtschnur festzuhalten, daß der Grundgedanke des ganzen Tarifsystems der sei, für die amerikanischen Geschäftsinteressen mindestens volle Gleichheiten mit denjenigen des Auslandes herzustellen, so daß der Zoll die höheren amerikanischen Arbeitslöhne mehr als ausgleiche. Einer der Wege der weiteren Regelung des Zollwesens seien Gegenseitigkeitsverträge, welche in hohem Grade zu wünschen seien. Wo Gegenseitigkeitsverträge möglich seien, seien sie ein brauchbares Mittel zur Erweiterung der Märkte und zur Förderung der Produktion des Landes, während sie zugleich die Herabsetzung von Zöllen gestatten, wo solche zum Schutze nicht mehr nötig seien, oder geringe, aus der Herabsetzung entstehende Schäden durch bedeutende Vorteile aufgewogen würden. Wo sich die Ratifikation noch schwebender Verträge unmöglich erweist, sollte durch einen direkten Akt der Gesetzgebung dafür gesorgt werden, daß die Gegenseitigkeit zustande kommt. Wo sich die Reziprozität nicht empfehle, seien auch selbständige Herabsetzungen einzelner Zollpositionen ins Auge zu fassen. Es empfehle sich, daß zur Vorbereitung solcher Maßnahmen besondere Kommissionen von Sachverständigen und Geschäftsmännern eingesetzt werden, die die Wirkung der Veränderung der einzelnen Positionen auf die Volkswirtschaft zu beurteilen vermögen. In den wenigen Fällen, in denen durch den Schutzzoll ein schädliches Monopol geschaffen werde, sollte durch eine entsprechende Tarifherabsetzung die Gleichheit des Wettbewerbes wiederhergestellt werden. Die für Anthrazitkohle bestehenden Tarifbestimmungen sollten beseitigt werden. Bezüglich des Währungswesens sei das Element der Elastizität dringend nötig. Die Banken müßten, soweit durchführbar, verpflichtet werden, die für den Handel und die Industrie nötigen Umlaufmittel so zu liefern, daß sie stets in ausreichender Menge verfügbar seien. Es empfehle sich nicht, gegenwärtig eine Rekonstruktion des Geldwesens vorzunehmen, doch sei der Erlaß neuer Gesetze wünschenswert, durch die automatisch wirkende Mittel geschafft werden, um jede berechtigte Anforderung an die Menge und Art der Umlaufsmittel zu befriedigen, wodurch alle Geldarten untereinander austauschbar und nach dem Willen des Inhabers in Goldwährung umwandelbar gemacht werden können. Neben der Notwendigkeit eines besonderen Gesetzes betr. die Einwanderung sei als ein Problem von großer Schwierigkeit die Frage zu bezeichnen, auf welche Weise eine richtige Behandlung von Arbeit sowohl wie Kapital zu erzielen sei und wie skrupellose Menschen unter den Arbeitern sowohl wie unter den Unternehmern in Schach zu halten seien, ohne die individuelle Initiative und ohne die industrielle Entwicklung des Landes zu hemmen. Unsere Zeit sei eine Zeit der Föderationen. Kapitalistische sowohl wie Arbeiterföderationen könnten aber sowohl Gutes wie Uebles stiften. Bekämpft solle in den Organisationen nur das werden, was sich als übel darin erweise, nicht die Organisationen als solche, denn durch die Korporationen und Vereinigungen sei ein weitreichendes und segensreiches Werk für das Volk geschaffen. Aber die willkürliche und tyrannische Beeinträchtigung der Rechte anderer sei zu verwerfen. Die organisierte Arbeit und das organisierte Kapital müßten bedenken, daß im Interessenkampf das Interesse eines jeden dem allgemeinen Wohle sich unterordnen müsse. Jedem Unternehmer aber und jedem Lohnarbeiter müsse die Freiheit und das Recht gesichert sein, mit seinem Vermögen oder seiner Arbeit anzufangen, was ihm beliebe. Ein Handelssekretär, der einen Sitz im Kabinett habe, müsse wohl ernannt werden. Dringend nötig seien ein Reziprozitätsvertrag mit Cuba, eine Konvention mit Großbritannien und ein Reziprozitätsvertrag mit Neufundland, der sich auf der Linie der Konvention, welche Blaine ausgearbeitet und dem Senat einst unterbreitet habe, bewege; es sei die Ansicht des Präsidenten, daß eine derartige Konvention große Vorteile für beide Staaten habe. Wo immer es möglich sei, sollten an Stelle des Krieges Schiedsgerichte oder ähnliche Einrichtungen treten, um die Streitigseiten unter den zivilisierten Völkern zu schlichten. Die Errichtung eines Schiedsgerichtshofes im Haag sei in dieser Hinsicht ein gutes Omen, es würde weit besser sein, ein solches permanentes Tribunal, wenn immer möglich anzurufen, als für einen bestimmten Zweck spezielle Schiedsrichter zu ernennen. Mit Columbien seien Verhandlungen im Gange, um seine Zustimmung zum Bau des Kanals über den Isthmus durch die Vereinigten Staaten zu erlangen. Keine unabhängige Nation in Amerika brauche irgendwelche Furcht zu hegen, von den Vereinigten Staaten angegriffen zu werden. Jede müsse aber Ordnung in ihren Grenzen halten und ihre Verpflichtungen gegen die Ausländer erfüllen. Wenn sie dies tun, mögen sie, seien sie stark oder schwach, versichert bleiben, daß sie nichts von einer Einmischung von außen zu fürchten haben. Bezüglich der Philippinen habe sich keine Politik so gerechtfertigt, wie die dort von den Amerikanern verfolgte. An die Ankündigung, die Armee werde auf das gesetzlich zulässige Minimum herabgesetzt werden, knüpft Roosevelt die Bemerkung, ein Generalstab sei dringend nötig. Auch die Flotte müsse weitere Fortschritte machen, da gewisse Unternehmungen der auswärtigen Politik den Besitz einer erstklassigen Flotte verlangen. Die Monroe-Doktrin solle als Grundzug der amerikanischen auswärtigen Politik behandelt werden und die Durchführung dieses Grundsatzes sei nur beim Besitz einer durchaus guten Flotte möglich. Es sei gegenwärtig keine Wolke am politischen Horizont der Vereinigten Staaten und nicht die geringste Aussicht auf Schwierigkeiten mit irgend einer anderen Macht vorhanden. Der Präsident hoffe von Herzen, daß dieser Zustand dauernd sein möge, der Weg aber, die Fortdauer dieses Zustandes zu sichern, sei eine schlagfertige Flotte.

9. Dezember. Veröffentlichung des Gegenseitigkeitsvertrages mit Kuba.

Der Vertrag soll fünf Jahre in Kraft bleiben und eine 20prozentige Zollermäßigung für alle Produkte aus Cuba gewähren mit einer weiteren 20prozentigen Bevorzugung für Cuba, wenn die Vereinigten Staaten ähnliche Verträge mit anderen Mächten abschließen. Für amerikanische Erzeugnisse, die nach Cuba eingeführt werden, ist eine Durchschnittsermäßigung von 30 Prozent angesetzt.

16. Dezember. (Washington.) Verhandlung Italiens mit den Vereinigten Staaten über Venezuela.

Der italienische Botschafter erklärt dem Staatssekretär Hay, daß Italien gehofft habe, ebenso wie Frankreich eine befriedigende Regelung der Forderungen an Venezuela zu erlangen. Es habe daher eine in entschiedenen, aber höflichen Worten gehaltene Note, nachdem Deutschland und England Ultimatums gestellt haben, an Venezuela gerichtet. Der Ton der Antwort, in der die italienischen Forderungen abgelehnt wurden, sei aber für Italien durchaus beleidigend gewesen. Italien sah sich daher genötigt, sich der Flottendemonstration Deutschlands und Englands anzuschließen. Italien werde genau nach der Auslegung handeln, die Präsident Roosevelt der Monroe-Doktrin gegeben habe. — Der Staatssekretär stimmt durchaus bei.

Ende Dezember. Schiedsgericht in der Venezuelafrage.

Deutschland, England und Italien ersuchen den Präsidenten Roosevelt das Schiedsgericht in dem Streite mit Venezuela zu übernehmen Falls der Präsident ablehnt, erklären sie sich bereit, den Streit unter gewissen Vorbehalten dem Haager Schiedsgericht zu unterbreiten. (23. Dez.) — Am 26. Dezember lehnt Präsident Roosevelt die Annahme des Schiedsrichterpostens ab.

Ende Dezember. Ein großer Teil der Presse bekämpft scharf das Vorgehen Deutschlands gegen Venezuela und behauptet, Deutschland erstrebe eine Gebietserwerbung in Mittel- oder Südamerika.

XX.
Mittel- und Süd-Amerika.

9. Januar. (Paraguay.) Der Präsident wird durch eine Revolution gestürzt.

10. Januar. (Venezuela.) Die Regierung verspricht, die Forderung der deutschen Regierung, der Großen Venezuela-Eisenbahn den durch den Transport von Revolutionstruppen hervorgerufenen Schaden zu ersetzen, zu erfüllen.

17. Januar. (Mexiko.) Der panamerikanische Kongreß erklärt seinen Beitritt zur Haager Konvention.

20. Januar. (Panama.) Seegefecht zwischen Truppen der Regierung und Aufständischen.

20. Januar. (Corinto in Nicaragua.) Die Präsidenten der zentralamerikanischen Republiken haben eine Zusammenkunft.

Februar. März. (Venezuela.) Kämpfe zwischen der Regierung und den Revolutionären um die Städte Carupano und Coro.

1. März. (Brasilien.) Zum Präsidenten der Republik wird Dr. Franz Rodriguez gewählt.

18. April. (Venezuela.) Die diplomatischen Beziehungen zwischen Frankreich und Venezuela werden wieder angeknüpft.

Ende April. Revolution in der Dominikanischen Republik.

5. Mai. (Haiti.) Der Präsident Sam wird durch eine Revolution gestürzt und eine provisorische Regierung errichtet. Ein Bürgerkrieg bricht aus.

Anfang Mai. (Venezuela.) Die Insurgenten nehmen Cumana.

2. Mai. (Brasilien.) Der Kongreß wird mit einer Botschaft des Präsidenten eröffnet, die die Finanzlage günstig darstellt.

8. Mai. (Martinique.) Durch einen Ausbruch des Mont Pelee wird die Stadt St. Pierre und Umgebung vollständig zerstört. Alle auf der Reede liegenden Schiffe verbrennen. In den nächsten Wochen wiederholen sich Ausbrüche auf anderen Teilen der Insel. Die Zahl der Umgekommenen wird auf 40000 geschätzt.

Anfang Mai. Vulkanische Ausbrüche auf St. Vincent.

20. Mai. (Kuba.) Der Präsident der Republik Kuba, Palma, übernimmt die Regierung. Die amerikanischen Flaggen werden durch kubanische ersetzt.

28. Mai. (Kuba.) Präsident Palma erläßt eine Botschaft an den Kongreß, in der er den Vereinigten Staaten für ihre Verdienste um die kubanische Freiheit dankt und auf die Notwendigkeit, den Zuckerexport zu heben, hinweist. Zu dem Zwecke bemüht sich die Regierung um Herabsetzung der Zölle auf kubanischen Zucker.

28. Mai. Vertrag zwischen Chile und Argentinien.

Die Republiken schließen einen Vertrag auf fünf Jahre zur Verminderung der beiderseitigen Rüstungen und zur Herstellung freundnachbarlicher Beziehungen. Alle von Chile oder Argentinien für den Bau neuer Schiffe abgeschlossenen Verträge werden rückgängig gemacht. Wer von beiden Staaten einen neuen derartigen Vertrag schließt, teilt dies dem anderen Staate 1½ Jahre vorher mit. Jede Schwierigkeit, die in Zukunft eintritt, soll einem Schiedsgericht unterbreitet werden. Beide Parteien verpflichten sich, in der zwischen Peru und Bolivien schwebenden Streitfrage nicht zu intervenieren, Argentinien stimmt dem status quo zu und verpflichtet sich, weder die Magellanstraße zu befestigen, noch auch seine Schiffe an nicht befreundete Staaten abzugeben. — Der Vertrag wird von den Parlamenten beider Staaten genehmigt.

Ende Mai. (Columbien.) Kämpfe bei Chiriqui Grande zwischen Regierungstruppen und Aufständischen.

18. Juni. (Chile.) Der Präsident eröffnet den Kongreß mit einer Botschaft, die die Finanzlage günstig beurteilt.

16./20. Juni. (Venezuela.) Die Insurgenten bedrohen La Guaira, werden aber nach hartnäckigem Kampfe, bei dem die Stadt von beiden Seiten beschossen wird, zurückgeworfen. Hierauf bedrohen sie Caracas.

Juni. Juli. (Haiti.) Die Truppen des Prätendenten Fouchard rücken auf Cap Haitien. Die Anhänger Firmins werden geschlagen.

8. August. (Venezuela.) Die Insurgenten nehmen nach mehrtägigen Kämpfen Barcelona.

7. September. (Haiti.) Das deutsche Kanonenboot „Panther" nimmt das zu den Aufständischen haltende Kanonenboot „Crete

„Pierrot" wegen Seeräuberei. Da eine Explosion erfolgt, nachdem die haitianische Mannschaft das Schiff verlassen hat, wird es in den Grund gebohrt.

11. September. (Venezuela.) Die Aufständischen nehmen Riochico.

22. September. (Columbien.) Der Admiral der Vereinigten Staaten Casey landet Truppen auf dem Isthmus von Panama, um die columbische Regierung zu verhindern, Truppen über die Landenge zu bringen und um den Eisenbahnverkehr zu sichern. Die columbische Regierung protestiert dagegen.

September. Auf Martinique und St. Vincent finden neue vulkanische Ausbrüche statt.

Mitte Oktober. (Venezuela.) Präsident Castro schlägt den General der Aufständischen Mendoza in einem mehrtägigen Gefecht bei La Victoria.

27. Oktober. (Argentinien.) Der Präsident weiht den Bau eines Hafens in Rosario ein.

Anfang November. (Guatemala.) Ausbrüche des Vulkans Santa Maria zerstören mehrere Ortschaften.

10. November. (Venezuela.) Präsident Castro zieht in Caracas ein.

Mitte November. Unruhen in Bolivia.

23. November. (Venezuela.) Deutschland und England stellen ein Ultimatum.

Die deutschen Forderungen setzen sich im wesentlichen aus vier Bestandteilen zusammen. Aus den früheren Revolutionsperioden schuldet die venezolanische Regierung an deutsche Gläubiger im ganzen 1700000 Bolivares. Diese sollen unverzüglich ausgezahlt werden. An zweiter Stelle stehen drei Millionen Bolivares Entschädigungen aus der letzten Revolutionsepoche; für die Berichtigung dieser Schuld soll Venezuela Bürgschaften stellen, die von der deutschen Regierung als vollgültig anerkannt werden. Für 7½ Millionen Bolivares, die an Verzinsung und Tilgung der Eisenbahnschuld rückständig geblieben sind, sowie endlich für die Restschuld von 820000 Bolivares an eine Hamburger Firma, die den Bau des Schlachthofes in Caracas ausgeführt hat, sollten gleichfalls greifbare Sicherheit gewährt werden. — England verlangt die sofortige Zahlung von Entschädigungsgeldern an die englischen Staatsangehörigen und Garantien für die Zukunft. Englische Private haben Forderungen an die venezolanische Regierung, und während der Revolution sind britische Untertanen geschädigt worden.

25. November. (Chile und Argentinien.) Der Schiedsspruch des Königs von England weist Chile 54000 und Argentinien 40000 Quadratkilometer des umstrittenen Gebietes zu. (Vgl. 1901.)

Ende November. (Kuba.) Großer Streik und Straßenkämpfe in Habanna.

Ende November. (Columbien.) Unter Vermittlung der Vereinigten Staaten wird der Bürgerkrieg beendet.

8. Dezember. (Venezuela.) Der deutsche und englische Vertreter verlassen Caracas, da ihr Ultimatum ohne Antwort bleibt. — In Caracas werden die Deutschen und Engländer verhaftet, Präsident Castro ruft alle Venezolaner zu den Waffen.

9. Dezember. (Venezuela.) Deutsche und englische Boote nehmen die venezolanische Flotte (vier kleine Dampfer) in La Guaira weg; drei Schiffe werden versenkt, da sie aus nautischen Gründen nicht besetzt gehalten werden können.

13. Dezember. (Venezuela.) Der deutsche Kreuzer „Vineta" und der englische „Charybbis" zerstören ein Fort bei Puerto Cabello durch Beschießung. Die Ursache ist, daß die Behörden Genugtuung für Übergriffe gegen einen englischen Dampfer „Topaze" verweigern.

Dezember. (Venezuela.) Die Verbündeten beginnen am 17. Dezember eine Blockade von La Guaira. Die Blockade richtet sich nur gegen venezolanische Schiffe. Am 20. wird die allgemeine Blockade gegen die venezolanische Küste verhängt. (Vgl. Deutsches Reich.)

31. Dezember. (Venezuela.) Castro nimmt das Schiedsgericht des Haager Gerichtshofes an.

XXI.
Australien und Südsee.

3. Januar. (Marschallinseln.) Dem Landeshauptmann werden durch Erlaß des Reichskanzlers konsularische Befugnisse übertragen.

April. (Deutsch-Neu-Guinea.) Es wird eine Strafexpedition wegen Ermordung eines deutschen Pflanzers unternommen.

1. August. (Neusüdwales.) In einer Kohlengrube bei Wollongong kommen durch eine Explosion gegen 100 Menschen um.

14. August. (Neusüdwales.) Beide Kammern nehmen eine Vorlage, die den Frauen Stimmrecht gewährt, an.

August. September. In den einzelnen Kolonien macht sich eine Agitation gegen den australischen Kolonialbund geltend, weil seine Organisation schwerfällig und teuer sei.

September. Ein neuer Zolltarif für den australischen Bund wird angenommen. Da er die Zollsätze im allgemeinen bedeutend ermäßigt, kann er erst nach langen Verhandlungen zwischen den beiden Kammern des Bundesparlamentes durchgesetzt werden.

14. Oktober. (Samoa.) Der König von Schweden und Norwegen fällt den Schiedsspruch über die zwischen Deutschland, England und den Vereinigten Staaten seit dem März 1899 schwebenden Streitfragen.

Der König führt darin aus, daß, da nach Artikel 1 des am 7. November 1899 zu Washington unterzeichneten Abkommens über die Regelung von Schadenersatzansprüchen dem Schiedsgerichtsverfahren nur Ansprüche für die Verluste unterliegen, die infolge ungerechtfertigter militärischer Aktion erlitten sind, zunächst die Vorfrage zu entscheiden war, ob das Vorgehen der englischen und amerikanischen Offiziere auf Samoa im Jahre 1899 ungerechtfertigt war oder nicht. Was die militärische Aktion betrifft, über die Beschwerde geführt wird, so ist durch sämtliche Beweisstücke festgestellt worden, daß am 15. März 1899 die amerikanischen und englischen Kriegsschiffe das Feuer auf die Streitkräfte Mataafas über Apia hinweg eröffneten, daß sie die Anhänger Malietoas mit Waffen versahen und auf Mulinna landeten, wodurch Feindseligkeiten zwischen Mataafa und Malietoa entstanden, die zur Entsendung eines Landungsdetachements und zur Zerstörung von Dörfern führte. Für die Behauptung Englands und der Vereinigten Staaten, daß nach den Bestimmungen der am 14. Juni 1889 zu Berlin unterzeichneten Generalakte jedwede der Signatarmächte berechtigt gewesen sei, die Entscheidung des Oberrichters von Samoa, wodurch Malietoa zum Könige von Samoa erklärt wurde, gegen den Protest Mataafas mit allen Mitteln zwangsweise zur Durchführung zu bringen, sei weder in jener Generalakte, noch in einem späteren Abkommen eine Grundlage zu finden. Im Gegenteil stehe in Artikel 1 der Generalakte ausdrücklich, daß keine der Mächte irgend eine gesonderte Kontrolle über die Inseln oder deren Regierung ausüben solle. Jene militärische Aktion hatte aber unzweifelhaft den Charakter einer ernstlichen Kontrolle. Zudem ergebe sich aus den Protokollen der Berliner Konferenz, daß die Bevollmächtigten der Mächte den Grundsatz auszudrücken beabsichtigten, daß die Mächte in den Beziehungen zu Samoa nur in Einstimmigkeit vorgehen könnten, ein Grundsatz, der bei verschiedenen Gelegenheiten bestätigt wurde, so auch im Jahre 1899, wo die dorthin entsandten Kommissäre instruiert wurden, daß ihre Maßnahmen nur dann gültig seien, wenn alle drei Kommissäre zugestimmt hätten. Durch eine Bestimmung der Konsularvertreter sei am 4. Januar 1899 beschlossen worden, Mataafa und 13 Häuptlinge als provisorische Regierung von Samoa einzusetzen. Der Einwand Englands und Amerikas, daß diese Regierung von Anfang an ungültig gewesen sei, ist also nicht stichhaltig. Ebensowenig könne anerkannt werden, daß die Weigerung des deutschen Konsuls, die von den anderen Konsuln im Dezember 1898 nach der Entscheidung des Oberrichters vorgeschlagene Proklamation zu unterzeichnen, gegen die Generalakte verstoße. Schließlich könne auch nicht zugegeben werden, daß die militärische Aktion auch zum Schutze von Leben und Eigentum nötig gewesen sei, wie England und Amerika behaupteten, da die Tatsachen bewiesen, daß Mataafa niemals die Konsulate angegriffen hat. Vielmehr waren auf Samoa nach der Unterwerfung der Anhänger Malietoas durch Mataafa die ersteren verjagt und nicht in der Lage, letzterem zu widerstehen, bis sie von den englischen und amerikanischen Befehlshabern gesammelt wurden und wieder Waffen erhielten, und zwar diejenigen, die laut der Vereinbarung von 1896 nur auf einhelliges Ersuchen der drei Konsuln an die Eingeborenen verausgabt werden durften. Aus allen diesen Erwägungen erachtet der König, daß die in Frage stehende militärische Aktion, das ist, die Zurückholung der Anhänger Malietoas und die Verteilung von Waffen und Munition unter sie, die Beschießung und die kriegerischen Maßnahmen an Land und die Behinderung des freien Straßenverkehrs, nicht als gerechtfertigt betrachtet werden kann, und daß deshalb die Regierungen Großbritanniens und der Vereinigten Staaten nach Maßgabe des Abkommens vom 7. November 1899 für die Verluste verantwortlich sind, die durch die erwähnte militärische Aktion herbeigeführt wurden. Einer weiteren Entscheidung wird die Frage vorbehalten, in welchem Umfange die beiden Regierungen oder die eine oder andere von ihnen als für jene Verluste verantwortlich zu betrachten sind.

November. Dezember. (Süd-Australien.) Es wird für den Bau einer transkontinentalen Eisenbahn zwischen Adelaide und Port Darwin agitiert.

XXII.
Afrika.

Anfang Januar. (Südafrikanischer Krieg.) In den Flüchtlingslagern werden Versammlungen gegen die nutzlose Fortsetzung des Krieges abgehalten.

20. Januar. (Togo.) Der Gouverneur Köhler am Herzschlag †.

25. Januar. (Südafrikanischer Krieg.) Der Burengeneral Ben Viljoen wird bei Lydenburg gefangen.

Ende Februar. (Südafrikanischer Krieg.) Kitchener drängt eine Abteilung Buren unter Dewet gegen die Blockhauslinie Harrysmith-Vanreenenspaß und nimmt mehrere Hundert gefangen.

Ende Februar. (Südafrikanischer Krieg.) Angebliche Stärke und Verluste der Buren.

In kontinentalen Blättern werden die englischen Kriegsberichte verspottet; eine Veröffentlichung Kitcheners vom 8. Juli 1901 bezifferte die im Felde stehenden Buren auf 13 500 Mann, nach seinen einzelnen Berichten vom 8. Juli 1901 bis 24. Februar 1902 habe er aber 13 873 getötet, verwundet oder gefangen genommen. Die „Tägliche Rundschau" schreibt über die Kriegslage (24. Februar): Wir können aus bester Quelle über den gegenwärtigen Stand des Kampfes zwischen Buren und Engländern versichern, daß Kommandos der Buren das gesamte Gebiet der Kapkolonie, des Freistaates und Transvaals unaufhörlich durchziehen und die englischen Truppen allerorten in Schach zu halten wissen. Im Dezember und Januar fanden über 600 Gefechte statt. Es ist gar kein Gedanke daran, daß England mit seinen militärischen Mitteln der Buren Herr werden kann. Nur zwei Dinge gibt es, welche die kriegerische Kraft der Buren brechen könnten: die fortgesetzte Lieferung von Pferden aus allen Weltteilen und der Ausschluß aller Aerzte. Die Mächte haben nur die Wahl, ob sie der gewaltsamen Entfernung aller den Buren behilflichen Aerzte vom Kriegsschauplatz — soeben sind wieder zwei von ihnen zur Rückkehr nach Deutschland gezwungen worden — ferner stillschweigend zusehen und damit geradezu einen Mord an einem um seine Freiheit ehrlich kämpfenden Völkchen begünstigen oder mit der nötigen, mit strenger Neutralität wohl zu vereinbarenden Energie auf die Beobachtung zivilisierter Kriegsgebräuche dringen wollen. Im letzteren Falle kommt die Pferdefrage erst an zweiter Stelle.

21. Februar. (Deutsch-Kamerun.) Nach einer Verordnung des Reichskanzlers über die Haussklaverei findet das bei dem Duallastamm geltende Gewohnheitsrecht im ganzen Schutzgebiet Anwendung. Hiernach sind die Kinder der Haussklaven als Halbfreie anzusehen.

Februar. (Britisch-Westafrika.) Eine Expedition nimmt den König von Kontagora im Nigergebiet gefangen.

7. März. (Südafrikanischer Krieg.) Lord Methuen wird von Delarey bei Tweebosch geschlagen und schwer verwundet gefangen. Die Engländer verlieren gegen 300 Mann. Lord Methuen wird am 13. freigelassen.

22. März. (Südafrikanischer Krieg.) Schalk Burger trifft mit einigen Delegierten in Pretoria ein, um Friedensverhandlungen anzuknüpfen. Von Pretoria reisen sie nach dem Oranjefreistaat.

26. März. (Kapstadt.) Cecil Rhodes, 49 Jahre alt, †.
Sein Testament errichtet eine große Anzahl Stipendien für Studenten aus den Kolonien und Amerika an der Universität Oxford, ebenso für deutsche Studenten 15 Stipendien in Oxford. Er weist darauf hin, daß der Deutsche Kaiser den englischen Sprachunterricht in den deutschen Schulen zu einem obligatorischen Unterrichtsgegenstand erhoben habe. Diese Stipendien, je fünf in den ersten drei Jahren nach seinem Tode, belaufen sich auf je 250 Pfund Sterling und sollen Studenten deutscher Geburt, die vom Deutschen Kaiser erwählt werden, auf drei Jahre verliehen werden.

Der Erblasser erklärt, daß gute Einvernehmen zwischen England, Deutschland und Amerika werde den Weltfrieden sichern, und fügt hinzu, die durch Erziehung geschaffenen Beziehungen bildeten das festeste Band.

30. März. (Barberton in Transvaal.) Bei einem Eisenbahnunfall kommen 39 englische Soldaten um.

24. April. (Madagaskar.) Eine französische Gesellschaft richtet einen regelmäßigen Dampferdienst zwischen Antwerpen, Madagaskar und Réunion ein.

31. Mai. (Pretoria.) Der Friede zwischen England und den Buren wird von Kitchener, Milner und den Burendelegierten L. Botha und Schalk Burger unterzeichnet. (Vgl. S. 224.)

Schalk Burger und Botha erlassen folgende Erklärung über ihre Motive: Die gegenwärtige Versammlung von Vertretern des Volkes beider Republiken der Südafrikanischen Republik und des Oranje-Freistaates, gehalten in Vereeniging vom 15. bis 21. Mai 1902, hat mit Bedauern von den Bedingungen Seiner Majestät Regierung Kenntnis genommen, welche dieselbe für die Beendigung der Feindseligkeiten stellt, und auch von ihrer Mitteilung, daß diese unverändert angenommen oder abgelehnt werden müssen. Sie bedauert, daß Sr. Majestät Regierung sich absolut geweigert hat, mit den Republiken auf der Basis unserer Unabhängigkeit zu unterhandeln oder unseren Regierungen zu gestatten, sich mit unseren Deputationen in Europa in Verbindung zu setzen. Unser Volk ist immer der Ansicht gewesen, daß es nicht allein auf Grund des bestehenden Rechts, sondern auch infolge der großen materiellen und persönlichen Opfer, die es für die Unabhängigkeit gebracht hat, einen begründeten Anspruch auf diese Unabhängigkeit hat. Die Versammlung hat den Zustand unseres Landes und Volkes ernstlich erwogen und zwar vor allem folgende Punkte: 1. Daß die von den englischen Militärbehörden eingeschlagene Kriegspolitik zu einer allgemeinen Verwüstung des Grundgebietes beider Republiken, zum Niederbrennen der Wohnsitze und Dörfer, sowie zur Vernichtung aller Existenzmittel und Zerstörung aller Hilfsmittel geführt hat, welche für den Unterhalt unserer Familien, den Bestand unserer Kriegsheere und die Fortsetzung des Krieges notwendig sind. 2. Daß die Wegführung unserer gefangenen Familien zu einem unerhörten Zustand von Leiden und Krankheiten geführt hat, sodaß in kurzer Zeit ungefähr 20000 unserer Lieben dort gestorben sind und die fürchterliche Aussicht besteht, daß bei Fortsetzung des Krieges unser gesamtes Geschlecht auf diese Weise aussterben kann. 3. Daß die Kafferstämme innerhalb und außerhalb der Grenzen der Gebiete beider Republiken fast alle bewaffnet sind und an dem Krieg gegen uns teilnehmen und durch die Begehung von allerhand Greueltaten in vielen Distrikten einen unerträglichen Zustand geschaffen haben. So ist es noch unlängst im Vrijheid-Distrikt geschehen, daß 56 Buren auf einmal auf scheußliche Weise ermordet und verstümmelt worden sind. 4. Daß durch Proklamationen des Feindes, mit deren Ausführung bereits begonnen worden ist, die noch kämpfenden Bürger mit Verlust all ihrer beweglichen und unbeweglichen Habe und so mit vollständigem materiellen Untergang bedroht sind. 5. Daß es durch die Kriegsumstände für uns seit langem unmöglich geworden ist, die vielen Tausende von unseren Heeren gemachter Kriegsgefangener festzuhalten, und daß wir so dem britischen Heere wenig Schaden zufügen können, während die durch die britische Heeresmacht gefangenen Bürger außer Landes gebracht werden und daß, nachdem der

Krieg fast drei Jahre gedauert hat, nur noch ein kleiner Teil von der Streitmacht übrig bleibt, mit der wir den Krieg begonnen haben. 6. Daß dieser kämpfende Ueberrest, der nur einen kleinen Teil unseres Volkes ausmacht, gegen eine überwältigende Uebermacht des Feindes zu kämpfen hat und sich in dem tatsächlichen Zustand von Hungersnot und Entbehrung der nötigsten Lebensbedürfnisse befindet und daß wir trotz unserer äußersten Anstrengung, unter Aufopferung von allem, was uns lieb war, nach redlicher Ueberlegung auf einen eventuellen Sieg nicht mehr rechnen konnten. Diese Versammlung ist daher der Ansicht, daß kein berechtigter Grund mehr vorliegt, zu erwarten, daß durch eine Fortsetzung des Krieges das Volk seine Unabhängigkeit bewahren könne und sie glaubt, daß unter diesen Umständen das Volk nicht berechtigt ist, den Krieg fortzuführen, da dies nur zu dem gesellschaftlichen und materiellen Untergang, nicht nur von uns selber, sondern auch von unseren Nachkommen führen kann. Gezwungen durch vorstehende Umstände und Erwägungen, trägt diese Versammlung bei den Regierungen darauf an, die Bedingungen der Regierung Seiner Majestät anzunehmen und namens des Volkes beider Republiken zu zeichnen.

Ferner erlassen sie folgende Botschaft: Offener Brief an alle Offiziere, Beamte und Burgers, die bis zum heutigen Tage ihre Pflicht gegenüber dem Lande und Volke treu erfüllt haben. Kameraden! Brüder! Landsleute! Wir danken Euch herzlich für den Heroismus und für die Hinopferung von so vielem, was Euch teuer und lieb ist, wir danken Euch für den Gehorsam und die treue Pflichterfüllung in allem, was dem Afrikandervolke zur Ehre und zum Ruhme gereicht. Wir raten Euch allen, Euch in den Frieden zu schicken, Euch ruhig und friedfertig zu verhalten und der neuen Regierung Gehorsam und Achtung zu erweisen. Von den Vertretern der beiden Regierungen wurde eine Kommission ernannt zur Beschaffung von Geldmitteln u. s. w. für die Witwen und Waisen, deren Gatten und Väter ihr Leben ließen im Kampfe für Freiheit und Recht, und die in unserer Geschichte ewig fortleben werden. Wir sprechen unser inniges Mitgefühl mit denen aus, welche trauern, und bitten Gott, daß er ihnen die Kraft geben möge, ihr Kreuz zu tragen. Auch unseren Weibern und Kindern möchten wir unseren Dank aussprechen, die so tapfer Opfer gebracht und bitteres Leid getragen haben. Jetzt, da der Friede geschlossen ist — wenn er auch nicht ein Friede ist, wie wir ihn ersehnten — lasset uns da verharren, wohin Gott uns geführt hat. Mit gutem Gewissen können wir erklären, daß zweieinhalb Jahre lang das Volk den Kampf in einer Weise führte, wie es die Geschichte bisher kaum kannte. Lasset uns nun die Hände reichen für einen anderen großen Kampf, der vor uns liegt, für die geistige und soziale Wohlfahrt unseres Volkes. Lasset uns allen bitteren Gefühlen entsagen, lasset uns vergessen und vergeben, auf daß die tiefen Wunden heilen mögen.

Mai. Juni. (Marokko.) Nach Berichten französischer Blätter macht sich an vielen Stellen, insbesondere in Tanger und Tetuan mohammedanischer Fremdenhaß geltend und Angriffe auf Europäer werden häufiger.

11. Juni. (Kapstadt.) Proklamation an die Aufständischen. Sie besagt, daß alle Aufständischen, die nicht Feldkornets oder Friedensrichter sind, wenn sie sich vor dem 10. Juli ergeben, nur mit Entziehung des Stimmrechts für Lebenszeit bestraft werden. Feldkornets oder Friedensrichter unterliegen irgend einer anderen Strafe, die Todesstrafe ausgenommen. Bedingung ist in beiden Fällen, daß die Betreffenden nicht eines Mordes oder irgend anderer gegen die Kriegsgebräuche verstoßenden Handlungen sich schuldig gemacht haben. Aufständische, welche sich nicht bis zum 10. Juli ergeben, unterliegen der ganzen Strenge des Gesetzes.

10. Juni. (Tunis.) Der Bey Sidi Ali stirbt; ihm folgt sein Sohn Mohamed el Hadi, der sofort der französischen Regierung seine Ergebenheit ausspricht.

Juli. (Deutsch-Ostafrika.) Im Bezirk Kilimatinde brechen Unruhen aus, werden aber nach wenigen Wochen unterdrückt. Anfang Oktober finden im Bezirk Irangi unbedeutende Erhebungen statt.

Anfang Juli. (Kapland.) Der Kolonialminister Chamberlain lehnt die vom Oberkommissar Milner beantragte Suspension der Kapkolonie ab, weil sie der Tradition widerspreche und von der Mehrheit des Kapparlaments verurteilt werde.

Mitte Juli. (Portugiesisch-Westafrika.) Ein großer Angriff von mehreren Tausend Negern auf die Festung Bailundo wird abgeschlagen.

August. September. (Kapkolonie.) Zwischen dem von den Afrikandern unterstützten Ministerium Gordon Sprigg und den Progressisten (Loyalisten) kommt es zum Bruch, weil die Regierung die Vorlegung eines Hochverratsgesetzes gegen diejenigen, die den eingefallenen Buren Sympathien bewiesen haben, ablehnt.

23. September. Die Burengenerale in Europa erlassen folgenden Aufruf an alle Kulturnationen:

Es wird der ganzen Welt noch frisch im Gedächtnis liegen, wie die Buren nach einem über zweieinhalb Jahre andauernden Krieg für ihre Unabhängigkeit endlich gezwungen wurden, durch Vermittelung ihrer Abgeordneten die ihnen von der englischen Regierung Sr. Majestät, des Königs Eduard VII., vorgelegten Friedensbedingungen anzunehmen. Gleichzeitig wurden wir von den Abgeordneten beauftragt, uns nach England zu begeben zu dem Zwecke, an erster Stelle unsere neue Regierung um Milderung des ungeheueren Elends zu ersuchen, das weit und breit in allen neuen Kolonien herrscht. Gelänge dies nicht, so sollten wir an die Humanität der gebildeten Welt appellieren und um mildtätige Unterstützung bitten. Bis jetzt aber sind unsere Versuche bei der englischen Regierung fehlgeschlagen, und da die Not unbeschreiblich groß ist, so bleibt uns nichts übrig, als uns an alle Nationen von Europa und Amerika zu wenden. In den gefahrvollen Tagen, die wir durchzukämpfen hatten, war es für uns und die Unsrigen ein wonniges Gefühl, als wir fortwährend Beweise der Sympathie aus allen Teilen der Welt empfingen. Die von allen Weltteilen zugeströmten geldlichen und sonstigen Unterstützungen für unsere Frauen und Kinder in den Konzentrationslagern sowie für die Gefangenen in allen Erdteilen haben unendlich viel dazu beigetragen, das harte Schicksal dieser armen Unglücklichen zu erleichtern, und wir ergreifen diese Gelegenheit, im Namen des Volkes beider früheren Republiken unseren innigen Dank abzustatten allen denjenigen, die uns früher mildtätig unterstützt haben. Das kleine Burenvolk kann niemals die Hilfe vergessen, die man ihm in den trüben Stunden seiner Heimsuchung geleistet hat. Das Volk beider Republiken hatte alles aufgeboten für seine Unabhängigkeit, und jetzt, nach vollendetem Kampfe, steht es vollständig ruiniert da! Obgleich wir nicht in der Lage waren, genaue Angaben über die in beiden Republiken angerichtete Verheerung zusammenzustellen, so sind wir doch infolge unserer persönlichen Sachkenntnis überzeugt, daß wenigstens 30000 Häuser in den Wohnstätten der Buren und außerdem eine beträchtliche Anzahl Dörfer von den Engländern während des Krieges verbrannt oder vollständig zerstört sind. Unsere Wohnungen samt dem Mobiliar sind eingeäschert oder zerstört, unsere Fruchtbäume gefällt und vernichtet, alle Landbaugeräte zerstückelt, Mühlen vernichtet, jedwedes Tier entführt oder getötet und uns — blieb leider nichts übrig! Das Land ist eine Wüste! Der Krieg hat auch viele Opfer gefordert, und das Land hallt wieder von den Wehklagen der Witwen und Waisen! Ueberdies brauchen wir nicht daran zu erinnern, was in Zukunft für die Erziehung der Kinder erforderlich sein wird. In dieser Not wenden wir uns an die ganze zivilisierte Welt mit der Bitte, durch mildtätige Beiträge unseren Witwen und Waisen, unseren Verstümmelten und anderen Hilfsbedürftigen zu helfen und unseren Kindern gehörigen Unterricht angedeihen zu lassen. Wir weisen auf die schrecklichen Folgen des Krieges hin, um die ganze Welt von unseren großen Bedürfnissen in Kenntnis zu setzen und keineswegs um die Gemüter aufs neue zu erschüttern. Das Schwert ruht jetzt in der Scheide, und alle Zwistigkeiten schweigen in der Anwesenheit solch ungeheuern Elends. Der durch den Krieg verursachte Schaden ist unbeschreiblich groß, sobaß die kleine Summe, welche England den Friedensbedingungen gemäß verabreichen wird, selbst wenn sie verzehnfacht wäre, durchaus unzulänglich sein wird, um auch nur die Kriegsverluste zu decken. Die Witwen und Waisen, die Verstümmelten, die Hilfsbedürftigen und unsere Kinder, zu deren Gunsten wir ausschließlich diesen Aufruf ergehen lassen, werden also davon sehr wenig und in den meisten Fällen nichts genießen. Alle Beiträge werden in eine Kasse eingezahlt werden, Het Generale Boeren-Hulp-Fonds genannt, und dieser Fonds wird ausschließlich zur sofortigen und zukünftigen Bestreitung der Bedürfnisse derjenigen Personen angewendet werden, für welche die Beiträge eingesammelt werden. Wir bitten freundlichst um ein enges, gemeinschaftliches Vorgehen der bestehenden Komitees in den verschiedenen Ländern von Europa und Amerika und stehen im Begriff, diese Länder der Reihe nach zu besuchen, um eine entsprechende Organisation zu veranstalten und zu fördern. Unterzeichnet: Louis Botha. C. R. Dewet. J. H. Delarey.

6. Oktober. (Somaliland.) Oberst Swayne hat ein Treffen mit dem Mullah bei Mudug. Der Mullah wird geschlagen, Oberst Swayne verliert gegen 200 Mann und zieht sich aus Mangel an Vorräten nach Bohotle zurück. Es werden Verstärkungen aus Aden und Indien abgesandt.

November. (Marokko.) Kabylenstämme im Innern erheben sich gegen den Sultan und bedrohen Tetuan. Englische Kriegsschiffe erscheinen zum Schutz der Europäer vor Tetuan.

20. November. (Südafrika.) Aufhebung des Kriegsrechts für Transvaal und die Oranjefluß-Kolonie.

Es bleiben auch für die Zukunft bedeutende Streitkräfte unter Waffen, um die Ordnung zu sichern. Erlaubnisscheine werden auch ferner für die Einwanderung verlangt. Von dieser Forderung sind nur Personen befreit, welche am 31. Mai 1902 in Transvaal ansässig und seitdem nicht ausgewiesen worden sind; den kriegsgefangenen Burghers werden Erlaubnisscheine erteilt, wenn sie den Untertaneneid leisten oder eine gleichbedeutende Erklärung abgeben. Der stellvertretende Gouverneur ist ermächtigt, Personen, die den Frieden des Landes gefährden, auszuweisen.

Oktober. (Kamerun.) Eine deutsch-französische Kommission beendet ihre Arbeiten zur Grenzregulierung im Hinterlande.

29. November. (Marokko.) Der Stamm der Hyaina geht zu den Aufständischen über; die Truppen des Sultans werden aufs Haupt geschlagen.

Dezember. (Marokko.) Der Sultan erleidet weitere Niederlagen und zieht sich nach Fez zurück. — Die europäischen Konsuln in Fez verlangen vom Sultan Schutz für die Ausländer, da Fez von den Rebellen, die den heiligen Krieg predigen, bedroht ist (24. Dezember).

30. Dezember. (Britisch-Südafrika.) Hundert Buren werden auf ihre Meldung in die Armee im Somalilande eingestellt.

XXIII.
Asien.

7. Januar. (China.) Der kaiserliche Hof zieht in die Verbotene Stadt ein. Die Kaiserin übernimmt wieder die Regierung.

22. Januar. (China.) Die neu ernannten Gesandten Deutschlands, Englands, Frankreichs, Rußlands, Portugals und Japans überreichen ihre Beglaubigungsschreiben.

23. Januar. (Japan.) Eine Truppenabteilung von 210 Mann kommt im Schnee bei Aomori um.

Januar. Persien und England schließen eine Konvention, die der englischen Regierung das Recht gibt, eine neue Telegraphenlinie über Jesd, Kerman, Bampur nach der Grenze von Belubschistan zu bauen.

29. Januar. (China.) Der Kaiser und die Kaiserin empfangen die fremden Gesandten. — Am 1. Februar empfängt die Kaiserin die Damen der Gesandtschaften.

1. Februar. (China.) Die Kaiserin erläßt ein Edikt, das das Verbot der Mischehen zwischen Mandschus und Chinesen aufhebt und die Abschaffung des Bindens der Füße empfiehlt.

Februar. (Arabien.) Unruhen unter den Stämmen der Wahabiten.

12. Februar. (Japan.) Der Premierminister teilt dem Parlament mit, daß am 30. Januar ein englisch-japanischer Vertrag, der tatsächlich ein Offensiv- und Defensivbündnis darstelle, unterzeichnet worden sei. (Vgl. England.)

März. (China.) Aufstand in den Provinzen Kwangsi, Kwangtung, Jünnan, Honan. Regierungstruppen schließen sich den Rebellen an.

Anfang April. (Britisch-Indien.) Veröffentlichung der Resultate der Volkszählung vom 1. März 1901.

Die Zählung erstreckte sich auf das gesamte Britisch-Indien, und zwar wurden hier 55841315 bewohnte Häuser (5590859 in Städten, 50250456 in Dörfern) und 294362676 Einwohner gezählt, davon in Städten 29226314, auf dem Lande 265136362, männlichen Geschlechts 149953765 und weiblichen 144408911. Auf die unmittelbaren britischen Provinzen (einschließlich der Andamanen und Nicobaren, Birmas u. s. w.) entfallen bei einem Areal von 1106861 (engl.) Quadratmeilen 231901127 Einwohner in 1453 Städten und 551151 Dörfern; auf die Vasallenstaaten und Agenturen bei einem Areal von 679393 Quadratmeilen 62461549 Einwohner in 694 Städten und 178652 Dörfern.

8. April. China und Rußland unterzeichnen den Mandschureivertrag. (Vgl. Rußland.)

April. Mai. (China.) Unruhen in der Provinz Tschili.

April. Mai. (Russisch-Asien.) Die russische Regierung verstärkt die Garnison von Kuschk und dehnt die Bahnbauten an der afghanischen Grenze aus.

14. Juni. (China.) Die Vertreter der Mächte einigen sich über die Verteilung der chinesischen Kriegsentschädigung.

Anfang August. (Siam.) Eine Erhebung der Schanleute wird niedergeschlagen.

10. August. (Japan.) Die Parlamentswahlen ergeben eine Mehrheit für den Marquis Ito.

12. August. (China.) Eine Erhebung in Szetschuan wird niedergeworfen, der Führer hingerichtet.

14. August. (China.) Tientsin wird in chinesische Verwaltung zurückgegeben.

29. August. (China.) Die Regierung verpflichtet sich in einem Vertrage mit England zur Aufhebung der Likinzölle.

5. September. China schließt einen Handelsvertrag mit England.

Oktober. (China.) Verhandlungen über die Räumung Schanghais.

Ende Oktober. Korea errichtet eine Gesandtschaft in Peking.

31. Oktober. (China.) Mit Zustimmung der Mächte tritt ein neuer Zolltarif in Kraft.

Mitte November. (Britisch-Indien.) Die aufständischen Waziris werden in mehreren Treffen geschlagen.

November. (Arabien.) Die Insel Midia in Yemen wird von italienischen Kriegsschiffen wegen Seeräuberei beschossen. (Vgl. S. 259.)

November. (Türkisch-Asien.) Im Sultanat Koweit am Persischen Golf (vgl. 1901 S. 315) finden Unruhen statt.

17. Dezember. (Russisch-Asien.) Die Stadt Andischan in Ferghana wird durch ein Erdbeben zerstört.

21. Dezember. (China.) Die deutschen Truppen beginnen mit der Räumung Schanghais.

27. Dezember. (Japan.) Das Parlament wird aufgelöst, da es die von der Regierung verlangte Grundsteuer ablehnt.

Ende Dezember. (Persien.) Nach Meldungen der „Kölnischen Zeitung" beschließt die Regierung das Staatsfinanzsystem mit Hilfe belgischer Fachleute zu reformieren.

28./31. Dezember. (Britisch-Indien.) In Delhi findet ein großes Krönungsfest statt.

Übersicht
der politischen Entwickelung des Jahres 1902.

Das verflossene Jahr hat als wichtigstes internationales Ereignis den Abschluß des südafrikanischen Krieges gebracht. In der letzten Übersicht hatten wir es auf Grund der vorliegenden Berichte als zweifelhaft bezeichnet, ob der Wunsch der englischen öffentlichen Meinung, den Buren bis zum Krönungsfeste den Frieden aufzuzwingen, in Erfüllung gehen werde, und der weitaus größte Teil der kontinentalen Stimmen äußerte sich noch skeptischer. Die vorherrschende Anschauung war, daß die Buren den Krieg noch jahrelang fortsetzen und daß die Engländer ihrer nie vollständig Herr werden würden; die englische Berichterstattung, die wie alle gleichzeitigen Mitteilungen über kriegerische Ereignisse ihre Mängel hatte und sich in Widersprüche verwickelte (S. 324), wurde verspottet; die mehr und mehr erfolgreichen Versuche Kitcheners, den Buren durch seine Feldbefestigungen das Terrain einzuengen, wurden scharf kritisiert, und jeder kleine Erfolg der Buren als bedeutende englische Niederlage gepriesen. Demgegenüber blieb die englische Regierung bei ihrer optimistischen Auffassung und lehnte daher das holländische Angebot einer Friedensvermittlung ab (S. 217). Sie blieb auch fest, als die Buren im Februar neue Siege zu verzeichnen hatten und einen der bekanntesten Generale, Lord Methuen, gefangen nahmen. Wie richtig sie die Lage beurteilte, zeigte sich bald; unmittelbar nach diesem Triumph boten die Buren die Hand zum Frieden, und diesmal kam es nach zweimonatigen Verhandlungen endlich zum Abschlusse. Die Buren traten anfangs noch mit dem Verlangen hervor, die Unabhängigteit ihrer Republiken mit einigen territorialen Abtretungen zu erkaufen; hiermit von Kitchener und dem Oberkommiſſar Milner, den Beauftragten der engliſchen Regierung, abgewieſen, wollten ſie ſich mit Autonomie unter Verzicht auf ſelbſtändige auswärtige Politik begnügen, aber die engliſche Regierung blieb unbeugſam: es blieb ihnen ſchließlich nichts weiter übrig, als ſich ſchlechthin zu unterwerfen und Eduard den VII. als ihren Souverän anzuerkennen (S. 224). Den Buren wurde Schutz des perſönlichen Eigentums, Wahrung ihrer Nationalität und Selbſtverwaltung verſprochen, die für die Kaprebellen verlangte Amneſtie konnten ſie dagegen nicht erlangen. Nur die allgemeine Zuſage erhielten ſie, daß gegen die Rebellen milde verfahren und in keinem Falle die Todesſtrafe verhängt werden ſolle.

Auf dem Kontinent war die Stimmung bei Bekanntwerden dieſes Reſultats ziemlich gedrückt, da man meiſt erwartet hatte, daß die Buren mit der Abtretung einiger Minendiſtrikte davon kommen würden. Die Meinung, daß die Buren im Grunde unbeſiegt geblieben ſeien, hat ſich nach dem Ende des Krieges noch erhalten; häufig wird noch die Behauptung laut, daß die Kommandos allein mit Rückſicht auf ihre Frauen und Kinder in den Konzentrationslagern die Waffen geſtreckt hätten. In England gab man ſich nach dem faſt dreijährigen wechſelvollen Kampfe dem Gefühle des Triumphes natürlich mit großer Lebhaftigkeit hin, und in der Tat hatten Regierung und Nation Grund, mit Genugtuung auf den Krieg zurückzublicken: nur England war im ſtande einen derartigen Krieg auf ſo große Entfernung von der Heimat zu führen und jede Intervention fremder Mächte auszuſchließen, und keinen Augenblick, ſelbſt nicht unter dem Eindruck der großen unerwarteten Niederlagen, hat in der Nation oder ihren Vertretern eine verzagte Stimmung Platz gegriffen; ſtets hat ſie der Entſchluß beſeelt, das einmal begonnene Werk durchzuführen und die Vorherrſchaft der engliſchen Raſſe in Südafrika unerſchütterlich aufzurichten. Der Burenhaß, der während der Aufregung des Krieges nicht ſelten in unſchöner Weiſe hervorgebrochen war, trat in dem Moment des Sieges zurück. Mit vollem Nachdruck machte ſogleich die Regierung der Nation klar, daß mit dem Siege im Felde nur der geringere Teil der Aufgabe beendet sei: es gelte jetzt die materielle Lage wieder herzustellen und vor allen Dingen das holländische und englische Element miteinander zu versöhnen. Nicht gezwungene sondern loyale Untertanen müsse man an den Buren gewinnen. Die Zukunft muß lehren, wie weit dies Werk gelingen wird; einstweilen kann man konstatieren, daß es auf beiden Seiten nicht an gutem Willen fehlt: die englische Regierung hat den Beifall des Parlaments gefunden mit ihren Mahnungen und sich große Summen zur Linderung des durch den Krieg verursachten Elends bewilligen lassen (S. 231), und die Führer der Buren haben ihre Bereitwilligkeit erklärt, getreue Untertanen der Krone England werden zu wollen. Freilich stehen einer wirklichen Einigung große Hindernisse im Wege. Der lange Krieg hat mit seinen unvermeidlichen Härten — der Niederbrennung der Farmen, den Konzentrationslagern und ihren Übelständen, der mehr oder weniger gerechtfertigten Hinrichtung mehrerer gefangener Buren wegen angeblichen Mordes — unter der Masse der Buren einen tiefen Haß erzeugt, der schwerlich ein rasches Vertrauen zu den Engländern und englischen Behörden aufkommen lassen wird. Es ist daher zweifelhaft, wie weit die loyalen Erklärungen der Botha und Delarey bei ihren Volksgenossen Anklang finden. Auf der andern Seite fehlen die Heißsporne nicht, die den Krieg gegen alles Holländische mit Konsequenz fortsetzen möchten, und so eine Annäherung erschweren. Ein Symptom dieser Gesinnung war das Begehren der sogenannten Loyalisten, die Verfassung der Kapkolonie zu suspendieren, um auf dem Verwaltungswege die Holländer desto schärfer bekämpfen zu können, ein Vorhaben, das freilich der Kolonialminister Chamberlain nicht zuließ. Um entscheidend auf die afrikanischen Dinge einwirken zu können, hat sich der Kolonialminister selbst gegen Schluß des Jahres nach Südafrika begeben; über den Verlauf der Reise ist freilich näheres noch nicht bekannt geworden außer den offiziellen Reden und Empfangsfeierlichkeiten. Eine seiner Hauptsorgen wird die Wiederherstellung der Minenindustrie sein, die namentlich über den Mangel an Arbeitskräften klagt, so daß schon die Einführung von Kulis vorgeschlagen worden ist.

Die chinesische Angelegenheit, die im vorigen Jahre zu einem gewissen Abschluß gekommen war, hat wiederum Anlaß zu diplomatischen Aktionen gegeben. Es war seit dem chinesischen Kriege offenkundig, daß einerseits Rußland den dauernden Besitz der Mandschurei erstrebte, um einen eisfreien Zugang zum Meere zu erhalten und stets einen Druck auf den Hof in Peking ausüben zu können, daß anderseits die englische Regierung die Mandschurei zu retten und den Einfluß Rußlands vom Süden auszuschließen wünschte. Ihre Absicht, diesem Bestreben, den Yangtsevertrag mit Deutschland (vom 16. Oktober 1900) dienstbar zu machen, ging nicht in Erfüllung, da nach Graf Bülows Erklärung (S. 44) Deutschland keinen Anteil an dem Schicksal der Mandschurei nimmt. Dagegen fand England einen wertvollen Helfer in Japan. Der japanischen Regierung ist Rußlands Stellung in der Mandschurei sowohl mit Rücksicht auf Peking wie auf Korea widerwärtig; auf Rußlands Betreiben war im Jahre 1895 die Koalition gebildet worden, die die japanischen Eroberungen einschränkte, jede Zurückdrängung des russischen Einflusses mußte daher in Tokio willkommen sein. Beide Mächte schlossen einen Vertrag (S. 218) zum Schutz der Integrität Chinas und ihrer Interessen in China und Korea; sie sagten sich militärische Unterstützung zu, wenn eine von ihnen in Verwicklung mit einer fremden Macht geriete und eine dritte Macht den Gegner unterstütze: eine deutliche Spitze gegen das russisch-französische Einverständnis, das sich während der chinesischen Wirren wiederholt bemerkbar gemacht hatte. Rußland und Frankreich blieben die Antwort nicht schuldig; in der Form einer Zustimmung zu der ostensibeln Absicht des englisch-japanischen Vertrages, den gegenwärtigen Zustand in Ostasien erhalten zu wollen, sprachen sie deutlich ihren Vorsatz aus, jede Schädigung ihrer Interessen gemeinsam abweisen und bei neuen innerchinesischen Wirren gemeinsam handeln zu wollen (20. März). Ihr europäisches Bündnis ist damit auf Ostasien ausgedehnt worden, so daß sich jetzt hier zwei Allianzen mißtrauisch gegenüberstehen. An dem tatsächlichen Zustande ist hierdurch noch nichts geändert worden; Rußland hat zwar der chinesischen Regierung die Räumung der Mandschurei zugesichert (S. 286), aber es hat seine Verpflichtung so verklausuliert, daß es entweder die Räumung vertagen oder nach der Räumung leicht einen Vorwand zur Wiederbesetzung der Provinz finden kann. Rußland und England sind somit die beiden Gegner, die sich in Ostasien am schärfsten gegenüberstehen, und von ihren Entschlüssen hängt es ab, ob sie durch Veränderung des geltenden Zustandes die Gefahr einer großen kriegerischen Verwickelung heraufbeschwören wollen.

Die Absicht der russischen Regierung ist offenbar nicht darauf gerichtet, in absehbarer Zeit im Osten eine gewaltsame Lösung der Streitigkeiten zu versuchen. Die inneren Verhältnisse lassen den Frieden erwünscht erscheinen, der Zar ist offenbar durchaus friedlich gesinnt, und endlich ist kein Zweifel, daß ein Kampf im Osten auch am Balkan zu unberechenbaren Zwischenfällen führen müßte. Der wunde Punkt auf der Balkanhalbinsel ist seit dem Berliner Kongreß Makedonien, dessen Bewohner wie ihre Glaubens- und Namensgenossen in Bulgarien und den übrigen christlichen Balkanstaaten sich nach Befreiung vom türkischen Joche sehnen. Wir haben schon wiederholt über die makedonischen Unruhen zu berichten gehabt, über die Unterstützungen, die die Insurgenten heimlich und offen von Bulgarien aus erhalten haben und über die Bemühungen der Großmächte, die bulgarische Regierung zur Eindämmung der makedonischen Agitation zu bestimmen. Aller Ratschläge der Mächte ungeachtet sah sich die bulgarische Regierung durch die Stärke der nationalen und religiösen Erregung genötigt, die bulgarischen Komitees zu dulden, auch aus Serbien erhielt der Aufstand Förderung, so daß er im letzten Jahre gefährlicher wurde als je und die Aufbietung einer beträchtlichen türkischen Truppenmacht erforderte. Natürlich wurden in dem Kampfe gegen einheimische und fremde Banden die Grenzen nicht ängstlich geschont, was Beschwerden der serbischen und bulgarischen Regierung in Konstantinopel zur Folge hatte. Die Gefahr eines kriegerischen Zusammenstoßes zwischen der Pforte und den Balkanstaaten erscheint keineswegs ausgeschlossen, da die bulgarische Armee ihre Sympathie für die Stammesgenossen der türkischen Provinz offen zur Schau trägt und ihre Beschützung gegen die türkischen Truppen verlangt; nach einigen Berichten ist sogar zu erwarten, daß, falls nach Ablauf des Winters der Sultan den Krieg gegen die makedonischen Aufrührer fortsetzt, eine Militärrevolution ausbricht und den Fürsten zur Kriegserklärung und Annexion Makedoniens zwingt. Es liegt auf der Hand, daß ein solches Pronunciamento auch Serbien und Rumänien in die Verwickelung hineinziehen müßte, da sie einem Todeskampfe zwischen Bulgarien und der Pforte nicht ruhig zusehen könnten, und endlich könnten auch Österreich-Ungarn und Rußland nicht unbeteiligt bleiben. Deshalb haben beide Großmächte alle Hebel in Bewegung gesetzt, um die Ruhe zu erhalten. Ihren Vorstellungen in Konstantinopel sind offenbar die Reformdekrete für Makedonien (S. 298) zu verdanken, wodurch die makedonische Unzufriedenheit gelindert und der bulgarischen Agitation die Berechtigung entzogen werden soll. Diesem Beruhigungszweck diente ferner ohne Zweifel die von der europäischen Presse mit so großer Aufmerksamkeit verfolgte Reise des Grafen Lambsdorff nach Sofia, Belgrad und Wien, über die nähere Einzelheiten nicht bekannt geworden sind. Wie weit diese Bemühungen Erfolg haben werden, steht dahin, da nach bisherigen Erfahrungen ein Reformversprechen der Pforte wenig Vertrauen verdient.

Von geringerer Bedeutung ist eine andere Differenz, die in den politischen Verhältnissen der Balkanhalbinsel ihre Ursache hat: die Frage, ob die Pforte berechtigt ist, russischen Kriegsschiffen das Passieren der Dardanellen zu gestatten. Im September hat sie der russischen Regierung die Durchfahrt einiger besarmierten Torpedoboote zugesagt, England hat dagegen auf Grund des Berliner Vertrages protestiert, aber eine prinzipielle Entscheidung ist darüber noch nicht getroffen.

Wenn so die Balkanverhältnisse Rußland zur Vorsicht im Osten mahnen, so ist sein Gegner England, seitdem er der Fessel des Burenkrieges ledig geworden ist, durch eine Verwickelung mit Venezuela behindert. Der Streit zwischen Deutschland, England und Venezuela hat seinen Ursprung in der Mißhandlung europäischer Untertanen. Die Regierung von Venezuela wollte weder ihre vertragsmäßigen Verpflichtungen gegen deutsche und englische Geschäftsleute erfüllen noch für die Verluste, die in den unaufhörlichen Bürgerkriegen verursacht waren, Entschädigung gewähren

(S. 176, 235). Nur solche Forderungen sollten befriedigt werden, deren Berechtigung die venezolanischen Gerichte anerkannt hätten, und jeder diplomatische Einspruch sollte ausgeschlossen sein. Bei der bekannten Abhängigkeit der venezolanischen Gerichte von dem jeweiligen Machthaber konnten sich die Mächte hierauf nicht einlassen, und sie entschlossen sich nach längeren Verhandlungen, Gewalt zu gebrauchen und die Republik durch eine Blockade zur Nachgiebigkeit zu zwingen. Militärische Schwierigkeiten waren dabei nicht zu überwinden; die kleine Flottille Venezuelas konnte ohne Blutvergießen unschädlich gemacht werden. Der Präsident der Republik Venezuela, General Castro, der soeben einen Bürgerkrieg siegreich beendet hatte, nahm den Kampf auf; er mag wohl gefürchtet haben, daß ein Zurückweichen den kaum gedämpften Aufstand abermals entfesseln würde, und vor allem wird er auf den Beistand der Vereinigten Staaten gerechnet haben. Die öffentliche Meinung in Nordamerika sieht ja seit langem jede Machtentfaltung europäischer Staaten in amerikanischen Gebieten als eine Verletzung des amerikanischen Selbstgefühls an, und die Regierung hat ebenfalls gelegentlich erklärt, eine Besitznahme amerikanischen Territoriums durch Europäer nicht dulden zu können. Um jede Verwickelung mit den Vereinigten Staaten zu vermeiden, haben daher Deutschland und England von Anfang an Erklärungen über ihre Absichten in Washington abgegeben, und die Rechtsverletzung Castros war so deutlich, daß die amerikanische Regierung das Vorgehen der Europäer gutheißen mußte. — Überdies sind England und Deutschland nicht die einzigen Mächte, die Beschwerden gegen Venezuela haben; am Schluß des Jahres ist Italien ihrer Aktion beigetreten, und Holland und Belgien haben ebenfalls Ansprüche angemeldet.

Von größerer Bedeutung als diese Aktion, die nur mit Rücksicht auf die Vereinigten Staaten internationale Wichtigkeit hat, besitzt anscheinend ein Aufruhr in Marokko, der seit dem November gefährliche Dimensionen angenommen hat. Ein Prophet stand gegen den Sultan auf und bedrohte durch Schürung des mohammedanischen Fanatismus die Europäer; da sich ihm mächtige Stämme anschlossen, erlangte er einige Vorteile gegen die Truppen des Sultans, und es ist noch nicht abzusehen, ob es dem Sultan gelingen wird, ihn niederzuwerfen. In Europa erregt das Schicksal der Christen Besorgnis, und die Mittelmeermächte haben bereits begonnen, die marokkanische Küste zu beobachten, um im Notfalle den bedrohten Europäern sogleich Hilfe bringen zu können. Bei der Eifersucht, mit der England, Spanien, Frankreich und Italien sich an dieser Stelle überwachen, kann in den marokkanischen Dingen der Keim zu europäischen Verwickelungen liegen.

Eine Umwandlung der politischen Weltlage hat also das abgelaufene Jahr trotz zahlreicher Verwickelungen nicht gebracht. Die beiden Bundessysteme, die solange die europäische Lage bestimmt haben, stehen einander noch gegenüber: der Dreibund ist erneuert worden und das russisch-französische Bündnis ist befestigt worden. Aber ihre Signatur erhält die politische Lage viel weniger durch diesen Gegensatz als durch den Antagonismus zwischen Rußland und England in Asien. Und diese Feindschaft wird in der nächsten Zeit gewiß nicht abnehmen, denn es handelt sich nicht nur um China sondern auch um Persien und Afghanistan, in denen beide ihren kommerziellen und politischen Einfluß zur Herrschaft zu bringen suchen.

Das Deutsche Reich war an anderen Konflikten außer dem venezolanischen nicht beteiligt. Von auswärtigen Angelegenheiten ist noch besonders die Reise des Prinzen Heinrich nach Nordamerika zu erwähnen, die, unpolitischen Motiven entsprungen, doch zu lebhafter Erörterung der deutsch-amerikanischen Beziehungen und zu mehreren offiziellen Sympathiekundgebungen Anlaß gab. Die allgemeine politische Stellung Deutschlands hat sich so wenig verändert wie die Haltung seiner öffentlichen Meinung, deren Grundzug wie im Vorjahr durchaus antienglisch ist. Die Empörung über Chamberlains Äußerungen (Jahrg. 1901 S. 222) zitterte zu Beginn des Jahres noch nach (S. 1), und diese Stimmung erhielt neue Nahrung, als die englische Presse anläßlich der Reise des Prinzen Heinrich nach Amerika versuchte, die deutsche Politik zur Zeit des spanisch-amerikanischen Krieges zu verdächtigen: ein Vorwurf, der nach einer amtlichen deutschen Publikation freilich auf die englische Regierung zurückfiel (S. 38). An der Abneigung gegen die englische Politik hat auch die Beendigung des Burenkrieges nichts geändert. Der Besuch der Burengenerale in Berlin wurde als ein politisches Ereignis ersten Ranges gefeiert, und daß eine Audienz beim Kaiser unterblieb, wurde von einem großen Teil der Presse ohne weiteres der deutschen Regierung zur Last gelegt, während es nach der Darstellung des Auswärtigen Amtes kein Zweifel ist, daß die Verhinderung des Empfangs auf das Ungeschick der Buren oder ihrer europäischen Vertrauensmänner zurückzuführen ist. Selbst das Zusammengehen mit England gegen Venezuela hat keinen Umschwung hervorgerufen. Die Kritik, die englische Politiker an dem Bündnis übten, die Unzufriedenheit, die sich in England kundgab, daß Deutschland England in der Dardanellenfrage nicht unterstütze, endlich ein unglaublich roher Angriff des auch in Deutschland geschätzten Schriftstellers R. Kipling in der „Times" gegen Deutschland haben das ihrige getan, die Kluft zu vertiefen. Nichts deutet freilich darauf hin, daß die beiden Regierungen sich durch diesen Meinungskampf bestimmen lassen; es scheint, daß sie gesonnen sind, gemeinsam den Kampf gegen Venezuela durchzufechten. Weit weniger beschäftigte sich die öffentliche Meinung mit anderen auswärtigen Fragen; nur vorübergehend spielte die Betrachtung der Beziehungen zu Frankreich aus Anlaß einiger französischer Ministerreden eine Rolle (S. 244).

Der inneren Politik hat der Kampf um den im Vorjahre eingebrachten Zolltarif den Charakter gegeben. Von Anfang an handelte es sich da fast ausschließlich um die Erhöhung der Zölle auf landwirtschaftliche Produkte. Die Linke widerstrebte ihr natürlich und bezeichnete sie als Brotwucher; Zentrum und Rechte waren im Prinzip dafür, wollten aber über die von der Regierung vorgeschlagenen Sätze hinausgehen; allein unter den Nationalliberalen fand die Regierungsvorlage im allgemeinen Zustimmung als die richtige Mittellinie, die nach Graf Bülows Worten zwischen Industrie und Landwirtschaft eingehalten werden sollte. Für die Regierung war der Weg vorgezeichnet, den sie zur Durchsetzung des Tarifs einschlagen mußte: sie mußte eine Verständigung mit der Rechten suchen, denn von einer Bekehrung der Linken konnte keine Rede sein, und deren Zustimmung hätte überdies keine Majorität ergeben. Das Gros der Linken, die Sozialdemokraten und die freisinnige Vereinigung, suchten vielmehr die Erledigung des Entwurfes durch Obstruktion zu verhindern; sie begannen damit schon in der Kommissionsberatung und gaben sie erst auf, als die Regierung durch Gewährung von Diäten an die Kommissionsmitglieder den festen Entschluß offenbarte, die Kommissionsberatung vor dem Beginn der Herbstsession zu Ende zu bringen. Welche Schwierigkeiten aber da die Rechte der Regierung machte, zeigte gleich zu Anfang des Jahres die Versammlung des Bundes der Landwirte. In den schärfsten Ausdrücken warf sie dem Reichskanzler Vernachlässigung der Landwirtschaft vor und forderte als Mindestzoll für die Hauptgetreidearten 7,50 Mark anstatt der von der Regierung vorgeschlagenen Sätze von 3 bis 5 Mark. Freilich huldigte diesem Radikalismus nur ein kleiner Teil der konservativen Parlamentarier. Als in der Kommission ein Kompromißvorschlag gemacht wurde, der die Positionen der Regierung etwas erhöhte (S. 40), aber die Sätze des Bundes der Landwirte nicht erreichte, entschied sich die Mehrheit des Zentrums und der Konservativen für die Annahme, die Vertreter des Bundes der Landwirte blieben in der Minderheit. Obwohl die Regierung in mehreren Erklärungen aufs bündigste jede Erhöhung der Getreidezölle ablehnte, hielt die Mehrheit der Kommission an ihren Beschlüssen fest, in der Meinung, daß die Regierung noch nicht das letzte Wort gesprochen habe sondern sich dem Willen der Mehrheit beugen werde. Als daher der Reichstag Mitte Oktober zur zweiten Tagung zusammentrat, war das Schicksal der Vorlage noch ganz ungewiß: der Reichskanzler erklärte sich entschieden gegen die Kommissionsbeschlüsse, weil sie den Abschluß von Handelsverträgen erschweren würden, die Rechte erwiderte, ohne Zollerhöhungen für die Landwirtschaft liege ihr nichts an Handelsverträgen; die äußerste Linke verkündete offen, daß sie Obstruktion üben und eine Erledigung der Vorlage nicht zulassen werde, um sie als Wahlparole zu benutzen. Wenn der Kanzler die Linke vor der Obstruktion warnte, weil sie zum Schaden des Parlamentarismus ausschlagen müsse, so mußte er dagegen von der Rechten den Vorwurf hören, daß die Regierung selbst die Würde des Reichstags herabsetze, indem sie alle Wünsche der Mehrheit auf Änderung der Regierungsvorlage brüsk ablehne und kategorisch auf der Genehmigung des Bundesratsbeschlusses bestehe. Es gab wohl nur wenige, die nach den ersten Sitzungen die Hoffnung auf Verständigung nicht aufgegeben hatten, aber die Ruhe, die Graf Bülow allen Drohungen von rechts und links gegenüber zeigte, bewährte sich: er fand einen mächtigen Bundesgenossen in der Obstruktion. Die erfolgreichen Bemühungen der Linken, die Beratungen durch namentliche Abstimmungen, Einzelanträge und Geschäftsordnungsdebatten hinzuziehen und eine sachliche Verhandlung zu erschweren, zwangen die Mehrheit, Mittel zu suchen, um überhaupt die Möglichkeit einer geordneten Diskussion zu erreichen; man trat allmählich dem Gedanken näher, die Geschäftsordnung zu verändern. Dieser unvermeidliche Kampf gegen die Versuche der Linken, durch die Obstruktion der Mehrheit den Willen der Minderheit aufzulegen, hat dann bald eine Wendung in der Politik der Rechten hervorgebracht. Als anstatt der Regierungsvorlage die Obstruktion der zu bekämpfende Feind wurde, drängte sich gleichzeitig der Gedanke auf, daß man das ungewöhnliche Mittel der Änderung der Geschäftsordnung nur vor der Öffentlichkeit rechtfertigen könne, wenn man damit auch etwas Positives zu stande bringe. Da aber die Kommissionsbeschlüsse auf keine Annahme durch den Bundesrat zu rechnen hatten, so mußte wohl oder übel durch Nachlassen in den agrarischen Forderungen eine Verständigung mit der Regierung gesucht werden. So hat die Obstruktion die Mehrheit schließlich auf die von ihr so oft perhorreszierte Regierungsvorlage zurückgedrängt. Sobald diese Gedanken erst erörtert wurden, machten sie sich auch schnell geltend und die äußere Entwickelung verlief rasch. Zuerst wurden die ermüdenden namentlichen Abstimmungen verkürzt (S. 162), dann einigten sich nach einigen Verhandlungen, über die wenig in die Öffentlichkeit gedrungen ist, Zentrum, Nationalliberale und das Gros der Konservativen mit der Regierung über ein gemeinsames Programm: die Regierungsvorlage wurde acceptiert und die Regierung gewährte nur eine Scheinkonzession, um der Rechten den Rückzug zu erleichtern. Gleichzeitig wurde eine Einigung über die geschäftliche Behandlung erzielt: man beschloß, den gesamten Tarif in einer zusammenfassenden Diskussion zu beraten, so daß die Mehrheit jederzeit die Möglichkeit hatte, das Hinausziehen der Debatte durch einen Schlußantrag zu verhindern, während nach der bisherigen Gepflogenheit jede einzelne der zahlreichen Positionen einer gesonderten Beratung unterzogen worden wäre und so Gelegenheit zur Verschleppung gegeben hätte (S. 170). Endlich wurde das letzte Mittel der Obstruktion, durch Geschäftsordnungsdebatten eine Verzögerung herbeizuführen, abgeschnitten (S. 175), und damit war der Zolltarif gerettet. Eine letzte Obstruktionsrede bei der dritten Beratung hatte nur den Erfolg, daß die Mehrheit den Entschluß faßte, nun die Beratung sogleich in Einer Sitzung zu erledigen, und so wurde tatsächlich infolge der Obstruktion die Beratungsdauer um einige Tage abgekürzt. Die Majorität, mit der der Entwurf schließlich angenommen wurde (S. 181), war beträchtlich; außer der Linken stimmten nur ein Nationalliberaler und einige Mitglieder der äußersten Rechten dagegen: beide Extreme hatten also eine Niederlage erlitten. — Der Linken war ein Erfolg schon dadurch erschwert, daß sie selbst nicht einig in der Bekämpfung der Vorlage war. Der Führer der freisinnigen Volkspartei, der Abgeordnete Richter, hatte die Obstruktion von vornherein verworfen und seine Partei nicht daran teilnehmen lassen; er hatte die Absicht, durch eingehende sachliche Beratungen die Differenz zwischen der Regierung und der Rechten zu erweitern, so daß eine Verständigung bedeutend erschwert, wenn nicht überhaupt vereitelt worden wäre. Ob diese Taktik zu einem anderen Resultat geführt hätte, steht dahin; gewiß ist, daß die Obstruktion die Verständigungsaktion begünstigt hat, wie von Angehörigen der Mehrheit selbst wiederholt geäußert worden ist. Der Abgeordnete Richter hat daher den Sozialdemokraten und der freisinnigen Vereinigung vorgeworfen, zur Annahme des den Interessen der Linken schädlichen Tarifs beigetragen und das Bündnis zwischen Regierung und Rechte befestigt zu haben. In dem Zeitungskriege, der darüber auf der Linken entbrannte, haben zwar Verteidiger der Obstruktion behauptet, daß ohne Obstruktion eine Verständigung zwischen Regierung und Mehrheit durch Erhöhung der Regierungssätze zu stande gekommen sein würde, daß also die Obstruktion eine Verschlechterung des Tarifs verhindert habe, aber diesen Ausführungen stehen die zahlreichen bestimmten Erklärungen der Regierung gegenüber, in Erhöhungen nicht willigen zu wollen.

In einer anderen wichtigen wirtschaftlichen Frage, in der Aufhebung der Ausfuhrprämien für den Zucker, fand dagegen die Regierung die Unterstützung der Linken gegen einen Teil der Rechten. Obwohl schon seit langem die Beseitigung der Prämien als wünschenswert anerkannt worden war, wollte doch jetzt ein Teil der Vertreter der Landwirtschaft hierzu sich nicht ohne Gegenkonzession verstehen, weil voraussichtlich das Verschwinden der Prämien den Zucker bedeutend verbilligen und die augenblickliche Notlage der Landwirtschaft verschärfen werde. Die Konzession wurde gefunden in der Verstaatlichung der Saccharin-Industrie, und der Beitritt zur Brüsseler Zuckerkonvention wurde beschlossen. — Außer diesen Gesetzen ist von der Tätigkeit des Reichstags noch zu erwähnen die Vollendung der Seemannsordnung und die Aufhebung des Diktaturparagraphen, womit ein alter Wunsch der Reichslande und des Reichstags erfüllt worden ist. Endlich ist die Behandlung des Toleranzantrags nicht ohne Bedeutung geblieben, denn obwohl er im Bundesrate nicht auf Zustimmung rechnen kann, hat er doch bewirkt, daß einige Einzelstaaten, wie Mecklenburg und Braunschweig, einige obsolete Beschränkungen in der Ausübung der Religion aufzuheben begonnen haben.

Neben dem Zolltarif stand die Polenpolitik wiederum im Vordergrunde des Interesses, und die preußische Regierung hat sich aufs neue erhebliche Mittel bewilligen lassen, um die bisherige Politik in verstärktem Maße fortzusetzen. Die Stellung der Parteien dazu war dieselbe wie im Vorjahre. Es dürfte wenige Fragen geben, über die in der öffentlichen Meinung der national gesinnten Parteien — ausgenommen das Zentrum — eine so weitgehende Einigkeit herrscht, aber auch wenige, deren theoretische Begründung eine so geringe Vertiefung erfahren hat. Die Literatur z. B., in der die Vertreter der herrschenden Richtung ihre Anschauung dargelegt haben, läßt sich an Gehalt in keiner Weise mit der über eine andere brennende Frage der letzten Jahre, der maritimen Angelegenheiten, vergleichen. Offenbar liegt der Grund darin, daß die öffentliche Meinung über die Richtigkeit des eingeschlagenen

Weges nicht die leisesten Zweifel hegt und daher gar keiner tieferen Beweisführung bedarf und auch die Gegner der herrschenden Anschauung, die namentlich unter den höheren Beamten und den Gelehrten zu suchen sind, kaum beachtet. Eine Neuerung gegen früher ist, daß sich das Ausland lebhafter mit der preußischen Polenpolitik beschäftigt (S. 185, 283), und zwar knüpfen derartige Erörterungen gewöhnlich an den Wreschener Prozeß an (Jahrg. 1901). So unbedeutend dies Ereignis an sich war, so hat es doch die Härten gezeigt, zu denen die Konsequenz der angenommenen Grundsätze führen kann, und bietet so einen vortrefflichen Agitationsstoff.

In Bayern hat das Schulbedarfsgesetz lebhafte Kämpfe entfesselt, da die den bayerischen Landtag beherrschende Partei des Zentrums mehrere Bestimmungen über die Schulaufsicht in das Gesetz hineinbrachte, die über den Rahmen eines Dotationsgesetzes hinausgingen. Die hierdurch hervorgerufene Spannung entlud sich in heftigen Angriffen der liberalen Opposition gegen den Kultusminister v. Landmann, der den Liberalen zu nachgiebig gegen die Wünsche des Zentrums zu sein schien. Als er dann infolge eines Konfliktes mit der Universität Würzburg seinen Abschied nahm, faßte das Zentrum das als Kapitulation vor den Liberalen auf und trat in schroffen Gegensatz zur Regierung. Es dokumentierte seine Unzufriedenheit durch einige Abstriche am Kultusetat, die zwar politisch bedeutungslos waren aber doch die allgemeine Aufmerksamkeit erregten, weil sie als Vorboten eines tieferen Konfliktes zwischen der Regierung und Landtagsmehrheit galten. Da der Streit am Ende der Tagung ausbrach, so haben sich unmittelbare parlamentarische Folgen nicht mehr daran knüpfen können, aber die Kluft ist noch nicht überbrückt. Die Diskussion dieser Ereignisse wurde mit größerer Lebendigkeit wieder aufgenommen, als der Kaiser dem Prinzregenten Luitpold seine Entrüstung über die Verminderung des Kultusbudgets aussprach. Die Führer der Landtagsmehrheit fühlten sich hierdurch persönlich verletzt und sahen in den Äußerungen des Kaisers eine unberechtigte Einmischung in innere bayerische Verhältnisse, gegen die sie sich in Versammlungen und in der Presse energisch zur Wehr setzten. Ihre Proteste richteten sich nicht nur gegen das „Präsidium des Bundes", sondern auch gegen den Prinzregenten und die bayerische Regierung, daß sie dergleichen Übergriffe duldeten; hier und da wurden sogar diese und andere angebliche Verbeugungen vor Preußen sowie der Rücktritt Landmanns auf das Überwiegen der Protestanten in der Umgebung des Prinzregenten und im Ministerium zurückgeführt.

Wie in Bayern standen auch in Württemberg Schulfragen auf der Tagesordnung, die aber noch nicht abgeschlossen sind, und ebenso ist die Angelegenheit der Steuerreform noch nicht beendet worden. — Trübe Tage hat Sachsen durchlebt. Wenn der Tod des beliebten Königs Albert und der Ehekonflikt im kronprinzlichen Hause die Stimmung niederdrückten, so fehlten auch schwere materielle Sorgen nicht, da die Eisenbahneinnahmen seit mehreren Jahren immer geringer geworden sind und die Staatsfinanzen schwer bedrohen. Vielfach wird die preußische Verkehrspolitik als Ursache dieser Kalamität angegeben, wogegen freilich die preußische Regierung entschieden Einspruch erhoben hat. Zeitweilig führten Finanzfragen sogar zu einem Konflikt zwischen Landtag und Regierung, der dann durch den Rücktritt des Finanzministers ausgeglichen wurde. — In Baden und Hessen ist die Wahlrechtsreform lebhaft erörtert worden.

Unter den Parteien, deren Haltung durch den Zolltarif bestimmt worden ist, sind wesentliche Veränderungen nicht eingetreten. Wie in den letzten Jahren ist das Charakteristikum der Lage, daß das Zentrum die führende Partei des Reichstags ist. Der Masse der Katholiken ist die Parteileitung nach wie vor mächtig, insbesondere hat sich ein Gegensatz zwischen Industriearbeitern und Agrariern, auf den namentlich die Linke gehofft hatte, während des Zollkampfes nur vorübergehend gezeigt. Eine etwaige Gärung unter der städtischen Bevölkerung wird sich wohl durch die Anträge des Zentrums über die Verwendung von Zolleinnahmen zu Versicherungszwecken (S. 166) unschwer beschwichtigen lassen. Unter den Katholiken sind zwar in den letzten Jahren, namentlich in Bayern, Strömungen aufgetreten, die dogmatisch und politisch einer liberaleren Richtung als die Zentrumspartei zuneigen, aber es läßt sich nicht sagen, ob sie an Boden gewinnen und politischen Einfluß ausüben werden. Die Hierarchie hat übrigens nicht versäumt, sich streng gegen derartige Reformversuche zu erklären. — Ein lange gehegter Wunsch des Zentrums und der Reichsregierung ist am Schluß des Jahres mit der Errichtung einer theologischen Fakultät in Straßburg erfüllt worden (S. 266). — Stärkere Gegensätze als im Zentrum bestehen in der konservativen und sozialdemokratischen Partei. In dieser hält der alte Streit zwischen Revisionisten und Marxisten die Fraktion in Atem, ist aber immer noch bei Kämpfen gegen die bürgerlichen Parteien und die Regierung zum Schweigen gebracht worden; in jener hat der Zolltarif die strengen Agrarier der Parteileitung entfremdet. Die Führer des Bundes der Landwirte agitieren in ihrer Presse und in Versammlungen gegen die Unterstützung der Abgeordneten, die sich für den Zolltarif entschieden haben; es ist also die Möglichkeit vorhanden, daß in den künftigen Reichstagswahlen sich in einer agrarischen Gruppe eine neue radikale Klassenpartei ausbildet.

Für die Kolonialpolitik war das Jahr insofern von Wichtigkeit, als der in Berlin abgehaltene Kolonialkongreß den Versuch machte, durch ausgiebige Behandlung der kolonialen Probleme stärker als es bisher geschehen ist, auf die Öffentlichkeit einzuwirken. Aus der Gesetzgebung ist hervorzuheben die Bestimmung, daß den Reichsangehörigen die Ableistung der Wehrpflicht in den Schutzgebieten gestattet ist. In den Kolonien sind Ereignisse von Bedeutung nicht vor sich gegangen, einige Unruhen, die niedergeworfen werden mußten, waren belanglos. An der wirtschaftlichen Erschließung ist wacker gearbeitet worden. So ist in Kamerun eine Handelsexpedition nach dem Tschadsee entsandt; in Südwestafrika und Kiautschou sind Eisenbahnen eröffnet worden, in Togo sind vielversprechende Versuche mit dem Baumwollenbau gemacht worden und in Ostafrika sind sie in Vorbereitung. In der Südsee hat Deutschland durch den Schiedsspruch in der Samoafrage einen moralischen Erfolg davongetragen.

Das Wirtschaftsjahr war im allgemeinen nicht günstiger als das vorige. Die Hoffnung, daß die Depression schnell vorübergehen würde, hat sich nicht erfüllt, für die Industrie hat sich weder Absatz- noch Arbeitsgelegenheit verbessert, was auch seinen Ausdruck in einer geringen Verminderung der Kohlenförderung findet. Eine schädliche Wirkung auf die Finanzen des Reichs und der Einzelstaaten ist nicht ausgeblieben und zeigt sich namentlich in den geringeren Eisenbahneinnahmen. In den Einzelstaaten ist daher der Ruf nach einer Reichsfinanzreform, die die Einnahmen des Reiches kräftigt und die Einzelstaaten vor Erhöhung der Matrikularbeiträge bewahrt, immer lauter erhoben worden. — Viel Aufsehen haben die Abkommen der großen Dampfschiffahrtsgesellschaften mit amerikanischen Unternehmungen erregt (S. 188), über seine wirtschaftlichen Folgen ist aber noch keine zuverlässige Angabe bekannt geworden.

Wenn so Deutschland sich die Rüstung zu dem kommenden Kampf um die Handelsverträge geschaffen hat, so ist in Österreich-Ungarn der Zolltarif noch nicht vorgelegt, aber während des Jahres vorbereitet worden. Zunächst ist es gelungen, nach vielen Mühen das Zoll- und Handelsbündnis zwischen beiden Reichshälften in letzter Stunde wieder zu erneuern. Der Kampf um den Ausgleich, an dem sich die öffentliche Meinung auf beiden Seiten lebhaft beteiligte, zog sich fast ein halbes Jahr lang hin, und wie es scheint ist eine Verständigung zwischen den Ministern nur durch eine deutliche Willensäußerung des Kaisers herbeigeführt worden. Es handelt sich nun um die parlamentarische Genehmigung des Ausgleichs, und da werden vermutlich im Reichsrat stürmische Debatten bevorstehen, da hier die Parteiverhältnisse so zerfahren wie nur je sind. Der Reichsrat hat zwar in der Sommertagung einige wichtige Vorlagen und das Budget erledigt, da die Tschechen sich durch eine große Bewilligung für Prag und durch das Versprechen der Regierung, im Herbst einen Sprachenvergleich für Böhmen vorlegen zu wollen, zum Aufgeben der Obstruktion bestimmen ließen, aber in der Herbsttagung ist der Konflikt wieder ausgebrochen. Das Budgetprovisorium konnte nicht rechtzeitig erledigt werden und mußte durch den § 14, der im letzten Jahre nicht angewendet worden war, bestimmt werden. Der Grund der Arbeitsunfähigkeit des Reichsrats ist wie früher die Feindschaft zwischen Deutschen und Tschechen. Die Deutschen verlangen ein besonderes deutsches Sprachgebiet in Böhmen und Mähren sowie einen Schutz deutscher Sprachinseln gegen Majorisierung durch umwohnende Tschechen; die Tschechen sind bisher auf diese Forderung nicht eingegangen, und ihre Haltung in den letzten Monaten zeigt, daß sie auch dem Kompromißvorschlag des Ministerpräsidenten (S. 203) nicht günstig sind, und daß sie wenig Neigung haben, auf die Verhandlungen, die Körber beim Beginn des neuen Jahres berufen will, einzugehen. Wie es gewöhnlich geschieht, schreitet die Radikalisierung der Parteien im Kampfe fort. Einerseits gewinnt die extreme alldeutsche Richtung an Kraft und entfernt durch ihr rücksichtsloses Auftreten die anderen Parteien immer mehr von sich (S. 191); auf der anderen Seite bildet sich unter den Tschechen allmählich eine radikale Landespartei heraus, die durch ihre unversöhnliche Agitation der bisher herrschenden Partei der Jungtschechen die Nachgiebigkeit erschwert. — Wie in Österreich wird auch in Ungarn der Nationalitätenkampf tapfer fortgesetzt; zahlreiche Prozesse gegen deutsche Zeitungen sind angestrengt worden, bei vielen Gelegenheiten haben die Magyaren gegen die Deutschen demonstriert, und zwischendurch hat es endlich Reibungen zwischen Kroaten und Serben gegeben. — Die Forderungen der auswärtigen Politik sind von den Delegationen noch immer bewilligt worden, eine Vorlage dagegen über Vermehrung der Rekrutenziffern ist in beiden Reichshälften auf Widerspruch gestoßen und nicht erledigt worden. Die Regierung hat indessen die Absicht der Heeresverstärkung nicht aufgegeben. — Von inneren wirtschaftlichen und sozialen Kämpfen endlich ist die Monarchie nicht verschont geblieben. Ein Ausstand in Triest war mit solchen Unruhen verbunden, daß Militär die Ordnung wieder herstellen mußte, und ein Streik in Galizien hat zu scharfer Kritik der Lage der dortigen Landarbeiter Veranlassung gegeben.

Auf der pyrenäischen Halbinsel hat sich nichts Wesentliches ereignet. Portugal hat ein Abkommen mit seinen auswärtigen Gläubigern geschlossen und seine nahen Beziehungen zu England durch die Reise seines Königs nach London aufs neue öffentlich bezeugt; Spanien wurde wiederum zerrissen durch Kämpfe materiellen, kirchlichen und provinziellen Charakters. Aus kirchlichen Differenzen ist der Sturz des liberalen Ministers Sagasta herbeigeführt worden; er konnte sich nicht entschließen, die von ihm im Vorjahre proklamierte antiklerikale Politik durchzuführen und mußte darüber so heftige Angriffe der radikalen Opposition erdulden, daß er den Rücktritt vorzog. Die Übernahme der Regierung durch den jungen König hat neue Momente in den öffentlichen Angelegenheiten noch nicht erkennen lassen.

England stand in der ersten Hälfte des Jahres noch unter dem Zeichen des Burenkrieges und der damit zusammenhängenden Fragen wie Deckung der Kriegskosten, Reformierung und Verstärkung von Heer und Flotte. Zur Aufbringung der Kriegskosten mußte die Regierung zu mehreren neuen Steuern und Zöllen ihre Zuflucht nehmen (S. 223/4), was selbst in der Regierungspartei nicht ganz ohne Opposition blieb. Der finanziellen Schwierigkeiten vermochte die Regierung indessen bald Meister zu werden, dagegen ist die seit einiger Zeit viel erörterte Rekrutierung der Armee noch ein ungelöstes Problem (S. 221). Auf den Ausbau der Marine sind wie alle Jahre große Mittel verwendet worden, und dazu haben auf einer in London abgehaltenen Kolonialkonferenz auch die meisten Kolonien Beiträge versprochen. Ihre Leistungen sind allerdings vorläufig noch gering, aber man sieht in England hierin doch eine Stärkung des Reichsgedankens, und für viele ist daher der ersehnte große britische Zollverein nur noch eine Frage der Zeit.

Weitere Ereignisse von Bedeutung waren die Erkrankung und Krönung des Königs, die durch den Rücktritt Salisburys notwendig gewordene Umbildung des Kabinetts, die seinen politischen Charakter aber nicht veränderte, und endlich die Durchsetzung der Schulvorlage. Sie hat die öffentliche Meinung weit mehr erregt als irgend eine innerpolitische Maßregel der letzten Jahre. — Das bisherige Volksschulsystem war geregelt nach der Bill Forster vom Jahre 1870. Damals bestanden zahlreiche Privatschulen, errichtet und unterhalten von Gemeinden und Privatpersonen unter geringer staatlicher Beihilfe; streng konfessionell waren sie meist hochkirchlich und standen gewöhnlich unter der Leitung des Pfarrers der Parochie. Neben diesen führte die Lex Forster die sogenannten boards schools ein, interkonfessionellen Charakters, deren Erhaltung der Staat übernahm. Den Distrikten, in denen eine solche Schule bestand, wurde eine besondere Schulsteuer auferlegt. Drei Millionen Kinder sollen nach einer Schätzung die Privatschulen, zwei die Boardschulen besuchen. Im Laufe der Jahre hat sich nun herausgestellt, daß die Privatschulen immer schwerer ihre Mittel aufbringen konnten und den Boardschulen gegenüber in Nachteil gerieten: diese konnten durch Erhöhung der Schulsteuern ihre Lehrer besser besolden, ihre Organisation ausbauen und so den Privatschulen eine stetig steigende Konkurrenz machen. Seit längerer Zeit haben daher die Interessenten der Privatschulen Erhöhung der staatlichen Zuschüsse verlangt, in erster Linie die anglikanische Geistlichkeit, deren Richtung ja die meisten Privatschulen angehörten. Auf der anderen Seite kämpften die Nonkonformisten dagegen an. Ihnen war die Leitung der Schulen durch Private widerwärtig; sie hofften, daß die konfessionellen Privatschulen aus Mangel an Mitteln eingehen und so die anglikanischen Geistlichen ihren beherrschenden Einfluß auf den größten Teil der Elementarschulen verlieren würden. Das neue Gesetz kam aber den Wünschen der Privatschulen weit entgegen. Es setzte fest, daß die staatlichen Zuschüsse bedeutend erhöht werden sollten, ohne damit zugleich die Leitung der Schulen zu verstaatlichen. Nur einen Anteil an der Schulaufsicht behält sich der Staat vor, und zu dem Zwecke wird eine für die Privatschulen und die Boardschulen gemeinsame Oberbehörde eingerichtet. Auch die Lokalbehörden sind gemeinsam. Die bisherigen Aufsichtsbehörden über die Boardschulen werden aufgelöst und ihre Funktionen übernehmen die Grafschaftsräte; über die Boardschulen erhalten sie eine unbeschränkte Macht, über die Privatschulen eine weit geringere. In diesen wählt das Publikum die Direktoren und ein Drittel der Lehrer; ihr konfessioneller Charakter bleibt so streng gewahrt, daß die Direktoren sogar vor ihrer Ernennung ein Examen über ihre religiöse Stellung ablegen müssen. Damit ist die Herrschaft der Anglikaner über mehr als die Hälfte der Volksschulen gesichert. Da die konfessionellen Schulen nach dem neuen Gesetz mehr vom Staat als von Privaten erhalten werden, so ist es nicht verwunderlich, daß alle Gegner des konfessionellen Prinzips eine lebhafte Agitation entfalteten, die auch in der Regierungspartei, vornehmlich unter den liberalen Unionisten, Anklang fand. Infolgedessen wurde es unmöglich, das Gesetz noch im Sommer zu erledigen, in der Herbsttagung gelang es aber der Regierung durch die Drohung mit ihrem Rücktritt, den Widerstand in den eigenen Reihen zu besiegen. (Vgl. Mc. Kenna, Revue politique et parlamentaire 1902, XII.)

In Frankreich drehte sich das öffentliche Interesse um den Kampf gegen die Kongregationen. Der Feldzug, den Waldeck-Rousseau in den letzten Jahren eingeleitet hatte, war hervorgegangen aus dem Bestreben, den klerikalen Einflüssen in Staat und Armee entgegenzutreten. Ursprünglich nahm die Regierung nur eine Verschärfung der Aufsicht über die geistlichen Gesellschaften in Aussicht, in diesem Jahre ist jedoch die Regierung über dieses Ziel hinausgegangen und hat der Kirche die Schule zu entreißen begonnen. Veranlaßt wurde sie hierzu durch den Ausfall der Wahlen. Die Kammerwahlen, die im Frühjahr stattfanden, ergaben eine beträchtliche Majorität für die Regierung; trotzdem entschloß sich Waldeck-Rousseau zum Rücktritt. Es waren wohl rein persönliche Gründe, die ihn dazu bewogen: körperliche Erschöpfung nach einer fast dreijährigen Regierung und die Absicht, sich für den Posten als Präsident der Republik aufzusparen. Die Neubildung des Ministeriums, die damit notwendig wurde, zeigte, daß die radikale bürgerliche Linke, durch Eroberungen nach rechts hin, so verstärkt war, daß sie ohne Hilfe der Sozialisten ein Kabinett bilden konnte, und so kam ein rein radikales Parteiministerium zu stande. Da es aber seinen Hauptgegner naturgemäß in der Rechten sah, so blieb ihm die parlamentarische Unterstützung nach wie vor erhalten. Das neue Kabinett nahm den Traditionen der Partei entsprechend sogleich den Kampf gegen die Kongregationen mit erneutem Eifer auf und begann mit der Schließung der Ordensschulen; schließlich wurden fast sämtliche Ordensniederlassungen aufgelöst. Häufig machte es Schwierigkeiten, für die aufgehobenen geistlichen Schulen sogleich Ersatz zu finden, und ohne kräftigen Widerstand ist das Vorgehen der radikalen kirchenfeindlichen Regierung nicht geblieben. Man erkennt aus den vielfachen Unruhen, daß in Frankreich, insbesondere auf dem Lande, die klerikale Gesinnung noch eine große Macht ist, und von besonderem historischen Interesse ist, daß die Rassenunterschiede in der Bevölkerung, die im Auslande kaum noch bekannt waren, wieder deutlicher ans Tageslicht treten. In der Bretagne war der Widerstand am stärksten, und die Regierung hat darauf mit einem Verbot der bretonischen Sprache im Unterricht geantwortet. Es ist ebenso wie in Posen, Ungarn, Katalonien und Irland: überall macht sich der Unterschied der Nationalitäten geltend, und in Schule und Kirche wird der erste und tiefste Kampf ausgefochten.

Neben dem Kampf gegen die Ordensleute sieht die radikale Mehrheit ihre Hauptaufgabe darin, die Dauer der Dienstpflicht gleichmäßig in allen Waffen auf zwei Jahre festzusetzen. Augenblicklich ist die Dienstdauer ungleichmäßig: nominell dient das Gros drei Jahre, ein geringer Bruchteil zwei Jahre und ein stärkerer Bruchteil ein Jahr, aber alle drei Gruppen sind faktisch eine geringere Zeit unter der Fahne. Von Einfluß auf diesen Entschluß ist natürlich das Beispiel Deutschlands gewesen, aber Frankreich ist nicht in der Lage, das deutsche Vorgehen einfach nachzuahmen. In Deutschland bedeutete die Einführung der zweijährigen Dienstzeit eine Vermehrung der Rekruten und Verstärkung der Kadres, Frankreich, das keine Bevölkerungszunahme hat, kann seine Aushebungen nicht verstärken: es liegt also die Gefahr nahe, daß in Frankreich durch das Verschwinden eines Jahrganges die Präsenzziffer geschwächt und die Anzahl der geschulten Mannschaften zu gering ist, um eine intensive Durchbildung der Truppen zu ermöglichen. Es wird zwar geplant, durch Prämien eine genügende Anzahl alter Mannschaften zum freiwilligen Weiterdienen zu bestimmen, aber der Erfolg solcher Versuche ist stets höchst unsicher. Viele hervorragende Generale haben die Neuerung daher als höchst schädlich bekämpft, aber es ist fraglich, ob sie gegen diese Konsequenz des demokratischen Gleichheitsprinzips etwas ausrichten werden. — Das kommende Jahr wird hierüber zu entscheiden haben.

Der Streik der Bergarbeiter, der im vorigen Jahre vorübergehend drohend am Horizont erschienen war, hat dies Jahr der Regierung größere Schwierigkeiten verursacht, da das Bestreben der Arbeiterführer, einen allgemeinen Grubenarbeiterausstand herbeizuführen, fast in Erfüllung ging. Indessen waren die Belegschaften der einzelnen Distrikte nicht einig, und es gelang der Vermittlung des Ministerpräsidenten, nach einigen Wochen mit geringen Konzessionen den Ausstand zu beenden. Ein anderer großer Streik, der Ausstand der Seeleute in Marseille, ging noch schneller zu Ende. Die eingeschriebenen Seeleute (b. h. die Küstenbevölkerung, die zum Marinedienst vorgemerkt ist oder nach abgelaufener Dienstzeit dem Beurlaubtenstande angehört und größtenteils im Hafen- oder Handelsdienst tätig ist) legten in Marseille die Arbeit nieder, um eine kürzere Arbeitszeit und Erhöhung des Lohnes zu erzwingen. Sie suchten einen Generalstreik in Marseille zu inscenieren, aber als er mißlang, ließen sie schnell den Mut sinken. Einige Unruhen fanden zwar statt, aber der Verhaftung ihrer Hauptführer setzten sie keinen Widerstand entgegen, und als sie von der Regierung das Versprechen erhielten, eine neue Seemannsordnung einbringen zu wollen, nahmen sie die Arbeit wieder auf.

In der auswärtigen Politik hat Frankreich seine Bundesgenossenschaft mit Rußland durch die gemeinsame Erklärung über Ostasien und durch die Reise des Präsidenten Loubet nach Petersburg abermals betont; im übrigen wechseln feindselige Kundgebungen gegen Deutschland und England miteinander ab. Den Revanchereden der André und Pelletan (S. 224) stehen die Reden von Jaurès und seinen sozialistischen Gesinnungsgenossen gegenüber, die einen Krieg um Elsaß-Lothringen für aussichtslos und verbrecherisch erklären. Dazu lassen sich auch von konservativer Seite gelegentlich Stimmen vernehmen, die kolonialpolitischer Pläne wegen ein Zusammengehen mit Deutschland gegen England empfehlen und um dieses Bundes willen selbst eine Vergrößerung Deutschlands dulden wollen. In der utopischen Annahme eines bevorstehenden Zerfalles der habsburgischen Monarchie empfehlen sie Annexion österreichischer Provinzen durch Deutschland, ja sie sehen hierin vom konservativ-katholischen Standpunkt ein willkommenes Ereignis: „Nicht am Rheine, sondern am Niger und am Mekong ist fortan die künftige Größe Frankreichs und das Geheimnis seiner Macht zu suchen. Von einer Vergrößerung Deutschlands nach Österreich hin würde Frankreich nichts zu be-

fürchten haben, selbst wenn sich dieselbe bis an das Adriatische
Meer ausdehnen sollte. Es wäre im Gegenteil vorteilhaft, wenn
innerhalb Deutschlands die bayerisch-katholische Gruppe so weit
verstärkt würde, daß sie der preußisch-protestantischen Gruppe das
Gleichgewicht zu halten vermöchte. Deutschland würde dann auch
weniger geneigt sein, die Unabhängigkeit von Belgien und Holland
anzutasten, an der Frankreich sehr viel gelegen sein muß. Wenn
Deutschland ferner direkten Zutritt zum Mittelmeer hat, so könnte
das dem englischen Einfluß Abbruch tun, und das würde allen
übrigen Mittelmeermächten, also auch Frankreich, zu statten
kommen." (P. de Coubertin im „Figaro".) Indessen sind solche
Äußerungen relativer Objektivität gegen Deutschland stets nur
Ausnahmen innerhalb der öffentlichen Meinung. — In der Kolonialpolitik hat Frankreich seinen Einfluß im Hinterlande von
Tunis und Algier verstärkt und einen Vertrag mit Siam abgeschlossen, der freilich im Parlament auf Widerstand gestoßen und
darum noch nicht ratifiziert worden ist.

Die innere Geschichte Italiens zeigte eine große Anzahl
Unruhen und Streiks, deren bedeutendster, der Ausstand der Eisen-
bahnangestellten, freilich von der Regierung mit großer Energie
niedergeworfen worden ist. Ihre sozialen Versprechungen des letzten
Jahres hat die Regierung mit einem Gesetz über die Beschränkung
der Frauen- und Kinderarbeit in der Industrie einzulösen begonnen; dann hat gegen Schluß des Jahres der Ministerpräsident
ein neues Programm verkündet, das hinausläuft auf Herabsetzung
des Salzpreises, Verringerung der Bodensteuer, Förderung der
Kredite für agrarische und industrielle Unternehmungen, Verminderung der Steuern auf Arbeitslöhne und Gehälter. An parlamentarischen Schwierigkeiten wird es dagegen nicht fehlen; die
Majorität im Senat ist gering, und eine gelegentliche Äußerung
des Ministerpräsidenten, daß der Streik kein Verbrechen sondern
ein erlaubtes Kampfmittel sei, ist heftig angegriffen worden. --
Ein weiterer legislatorischer Versuch, dessen Erfolg höchst proble-
matisch ist, ist die Vorlage über die Ehescheidung. Eine Massen-
petition hat sich dagegen erklärt, was beweist, daß der Klerikalis-
mus wie in Frankreich noch eine große Macht besitzt und den im

Parlament vertretenen Anschauungen entgegengesetzt ist. — In der auswärtigen Politik pflegt Italien neben seinem Bündnis mit Deutschland und Österreich-Ungarn die Beziehungen zu Frankreich; in der Kolonialpolitik sucht es seine Kolonie Erythräa mit Erfolg wirtschaftlich nutzbar zu machen und durch gutes Einvernehmen mit Abessinien und England zu sichern. Um die Küste der Kolonie zu schützen, war eine Bestrafung von arabischen Seeräubern nötig, die ohne erhebliche Hindernisse vollzogen werden konnte.

Die Kurie hat das 25. Jahr der Regierung Leos des XIII. mit großem Gepränge gefeiert und zahlreiche Pilgerzüge in Rom empfangen können; nach außen ist sie namentlich durch die Bekämpfung der christlichen Demokratie, der protestantischen Propaganda in Rom und des italienischen Ehescheidungsgesetzes hervorgetreten. Gegen die französische Gesetzgebung hat der Papst keinen Protest erhoben, obwohl es ihm vom französischen Klerus nahegelegt worden ist.

Die Schweiz hat zeitweilig die allgemeine Aufmerksamkeit durch einen diplomatischen Konflikt mit Italien auf sich gezogen (S. 258), der aber unter deutscher Vermittlung schnell wieder beigelegt worden ist. Das am Jahresende eingebrachte Gesetz gegen die Verherrlichung von Verbrechen ist allgemein als nachträgliche stillschweigende Billigung der Forderung des italienischen Gesandten, die den Bruch veranlaßt hatte, angesehen worden. — Die Erneuerung des Nationalrats hat die bisherige Mehrheit bestätigt. Eine Enttäuschung bei den Wahlen haben die Sozialdemokraten erlitten, die trotz ihrer einheitlichen Organisation und trotz großer Anstrengungen im Wahlkampfe nur wenige Mandate erhalten haben. Wie alle Staaten war auch die Schweiz mit der Frage über die Erneuerung der Handelsverträge beschäftigt, und die Bundesversammlung hat einen Zolltarif angenommen, der einen stärkeren schutzzöllnerischen Charakter trägt als der frühere.

In Belgien haben die Sozialdemokraten versucht, das allgemeine und gleiche Wahlrecht mit Hilfe des allgemeinen Ausstandes, ja der Revolution zu erzwingen, aber das Mittel hat sich als durchaus unpraktisch erwiesen. Der Angriff ist blutig abgeschlagen worden. Sein Fehlschlagen hat anscheinend die Position der herrschenden klerikalen Partei verstärkt, wenigstens haben die verfassungsmäßig vorgenommenen Teilwahlen die Mehrheit der Regierung vergrößert. Die bestehende Spannung zwischen Klerikalen und Sozialisten ist hierdurch verschärft worden.

In den Niederlanden sind die Bestrebungen, auf irgend eine Weise engere Beziehungen zu Deutschland herzustellen, wieder lebhaft erörtert worden; einstweilen ist eine Kabelkonvention abgeschlossen worden, die noch der parlamentarischen Genehmigung harrt. — Allseitige Teilnahme hat die vorzeitige Niederkunft der Königin und ihre darauf folgende Krankheit erregt.

Dänemark ist vornehmlich durch die Frage, ob der Antillenbesitz — Hauptinsel St. Thomas — an die Vereinigten Staaten abgetreten werden soll, beschäftigt worden. Der zwischen den Regierungen abgeschlossene Vertrag scheiterte im Landsthing, das den Verzicht mit der Nationalehre für unvereinbar hielt. Die eingehende Diskussion der Angelegenheit hat die Wirkung gehabt, daß mit größerer Energie als bisher die wirtschaftliche Ausbeutung der Kolonie betrieben werden soll.

In Schweden hat das Verlangen nach Erweiterung des Reichstagswahlrechts ähnliche Demonstrationen unter den Arbeitern hervorgerufen wie in Belgien. Selbst der Versuch des Generalstreiks fehlte nicht, aber die Unruhen nahmen einen weit weniger bedrohlichen Charakter an als dort, weil die Reichstagsmehrheit der Forderung zustimmte und somit gar keine Ursache vorhanden war, einen Versuch zur Unterwerfung der parlamentarischen Gewalten unter den Willen der Masse zu machen. Die Masse konnte vielmehr in Ruhe abwarten, ob die Regierung dem Begehren des Reichstags willfahren und in der kommenden Session die populären Wünsche erfüllen wird. Die Aussichten darauf haben sich gebessert, da bei den Wahlen im Herbst die reformfreundliche Linke einige Erfolge erzielt hat. — In Norwegen scheint sich von der herrschenden radikalen Partei ein Flügel absondern zu wollen, der ein freundlicheres Verhältnis zu Schweden anzuknüpfen bemüht ist. So ist in den Verhandlungen des Storthing über die Landesverteidigung die Regierung wiederholt aufgefordert worden, mehr

Nachdruck auf die Grenzbefestigung gegen Rußland als gegen Schweden zu legen.

Schon seit mehreren Jahren haben wir auf die bedenkliche Situation im inneren Rußland hingewiesen. Die Unruhen, die wir schon früher zu verzeichnen hatten, sind im letzten Jahre mit verstärkter Heftigkeit wieder ausgebrochen: Revolten der Bauern, Studenten und Industriearbeiter haben wochenlang in mehreren Gouvernements getobt und die Aufbietung großer Militärmacht erfordert. Daß mit diesen Tumulten Anarchisten und andere unsaubere Elemente in Verbindung standen, ist selbstverständlich, aber das sind nur unwesentliche Begleiterscheinungen, die durch das Ungeschick und die Brutalität einzelner Beamten hervorgerufen werden: die letzte Ursache ist die materielle Not und die Unzufriedenheit mit dem herrschenden bureaukratischen System. Ein Mittel, diese Übelstände zu heben, ist noch nicht ausfindig gemacht worden; der erste ernstliche Versuch hat nur bewiesen, daß sich in der Regierung zwei Strömungen bekämpfen, und daß der Zar offenbar nicht der Mann ist, sie zu leiten und zu einigen. Als Urgrund der Notlage wurde die Krisis der Landwirtschaft angesehen: um ihr zu Hilfe zu kommen, wurden auf kaiserlichen Befehl in den Gouvernements Kommissionen zur Untersuchung der Lage eingesetzt. Dabei wollte man aber vermeiden, dem in den oberen Klassen bestehenden Streben nach parlamentarischen Regierungsformen Vorschub zu leisten; infolgedessen wurden zu Mitgliedern dieser Kommissionen nicht die Semstwos, die Landschaftsvertretungen berufen, sondern größtenteils Männer aus der Bureaukratie, die von der Regierung abhängen und den Interessen der Landwirtschaft vielfach fernstehen, während die Semstwos die berufenen Vertreter der Landwirtschaft sind und seit Jahren umfangreiche statistische Materialien für ihre Distrikte gesammelt haben. Natürlich erregte das in den beteiligten Kreisen tiefe Unzufriedenheit, und es hat nicht an Protesten der Semstwos an die Minister gefehlt. Ein weiterer Grund zur Unzufriedenheit war, daß in den Kommissionen nicht etwa Diskussionsfreiheit nach parlamentarischem Brauch gewährt wurde, sondern daß der Minister des Innern v. Plehwe jede Erörterung „allgemeiner Fragen" untersagte, und so eine gedeihliche Untersuchung überhaupt unmöglich machte. Denn ohne Besprechung des bäuerlichen Gerichtswesens, des Branntweinmonopols und zahlloser administrativer Einrichtungen ist eine Vertiefung in das ländliche Wirtschaftsleben selbstverständlich ausgeschlossen. Der Finanzminister v. Witte, der Schöpfer dieser Lokalkommissionen, war daher der Meinung, ihnen die Behandlung solcher Fragen zu gestatten, der zuständige Ressortminister v. Plehwe hat aber ihm gegenüber den Standpunkt der autokratischen Bureaukratie behauptet, um jede öffentliche Kritik der herrschenden Zustände zu vermeiden. — Mit diesem administrativen Gegensatz zwischen Witte und Plehwe steht ein wirtschaftlicher in engstem Zusammenhange: Witte sucht die Zukunft Rußlands in einer Förderung der Industrie durch Hereinziehen fremder Kapitalien, die durch Getreideexport verzinst werden müssen; Plehwe betrachtet den forcierten Getreideexport als der Landwirtschaft und dem Nationalwohlstande schädlich. Die immer wieder auftauchenden Bauernrevolten scheinen Plehwe recht zu geben. Wenn der Finanzminister trotz der offenkundigen Hungersnot in großen Gebieten alljährlich die wirtschaftliche und finanzielle Lage Rußlands als vortrefflich bezeichnet, so sind in jüngster Zeit starke Zweifel an der Richtigkeit dieser Budgetberichte ausgesprochen worden. (Vgl. hierüber und über die ganze innere Lage Rußlands mehrere Aufsätze von P. Rohrbach, Preußische Jahrbücher S. 109 ff.) — Die Unterdrückungspolitik gegen Finnland ist dieselbe geblieben, und in Polen hat die russische Regierung mit ähnlichen Widerwärtigkeiten zu kämpfen wie die preußische in Posen, nur in viel größerem Maßstabe. Das verhindert aber nicht, daß die russische Presse die preußische Polenpolitik mit aller Gehässigkeit und solchen Entstellungen angreift (S. 283), daß sich gegen die russische Kritik auch Gegner der preußischen Polenpolitik, wie die „Kölnische Volkszeitung", mit Nachdruck verwahrt haben.

Von den Ereignissen auf der Balkanhalbinsel haben wir die wichtigsten, die makedonische und die Dardanellenfrage, bereits erwähnt; im übrigen sind Vorgänge von Belang nicht zu notieren, da die Ministerwechsel in den verschiedenen Staaten ohne tiefere politische Bedeutung sind. Anzumerken ist nur, daß die Erinnerung an den vor 25 Jahren geführten Türkenkrieg mit großem Enthusiasmus in den christlichen Ländern gefeiert worden ist.

Die Vereinigten Staaten haben einen großen politischen Erfolg errungen, insofern die europäischen Mächte bei ihrem Vorgehen gegen Venezuela die Monroedoktrin offiziell anerkannt und so den Vereinigten Staaten eine gewisse Vormundschaft über die kleinen süd- und mittelamerikanischen Staaten zugesprochen haben. Das seit dem spanischen Kriege angeschwollene Nationalgefühl ist hierdurch abermals gesteigert worden, und Präsident Roosevelt hat diese Stimmung benutzt, um wiederholt auf den Bau einer starken Flotte zu drängen, da sich ohne diese die amerikanische Autorität nicht behaupten lasse. Eine Verstärkung der amerikanischen Stellung soll der Isthmuskanal bringen, und zwar wird jetzt der Durchstich der Landenge von Panama in Aussicht genommen anstatt des früher geplanten Nikaraguakanals. Verhandlungen mit Kolumbien sind bereits eingeleitet worden. — Ein Zwischenspiel in der auswärtigen Politik war der Besuch des Prinzen Heinrich von Preußen. Es ist noch unsicher, ob er tiefere Spuren, etwa durch stärkere Zusammenfassung des deutschen Elementes, zurückgelassen hat. Die öffentliche Meinung hat sich bei verschiedenen Gelegenheiten noch recht deutschfeindlich gezeigt. — Im Innern hat die republikanische Partei bei den Repräsentantenwahlen ihre Herrschaft behauptet, und neue politische Aufgaben sind nicht gestellt worden; die Überwachung der Trusts und die Schaffung einer großen Handelsflotte stehen nach wie vor auf der Tagesordnung; daneben ist ein Vertrag mit Kuba zu ratifizieren, der das Schutzzollsystem an einer Stelle durchbricht. — Von großer ökonomischer wie prinzipiell sozialpolitischer Wichtigkeit war ein Ausstand der Kohlenarbeiter in Pennsylvanien. Die Arbeiter in den Anthrazitbezirken verlangten eine Lohnerhöhung um etwa 20 Prozent, die sie mit dem Steigen der Lebensmittel- und Kohlenpreise motivierten; ferner begehrten sie Herabsetzung der Arbeitszeit und Anerkennung ihrer gewerkschaftlichen Organisation. Der Kohlentrust lehnte die Bedingungen ab und sofort wurde der Generalstreik proklamiert; obgleich sich nur die Hartkohlenarbeiter beteiligen, so feierten doch gegen 200 000 Arbeiter (Mai). In den folgenden Wochen mußten viele Hochöfen wegen Kohlenmangel die Arbeit einstellen, trotzdem blieb der Trust fest; die Hitze steigerte sich mit dem Kampfe auf beiden Seiten, die Streikenden übten einen brutalen Terrorismus aus gegen die Arbeitswilligen und an vielen Stellen kam es zu blutigen Kämpfen mit den Milizen. Die öffentliche Meinung nahm überwiegend für die Arbeiter Partei und endlich mischte sich der Präsident Roosevelt in den Kampf ein und appellierte in Besprechungen mit Vertretern der Parteien an ihren Patriotismus, weil der Kohlenmangel zu industriellen Krisen zu führen drohe. Anfangs lehnten zwar die Arbeitgeber jedes Nachgeben ab und namentlich verwarfen sie jede Anerkennung der gewerkschaftlichen Organisation, schließlich aber fügten sie sich dem Druck der öffentlichen Meinung und versprachen, den Spruch eines von Roosevelt einzusetzenden Schiedsgerichts annehmen zu wollen. Damit ließen sie die grundsätzliche Verwerfung der gewerkschaftlichen Organisation fallen, und der Streik hatte nach fünfmonatiger Dauer ein Ende.

In Mittel- und Süd-Amerika sind außer der Venezuelafrage wie gewöhnlich mehrere Bürgerkriege zu verzeichnen. Wichtiger als diese ist die definitive Beendigung des Streites zwischen Argentinien und Chile, die beide den Schiedsspruch des Königs von England anerkannt haben.

Über Afrika ist noch nachzutragen, daß in Abessinien England und Frankreich einen lebhaften Kampf um den vorherrschenden Einfluß auf den Negus Menelik führen. Augenblicklich scheint England durch den egyptisch-abessinischen Vertrag einen Vorsprung erhalten zu haben. In Egypten hat England durch den Ausbau der Wasserwerke bei Assuan ein bedeutendes Werk zur Hebung der Landeskultur vollendet. Die Erhebungen mohammedanischer Fanatiker sind zwar unbequem, scheinen aber nur geringe Kräfte hinter sich zu haben.

In China hat der Hof wieder Besitz von der Regierungsgewalt ergriffen und sogleich mehrere Reformdekrete erlassen. Mehrere von den Mächten besetzte Punkte, wie Tientsin und Schanghai, sind wieder geräumt worden, wobei es anscheinend unter den Mächten selbst nicht ohne diplomatische Irrungen abgegangen ist. — In Australien ist die erste Freude über den neuen Bundesstaat vorüber und die Kritik an seinen Einrichtungen hat sich bereits deutlich vernehmen lassen. Aber ohne Zweifel ist die Kolonie im allgemeinen durchaus imperialistisch gesinnt und ihren wirtschaftlichen Unternehmungsgeist bezeugt das Projekt einer großen transkontinentalen Eisenbahn.

Alphabetisches Register.

(Die Ziffern bedeuten die Seitenzahlen.)

Afrika 323—329.
Uebers. 332, 338.

Deutsche Kolonien. Gouverneur Köhler von Togo † 323 — Haussklaverei in Kamerun 324 — Unruhen in Ostafrika 327 — Abgrenzung nach Französisch-Kamerun 329.

Südafrikanischer Krieg. Flüchtlingslager 323 — Gefangennahme Viljoens 323 — Niederlage Dewets bei Harrysmith 323 — Stärke und Verluste der Buren, Aussichten 323 — Gefangennahme Methuens 324 — Friedensverhandlungen Schalk Burgers 324 — Eisenbahnunglück in Barberton 325 — Friedensschluß, Aufrufe der Buren 325.

Britische Besitzungen. Expedition im Nigergebiet 324 — Cecil Rhodes † 324 — Proklamation an die Kaprebellen 326 — Suspension der Kapverfassung erörtert 327 — Differenzen unter den parlamentarischen Parteien 327 — Kämpfe gegen den Mullah im Somalilande 328 — Aufhebung des Kriegsrechts 329 — Eintritt von Buren ins Heer 329.

Französische Besitzungen. Dampferdienst nach Madagaskar 325 — Tod des Bey von Tunis 327 — Abgrenzung nach Deutsch-Kamerun 329.

Marokko. Fremdenfeindliche Bewegung 326 — Bedrohung Tetuans 329 — Niederlage des Sultans 329.

Portugiesische Besitzungen. Angriff auf Bailundo 327.

Asien 329—331.
Uebers. 335, 339.

China. Einzug des Hofes 329 — Beglaubigungsschreiben der neuen Gesandten 329 — Empfang der Gesandtschaften und ihrer Damen durch den Hof 330 — Edikt über Mischehen zwischen Mandschu und Chinesen 330 — Aufstände 330 — Mandschureivertrag mit Rußland 330 — Verteilung der Kriegsentschädigung 330 — Rückgabe von Tientsin 331 — Aufhebung der Likinzölle 331 — Handelsvertrag mit England 331 — Neuer Zolltarif 331 — Räumung Schanghais 331.

Japan. Untergang von Truppen 329 — Bund mit England 330 — Wahlen 330 — Parlamentsauflösung 331.

Türkisch-Asien. Unruhe unter den Wahabiten 330 — Seeräuberkämpfe im Roten Meer 331 — Kämpfe in Koweit 331.

Persien. Vertrag mit England über eine Telegraphenlinie 329 — Finanzreform 331.

Britisch-Indien. Volkszählung 330 — Kämpfe mit den Waziris 331 — Krönungsfest 331.

Russisch-Asien. Bahnbauten und Truppenverstärkung 330 — Erdbeben 331.
Siam. Erhebungen 330.
Korea. Errichtung einer Gesandtschaft in China 331.

Australien und Südsee 321—323.
Uebers. 362.

Belgien 271—275.
Uebers. 356.

Deutsches Reich 1—184.
Uebers. 339.
Auswärtiges.
Reichstagsdebatte über Chamberlain und die deutsche Armee 1 bis 5 — Debatte über den Dreibund 2 — Depeschenwechsel zwischen dem Kaiser und Roosevelt 8, 50 — Deutsche Schiffahrtsgesellschaften und amerikanische Trusts 23, 68, 92, 118 — Besuch des Prinzen von Wales in Berlin 24 — Depeschenwechsel zwischen dem Kaiser und dem Bürgermeister von Rom 26 — Einschleppung von Viehseuchen 29 — Unterstützung der Buren, Verhandlungen mit der englischen Regierung 35, 51, 127 — Verkehr mit Warschau 36 — Veröffentlichung über die Vorgeschichte des spanisch-amerikanischen Krieges 38 — Reise des Prinzen Heinrich von Preußen nach Amerika 39, 50, 56 — „Norbb. Allg. Ztg." zum Silbernen Papstjubiläum 41 — Reichstagsdebatte über die Chinapolitik, Wegführung der astronomischen Instrumente, Amerikareise Prinz Heinrichs 43 bis 48 — Handelskammern im Auslande 49 — „Norbb. Allg. Ztg." über Schönerer 57 — Besuch des niederländischen Ministers von Kupper in Berlin 60 — Rhodes' Stiftung für deutsche Studierende 61 — Maßregeln gegen fremde Arbeiter 61 —

Reichstagsdebatte über die Zuckerkonvention 73, 103 — Depeschenwechsel zwischen dem Kaiser und Loubet über Martinique 80 — Geschenk einer Friedrichsstatue an die Vereinigten Staaten, Depeschenwechsel mit Roosevelt 81 — internationaler Schutz nützlicher Vögel 85, 99 — Besuch des Schah von Persien 95 — „Figaro" über eine Aeußerung Bülows zur Polenpolitik 95 — Reichstag über das Unglück in Martinique 98 — Zuckerindustrielle zur Brüsseler Konvention 98 — Teilnehmer fremder Deputationen am Kapitel des Johanniterordens in Marienburg, Depeschen des Kaisers nach England und Wien 98, 101 — internationaler Wohnungskongreß 106 — Teilnahme Auswärtiger an der Feier des Germanischen Museums 107 — der Kaiser über Deutschland und den Vatikan 111, 116, 122 — Erneuerung des Dreibundes 120 — Loß über die französische Armee 122 — internationaler Binnenschiffahrtskongreß 125 — Zusammenkunft des Kaisers mit dem russischen Thronfolger 127 — Räumung Tientsins 130 — Zusammenkunft des Kaisers mit Waldeck-Rousseau 130 — Uebersicht über Handelsverträge und Tarifverhandlungen 133 — Reise des Kaisers nach Reval 135 — internationale Weichselregulierung 137 — Besuch des Königs von Italien in Berlin 141 — Ankauf des Lloyd Braziliero durch Hamburger Reeder 141 — Handelsbeziehungen zu Kanada 141 — Fleischnot und Grenzsperre 141, 149, 159 — Anwesenheit russischer Offiziere in Posen 142 — Konflikt mit Haiti 144 — Auskunfterteilung durch Konsulate 144 — Frachtschiffahrt nach dem La Plata 145 — internationale Gesellschaft für soziale Reform 149 — internationale Bekämpfung des Mädchenhandels 151 — Besuch der Burengenerale in Berlin 154 — Besuch des dänischen Kronprinzen in Berlin 160 — Wechsel in der Wiener Botschaft 162 — Reise des Kaisers nach England 162 — Zollvertrag mit Luxemburg 162 — internationale Eisenbahnberatungen 166 — Räumung Shanghais 173 — Verwicklung mit Venezuela 176 — Aussichten der Handelsverträge 180 — „Norddeutsche Allg. Ztg." über die angebliche Absicht, Deutschlands Kolonien in Süd-Amerika zu erwerben 183.

Baden.
Buchenberger über den Zolltarif 18, 155 — Vertrag über die Main-Neckarbahn 19, 85 — Brauer über das Regierungsprogramm 20 — Wahlrechtsfrage 54, 128 — Feier des 50jährigen Regierungsjubiläums des Großherzogs 64 — Einweihung des Karlsruher Rheinhafens 86 — Mannheimer Landwirtschaftsausstellung 99 — Buchenberger über die Finanzlage 106 — Zulassung von Männerklöstern 127 — Generalversammlung der Katholiken Deutschlands 139.

Bayern.
Vereinfachung der Geschäftsordnung 9 — Einheitsmarke und Reservatrecht 18 — Viehseuchen 29 — Gerstenzoll und Zolltarif 42, 156 — Wahlreform 49, 82 — Technische Hochschule in Nürnberg 61 — Pfälzer Eisenbahnen und preußisch-hessische Eisenbahngemeinschaft 61 — Schulbedarfsgesetz 62, 69, 86, 98 — Konfessionelle Agitation 72 — Hirtenbrief gegen den Reformkatholizismus 95 — Lehrfreiheit an den Universitäten 97 — Rundschreiben des Episkopats gegen den Protestantismus 106 — Realgymnasien und juristisches Studium 110 — Konflikt der Universität Würzburg mit der Unterrichtsverwaltung 121 — Wechsel im Kultusministerium 130 — Diskussion des Kultusetats, Abstriche 130, 131, 132, 135, 148 — Wohnungsgeldzuschüsse an Beamte 135 — Landtagsschluß 135 — der Kaiser und Luitpold über die Abstriche am Kultusetat 136 — Abschaffung des Generalshutes 137 — Jubiläum des Germanischen Nationalmuseums 107 — Einmischung des Kaisers in bayerische Verhältnisse 136, 148 — Enthüllung eines Wittelsbacher Denkmals 157 — Versorgung der Städte mit Fleisch 167 — Wechsel im Justizministerium 169.

Bremen.
Abreise Prinz Heinrichs nach New-York 39 — Abkommen des Lloyd mit amerikanischen Trusts 68, 118.

Braunschweig.
Denkschrift und Debatte über das Erbrecht des Herzogs von Cumberland und die Regentschaftsfrage 43, 80, 164.

Denkmalsenthüllungen und andere Feiern.
Abschluß der Siegesallee 1 — Enthüllung eines Gemäldes im Berliner Kunstgewerbemuseum 23 — Enthüllung des Rosenberg-Denkmals 63 — 50jähriges Regierungsjubiläum des Großherzogs von Baden 64 — Jubiläum des Germanischen Nationalmuseums 107 — Jubiläum des Bonner Husarenregiments 108 — Einweihung der Weseler Willibrordkirche 117 — Reliquienausstellung 129 — Enthüllung eines Denkmals der Kaiserin Friedrich 138 — Kaisertage in Posen 142 — Jubiläum der Ballei Brandenburg 151 — Enthüllung eines Wittelsbacherdenkmals 157 — Eröffnung der Universität Münster 158 — Jubiläum der Universität Halle-Wittenberg 160 — Einweihung der Hochschulen für bildende Künste und Musik in Berlin 160 — Einweihung der Kaiser-Wilhelm-Bibliothek 165 — Einweihung der Görlitzer Gedenkhalle 171.

Elsaß-Lothringen.
Aufhebung des Diktaturparagraphen 79, 84, 102.

Evangelische Kirche.

Paritätsfragen an der Universität Straßburg 8 — Toleranzantrag 27, 71 — Beratung des Kultusetats in Preußen 49 — Schulaufsicht in Württemberg 60 — Religionsunterricht in Bayern 62, 69, 86 — moderne Theologie und freie Forschung im preuß. Herrenhause 75 — evangelischsozialer Kongreß 84 — freie kirchlich-soziale Konferenz 69 Tagung der evangelischen Arbeitervereine 85 — Einigung der deutschen Landeskirchen 96 — Einweihung der Willibrordkirche 117 — kirchliches Eigentumsrecht in Hessen 120 Erhöhung des Einkommens der bayerischen Geistlichen 132 — Jubiläum der Ballei Brandenburg 151 — der Kaiser über Weiterbildung der Religion 171 — Religionsunterricht in Württemberg 183.

Finanzen.

Lage der Reichsfinanzen 1, 137 — Preußische Thronrede über die Finanzlage 5 — preußischer Etatvoranschlag 7 — Unterstützung von Veteranen 19, 42 — preußisches Provinzialdotationsgesetz 21 — Diäten für den Reichstag 22, 66 — Zeichnung von Anleihen 23 — Württemb. Finanzetat und Postabkommen 23, 36 — Kosten der Schiffsbauten 28, 32 — Branntweinsteuergesetz 29 — Finanzkonflikt in Sachsen 30 — Kolonialforderungen 42, 49 — Sächsische Warenhaussteuer 49 — Reichsetat 54 — Steuer- und Finanzreform in Hessen 55 — Sächsische Finanzeinrichtungen 56 — Hypothekenbanken in Preußen 61 — Debatte über die preußische Seehandlung 62 — Schaumweinsteuer 63 — Preußischer Etat 66 — Diäten für die Mitglieder der Zollkommission 66 — Staatsleistungen im bayerischen Schulbedarfsgesetz 69 — Zuckersteuergesetz 73, 102 — Eisenbahnen und Finanzen in Sachsen 78 — Kommissionsdiäten für preußische Forstbeamte 59 — Ansiedlungsvorlage im preußischen Osten 84, 86, 99 — Finanzen der deutschen Schiffahrtsgesellschaften 92 — Sächsische Finanzreform 95 — Kredit für Baugenossenschaften in Württemberg 96 — Branntweinsteuer 98 — Buchenberger über die Finanzlage 106 — Eisenbahntarife in Württemberg 116 — Württembergische Steuerreform 119, 120, 130, 167 — Entschuldung des ländlichen Grundbesitzes in Preußen 125 Warenhaussteuer in Württemberg 129 — Abstriche am bayerischen Kultusetat 130, 131, 135 — Erhöhung des Einkommens der bayerischen Geistlichen 132 — Wohnungsgelder für bayerische Beamte 135 — Fehlbetrag im Reichsrechnungsjahr 1901 137 — Bankiertag über den Bankierstand 148 — Frankensteinsche Klausel und Verwendung der Zollerträge 166 Wunsch nach Verminderung der Matrikularbeiträge in Oldenburg 175 — Finanzielle Forderungen an Venezuela 176 — Erhöhung der Personentarife in Sachsen 183.

Hamburg.

Rückkehr Prinz Heinrichs 56 — Abschlüsse der Hamburg-Amerikalinie mit amerikanischen Trusts 68, 92 — Konferenz über Arbeiterwohlfahrtseinrichtungen 72 — Untergang eines Torpedoboots 118 — Untergang des Dampfers Primus 130.

Handels- und Wirtschaftspolitik.

Ursachen der wirtschaftlichen Krisis 1 — Wirtschaftliche Maßregeln zur Hebung des Deutschtums im Osten 9 — Eisenbahnvertrag zwischen Preußen, Hessen und Baden 19, 61, 71, 85, 95, 102 — Kanalfragen 19 — Arbeitslosigkeit 20, 85 — Deutsche Schiffahrtsgesellschaften und amerikanische Trusts, Abkommen 23, 68, 92 — Umgestaltung der preußischen Generalkommission 29 —

Deutsches Reich.

Viehseuchen und Grenzsperren 29 — Schlesische Verkehrsfragen 36 — Vorlage über Nebenbahnen in Preußen 39 — Ankauf von Bergwerken durch Preußen 39, 48 — Reichseisenbahnen und Personentarife 42 — Rheinwerftbauten 49 — Handelskammern im Auslande 50 — Fürst Bismarck und die Getreidezölle von 1887 55 — Baumwollenbau in Kolonien 58 — Maßregeln gegen fremde Arbeiter 61 — Zusammenschluß der Kartelle 61 — Seemannsordnung 66, 69 — Rheinisch-westfälische Gewerbeausstellung 70, 137, 157 — Zuckerkonvention 73, 98, 102 — Preußische und sächsische Eisenbahnen 78 — Fleischbeschaugesetz in Preußen 83 — Ansiedlungsgesetz in den östlichen Provinzen Preußens 84, 86 — Verstaatlichung von Bergwerken 85 — Schutz nützlicher Vögel 85, 99 — Karlsruher Rheinhafen 86 — Zuckerindustrie und Brüsseler Konvention 98 — Landwirtschaftsausstellung in Mannheim 99 — Süßstoffgesetz 102 — Handelskammern gegen Gerichtsferien 106 — Fleischbeschaugesetz 106, 110 — Württembergische Eisenbahntarife 116 — Wechsel im preußischen Ministerium der öffentlichen Arbeiten 119 — Binnenschiffahrtskongreß 125 — Entschuldung des ländlichen Grundbesitzes in Preußen 125 — Hafeneinweihung in Emden 131 — Uebersicht über die deutschen Handelsverträge 133 — Weichselregulierung 137 — Ankauf des Lloyd Braziliero 141 — Handel mit Kanada 141 — Fleischpreise 141, 149, 158 — Auskunftserteilung der Konsulate 144 — Zentralverband deutscher Industrieller und Zolltarif 144 — Frachtverkehr nach dem La Plata 145 — Kolonialkongreß 151 — Bauernverein und Zolltarif 151 — Verlängerung des Zollvereinsvertrags mit Luxemburg 162 — Enquete über das Kartellwesen 165 — internationale Eisenbahnberatungen 166 — Versorgung der bayerischen Städte mit Fleisch 167 — Bauernbund gegen Erhöhung des Gerstenzolles 175 — Zolltarif und Aussichten der Handelsverträge 180 — Bund der Landwirte und Zolltarif 183.

Zolltarif. Diskussion in der Badischen Kammer 18 — Obstruktion in der Kommission 19 — Diskussion im preußischen Abgeordnetenhause 19 — Diskussion über die Einigkeit der Regierungen 30, 34, 42 — Diskussion auf der Generalversammlung des Bundes der Landwirte 37 — Wechsel im Vorsitz der Kommission 39 — Kompromißvorschlag in der Kommission 40 — Gerstenzoll in der Bayerischen Kammer 42 — Zölle auf Blumen und Gemüse, Konflikt zwischen Regierung und Agrariern 53 — Diskussion in der hessischen Kammer 59 — Zolltarif und Wahlparole 59 — Ministerkonferenzen 60 — Diäten für die Kommissionsmitglieder 64, 66 — Diskussion im sächsischen Landtag 69 — Beschluß eines Städtetages 80 — Diskussion im preußischen Abgeordnetenhause 96, 98 — Posadowsky in der Kommission gegen Erhöhungen 131 — Schluß der ersten Kommissionslesung 136 — Fleischnot, Grenzsperren, Viehzölle in der Kommission 149 — Schluß der Kommissionsberatung 150 — 2. Beratung im Plenum 152, 155, 158, 162, 165, 166, 169, 170, 172, 174, 175, Annahme 176 — Beratung und Annahme in 3. Beratung 178 — Bund der Landwirte und Zolltarif 183 — Redestatistik 181 — Annahme im Bundesrat 181.

Heer und Flotte.

Chamberlain und die deutsche Armee 1 — Prozeß Krosigk 7, 40 — Veteranenunterstützung 19, 42 — Ernennung des Prinzen von Wales zum Chef des 8. Kürassierregiments 24 — Neubenennung von Truppenteilen 25 Geheimerlaß des Staatssekretärs über den Ausbau der Flotte 28, 32 — 25jähriges Militärjubiläum des Kaisers 36 — Beratung des Militäretats, Duelle 40 — Fritz Hoenig † 53 — Denkmal für Rosenberg 63 — Abiturienten der Oberrealschulen und Offizierslaufbahn 70 — Wehrpflicht in den afrikanischen Schutzgebieten 72 — 50jähriges Jubiläum der Bonner Husaren, Rede des Kaisers 108 — Erlaß an die sächsische Armee 114 — Armeebefehl nach dem Tode des Königs von Sachsen 114 — Untergang eines Torpedobootes 118 — General Loë über Konfessionalismus in der Armee, die Eigenschaften der französischen Armee 122 — Abschaffung des bayerischen Generalstabes 137, 148 — der Kaiser über das 5. Korps 143 — Aufhebung des Rayongesetzes in Posen 142 — Sozialdemokratie und Militarismus, Kavallerieattacken 147 — neue Kriegsartikel 149 — Rekrutenvereidigung, Rede des Kaisers 161 — Rückkehr der Shanghaier Besatzung 173 — Stapellauf des Linienschiffes „Braunschweig" 183.

Hessen.

Main-Neckarbahnvertrag 19, 102 — Steuer- und Finanzfragen 55 — Verkehr des Großherzogs mit Sozialdemokraten 58 — Rothe über den Zolltarif 59 — Wahlreform 72, 117, 127 — Wohnungsfürsorge 120 — Regelung des kirchlichen Eigentumsrechts 120.

Justiz.

Prozeß Krosigk 7, 40 — Vorbereitung zum Justizdienst in Preußen 22, 32, 60 — Bestimmungen über die Zulassung zum juristischen Studium in Preußen 29, 59 — Strafvollzugsfragen 36 — Frauenrechtsbewegung 57 — Gerichtsstand der Presse 63 — Ausbildung der Verwaltungsbeamten in Preußen 79 — Juristisches Studium und Realabiturienten in Bayern 82, 110 — Präsident Kuegler † 85 — Professor v. Mandry † 96 — Beseitigung der Gerichtsferien 106 — kirchliches Eigentumsrecht in Hessen 120 — neue Kriegsartikel 149 — Abänderung des Vereinsrechts 150, 151 — Trakehner Lehrerprozeß 158 — Anklage gegen den „Vorwärts" wegen Krupp 167 — Wechsel im bayerischen Justizministerium 169 — Behandlung vorzuführender Gefangener in Preußen 174.

Katholische Kirche.

Paritätsfragen an der Universität Straßburg 8 — Religionsunterricht in Posen und Westpreußen 11, 59 — Diskussion über das Jesuitengesetz 26 — Toleranzantrag 27, 71, 99 — Geistliche Schulaufsicht in Württemberg 40, 60 — Silbernes Papstjubiläum 41 — Beratung des Kultusetats in Preußen 49 — Polen und katholische Geistlichkeit 57, 72 — Religionsunterricht in Bayern 62, 69, 86 — Los von Rom in Bayern 72 — Polnische Geistlichkeit und Ansiedlungsgesetz 92 — Bayerischer Hirtenbrief gegen den Reformkatholizismus 95 — Tagung katholischer Arbeitervereine 83 — Rundschreiben des bayerischen Episkopats 106 — Stellung der Katholiken in Deutschland, Ansicht des Vatikans 111, 116, 122 — kirchliches Eigentumsrecht in Hessen 120 — Männerklöster in Baden 127 — Reliquienausstellung 129 — Erhöhung des Einkommens der bayerischen Geistlichen 132 — Agitation der Altkatholiken 135 — religiöser und politischer Katholizismus 139 — katholische Kirche und Sozialdemokratie 147 — Kölner Erzbischofswahl 162 — Weiterbildung der Religion 171 — Religionsunterricht in Württemberg 183.

Kolonialpolitik.

Ablehnung der Weiterführung der Usambarabahn 42 — Weiterführung des Telegraphen von Dar-es-Salaam nach Tabora 49 — Baumwollenbau 58 — Wehrpflicht in den afrikanischen Schutzgebieten 72 — Kolonialkongreß 151.

Kunst, Wissenschaft, Unterricht.

Der Kaiser über den Abschluß der Siegesallee 1 — evangelische und katholische Dozenten in Straßburg, Konfessionalismus in der Wissenschaft, historische Leistungen der Katholiken 8 — Unterricht und Polenfrage 9 bis 18, 96 — Juristisches Studium in Preußen 22, 29, 32, 59, 60, 79 — der Kaiser über die Kunst 23 — Geschenk einer Goethestatue nach Rom 26 — Verunstaltung landschaftlich hervorragender Gegenden 29 — Frage der Errichtung einer Universität in Posen 30 — Petition für geistliche Schulaufsicht in Württemberg 40 — Kultusdebatte im preußischen Abgeordnetenhause 49 — Hermann Allmers † 49 — Fritz Hönig † 53 — Diskussion über den preußischen Ministerialdirektor Kuegler 54 — Vorträge von „Naturärzten" 56 — Religionsunterricht in Wreschen 59 — Volksschulgesetzentwurf in Württemberg 60, 130, 162 — Rhodesstipendium für Studenten 61 — technische Hochschule für Nürnberg 61 — Schulbedarfsgesetz in Bayern 62, 69, 86, 98 — 70. Geburtstag von Wilhelm Busch 63 — Abiturienten von preußischen Oberrealschulen und Offizierlaufbahn 70 — Schule und Bekämpfung der Trunksucht 70 — Preußisches Herrenhaus über evangelische Theologie und freie Forschung 75 — Geschenk einer Statue Friedrichs des Großen an die Vereinigten Staaten 81 — Juristisches Studium in Bayern 82, 110 — Lehrerversammlung über gewerbliche Kinderarbeit 83 — Professor v. Mandry † 96 — Lehrfreiheit in der bayerischen Kammer 97 — 50jähriges Jubiläum des Germanischen Nationalmuseums 107 — der Kaiser über das deutsche Mittelalter 111 — Würzburger Universitätskonflikt 121 — Reliquien und Wissenschaft 129 — Wechsel im bayerischen Kultusministerium 130 — Abstriche am bayerischen Kultusetat 130, 131, 132, 135, 136, 148 — Katholizismus und Forschung 139 — Professor Virchow † 144 — Professor Dümmler † 145 — deutsche Sprache im Osten 146 — Kolonialkongreß 151 — Bekämpfung der Geschlechtskrankheiten 158 — Trakehner Lehrerprozeß 158 — Einweihung der Universität Münster 158 — Jubiläum der Universität Halle-Wittenberg 160 — Einweihung der neuen Hochschule für bildende Künste und Musik 160 — Einweihung der Posener Kaiser Wilhelmsbibliothek 165 — Kaiser Friedrich-Museum und Gedenkhalle in Görlitz 171 — Religionsunterricht in den Württembergischen Volksschulen 183.

Mecklenburg-Schwerin.

Besuch des Kaisers 132.

Oldenburg.

Verminderung der Matrikularbeiträge 175.

Parteiwesen.

Konfessionalismus und Wissenschaft 8 — Polenfrage 9, 30, 49, 57, 72, 84, 86, 95, 99, 132, 142, 146, 183 — Ministerernennung in Preußen 19 — Bundesrat und Reichstag 22 — Toleranzantrag 27, 70 — Geheimerlaß über den Ausbau der Flotte 28, 32 — Einigkeit der Regierungen in der Zollfrage 30, 42, 54, 98 — Finanzkonflikt in Sachsen 30 — Diskussion der Vorgeschichte des spanisch-amerikanischen Krieges 38 — Duellfrage 40 — Kompromißversuch in der Zollfrage 41 — Wahlbeeinflussungen und Versammlungsrecht in Preußen 41 — Wahlgesetzreform in Bayern 49, 82 — Wahlrechtsfragen und Beamtenagitation in Baden 54 — Unterrichtsfrage in Preußen 54 — Frauenrechtsbewegung 57 — Kritik des Verkehrs zwischen dem Großherzog von Hessen und Sozialdemokraten 58 — Kritik der Rhodesstiftung 61 — Zusammenschluß der Kartelle 61 — Diäten für Zollkommission und Reichstag 64, 66 — Schulbedarfsgesetz in Bayern 62, 69, 86 — kirchlich-soziale Konferenz 69 — konfessionelle Agitation in Bayern 72 — Wahlreform in Hessen 72 — moderne Theologie und freie Forschung 75 — Sächsische Preßangriffe auf Preußen 79 — Aufhebung des Diktaturparagraphen 79, 84, 102 — Städte gegen Zolltarif 80 — Generalversammlung der deutschen Bergarbeiter 82 — internationaler Bergarbeiterkongreß und Generalstreit 85 — evangelische Arbeitervereine 85 — evangelisch-sozialer Kongreß 84 — Reden des Kaisers und Loés über den Vatikan und Deutschland 116, 125 — Debatten über persönliches Regiment 121 — Konflikt an der Universität Würzburg 121 — Kongreß der christlichen Gewerkschaften 125 — Streit um Zulassung der Männerklöster in Baden 127 — Lehrfreiheit der Hochschulen in der bayerischen Kammer 97 — Wechsel im bayerischen Kultusministerium 130 — Abschaffung des bayerischen Generalschutes 137 — Fleischnotfrage 141, 149 — Genossenschaftstag 144 — Zolltarif und monarchische Gesinnung 144 — deutscher Ostmarkentag 146 — Bayern und der Kaiser 148 — Bund deutscher Frauenvereine 150 — Bauernvereine und Zolltarif 151 — Burenagitation und Burenaudienz 154 — Obstruktion 152, 155, 162, 164, 172, 175, 178 — Fortschrittliche Katholiken 158 — Trakehner Beleidigungsprozeß 158

— Aenderung der Geschäftsordnung im Reichstage 162, 163, 164, 175 — Verständigung in der Zollfrage 165, 169, 170, 172, 175 — Diskussion der Vorwürfe gegen Krupp 167 — Erörterung über Freiheit und Religion 172 — Kaiser und Arbeiter 174, 175 — Statistik der Reden zum Zolltarif 181 — Liberal-sozialdemokratisches Bündnis zum Schutze der Verfassung 182 — Gerüchte über Aenderung der Geschäftsordnung im Reichstage 183 — Bund der Landwirte und Konservative über den Zolltarif 183.

Bund der Landwirte. Generalversammlung, Angriffe auf die Wirtschaftspolitik 37 — Zölle auf Blumen und Gemüse 53 — gegen Verständigung in der Zollfrage 59, 158, 165 — Zwist mit Konservativen 183.

Christlich-Soziale. Parteitag 150.

Konservative und Reichspartei. Zum Zolltarif 30, 41, 96, 154 — monarchische Gesinnung und Zolltarif 144 · Fehde mit dem Bund der Landwirte 183.

Nationalliberale. Bennigsen † 135 — zum Zolltarif 172 — Parteitag 150.

Polen. Hakatisten und Polen 18, 99, 146 — deutscher Religionsunterricht 59 — nationale Forderungen der „Gazeta Grudziązka" 65 — Ansiedlungsgesetz 84, 86 — Weigerung, an den Posener Kaisertagen teilzunehmen 128 — Fall Löhning 132 — Oberschlesische Verhältnisse 134.

Sozialdemokratie. Obstruktion in der Zollkommission 19 — Geheimerlaß über den Ausbau der Flotte 28, 32 — Verkehr des Großherzogs von Hessen mit Sozialdemokraten 58 — zur Seemannsordnung 66, 69 - polnische Sozialdemokraten 134 — Konsumvereine und Genossenschaften 144 — Parteitag 146 — Vorwürfe gegen Krupp 167 — der Kaiser über Sozialdemokratie und Arbeiter 174 — Reden zum Zolltarif 181.

Welfen. Erbrecht des Herzogs von Kumberland und Regentschaft in Braunschweig 43, 80, 164.

Zentrum. Katholiken an der Universität Straßburg 9 — Postübereinkommen zwischen Württemberg und dem Reiche 23, 36, 49 — Jesuitengesetz 26 — Toleranzantrag 27, 99 — zum Zolltarif 30, 98, 154, 158 — Paritätsfragen 49 — über Ministerialdirektor Kuegler 54 — Angebliches Angebot eines Staatsamtes an Lieber 60 — zum Schulbedarfsgesetz in Bayern 62, 68 — Los von Rom in Bayern 72 — katholische Arbeitervereine 83 — Stellung des Vatikans zu Deutschland 116 — Wechsel im bayerischen Kultusministerium 130 — Württembergisches Volksschulgesetz 130 — Abstriche am bayerischen Kultusetat 130, 131, 132, 135, 136, 148 — Polen in Oberschlesien 134 — Generalversammlung der Katholiken Deutschlands 139 — Verhandlungen mit den Elsässern 141 — Antrag auf Verwendung der Zollerträge 166.

Personalien.

Kaiser **Wilhelm II.** Erlaß über die Neujahrsgratulation und den Abschluß der Siegesallee 1 — Depeschenwechsel mit Roosevelt 8, 50 — über die Kunst 23 — Begrüßung des Prinzen von Wales 24 — Erlasse über Neubenennung von Truppenteilen 25 — schenkt der Stadt Rom eine Goethestatue, Telegramm an den Bürgermeister von Rom 26 — 25jähriges Militärjubiläum, Briefwechsel mit Prinz Luitpold 36 — zum spanisch-amerikanischen Kriege 39 — Empfang des Prinzen Heinrich 56 — Telegramm an Wilhelm Busch 63 — Enthüllung eines Rosenberg-Denkmals, Rede auf die Reiterei 63 — Rede auf den Großherzog von Baden 64 — Erlaß über Aufhebung des Diktaturparagraphen 79 — Depeschenwechsel mit Loubet über Martinique 80 — Depeschenwechsel mit Roosevelt, Geschenk einer Statue Friedrichs des Großen an die Vereinigten Staaten 81 — Empfang des elsaß-lothringischen Landesausschusses, Aufhebung des Diktaturparagraphen 84 — Empfang des Schah von Persien 95 — Reden in Marienburg über den deutschen Orden und polnischen Uebermut 99 — Teilnahme am Jubiläum des Germanischen Nationalmuseums 107 — Teilnahme am Jubiläum der Bonner Husaren 108 — Reden auf dem Festkommers des Korps Borussia 109 — Besuch in Aachen, Rede über Karl den Großen, Deutschland und den Vatikan 111 — Erlaß beim Tode König Alberts 114 — Besuch in Krefeld, Rede 115 — Besuch in Mörs, Rede 115 — Besuch in Wesel, Rede 117 — Empfang des russischen Thronfolgers 127 — Nordlandsreise, Zusammentreffen mit Waldeck-Rousseau 130 — Besuch in Emden, Rede 131 — Besuch in Schwerin, Rede 132 — Reise nach Reval 135 — Depeschenwechsel mit Prinz Luitpold über die Abstriche am bayerischen Kultusetat 136 — Besuch der Düsseldorfer Ausstellung, Rede 137 — Enthüllung eines Denkmals der Kaiserin Friedrich, Ansprache 138 — Rede an die Brandenburger 140 — Empfang des Königs von Italien, Rede 140 — Aufenthalt in Posen, Reden über die Entwicklung Posens, Verhältnis zu Rußland, Polenpolitik 142 — Erlaß über Posener Aufenthalt 145 — Handschreiben über die Ballei Brandenburg an den Johanniterorden 151 — Frage des Burenempfangs 154 — Enthüllung eines Denkmals des Großen Kurfürsten, Rede 156 — Empfang des dänischen Kronprinzen 160 — Einweihung der neuen Hochschulen für bildende Künste und Musik 160 — Rekrutenvereidigung, Rede

24*

161 — Reise nach England 162 — Begräbnis Krupps, Rede 168 — Einweihung der Görlitzer Gedenkhalle, Rede über Pflicht, Freiheit, Religion 171 — Empfang von Arbeitern, Rede gegen die Sozialdemokratie 174.

Prinz Heinrich von Preußen. Reise nach Nord-Amerika 39 — Rückkehr 56.

Prinz Albrecht von Preußen. Teilnahme am Ordenskapitel in Marienburg 100.

Prinz Georg von Preußen † 72.

Prinzregent Luitpold von Bayern. Brief an den Kaiser beim 25jährigen Militärjubiläum des Kaisers 36 — Depeschenwechsel mit dem Kaiser über die Abstriche am Kultusetat 136.

Prinz Ludwig von Bayern. Für Konfessionsschulen 86.

König Albert von Sachsen † 113.

König Georg von Sachsen. Thronbesteigung 113 — Erlasse 113.

Kronprinzessin Luise von Sachsen. Entfernung aus Sachsen 183.

Großherzog Friedrich von Baden. Fünfzigjähriges Regierungsjubiläum 64 — Einweihung des Karlsruher Rheinhafens 86.

Großherzog Ernst Ludwig von Hessen. Verkehr mit sozialdemokratischen Abgeordneten 58.

Fürst Heinrich XXII. von Reuß ä. L. † 63.

Abg. Aichbichler. Antrag auf Aenderung der namentlichen Abstimmungen 162, 163.

Dichter Hermann Allmers † 49.

Abg. Antrick. Obstruktionsreden zum Zolltarif 155, 181.

Abg. Auer. Sozialdemokratie und preußische Landtagswahlen 146.

Abg. Bachem. Reichsfinanzen und Anleihe 4 — Fall Spahn, evangelische und katholische Geschichtswissenschaft 8, 9 — Jesuitenfrage 27 — staatsbürgerliche und dogmatische Toleranz 70 — Konflikt mit den Sozialdemokraten 170.

Abg. Präsident Graf Ballestrem ruft Liebermann von Sonnenberg zur Ordnung 4 — zum Unglück auf Martinique 98 — Mahnung zur Ruhe 179.

Präsident des preußischen Oberkirchenrats Barkhausen. Besetzung der theologischen Lehrstühle 76.

Abg. Barth über Reichstag und Bundesrat 22 — Antrag auf Aenderung der preußischen Landtagswahlkreise 101 — Unmöglichkeit der Handelsverträge 180.

Abg. Bassermann. Reichsfinanzen und Einzelstaaten 4 — Diäten für die Zollkommission 68 — Liberale Politik und Zollfrage 151 — Aenderung der namentlichen Abstimmungen 163, 164, — zum Verständigungsantrage Kardorff 175.

Abg. Bebel. Militarismus, Kaisermanöver 147 — Fleischpreise, Zölle und Grenzsperre 159 — Aufhebung des Diktaturparagraphen 102 — Aenderung der namentlichen Abstimmungen 163 — Obstruktion bei Etatsberatungen 163 — gegen den Verständigungsantrag Kardorff 170 — Obstruktion und freisinnige Volkspartei 173.

Prälat Bellesheim. Ansprache an den Kaiser 113 — Reliquienausstellung 129.

Früherer Abg. v. Bennigsen † 135.

Abg. Graf Bernstorff. Religiöse Erziehung von Kindern gemischter Ehen 70.

Preußischer Unterstaatssekretär v. Bischoffshausen. Bekämpfung der Trunksucht 71.

Prof. Braig. Wissenschaft und katholischer Glaube 139.

Bab. Ministerpräs. v. Brauer. Programm 20 — zum Wahlrecht 128.

Bab. Finanzminister Buchenberger über den Zolltarif 18, 155 — Finanzlage 106.

Deutsches Reich.

Generalmajor Budde. Ernennung zum preußischen Minister der öffentlichen Arbeiten 119.

Reichskanzler Graf Bülow über Chamberlain und die deutsche Armee, Dreibund, Oesterreich 1, 4 — Eröffnung des preußischen Landtags, Thronrede 5 — Programmrede zur Polenfrage 9 bis 18 — Ministerernennungen, Kanalfrage 20 — Verhältnis zwischen Bundesrat und Regierung 22 — über Zollschutz im Landwirtschaftsrat 34 — zum spanisch-amerikanischen Kriege 38 — Chinafragen, Weltpolitik, Reise Prinz Heinrichs nach Amerika, südafrikanischer Krieg 44 bis 48 — Empfang einer Deputation von Frauenrechtlerinnen 57 - Begründung der Zuckerkonvention 73 — Begründung der Polenvorlage 86, 95, 103 — Aufhebung des Diktaturparagraphen 102 — über die Rede des Kaisers in Marienburg 102 — Erneuerung des Dreibundes 120 — gegen die Erhöhung der Getreidezölle 96, 98, 152, 156 — zum Verständigungsantrage Kardorff 175 — zur dritten Beratung des Zolltarifs, Annahme durch die Regierungen 178 — Aussichten der Handelsverträge 180.

Schriftsteller Wilhelm Busch. 70. Geburtstag 63.

Vizepräsident Abg. Büsing. Vorsitzender des nationalliberalen Parteitags 151 — Unterbrechung der Reichstagssitzung 170.

Redakteur Cardauns. Vorsitz auf der Katholikenversammlung 139.

Abg. Casselmann gegen die Einschränkung der Forschungsfreiheit 97.

Bayer. Ministerpräsident Graf v. Crailsheim. Einheitsmarke und Reservatrecht 18 — pfälzische Eisenbahnen und preußisch-hessische Eisenbahngemeinschaft 61 — Kultusetat 130.

Braunschweig. Bevollmächtigter v. Cramm-Burgdorf. Freiheit der Religionsübung 27.

Abg. v. Czarlinski. Polenpolitik und Strafmandate 99.

Abg. Dr. Daller gegen voraussetzungslose Wissenschaft 97.

Oberbürgermeister Delbrück für das Ansiedlungsgesetz 106 — Ernennung zum Oberpräsidenten von Westpreußen 150.

Abg. Graf Douglas. Bekämpfung der Trunksucht 70.

Preuß. Generalsuperintendent Dryander. Moderne Theologie und freie Forschung 77.

Prof. Dümmler † 145.

Frhr. v. Durant. Moderne Theologie und freie Forschung 75, 77.

Abg. Ehlers zur Polenpolitik 92.

Prof. Esser. Politischer und religiöser Katholizismus 139.

Kanonikus Fischer. Reliquienverehrung 129 — Wahl zum Erzbischof von Köln 162.

Abg. Fritzen zur Polenfrage 18, 91 — Lage der Industrie und Kohlenpreise 19.

Abg. Gamp. Beschränkung der Freizügigkeit 20 — Zoll auf Gemüse und Blumen 54 - Annahme des Zolltarifs unter Vorbehalt 180.

Abg. Gerisch über die sozialdemokratische Parteikasse 147.

Abg. Geyer gegen den Antrag Kardorff 170.

Abg. Glebocki. Ausnahmegesetze in Posen 102.

Abg. Görbeler über die deutsche Sprache im Osten 18.

Oberpräsident v. Goßler † 150.

Abg. Gothein zum Zolltarif 154.

Abg. Gradnauer gegen die Chinapolitik und die Reise Prinz Heinrichs nach Amerika 46.

Abg. Gröber. Antrag zum Postvertrag zwischen Württemberg und dem Reiche 49 — Aenderung der Geschäftsordnung im Reichstage 175.

Abg. Hahn. Bestand des Bundes der Landwirte 38.

Preuß. Minister des Innern

Frhr. v. Hammerstein. Beteiligung von Frauen an politischen Versammlungen 72 — Kommunalabgaben auf Brot und Fleischwaren 166.

Abg. Hasse. Chinafragen 44.

Abg. Heim. Gerstenzölle 43 — Seuchengefahr und Grenzsperre 149 — Cliquen in Professorenkreisen 97.

Abg. Heine. Obstruktion gegen Aenderung der Geschäftsordnung 164.

Abg. Herold. Grenzsperre und Fleischzölle 150 — gegen agrarische Forderungen 155, 159 — zum Zolltarif 97 — Verständigungsantrag 178.

Abg. Frhr. v. Hertling. Chinafragen 43 — Diäten für die Zollkommission 68.

Staatssekr. a. D. Herzog † 58.

Abg. v. Heydebrand u. der Lasa zur Polenfrage 18 — Not der Landwirtschaft 19 — zum Zolltarif 97.

Abg. Heyl v. Herrnsheim. Gewerbliche Kinderarbeit 64 — Resolution über Meistbegünstigungsverträge 178.

Abg. Hieber zum Toleranzantrag 70.

Abg. Hitze. Arbeitslosenversicherung 20 — Kinderschutz im Gewerbe 64.

Abg. Hobrecht. Polenfrage 9.

Militärschriftsteller Hoenig † 53.

Graf Wilhelm Hoensbroech. Kritik der polnischen Bestrebungen 57, 72 — für das Ansiedlungsgesetz 106.

Abg. Graf Hompesch zur dritten Beratung des Zolltarifs 180.

Abg. v. Jazdzewski. Polenfrage, Fall Wreschen 10.

Abg. Imwalle. Ankauf neuer Bergwerke 48.

Prof. Kahl. Ultramontanismus und freie Forschung 151.

Abg. Graf Kanitz. Verwendung der Mehrerträge der Zölle 167.

Abg. v. Kardorff. Reichsfinanzen 4 — legt den Vorsitz der Zollkommission nieder 39 — Zolltarif und Obstruktion 154 — Verständigungsantrag zum Zolltarif 170, 172, 175 — Austritt aus dem Bunde der Landwirte 184.

Staatssekr. für Elsaß-Lothringen v. Köller. Konfessionelle Verhältnisse an der Universität Straßburg 8.

Abg. Kopsch zur Polenfrage 18.

Abg. v. Koscielski gegen das Ansiedlungsgesetz 103.

Abg. v. Kröcher für den Verständigungsantrag Kardorff 173.

Fabrikant Friedrich Alfred Krupp. Tod 167, Begräbnis 168.

Ministerialdirektor Kuegler. Ernennung 54 — Haltung in der Volksschulfrage 54 — Tod 85.

Niederländ. Minister Kuyper. Besuch in Berlin 60.

Bayer. Kultusmin. v. Landmann. Religionsunterricht in Volksschulen 62 — Würzburger Universitätskonflikt 121 — Realgymnasialabiturienten und juristisches Studium 82, 110 — Mißtrauensvotum der Liberalen 86 — über Konfessionalismus und Wissenschaft 97 — Rücktritt 130.

Mecklenburg. Bevollmächtigter Langfeld. Freiheit der Religionsübung 27.

Bayer. Justizmin. Leonrod. Rücktritt 169.

Abg. v. Levetzow. Diäten für die Zollkommission 68.

Abg. Dr. Lieber † 59 — Preßdiskussion über ein ihm angebotenes Amt 60.

Abg. Liebermann v. Sonnenberg über Chamberlain, Ordnungsruf 4.

Abg. Graf Limburg-Stirum. Verständigung im Zolltarif 59 — für Erhöhung der landwirtschaftlichen Zölle 96 — Aenderung der namentlichen Abstimmung 164 — Handelsverträge und Zollkrieg 169.

Generaloberst v. Loë über Kon-

Deutsches Reich.

fessionalismus, Vatikan u. Deutschland, französische Armee 122.
Prof. Loening. Moderne Theologie und freie Forschung 76.
Geh. Rat Löhning. Pensionierung, Polenfrage und Beamtentum 132.
Abg. Lückhoff. Tätigkeit des Burenhilfsbundes 35.
Pr. Staatsmin. a. D. v. Lucius. Fürst Bismarck und die Getreidezölle von 1887 55.
Prof. v. Maudry † 96.
Sächs. Ministerpräs. v. Metzsch über Etatsüberschreitungen und Indemnität 31 — Zölle und Landwirtschaft 69.
Bayer. Justizmin. Miltner. Ernennung 169.
Abg. Graf Mirbach. Fürst Bismarck und Getreidezölle 55.
Abg. Mollenbuhr. Verwendung der Mehrerträge der Zölle 167 — Vergewaltigung der Sozialdemokraten beim Zolltarif 180.
Preuß. Handelsmin. Möller. Ankauf neuer Bergwerke 48.
Prof. Mommsen. Aufruf zu einem liberal-sozialdemokratischen Bündnis zum Schutze der Verfassung 182.
Botschafter a. D. Fürst Münster † 59.
Staatssekr. des Reichsjustizamts Nieberding über Strafvollzug 36.
Abg. Nölle zur Kanalvorlage 19.
Abg. Oertel zum Toleranzantrag 70.
Abg. v. Oldenburg über Viehzölle 159.
Abg. Graf Oriola. Zolltarif und Bundesrat 59.
Braunschweig. Staatsminister Dr. Otto über die Rechte des Herzogs von Cumberland 80.
Sächs. Justizminister Otto. Ernennung 32.
Abg. Paasche. Anfangstermin des Zolltarifs 169.
Abg. Pachnicke. Kinderschutz im Gewerbe 64 — Fleischsteuerung und Grenzsperre 149 — Änderung der namentlichen Abstimmung 163.
Abg. v. Pappenheim. Kontraktbruch ländlicher Arbeiter 98.
Abg. Pichler. Grenzen der Forschungsfreiheit 97.
Württemb. Minister des Innern v. Pischek. Bauern und Getreidepreise 156.
Preuß. Landwirtschaftsminister v. Podbielski über Umgestaltung der Generalkommissionen 29 — Einschleppung von Viehseuchen 29 — Beratung über Hypothekenbanken 61 — Kontraktbruch ländlicher Arbeiter 98 — Denkschrift über Entschuldung des ländlichen Grundbesitzes 125 — Fleischpreise und Grenzsperre 142, 149 — über Tierärzte und Seuchen 159.
Bayer. Kultusmin. Frhr. v. Podewils. Ernennung 130.
Staatssekr. des Reichsamts des Innern Graf Posadowsky. Arbeitslosenversicherung 20 — Jesuitengesetz 26 — Freiheit des Religionsbekenntnisses 27 — gegen die Erhöhung der Getreidezölle 40, 131 — Konferenzen über die Zollfrage 60 — Diäten für die Zollkommission 66 — Mindestzölle für Vieh 149, 150, 159 — Kommunalabgaben auf Brot und Fleisch 166 — Anfangstermin des Zolltarifs 169.
Fürst Radziwill. Polen und katholische Geistlichkeit 72.
Abg. Rettich übernimmt den Vorsitz der Zollkommission 39 — Verwendung der Mehrerträge der Zölle 166.
Preuß. Finanzminister Frhr. v. Rheinbaben. Etatsrede, Ehrung Miquels 7 — Seehandlung und Geldmarkt 62 — Polenpolitik und Ueberdeutschtum 92 — Polenpolitik und Strafmandate 99.
Abg. Richter. Reichsfinanzverwaltung 4 — Ministerernennungen, Kanalfrage 20 — China- und Weltpolitik 44 — Seehandlung und Geldmarkt 62 — Diäten für die Zollkommission 68 — zum Toleranzantrag 70 — Polenpolitik

und Ueberdeutschtum 92 — Aenderung der namentlichen Abstimmung 163 — gegen den Verständigungsantrag Kardorff 170, 173 — gegen die Obstruktion 172 — Mißtrauensvotum gegen Bülow 180.

Abg. Frhr. v. Richthofen. Kinderschutz im Gewerbe 64.

Staatssekr. des Ausw. v. Richthofen. Unterstützung des Burenhilfsbundes 35, 51 — Zoll auf Gemüse und Blumen 53 — Empfang Kuypers 60.

Abg. Rickert. Tod 161.

Bayer. Finanzmin. Frhr. v. Riebel. Gerstenzölle 43, 156.

Abg. Riff. Reform der Personentarife 42.

Abg. Ring. Einschleppung von Viehseuchen 29.

Abg. Rosenow zum Zolltarif 147.

Abg. Rösicke-Kaiserslautern. Angriffe auf den Kanzler 37.

Abg. Rösicke-Dessau. Verwendung der Mehrerträge der Zölle 166.

Hess. Staatsmin. Rothe. Zolltarif und Bundesrat 59.

Sächs. Finanzmin. Rüger. Ernennung 32 — Kritik der sächsischen Finanzverwaltung 56 — preußische und sächsische Eisenbahnverwaltung 79.

Abg. Sattler. Fall Spahn, evangelische und katholische Geschichtswissenschaft 8 — zum Toleranzantrag 70 — zum Zolltarif 156 — zur Polenpolitik 92 — für den Verständigungsantrag Kardorff 173.

Abg. Schädler zum bayerischen Kultusetat 131 — Arbeiter, Staat und Kirche 139 — Bayern und der Kaiser 148.

Bad. Min. d. Innern Schenkel. Direktes Wahlrecht und Beamtenagitation 54, 128.

Abg. Schrader zum Toleranzantrag 70.

Abg. Graf Schwerin. Kompromißantrag in den Getreidezöllen 40 — zum Zolltarif 156.

Abg. Segitz zum bayerischen Kultusetat 130.

Abg. Semler. Zolltarif und Zollkrieg 159.

Abg. Sieg. Fleischpreise und Grenzsperre 149.

Erzbischof Simar von Köln † 85.

Abg. Singer. Diäten für die Zollkommission 67 — Aenderung der namentlichen Abstimmung 163 — gegen den Verständigungsantrag Kardorff, dreimaliger Ordnungsruf 170 — Ausschluß aus der Sitzung 174.

Abg. Spahn. Aufhebung des Jesuitengesetzes 26 — Aenderung der namentlichen Abstimmung 163 — Anfangstermin des Zolltarifs 169 — zum Verständigungsantrag Kardorff 170.

Abg. Speck. Mindestzölle für Vieh 150 — Resolution über Meistbegünstigungsverträge 178.

Abg. Stadthagen gegen den Verständigungsantrag Kardorff 170.

Abg. Graf Stolberg. Wirtschaftliche Krisis und Ueberproduktion 1.

Hofprediger a. D. Stöcker. Christlichsoziale und Arbeiter 150.

Abg. Stödl zur sächsischen Finanzverwaltung 31.

Abg. Stockmann zum Toleranzantrag 70.

Preuß. Kultusminister Studt. Moderne Theologie und freie Forschung 75.

Abg. Stychel über Polen und Hakatisten 18.

Abg. Szumann. Erklärung gegen die Polenvorlage 91.

Preuß. Min. der öffentl. Arbeiten v. Thielen gegen Herabsetzung der Personentarife 42 — zur Regelung der Main-Neckar-Bahn 95 — Rücktritt 119.

Staatssekr. Frhr. v. Thielmann. Reichsfinanzlage, indirekte Steuern 1 — Verwendung der Mehrerträge der Zölle 167.

Abg. v. Tiedemann. Ansied-

lungskommission und polnische Geistlichkeit 92.
Staatssekr. des Reichsmarineamts v. Tirpitz. Geheimerlaß über den Bauplan, Motivierung 28, 32.
Abg. Trimborn. Verwendung der Mehrerträge der Zölle 166.
Abg. Ulrich gegen den Verständigungsantrag Kardorff, dreimaliger Ordnungsruf 170.
Prof. Virchow † 144.
Abg. v. Vollmar. Sozialdemokratie und Zentrum 147.
Abg. Wacker. Wahlagitation der Beamten 54.
Abg. v. Wangenheim. Bundesrat und Landwirtschaft 37 — Zoll auf Gemüse und Blumen 54 — Fleischzölle 149, 159 — Zolltarif, Industrie und Landwirtschaft 180.
Sächs. Finanzmin. v. Watzdorf. Rücktritt 32.
Abg. Wetterlé. Elsässische Katholiken und Zentrum 141.
Abg. Winterer. Elsässische Katholiken und Zentrum 141.
Abg. Wolf-Gorki. Polenvorlage und Landwirtschaft 92.
Abg. Wurm. Kinderschutz im Gewerbe 64.
Abg. v. Zedlitz zur Kanalvorlage 20 — für Erhöhung der landwirtschaftlichen Zölle 96.
Abg. Zubeil. Arbeitsmangel 20.

Presse.

Ueber die deutschen Schiffahrtsgesellschaften und amerikanischen Trusts 23 — Geheimerlaß über den Ausbau der Flotte 29 — Universität in Posen 30 — Regierungen und Zolltarif 30, 42, 98 — Finanzkonflikt in Sachsen 32 — Schlesische Eisenbahnverbindungen 36 — Vorgeschichte des spanisch-amerikanischen Krieges 38 — Kompromißversuch in der Zollfrage 40, 59, 154, 160, 165, 172 — Ausscheiden Rueglers aus dem Kultusministerium 54 — Fürst Bismarck u. die Getreidezölle 1887 55 — gegen Schönerer 57 — Verkehr des Großherzogs von Hessen mit Sozialdemokraten 58 — Angebot eines Staatsamtes an Lieber 60 — gegen die Rhodesstiftung 61 — Gerichtsstand 63 Polenfrage 65, 95, 96, 99, 102, 103 — Los von Rom in Bayern 72 — Preußische und sächsische Eisenbahnen 79 — obligatorische katholische Gewerkschaften 83 — Aachener Rede des Kaisers, Stellung der Katholiken in Deutschland 116 — Rücktritt Thielens 119 — persönliches Regiment des Kaisers 121 — Rede Loës über den Vatikan und die französische Armee 125 — Zulassung von Männerklöstern in Baden 127 — Gewerkschaftskongreß 108 — Reliquienausstellung 128 — Chinapolitik 129 — Rücktritt Landmanns 130 — Fall Löhning und Beamtenkastengeist 132 — Kaiser und Bayern 136 — Abschaffung des bayerischen Generalschuts 137 — Zentrum und Elsässer 141 — Fleischnotfrage 141 — Zolltarif und monarchische Gesinnung 144 — Ostmarkentag 146 — Besuch der Buren in Berlin 154 — Trakehner Lehrerprozeß 158 — Besuch des dänischen Kronprinzen 160 — Antrag zur Aenderung der namentlichen Abstimmung 164 — Anklage gegen Krupp 167 — Fortentwicklung der Religion 172 — Arbeiteradressen an den Kaiser 175 — Statistik der Reden zum Zolltarif 181 — Erhöhung des sächsischen Personentarifs 183 — Angebliche Absicht Deutschlands, in Brasilien Kolonien zu erwerben 183 — Liberal-sozialdemokratisches Bündnis 182 — Gerüchte über Aenderung der Geschäftsordnung des Reichstags 183 — Ernennung eines besonderen Ministers für Preußen und Westpreußen 183 — Fehde zwischen Konservativen und Agrariern über den Zolltarif 183.

„Allgemeine Zeitung". Geheimes Rundschreiben des bayerischen

Episkopats 106 — Handelsverträge und Tarifverhandlungen 133.
„Berliner Politische Nachr." Persönliches Regiment 121.
„Deutsche Tageszeitung" über den Geheimerlaß über den Ausbau der Flotte 29 — Kompromißversuch in der Zollfrage 59, 160, 165, 172 — Zolltarif und monarchische Gesinnung 144.
„Echo der Gegenwart". Reliquienausstellung 129.
„Freisinnige Zeitung". Persönliches Regiment des Kaisers 121.
„Figaro". Bülow über die Polenfrage 95.
„Frankfurter Zeitung". Kaiser und bayerisches Zentrum 136.
„Germania". Kaiser u. Bayern 136 — Obstruktionsrede Heines 164.
„Gazeta Grudziązla". Polnische Forderungen 65.
„Hamburger Nachrichten". Kritik des Großherzogs von Hessen 58 — persönliches Regiment des Kaisers 121.
„Kölnische Volkszeitung" über den Geheimerlaß über den Ausbau der Flotte 29 — über den Ministerialdirektor Kuegler 54 — Aachener Rede des Kaisers, Stellung der Katholiken in Deutschland 117 — Kaiser und Kanzler in der Zollfrage 98 — Kaiser und Bayern 136 — Zentrum und Elsässer 141 — Sozialdemokratie in Landtagen 165 — Weiterbildung der Religion 172 — Arbeiteradressen an den Kaiser 175.
„Kölnische Zeitung". Chinapolitik 129.
„Konservative Korrespondenz". Zolltarif und monarchische Gesinnung 144.
„Kreuz-Zeitung". Fürst Bismarck und die Getreidezölle 1887 55 — polnischer Unterricht 96 — zum Antrag Kardorff 184.
„Leipziger Zeitung". Preußisch-sächsische Eisenbahngemeinschaft 79.
„Münchener Neueste Nachr." Konfessionelle Agitation 72 — Poleneinwanderung 96.

„Nation". Aufruf Mommsens für ein liberal-sozialdemokratisches Bündnis 182.
„National-Zeitung". Polnischer Unterricht 96 — gegen den Verständigungsantrag Kardorff 172.
„Norddeutsche Allgemeine Ztg.". Einigkeit der Regierungen in der Zollfrage 31 — Silbernes Papstjubiläum 41 — Reise des Prinzen Heinrich nach Amerika 50 — gegen Schönerer 57 — Angebot eines Staatsamts an Lieber 60 — gefangene deutsche Burenkämpfer 128 — Kaiser und Kanzler in der Zollfrage 98 — Fall Löhning 132 — Burenaudienz beim Kaiser 154 — Räumung Schanghais 173 — angebliche Absicht Deutschlands, Kolonien in Südamerika zu erwerben 183.
„Reichs-Anzeiger". Deutschland, England und die Vorgeschichte des spanisch-amerikanischen Krieges 38 — Nachruf auf den König von Sachsen 113.
„Reichsbote". Zolltarif und monarchische Gesinnung 145.
„Rheinisch-Westfälische Zeitg.". Burenaudienz beim Kaiser 154.
„Schlesische Zeitung". Kompromißversuch in der Zollfrage 59, 165.
„Süddeutsche Reichskorrespondenz". Bundesrat und Zolltarif 42.
„Tägliche Rundschau". Kaiser und bayerisches Zentrum 136 — Arbeiteradressen an den Kaiser 175 — Redestatistik zum Zolltarif 181.
„Vaterland". Zolltarif und monarchische Gesinnung 144.
„Vorwärts". Veröffentlichung eines Geheimerlasses über den Ausbau der Flotte 28 — Zolltarif und monarchische Gesinnung 144 — Vorwürfe gegen Krupp 167 — gegen den Verständigungsantrag Kardorff 172.
„Wartburg". Konfessionelle Agitation 72.
„Zwanzigstes Jahrhundert". Organ der fortschrittlichen Katholiken 158.

Preußen.

Abschluß der Berliner Siegesallee 1 — Prozeß Krosigk 7 — Vertrag mit Baden und Hessen über die Main-Neckarbahn 19 — Anleihe 23 — Justizfragen 22, 29, 59, 60 — Posener Universitätsfrage 30 — Schlesische Verkehrsfrage 36 — Unterrichtsfragen, Ministerialdirektor Kuegler 54 — Vorgehen gegen Naturärzte 56 — Kommissionsdiäten für Forstbeamte 59 — Staatsamtsangebot an Lieber 60 — Hypothekenbankwesen 61 — Diskussion der Polenfrage 65, 95, 96, 99, 142, 146 — Fall Löhning 132 — Prinz Georg † 72 — Präsident Kuegler † 85 — Wechsel im Ministerium der öffentlichen Arbeiten 119 — persönliches Regiment 121 — Denkschrift über Entschuldung des ländlichen Grundbesitzes 125 — Weigerung der Polen, an den Posener Kaisertagen teilzunehmen 128 — Parteiverhältnisse in Oberschlesien 135 — Weichselregulierung 137 — Kaiserin Friedrich-Denkmal 138 — Erlaß über Posener Kaisertage 145 — deutscher Ostmarkentag 146 — Goßler † 150 — Ausstellung in Düsseldorf 137, 157 — Trakehner Lehrerprozeß 158 — Jubiläum der Universität Halle-Wittenberg 160 — neue Hochschule für bildende Künste und Musik 160 — Einweihung der Kaiser Wilhelm-Bibliothek 165 — Tod Krupps 167 — Einweihung der Görlitzer Gedenkhalle und des Kaiser Friedrichmuseums 171 — Behandlung vorzuführender Gefangener 174 — Diskussion eines besonderen Ministers für Posen und Westpreußen 183.

Herrenhaus. Eröffnung, Thronrede 5 — Justizvorlage 22 — Nebenbahnen 39 — Polen und katholische Geistlichkeit 57, 72 — moderne Theologie und freie Forschung 75 — Ansiedlungsgesetz 103, 106 — Fleischbeschaugesetz 110 — Resultate der Session 110.

Abgeordnetenhaus. Eröffnung, Thronrede 5 — Etat 7, 66 — Polenfrage, Ansiedlungsgesetz 9 bis 18, 84, 86, 99 — Industrie, Landwirtschaft, Ministerernennung, Kanalfrage 19 — Zolltarif 19, 96 — Provinzialdotationsgesetz 21 — Justizvorlage 22, 32 — Umgestaltung der Generalkommissionen 29 — Verunstaltung von Landschaften durch Reklame 29 — Viehseuchen und Grenzsperre 29 — Bureauunterstützung 35, 51 — Nebenbahnen 39, 71 — Erwerb von Bergwerken 39, 48 — Wahlbeeinflussungen und Versammlungsrecht 43 — Kultusetat 49 — Seehandlung 62 — Landgemeindeordnung 69 — Bekämpfung der Trunksucht 70 — Betätigung der Frauen im öffentlichen Leben 72 — Ausbildung höherer Verwaltungsbeamten 79 — Schlachtvieh- und Fleischbeschaugesetz 83 — Main-Neckarbahn 95 — Erhöhung landwirtschaftlicher Zölle 96 — Kontraktbruch ländlicher Arbeiter 98 — Neueinteilung der Wahlkreise 101 — Fleischbeschaugesetz 106 — Resultate der Session 110.

Reichstag.

Wirtschaftliche Lage 1, 180 — Chamberlain und die deutsche Armee 1, 4 — Dreibundsfragen 2 — Universitäten und Parität, Konfessionalismus in der Geschichtswissenschaft 8 — Obstruktion in der Zollkommission 19 — Arbeitslosigkeit 20, 29 — Bundesrat und Reichstag 22 — Diäten 22 — Jesuitengesetz 26 — Toleranzantrag 27, 70, 99 — Branntweinsteuergesetz 29, 98 — Geheimerlaß über den Ausbau der Flotte 32 — Strafvollzug 36 — Wechsel im Vorsitz der Zollkommission 39 — Militäretat, Duelle 40 — Kompromißversuch in der Zollfrage 40 — Veteranenunterstützung 19, 42 — Kolonialforderungen 42, 49 — Chinapolitik 43 — Reise des Prinzen Heinrich nach Amerika 47 — Südafrikanischer Krieg 48 — Postvertrag zwischen dem Reiche und Württemberg 49 — Handelskammern im Auslande 49 — Zölle auf Blumen und Gemüse, Konflikt zwischen Agrariern und Regierung 53 — Etat 54 — Gerichtsstand der Presse 63 — Schaumweinsteuer 63 — Diäten für die Zollkommission 64, 66 — Kinderarbeit in gewerblichen Betrieben 64 — Seemannsordnung 66, 69 — Wehrpflicht in den afrikanischen Schutzgebieten 72 — Zuckersteuergesetz und Zuckerkonvention 73, 102 — Schutz nützlicher Vögel 85, 99 — Beileid zum Unglück in Martinique 98 — Aufhebung des Diktaturparagraphen 102 — Süßstoffgesetz 102 — Resultate der Session 103.

Zolltarifkommission. Erklärung Posadowskys gegen Zollerhöhungen 131, Ende der ersten Lesung 136, Fleischnot, Grenzsperre, Viehzölle 149, Antrag beim Plenum 150.

Wiederzusammentritt des Reichstags 151 — Bülow über den Zolltarif und Obstruktion 152 — Aussichten des Zolltarifs 154 — Beginn der Obstruktion 155 — Beschluß über Getreidezölle 155, 158 — Fleisch- und Viehzölle 158 — Beseitigung agrarischer Anträge 159 — Zolltarif und Verkaufsvereinigungen 162 — Annahme der §§ 2—4 des Zolltarifs 162 — Aenderung der namentlichen Abstimmung 162, 163, 164, 165 — Obstruktionsrede Heines 164 — Verständigungsversuche in der Zollfrage 165, 169 — Kommunalabgaben auf Brot und Fleisch 166 — Verwendung der Mehrerträge des Zolltarifs 166 — Anfangstermin des Zolltarifs 169 — Verständigungsantrag Kardorff 170, Erklärung Richters 172, Annahme 175 — Unterbrechung der Sitzung wegen Lärms 170 — Ausschluß Singers 174 — Antrag Gröber auf Aenderung der Geschäftsordnung 175 — Ende der zweiten Lesung des Zolltarifs 176 — Annahme des Zolltarifs in dritter Beratung, 19stündige Sitzung 178 — Statistik der Reden zum Zolltarif 181 — Gerüchte über Aenderung der Geschäftsordnung 183.

Ersatzwahlen. Bückeburg 23 — Döbeln-Roßwein 26 — Schleswig-Holstein 1 49 — Rastenburg-Gerdauen 56 — Breslau 57 — Elbing-Marienburg 60 — Celle-Peine 64 — Saarbrücken 65 — Bayreuth 127 — St. Goarshausen 131 — Forchheim-Kulmbach 137 — Liegnitz-Goldberg 178.

Reuß-Greiz.
Tod des Fürsten 63.

Sachsen.
Finanzkonflikt, Wechsel im Finanzministerium 31 — Warenhaussteuer 49 — Einrichtungen der Finanzverwaltung 56 — Maßregeln gegen slavische Arbeiter 61 — Metsch über den Zolltarif 69 — Eisenbahnen und Finanzen, Angriffe auf Preußen 78 — Lehrerversammlung 83 — Erste Kammer und Finanzreform 95 — Erlasse König Alberts † 113 — Erlasse König Georgs 113 — Erhöhung der Zivilliste 127 — „Vaterland" über Zolltarif und monarchische Gesinnung 144 — Personentarif und Finanzreform 183 — Entfernung der Kronprinzessin 183.

Sozialpolitik.
Veteranenunterstützung 19, 42 — Arbeitslosigkeit und Arbeitslosenversicherung 20, 29, 85 — Arbeitsdauer in Schenkstätten 26 — Wahlbeeinflussungen und Versammlungsrecht 41 — Sächsische Warenhaussteuer 49 — Frauenrechtsbewegung 57, 72 — Verkehr des Großherzogs von Hessen mit Sozialdemokraten 58 — Aenderung der Titel bei Postbeamten 59 — Maßregeln gegen polnische und tschechische Arbeiter 61 — Kinderarbeit in gewerblichen Be-

trieben 64, 83 — Seemannsordnung 66, 69 — Preußische Landgemeindeordnung 69 — freie kirchlich-soziale Konferenz 69 — Bekämpfung der Trunksucht 70 — Zentralstelle für Arbeiterwohlfahrtseinrichtungen 72 — Lage der Bergarbeiter 82 — Tagung katholischer Arbeitervereine 83 — evangelisch-sozialer Kongreß 84 — internationaler Bergarbeitertag 85 — Verstaatlichung von Bergwerken 39, 48, 85 — Tagung evangelischer Arbeitervereine 85 — Kredit für Baugenossenschaften in Württemberg 96 — Kontraktbruch ländlicher Arbeiter 98 — Neueinteilung der preußischen Landtagswahlkreise 101 — Internationaler Wohnungskongreß 106 — Gewerkschaftskongreß 108 — Wahlrecht in Hessen 72, 117, 127 — Wohnungsfürsorge in Hessen 120 — Christlicher Gewerkschaftskongreß 125 — Entschuldung des ländlichen Grundbesitzes in Preußen 125 — Wahlreform in Baden 54, 128 — Warenhaussteuer in Württemberg 129 — Wohnungsgelder für bayerische Beamte 135 — Grundbesitzervereine und Wohnungsnot 136 — Arbeiter, Staat und Kirche 139 — Genossenschaftstag und sozialdemokratische Konsumvereine 144 — internationale Gesellschaft für soziale Reform 149 — Fleischteuerung 141, 149 — christlich-sozialer Parteitag 150 — deutsche Frauenvereine und Aenderung des Vereinsrechts 150 — Bekämpfung des Mädchenhandels 151 — Vereins- und Versammlungsrecht im Reichstage 155 — Bekämpfung der Geschlechtskrankheiten 157 — Zusammentreten des Arbeitsbeirats der sozialstatistischen Abteilung 158 — Trakehner Prozeß 158 — Zolltarif und Verkaufsvereinigungen 162 — Enquete über Kartellwesen 165 — Verwendung von Zollerträgen für Witwen- und Waisenversorgung 166 — Bayerische Enquete über Versorgung der Städte mit Fleisch

167 — Krupp und die Arbeiter 168 — Behandlung vorzuführender Gefangener in Preußen 174 — der Kaiser und Arbeiter, Arbeitervertreter im Reichstage 174, 175.

Todesfälle.
Dichter Allmers 49 — Hauptmann Hoenig 53 — Geh. Rat Herzog 58 — Fürst Münster 59 — Abg. Lieber 59 — Fürst von Reuß ä. L. 63 — Geh. Rat Kügler 85 — Prof. v. Mandry 96 — König von Sachsen 113 — v. Bennigsen 135 — Prof. Virchow 144 — Prof. Dümmler 145 — Oberpräs. v. Goßler 150 — Abg. Rickert 161 — Fabrikant Krupp 167.

Württemberg.
Postübereinkommen mit dem Reiche 23, 36 — Petition um geistliche Schulaufsicht 40 — Volksschulgesetz 60, Kommissionsberatung 130, 162, Religionsunterricht 183 — Vereinfachung des schriftlichen Geschäftsverkehrs 95 — Prof. v. Mandry † 96 — Kredit für Eisenbahn- und Dampfschiffbauten 96 — Gewerkschaftskongreß 108 — Kammer über Eisenbahntarife 116 — Steuerreform 119 — Einkommensteuer und Budgetrecht der Ersten Kammer 120, 167 — Warenhaussteuer 129 — Reform der Gemeindesteuern 130 — internationale Eisenbahnberatungen 166.

Frankreich 236—249.
Uebers. 335, 352.

Auswärtiges und Koloniales.
Depeschenwechsel zwischen Loubet und dem Zaren beim Jahreswechsel 236 — Angebliche Aeußerungen Delcassés über Italien und das Mittelmeer 236 — Kammerdebatte über die überseeische Politik und das Verhältnis zu England und Rußland, Südafrika 237 — Besetzung der Oase Figig 238 — Diskussion der Vorgeschichte des spanisch-amerikanischen Krie-

ges 238 — Wiederherstelluug der Beziehungen zu Venezuela 238 — Französisch-russische Note über den englisch-japanischen Vertrag 238, 392 — Besuch von Tschechen 239 — Einladung Loubets nach Petersburg 239 — Delcassé über China und den englisch-japanischen Vertrag 239 — Vulkanische Ausbrüche auf Martinique 240, 247, 319 — Reise Loubets nach Rußland und Dänemark 240, 278, 288 — Rückkehr Loubets 241 — Delcassé über Frankreich, Italien und den Dreibund 242 — internationale Bekämpfung des Mädchenhandels 243 — Revancherede Andrés 244 — Abberufung des Petersburger Botschafters 244 — Pelletan über Italien, Deutschland und England 244 — Vertrag mit Siam 246, 248 — Empfang der Burengenerale 247.

Finanzen, Handel und Wirtschaft.
Verstaatlichung der West- und Südbahn 238 — Verbesserung der Wasserstraßen und Häfen 238 — Verkürzung der Arbeitzeit in Bergwerken 238 — Annahme des Budgets 239 — Einkommensteuer 241 — Projekt einer Steuerverweigerung 244 — Vertrag mit Siam 246 — Budget, Defizit 247.

Heer und Flotte.
Depeschenwechsel zwischen dem russischen und französischen Kriegsminister 236 — Kunstschüler und einjähriger Dienst 238 — Forderung der zweijährigen Dienstzeit 238, 239, 241, 242 — Verkürzung der Uebungen 239 — Vergleich des deutschen und französischen Soldaten 242 — Revancherede Andrés über Belfort 244 — Pelletan über die französischen Mittelmeerbefestigungen 244 — Disziplin und Kampf gegen die Kongregationen 245 — Gesundheitsverhältnisse der Armee 248.

Inneres.
Konflikt in der sozialdemokratischen Partei 237 — Feier Viktor Hugos 239 — Grubenarbeiter planen Generalausstand 239 — Kammerwahlen 240 — Ueberwachung der Wahlagitation des Klerus 240 — Zugentgleisung 240 — Flucht der Familie Humbert 240, Verhaftung 249 — Rücktritt des Kabinetts, Neubildung 241 — Politische Ueberwachung der Beamten 242 — Programmreden des Ministerpräsidenten 241, 245 — Generalstreik der Grubenarbeiter 246. Kammerdebatte 247, Schluß des Ausstandes 248 — Bekämpfung der Tuberkulose 248 — Streik der Seeleute 249.

Kammern.
Senat. Verlängerung des Kammermandats 239 — Zweijährige Dienstzeit 242 — Zusammentritt, Budget 247 — Kongregationen 248 — Gesundheit im Heere 248 — Ergänzung des Vereinsgesetzes 248.

Deputiertenkammer. Zusammentritt, Präsidentenwahl 237 — überseeische Politik, Burenkrieg, England und Rußland 237 — Verstaatlichung von Eisenbahnen 238 — Verbesserung von Wasserstraßen und Häfen 238 — Verkürzung des Militärdienstes 238, 239 — Reform des Unterrichts 238 — Budget 239 — China und das japanisch-englische Bündnis 239 — Verlängerung des Mandats 239 — Neuwahlen 240 — Zusammentritt, Präsidentenwahl 241 — Programm von Combes 241 — Frankreich, Italien, Dreibund 242 — Stürmische Sitzung 243 — Zusammentritt, Budget 247 — Kongregationen 247 — Ausstand der Grubenarbeiter 247 — Vertrag mit Siam 248 — Ergänzung des Vereinsgesetzes 248 — Humbertfrage, stürmische Sitzung 248.

Kirche und Schule.
Reform des Unterrichts 238 — Wahlagitation des Klerus 240 — Schließung von Kongreganistenschulen 242, 243, 245 — Erlaß

gegen Kongregationsniederlassungen 243 — Unruhen bei Schulschließungen 242, 243, 245 — Protest des Klerus gegen die Schulschließungen 243, 246, 247 — Combes gegen die Klerikalen 246 — Loubet und das protestantische Konsistorium 246 — Kammern über Politik gegen Kongregationen 247, 248 — Verbot der bretonischen Sprache 247 — Anerkennung religiöser Gemeinschaften 248 — Ergänzung des Vereinsgesetzes 249.

Personalien.

Präsident der Republik Loubet. Depeschenwechsel mit dem Zaren 236 — Einladung nach Petersburg 239 — Reise nach Petersburg und Kopenhagen 240, 241, 278, 288 — Empfang des protestantischen Konsistoriums 246 — Empfang der Buren 247.

Kriegsminister André. Zweijährige Dienstzeit 242 — Revancherede 244 — Gesundheitszustand der Armee 248.

Abg. Brisson. Resolution gegen Unterrichtsfreiheit 238.

Ministerpräs. Combes. Kabinettsbildung, Programm 241 — Leitung der Politik des Kabinetts 245 — gegen die Klerikalen 246 — Ausstand der Bergarbeiter 247.

Min. des Ausw. Delcassé. Angebliche Aeußerung über Italien und das Mittelmeer 236 — China, England, Rußland, Frankreich 237 — englisch-japanisches Bündnis 239 — Italien und der Dreibund 242.

Abg. Denis Cochin. Englisch-japanisches Bündnis 239.

Abg. Deschanel. Wahl zum Kammerpräsidenten 237.

Abg. Etienne. Lage in Afrika und China 237.

Familie Humbert. Flucht 240 — Verhaftung 249.

Abg. Jaurès. Ausstand der Bergarbeiter 247.

Botschafter Graf Montebello. Abberufung 244.

Marineminister Pelletan über die Befestigungen Frankreichs im Mittelmeer 244.

Minpräs. Waldeck-Rousseau. Erlaß gegen den Klerus 240 — Rücktritt 241 — Zusammenkunft mit dem Deutschen Kaiser 130.

Presse.

„Giornale d'Italia" u. „Agence Havas" über angebliche Aeußerungen Delcassés 236 — Besetzung der Oase Figig 238 — Vorgeschichte des spanisch-amerikanischen Krieges 238 — „Agence Havas" über den englisch-japanischen Vertrag 238 — Fall Humbert 240 - Reden Andrés und Pelletans 245, 246.

Griechenland 305.

Uebers. 359.

Großbritannien 214—235.

Uebers. 332, 350, 361.

Auswärtiges und Koloniales.

Chamberlain über den Imperialismus 214 — Chamberlain und Bülow in der Presse 215 — Thronrede über die auswärtige Lage 215 — Unterhaus über die Konzentrationslager und Hinrichtungen 216, 221 — Vorgeschichte des spanisch-amerikanischen Krieges 216, 217 — Unterhaus über Rußland, England, Persien 217 — Ablehnung der niederländischen Friedensvermittlung 217 — Bund mit Japan 218, 219 — Kriegskosten und militärische Lage 218, 223 — Mandschurei, Deutschland und England 220, 222 — Vertrag mit Persien 222 — Einleitung von Friedensverhandlungen 222 — Bevorstehende Unterwerfung der Buren 222 — Schiffahrtsgesellschaften und amerikanische Trusts 223, 227, 231 — Friedensschluß, Abkommen, Bemerkungen Balfours 224, 225 — Friede und Imperialismus 226 — Toast Waldersees 226 — Verhandlungen Chamberlains mit den Kolonien über nähere Verbindung mit dem Mutterlande 227, 230 — Suspendierung der Kapverfassung abgelehnt 227 — Oberhaus über Lage im Mittelmeer 228 — internationaler Gewerkschaftskongreß 229 — Unterhaus über Zukunft Südafrikas 229 — Besuche von Fremden bei der Krönung 227, 230 — Begrüßung der Burengenerale 230, Beobachtung ihrer Reisen 231 — Reise Chamberlains nach Südafrika 231, 233 — Kredite für Südafrika 231 — Besuch des Deutschen Kaisers 232 — Balfour über internationale Aufgaben 231 — Räumung Schanghais 234 — Unterhaus über Venezuela und Bündnis mit Deutschland 234, 235 — Kanadas Handel mit Deutschland 310.

Finanzen, Handel und Wirtschaft.
Wirtschaftliche Fragen in der Thronrede 215 — Kriegskosten 219, 223 — Etats für Heer und Marine 220 — Kosten der Konzentrationslager 221 — Budget, neue Steuern 222 — Schiffahrtsgesellschaften und amerikanische Trusts 223, 227, 231 — Getreidezölle 223, 226 — Wechselsteuer 224 — Unterstützung für Südafrika 225, 231 — Dotation für Kitchener 226 — Beiträge der Kolonien für die Marine 230 — Zuckerkonvention 234.

Heer und Flotte.
Kriegskosten 219, 223 — Militärische Lage in Südafrika 218 — Etats 220 — Rekrutierungsfrage 221 — Reform der Offiziersausbildung im Heere 224 — Ausbau der Marine 224 — Dankesvotum für das Heer 226 — Verluste im südafrikanischen Kriege 226 — Toast Waldersees 226 — Schiffahrtstrust und Ersatzkreuzer 227, 231 — Kritik Bullers 228 — Beiträge der Kolonien für die Marine 230 — Flottenparade 230 — Reform der Ausbildung der Seeoffiziere 235.

Inneres.
Differenzen in der liberale Partei 220 — Ablehnung de Achtstundentags für Bergarbeite 222 — Vorlegung einer Unter richtsbill 222, Agitation dagege 223, 230, Drohung Chamberlair 231, Annahme 234 — Tod Kin berleys 222 — Erkrankung de Königs, Verschiebung der Krönun 227 — Umbildung des Kabinett 228, 230 — Krönung des König 230 — Kongreß der Trade Union 230 — Lordmayorsfest 231.

Irland.
Konflikte zwischen Pächtern un Landlords 214 — Unterhaus übe die irischen Landverhältnisse 22 — Ausnahmezustand 223, 230 — Iren gegen das Dankesvotum fü das Heer 226 — Haltung zu Schulvorlage 234.

Parlament.
Eröffnung, Thronrede 215 — Schluß 235.

Oberhaus. Bündnis mit Ja pan 219 — Dankesvotum für da Heer 226 — Schiffahrtstrust un Ersatzkreuzer 227 — Lage in Mittelmeer 228 — Unterrichts bill 234.

Unterhaus. Konzentrations lager, Friedensverhandlungen 216 221 — Vorgeschichte des spanisch amerikanischen Krieges 216, 218 — Rußland, England, Persien 217 — Kriegskosten 218, 223 — Militärische Lage 218 — Man dschurei, Japan, Deutschland 220 — Etats für Heer und Marine 220 — irische Fragen 220 — Rekrutierung 221 — Ablehnung des Achtstundentags für Bergarbeiter 222 — Unterrichtsbill 222, 234 — Budget 222 — Einkommensteuer 223 — Getreidezölle 223, 226 — Wechselsteuer 224 — Ausbau der Marine 224 — Friede mit den Buren 225 — Dankesvotum für das Heer, irischer Protest 226 — Kritik General Bullers 228 — Zukunft Südafrikas 229 — Nachtragskredite für Südafrika, Rückkehr Gefangener 231 — Zuckerkonvention 234 — Venezuela, Bund mit Deutschland 234.

Personalien.
König Eduard VII. Parlamentseröffnung, Thronrede 215 — Friedensbotschaft 224 — Erkrankung 227 — Krönung 230 — Flottenparade 230 — Empfang der Buren 231.
Ministerpräs. Balfour. Bevorstehende Unterwerfung der Buren 222 — Bemerkungen zum Frieden 225 — wird Ministerpräsident 228 — Lordmayorsrede 232.
Kriegsmin. Brodrick. Kriegskosten, Blockhaussystem 218 — Rekrutierung 221 — Einleitung von Friedensverhandlungen 223 — Bund mit Deutschland gegen Venezuela 235.
Abg. Campbell-Bannermann. Angriff auf Rosebery 220 — Venezuela, Deutschland 235.
Kolonialminister Chamberlain. Haltung des Festlandes, Imperialismus 214 — Konzentrationslager, Kriegsweise 216, 221 — Verhandlungen mit den Kolonien 227 — Suspension der Kapverfassung 227 — Zukunft Südafrikas 229 — Unterrichtsbill 231 — Reise nach Südafrika 231 — Heimkehr gefangener Buren 231.
Unterstaatssekr. Cranborne. Vorgeschichte des spanisch-amerikanischen Krieges 217, 218 — England, Rußland, Persien 217 — Venezuela, Bund mit Deutschland 234.
Admiral Forster. Ausbau der Marine 224.
Schatzkanzler Hicks Beach. Budget 222 — Wechselsteuer 224 — Rücktritt 230.
Lord Kimberley † 222.
Staatssekr. Lord Lansdowne. Bündnis mit Japan 219 — Lage im Mittelmeer 228.

Abg. Norman. Vorgeschichte des spanisch-amerikanischen Krieges 218.
Abg. O'Kelly. Mandschurei, Deutschland, Japan 220.
Schatzkanzler Ritchie. Kredite für Südafrika 231.
Abg. Russel. Irische Zustände 220.
Ministerpräs. Lord Salisbury. Rücktritt 228.
Staatssekr. Earl of Selborne. Schiffahrtstrust und Ersatzkreuzer 227.
Feldmarschall Graf Waldersee. Toast auf die englische Armee 226.

Presse.
Ueber die Erklärungen Bülows gegen Chamberlain 215 — Reise des Prinzen Heinrich, Vorgeschichte des spanisch-amerikanischen Krieges 217 — chinesische Politik Deutschlands 222 — Schiffahrtstruste 223 — Schulvorlage 223 — Aufnahme des südafrikanischen Friedens 226 — Beobachtung der Burengenerale 231 — Besuch des Deutschen Kaisers 232 — Räumung Schanghais 234 — Venezuela und Bund mit Deutschland 235.

Italien 250—263.
Uebers. 355.

Auswärtiges und Koloniales.
Verhältnis zu Frankreich und dem Dreibunde 250 — Geschenk der Goethestatue durch den Deutschen Kaiser 250 — Thronrede über Auswärtiges 251 — Kammerdebatte über den südafrikanischen Krieg 253 — Zusammenkunft Princettis und Bülows 254 — Zwischenfall mit der Schweiz 254, 256, 269, 270 — Kammerdebatte über den Dreibund, Albanien, Tripolis 256 — Besuch des Schah von Persien 258 — Besuch eines englischen Geschwaders durch den König 258 — Reisen des Königs nach Rußland

und Deutschland 258, 140 — Bestrafung von Seeräubern im Roten Meer, Verhandlung mit der Pforte 259 — Bekämpfung des Mullah an der Grenze Erythräas 260 — Vorgehen gegen Venezuela 260, 317 — Kammerdebatte über Erythräa 260 — Kammerdebatte über den Handelsvertrag mit Oesterreich-Ungarn und die künftigen Handelsverträge 261.

Finanzen, Handel, Wirtschaft.
Volkszählung 250 — Finanzreform 250, 258 — Streik der Eisenbahner 252 — industrielle Frauen- und Kinderarbeit 254 — künftige Handelsverträge 257, 261 — Sizilische Ackerbauausstellung 258 — Forderungen an Venezuela 260 — Kosten Erythräas 260 — Finanzexposé 262.

Inneres.
Klerikale Opposition gegen die Vorlage über Ehescheidung 250, 260 — Volkszählung 250 — Schaffung eines Arbeitsamts 250 — katholischer Gewerkschaftskongreß 250 — Differenzen im Ministerium 250, 254 — Streik der Eisenbahnarbeiter 252, 254, 256 — Streikstatistik 252 — Kammerdebatten über Sozialpolitik 253 — Insubordinationen in Oberitalien 254 — Wechsel im Kriegsministerium 258 — Pensionierung Pelloux' 258 — Einsturz des Glockenturmes von San Marco 258 — Schluß des Maffiaprozesses 258 — Streik in Florenz 258 — Kongreß der Sozialdemokraten 258 — Arbeitertumulte in Apulien 259 — Zyklon in Catania 259 — Entbindung der Königin 260.

Parlament.
Eröffnung, Thronrede 251.
Senat. Innere Politik 258 — Arbeitsamt 250 — Finanzreform 250 — Pensionierung Pelloux' 258.
Deputiertenkammer. Präsidentenwahl und Kabinettskrisis 251, 252 — innere und äußere Politik, Vertrauensvotum 253 — industrielle Frauen- und Kinderarbeit 254 — Schweizer Konflikt 256 — Albanien, Dreibund, Tripolis, Handelsverträge 256 — Bekämpfung des Mullah 260 — Organisation Erythräas 260 — künftige Handelsverträge 261 — Ehescheidungsgesetz 262 — Finanzexposé 262.

Personalien.
König Viktor Emanuel III. Eröffnung des Parlaments 251 — lehnt die Demission des Kabinetts ab 252 — Eröffnung der sizilischen Ausstellung 258 — Reisen nach Rußland und Deutschland 258, 270, 140.
Königin Elena. Besuch der sizilischen Ausstellung 258 — Entbindung 260.
Senator Valengano. Ernennung zum Minister der öffentlichen Arbeiten 254.
Abg. Biancheri. Wahl zum Kammerpräsidenten 252.
Abg. Chiesi über Erythräa 260.
Min. des Innern Giolitti. Verteidigung der Sozialpolitik 253.
Gouverneur Martini über Erythräa 260.
Abg. de Martino über Albanien 256.
General Ottolenghi. Ernennung zum Kriegsminister 258.
Palizzolo. Verurteilung 258.
General Pelloux. Pensionierung 258.
Min. des Ausw. Prinetti über den südafrikanischen Krieg 253 — Schweizer Konflikt 256 — Albanien, Dreibund, Tripolis 256 — Handelsfragen 256, 261 — Bekämpfung des Mullah 260 — Erythräa und Auswanderung 261.
Abg. Sonnino zum Eisenbahnstreik 253.
Abg. Villa. Präsidentschaftskandidat 251.
Ministerpräs. Zanardelli. Demissionsgesuch 251 — zum Eisenbahnstreik 253.

Mittel- und Süd-Amerika 318—321.
Uebers. 337, 361.

Niederlande 275—277.
Uebers. 357.

Nord-Amerika 306—318.
Uebers. 360.

Auswärtiges.
Verhandlung mit Italien über gelynchte Italiener 306 — Zentralamerikanischer Kanal 306, 307, 311, 313, 314 — Vertrag über die dänischen Antillen 306, 307 — Note über die Mandschurei 306 — Diskussion der Vorgeschichte des Krieges von 1898 307 — Besuch des Prinzen Heinrich von Preußen 307, 308, 309 — Ablehnung der Intervention in Südafrika 309 — Vertrag mit Kolumbien über den Kanal 311 — Aufstellung einer Statue Friedrichs des Großen 312 — Philippinenfragen 311, 312, 313 — Erschwerung der Einwanderung 312 — Verhältnis zu Kuba 312, 315, 317 — Monroedoktrin 313, 314 — Deutschland und Haiti 314 — Note über die rumänischen Juden 314 — Venezuela und die europäischen Mächte, Schiedsgerichtsfrage 317, 318.

Finanzen, Handel, Wirtschaft.
Handelspolitik in China 306 — Abschaffung der Einkommensteuern 307 — Subsidien für Schiffsbau 310 — Wirtschaftliche Zugeständnisse an Kuba 312, 317 — Ausgabe von Goldbons zum Bau des Isthmuskanals 313 — Trustsfragen 314, 315 — Botschaft über Wirtschaftsfragen 314.

Heer und Flotte.
Subsidien für den Schiffsbau 310 — Kriegführung auf den Philippinen 311, 312, 313 — Aufstellung eines Denkmals für Friedrich den Großen 312 — Enthüllung eines Rochambeau-Denkmals 312 — Flotte und Monroedoktrin 313.

Inneres.
Gelynchte Italiener 306 — Besuch des Prinzen Heinrich 307, 308, 309 — Anarchistengesetz 311, 312 — Kohlenarbeiterstreit 311, 313, 314 — Lynchjustiz 312 — Beschränkung der Einwanderung 312 — Wahlen zum Repräsentantenhause 314 — Kongreßbotschaft 314.

Kongreß.
Botschaft über Kuba 312 — Botschaft zum Zusammentritt 314.
Senat. Vertrag über die dänischen Antillen 307 — Subsidien für den Schiffsbau 310 — Anarchistengesetz 311 — Kriegführung auf den Philippinen 311 — Kanalfrage 313.
Repräsentantenhaus. Nikaraguakanal 306 — Abschaffung der Einkommensteuer 307 — Erschwerung der Einwanderung 312 — Anarchistengesetz 312 — Kanalfrage 313 — Wahlen 314.

Personalien.
Präsident Roosevelt. Empfang des Prinzen Heinrich, Stapellauf der Jacht „Meteor" 307 — Empfang von Burendelegierten 309 — Depeschenwechsel mit Prinz Heinrich 309 — Aufstellung der Statue Friedrichs des Großen 312 — Philippinen und Lynchjustiz 312 — Botschaften an den Kongreß 312, 314 — Intervention im Kohlenstreit 313, 314 — Pensionierung des Generals Smith 313 — Monroedoktrin 313 — Trusts 314 — Venezuelafrage 317.
Prinz Heinrich von Preußen. Ankunft, Besuch Roosevelts, Stapellauf der Jacht „Meteor" 307 — Preßdiner, Rede 308 — Ansprache an den „Deutschen Verein" 308 — Reise, Rede in Philadelphia 309 — Abreise, Depeschenwechsel mit Roosevelt 309.
Staatssekr. Hay. Note über gelynchte Italiener 306 — über

die Mandschurei 306 — Vertrag mit Kolumbien 311 — über die rumänischen Juden 314 — Verhandlungen mit Italien über Venezuela 317.

Sekr. des Kriegsamts Root über die Kriegführung auf den Philippinen 311.

General Smith. Kriegführung auf den Philippinen 311 — Bestrafung 313.

Presse.

Vorgeschichte des Krieges von 1898 307 — Diner für den Prinzen Heinrich 308 — „New-York Evening Post" über Grausamkeiten auf den Philippinen 311 — Deutschland und Haiti 314 — Agitation gegen Deutschland in der Venezuelafrage 318.

Oesterreich-Ungarn 185—209.

Ueberf. 348.

Auswärtiges.

Preußische Polenpolitik 185, 200, 203 — Reisen Erzherzog Franz Ferdinands nach Petersburg und London 187, 188, 194, 197 — Klerikale Partei und Deutschland 189, 191 — Alldeutsche und Deutschland 191 — Besuch Graf Bülows in Wien 193 — Delegationen über auswärtige Politik und Handelsverträge 195 — Delegationen über auswärtige Unterstützung der Los von Rom-Bewegung 199 — Angriffe auf den Deutschen Kaiser 201, 203 — Italien und Albanien 203 — Debatte über Kündigung des deutschen Handelsvertrags 208 — Besuch des Grafen Lambsdorff in Wien 209 — Kündigung des italienischen Handelsvertrags 209.

Böhmen und Mähren.

Grubenunglück in Brüx 186 — Wiederwahl Wolfs 186 — jungtschechische Vorschläge zur Sprachenfrage 191 — Steckbrief gegen den Deutschen Kaiser 203 — tumultuarischer alldeutscher Volks-

tag 203 — Vorschläge der Regierung zur Sprachenfrage 203, 204, 206 — Tschechenklub über Sprachenfrage 206 — deutsche Parteien über Sprachenfrage 206, 207 — Prozeß Wolf 207 — der Kaiser über die böhmischen Fragen 198.

Delegationen.

Wahlen 194 — Zusammentritt 195 — Budget 195 — Chinesische Frage 195 — Dreibund, Zweibund, Handelsfragen 195 — Reise des Thronfolgers nach dem Auslande 197 — Empfang durch den Kaiser 198 — Los von Rom-Bewegung 199 — alldeutsche Bewegung 200.

Finanzen, Handel, Wirtschaft.

Szell über die wirtschaftlichen Beziehungen zum Auslande und zu Oesterreich 185, 206, 208 — Budget und Dispositionsfonds im Reichsrate 187, 189, 198, 204 — Ausgleichsfrage 188, 190, 198, 200, Beratungen 203, Schluß 209 — ungarische Rentenkonversion 192 — „Budapesti Hirlap" über österreichisch-ungarische Zolldifferenzen 193 — Bewilligung für Prag 194 — Festsetzung der Quoten 194, 195, 202 — Begründung der Zuckerkonvention 194 — Budget der Delegationen 195 — ungarisches Budget für 1903 205 — Szell über den deutschen Handelsvertrag 208 — Kündigung des italienischen Handelsvertrags 209 — Körber über das neue Handelsbündnis 209 — sechsmonatiges Budgetprovisorium in Cisleithanien für 1903 209.

Galizien.

Czartoryski über die preußische Polenpolitik 185 — Demonstration zur Erinnerung an 1863 186 — Ausstand der Bahnarbeiter 200 — Tannenbergfeier 203 — Streik der Landarbeiter 203, 206 — Grenzberichtigung mit Ungarn 203.

Heer und Flotte.

Einschreiten in Galizien 186 — Rekrutenvorlage, Nationalitäten, zweijährige Dienstzeit im Reichsrat 187 — Einschreiten in Triest 188, 190 — Kosten in den Delegationen 195 — Einschreiten in Agram 203 — Rekrutenvermehrung 205 — Wechsel im Reichskriegsministerium 209.

Nieder-Oesterreich.

Sieg der Christlich-Sozialen bei den Landtagswahlen 206.

Parteiwesen.

Polenfrage in Galizien 185, 186, 203 — magyarische Demonstrationen gegen deutsche Stücke 186 — Wiederwahl Wolfs 186 — Beziehungen zwischen Magyaren und Sachsen 186, 200, 203 — Zwist unter den Alldeutschen 187, 207 — Vergewaltigung nichtmagyarischer Nationalitäten 187 — Nationalitäten und Armee 187 — Streiks und Unruhen in Triest 188, 190 — Parlamentarismus und Staatsstreich 188 — politische Stellung der Klerikalen 190, 192 — Böhmische Sprachenangelegenheit 191, 198, 203, 204, 205, 206, 207 — deutsche Sprache in ungarischen Elementarschulen 191 — antihabsburgische Demonstrationen, Stellung der Parteien in Reichsrate dazu 191 — Sprachenstreit in Steiermark 193 — Ausstand in Fiume 193 — stärkere Opposition der deutschen Parteien im Reichsrat 193 — Sprachenantrag der Alldeutschen 194 — Los von Rom-Bewegung 199 — Kritik des preußischen Polenpolitik im Reichstage 200 — Verzicht der Tschechen auf Obstruktion 202 — Konflikt unter deutschen Parteien 203 — Feldarbeiterstreit in Galizien 203, 206 — kroatisch-serbischer Konflikt 203.

Personalien.

Kaiser Franz Joseph. Empfang der Delegation, Unterhaltung über Böhmen 198 — Festsetzung der Quote 202.

Erzherzog Franz Ferdinand. Reisen ins Ausland 187, 188, 195, 197.

Graf Belcredi † 207.

Oesterr. Finanzmin. v. Böhm-Bawerk. Zuckerkonvention 194 — Finanzexposé 204.

Abg. Breiter. Ausgleichsfrage 198.

Fürst Czartorys zur preußischen Polenpolitik 185.

Abg. Derschatta. Stellung zu Deutschland 192.

Abg. Freßl. Angriff auf den Deutschen Kaiser 201.

Abg. Funke. Stellung zu Deutschland 192.

Min. des Ausw. Graf Goluchowski. Dreibund, Zweibund, Handelsverträge 195 — Reise des Thronfolgers 197 — Los von Rom-Bewegung 199.

Abg. Hollo. Reise des Thronfolgers 197.

Abg. Kathrein. Klerikale Partei und Deutschland 189, 192.

Abg. Klofac. Angriff auf den Deutschen Kaiser 201.

Abg. Kozlowski. Dreibund und Polenpolitik 197.

Oesterr. Ministerpräs. v. Körber über die Triester Unruhen 188, 190 — Parlamentarismus, Staatsstreich, Ausgleich mit Ungarn 188 — Ausgleichsfrage 198, 200, 204, 209 — gegen die Angriffe auf den Deutschen Kaiser 201 — Abkommen mit den Tschechen 202 — Vorschlag zum böhmischen Sprachenstreit 203, 204 — Unterzeichnung des Ausgleichs 209.

Abg. Korodi. Stellung der Siebenbürger in Ungarn 187.

Abg. Kramarz. Konflikt mit Alldeutschen 192 — Dreibund, Rußland, Balkanpolitik 197 — Los von Rom-Bewegung 199.

Kriegsmin. Frhr. v. Krieghammer. Rücktritt 209.

Abg. Lindner. Sachsen und ungarische Regierungspartei 186.

Ungar. Finanzmin. Lukacs. Budget für 1903 205.

Abg. Pacak. Unterhaltung mit dem Kaiser über Böhmen 198.

Feldmarschallleutn. v. Pitreich. Ernennung zum Kriegsminister 209.

Abg. v. Schönerer. Demonstration für Hohenzollern 191.

Abg. Stein. Demonstration für Hohenzollern 191.

Ungar. Ministerpräs. v. Szell über Regelung der wirtschaftlichen Beziehungen zu Oesterreich und zum Auslande 185, 190, 206, 208 — Reise des Thronfolgers nach Rußland 188 — Nationalitätenfrage 190 — Unterzeichnung des Ausgleichs 209.

Früherer ungar. Ministerpräs. Tisza † 193.

Oesterr. Landesverteidigungsminister v. Welsersheimb über Nationalitäten in der Armee und zweijährige Dienstzeit 187.

Ungar. Kultusmin. Wlassics. Deutscher Unterricht 191.

Abg. Wolf. Wiederwahl 186 — Prozeß 207.

Presse.

„Fremdenblatt" über die Kritik der preußischen Polenpolitik 185 — Freisprechung des Redakteurs der „Groß-Kikindaer Zeitung" wegen Aufreizung gegen die Magyaren 187 — „Politik" über Lösung der böhmischen Sprachenfrage 191 — über die deutsche Sprache in den ungarischen Schulen 191 — „Budapesti Hirlap" über die österreichisch-ungarische Zollfrage 193 — ungarische Blätter über die Reisen des Thronfolgers 194 — österreichische Presse gegen die ungarische Regierung in der Quotenfrage 195 — „Bohemia" über Pacaks Unterhaltung mit dem Kaiser 198 — „Neue Freie Presse" über die Ausgleichsfragen, Erwiderung ungarischer Blätter 202 — Italien und Albanien 203 — ungünstige Nachrichten über den Ausgleich 203 — „Wiener Zeitung" über Budgetprovisorium 209.

Reichsrat.

Annahme des Budgets 187, 189, 193, 198 — Rekrutenvorlage 187 — Nationalitäten in der Armee, zweijährige Dienstzeit 187 — Triester Unruhen und Ausnahmezustand 188, 190 — Ausgleich mit Ungarn 188, 198, 200, 204, 209 — Parlamentarismus und Staatsstreich 188 — Erklärungen der Parteien über ihre politische Stellung 189, 191 — Antihabsburgische Demonstrationen 191 — Cillifrage 193 — Stärkere Opposition der Deutschen 193 — Delegationswahlen 194 — Assanierung von Prag 194 — Zuckerkonvention 194 — preußische Polenpolitik 200 — Verzicht der Tschechen auf Obstruktion 202 — Vorschläge zur Sprachenfrage in Böhmen 204, 206 — Streik in Galizien 206 — Vertagung ohne Budget 209.

Steiermark.

Cillifrage im Reichsrat 193.

Triest.

Streik und Unruhen 188, 190.

Ungarn.

Szell über wirtschaftliche Beziehungen zum Auslande und Oesterreich 185 — magyarische Demonstrationen gegen deutsche Theater 186 — Freisprechung der „Groß-Kikindaer Zeitung" wegen Aufreizung 187 — deutsche Sprache im Elementarunterricht 191 — Koloman Tisza † 193 — Aufstand in Fiume 193 — „Budapesti Hirlap" über die Zollfrage 193 — Reisen des Thronfolgers 194, 197 — alldeutsche Bewegung 200 — Preßdiskussion der Ausgleichsfrage 202 — Beginn der Ausgleichsberatung 203, Schluß 209 — Unruhen in Agram 203 — Kossuthfeier, Matthiasfeier, Demonstrationen 203.

Reichstag. Beziehungen der Magyaren zu Sachsen und anderen

Nationalitäten 186, 190 — Reise des Thronfolgers 188 — Ausgleichsfrage 190, 206, 208 — Unterricht in deutscher Sprache 191 — Rentenkonversion 192 — Zusammentritt 203 — Budget 1903 205 — Kündigung des deutschen Handelsvertrags besprochen 208.

Portugal 210.
Ueberf. 349.

Römische Kurie 263—267.
Ueberf. 356.

Rumänien 303.

Rußland 282—295.
Ueberf. 335, 358.

Auswärtiges.
Presse über die Bagdadbahn 282 — Haltung im spanisch-amerikanischen Kriege 1878 283 — Kritik der preußischen Polenpolitik 283 — Auszeichnung des Emirs von Buchara 284 — Bekämpfung der Räuberbanden in der Mandschurei 283 — Erklärungen zum englisch-japanischen Vertrag 238, 285 — Vertrag über die Räumung der Mandschurei 286 — Sicherheit fremder Kapitalien in Rußland 287 — Besuch des Präsidenten Loubet 288 — Note gegen die Zuckerkonvention 289 — Besuch des Königs von Italien 290 — Besuch des Deutschen Kaisers 290 — Reise Wittes nach der Mandschurei 291 — Note über die Lage in Makedonien und die Politik der Mächte 293 — Erklärung über die asiatische Politik 294 — Reise Lambsdorffs nach dem Balkan und Wien 295 — Gesandtschaft nach Abessinien 295.

Finanzen, Handel, Wirtschaft.
Budget, Bemerkungen Wittes 282 — Kommission zur Untersuchung der agrarischen Krisis 283 — Bauernunruhen im Süden 285 — Protest gegen ungünstige Kritik der russischen Finanzlage 287 — Lage der polnischen Landwirtschaft 287 — Vorschlag Wittes auf Beseitigung der obligatorischen Haftpflicht der Bauerngemeinden für die Steuern 288 — Vorschlag auf Erlaß bäuerlicher Steuerrückstände 288 — Entschädigungen für die von bäuerlichen Unruhen Betroffenen 289 — Protest gegen die Zuckerkonvention 289 — Ansprache des Zaren an Dorfälteste 291 — Inspektionsreise Wittes nach der Mandschurei 291 — Bekämpfung der Mißernte 295.

Finnland.
Russifizierung des Militärs 282 — Sprachenverordnungen 288 — Verfügungen über Stellung der Beamten und des Senats 291.

Heer- und Flotte.
Russifizierung des finnischen Militärs 282 — Kämpfe in der Mandschurei 283 — Einschreiten in Kiew 283 — Einschreiten in Moskau 283 — Verhaftung des Obersten Grimm wegen Verrats 284 — Einschreiten gegen die Bauern im Süden 285 — Besetzung und Räumung der Mandschurei 286 — Parade vor Loubet 288 — Flottenmanöver vor dem Deutschen Kaiser 290 — Verwendung inländischen Materials für Kriegsschiffe 290 — Einschreiten in Rostow 292.

Inneres.
Frühgeburt der Zarin 291 — — Unterdrückung der „Rossija" 283 — Erdbeben in Schemacha 283 — Unruhen in polnischen Schulen 283, 284 — Unruhen im Polytechnikum Kiew, Schluß 283 — Unruhen in der Universität Kiew 283 — Unruhen der Moskauer Studenten 283 — Unterricht in armenischer Sprache 283 — Unruhen in Dorpat, Schluß der Universität 285 — Bauernunruhen 285, 289, 291 — Ermordung des Ministers Sipjagin,

Ernennung Plehwes 287 — Wechsel im Unterrichtsministerium 287 — Verwundung Wahls 288 — Unwetter im Südwesten 289 — Unglück am Kasbek 290 — Verwundung des Fürsten Obolensky 290 — Reformen im Hochschulwesen 290 — Arbeiterversammlung in Petersburg 292 — Arbeiterunruhen in Rostow 292 — Revolutionäre Umtriebe und Drohungen 285, 288, 290.

Personalien.
Zar Nikolaus II. Auszeichnung des Emir von Buchara 284 — Zusammenkunft mit Loubet 288 — Zusammenkunft mit dem König von Italien 290 — Zusammenkunft mit dem Deutschen Kaiser 290 — Teilnahme an Manövern, Ansprache an Dorfälteste 291.
Zarin Alexandra. Frühgeburt 291.
Staatsrat v. Bloch † 282.
Oberst Grimm. Verhaftung und Verurteilung 284.
Min. des Ausw. Graf Lambsdorff. Reise ins Ausland 295.
Gouverneur Fürst Obolensky. Verwundung 290.
Min. des Innern v. Plehwe. Ernennung 287 — Empfang von Arbeitern 292.
Minister für Volksaufklärung Dr. Sänger. Ernennung 287.
Min. des Innern Ssipjagin. Ermordung 287.
General Wahl. Verwundung 288.
Minister für Volksaufklärung v. Wannowski. Gestattung armenischen Unterrichts 283 — Rücktritt 287.
Finanzmin. v. Witte. Inspektionsreise nach der Mandschurei 291.

Presse.
Ueber die Bagdadbahn 282 – Unterdrückung der „Rossija" 283 — „Journal de St. Pétersbourg" über den spanisch-amerikanischen Krieg 1898 283 — „Peterburgskija Wjedomosti" über die preußische Polenpolitik 283 — „Regierungsbote" über den englisch-japanischen Bund 285 — „Neues Wiener Abendblatt" über die Bauernunruhen 285 — „Journal de St. Pétersbourg" gegen die französische Kritik der russischen Finanzen 287 — „Kölnische Volkszeitung" über die polnische Landwirtschaft 287 — „Regierungsbote" über Arbeiterunruhen 292 = „Regierungsbote" über die Balkanpolitik 293 — „Nowoje Wremja" über die asiatische Politik 294 — „Nowoje Wremja" über die Reise Lambsdorffs ins Ausland 295.

Schweden und Norwegen
278—281.
Uebers. 357.

Schweiz 268—271.
Uebers. 356.

Serbien 304.

Spanien 211—213.
Uebers. 349.

Die Türkei und ihre Vasallenstaaten.
Uebers. 336, 359, 361.
1. **Türkei** 296.
2. **Bulgarien** 300.
3. **Egypten** 302.

Berichtigung.
S. 238 Zeile 8 von unten lies: 20. März statt 20. Februar.

www.ingramcontent.com/pod-product-compliance
Lightning Source LLC
Chambersburg PA
CBHW020741020526
44115CB00030B/730